대한민국 보험 _ _ / 강의 1인자
유 창 호 교 수 의 보 험 심 사 역 합 격 을 위 한 필 독 서

기업보험심사역

단기합격을 위한 통합본

ACIU
(공통부문 + 기업전문부문)

기본서 반영
최신
개정판

- 보험업계 유일 국가공인자격증

- 보험심사역 교재 **판매량/합격률 압도적 1위**

- 개인 · 기업보험심사역 **합격** 저자의 출제경향반영

- 시험에 나오는 부분만 효율적으로, **최적의 학습 교재**

PROFILE
저자약력

편저자 **유창호**

서강대학교 경제학과 졸업
동부증권 조사부/리테일
이토마토투자자문 투자자문팀장
아이낸스닷컴 금융공학프로그램 개발
한국투자증권 리테일

(전) YTN코스닥투데이, 머니라인 고정게스트 출연
(전) 노사공동전직지원센터 재무회계 특강강사
(전) 한국금융학원 전임강사
(전) 취업아카데미 윈스펙 금융권 강사
(전) 대구카톨릭대학교, 경남정보대학 금융자격증 출강
(현) 시대고시기획, 서울고시각, 신지원, 예문사 금융 · 보험수험서 저자
(현) 와우패스 NCS채용부문 강사
(현) NCS기업활용컨설팅 활동(채용부문, 금융투자협회ISC)
(현) 토마토패스 보험심사역 강사, AFPK · AFIE 보험분야 강사
(현) 금융단기 은행FP · 투자자산운용사 · 신용분석사 강사
(현) 삼성화재연수원 보험심사역 출강
(현) KB손해보험연수원 보험심사역 출강
(현) 삼성화재연수원 보험심사역 출강
(현) 배재대학교 기업컨설팅학과 외래강사

'보험심사역 단기합격을 위한 통합본'으로
여러분을 만나게 되어
가슴 벅찬 기쁨과 보람을 느낍니다.

제17회 시험(2018.10.21)까지 보험심사역 자격시험의 누적합격률은 20.36%입니다. 유사한 수준의 금융권의 다른 시험들의 합격률(2017년 기준)을 보면 AFPK가 28.7%(합격컷 70점), 투자자산운용사가 29.9%(합격컷 70점), 파생상품투자권유자문인력이 37.3%(합격컷 70점)입니다.

보험심사역은 합격컷이 60점임에도 불구하고 합격률이 20.36%로 현저하게 낮다는 것을 알 수 있습니다. 더구나 보험심사역시험 응시자의 90% 정도가 현직자임을 감안하면 놀라운 수치가 아닐 수 없습니다.

보험심사역 시험의 합격률이 낮은 이유는 두 가지로 분석됩니다. 첫 번째는 시험 자체가 다소 어렵다는 것입니다. 공통에는 보험회계, 개인전문에는 자동차보험이나 개인재무설계, 기업전문에는 해상보험 등 난도 높은 과목이 포함되어 있어 평균점수를 낮추는 요인으로 작용합니다.

두 번째는 문제 유형의 다양화입니다. 실제 시험 기출문제를 분석한 바, 시험 회차가 거듭될수록 문제 유형이 더욱 다양해지고 있습니다. 단순한 4지선다형이 아니라 지문도 길어지고, '가, 나, 다, 라', 'A, B, C, D'와 같은 보기가 추가되면서 해당 문항의 내용을 확실히 이해하지 않고는 득점하기 어려운 형태로 변화하는 추세입니다.

보험심사역 시험에 합격하기 위해서는 이러한 어려움을 극복해야 합니다. 수험생 입장에서 이러한 상황을 어떻게 극복할 것인가? 어떻게 하면 수험생 분들에게 확실하게 도움이 되는 교재를 만들 수 있을까? 계속되는 고민과 지속적인 노력 끝에 새로운 교재를 출간하게 되었습니다.

본 교재의 특징은 다음과 같습니다.

첫째, 챕터별로 '이론정리+단원정리문제'로 구성하였습니다. 출제 비중이 높은 챕터는 더 많은 이론과 문제를 수록하여 자연스럽게 시험 대비가 되도록 하였습니다.

둘째, 본 교재에 수록된 문항에는 복원된 기출문제가 10%~20% 정도 포함되어 있습니다. 기출문제는 공개되지 않으므로 공식적으로는 알 수 없으나 매 시험마다 응시자 분들의 도움을 받아 적지 않은 문항을 복원할 수 있었고, 그렇게 복원해 온 문항을 본 교재에 모두 수록하였습니다. 비록 그 수는 많지 않지만 문제의 완성도를 높이고 균형 잡힌 문제집을 출간함에 있어서 큰 도움이 되었습니다. 이 자리를 빌려 제게 메일을 보내 주신 모든 분들께 진심으로 감사의 말씀을 드립니다.

셋째, 기출유형모의고사에서는, 실제 시험에서 다양하고 생소한 유형의 문제가 체감 난도를 더 높이고 있다고 판단하는 바, 다양한 형태의 문제로 구성하여 실제 시험에 대한 적응력을 높이고자 하였습니다.

그리고 당부의 말씀을 드립니다.

토마토패스 홈페이지 합격 후기를 살펴보면, 열심히 공부하였다고 해도 막상 시험지를 받아보았을 때 소위 '멘붕'이 올 수도 있다고 합니다. 문항 형태가 '서술형 객관식 또는 수능언어영역'과도 같은 느낌이어서 체감 난도가 더욱 높았다고 합니다.

여러분도 이런 상황을 맞을 수 있다고 생각합니다. 이 경우 절대 당황하지 마시고 스스로를 믿고 침착하게 대응하시길 당부드립니다.

아무리 문제 유형을 다양하게 하고 어렵게 출제한다고 하여도, 합격증을 발부하는 시험에는 그 시험에서 요구하는 '메인스트림(mainstream)'이 빠질 수 없습니다. 설사 문제 유형이 바뀐다고 해도 중요한 내용을 이해하고 있으면 득점할 수 있다는 것입니다. 실제 다수의 합격자들이 '문제 유형이 당황스럽기는 해도 합격에는 큰 문제가 없었다'고 말하고 있습니다. 물론 합격자들은 합격에 필요한 이해 수준에 도달할 만큼의 학습을 했을 것입니다.

결론적으로 가장 중요한 것은 합격에 필요한 이해 수준에 도달하는 것입니다. 확실하게 이해하는 것을 하나라도 더 늘린다는 마음으로 학습을 해야 합니다.

본 교재의 이론과 문제를 정독함으로써 '메인스트림'을 충분히 파악할 수 있도록 하였습니다. 그리고 지엽적인 부분의 반영도가 올라가는 최근 시험의 경향도 반영하여 기본서 내용의 대부분을 반영하고자 노력하였습니다. 본 교재는 저자의 출간 경력, 강의 경력, 응시자들과의 피드백이 모두 녹아 있는 교재로서, 시중 어떤 교재보다도 시험 적합도가 높을 것이라고 자부합니다.

아무쪼록 본 교재로 학습하시는 모든 분들이 무사히 합격하시기를 바라고, 본 시험의 합격을 바탕으로 더 높은 곳에 도전하시기를 소망합니다.

마지막으로 본 교재가 나오기까지 물심양면으로 격려를 아끼지 않으신 예문사 임직원 여러분들께 진심으로 감사의 말씀을 드립니다.

편저자 유창호

보험심사역이란?

손해보험을 개인보험과 기업보험으로 구분해 분야별 전문 언더라이터 자격을 인증 · 부여하는 자격제도이다.

응시대상(응시자격 제한 없음)

① 공통부문, 전문부문 동시 응시 대상자
  ㉠ 최초응시자, 기존시험 결시자와 두 부문 모두 불합격자
  ㉡ 직전 회차 전문부문만 합격한 자 중 2개의 자격(개인/기업)을 동시에 취득하려는 자
     ※ 부분합격의 유효기간은 부분합격 후 연속되는 1회 시험까지만 인정
② 공통부문 혹은 전문부문 중 하나만 응시 대상자
  직전 회차 응시자 중 부분합격자(공통 or 전문부문)
③ 전문부문만 응시 대상자
  기존시험 최종합격자 중 하나의 자격을 추가로 취득하려는자
  ※ 최종합격자가 타 자격(기업/기업보험심사역)도 취득하려할 경우 공통부문 면제(기한제한 없음)

자격구분

개인보험심사역(APIU)	보험분야 중 개인보험에 관한 전문이론 및 실무지식을 갖춘 자
기업보험심사역(ACIU)	보험분야 중 기업보험에 관한 전문이론 및 실무지식을 갖춘 자

2019년 시험일정

구분	접수일	시험일	시험시간	합격자 발표
18회	4월 16일~25일	5월 18일(토)	09:00~13:00	6월 5일(수)
19회	9월 17일~26일	10월 19일(토)		11월 7일(목)

합격자 결정

① 공통부문에 합격한 자는 '공통부문 합격자', 전문부문에 합격한 자는 '전문부문 합격자', 공통부문과 전문부문을
  모두 합격한 자는 '최종합격자'로 함
② 각 부문(공통/전문)합격자는 시험과목별 40점 이상, 과락(40점 미만 ; 공통 8문제 미만, 전문 10문제 미만)과목
  없이 각 부문별 평균 60점 이상 득점해야 함

시험과목

[개인보험심사역]

구분	시험과목	문항수	배점	시험시간
공통부문 (5과목)	1. 손해보험 이론 및 약관해설	20	100	120분 (09:00~11:00)
	2. 보험법	20	100	
	3. 손해보험 언더라이팅	20	100	
	4. 손해보험 손해사정	20	100	
	5. 손해보험 회계 및 자산운용	20	100	
	소계	100	500	−
휴식시간(11:00~11:30)				
전문부문 (4과목)	1. 장기 · 연금보험	25	100	120분 (11:30~13:30)
	2. 제3보험	25	100	
	3. 자동차보험	25	100	
	4. 개인재무설계	25	100	
	소계	100	400	−
합계		200	900	

[기업보험심사역]

구분	시험과목	문항수	배점	시험시간
공통부문 (5과목)	1. 손해보험 이론 및 약관해설	20	100	120분 (09:00~11:00)
	2. 보험법	20	100	
	3. 손해보험 언더라이팅	20	100	
	4. 손해보험 손해사정	20	100	
	5. 손해보험 회계 및 자산운용	20	100	
	소계	100	500	−
휴식시간(11:00~11:30)				
전문부문 (4과목)	1. 재산보험	25	100	120분 (11:30~13:30)
	2. 특종보험	25	100	
	3. 배상책임보험	25	100	
	4. 해상보험	25	100	
	소계	100	400	−
합계		200	900	

보험심사역 최근 합격률 분석

구분	합격자 수(명) [개인/기업]	응시인원	합격률	누적합격자(명) / 누적응시인원(명)	누적합격률
17회 (2018.10)	426 [303 / 123]	1,626	26.19%	5,641 / 27,697	20.36%
16회 (2018.05)	317 [223 / 94]	1,471	21.55%	5,215 / 26,071	20.00%
15회 (2017.11)	385 [184 / 201]	1,810	21.27%	4,887 / 24,600	19.91%
14회 (2017.06)	466 [362 / 104]	2,040	22.80%	4,513 / 22,790	19.80%
13회 (2016.10)	416 [251 / 165]	2,431	17.11%	4,047 / 20,750	19.50%
12회 (2016.05)	605 [475 / 130]	2,168	27.90%	3,631 / 18,319	19.82%
11회 (2015.10)	345 [260 / 83]	1,966	17.54%	3,026 / 16,151	18.73%
10회 (2015.06)	372 [247 / 125]	1,740	21.37%	2,647 / 14,815	17.86%
9회 (2014.10)	363 [209 / 154]	2,363	15.36%	2,275 / 12,445	18.28%
8회 (2014.05)	559 [349 / 210]	1,547	36.13%	1,912 / 10,082	18.96%
7회 (2013.10)	259 [136 / 122]	1,484	17.38%	1,353 / 8,535	15.85%
6회 (2013.05)	219 [109 / 110]	1,211	18.08%	1,134 / 7,324	15.48%

공통부문

단 기 합 격 을 위 한 필 독 서

기업전문부문

단 기 합 격 을 위 한 필 독 서

대 한 민 국 보 험 심 사 역 교 재 집 필 / 강 의 1 인 자
유 창 호 교 수 의 보 험 심 사 역 합 격 을 위 한 필 독 서

기업보험심사역

단기합격을 위한 통합본

ACIU
(공통부문)

기업보험심사역

단기합격을 위한 **통합본**

ACIU

(공통부문 + 기업전문부문)

PART 01

손해보험이론 및 약관

A C I U

기 업 보 험 심 사 역

■

기업보험심사역(ACIU)
Associate Insurance Underwriter

'손해보험이론 및 약관해설' 학습 Guide

(1) 세부과목별 출제문항수

세부과목	예상문항수	과목난이도(최고 ★★★★★)
1장 위험과 위험관리	8문항	
2장 손해보험의 개요	2문항	
3장 손해보험경영	2문항	
4장 보험증권	2문항	★★
5장 보험약관	4문항	
6장 금융위원회의 설치 등에 관한 법률	1문항	
7장 보험관계단체 등	1문항	
계	20문항(과락 : 득점문항이 8문항 미만 시)	

※ 챕터별 문항 수는 매 시험 변동이 있을 수 있습니다.

(2) 학습전략

공통 5과목 중 최고난이도인 보험회계에 비한다면 학습이 매우 수월한 과목이다. 이는 전 과목을 모두 학습을 해 보면 확연하게 체감할 수 있다. 난이도가 평이하며 기본서 분량 또는 적기 때문이다.

동 과목은 공통부문의 합격을 위해서는 반드시 고득점을 해야 하는 대상이라 할 수 있다. 개인 간의 차이가 있겠지만 대부분의 응시자들이 공통 3과목 언더라이팅과 공통 5과목 보험회계에서 고전을 하므로, 다른 과목에서 높은 점수가 필요하기 때문이다.

결론적으로 동 과목에서는 80% 이상 득점을 목표로 학습하기를 권장한다. 타 과목의 어려움을 감안하여, 난이도가 평이하더라도 좀 더 철저한 학습으로 고득점을 달성하기를 바란다.

CHAPTER 01 | 위험과 위험관리

SECTION 1   위험

① 위험의 개념

  ㉠ 위험(Risk)의 정의 : 일반적으로 투자에서는 위험을 '수익률의 변동성'으로, 보험업계에서는 '손실측면의 불확실성 또는 손실발생가능성'으로 정의함

  ※ 위험은 손실발생가능성이며, 위태는 손해발생가능성을 새롭게 만들어 내거나 증가시키는 것을 말한다.

  ㉡ 위험의 분류

  예 건조한 상태에서 무심코 버린 담뱃불에 의해 화재가 발생하여 건물이 소실되었다.

위험(risk)				
위태(hazard)			손인(peril)	손해(loss)
물리적 위태	도덕적 위태	정신적 위태	손해의 원인 (→사고)	재산손해, 인적손해 등
건조한상태	−	부주의(담뱃불)	화재	건물의 소실

  ※ 위태(hazard) : 손해발생가능성을 새롭게 만들어내거나 증가시키는 상태
    → 물리적 위태를 '실체적 위태', 정신적 위태를 '기강적 위태'라고도 함
    − 인간의 체질, 기질은 물리적 위태이다.
    − 부주의, 졸음운전 등은 정신적 위태이다(고의성이 없다는 점에서 도덕적 위태와 차이).
  ※ 손인(peril) : 손해의 원인(사고) 예 화재, 폭풍우, 지진 등
  ※ 손해(loss) : 손실, 멸실, 훼손 등을 말함. 손해의 유형으로는 재산손해, 배상책임손해, 비용손해, 인적손해 등이 있음

② 부담보손인(담보에서 제외)과 면책손인(담보 예외)을 두는 이유

  ㉠ 담보필요성이 작아서 담보에 포함할 경우 보험료만 인상시키는 결과일 경우

  ㉡ 도덕적 위태를 증가시켜 보험의 대상이 되기 어려운 성격의 담보일 경우

  ㉢ 타 보험에서 취급하는 담보일 경우

  ※ 어디까지가 면책손인이고 어디까지가 비담보손인에 해당하는가는 명확하지 않다.

③ 도덕적 위험

  ㉠ 도덕적 위험은 협의로는 도적적 위태를, 광의로는 정신적 위태까지도 포함한다.

  ㉡ 도덕적 위태는 고의성이 있으므로 보험자 면책이며, 정신적 위태는 고의성이 없으므로 보험자 부책이다.

  ㉢ 도덕적 위험의 영향 : 인위적인 사고유발로 대수의 법칙과 수지상등원칙에 위배함으로써 보험산업의 존립을 위협, 전체적인 보험료상승으로 선의의 계약자에게 피해를 준다.

ⓔ 도덕적 위험의 발생유형 : 의도적인 초과보험, 중복보험의 체결, 고지의무위반, 보험사고조작 또는 보험금과다청구 등

ⓜ 방지대책

• 계약체결 전후 단계

계약체결단계	계약체결 후의 단계
언더라이팅 강화(공제금액 상향, 공동보험비율 상향 등), 고지의무 부여	• 고의 · 중과실손해에 대한 면책(손보사) • 통지의무, 위험유지의무 부여

※ 고지의무는 계약체결단계, 통지의무나 위험유지의무는 계약체결 후 단계이다.

• 인보험 VS 손해보험

인보험	손해보험
• 타인의 사망보험체결 시 동의주의 • 15세 미만자를 피보험자로 하는 사망보험의 무효	• 피보험이익이 없는 계약은 무효 • 초과보험의 무효 또는 보험금 감액 • 중복보험의 비례주의 및 통지의무부여 • 보험자대위 및 신구교환공제
생 · 손보사의 공동전산망 구축	

※ 일부보험의 비례주의는 가입자 간 형평성을 고려한 것으로써, 도덕적 위험 방지대책과는 관련이 없다.

ⓐ 보험사기방지 특별법 신설(2016.9 시행) [참고 : 2017.7 기본서 개정사항]

> ※ 보험사기방지 특별법 신설(2016.9 시행)
> 1) 보험사기행위의 조사 · 방지 · 처벌에 관해서는 타 법률에 우선하여 적용함
> 2) 보험사기죄에 대한 처벌
> • 형법보다 무거운 형량 : 10년 이하의 징역 또는 5천만원 이하의 벌금형(형법은 2천만원)
> • 가중처벌 : 상습범에는 50% 가중처벌하며, 미수범도 처벌함
> 3) 보험회사에 대한 제재강화 : 합당한 근거가 없는 보험금지급의 '지체, 거절, 삭감' 금지하며, 이를 위반 시 건당 최고 1천만원의 과태료를 부과함

④ 위험의 선택과 역선택

위험의 선택 : 보험자	위험의 역선택 : 보험계약자
청약한 보험계약의 낙부를 통해 위험을 인수하면, 위험의 선택이 됨	보험계약자에게는 유리하고, 보험자에게는 불리한 선택을 역선택이라 함

※ 위험역선택의 주체는 보험계약자이고 위험선택의 주체는 보험자이다.
※ 역선택은 공평부담원칙과 수지상등원칙(대수의 법칙이 아님)을 무너지게 하여 다수의 선량한 계약자와 보험자가 손해를 입게 된다.

⑤ 순수위험과 투기위험

순수위험 (제어불가위험)	투기위험 (제어가능위험)
• 이익가능성이 없고 손실가능성만 있는 위험 • 개별적 손해는 곧 사회적 손해 • 위험의 범위를 한정할 수 없음 ⓔ 배상위험 • 위험은 우발적으로 발생	• 손실가능성과 이익가능성이 함께 있는 위험 • 개인 간 손익이 교차하나 사회적 손해는 없음 • 위험범위를 한정할 수 있음 ⓔ 주식투자위험 • 통상적으로 위험발생 전에 전조가 있음
(공통점) 위험발생의 불확실성을 가지고 있음	

※ 보험가입대상은 순수위험이지만, 순수위험이라고 해서 모두 보험가입이 가능한 것은 아니다('보험가입가능요건'을 충족해야 함).

⑥ 보험가입가능요건(Insurable risk)

㉠ 다수의 동질적 위험	㉡ 우연적 사고위험
㉢ 명확하고 측정가능한 위험	㉣ 충분히 크지만 대재난이 아니어야 함
㉤ 확률적으로 측정가능한 위험	㉥ 경제적 부담이 가능한 보험료

※ 보험요율을 산출하기 위해서는 확률적으로 측정가능한 위험이어야 한다.
※ 위험의 빈도가 강도가 낮을수록 보험가입이 유리하다 → ×(∵ 보험가입이 가능하기 위해서는 '충분히 크지만 대재난이 아니어야 한다'는 요건을 충족하지 못함)

⑦ 위험개별의 원칙과 위험보편의 원칙

위험개별의 원칙	위험보편의 원칙
보험사고의 원인을 한정함(열거책임주의)	일정한 사고가 발생 시, 그 원인을 불문하고 보험사고발생으로 인정하는 것

※ 폭발로 인해 폭발손해와 화재손해가 발생하였을 경우, 일반손해보험에서는 폭발손해는 면책이지만 화재손해를 보상한다. 이는 사전에 정한 면책위험만 아니라면, '화재의 원인을 불문하고' 화재로 인한 직접손해를 보상함을 말하는데, 이것이 위험보편원칙의 예가 된다.

SECTION 2 위험관리

① 위험관리의 목적

손실발생 전의 목적(경격법)	손실발생 후의 목적(생소지사)
경제적 목표달성, 격정의 제거, 법적 책임수행	생활유지, 소득안정성, 지속성장, 사회적 책임수행

※ '외부로부터 주어진 책임의 경감(법적책임 수행)'은 손실발생 전의 목적이다. → 이는 법으로 강제된 보험(예 자동차책임보험, 가스배상책임보험)에 가입하는 것을 말한다.

② 위험관리방법
  ㉠ 위험관리프로세스 : 위험의 발견과 인식 → 위험의 분석과 평가 → 위험관리기법의 선택 → 위험관리수행 및 피드백
  ㉡ 위험관리기법 : 아래 4가지에 '위험분리'를 추가함

손실통제 (고빈도 저강도)	위험회피 (고빈도 고강도)
위험보유 (저빈도, 저강도)	위험전가 (저빈도 고강도)

※ 가로축 → : 손해강도의 증가, 세로축 ↑ : 손해빈도의 증가

※ **각 기법의 의의**

위험회피	손실통제	위험보유	위험전가
가장 완벽한 위험관리수단이지만, 비효율을 감수해야 함	손실예방(사전적)과 손실감소(사후적)가 있음	저빈도 저강도 위험에 가장 적합한 기법	보험(기타 사적계약 포함)을 통해 위험을 상대방에게 이전함

※ 위험보유에는 '자가보험, 캡티브, 자기부담금, 일부보험, 보험계약의 해지' 등이 있다.
※ 일부보험 : 보험가액 10억원, 보험가입금액 4억원이면 6억원은 위험보유에 해당된다.
※ 손실의 빈도수는 적지만 손실의 규모가 크다면 위험전가가 적합하다.
※ 위험분리 : 컴퓨터 하드디스크의 자료소실에 대비, USB에 따로 저장하는 것 등을 말한다.

ⓒ 위험전가와 위험결합 : 위험전가는 보험계약자의 입장이며 보험자입장에서는 위험결합이 된다(개개인이 전가한 위험을 전체적으로 결합해서 대수의 법칙에 입각한 위험에 대해 보상이 가능하다).

※ 보험계약자의 위험전가는 보험자의 입장에서는 위험결합이 된다.

③ 자가보험(Self - Insurance)

ⓐ 자가보험의 장단점

자가보험의 장점	자가보험의 단점
• 보험가입 시의 부가보험료를 절감 • 보험료의 내부유보로 유동성에 도움 • 사고예방효과(사고발생 시 자체손실이므로) • 보험사의 거절위험도 보험관리를 할 수 있음	• 사고율이 높거나 대형사고가 발생할 경우 재정적 위험에 직면(회사존립에 위협) • 보험가입 시 얻을 수 있는 혜택상실(안전 점검서비스 등)

※ 자가보험의 요건
- 인수하는 위험은 대수의 법칙이 적용되어야 한다(보험의 기본원리를 충족).
- 재정적 준비가 되어야 한다.

ⓑ 종속보험회사(Captive) : 일종의 보험자회사
- 종속보험회사의 개념 : 자가보험의 한 형태로써 보험자회사를 말하며, 이익추구 유무에 따라 순수캡티브와 이익캡티브가 있음(전체종류는 단체캡티브를 포함, 3종류가 있음)
- 종속보험회사의 장단점

종속보험회사의 장점	종속보험회사의 단점
• 보험료절감 • 이익창출 • 재보험가입용이 및 재보험료 절감 • 일반보험보다 더 넓은 범위의 위험인수가능 • 다국적기업의 경우 타국소재의 자회사의 위험인수에도 활용	• 대형사고 시 재무적 어려움에 직면(모기업의 존립에도 영향을 줄 수 있음) • 모기업에 대한 재정부담과 운영비용발생

※ 재보험가입용이와 재보험료의 절감
- 캡티브는 자가보험에 비해 재보험가입이 용이하다(∵ 재보험계약은 회사 간에 이루어지는 것이 일반적임).
- 캡티브가 재보험출재를 하면 재보험출재수수료를 캡티브가 받게 되므로, 재보험료의 절감이 가능하다.

④ 위험관리와 손해방지경감의무

사고예방	손해경감
–	손해방지경감의무
손실통제	

※ 손실통제가 손해방지경감의무보다 큰 개념이다 : 손실통제에는 사전적인 손실예방(⑩ 금연)과 사후적인 손실축소(⑩ 안전벨트)를 모두 포함하는 개념이지만, 손해방지경감의무는 사고 예방의무는 포함하지 않는다.
※ 피보험자에게 부과되는 손해방지경감의무는 '보험에 가입하지 않았을 경우 자신의 재산에 대해 주의를 기울이는 정도'의 의무를 말한다.

CHAPTER 01 | 단원정리문제

01 보기에 대한 설명이 적절하지 않은 것은?

> 비로 인해 미끄러워진 도로상태에서 운전자가 부주의하여 자동차가 도로 밖으로 굴렀으며 전손이 되었다.

① 비로 인해 미끄러워진 도로상태는 물리적 위태이다.

② 운전자의 부주의는 도덕적 위태이다.

③ 자동차가 도로 밖으로 굴러 떨어진 것을 손인이라 한다.

④ 자동차가 파손이 되어 전손의 손실이 발생한 것을 손해라고 한다.

정답 | ②
해설 | 운전자의 부주의는 정신적 위태이다(본문 참조). 물리적 위태를 실체적 위태라고도 한다.

02 손해의 가능성을 새롭게 창조하거나 증가시키는 상태를 무엇이라 하는가?

① 위험   ② 위태   ③ 손인   ④ 손해

정답 | ②
해설 | 위태(hazard)이다. 위험(손해발생가능성)과 개념 차이를 이해한다.

03 다음 중 손인(perils)에 해당하는 것은?

① 미끄러운 도로   ② 건조한 날씨

③ 지진   ④ 악천후

정답 | ③
해설 | 화재, 지진 등은 손인(perils)이다. ①, ②, ④는 모두 실체적 위태에 해당된다.

04 면책손인(exceptions) 또는 비담보손인(exclusions)을 두는 이유가 아닌 것은?

① 도적적 위험의 방지

② 타보험과의 중복방지

③ 보험계약에 포함시킬 경우 보험료만 인상시키는 결과가 될 뿐인 경우

④ 손실보상금액보다도 손실처리비용이 더 많은 경우를 방지

정답 | ④

해설 | ④는 소손해면책을 두는 이유이다(또는 자기부담금 설정 이유).

05 도덕적 위험을 방지하는 대책으로써 보험계약체결 시의 단계가 아닌 것은?

① 계약심사 강화   ② 고지의무 부여

③ 통지의무 부여   ④ 보상범위 축소 또는 면책범위 조정

정답 | ③

해설 | 통지의무는 보험계약체결 후의 대책이다.
- 보험계약체결 시의 대책 : ①, ②, ④
- 보험계약체결 후의 단계 : 통지의무 부여, 사기로 인한 중복보험 · 초과보험의 무효화, 피보험이익이 없는 계약의 무효화, 보험자대위제도 등

06 보험사기방지 특별법(2016.9〜)에 대한 설명이다. 틀린 것은?

① 보험사기로 보험금을 취득한 자에 대해서는 10년 이하의 징역 또는 5천만원 이하의 벌금에 처한다.

② 보험사기 상습범은 50% 가중처벌한다.

③ 보험사기 미수범에 대해서는 동 법률이 적용되지 않는다.

④ 보험회사에 대해서도 합당한 근거 없이 보험금지급의 거절이나 삭감, 지체를 할 수 없도록 규정하며, 이를 위반 시 건당 1천만원의 과태료를 부과한다.

정답 | ③

해설 | 보험사기 미수범도 동 법률에 의한 처벌대상이다.

07 역선택에 대한 설명으로 가장 거리가 먼 것은?

① 위험선택의 주체는 보험자이나 위험역선택의 주체는 보험계약자이다.

② 역선택은 보험계약자와 보험자 간의 정보비대칭으로 인해 발생한다.

③ 역선택은 위험에 맞는 보험료를 납부해야 하는 급부·반대급부 원칙을 위배한다.

④ 역선택을 허용하면 대수의 법칙이 무너져 보험회사와 선량한 계약자가 피해를 본다.

정답 | ④
해설 | 대수의 법칙 → 수지상등의 원칙

08 순수위험과 투기위험에 대한 일반적 비교이다. 연결이 잘못된 것은?

	순수위험	투기위험
①	손실발생가능성만 있음	이익가능성도 있음
②	대수의 법칙이 적용	대수의 법칙이 적용되지 않음
③	우발적으로 발생	전조증상을 수반함
④	부보 가능	부보 가능

정답 | ④
해설 | 투기위험은 부보대상이 되지 않는다(보험으로 담보할 수 있는 위험은 순수위험).

09 보험가입이 가능한 위험 요건에 대한 설명이다. 가장 거리가 먼 것은?

① 다수의 동질적인 위험이 충분히 있어야 한다.

② 우발적 사고이어야 한다.

③ 명확하고 측정가능해야 한다.

④ 부보대상위험은 위험의 강도가 작고 빈도가 낮을수록 좋다.

정답 | ④
해설 | ④는 '충분히 크지만 대재난이 아니어야 한다.'는 요건에 위배된다.

10 위험관리의 목적 중 손실발생 전의 목적에 해당하지 않는 것은?

① 수익의 안정성

② 경제적 목표 달성

③ 불안의 경감

④ 사회적 책임 수행

정답 | ①
해설 | '생활유지, 수익의 안정성, 지속적 성장, 사회적 책임수행'은 손실발생 후의 목적이다.

11 위험관리기법에 대한 내용이다. 위험보유에 해당하는 것은?

① 가장 단순하면서 용이한 위험처리방법이지만, 현실적으로 실행되기는 어려움이 많다.

② 손실의 빈도를 줄이거나 손실의 규모를 축소하는 위험관리기법이다.

③ 손실빈도가 낮고 손실규모도 적은 경우 가장 적합한 위험관리기법이다.

④ 보험이나 계약을 통해 위험을 상대방에게 전가하는 위험관리기법이다.

정답 | ③
해설 | ① 위험회피, ② 손실통제, ③ 위험보유, ④ 위험전가

12 빈칸을 차례대로 연결한 것은?

> 손실규모가 크고 손실빈도도 많다면 ( ), 손실규모는 크지만 손실빈도수가 적다면 ( )가 가장 적합한 위험관리기법이 된다.

① 위험회피 – 위험전가

② 위험회피 – 위험보유

③ 위험이전 – 손실통제

④ 위험보유 – 손실통제

정답 | ①
해설 | '위험회피 – 위험전가'이다. 위험전가는 위험이전이라고도 한다.

13 빈칸을 차례대로 연결한 것은?

> 보험계약자가 보험사에게 (　　　　)를 하면, 보험자는 (　　　　)을/를 하게 된다.

① 위험전가 - 위험보유　　　　　　　② 위험전가 - 손실통제

③ 위험전가 - 위험결합　　　　　　　④ 위험회피 - 위험결합

정답 | ③

해설 | 보험자는 보험계약자가 전가한 위험을 결합(pooling)하여 위험의 평준화를 한다. 이렇게 위험결합이 가능하기 위해서는 '동질적인 대량의 위험'이 전제되어야 한다.

14 다음 중 위험관리기법상의 '위험보유'와 가장 거리가 먼 것은?

① 보험계약의 해지　　　　　　　　　② 공동보험(1)

③ 소손해면책　　　　　　　　　　　　④ 일부보험계약의 체결

정답 | ②

해설 | 공동보험(1)은 '일반적인 의미의 공동보험'을 말하는데, 보험자의 위험분산을 말한다.

　　　　※ 공동보험의 세부개념은 '4과목 손해사정이론'에서 학습함

15 다음 중 자가보험의 특징과 거리가 먼 것은?

① 일반보험 구입 시 부담해야 하는 부가보험료를 절감할 수 있다.

② 지불하는 보험료가 사외로 유출되지 않아 유동성에 도움이 된다.

③ 대수의 법칙이 적용되지 않는 위험도 부보할 수 있다.

④ 위험을 관리할 수 있는 체계적이고 전문적인 서비스를 받을 수 없다.

정답 | ③

해설 | '대수의 법칙이 적용되는 위험이어야 한다, 재정적 준비가 되어야 한다'가 자가보험의 요건이다.

　　　　[비교]

　　　　· 일반보험에서 거절될 수 있는 위험을 관리할 수 있다. → O

　　　　· 대수의 법칙이 적용되지 않는 위험도 부보할 수 있다. → X

16 종속보험회사(캡티브)에 대한 설명이다. 가장 거리가 먼 것은?

① 자회사 형태의 자가보험이다.　　　　　　② 순수캡티브는 모기업의 위험만을 담보한다.

③ 캡티브 스스로 이익창출을 할 수 있다.　　④ 재보험가입이 자가보험에 비해 불리하다.

정답 | ④

해설 | 재보험가입이 자가보험에 비해 유리하다.
　　　 ※ 캡티브가 재보험거래에 유리한 이유
　　　　　• 재보험거래는 회사 간 거래가 일반적이기 때문
　　　　　• 재보험비용이 절감된다.
　　　 ※ 재보험출재 시 재보험자로부터 출재보험수수료를 받게 되는데, 보험회사가 아닌 캡티브가 이 수수료를 받게 됨으로써 재
　　　　 보험출재비용이 절감되는 효과가 있다.

17 상법상 손해방지의무에 대한 설명이다. 틀린 것은?

① 동 의무는 손해보험에만 부과되는 것이 원칙이다.

② 보험사고발생 시 보험계약자 및 피보험자가 손해방지 및 경감을 위해 노력해야 할 의무이다.

③ 상법에서 말하는 손해방지경감의무는 일반적인 의미의 손해방지와는 달리 보험사고 발생 자체를 예방
　 하는 의무는 포함하지 않는다.

④ 상법상 손해방지의무는 위험관리기법상의 손실통제를 포함하는 개념이다.

정답 | ④

해설 | 손실통제는 사전예방과 사후통제를 모두 포함하는 개념이고 손해방지의무는 사전예방을 포함하고 있지 않으므로, 손실통제
　　　 가 더 큰 개념이 된다.

CHAPTER **02** | 손해보험의 개요

① 보험의 분류

보험계약법 (손인으로 암기)	보험업법 (손생삼으로 암기)	보험의 목적	사정방법
손해보험, 인보험	손해보험, 생명보험, 제3보험	물보험, 인보험	손해보험(실손보험), 정액보험

② 손해보험의 원리

㉠ 위험의 분담원칙	㉣ 수지상등의 원칙
㉡ 대수의 법칙(위험대량의 원칙)	㉤ 이득금지의 원칙
㉢ 급부 · 반대급부 균등의 원칙	

※ 수학이나 통계학에서 적용되는 대수의 법칙을 보험에 응용한 것은 '위험대량의 원칙'이다.
※ 초과보험, 중복보험, 신구교환공제 등은 손해보험의 원리 중 이득금지원칙을 실현하는 수단이다.

③ 손해보험의 기능

㉠ 기업 및 개인의 경제적 불안 제거	㉡ 피해자보호 예 의무배상책임보험
㉢ 신용보완 예 보증보험 활용	㉣ 방재에 기여 예 교통사고예방운동
㉤ 자본시장발전에 기여(보험자산의 운용)	

① 불요식 낙성계약	⑤ 계속적 계약
② 유상쌍무계약	⑥ 최대선의계약
③ 부합계약	⑦ 독립계약
④ 사행계약	⑧ 상행위

※ 보험료의 선지급이 없어도 보험계약은 유효하게 성립하는데, 이는 보험계약이 불요식 낙성계약이기 때문이다.
※ 상호보험은 비영리의 성격을 띠지만 보험계약법의 규정을 준용하여 상행위성이 있다고 본다.
※ 보험은 단체성의 특성이 있어 부합계약의 형태를 띤다. 보험계약이 부합계약임으로 해서 부여되는 의무는 '보험약관의 교부 · 설명의무, 보험계약자 등의 불이익변경금지, 작성자불이익의 원칙' 등이 있다.
※ 보험계약은 독립계약이므로, 매매계약에 덤으로 위험을 보장하는 것은 보험계약이 될 수 없다.

① 보험계약관계자

손해보험		인보험		
계약자	피보험자	계약자	피보험자	보험수익자
보험자 ↔ 보험계약자 (계약당사자)	피보험이익의 주체	보험자 ↔ 보험계약자 (계약당사자)	부보대상	보험금청구권자

※ 보험자와 보험계약자를 보험계약관계자, 피보험자와 보험수익자를 이해관계자라 한다.
※ 인보험의 보험금청구권자는 보험수익자이며, 손해보험의 보험금청구권자는 피보험자이다.

② 피보험이익과 보험의 목적

보험계약의 목적(피보험이익)	보험의 목적
피보험자가 갖는 경제적 이해관계	보험사고 발생의 객체가 되는 물건, 재산

※ 피보험이익이 없는 손해보험계약은 무조건 무효이다.

③ 보험가액과 보험가입금액

보험가액	보험가입금액
법률상 보상의 최고한도액	보험계약상 보상의 최고한도액

※ '보험가액'은 피보험이익을 평가한 가액이며, 보험자의 법률상 최고보상한도액이 된다.

④ 보험기간과 보험사고

㉠ 보험기간 : 보험회사가 위험에 대해 책임을 지는 기간으로써, 위험기간 또는 책임기간이라고도 한다.
㉡ 보험사고 : 보험계약상 보험회사의 보험금지급책임을 구체화시키는 사고를 말한다.

※ 보험사고는 구체적인 사고를 말하므로, 예를 들어 '화재, 지진 등'을 말하며 이는 손인(perils)에 해당된다.

CHAPTER **02** | 단원정리문제

01 손해보험의 분류 중에서 보험업법상의 분류에 해당하는 것은?

① 손해보험, 인보험

② 손해보험, 생명보험, 제3보험

③ 물보험, 인보험

④ 손해보험, 정액보험

정답 | ②
해설 | ① 보험계약법상의 분류, ② 보험업법상의 분류, ③ 보험의 목적에 따른 분류, ④ 사정방법에 따른 분류

02 손해보험원리와 관련하여, 빈칸을 옳게 연결한 것은?

( )이 보험가입자 전체관점이라면, ( )은 보험가입자 개인관점에서 본 수리적 원칙이다.

① 급부 · 반대급부의 원칙 − 수지상등의 원칙

② 수지상등의 원칙 − 급부 · 반대급부의 원칙

③ 수지상등의 원칙 − 이득금지의 원칙

④ 급부 · 반대급부의 원칙 − 이득금지의 원칙

정답 | ②
해설 | 손해보험원리에서 '급부 · 반대급부 균등원칙'과 '수지상등원칙'을 비교하는 개념이다.

03 자동차책임보험이나 가스배상책임보험 등 의무배상책임제도를 두고 있는 가장 큰 이유는?

① 가계경제상의 불안정 제거와 경감

② 피해자 보호

③ 신용보완을 통한 거래촉진

④ 손해율 감소를 통한 사회안전도 제고

정답 | ②
해설 | 배상책임보험은 가해자에게도 도움이 되지만, 피해자구제에 더 큰 목적이 있다. 가해자가 배상자력이 없을 경우 피해자보호가 어려울 수도 있기 때문이다. 참고로 위의 ①, ②, ③, ④는 손해보험의 기능에 해당된다. ③은 보증보험의 역할이다.

04 보기의 설명은 보험계약의 법적 성질 중 무엇을 말하는가?

> 보험계약은 계약자의 청약이 있고 이를 보험회사가 승낙하면 계약이 성립한다. 그리고 그 계약의 성립요건으로 특별한 요식행위를 요구하지 않고 있다.

① 유상 · 쌍무계약성   ② 편무 · 무상계약성

③ 불요식 · 낙성계약성   ④ 요식 · 요물계약성

정답 | ③

해설 | 낙성계약이고 불요식계약이다.
　　　[참고] 유가증권 매매는 요물 · 요식계약이다 유가증권은 매수(투자)의 대가로 유가증권을 교부해야 하며, 요물을 교부하는 신청서 등의 작성행위는 요식행위가 된다.

05 보험계약이 부합계약이기 때문에 보험자에게 부과되는 의무가 있다. 이와 가장 거리가 먼 것은?

① 보험약관의 교부 · 명시의무

② 약관해석상의 작성자 불이익의 원칙

③ 약관의 불이익변경금지 원칙

④ 보험청약자에 대한 청약철회의 권리 부여

정답 | ④

해설 | 청약철회도 보험계약자를 보호하는 장치이지만 약관과 관계는 없다. 위의 ①, ②, ③은 보험계약이 부합계약임에 따라 보험자에게 부과되는 의무이다.

06 보험계약의 법적성질이다. 가장 거리가 먼 것은?

① 보험료의 선지급이 없어도 보험계약은 유효하게 성립한다.

② 상호보험은 비영리보험이므로 상법상 상행위성이 없다고 본다.

③ 보험약관의 교부 · 설명의무는 보험계약의 부합계약성의 의해 보험자에게 부과되는 의무이다.

④ 매매계약이나 운송계약에 비용을 추가하여 덤으로 위험을 보장하는 것은 보험계약이 될 수 없다.

정답 | ④

해설 | 상호보험계약은 영업적 상행위가 아니지만, 보험계약성의 규정을 준용하여 상행위성을 인정한다.

07 손해보상에 있어서 (가)는 법률상 최고한도이며, (나)는 약정상 최고한도이다. (가)와 (나)가 올바르게 연결된 것은?

	가	나
①	보험가액	보험가액
②	보험가액	보험가입금액
③	보험가입금액	보험가입금액
④	보험가입금액	보험가액

정답 | ②
해설 | 보험자는 보험가입금액을 한도로 지급하면 된다(전부보험일 경우는 '보험가액 = 보험가입금액'이다).

08 손해보험계약의 요소에 대한 설명이다. 가장 거리가 먼 것은?

① 피보험이익이 없는 손해보험계약은 무조건 무효이다.
② 보험계약관계자 중 이해관계자는 보험계약자와 피보험자를 말한다.
③ 보험의 목적은 인보험에서는 피보험자의 생명이나 신체이며 손해보험에서는 사고발생의 객체가 되는 물건이나 재산이 된다.
④ 보험사고는 계약상 보험회사의 보험금지급을 구체화시키는 사고를 말한다.

정답 | ②
해설 | 이해관계자는 보험수익자(인보험)와 피보험자(손해보험)이다.

09 손해보험계약의 요소에 대한 설명이다. 가장 거리가 먼 것은?

① 피보험이익이 없는 손해보험계약은 무조건 무효이다.
② 피보험이익의 평가액을 말한다.
③ 보험계약의 목적이다.
④ 보험회사가 보상하는 법률상 최고한도액이다.

정답 | ③
해설 | '보험계약의 목적 = 피보험이익'이며, '피보험이익을 평가한 가액 = 보험가액'이다.

CHAPTER **03** | 손해보험 경영

SECTION 1 손해보험 경영의 원칙

① 손해보험의 3대 경영원칙('대동분'으로 암기)

위험**대**량의 원칙	위험**동**질성의 원칙	위험**분**산의 원칙
대수의 법칙상 가능한 한 많은 계약을 모집하는 것이 좋다.	위험이 동질적인 계약을 많이 모아야 한다.	보험자의 경영안정을 위해서는 위험분산이 필요하다. **예** 재보험

※ 위험분산에는 '수평적 분산(공동보험1), 수직적 분산(재보험), 장소적 분산'이 있다.

② 기타손해보험경영의 원칙

보험료 적정의 원칙	보험급여 적정의 원칙	투자다양화의 원칙
수지상등원칙에 입각한 보험료	합리적인 절차와 신속한 보험금의 지급으로 보험가입자를 보호함	수익성, 안전성, 유동성, 공익성

③ 감독법규상 손해보험회사의 형태

주식회사	상호회사	외국보험사 국내지점	신협, 새마을금고, 자동차공제조합 등
우리나라보험사 전부	우리나라에 없음	–	–
보험업법상 보험회사			특별법으로 설립

※ 현재 우리나라 모든 보험회사는 주식회사에 해당되며, 상호회사는 존재하지 않는다.

④ 손해보험사의 주요업무 : 언더라이팅업무, 재보험업무, 보험금지급업무, 자산운용업무

⑤ 손해보험의 요율산정 3원칙('적공비'로 암기)

적**정**성	공**정**성	비**과**도성
보험자의 경영존속상 적정한 이윤에 맞는 요율	보험가입자간 차별이 없어야 함	요율이 지나치게 높지 않아야 함

※ 보험요율은 보험회사의 재무건전성을 크게 해할 정도로 낮지 않아야 하는데, 이는 손해보험요율산정 3원칙 중 적정성에 해당된다.

SECTION 2 기타의 손해보험의 형태

공보험과 사보험	임의보험과 강제보험	원보험과 재보험	기업보험과 가계보험
예 산재보험 ↔ 종신보험	**예** 종신보험 ↔ 책임보험	**예** K손보 ↔ 대한재보험	해상보험 ↔ 주택화재보험

※ 종신보험은 '사보험, 임의보험, 원보험, 가계보험, 정액보험, 인보험'으로 분류된다.
※ 자동차 책임보험은 '사보험, 강제보험, 원보험, 가계보험, 물보험'으로 분류된다.
※ 공보험은 국민건강보험, 산재보험, 고용보험 등을 말한다.

CHAPTER **03** | 단원정리문제

01 다음 중 손해보험경영의 원칙에 해당하는 분류는?

① 위험의 분담, 위험대량의 원칙, 급부 · 반대급부의 원칙, 수지상등의 원칙, 이득금지의 원칙

② 경제상의 불안정의 경감, 피해자보호, 신용보완, 종업원복지, 판매촉진과 소비자서비스, 방재에의 기여

③ 위험대량의 원칙, 위험동질성의 원칙, 위험분산의 원칙

④ 비과도성, 적정성, 공정성

정답 | ③
해설 | ① 손해보험의 원리, ② 손해보험의 기능, ③ 손해보험경영의 원칙, ④ 보험요율산정의 3원칙

02 손해보험경영의 3대 원칙에 해당하지 않는 것은?

① 위험대량의 원칙　　　　　　　　② 수지상등의 원칙

③ 위험분산의 원칙　　　　　　　　④ 위험동질성의 원칙

정답 | ②
해설 | '대.동.분'으로 암기한다.

03 손해보험의 주요업무에 해당하지 않는 것은?

① 언더라이팅 업무　　　　　　　　② 재보험업무

③ 보증보험업무　　　　　　　　　④ 자산운용업무

정답 | ③
해설 | 보험금지급업무이다.
　　　※ 손해보험의 주요업무 : '언.재.보.자'로 암기하도록 한다.

04 손해보험의 요율산정의 3원칙과 관련하여 빈칸을 옳게 연결한 것은?

> • 보험요율은 보험회사의 재무건전성을 크게 해할 정도로 낮지 않아야 하는 것은 (   )이다.
> • 보험가입자 간 차별이 없어야 한다는 것으로 손해보험의 원리 중 '급부 · 반대급부균등의 원칙'과 유사한 것은
> (   )이다.

① 적정성 – 공정성   ② 적정성 – 비과도성

③ 공정성 – 적정성   ④ 공정성 – 비과도성

정답 | ①
해설 | '적정성 – 공정성'이다.

05 손해보험을 사고발생의 객체에 따라 분류하면 물보험과 인보험으로 구분된다. 다음 중 물보험에 속하지 않는 것은?

① 재산보험   ② 책임보험

③ 보증보험   ④ 상해보험

정답 | ④
해설 | 인보험(생명보험, 상해보험)이 아닌 것은 모두 물보험(物保險)이다.

06 자동차손해배상책임보험의 성격과 거리가 먼 것은?

① 손해보험   ② 공보험

③ 강제보험   ④ 물보험

정답 | ②
해설 | 자동차보험은 자배법상 가입이 강제되지만 공보험은 아니다.
　　　※ 공보험(公保險) : 국민건강보험, 노인장기요양보험, 산재보험, 고용보험 등

CHAPTER 04 | 보험증권

SECTION 1 보험증권의 법적성질

① 보험증권이란 보험계약체결 후 보험자가 계약자에게 제공하는 하나의 증표이다.

② 법적성질 : 요식증권성, 증거증권성, 면책증권성, 유가증권성

※ 유가증권성의 경우 해상적하보험에서만 제한적으로 인정된다는 일부긍정설이 통설이다.

※ 보험증권은 요식증권이지만 그 요식성은 어음, 수표에 있어서와 같이 엄격한 것은 아니다. 따라서 보험증권에 법정사항의 기재를 결하거나 그 밖의 사항을 기재하여도 보험증권의 효력에는 아무런 영향이 없다.

SECTION 2 보험증권교부의무

① **보험증권교부의무**

㉠ 보험증권교부시점 : 보험계약이 성립되고 계약자가 보험료를 납부하면 지체 없이 교부한다는 것이 통설이나 교부기간이 명시된 것은 아니다.

※ 즉, 계약자가 보험료의 전부 또는 일부의 보험료를 납부하지 않으면 보험증권을 교부하지 않아도 된다.

㉡ 보험증권교부의무 위반 시의 효과 : 증거증권에 불과하므로 교부의무를 위반한다해도 제재에 대한 특별한 규정이 없다.

Cf. 보험자의 보험약관의 교부 · 설명의무 위반 → 보험계약자는 보험계약성립일로부터 3개월 내로 계약을 취소할 수 있다.

② **이의약관** : 보험계약당사자는 보험증권을 교부한 날로부터 일정한 기간 내에 증권내용에 이의를 제기하여 바로잡을 수 있다. 이때의 일정한 기간이라 함은 '1개월을 내리지 못한다'를 말한다(상법 641조).

※ 이의제기할 수 있는 기간을 1개월 이상으로 해야 한다는 의미

③ **보험증권의 재교부** : 재교부 시 작성비용은 보험계약자의 부담을 원칙으로 한다.

※ 보험증권이 멸실된 경우에도 보험금청구가 가능하다(∵ 보험증권은 증거증권에 불과하므로).

CHAPTER 04 | 단원정리문제

01 다음 설명 중 가장 적절한 것은?

① 보험증권은 요식증권이므로 보험증권의 기재사항이 하나라도 누락되면 효력이 없다.

② 보험계약은 요물계약의 성질을 띠고 있어 보험증권을 교부하지 않으면 계약이 성립되지 않는다.

③ 보험증권을 분실한 경우에는 제권판결을 얻어야만 재발행이 가능하다.

④ 보험증권 교부의무를 위반 시에도 법령상의 규제는 없다.

정답 | ④

해설 | 보험약관의 교부명시의무를 위반 시에는 보험계약자가 3개월 내로 취소할 수 있지만 보험증권의 교부의무를 위반 시에는 별다른 규제가 없다(∵ 보험증권은 증거증권에 불과하므로).

02 빈칸에 알맞은 것은?

보험계약의 당사자는 보험증권의 교부가 있는 날로부터 일정한 기간 내에 한하여 그 증권내용의 정부(正否)에 관한 이의를 제기할 수 있음을 약정할 수 있다. 그리고 이 기간은 (   )을 내리지 못한다.

① 2주   ② 1개월   ③ 2개월   ④ 3개월

정답 | ②

해설 | 1개월이다. '1개월을 내리지 못한다'의 의미는 이의제기를 할 수 있는 기간을 1개월 이상으로 정해야 함을 말한다.

CHAPTER 05 | 보험약관

① 보험약관의 종류

보통보험약관	특별보통보험약관	특별보험약관
정형적인 계약조항 (미리 정해진 표준적인 조항)	보통보험약관에 세부사항을 보충 시 필요한 약관	보통보험약관의 내용을 변경하거나 추가, 삭제가 필요한 약관

※ '보통보험약관과 특별보통보험약관(부가약관)'은 부합계약성을 띤다.
※ 특별보험약관은 보험자와 교섭력이 대등하다고 인정되는 기업보험(해상보험, 재보험, 운송보험 등)의 계약체결 시에 필요하다.

② 약관의 구속력에 대한 학설(우리나라 판례는 의사설을 택하고 있음)

의사설(계약설)	규범설
계약당사자 간에 약관내용을 포함하기로 합의하였으므로 구속력이 있다는 것	약관은 그 자체로 규범이므로, 약관내용을 몰랐어도 당사자를 구속한다는 것

③ 약관의 변경과 소급적용 : 이미 계약을 체결한 상태에서(구약관), 보험자가 신약관으로 개정한 경우, 신약관은 구약관에 의해 체결된 보험계약에 영향을 줄 수 없다. 단, 신약관이 보험계약자의 이익보호에 필요하다고 인정될 경우에는 구약관에도 적용시킬 수 있다(→ 이를 약관의 '상대적 강행규정'이라 함).

① 규제의 종류

입법적 규제	행정적 규제	사법적 규제
㉠ 불이익변경금지 ㉡ 약관의 교부·설명의무	㉢ 보험업허가 시 약관제출 ㉣ 약관변경 시 금융위 신고	㉤ 약관의 해석을 통해 간접적인 규제

㉠ 불이익변경금지(상법 663조) : 당사자 간의 특약이 있다 해도, 보험계약자(피보험자, 보험수익자)에게 불이익하게 변경할 수 없다. 단, 기업보험은 계약자(기업)와 보험자의 교섭력이 대등하다고 보므로 이 원칙을 적용하지 않는다.

※ 불이익변경금지의 예외가 되는 기업보험 : 해상보험, 운송보험, 재보험 등

ⓛ 약관의 교부 · 설명의무(상법 638조) : 보험계약체결 시 보험약관을 교부하고 그 약관의 중요내용을 계약자가 이해할 수 있도록 설명하여야 한다.

> ※ **약관의 교부 · 설명의무**
> 1) 약관의 교부설명의무를 부담하는 시점은 '보험계약을 청약하는 때'이다.
> 2) 약관의 교부설명의무를 지는 자는 보험자이며, 그 입증책임도 보험자가 진다.
> 3) 약관의 중요한 내용은 계약자가 이해할 수 있도록 설명해야 한다.
> 4) 의무위반 시 계약자는 보험계약이 성립한 날로부터 3개월 이내에 계약을 취소할 수 있다.
>   • 보험자의 위반 → 계약자의 취소권행사 → 계약의 소멸&보험자의 보험료반환
>   • 계약자가 취소권을 행사하지 않았더라도, 보험자의 약관 교부 · 설명의무에 대한 위반효과가 소멸되는 것은 아니다.

ⓒ 행정적 규제 : 보험자 및 보험계약자의 권리의무에 대한 최소한도의 사항을, 보통보험약관에 규정하도록 의무화하고 있다.

ⓔ 보험업의 허가를 받고자 할 경우는 보험약관을 포함한 신청서류를 금융위에 제출해야 한다(변경 시에도 금융위에 사전신고).

ⓜ 사법적 규제 : 약관의 해석으로 다툼이 있을 경우 최종적으로 법원의 판단을 따른다.

   ※ 공정거래위원회의 결정은 약관에 대한 추상적 심사이며, 법원판결은 약관에 대한 구체적 심사이다.

② **보험약관의 이해도평가**

ⓛ 보험소비자의 약관이해도를 평가하는 기관은 보험개발원이며(금융위에 의해 평가대행기관을 선정)이며, 연 2회 이상 평가결과를 공시해야 한다.

ⓛ 평가는 '명확성, 평이성, 간결성'을 대상으로 한다.

SECTION 3   보험약관의 해석원칙

① **약관규제법상의 원칙**

신의성실의 원칙	개별약정우선의 원칙	통일적 해석의 원칙	작성자불이익의 원칙
약관해석의 기본원칙 (공정, 합리적인 해석)	개별합의사항이 있을 경우 개별약정이 우선함	고객별 해석의 차이가 있어서는 안 됨	최종적인 해석원칙

※ '불명확하게 표시한 자는 이에 대한 책임을 스스로 부담해야 한다'는 작성자불이익의 원칙을 말한다.

② **약관의 기타해석원칙**

ⓛ POP원칙 : Plain(평이하게), Ordinary(통상적으로), Popular(통속적으로) 해석한다.

ⓛ 수기문언우선의 원칙 : 인쇄된 문언보다는 수기문언이, 첨가문언이 있는 경우 인쇄된 문언보다 첨가 문언을 우선해서 해석한다.

   ※ 수기문언은 당연히 가장 우선하여 해석하고 인쇄된 문언 중에서는 특별보험약관은 보통약관에 우선한다는 해석원칙은, 수기문언우선의 원칙이다.

ⓒ 보험약관의 전체적 해석원칙 : 약관전체를 먼저 고려한 후 당사자가 처리하고 있는 목적을 고려한다.

ⓔ 합리적 목적론적 원칙 : 당사자 간의 이해관계를 바탕으로 합리적으로 해석한다.

ⓜ 합리적 기대 원칙 : 전문가가 아닌 일반인(평균인)의 입장에서 이해하는 수준으로 해석한다.

CHAPTER 05 | 단원정리문제

01 보험약관의 종류와 관련하여 빈칸을 옳게 연결한 것은?(순서대로)

> • (   )은 보통보험약관에 대하여 보충적으로 세부적인 약관을 필요로 할 때 이용되는 약관이다.
> • (   )은 보험자와 특정의 보험계약자 간에서만 개별적으로 보통보험약관의 내용을 변경, 추가 또는 배제하는 약정을 하는 약관이다.

① 특별보통보험약관 – 개별약관　　　　　　② 특별보통보험약관 – 특별약관

③ 특별보험약관 – 특별보통보험약관　　　　④ 특별보험약관 – 개별약관

정답 | ②
해설 | '특별보통보험약관 – 특별약관'이다.

02 보험약관에 대한 설명으로 가장 거리가 먼 것은?

① 보통보험약관이 존재하는 이유는 보험계약이 부합계약이기 때문이다.

② 보통보험약관, 특별보통보험약관, 특별약관 모두 부합계약성을 띤다.

③ 의사설에 의하면, 계약당사자 간 약관을 계약내용으로 합의한다면 명시적으로 다른 약정을 하지 않는 한 계약당사자에 대한 약관의 구속력이 인정된다.

④ 우리나라는 규범설이 아닌 의사설을 따르고 있다.

정답 | ②
해설 | 특별약관은 개별적으로 변경, 추가, 배제한 것이므로 부합계약성이 없다고 본다.

03 '보험계약자 등의 불이익변경금지 원칙(상법 제664조)'에 대한 설명이다. 틀린 것은?

① 보험약관에 대한 행정적 규제에 속한다.

② 시장통찰력이 부족한 보험계약자를 보호하기 위한 규정이다.

③ 경제력이나 정보력에서 우월한 보험자가 보험약관에 부당한 내용을 삽입하여 보험계약자에게 불리하게 작용하는 것을 방지하는 차원의 원칙이다.

④ 재보험, 해상보험 등의 기업보험에는 적용되지 않는다.

정답 | ①
해설 | 상법조항으로서 입법적 규제에 속한다.
　　　　• 입법적 규제 : 보험계약자 등의 불이익변경금지 원칙, 보험약관의 교부 · 설명의무
　　　　• 행정적 규제 : 금융위원회와 공정거래위원회를 통한 규제(허가, 변경, 신고 등)
　　　　• 사법적 규제 : 법원의 약관해석을 통한 간접규제를 말함

04 보험약관 규제에 대한 설명이다. 가장 거리가 먼 것은?

① 보험계약의 부합계약성에 따라 보험약관은 보험자가 일방적으로 미리 만든다. 따라서 보험가입자의 이익이 침해될 수 있기 때문에 감독당국의 규제가 필요하다.

② 보험자는 보험계약자에게 약관을 교부하고 그 약관의 중요한 내용을 설명해야 한다.

③ 모든 보험에서 보험자는 약관의 내용을 당사자 간의 특약으로 보험계약자나 보험수익자에게 불리하게 변경할 수 없다.

④ 보험약관에 대한 행정적 결정과 법원의 판결이 일치하지 않는다면 법원판결이 우선한다.

정답 | ③

해설 | ③은 보험약관의 불이익변경금지의 규정(상법 제663조)을 말하는데, 모든 보험에 적용되는 것은 아니다. 해상보험 등 기업보험에서는 보험자와 보험계약자와의 입장을 동등하게 보기 때문에 이 경우는 '불이익변경금지'의 규정이 적용되지 않는다.

05 보험약과의 교부 · 설명의무에 대한 내용이다. 보기에서 틀린 것은?

보험자가 약관의 교부 · 설명의무를 지는 시점은 ① 보험계약을 청약하는 때이며, 보험자가 이를 위반 시 보험계약자는 ② 보험계약이 성립한 날로부터 ③ 3개월 이내에 ④ 보험계약을 해지할 수 있다.

정답 | ④

해설 | 보험계약을 취소할 수 있다.

06 보험약관의 교부 · 설명 의무에 대한 설명이다. 틀린 것은?

① 보험자가 보험약관의 교부 · 명시의무를 이행해야 하는 시점은 보험자가 보험계약에 대해 승낙을 하는 시점이다.

② 중요한 내용에 대해서는 보험계약자가 이해할 수 있도록 설명해야 한다.

③ 보험자가 보험약관의 교부 · 설명의무를 위반 시 보험계약자는 3개월 이내에 그 계약을 취소할 수 있다.

④ 보험자가 보험약관의 교부 · 설명의무를 위반하고 보험계약자가 취소권을 행사하지 않았다고 해도, 보험자가 약관의 교부 · 설명의무를 위반한 법률효과는 소멸되지 않는다.

정답 | ①

해설 | 보험계약을 청약하는 때이다.

※ 암기법 : 약.청.고.성(약관의 교부설명의무는 보험계약을 청약하는 때, 고지의무의 이행은 계약의 성립 시까지)

07 약관의 교부·설명의무에 대한 설명이다. 가장 거리가 먼 것은?

① 동 의무 이행에 대한 입증책임은 보험자가 진다.

② 단순히 보험계약자에게 알려주어야 할 뿐 아니라 보험계약자가 이해할 수 있도록 설명해야 하는 의무이다.

③ 보험자가 부담하는 의무이므로 보험설계사, 보험대리점, 보험중개사는 부담하지 않는 의무이다.

④ 가입자가 잘 알고 있는 사항, 거래상 널리 알려진 사항, 설명을 안 하였더라도 계약이 체결되었을 것으로 인정되는 사항 등은 설명하지 않아도 된다.

정답 ┃ ③

해설 ┃ 보험자의 의무이지만, 보험설계사와 보험대리점, 보험중개사도 이를 대신할 수 있다고 본다.

08 약관규제법상의 약관해석원칙상 '작성자불이익의 원칙'을 설명한 것이다. 틀린 것은?

① 불명확하게 표시한자는 이에 대한 책임을 스스로 부담해야 한다는 법언에서 유래된 원칙이다.

② 보험자와 계약자가 약관에 대해 합의한 내용이 약관의 내용과 다를 경우에 적용되는 원칙이다.

③ 보험계약이 부합계약임에 따르는 해석원칙이라 할 수 있다.

④ 약관해석원칙 중 가장 최종적으로 적용되는 원칙이다.

정답 ┃ ②

해설 ┃ ②는 개별약정우선의 원칙을 말한다.

09 보기에 해당하는 약관의 해석원칙은?

> 특별보험약관은 특별보통보험약관보다 우선하여 해석되어야 한다.

① 개별약정우선의 원칙 　　　　　　　② 작성자불이익의 원칙

③ POP원칙 　　　　　　　　　　　　④ 수기문언우선의 원칙

정답 ┃ ④

해설 ┃ 수기문언우선의 원칙에 속한다(인쇄된 문언보다는 수기문언이, 첨가문언이 있는 경우 인쇄된 문언보다 첨가 문언을 우선해서 해석한다).

CHAPTER 06 | 금융위원회의 설치 등에 관한 법률

SECTION 1 금융위원회

① 국무총리산하의 회의체의결기관으로서 금융기관에 대한 실질적 최고감독기관이다.

② 금융위원회의 구성

위원장 1인				부위원장 1인	
7인의 위원					
기획재정부 차관	한국은행 부총재	금융감독원 원장	예보공사 사장	금융전문가 2인	경제계대표 1인
당연직위원 4인					

※ 3인 이상의 위원요구 또는 위원장단독으로 회의소집하며, '과반 - 과반'으로 의결한다.

SECTION 2 증권선물위원회, 금융감독원

① 자본시장의 불공정거래조사 등을 위해 금융위 산하에 증권선물위원회를 설치함

② 금융위 또는 증선위의 지시를 받아 금융기관에 대한 검사, 감독업무 등을 수행하기 위해 금융감독원을 설치함(무자본 특수법인에 해당함)

SECTION 3 금융위, 증선위, 금융감독원의 주요업무

금융위원회	증권선물위원회	금융감독원
• 금융정책 및 제도에 관한 사항 • 금융기관 설립, 합병 등의 인허가에 관한 사항 • 자본시장 관리 · 감독에 관한 사항(ⓐ) • 금융기관 감독 · 검사에 관한 사항(ⓑ)	• 자본시장의 불공정거래 조사 • 기업회계기준, 회계감리에 관한 업무 • 금융위로부터 위임받은 업무(ⓐ)	금융기관의 업무 및 재산상황에 대한 검사(ⓑ)

※ 자본시장의 불공정거래조사는 증선위, 금융기관에 대한 업무 및 재산상황에 대한 검사는 금융감독원의 업무이다.

① 금융분쟁조정위원회(금융감독원내에 설치)의 위원 : 1인에서 30인 이내의 위원으로 구성되며, 매회의 시마다 7인 이상 11인 이하의 위원을 구성함. 해당 조정안건과 이해관계가 있는 위원은 제척됨

② 조정절차

조정신청 → 합의권고 → 조정위원회에 회부(신청을 받은 날로부터 30일 이내) → 심의 · 의결(회부일로부터 60일 이내) → 조정안 작성 → 조정안 수락 → 재판상 화해

※ 조정위원회 회부하지 않아도 되는 사항 : 이미 법원에 제소된 사건, 분쟁조정대상으로 적합하지 않다고 인정되는 경우 등

③ 조정의 중지 : 언제라도 당사자 중 일방이 소를 제기할 경우는 조정절차가 중단된다.

④ 재의요구 : 일반의결은 '과반&과반'요건이나, 재의에 대한 의결은 '위원의 2/3 이상 출석&2/3 이상 찬성'의 요건을 갖추어야 함

※ 금융분쟁조정위원회(공적기관)에서 조정이 성립되면 재판상 화해(자율기관은 민법상 화해)의 효력을 지니며, 재판상 화해 이후에는 더 이상의 법적다툼이 불가하다.

① 재무건전성감독 : 지급여력비율을 100% 이상 유지, 대출채권의 대손충당금적립의무 등

② 공시의무 : 재무제표 공시, 보험계약에 관한 비교 · 공시 등
  ㉠ 비교공시 : 보험계약에 관한 사항(보험료, 보험금, 보장위험, 공시이율 등)은 보험협회를 통해서 비교공시를 할 수 있도록 함(124조)
  ㉡ 보험상품공시위원회 : 보험상품의 비교공시에 관한 중요사항을 심의 · 의결하는 기관
  ※ 보험회사 상품담당 임원 또는 선임계리사 3인, 변호사 1인, 소비자 1인, 학계 1인으로 구성함

③ 상호협정의 인가
  ㉠ 보험회사가 타회사와 공동으로 업무를 진행할 필요가 있을 경우 타회사와 협정을 체결하는 것을 상호협정이라 한다.
  ㉡ 상호협정 체결뿐 아니라, 상호협정의 변경이나 폐지의 경우에도 금융위의 인가를 받아야 한다.
  ㉢ 금융위는 상호협정의 체결과 변경, 폐지의 인가를 내거나 협정에 따를 것을 명하려면 사전에 공정거래위원회와 협의해야 한다.
  [참고] 현재 시행 중인 상호협정은 13개이다(생명보험 2개, 손해보험 11개).

④ 기초서류의 신고

ⓐ 기초서류 : 사업방법서, 보험약관, 보험료 및 책임준비금산출방법서('사.약.책'으로 암기)

ⓑ 기초서류 신고의무 : 새로운 보험상품을 도입하거나 금융기관보험대리점 등을 통해 모집하는 경우, 시행예정일 30일 전까지 사전에 금융위에 신고해야 한다.

ⓒ 기초서류의 확인 : 기초서류 중 '보험료 및 책임준비금산출방법서'에 대해서는 기초서류신고 시 보험개발원 또는 보험계리업자의 검증확인서를 받도록 할 수 있다.

ⓓ 금융위원회는 보험회사가 제출한 기초서류가 신고의무에 해당되지 않더라도, 보험계약자 보호를 위해 필요할 경우 관련서류의 제출을 요구할 수 있다.

⑤ 사유발생일로부터 5일 이내 보고사항

보험회사의 상호변경/임원의 선임 또는 해임/최대주주 변경/대주주의 지분 중 100분의 1 이상의 변동/본점의 영업을 중지하거나 재개한 경우/해당보험사 업무수행에 중대한 영향을 주는 경우

⑥ 금융위원회의 명령권행사의 종류

업무운영관련 조치 자료제출 및 검사	기초서류의 변경 또는 사용 정지 명령	보험금지급불능에 대한 조치	보험회사에 대한 제재
업무집행방법의 변경, 금융감독원의 검사	계약자보호와 건전경영을 해칠 우려가 있는 경우	보험계약체결 제한, 보험금 지급의 정지 등	6개월 이내의 영업의 전부 또는 일부정지 등

※ 기초서류의 변경을 명할 경우, 필요 시 이미 체결된 보험계약에 대해서도 장래를 향하여 그 변경의 효력이 미치게 할 수 있다. 또한 변경명령을 받은 기초서류로 인해 피보험자 등이 불이익을 받은 것이 명백하다고 인정되는 경우에는 납입된 보험료의 일부를 되돌려주거나 보험금을 증액하도록 할 수 있다.

※ 보험회사에 대한 제재의 종류

보험업법의 규정, 명령, 지시를 위반 시	부정한 방법으로 보험업 허가를 받은 경우
• 6개월 이내의 영업의 일부정지의 명령 • 위반명령에 대한 시정명령 • 임원의 해임권고, 직무정지의 요구 • 회사에 대한 주의 · 경고 또는 임직원에 대한 주의, 경고, 문책의 요구	• 6개월 이내의 영업의 전부정지의 명령 • 청문을 거쳐 보험업의 허가취소 가능

※ 부정한 방법으로 보험업허가를 받은 경우 '6개월 이내의 영업의 전부정지(일부정지가 아님)'를 명할 수 있다.

⑦ 보험조사협의회 : 금융위는 조사업무의 효율적 수행을 위해 금융위에 보건복지부, 금감원 등으로 구성되는 보험조사협의회를 둘 수 있다.

ⓐ 보험조사협의회는 15인 이내의 위원으로 구성하며 임기는 3년

ⓑ 조사업무의 효율적 수행을 위한 공동대책 수립 또는 조사한 정보의 교환에 관한 사항에 대해 의결한다('재적과반 출석 & 출석과반 이상'의 찬성으로 의결).

① 손해보험회사의 제3자 보험금지급보장의무
- ㉠ 보험사고로 입은 제3자의 손해에 대해서 당해 손해보험사의 지급불능이 있다고 해도 법령에 의해 보험금지급을 보장하는 제도를 말한다.
  ※ 지급불능의 보고 : 손보사의 지급불능이 발생 시 손해보험협회에 보고함
- ㉡ 대상 : 법령에 의해 가입이 강제되는 손해보험계약(주로 배상책임보험), 자동차보험(단, 법인계약은 제외)
  ※ 자동차보험은 책임보험뿐 아니라 임의보험부분도 포함됨

② 손해보험회사의 출연
- ㉠ 손해보험사의 제3자 보험금지급보장의무를 준수하기 위해, 손해보험회사는 일정한 금액을 손해보험협회에 출연해야 한다.
  ※ 손해보험협회로부터 출연금의 통지를 받은 날로부터 1개월 내로 납부해야 함
- ㉡ 출연금액 = 목표기금 $\times$ $\dfrac{\text{해당 손보사의 수입보험료와 책임준비금의 산술평균액}}{\text{손보사 전체의 수입보험료와 책임준비금의 산술평균액}}$

③ 보험금의 지급
- ㉠ 지급불능의 보고를 받은 경우, 손해보험협회는 금융위의 확인을 거쳐 손해보험계약의 제3자에게 보험금을 지급한다.
- ㉡ 손해보험협회는 법령상의 제3자 보험금지급을 위해 필요한 경우 금융위의 승인을 받아 자금을 차입할 수 있다.
- ㉢ 손해보험협회가 제3자에게 보험금을 지급한 후에는 해당 손해보험회사에 대하여 구상권을 가진다.

CHAPTER **06** | 단원정리문제

01 금융위원회에 대한 설명이다. 가장 거리가 먼 것은?

① 국무총리 산하의 합의체 행정기관이며, 금융정책과 제도에 관한 최고의결기관이다.

② 금융감독원의 상위기관으로서 금융기관에 대한 실질적 최고감독기관이다.

③ 위원 3인 이상의 요구가 있을 때 위원장이 회의를 소집한다.

④ 재적 과반수의 출석과 출석위원 3분의 2 이상의 찬성으로 의결한다.

정답 | ④

해설 | 재적과반수 출석&출석위원 과반수의 찬성으로 의결한다.

02 금융감독원의 주요업무에 속하지 않는 것은?

① 자본시장의 불공정거래 조사

② 금융기관의 업무 및 재산상황에 대한 검사

③ 금융위원회 및 증권선물위원회에 대한 업무지원

④ 분쟁조정

정답 | ①

해설 | ①은 증선위의 업무이다(불공정거래조사와 금융기관검사를 구분할 것).
　　　※ 증권선물위원회의 주요업무 : 기업회계기준 및 회계감리에 관한 업무, 자본시장의 불공정거래조사 업무

03 금융분쟁조정위원회에 대한 설명이다. 가장 거리가 먼 것은?

① 금융분쟁조정위원회는 위원장 1인을 포함한 30인 이내의 위원으로 구성한다.

② 조정위원회의 위원장은 금융감독원의 부원장 중 1인을 금융감독원장이 지명한다.

③ 분쟁조정위원회는 조정의 회부를 받은 날로부터 30일 이내에 심의완료하여 조정안을 의결해야 한다.

④ 조정이 완료되면 재판상 화해의 효력이 발생된다.

정답 | ③

해설 | 조정위 회부는 30일, 심의의결은 60일이다.

04 금융분쟁조정에 대한 다음 설명 중 가장 적절한 것은?

① 매 안건의 의결을 위한 조정위원회는 30인 이내의 위원으로 구성된다.

② 조정안에 대한 재의요구 시 의결은 과반수의 출석과 과반수의 찬성으로 한다.

③ 합의권고가 받아들여지지 않을 경우에는 조정신청일로부터 30일 이내에 조정위원회에 회부해야 한다.

④ 조정안이 받아들여지면 민법상 화해의 효력이 발생한다.

정답 | ③
해설 | ① 금융분쟁조정위원회는 30인 이내에나 건별 회의는 7인~11인 이하이다.
　　　② 재의는 '2/3 이상의 출석과 출석 2/3 이상'의 찬성으로 의결
　　　④ 재판상 화해

05 금융분쟁조정 과정에서 조정위원회에 회부하지 않아도 되는 사유를 나열하였다. 틀린 것은?

① 이미 법원에 제소된 사건이나 분쟁조정의 신청이 있은 후 소를 제기한 경우

② 신청의 내용이 분쟁조정대상으로서 적합하지 않다고 인정되는 경우

③ 신청의 내용이 관련 법령 또는 객관적인 증빙 등에 의해 합의권고절차 및 조정절차진행의 실익이 없는 경우

④ 조정위원회의 의결사항이 위법하거나 공익에 비추어 심히 부당하다고 판단되는 경우

정답 | ④
해설 | ④의 경우 금융감독원장이 재의(再議)를 신청할 수 있다.

06 상호협정에 대한 내용이다. 틀린 것은?

① 타보험사와 공동의 업무를 진행하기 위해 타보험사와 체결하는 협정을 말한다.

② 상호협정을 체결하는 경우 금융위의 사전인가를 받아야 한다.

③ 금융위는 상호협정의 체결, 변경 및 폐지의 인가를 내거나 협정에 따를 것을 명하려면 금융감독원과 협의해야 한다.

④ 현재 시행 중인 보험사 간의 상호협정은 생명보험보다 손해보험회사가 더 많다.

정답 | ③
해설 | 금융감독원 → 공정거래위원회

07 기초서류의 작성 · 변경 시의 규제에 대한 내용이다. 가장 거리가 먼 것은?

① 기초서류 작성 · 변경의 내용이 '새로운 보험상품이 도입하거나, 금융기관보험 대리점을 통해 모집하는 경우 등'에 해당할 경우 시행예정일 7일 전에 금융위에 신고해야 한다.

② 기초서류의 작성 · 변경 시 정당한 사유없이 보험계약자에게 불리한 내용을 포함하지 않아야 한다.

③ 금융위는 기초서류가 법령위반 또는 보험계약자에게 불리한 경우 청문을 거쳐 그 서류의 변경이나 사용정지를 명령할 수 있다.

④ 금융위는 기초서류의 변경 시 보험계약자의 이익보호를 위해 필요하다고 인정되는 경우 이미 체결된 계약에 대해서도 장래에 그 효력이 미치도록 할 수 있다.

정답 | ①

해설 | 30일 전이다(기초서류의 검토는 시간이 걸리는 사항이므로). ④와 관련해서 기초서류의 변경이 기계약자의 이익을 명백히 침해한다고 판단될 경우 납입보험료의 일부를 반환하거나 보험금을 증액하는 조치도 취할 수 있다.

08 보험업법에 따른 규정이나 명령 · 지시를 위반한 경우, 금융위가 취할 수 있는 제재조치가 아닌 것은?

① 보험회사에 대한 주의, 경고 또는 그 임직원에 대한 주의, 경고, 문책의 요구

② 해당 위반행위에 대한 시정명령

③ 임원의 해임권고, 직무정지의 요구

④ 6개월 이내의 영업의 전부정지

정답 | ④

해설 | 영업의 일부정지 → 보험업법의 규정위반의 경우, 영업의 전부정지 → 부정한 방법으로 보험업허가를 받은 경우

09 보험조사협의회에 대한 설명이다. 가장 거리가 먼 것은?

① 보험조사의 원활하게 수행하기 위해 보험협회가 구성하고 운영한다.

② 과반수 출석과 과반수의 찬성으로 의결한다.

③ 협의회 의장은 호선으로 하며, 협의회 위원의 임기는 3년이다.

④ 금융위원회, 보건복지부, 금융감독원, 보험협회가 지정 또는 추천하는 인사가 참여해야 한다.

정답 | ①

해설 | 금융위원회 산하의 회의체이므로 금융위가 운영한다.

10 손해보험계약의 제3자 보호 제도에 대한 설명이다. 가장 거리가 먼 것은?

① 법령에 따라 가입이 강제되는 보험은 손해보험계약의 제3자보호제도의 적용을 받는다.

② 자동차보험의 경우 의무보험인 책임보험은 손보계약의 제3자보호 제도의 보호를 받지만, 임의보험부분은 제외된다.

③ 퇴직연금보험을 제외한 법인계약은 손보계약의 제3자보호가 적용되지 않는다.

④ 손해보험회사는 손해보험협회로부터 출연금 납부통보를 받은 날로부터 1월 이내에 출연금을 납부해야 한다.

정답 | ②

해설 | 손보계약의 제3자보호 제도는 의무보험(강제보험)에만 적용되는 것이 원칙이나 자동차보험의 경우 사회적 영향을 고려하여 임의보험도 적용된다.

11 손해보험계약의 제3자 보호에 대한 내용이다. 가장 거리가 먼 것은?

① 각 손보사가 출연해야 하는 연간금액은 $\frac{\text{해당 손보사의 수입보험료와 책임준비금의 산술평균액}}{\text{손보사 전체의 수입보험료와 책임준비금의 산술평균액}}$ 의 비율로 출연하되 금융위가 정한 금액 이내로 한다.

② 손보사는 손보협회로부터 출연금 납부통보를 받은 날부터 1개월 이내에 손보협회에 출연금을 납부해야 한다.

③ 손보협회장은 손보사의 지급불능 보고를 받으면 금융위의 확인을 거쳐 손보계약의 제3자에게 보험금을 지급해야 한다.

④ 손보협회가 제3자에 대한 보험금지급이 필요할 경우 손보사가 출연하여 모인 전체 출연기금 내에서 지급한다.

정답 | ④

해설 | 출연기금으로 부족할 경우, 정부나 예보공사 등으로부터 차입을 해서라도 제3자에 대한 보험금에 대한 지급을 보장한다.

CHAPTER 07 | 보험관계단체 등

SECTION 1   보험협회 VS 보험요율산출기관

보험협회	보험요율산출기관 (보험개발원)
보험사 상호 간의 업무질서유지 등을 위한 비영리사단법인	보험료의 합리적 · 공정한 산출과 보험관련정보의 효율적 관리를 위한 금융위 인가기관
• 보험회사 간의 건전한 업무질서유지 • 보험상품의 비교공시 업무 • 정부로부터 위탁받은 업무	• 손해보험요율의 산출, 검증 및 제공 • 보험관련 정보수집과 제공 및 통계작성 • 보험에 대한 조사 및 연구

※ 보험협회의 설립은 의무사항은 아니다(법정설립기관이 아님을 의미).
※ 보험료산출기관은 순보험요율의 산출을 위해 필요한 경우 교통법규를 위반한 개인정보 및 질병에 관한 통계를 법원명령 등의 절차 없이도 해당 기관의 장으로부터 제공받을 수 있다.

SECTION 2   보험계리사

① **보험계리사와 손해사정사의 독립** : 보험회사로부터 보험계리에 관한 업무와 손해사정에 관한 업무를 독립시켜 보험업의 공공성과 합리성을 제고하고자 함

② **선임계리사의 업무수행 독립성** : 선임계리사의 업무를 공정하게 수행할 수 있도록 하는 것을 말함
  ㉠ 선임계리사는 보험계리업무에 10년 이상 종사한 경력이 있어야 한다.
  ㉡ 선임계리사는 이사회결의로 선임하며, '선임 후 보고'하며 '해임 전 신고'한다.
  ㉢ 선임계리사를 선임한 경우에는 선임의 다음연도부터 연속되는 3사업연도가 끝나는 날까지 해임할 수 없다.
    ※ 선임계리사는 이사회결의로 선임하며(주총결의가 아님), '선임 후 보고, 해임 전 신고'한다. 이는 선임에 비해 해임절차를 엄격히 함으로써 계리사의 독립성을 강화하는 차원이다.

① **손해사정사의 종류** : 재물손해사정사, 차량손해사정사, 신체손해사정사

② **손해사정사 시험**

　㉠ 손해사정사가 되기 위해서는 금감원에서 실시하는 시험에 합격하고 실무수습기간을 거친 후 금융위에 등록해야 한다.

　　※ 금융위원회는 등록업무를 금융감독원에 위탁하여 등록실무는 금융감독원에서 수행함(손해사정사, 보험계리사, 보험중개사의 경우)

　㉡ 손해사정사의 실무수습기간은 6개월로 하며, 실무수습은 금융감독원, 생손보험회사, 생명보험협회, 손해보험협회, 그 밖에 금융위가 지정하는 기관에서 행하여야 한다.

　㉢ 감독원장이 인정하는 외국의 손해사정사 자격을 가진 자는 국내에서도 그 자격을 인정하는 것으로 되어 있으나, 현재 감독원장이 인정하는 나라는 없다.

　　※ 금융위원회는 보험계리사나 손해사정사가 그 직무를 게을리하거나 부적절한 행위를 하였다고 인정되는 경우에는, 6개월 이내의 기간을 정하여 업무정지를 명하거나 해임하게 할 수 있다.

CHAPTER 07 | 단원정리문제

01 다음 중 보험협회의 업무에 속하지 않는 것은?

① 보험상품의 비교 · 공시 업무

② 보험회사 간의 건전한 업무질서 유지

③ 정부로부터 위탁받은 업무

④ 순보험요율의 산출 · 검증 및 제공

정답 | ④

해설 | ④는 보험요율산출기관(보험개발원)의 업무이다.

02 보험요율산출기관에 대한 설명이다. 가장 거리가 먼 것은?

① 보험요율산출기관은 임의단체에 해당한다.

② 보험요율산출기관은 보험사가 적용할 수 있는 순보험요율 및 부가보험요율을 산출하여 금융위에 신고할 수 있다.

③ 보험회사가 보험요율산출기관이 산출 · 신고한 순보험요율을 적용하는 경우는 순보험료에 대한 기초서류의 변경신고를 별도로 할 필요가 없다.

④ 보험요율산출기관이 순보험요율을 산출하기 위해 필요한 경우 교통법규위반에 대한 개인정보, 질병에 관한 통계의 이용 등 개인정보를 요청, 열람할 수 있다.

정답 | ②

해설 | 부가보험요율은 각 보험사의 사업비를 반영해서 각 보험사가 결정한다. ③에서 보험회사가 보험개발원이 제공한 순보험료를 적용하는 경우 기초서류의 변경신고에 갈음하는 것이므로 별도신고가 필요 없다는 뜻이다.

03 선임계리사에 대한 다음 설명 중 옳은 것은?

① 선임계리사를 선임하기 위해서는 금융위의 사전 승인을 받아야 한다.

② 선임계리사의 임명은 이사회결의로, 해임은 주총의 보통결의로 한다.

③ 선임계리사는 보험계리업무에 5년 이상 종사한 경력이 있어야 한다.

④ 선임계리사를 선임한 후에는 선임의 다음연도부터 연속되는 3사업연도가 끝나는 날까지 해임할 수 없다.

정답 | ④

해설 | ① 사후보고, ② 해임도 이사회결의, ③ 10년

04 손해사정사에 대한 설명이다. 틀린 것은?

① 손해사정사가 되려는 자는 금융감독원장이 실시하는 시험에 합격하고 일정기간의 실무수습을 마친 후 금융위원회에 등록해야 한다.

② 감독원장이 인정하는 외국의 손해사정사 자격을 가진 자는 국내에서도 그 자격을 인정하는 것으로 하며, 현재 미국와 일본의 두 나라에 대해서만 인정이 된다.

③ 실무수습은 금융감독원뿐만 아니라 손해보험협회, 생명보험협회, 손해보험회사, 생명보험회사에서도 가능하며 실무수습기간은 6개월이다.

④ 손해사정사가 업무 중 타인에게 손해배상책임을 부담할 경우를 대비하여 금융위원회는 손해사정사 또는 업자에게 지정하는 기관에의 자산예탁, 보험가입 그 밖의 필요한 조치를 하게 할 수 있다.

정답 | ②
해설 | 현재 감독원장이 인정하는 나라는 없다.

P / A / R / T 02

보험법

A C I U

기 업 보 험 심 사 역

'보험법' 학습 Guide

(1) 세부과목별 출제문항수

세부과목	예상문항수	과목난이도(최고 ★★★★★)
1장 보험계약법(상법 제4편)	15문항	★★★
2장 보험업법	5문항	
계	20문항(과락 : 득점문항이 8문항 미만 시)	

※ 챕터별 문항 수는 매 시험 변동이 있을 수 있습니다.

(2) 학습전략

난이도가 어렵지는 않으나 기본서 분량이 공통과목 중 가장 많아서 어려움이 있는 과목이다. 분량이 많은 만큼 반복학습이 필요한 과목이다.

출제문항에서 보험계약법의 비중이 압도적으로 높은데, 최근에 보험업법의 비중이 약간씩 높아지는 것으로 파악된다. 보험법은 모든 보험자격시험의 근간이 되는 이론이므로, 학습을 잘 해두면 향후에도 도움을 받을 수 있다.

동 과목에서는 80% 이상 득점을 목표로 하되, 최소한 70% 이상의 득점을 하겠다는 자세로 학습할 것을 권장한다.

CHAPTER 01 | 보험계약법

I 보험계약 개요

SECTION 1 보험계약의 성립

① 보험계약은 낙성계약으로서 보험계약자의 청약과 보험자의 승낙에 의해 성립한다.

※ 낙성계약이므로 '초회보험료 지급이나 보험증권의 교부'와 같은 요물적 조건을 요구하지 않는다.

② **낙부의 통지** : 보험청약&최초보험료의 납부 → 30일 내 낙부의 통지를 해야 함

    ㉠ 30일 내 승낙통지가 없으면 승낙이 된 것으로 간주하는데 이를 승낙의제라 함

    ㉡ 낙부의 통지는 발송주의를 택하고 있다(발송기준을 의미함).

      예시 30일째 되는 날에 거절통보를 하고 발송을 했으나, 31일째 되는 날에 보험계약자에게 도달한 경우에는 승낙의제가 되지 않는다(승낙의 통지를 한 것).

③ **청약철회** : '보험증권을 교부한 날로부터 15일 이내'에 아무 조건 없이 청약을 철회할 수 있다. 다만, 청약일로부터 30일이 경과하면 청약철회를 할 수 없다.

※ 청약철회 시 3일 내로 납입보험료를 전액 반환해야 하며, 3일 초과 시 이자를 가산하여 반환해야 함

④ **승낙 전 보험사고**

    ㉠ 승낙 전 보험사고발생 시 보험자는 그 청약을 거절할 사유가 없는 한 책임을 진다.

    ※ 승낙 전 사고에 대한 보험자책임은 '아직 보험계약이 성립되기 전'이므로 법정책임에 해당된다.

    ㉡ 승낙 전 사고에 대한 보험금지급 발생요건

> • 보험계약의 청약이 유효해야 한다.
> • 보험료의 전부 또는 일부(초회보험료)가 지급되었어야 한다.
> • 보험자가 청약을 거절할 사유가 없었어야 한다.
> • 인보험의 진단계약의 경우 진단계약을 받았어야 한다.

    ※ 승낙 전에 보험사고가 발생하였으나, 고지의무위반 등 보험자가 청약을 거절할 사유가 있었다면 보험자의 책임은 면제된다.

    ㉢ 보험계약 부활의 경우에도 승낙 전 보험사고의 규정이 준용된다. 즉, 부활승낙 전 사고가 발생하면 보험자가 부활청구를 거절할 사유가 없는 한 보험금지급책임을 진다.

① '타인을 위한 보험'의 정의: 보험료를 납입하는 자(보험계약자)와 보험금을 수령하는 자(인보험 – 보험수익자, 손해보험 – 피보험자)가 다른 경우 '타인을 위한 보험'이라 한다.

인보험	손해보험
보험계약자 ≠ 보험수익자	보험계약자 ≠ 피보험자

② 타인을 위한 보험의 성립요건(생명보험보다는 손해보험의 요건이 완화적용됨)

  ㉠ 계약당사자 간 의사의 합치가 있어야 한다.

    ※ 여기서 '합치(합의)'는 묵시적이라도 무방한데, 이는 보험계약을 체결하는 시점에서 타인(피보험자 또는 보험수익자)의 존재를 추정할 수 있으면 보험계약성립이 가능함을 말한다.

  ㉡ 타인을 확정하는 것은 계약성립 전은 물론, 계약성립 후 보험사고 발생 전에 정해도 무방하다.

    ※ 보험계약체결 시점에서는 타인의 존재 자체를 추정할 수 있으면 되고, 타인을 확정하는 것은 보험사고 발생 전까지 확정하면 된다.

  ㉢ 타인은 피보험자나 보험수익자와의 관계로 표시해도 무방하다(예 법정상속인).

  ㉣ 불특정의 타인을 위한 보험도 성립한다(예 보험계약자의 상속인을 보험수익자로 하는 경우).

③ 보험계약체결 시 타인의 위임여부

  ㉠ 보험계약자는 타인의 묵시적 합의로도 타인을 위한 보험계약을 체결할 수 있는 바, 계약체결의 권한을 타인으로부터 위임을 받았는지의 여부를 묻지 않는다.

    Cf. 피보험자가 타인인 사망보험계약에서는 타인의 서면동의 없이는 '타인을 위한 보험계약'의 체결이 불가하다.

  ㉡ 다만, 타인의 위임이 없을 경우 보험계약자는 이를 보험자에게 고지를 하지 않는다면 타인의 보험자 대항력은 인정되지 않는다.

    ※ 이는, 손해보험에서는 타인을 위한 보험계약을 체결하기가 용이하나(묵시적 합의로도 가능하므로), 타인의 위임이 없음을 고지를 하지 않은 경우 타인의 보험자 대항력이 인정되지 않는다는 것을 의미한다.

  ㉢ 타인을 위한 보험계약의 해지권

    ※ 보험계약자가 타인의 동의를 얻지 못하거나 보험증권을 소지하지 못하면, 해당 계약을 해지할 수 없다(→ 계약해지요건을 계약체결보다 엄격히 함).

④ 보험계약자 · 피보험자 · 보험수익자의 지위

  ㉠ 보험계약자의 의무와 권리

의무	권리
보험료지급의무, 고지의무, 통지의무, 위험유지의무, 손해방지경감의무	보험계약해지권, 보험료반환청구권, 보험료감액청구권, 보험증권교부청구권

  ㉡ 피보험자 · 보험수익자의 권리와 의무

의무	권리
고지의무[주1], 위험유지의무[주2], 보험사고발생 시 통지의무, 손해방지경감의무[주3], 보험료지급의무(예외적으로).	보험금지급청구권

※ 주1 : 고지의무는 상법상 '보험계약자와 피보험자 또는 이들의 대리인'에게 부과된다.
※ 주2 : 위험유지의무는 상법상 '보험계약자, 피보험자' 뿐만 아니라 '보험수익자'에게도 부과된다.
※ 주3 : 손해방지경감의무는 원칙적으로 손해보험계약에만 해당된다.

① 계약 전의 어느 시기를 보험기간의 시기로 하는 보험계약을 체결할 수 있다(상법 제643조).

② 소급보험은 계약성립을 전제로, 청약 전 사고에 대하여, 주관적 우연성의 요건을 충족할 때, 보험자가 책임을 진다.

　　※ 주관적 우연성이란 '청약 전 사고에 대해서 당사자 쌍방과 피보험자가 이를 모르고 있을 경우'를 말하며, 이 경우는 보험사고가 청약 전에 이미 발생하였음에도 불구하고 보험계약이 성립한다.

③ lost or not lost(멸실여부를 불문하고) : 통신기술이 발전되지 않았던 과거 해상보험의 경우 계약 체결시점에서 보험사고여부를 확인할 수 없으므로 'lost or not lost'의 조건으로 약정하게 된다.

　　※ 현재 해상보험에서는 통신발달로 '소급보험'이 필요하지 않으나, 전문직업배상책임보험에서 주로 활용된다.

④ 소급보험 VS 승낙 전 보험사고

소급보험의 보험사고	승낙 전 보험사고
• 계약성립을 전제로 청약 전 사고를 보상한다.	• 계약이 성립되기 전 보험사고를 보상한다.
• 이미 발생한 사고는 주관적 우연성의 요건으로 보상한다.	• 이미 발생한 사고는 보상하지 않는다.

　　※ 승낙 전 보험사고는 '법정책임'을, 소급보험은 '계약상 책임'을 진다.

Ⅱ 　보험료의 납입과 지체의 효과

최초보험료	계속보험료
• 보험계약자는 계약체결 후 지체 없이 초회 보험료 또는 전부보험료를 납부해야 한다. • 최초보험료의 납입즉시 보험자의 책임이 개시된다. • 보험계약체결 후 2개월 동안 최초보험료가 납입되지 않으면 계약은 해제^{주1} 된다.	• 계속보험료(초회보험료 이후의 납입보험료)가 약정한 시기에 지급되지 않은 경우, 보험자는 일정기간을 정하여 보험계약자에게 최고하고 최고기간 내에 계속보험료가 지급되지 않으면 계약을 해지할 수 있다. 　※ 해지가 되면 계약은 실효가 됨 • 계속보험료의 2회 이상 보험료부지급으로 계약이 효력을 잃은 것을 '실효약관'이라고 한다.

　　※ 주1 : 해제는 보험자의 일방적인 의사표시로 처음부터 보험계약이 존재하지 않았던 것으로 만드는 법률행위이다.
　　※ 주2 : 해지는 장래에 한하여 계약의 효력을 상실시키는 법률행위이다.

① 실효 : 실효는 장래에 한하여 계약의 효력이 소멸되는 상태를 말함

보험계약자에 의한 실효	보험자에 의한 실효
• 임의해지 : 보험사고 발생 전에는 언제든지 계약을 해지할 수 있다. • 보험자파산 시 계약자에 의한 해지 : 보험자가 파산 후 3개월 내로 보험계약자는 계약을 해지할 수 있다.	• 계속보험료의 부지급 : 계속보험료를 2회 이상 납입하지 않은 경우 • 고지의무위반[주1] • 위험의 현저한 변경·증가 시 : 통지의무이행 또는 통지의무위반 시[주2] • 고의 또는 중과실로 위험이 현저하게 변경·증가된 경우 : 위험유지의무위반 시

※ 주1 : 보험사고가 고지의무위반사항에 해당될 경우 보험자는 면책이다. 단, 해당 보험사고 고지의무사항과 관련이 없음을 피보험자가 입증한 경우에는 보상을 해야 한다.
※ 주2 : 위험이 현저하게 변경되거나 증가될 경우, 통지의무를 이행하더라도 보험자해지가 가능하다.

② 보험계약의 부활

  ㉠ 부활요건

  • 계속보험료의 부지급으로 인한 해지계약이어야 한다.[주1]
  • 해지환급금이 지급되지 않은 상태라야 한다.
  • 보험계약자의 청구와 보험자의 승낙이 있어야 한다.[주2]

  ※ 주1 : 계속보험료 부지급을 사유로 하지 않는 해지계약, 즉 고지의무위반 등으로 해지된 계약의 경우 부활할 수 없다.
  ※ 주2 : 부활청구일로부터 30일 내로 보험자가 승낙하지 않으면 승낙의제로 간주된다.

  ㉡ 부활 전 사고에 대한 보상책임 : 승낙 전 보험사고의 규정을 준용한다. 즉 부활을 거절할 사유가 없는 한 보험자가 보상책임을 진다.
  ㉢ 부활계약의 고지의무 : 신계약에 준하여 고지의무를 새롭게 부과한다.
  ㉣ 계약순연부활제도

  • '연체보험료와 약정이자'의 납입없이 실효된 기간만큼을 보험기간을 늦추어 계약을 부활하는 제도. 이는 연체보험료의 부담을 경감시켜 보험계약자의 부담을 덜고 보험자도 계약유지를 더 용이하게 할 수 있다는 장점이 있음
  • 계약순연부활제도를 적용할 수 없는 계약
    – 이미 계약순연부활을 한 계약[주1]
    – 가입연령을 초과하여 순연이 불가한 계약
    – 이미 보험금지급사유(생존급여금 포함)가 발생한 계약
    – 세제관련계약으로서 순연으로 인한 세제혜택대상에서 제외되는 계약

  ※ 주1 : 일반 부활계약제도는 이미 부활을 했는가의 여부는 따지지 않는다.

③ 특별위험소멸 시 보험료 감액청구

  ㉠ 보험계약 시 담보할 특별위험에 대해 별도의 보험료의 부담을 하고 그 특별위험이 소멸한 때에는, 보험계약자는 이후의 보험료감액을 청구할 수 있다.
  ㉡ 보험료감액은 '보험료불가분의 원칙'이 적용됨에 따라 보험료기간(보험료산출의 기본단위)이 끝난 후의 장래의 기간에 대해서만 청구가 가능하다.

SECTION 1   보험사고와 보험계약의 해지

① 보험사고의 요건('우발적대특'으로 암기)

> (1) 보험사고는 우연해야 한다. → 고의사고가 아닌 우연성이 있어야 함
> (2) 보험사고는 발생가능성이 있는 것이어야 한다. → 고의조작이 아닌 발생가능성
> (3) 보험사고는 적법해야 한다. → 적법하지 않은 것은 보상대상이 아님
> (4) 보험사고는 대상이 있어야 한다. → 보험의 목적에 대해서 발생해야 함
> (5) 보험사고는 사고범위가 특정되어야 한다. → 손해의 측정이 가능해야 함

Cf. 우연성에 대한 예외
- 생명보험의 경우 2년이 경과한 후의 자살에 대해 일반사망보험금을 지급
- 보증보험의 경우 보험계약자(채무자)의 고의사고의 경우에도 피보험자(채권자)에게 보험금이 지급될 수 있음

② 보험사고의 규정방식

열거담보방식	포괄담보방식	절충담보방식
약관에 열거한 위험에 대해 보상하는 방식	약관에 열거한 면책위험을 제외하고 모두 보상하는 방식	약관상 담보위험을 열거한 후 마지막 항에 '기타'사항으로 포괄담보도 적용하는 방식
화재보험, 도난보험 등	자동차보험, 상해보험 등	기계보험, 건설공사보험 등

③ 보험사고 후의 보험계약 해지

사고발생 전	사고발생 후	
사고발생 전의 경우는 언제든지 해지가 가능함	보험가입금액이 감액되는 보험	보험가입금액이 복원되는 보험
	해지불가	해지가능함[주1]

※ 주1 : 보험가입금액이 복원되는 보험(전액주의 보험)의 경우 해지는 가능하다. 단, 미경과보험료의 반환은 없기 때문에 해지의 실익이 없다(즉, 해지를 할 필요가 없음).

① 고지의무와 통지의무

보험계약 체결 전	보험계약 체결 후
보험계약체결 시, '고의 또는 중과실로 부실고지를 하지 말아야 할 의무'를 말함	위험이 현저하게 변경되거나 증가된 경우 통지의무가 부과됨

② 고지의무의 법적성질 : 고지의무를 이행하지 않으면 보험자가 계약을 해지할 수 있으므로, 이에 대한 불이익을 받지 않기 위한 보험계약자의 자기의무라고 할 수 있다(즉, 고지의무는 손해배상의무가 아니라 자기의무 또는 간접의무이다).

③ 고지의무의 당사자

고지의무 이행자	고지수령권자
보험계약자, 피보험자 및 이들의 대리인 (보험수익자는 아님)	보험대리점 ○, 보험설계사 ×, 보험중개사 ×

④ 고지의무의 내용

고지의무의 시기	고지사항	중요사항의 추정
고지의무는 '계약성립 시까지' 이행해야 한다.	고지의무는 '중요한 사항'을 대상으로 한다(모든사항 ×).	청약서상의 질문사항은 중요한 사항으로 추정[주1]한다.

※ 주1 : 추정은 반대사실이 입증될 경우 번복될 수 있는 것이며 간주는 더 이상 번복되지 않는 것이다.

㉠ 고지의무의 이행시기 : 고지의무는 계약성립 시까지 이행해야 한다.

[암기] '약.청.고.성' : 약관의 교부설명의무는 계약의 청약 시에, 고지의무는 계약성립 시까지 이행해야 한다.

㉡ 간주와 추정의 구분

간주	추정
신계약 또는 부활계약 청약 시의 '30일 승낙의제'	청약서상의 질문사항은 고지의무상의 '중요한 사항'으로 추정함
보험목적양도 시 자동차보험의 사후승인에서 '10일 승낙의제'	보험목적양도 시 권리와 의무는 양수인에게 포괄승계하는 것으로 추정함(상법679조)

[예시] (1) 보험계약의 청약일로부터 30일 내로 보험자의 낙부통지가 없으면 승낙된 것으로 간주한다.
(2) 청약서 상의 질문사항은 고지의무대상으로써 '중요한 사항'으로 추정된다.

⑤ 고지의무위반의 요건 : 아래 요건을 둘 다 갖추어야 함

객관적 요건	주관적 요건
고지의무자의 불고지 또는 부실고지가 있어야 한다.	고의[주1] 또는 중과실[주2]이 있어야 한다.
→ (객관적 + 주관적 요건) 계약자 또는 피보험자의 고의나 중과실로 인한 불고지 또는 부실고지가 있어야 한다.	

※ 주1 : 고의로 인한 불고지나 부실고지는 '고지를 해야 한다는 당위성을 인식하면서도 묵비를 하거나 허위진술을 하는 것'을 말함
※ 주2 : 중과실로 인한 불고지나 부실고지는 '현저한 부주의로 고지대상의 중요성을 인식하지 못하거나 잘못 판단한 경우'를 말함

⑥ 고지의무위반의 효과

　㉠ 고지의무위반이 있으면 보험자는 보험계약을 강제 해지할 수 있다(의사표시가 있어야 법률행위가 성립하는 형성권).

　㉡ 보험자의 계약해지권은 '고지의무의 위반사실을 안 때'로부터 행사가 가능하며, 보험사고의 발생 전후를 불문한다(해지권의 특칙 적용).

> ※ 해지권의 특칙(해지와 실효에 대한 특칙, 상법 제655조)
> 　(1) 해지는 장래에 한해서 그 효력을 상실시키는 것이다. 따라서 보험자의 보상책임은 해지행사 이후부터 면하게 된다(이를 '실효약관'이라 함).
> 　(2) 그런데, 이러한 실효약관이 고지의무위반으로 인한 해지에도 적용된다면, 계약의 해지 전에 발생한 고지의무위반사고에 대해서도 보험자가 보상을 해야 하고 이 경우 도덕적 위험이 증가하게 된다.
> 　(3) 따라서, 고지의무위반 등으로 인한 해지의 경우, 기존의 실효약관을 적용하지 않고 보험자의 보상책임을 소급하여 면제가 되도록 하는데, 이를 '해지권의 특칙'이라 한다.
> 　(4) 단, 해당 보험사고가 고지의무위반과 관련이 없는 사고임을 피보험자가 입증할 경우는 보상을 한다.

　㉢ 해지권의 제한 : 아래의 경우 해지권을 행사할 수 없다.

> (1) 보험자의 악의나 중과실로 고지의무위반사실을 알지 못한 경우
> (2) 제척기간이 경과한 경우(상법 651조)
> 　– 보험자가 고지의무위반사실을 안 날로부터 1개월 또는 계약체결일로부터 3년이 경과한 경우

　㉣ 해지권의 포기 : 해지권은 형성권(명시적 또는 묵시적인 의사표시가 있어야 법률행위가 성립)이므로, 보험자의 판단에 의해 포기할 수도 있다.

⑦ 고지의무위반에 대한 학설 : 상법(651조 ; 계약체결일로부터 3년까지 해지 가능함)과 민법(146조 ; 법률행위일로부터 10년까지 해지 가능함), 절충설(사기계약의 경우 '안 날로부터 5년 이내'에 계약취소가 가능)의 3가지 학설로 구분이 됨

상법 단독적용설(최대 3년)	민법상 중복적용설(최대 10년)	절충설(최대 5년)
상법만 단독으로 적용	상법과 민법을 중복해서 적용	일반적인 경우 상법만 적용하고, 사기의 경우 민법과 상법을 중복적용함
계약자에게 가장 유리함	보험자에게 제일 유리함	통설로 인정됨

Cf. 고지의무위반 시의 생명보험 표준약관 규정 : 아래의 경우 계약해지권을 행사할 수 없다.

> • 보험자가 고지의무위반사실을 안 날로부터 1개월이 경과한 경우
> • 보험금지급사유가 발생하지 않고 책임개시일로부터 2년이 경과한 경우
> • 계약체결일로부터 3년이 경과한 경우

　※ 이 규정은 실질적으로 '상법 단독적용설'에 가깝다.

① **통지의무의 법적성질** : 고지의무와 마찬가지로 법률상 의무가 아닌 간접의무이다(손해배상의무를 부담하는 직접의무가 아니라 보험금청구권을 유지하기 위한 간접의무임).

② **통지의 시기와 방법** : 통지의무자가 사실을 안 때에는 지체 없이 통지해야 한다(서면과 구두를 구분하지 않음).

③ 위험의 현저한[주1] 변경 · 증가 시의 통지의무

통지의무 이행 시	통지의무 위반 시
통지일로부터 1개월 이내에 보험료의 증액을 청구하거나, 계약을 해지할 수 있다[주2].	그 사실을 안 날로부터 1개월 내로 계약을 해지할 수 있다.

※ 주1 : '현저한'의 의미는 고지의무상의 '중요한'과 유사한 의미이다.
※ 주2 : 통지의무이행 시에도 보험계약을 해지할 수 있다.

④ **통지의무로 인한 계약해지 시 그 효과** : 고지의무 시 계약해지와 마찬가지로 '해지권의 특칙'이 적용된다.

⑤ **보험사고발생의 통지의무**
   ㉠ 보험사고발생 시 지체 없이 통보를 해야 하는 바, 이는 보험금청구의 전제조건이다.
   ㉡ 통지의 방법은 서면과 구두를 구분하지 않는다.
   ㉢ 사고발생통지를 게을리 함으로써 손해가 증가된 경우에는 보험자는 그 증가분에 대한 손해에 대해서는 면책이다.

⑥ **기타의 통지의무**
   ㉠ 중복보험 또는 병존보험에서의 통지의무 : 이득금지원칙의 준수차원에서 부과
      ※ '사고발생통지의무' '중복보험 또는 병존보험의 통지의무'는 보험계약의 해지사유는 아니다(→ 해지사안이 아닌 것은 '사.중.병'으로 암기).
   ㉡ 보험목적양도시의 통지의무 : 위반 시 그 사실을 안 날로부터 1개월 이내로 계약을 해지할 수 있다.
   ㉢ 선박미확정의 적하예정보험에서의 통지의무 : 위반 시 그 사실을 안 날로부터 1개월 이내에 계약을 해지할 수 있다.

① 통지의무와 위험유지의무

통지의무	위험유지의무
보험계약자나 피보험자는	보험계약자나 피보험자 또는 보험수익자는
위험이 현저하게 변경되거나 증가된 경우, 보험자에게 통지해야 한다.	고의 또는 중과실로 위험이 현저하게 변경되거나 증가되지 않도록 유지해야 한다.

※ 위험유지의무는 보험수익자에게도 부과되는 것이 특징이다.

② 위험유지의무위반의 효과 : 보험자는 그 사실을 안 날로부터 1개월 이내에 보험료의 증액을 청구하거나 계약을 해지할 수 있다.

Ⅳ 보험사고와 보험자책임, 소멸시효와 제척기간, 재보험

SECTION 1 보험사고와 보험자책임

① 고의 · 중과실 사고와 보험자책임

고의 · 중과실[*1] 사고는 면책(상법 659조)	중과실사고에도 보상하는 경우
• 고의 또는 중과실사고는 보험자 면책이다. • 고의 · 중과실과 보험사고 간에는 상당인과관계의 요건이 충족되어야 한다.	인보험(사망보험, 상해보험)은 고의사고만 면책이다. 즉, 중과실사고는 손해보험과 달리 보상한다.

※ 주1 : '고의'는 미필적 고의도 포함된다.

② 고의 · 중과실사고의 면책요건
　　㉠ 고의 · 중과실과 보험사고 간의 상당인과관계가 존재함을 보험자가 입증해야 한다.
　　　　※ 상당인과관계가 있는 부작위(不作爲)도 면책이 됨
　　㉡ 고의 · 중과실의 행위주체

상법	손해보험약관
보험계약자, 피보험자, 보험수익자	• 보험계약자, 피보험자 또는 이들의 법정대리인 • 피보험자와 세대를 같이 하는 친족 및 고용인 – 피보험자가 보험금을 받도록 하기 위한 경우

③ 면책사유의 구분
　　㉠ 전쟁, 내란, 폭동. 소요 등에 의한 사고는 당사자 약정이 없는 한 보험자는 면책이다(상법 660조).
　　㉡ 절대적 면책 : 고의사고 등 공서양속에 반하는 사고는 보험료 할증으로도 담보할 수 없으므로 면책으로 한다.
　　㉢ 상대적 면책 : 당사자 간의 약정으로 면책으로 하는 것으로 보험료할증으로 인수가능하다.

① 개념비교

제척기간	소멸시효
권리의 존속기간으로서, 존속기간 내에 권리를 행사하지 않으면 권리가 소멸된다.	권리의 행사기간으로서, 행사기간 내에 권리를 행사하지 않으면 권리가 소멸된다.
[목적] 권리관계를 조속한 확정	[목적] 사회일반의 신뢰보호가 목적
중단제도가 없다(제척기간의 중단 ×).	중단제도가 있다(소멸시효의 중단 ○).

② 소멸시효의 기산점

민법상 소멸시효의 기산점	보험금청구권의 소멸시효기산점
권리를 행사할 수 있는 때로부터	보험사고의 발생을 안 때로부터

㉠ 손해배상청구권에 대한 제척기간과 소멸시효

민법상 손해배상책임	
손해가 발생한 날로부터 10년	**손해가 발생한 사실을 안 날로부터 3년**
권리의 존속기간 → 제척기간	권리의 행사기간 → 소멸시효

㉡ 소멸시효는 청구권(보험금청구권 3년 등)의 형태이며, 제척기간은 해지권 또는 취소권의 행사기간 의 형태로 이해할 수 있다.

③ 보험계약에서의 소멸시효

3년	2년
보험금청구권, 보험료반환청구권, 적립금반환청구권	보험료청구권

Tip 보험자의 권리는 2년, 보험소비자의 권리는 3년이다(보험료청구권은 보험자의 권리, 보험료반환청구권은 보험계약자의 권리).

④ 보험계약에서의 제척기간

- 고지의무위반 시 해지권의 제척기간 : 계약체결일로부터 3년
- 통지의무 이행 및 위반 시의 해지권의 제척기간 : 그 사실을 안 날로부터 1개월
- 위험유지의무위반 시 해지권의 제척기간 : 그 사실을 안 날로부터 1개월
- 약관의 교부·설명의무위반 시 취소권의 제척기간 : 보험계약성립일로부터 3개월
- 보험자파산 시 해지권의 제척기간 : 보험자의 파산선고 후 3개월

⑤ 소멸시효의 중단과 정지

소멸시효의 중단	소멸시효의 정지
중단사유의 발생되면 지금까지의 진행된 시효가 무효가 되고, 시효가 새롭게 카운트된다.	정지사유가 발생되면 일정기간 소멸시효의 진행을 멈추게 된다(정지는 기간으로 나타남).
[중단사유] 압류, 가압류, 가처분, 청구, 승인	[정지사유] 혼인관계가 종료된 때로부터 6개월

① 재보험의 정의

　　㉠ 보험자가 보험계약자 또는 피보험자와 계약을 체결하여 인수한 보험의 일부 또는 전부를 다른 보험 자에게 넘기는 것으로 보험기업경영에 중요한 역할을 한다.

　　㉡ 원보험사가 재보험사에 위험의 일부를 맡기는 것을 출재(出再)라고 하고, 재보험사 입장에서 원보험 사의 책임을 인수하는 것을 수재(受再)라고 한다.

　　㉢ 재보험은 손해보험에 속한다(원보험계약이 생명보험계약이라도 손해보험이 됨).

　　　　※ 생명보험의 재보험은 손해보험이 되지만 보험업법의 예외규정에 의해 생명보험회사도 생명보험의 재보험은 영위할 수 있다.

② 재보험계약의 독립성

　　㉠ 원보험자 입장 : 원보험료가 납입되지 않았다고 해서 재보험료의 납입을 거절할 수 없다.

　　㉡ 재보험자 입장 : 재보험료의 납입이 없다고 해서 재보험자가 직접 원보험계약자에게 재보험료의 지 급을 청구할 수 없다.

　　㉢ 보험계약자 입장 : 원보험자로부터 보상을 못받는다 해도 재보험자에게 직접보험금을 청구할 수 없다.

③ 재보험의 기능

　　㉠ 위험분산[주1]

　　㉡ 원보험사의 인수능력확대

　　㉢ 경영의 안정화

　　㉣ 신규보험상품 개발촉진

　　　　※ 주1 : 재보험의 위험분산은 양적분산, 질적분산, 장소적분산으로 구분됨

　　　　※ 질적분산 : 특히 위험률이 높은 보험종목에 대해 출재한 경우 질적분산에 해당됨

④ 재보험의 종류(※ 3과목 언더라이팅에서 일부 중복)

　　㉠ 절차상의 분류

임의재보험	특약재보험
• 가장 오래된 재보험 • 각 계약마다 재보험 출재여부를 결정	원보험자와 재보험자 간 사전에 특약을 체결하여 특약에 따라 계속적 · 자동적으로 재보험출재를 함(재보험자는 수재)
(+) 원보험자가 계약별로 보유와 출재를 자유롭게 결정할 수 있다. (−) 재보험처리의 시간과 사무비용의 부담	(+) 임의재보험에 비해 시간, 사무비용이 절감 (+) 자동출재되므로 원보험인수에 유리함 (−) 원보험자입장에서 매계약마다 보유와 출재를 결정할 수 없음

ⓛ 책임분담방법에 따른 분류

비례적 재보험	비비례적 재보험
원보험자의 보유액과 재보험자의 인수금액의 비율에 따라 각자의 부담액이 결정	원보험자의 보유액과 재보험자의 책임에 대한 어떠한 비례성도 존재하지 않음
비례재보험특약(Quota share)	초과손해액재보험특약(Excess of loss ; XOL)
(+) 미리 정한 비율로 출재를 하므로 재보험자의 입장에서 역선택가능성이 작다는 것이 장점 (−) 출재사 입장에서 우량물건, 불량물건에 대한 차별적 보유가 어려움	(+) 거대위험이나 누적위험을 누적금액으로 담보하는데 적절함. 태풍, 홍수, 지진 등 자연재해위험을 주 대상으로 함 (−) 원보험자 입장에서 보유액의 적정규모를 산정(layering)하기가 어려움
초과액재보험특약(Surplus treaty)	초과손해율재보험특약(Stop loss cover)
(+) 원보험자의 자기보유액(1line)을 늘릴 수 있어 출재보험료 절감가능(선박보험, 기술보험 등 대형계약에 주로 사용) (−) 소규모위험 수재가 줄어들어 위험평준화가 어려움	(+) 일정기간의 누적손해율을 초과하는 금액을 출재하는 방식으로, 누적손해율로 담보함 – 농작물보험 등 천재지변위험을 주대상으로 함 (−) 원보험자 입장에서 보유액의 적정비율을 산정하기가 어려움

SECTION 4   보험계약자 등의 불이익변경금지의 원칙

개념	법적성질
• 당사자 간의 특약[주1]을 통해 보험계약자 등에 불리하게 변경하지 못한다(상법 663조). ※ 불리하게 변경한 약관의 효력 : [주2] • 보험자와 대등한 교섭력을 계약을 체결하는 기업보험(해상보험, 재보험 등)에는 동규정이 적용되지 않는다.	• 부합계약성 : 보험계약은 부합계약성을 띠고 있으므로 보험계약자를 보호하는 차원에서 동 규정(663조)을 둠 • 상대적 강행규정 : 보험계약자에게 불이익한 것은 금지(강행규정), 보험계약자에게 이익이 되는 것은 유효하다(상대적 강행).

※ 주1 : 특약이라 함은 특별약관만을 의미하는 것이 아니라 형식에 구애됨이 없는 '당사자 간의 특별한 내용'을 포함한다.
※ 주2 : 보험계약자에게 불이익하게 변경된 약관의 효력: 변경된 약관조항만 무효가 되며 기존의 약관전체가 무효가 되는 것은 아니다.

SECTION 1 피보험이익과 보험가액

① 피보험이익

　㉠ 피보험이익과 보험가액의 개념

피보험이익	보험가액
피보험자가 보험사고발생 시 보험목적에 대하여 가지는 경제상의 이해관계	피보험이익의 가액
피보험이익 = 보험계약의 목적[주1]	–

　　※ 주1 : '보험의 목적'은 보험에 부쳐지는 대상(부보대상)을 말하며, '보험계약의 목적'은 피보험이익을 말한다.

　㉡ 피보험이익의 요건 : 경적확으로 암기

> - 경제성 : 경제적 가치를 가지는 것으로서 금전으로 산정할 수 있어야 한다(감정적 이익이나 주관적 이익은 피보험이익이 될 수 없음).
> - 적법성 : 선량한 풍속 기타의 사회질서에 반하지 않는 적법한 것이어야 한다(적법성은 당사자의 선의나 악의를 구분하지 않는다).
> - 확정성 : 피보험이익은 반드시 현존이익일 필요는 없으나 보험사고 전에는 반드시 확정될 수 있는 이익이어야 한다.

　　※ 경제성의 예 : 주택에 화재가 발생하고 보험으로부터 보상을 받는다 해도, 그 주택과의 추억은 보상받을 수 없다(→ 감정적 이익은 피보험이익이 될 수 없기 때문).
　　※ 적법성의 예 : 밀수품에 대한 손실은 보험으로부터 보상받을 수 없다(적법하지 않기 때문).
　　※ 확정성의 예 : 복권에 당첨된다면 받을 수 있는 금액에 대해서는 보험에 가입할 수 없다(확정되지 않은 것은 피보험이익이 될 수 없기 때문).

　㉢ 피보험이익의 기능

(1) 피보험이익의 가액으로 보험자의 책임범위가 결정된다. 　※ 보험가액은 보험자의 법률상 최고보상한도액	(3) 피보험이익의 가액(보험가액)으로 전부보험, 일부보험, 초과보험을 구분한다.[주1]
(2) 피보험이익이 없는 계약은 무조건 무효이다. 　※ 손해보험의 대전제(이득금지원칙 실현)	(4) 동일한 보험목적이라도 피보험이익이 다르면 서로 다른 계약이 된다.[주2]

　　※ 주1 : 일부보험의 경우 '보험가입금액의 보험가액에 대한 비율'로 보상한다.

　　　　예 손해액(4천만원) $\times \dfrac{1억원}{2억원}$ = 2천만원

　　　　(즉, 보험가액은 일부보험의 보상액을 결정하는 비율의 분모로 역할을 한다)

　　※ 주2 : 동일한 보험목적인 건물 A에 대해서 건물주는 화재보험에 가입을 하고, 건물A의 임차인은 임차자배상책임보험에 가입을 한 경우, 동일한 보험목적(A)에 대해 2개의 다른 보험계약이 존재하게 된다. 이는, 피보험이익이 다르기 때문에 가능한 것이다.

　㉣ 인보험에서는 피보험이익을 인정하지 않는다(상법 668조). 청구권대위나 손해방지경감의무는 상해보험에서 예외가 인정되지만, 피보험이익을 인정하지 않는 것은 예외가 없다.

② 보험가액

　　㉠ 보험가액과 보험가입금액(보험금액)

보험가액(피보험이익의 가액)	보험가입금액(보험금액)
법률상 최고보상한도액	약정상 최고보상한도액

　　㉡ 배상책임보험의 보험가액 : 책임보험의 성질상 보험가액이 존재할 수 없으므로, 배상책임보험에서는 보상한도액으로 보상한다.

　　　　예외 보험가액이 존재하는 배상책임보험 : 임차자배상책임보험, 보관자배상책임보험

　　㉢ 보험가액의 평가: 기평가보험 VS 미평가보험

미평가보험	기평가보험
보험사고가 발생한 때와 곳의 가액으로 평가함	당사자 간에 미리 협의하여 보험가액을 결정함
보험증권에 보험가액을 기재하지 않음	보험증권에 합의한 협정보험가액을 기재함
(+) 사고발생 시의 가액으로 평가하기 때문에 가장 합리적인 보험가액이라고 할 수 있음	(+) 보험가액평가에 따른 당사자 간의 분쟁을 미연에 방지할 수 있음

　　㉣ 기평가보험과 이득금지의 원칙

　　　　• 기평가보험의 협정보험가액이 보험가액의 시가(actual cash value)보다 클 경우 피보험자의 이득이 발생할 수 있다.
　　　　• 이를 방지하기 위해, 기평가금액(협정보험가액)이 사고발생 시의 보험가액(시가액)을 현저히 초과하는 경우에는 협정보험가액을 무시하고 시가액을 보험가액으로 한다.

③ 보험가액불변경주의

보험가액불변경주의 개념	적용하고 있는 보험
보험기간이 짧아 전보험기간에 걸쳐 동일한 보험가액을 적용하는 것을 말한다.	해상보험(선박보험, 적하보험, 희망이익보험[주1]), 운송보험 등

※ 주1 : 화물도착 시의 희망이익(예정이익)을 보험가액으로 하는 적하보험

① 초과보험과 중복보험 개요

　물보험에 있어서 보험가액과 보험금액이 일치하지 않을 경우 초과보험과 중복보험, 일부보험이 발생하는데, 초과보험과 중복보험은 이득금지원칙을 준수하기 위한 규정이 있다(상법).

② 보험가액과 보험가입금액이 다를 경우

초과보험	전부보험	일부보험
보험금액 > 보험가액	보험금액 = 보험가액	보험금액 < 보험가액

　※ 초과보험, 전부보험, 일부보험을 결정하는 기준은 보험가액(피보험이익의 가액)이다. 비교하여 보험계약의 동일성여부를 판단하는 기준은 피보험이익이다.

③ 초과보험

　㉠ 보험금액이 보험가액을 초과하는 경우를 말하는데, 이는 보험계약체결당시 뿐 아니라 물가의 하락으로 발생할 수도 있다.

　㉡ 초과보험 요건

> • 보험금액이 보험가액을 현저하게 초과해야 한다.
> • 평가가 필요한 때에 보험가액을 산정하여 초과보험 여부를 판단한다.

　※ 초과보험 여부를 결정하는 보험가액의 산정시기 : '평가가 필요한 때'

　㉢ 초과보험의 효과

선의	악의
보험자 또는 보험계약자는 그 상대방에게 보험료와 보험금액의 감액을 청구할 수 있다. ※ 보험금의 감액은 소급할 수 있으나 보험료의 감액은 장래에 대해서만 가능하다.	사기로 인해 체결된 경우 계약은 무효[주1]이며, 이때 보험자는 그 사실을 안 날까지의 보험료를 청구할 수 있다(악의의 계약자 응징차원).

　※ 주1 : 사기로 인한 계약무효 시 초과부분뿐만 아니라 계약전체가 무효가 된다.

④ 전부보험과 일부보험

　㉠ 전부보험(보험금액 = 보험가액)과 일부보험(보험금액 < 보험가액)은 이득금지원칙에 위배되지 않으므로 상법상 규제규정이 없다.

　㉡ 일부보험은 '손해액 $\times \dfrac{보험금액}{보험가액}$'으로 비례보상하며, 공동보험조항이 있는 경우 보험금액이 '약정한 공동비율 × 보험가액' 이하가 되면 실제 손해액이 전액 보상된다.

　※ 일부보험의 비례주의는 이득금지원칙의 실현차원이 아니라 피보험자 간의 형평성을 유지하는 차원이다.

⑤ 중복보험

　㉠ 개념

동일한 피보험이익과 동일한 보험사고에 대하여	수개의 보험계약을 체결하여	보험가입금액의 합이 보험가액을 초과하면 → 중복보험
		보험가입금액의 합이 보험가액 이하이면 → 병존보험

ⓒ 중복보험의 요건

동일한 피보험이익(동일한 보험목적 ×)	보험기간의 중복
동일한 보험사고	보험금액의 합이 보험가액을 초과

ⓒ 중복보험의 효과

- 각 보험자는 보험가입금액(보험금액)의 한도 내에서 연대책임을 지며, 각 보험자의 보상금액은 각자의 보험금액의 비율에 따른다('연대비례주의'를 말함).
- 사기로 인한 중복보험은 계약무효이며, 보험자는 그 사실을 안 때까지의 보험료를 징구할 수 있다(사기로 인한 초과보험과 동일한 효과).
- 동일한 보험계약의 목적과 동일한 사고에 대해 수개의 보험계약(중복보험 또는 병존보험)을 체결하는 경우 보험자에게 각 보험계약의 내용을 통지해야 한다.
  ※ 현재는 병존보험이나 장래의 물가하락으로 보험가액이 하락할 경우 중복보험이 될 수 있으므로 계약체결 시 중복보험과 병존보험의 여부를 가릴 것 없이 통지의무가 부과된다.
- 보험계약자가 보험자 1인에 대한 보험금청구권을 포기한 경우, 다른 보험자의 권리의무에 영향을 주지 않는다(∵ 보험자와 피보험자의 통모를 방지하기 위함).

※ 중복보험의 보상방식

우선주의	비례주의	연대주의
동시, 이시를 구분하여 동시는 비율에 따르고 이시는 앞의 보험자가 부담하고 남은 보상부분을 뒤의 보험자가 부담한다.	동시, 이시를 구분하지 않고 각 보험자는 비율에 따라 보상 ※ 비율 : $\dfrac{\text{각 사의 보험가입금액}}{\text{전체 보험가입금액의 합계}}$	각 보험자가 각자의 보험금액 한도 내에서 연대책임을 진다.
−	우리나라는 연대비례주의[주1]를 택하고 있음(상법 672조)	

※ 주1 : 연대비례주의란 예를 들어 A, B, C 세개의 중복보험사가 각각의 비율($\dfrac{\text{각 사의 보험가입금액}}{\text{A, B, C 보험가입금액의 합계}}$)대로 비례하여 책임을 지며, 만일 피보험자가 A에게만 보험금을 청구할 경우 A가 본인의 비례책임액을 초과하여 지급한 부분은 B와 C가 연대해서 부담하는 것을 말한다.

ⓔ 중복보험의 보상방법

보험가입금액 안분방식(보험금계산방식이 동일한 경우)
A보험자의 책임액 = 손해액 × $\dfrac{\text{A보험사의 보험가입금액}}{\text{A, B, C의 보험가입금액 합계}}$
독립책임액 방식(보험금계산방식이 다른 경우[주1])
A보험자의 책임액 = 손해액 × $\dfrac{\text{A보험사의 보험금}}{\text{다른 계약이 없는 것으로 하여 각각 계산한 보험금의 합계액}}$

※ 주1 : 배상책임보험(자동차보험 포함)의 경우 보험금지급계산방식의 동일여부를 떠나서 '독립책임액 방식'으로 계산한다.

예시 중복보험의 계산방식

(1) 각 보험사의 책임액 계산방식이 같은 경우 : 보험가입금액 안분방식

> 보험가액 10억원인 기계보험을 A보험사에 2억원, B보험사에 6억원, C보험사에 8억원을 가입하여 총 보험가입금액이 16억원인 중복보험이 됨. 이때 8억원의 손해액이 발생할 경우 보험자 각각의 책임액은? (각 보험사의 책임액 계산방식은 같다고 가정함)

⊙ A보험사의 지급금액 = 8억원 $\times$ $\dfrac{2억원}{16억원}$ = 1억원

⊙ B보험사의 지급금액 = 8억원 $\times$ $\dfrac{6억원}{16억원}$ = 3억원

⊙ C보험사의 지급금액 = 8억원 $\times$ $\dfrac{8억원}{16억원}$ = 4억원

→ 즉, A B C 보험사의 보험금 지급총액은 8억원이다(전체 손해액과 일치).

(2) 각 보험사의 책임액 계산방식이 다른 경우 : 독립책임액 방식

> 보험가액 10억원인 기계보험을 A보험사에 2억원, B보험사에 6억원, C보험사에 8억원을 가입하여 총 보험가입금액이 16억원인 중복보험이 됨. 이 때 8억원의 손해액이 발생할 경우 보험자 각각의 책임액은? (각 보험사의 책임액 계산방식은 다르다고 가정함)

⊙ A보험사의 지급금액 = 8억원 $\times$ $\dfrac{1.6억원}{1.6억원 + 4.8억원 + 6.4억원}$ = 1억원

⊙ B보험사의 지급금액 = 8억원 $\times$ $\dfrac{4.8억원}{3.2억원 + 4.8억원 + 6.4억원}$ = 3억원

⊙ C보험사의 지급금액 = 8억원 $\times$ $\dfrac{6.4억원}{1.6억원 + 4.8억원 + 6.4억원}$ = 4억원

→ 먼저 다른 보험계약이 없다고 가정했을 경우의 각 보험사의 지급금액(독립책임액)을 계산한다(A는 1.6억원, B는 4.8억원, C는 6.4억원). 그 다음 독립책임액 비례방식으로 확정한다. 즉, A B C 보험사의 보험금 지급총액은 8억원이다(전체 손해액과 일치).

참고 이상의 ①, ② 사례에서는 결과가 동일하다. 그런데 만일 면책금액이 존재하고 해당 면책금의 적용을 A, B, C 보험사가 달리 적용할 경우에는 각 보험자의 책임금액은 ①과 ②가 서로 달라진다(일반적으로는 동일함).

⑩ 수 개의 책임보험 등(상법 725조)

배상책임보험의 특징	중복보험규정의 준용[주1]
제3자에 대한 배상책임은 일반 보험의 목적물과 달리 보험가액으로 평가할 수 없다(보상가액으로 보상함).	따라서 배상책임보험에서는 이론적으로 중복보험이 성립하지 않지만, 이득금지원칙의 실현을 위해 중복보험의 규정을 준용한다.

※ 주1 : 연대비례주의, 통지의무, 보험자와의 통모방지, 사기로 인한 수 개의 책임보험 등은 '중복보험의 규정'을 준용한다.

Ⅵ 보험의 목적, 보험목적의 양도1. 보험의 목적(subject – matter insured)

SECTION 1 개념

① 보험의 목적이란 보험사고가 발생하는 객체로서 보험계약의 목적(피보험이익)과 구분된다.

② 보험목적이 물건이면 물보험, 사람이면 인보험이다.

SECTION 2 보험목적의 성질, 하자, 자연소모로 인한 손해에 대한 면책(상법 제678조)

① 보험목적의 성질(곡물인 경우 자연건조에 의한 중량의 감소, 불완전건조에 의한 발아 등)로 인한 손해는 면책이다.

② 보험목적의 하자(설계상의 하자, 구조상의 하자 등)로 인한 손해는 면책이다.

③ 보험목적을 사용하면서 자연발생적으로 발생하는 자연소모(wear out)소모에 따른 손해는 면책이다(예 타이어 마모, 기계소모품의 파손, 부식 등).

Cf. 자연소모의 후발손해는 보상한다.
→ 타이어의 마모로 인해 충돌사고 발생 시, 타이어의 마모손해는 면책이지만 충돌사고로 인한 손해는 부책이다.

① 보험목적 양도의 개념

　㉠ 보험기간 중 보험목적물을 매매 또는 증여에 의해 타인에게 양도하는 것을 말한다.

　㉡ 보험목적양도는 소유권의 변동을, 보험목적이전은 장소의 변동을 말한다.

② 보험목적양도에 대한 규정(상법 679조) : 피보험자가 보험목적을 양도할 경우, 양수인은 보험계약의 권리와 의무를 승계한 것으로 ~~추정~~한다(간주 ×).

　※ '보험목적양도 → 피보험이익 소멸 → 양도시점에서 보험계약종료 → 무보험상태', 이 경우 양도인이 납입한 보험료가 무효가 될 수 있다. 이러한 불합리한 결과를 개선하기 위해 보험목적양도 시 양수인에게 보험계약을 승계하는 규정을 두고 있다.

③ 보험목적 양도 시 권리 · 의무의 승계요건

양도대상이 유효한 보험계약이어야 한다.	보험목적의 물권적 이전[주2]이 있어야 한다.
보험목적이 물건(物件)[주1]이어야 한다.	보험목적의 양도는 유상, 무상을 불문한다.

　※ 주1 : 예를 들어 '전문직업배상책임보험'의 보험목적은 물건이 아니므로 양도대상이 아니다.
　※ 주2 : 물권적 이전은 양도대상이 되지만, 채권적 이전은 양도대상이 아니다(∵ 채권적 이전은 소유권의 이전이 아님).

④ 보험목적의 양도효과

　㉠ 포괄승계하는 의미 : 승계하는 권리와 의무

승계하는 권리	승계하는 의무
보험금청구권, 보험료반환청구권, 보험계약해지권 등	보험료지급의무, 위험의 현저한 변경증가 시의 통지의무, 보험사고발생 시의 통지의무 등

　㉡ 자동차보험과 선박보험의 예외규정(상법 726조, 상법703조) : 자동차보험과 선박보험에서 상법679조에 대한 예외규정을 두는 것은 자동차와 선박은 운행자가 누군가에 따라서 위험이 매우 크게 변경되기 때문이다.

자동차보험(사후승낙)	선박보험(사전승인)
• 자동차를 양도 시 보험자가 승낙을 해야만 포괄승계가 인정된다. • 만일 보험자가 양수인의 통지일로부터 10일 이내에 낙부통지를 하지 않으면 승낙의제가 된다.	선박을 양도 시 보험자가 사전승낙을 하지 않으면 보험은 자동종료된다.

　㉢ 보험목적의 양도효과가 적용되지 않는 경우

인보험	전문직업배상책임보험	상속이나 회사의 합병
∵ 양도대상은 물건(物件)이어야 함		∵ 상속, 합병 자체로 포괄승계가 됨

SECTION 1 손해방지경감의무

---

① 의의

　㉠ 손해보험계약에 있어서 보험계약자와 피보험자는 보험사고가 발생한 경우에 손해의 방지와 경감을 위해 노력해야 한다(상법 제680조).

　㉡ 손해방지비용의 보상과 면책

보상	면책
'보험가입금액 + 손해방지비용'이 보험가입금액을 초과하더라도 보험자가 보상한다[주1].	손해방지경감의무를 해태 시에는 경과실의 경우는 보상하고, 고의 · 중과실의 경우는 면책이다[주2].

　　※ 주1 : 손해방지비용은 보험자와 공익차원에서 필요한 유익비용이므로, 보험가입금액을 초과하더라도 보상함(일부보험의 경우는 그 비율에 따라 보상).

　　※ 주2 : 손해방지경감의무를 고의나 중과실로 이행하지 않은 경우 '늘어난 손해'에 대해서 보험자는 보상을 하지 않아도 된다.

　　예시 1 보험가입금액 1억원, 보험가액 1억원, 손해액 6천만원, 손해방지비용 1억원 → 전부보험이므로 지급보험금액은 '6천만원 + 1억원 = 1억 6천만원'이다(유류오염피해가 발생할 경우 손해방지비용이 매우 커질 수 있는데 이 경우도 전부보험의 경우 전액을 보상한다).

　　예시 2 보험가입금액 1억원, 보험가액 5천만원, 손해액 6천만원, 손해방지비용 1천만원 → 일부보험이므로 지급보험금액은 '$(6천만원 \times \frac{5천만원}{1억원}) + (1천만원 \times \frac{5천만원}{1억원}) = 3,500만원$'이다.

② 손해방지경감의무의 부담자

　㉠ 부담자 : 보험계약자와 피보험자 그리고 이들의 법정대리인

　㉡ 손해방지의무의 존속기간 : '보험사고가 생긴 것을 안 때로부터[주1] 손해방지가능성이 소멸한 때'

　　※ 주1 : 보험사고가 발생하여 손해가 발생할 것이라는 것을 안 때로부터(안 날의 당일 또는 익일 ×)

　㉢ '사고자체를 발생하지 않도록 하는 것'은 동 의무에 포함되지 않는다.

③ 인보험의 손해방지경감의무

　㉠ 손해방지경감의무는 손해보험에서만 인정되는 것이 원칙이다.

　㉡ 예외 : 상해보험에서는 제한적인 범위 내에서 손해방지경감의무를 인정한다.

　　예 정당한 사유 없이 치료거부를 하여 증가된 손해는 보상하지 않음

① 보험자대위의 의의

　㉠ 보험자가 보험금액을 지급한 경우에 보험계약자 또는 피보험자가 가지는 보험목적이나 제3자에 대한 권리를 보험자가 법률상 당연히 취득하도록 한다(상법 제681조).

　　※ 보험목적에 대해 갖는 권리를 '목적물대위 또는 잔존물대위'라고 하며, 제3자에 대한 권리는 '청구권 대위'라고 함

　㉡ 이득금지원칙의 실현 : 피보험자가 보험금도 받고 잔존물에 대한 재산권까지 갖는다면 이중의 지급이 되므로 보험자가 잔존물대위를 행사한다.

② 잔존물대위의 요건

보험목적의 전부멸실[주1]	→ 보험목적에 대한 피보험자의 권리를 취득
보험자가 보험금액의 전부[주2]를 지급	

※ 주1 : 전부멸실일 때 잔존물의 가치는 어느 정도 인정되는가의 문제가 있을 수 있는데, 현행상법은 '잔존물에 약간의 가치가 남아 있어도 무시할 수 있을 정도이면 전부멸실로 간주함
※ 주2 : '보험금액의 전부 지급'의 의미는 전부보험의 경우 손해액 전액을, 일부보험의 경우는 보험금액의 보험가액에 대한 비율의 지급을 말함

③ 잔존물대위의 효과

전부보험의 경우	일부보험의 경우
별도의 법률적 조치가 없어도 잔존물에 대한 모든 권리가 보험자에게 이전된다.	일정비율(보험금액의 대한 보험가액의 비율)만큼 인정된다.

예시 일부보험의 잔존물대위권

'보험가입금액 5천만원, 보험가액 1억원, 손해액 1억원, 잔존물가액 1천만원'의 경우 보험자의 보험금지급액과 취득하는 잔존물가액은?

• 보험금 지급액 : $1억원 \times \dfrac{5천만원}{1억원} = 5천만원$

• 취득하는 잔존물대위권 : $1천만원 \times \dfrac{5천만원}{1억원} = 5백만원$

즉, 일부보험은 일부보험의 비율대로 잔존물대위권을 취득한다. 만일 전부보험의 경우라면 1억원의 손해액을 전부지급하고 취득하는 잔존물의 대위권 가액도 1천만원이 된다.

④ 권리이전의 효과와 이전시기 등

　㉠ 잔존물대위의 요건이 충족되면 피보험자의 의사표시가 없어도 권리가 이전된다.

　㉡ 보험금액을 전부 지급한 때에 권리가 이전된다.

　㉢ 보험자는 대위권을 포기할 수 있다.

　㉣ 대위권의 소멸시효는 없다(∵ 요건 충족 시 상법상 당연히 인정되는 권리이므로).

① 의의

  ㉠ 제3자에 의해 피보험자의 손해가 발생할 경우 피보험자는 제3자에 직접 손해배상을 청구하는 것보다, 보험자에게 보험금을 청구하고, 보험금을 지급한 보험자는 해당 금액의 범위 내에서 제3자에 대한 청구권대위를 가진다.

  ㉡ 이득금지원칙의 실현 : 피보험자가 보험금도 받고 제3자에 대한 청구권까지 갖는다면 이중의 지급이 되므로 보험자가 청구권대위를 행사한다.

② 청구권대위의 요건

제3자에 의한 손해[주1]의 발생	→ 지급한 보험금만큼 제3자에 대한 청구권을 취득
보험자가 보험금액[주2]을 지급	

※ 주1 : '제3자에 의한 손해'라 함은 제3자의 불법행위뿐 아니라, 채무불이행, 공동해손정산과 같은 적법한 행위로 인한 손해를 모두 포함한다.

※ 주2 : '보험금액의 전부'가 아니고 일부만 지급해도 인정된다는 점에서 목적물대위(잔존물대위)와 차이가 있다.

③ 피보험자의 권리보존행사의무

  ㉠ 청구권대위는 보험자가 피보험자에게 먼저 보험금을 지급하는 편의를 제공하는 대신 피보험자가 가지는 제3자에 대한 청구권을 보존할 수 있도록 권리보존행사의무를 부과한다.

  ㉡ 이외에도 서류제출, 정보제공 등의 기타협력의무도 부과된다.

④ 권리이전의 효과와 이전시기 등

  ㉠ 요건충족 시 보험자에게 당연히 권리가 이전된다(민법상 양도절차가 필요 없음).

  ㉡ 보험자의 권리취득 시기는 '보험금을 지급한 때'이다.

  ※ 잔존물대위와 청구권대위의 공통점, 차이점

공통점	차이점
요건충족 시 민법상의 양도절차 없이도 권리가 이전된다.	권리보전행사의무는 청구권대위에게 부과된다.

⑥ 일부보험의 경우 청구권대위권 행사금액의 결정(3가지 학설)

절대설	상대설	차액원칙설
보험금지급액을 대위권금액으로 함	손해배상자력에 일부보험의 비율을 곱하여 산정함	피보험자의 손해를 우선 보전해주고 남은 금액을 손해배상자력금액에서 감하여 산정함
보험자 우선설	청구권 비례설	피보험자 우선설

[예시] 보험가액 1억원, 보험가입금액 6천만원, 손해액 1천만원, 제3자의 손해배상자력금액 800만원의 경우,

• 절대설 : 보험금지급액(1천만원 × $\frac{6천만원}{1억원}$ = 6백만원), 즉 600만원이 대위권금액이다.

• 상대설 : 손해배상자력금액의 일부보험의 비율로 산정한다. 즉 800만원 × $\frac{6천만원}{1억원}$ = 480만원

• 차액원칙설 : 800만원 − (1천만원 − 600만원) = 400만원

① 예정보험

예정보험	확정보험
보험계약내용의 전부 또는 일부가 미확정인 보험 (추후 확정에 대한 통지의무 부담)	계약체결 시 보험계약의 내용이 확정된 보험

- ㉠ 예정보험의 개념 : 보험증권에 기재할 보험계약요건의 일부를 보험계약체결 당시 확정하지 않은 보험이며, 주로 해상보험(특히 적하보험)에서 활용된다.
  - ※ ⑩ 화물적재선박을 나중에 통보할 것(통지의무 부담)을 전제로 하여 지금 보험계약을 체결하는 것이다(→ 선박미확정 적하보험).
- ㉡ 독립된 보험 : 예정보험은 '보험계약의 예약'이 아니며 독립된 보험계약이다.
  - ※ 보험계약의 예약은 추후 보험계약을 체결할 것으로 예약하는 '계약성립 전'을 말하지만, 예정보험은 계약이 성립된 독립된 보험계약이다.
- ㉢ 통지의무 부담 : 예정보험은 미확정된 내용에 대해 추후 통지의무를 부담하는데, 통지의무를 해태 시에는 보험자는 그 사실을 안 날로부터 1개월 이내에 계약해지를 할 수 있다.

② 확정보험 : 예정보험과 대응되는 보험이다.

※ 보험위부는 해상보험에서 추정전손의 경우에만 인정되는 제도이다.

① 개념
- ㉠ 위부는 피보험자가 보험목적에 갖는 일체의 권리를 보험자에게 귀속시키고 보험금액을 보험금으로 지급해 줄 것으로 요청하는 의사표시(해상보험 특유의 제도)
  - ※ 보험목적물이 추정전손일 경우 보험계약자는 보험자에게 위부(abandonment)를 해야 전손에 대한 보험금액을 청구할 수 있다.
- ㉡ 위부제도의 도입근거 : 소유권에 대한 분쟁을 방지하고 피보험자에게 전손보험금을 청구할 수 있도록 함
- ㉢ 위부는 특별한 요식을 필요치 않는 불요식의 법률행위이며, 보험자의 승낙을 필요로 하지 않는 단독행위이고 일방적으로 의사표시로 법률효과를 가져오므로 형성권에 해당함

② 위부의 원인(상법 710조)

선박의 수선불능, 적하의 수선불능, 선박 또는 적하의 점유상실을 이유로,
• 선박 또는 적하를 회복할 가능성이 없거나, 회복비용이 가액을 초과할 것으로 예상되는 경우
• 선박의 수선비용이 가액을 초과할 것으로 예상될 경우
• 수선비용과 운송비용의 합계액이 도착 시 적하가액을 초과할 것으로 예상될 경우

※ 선박의 행방불명이 2개월간 이상인 경우 : 과거 추정전손으로 위부의 원인이었으나, 상법개정(711조)으로 '현실전손'이 됨

③ 위부의 요건

  ㉠ 보험자에게 위부의 통지를 발송해야 한다.

  ㉡ 보험목적 전부에 대해 위부를 해야 한다(단, 위부의 원인이 보험목적의 일부에 한할 때에는 그 일부에 대해서만 위부가 가능함).

  ㉢ 다른 보험계약내용을 통지해야 한다.

④ 위부의 효과

위부 승인	위부 불승인
• 피보험자는 위부원인을 증명할 필요가 없다. • 후에 쌍방 간에 위부에 대한 이의를 제기할 수 없다.	보험자가 위부를 불승인할 경우 피보험자가 위부원인을 증명해야 보험금청구가 가능하다.

⑤ 잔존물대위와의 차이점

통지유무	목적물가액이 지급보험금보다 큰 경우
[잔존물대위] 전손과 전부지급이라는 법정요건만 충족하면 자동으로 취득되는 권리 [보험위부] 상법상 위부원인에 해당되는 보험사고발생 시 피보험자가 의사표시(통지)를 하고 보험목적에 대한 모든 권리를 보험자에게 이전시킨 후 보험금지급을 청구할 수 있음	[잔존물대위] 전손의 성질상 목적물가액이 지급보험금보다 큰 경우가 발생하지 않는다. [보험위부] 목적물가액이 지급보험금을 상회할 수 있는데 이때의 차액은 보험자에게 귀속이 된다.

SECTION 6   배상책임보험

① 배상책임보험의 의의

  ㉠ 배상책임보험은 보험기간 중 피보험자가 사고로 인해 제3자에게 배상책임을 지는 경우에 이를 보상하기로 약정한 손해보험의 일종이다.

   ※ 일반보험은 보험금액을 수령하는 보험이며, 배상책임보험은 제3자에 대한 손해배상금을 대신 지급해주는 보험이다.

  ㉡ 배상책임보험은 제3자에 대한 법률상 손해배상금을 보상한다(민사적인 계약상의 가중책임 등은 보상하지 않음).

  ㉢ 배상책임보험은 '피보험자를 경제적 파탄으로부터 구제하고, 피해자를 보호'하는 중요한 사회적 기능을 담당하고 있다.

② 배상책임보험의 특징

(1) 중과실사고를 보상한다. → 대부분의 손해보험은 고의중고실에 면책이다.	(4) 가입이 강제된다(의무보험이 많다). → 피해자보상을 위해 특별법으로 가입을 강제한다.
(2) 보험가액의 개념이 존재하지 않는다. → 타인에 대한 배상책임은 보험가액으로 평가할 수 없다. [예외] 보관자배상책임보험은 보험가액이 존재	(5) 보험의 목적은 피보험자의 전재산이다.[주1] → 타인에 대한 배상책임은 그 규모를 확정하기 어렵고 개인이 감당하기 어려울 수 있기 때문이다.
(3) 초과보험. 중복보험. 일부보험이 성립하지 않는다(∵보험가액의 개념이 없으므로).	(6) 피해자를 보호한다. → 피해자의 직접청구권을 인정하고, 가해자 입증책임으로 전환하는 경향, 무과실책임주의의 강화 등이 있다.

→ 주1 : 배상책임보험의 '보험의 목적'은 피보험자의 전재산이며, '피보험이익'은 피보험자의 전재산관계이다.

SECTION 7　피해자직접청구권

① 피해자직접청구권의 인정이유 : 피보험자(가해자)가 청구한 보험금이 피해자에게 전달되지 않을 수도 있으므로 피해자의 직접청구권을 인정함(피해자보호 강화차원)

→ 1993년 1월 상법개정으로 모든 책임보험에 피해자직접청구권을 인정함

② 피해자 직접청구권의 법적 성질

독립성	배타성	강행성
피보험자의 보험금청구권과는 독립적 관계이다.	피해자보호차원에서 다른 보험금청구권보다 우선한다.	강행규정이다(계약자에게 불이익하게 변경될 수 없다).

※ 피해자는 피보험자의 협조 없이도 책임보험의 보험금을 청구할 수 있는데, 이는 피해자직접청구권의 법적성질 중 '독립성'을 말한다.

③ 보험자의 통지의무 : 피해자의 직접청구를 받은 때에는 지체 없이 피보험자에게 통지해야 한다(∵ 이중지급방지).

④ 직접청구권과 항변권
　㉠ 피보험자의 항변권 : 손해배상책임에 대해 그 유무의 다툼, 과실상계, 손익상계 등으로 피해자의 직접청구권에 대항할 수 있다.
　㉡ 보험자의 항변권 : 유효한 보험계약이 전제가 되어야 하므로 계약상의 하자, 면책사유 등으로 피해자의 직접청구권에 대항할 수 있다.

① 타인의 생명보험

ㄱ 자기의 생명보험, 타인의 생명보험

자기의 생명보험		타인의 생명보험	
보험계약자	피보험자	보험계약자	피보험자
본인	본인	본인	타인

ㄴ 타인의 생명보험에서 피보험자의 동의

서면동의 必	예외
• 타인을 피보험자로 한 사망보험계약 • 보험계약상 권리를 피보험자가 아닌 양도하는 경우 • 보험수익자를 지정 · 변경하는 경우, → 피보험자의 서면동의를 필요로 한다.[주1]	단체가 규약에 따라 단체구성원의 전부 또는 일부를 대상으로 단체보험계약을 체결하는 경우 서면동의는 생략이 가능하다.

→ 주1 : 보험계약체결 시까지 피보험자(타인)의 서면동의를 받지 못한 계약은 무효가 된다.
※ 타인의 서면동의권은 언제든지 철회될 수 있는데, 만일 철회된다면 보험계약은 해지된다.

ㄷ 15세 미만자 등을 피보험자로 하는 사망보험계약의 금지(상법 732조)

15세 미만자[주1]	심신상실자	심신박약자[주2]
이들을 피보험자로 하는 사망보험계약은 무효이다(∵도덕적 위험이 높으므로).		

※ 주1 : 보험계약체결 시점에서는 15세 미만이었고, 보험사고시점에서 15세 이상이 된다 하여도 동 보험계약은 무효이다.
※ 주2 : 심신박약자의 경우 보험계약 체결시점에서 의사능력이 있을 경우에는 무효가 아니다.

② 중과실로 인한 보험사고

고의, 중과실사고에 대해서 면책	예외(중과실사고에 대해서는 보상함)
일반적인 손해보험계약	사망보험계약(생명보험, 상해보험)

※ 중과실사고는 일반손해보험에서는 면책이지만, 배상책임보험과 인보험에서는 부책이다.

③ 상해보험

ㄱ 상해보험은 손해보험과 생명보험의 성격을 모두 지니고 있어, 제3보험(상해, 질병, 간병보험)으로 분류된다.

ㄴ 단, 생명보험적 성격이 더 강하여 상법 732조를 제외하고는 모두 생명보험의 규정을 준용한다.

※ 상해보험의 생명보험규정 준용의 예외조항 : 상법 732조

생명보험(상법 732조 적용)	상해보험(상법 732조 적용 안 됨)
만 15세 미만자 등을 피보험자로 하는 사망보험계약은 무효이다.	만 15세 미만자 등을 피보험자로 하는 상해보험은 유효하다.

CHAPTER 01 | 단원정리문제

01 보험계약의 성립에 대한 내용이다. 틀린 것은?

① 보험계약은 낙성계약으로서 보험계약자의 청약과 보험자의 승낙에 의해 성립한다.

② 보험계약의 성립을 위해서는 최초의 보험료지급이 있어야 한다.

③ 보험계약자로부터 청약을 받고 보험료의 전부 또는 일부를 지급받은 때에는 보험자는 다른 약정이 없으면 30일 이내에 낙부의 통지를 발송해야 한다.

④ 보험자의 낙부의 통지가 해당 기일 내에 발송되지 않은 경우에는 보험계약이 승낙된 것으로 간주된다.

정답 | ②
해설 | 보험계약은 낙성(諾成) 계약이므로 '최초의 보험료납입이나 보험증권의 교부'를 요건으로 하지 않는다.

02 승낙 전 사고에 대해 보험자의 보험금지급책임이 발생하기 위해서는 아래의 요건이 모두 갖추어져야 한다. 그 요건 중 적절하지 않는 것은?

① 보험계약자의 청약의 의사표시가 당연히 존재해야 한다.

② 청약과 함께 초회보험료가 입금되어야 한다.

③ 보험자가 청약을 거절할 사유가 없어야 한다.

④ 인보험계약에서는 청약과 함께 피보험자의 신체검사를 받아야 한다.

정답 | ④
해설 | 신체검사는 모든 인보험에 적용되는 것이 아니라, 진단계약에 한하여 적용된다.

03 '타인을 위한 보험'에 대한 설명이다. 가장 적절하지 않은 것은?

① 손해보험에서 타인을 위한 보험이란 보험계약자와 피보험자가 다른 경우를 말한다.

② 인보험이든 손해보험이든 타인을 위한 보험계약이 가능하지만 그 타인은 이름을 명시하지 않더라도 특정인으로 확정되어야 한다.

③ 손해보험에서 타인을 위한 보험계약이 성립되기 위해서는 묵시적인 의사합치도 무방하나, 보험사고 발생 전까지는 타인의 존재를 추정할 수 있으면 된다.

④ 타인을 위한 보험계약에서는 보험계약자가 그 타인의 동의를 얻지 못하거나, 보험증권을 소지하지 못하면 그 계약을 해지할 수 없다.

정답 | ②
해설 | 불특정인을 타인으로 할 수도 있다(예 법정상속인).

04 보기에서 인보험의 보험수익자에게도 부과되는 의무에 해당하는 수는?

> 고지의무, 통지의무, 손해방지경감의무, 사고발생통지의무, 위험유지의무

① 0개   ② 1개   ③ 2개   ④ 3개

정답 | ③
해설 | '사고발생통지의무, 위험유지의무'의 2개이다.
- 고지의무와 통지의무는 보험계약자 및 피보험자에게 부과된다.
- 위험유지의무는 보험수익자에게도 부과된다.
- 손해방지경감의무는 보험계약자 및 피보험자에게 부과되는데 손해보험에서만 부과되는 것이 원칙이다.

05 '승낙 전 사고제도'와 '소급보험'에 대한 설명으로 틀린 것은?

① 소급보험은 보험계약이 성립되어야 적용되나, 승낙 전 사고제도는 보험계약이 성립되기 전 단계에서 적용된다.
② 소급보험은 법정책임을, 승낙 전 사고 제도는 계약상책임을 부담한다.
③ 승낙 전 사고 제도는 청약시점 이후에 보험자의 책임이 시작되나 소급보험은 보험자의 책임이 청약일 이전에 개시된다.
④ 승낙 전 사고 제도는 이미 발생한 사고는 무효가 되지만, 소급보험은 주관적 무지의 요건을 충족한다면 이미 발생한 사고도 보상한다.

정답 | ②
해설 | 승낙 전 사고로 보상하는 것은 법정책임을 근거로 한다(∵ 계약성립 전의 사고를 보상하는 것이므로).

06 빈칸을 옳게 연결한 것은?(순서대로)

> - 보험계약체결 후 보험료의 전부나 초회보험료를 납부하지 않고 2개월이 경과할 경우 그 계약은 (   )가 된 것으로 본다.
> - 계속보험료가 약정한 시기에 지급되지 아니할 경우 보험자는 상당기간을 정하여 보험계약자에게 최고를 하고, 그 기간 내에 납입이 없을 경우 해당 계약을 (   )할 수 있다.

① 해제 – 해지   ② 해지 – 해제
③ 취소 – 해제   ④ 취소 – 해지

정답 | ①
해설 | '해제 – 해지'이다.

07 해지의 원인 중 '보험자'에 의한 것이 아닌 것은?

① 보험자의 파산선고로 인한 해지　　　　② 고지의무위반으로 인한 해지

③ 통지의무위반으로 인한 해지　　　　　④ 계속보험료의 부지급으로 인한 해지

정답 ｜ ①

해설 ｜ ①은 보험계약자의 해지사유이다. 참고로 해지사유 중에서 부활이 가능한 것은 '계속보험료의 부지급으로 인한 해지'뿐이다.

08 부활에 대한 설명이다. 옳은 것은?

① 고지의무위반으로 해지된 계약이라도 해지환급금을 수령하기 전이면 부활이 가능하다.

② 보험계약자는 계약이 해지된 날로부터 2년 이내에 부활을 청구할 수 있다.

③ 부활청약 시 계약자는 고지의무를 이행하지 않아도 된다.

④ 부활은 사업비의 이중부담을 줄이고, 연령증가에 다른 보험료인상을 피할 수 있다는 장점이 있다.

정답 ｜ ④

해설 ｜ ① 계속보험료의 부지급으로 인한 해지만 부활이 가능하다.

　　　　② 3년이다.

　　　　③ 부활은 신계약에 준하므로 고지의무를 이행해야 한다.

09 계약순연부활의 요건이다. 가장 거리가 먼 것은?

① 계속보험료의 부지급을 사유로 해지된 계약이어야 한다.

② 보험금지급사유가 발생하지 않은 계약이어야 한다.

③ 과거에 부활이나 계약순연부활을 한 번이라도 하지 않은 계약이어야 한다.

④ 순연된 계약일 시점에서 순연 후 계약의 가입이 불가능한 계약이 아니어야 한다.

정답 ｜ ③

해설 ｜ 과거에 순연부활을 했다면 더 이상의 순연부활을 불가하다. 그러나 일반 부활의 경우 이미 부활을 했다고 해서 순연부활이 안되는 것은 아니다.

10 고지의무에 대한 설명으로 옳은 것은?

① 보험계약자, 피보험자, 보험수익자는 보험계약을 체결함에 있어 고지대상 내용을 보험회사에 고지해야 한다.

② 보험대리점은 고지수령권이 인정되나 보험설계사는 계약체결대리권이 없어 고지수령권이 없다.

③ 전문적 지식을 가진 보험자가 서면으로 질문한 사항은 중요한 사항으로 간주된다.

④ 고지의무는 계약의 청약 시에 이행되어야 한다.

정답 | ②
해설 | ① 보험수익자 제외. ③ 추정. ④ 계약의 성립시점까지 이행되어야 한다(약.청.고.성).

11 고지의무에 대한 설명이다. 옳은 것은?

① 고지의무는 법률상 의무로써 고지의무를 위반 시에는 손해배상책임을 진다.

② 고지의무는 계약의 성립 시까지 이행해야 한다.

③ 고지의무위반은 고지의무자의 불고지나 부실고지를 요건으로 한다.

④ 보험회사의 계약해지권은 고지의무위반사실을 안 때로부터 반드시 보험사고 발생 전에 행사되어야 한다.

정답 | ②
해설 | ① 손해배상의무가 아닌 자기의무, 또는 간접의무이다.
③ '불고지 또는 부실고지 & 고의나 중과실'을 요건으로 한다.
④ 고지의무위반의 경우, 보험사고 전후를 불문하고 계약을 해지할 수 있다(해지권의 특칙).

12 고지의무위반에 대해 보험자가 취소권을 행사할 수 있는 경우이다. 틀린 것은?

① 보험자가 고지의무위반사실을 안 날로부터 1개월 이내

② 보험금지급사유가 발생하지 않은 경우 책임개시일로부터 2년 이내

③ 계약체결일로부터 3년 이내

④ 뚜렷한 사기사실에 의해 보험계약이 성립되었음을 회사가 증명하는 경우에는 보장개시일로부터 10년 이내

정답 | ④
해설 | 5년 이내이다. 참고로 보험자가 취소권을 행사할 수 있는 기간(1개월, 2년, 3년, 5년)은 제척기간에 해당된다.

13 보험계약을 해지하면 장래의 효력상실로 이어진다. 그런데 이에 대한 예외로 소급해서 보험자가 면책이 되는 경우가 아닌 것은?

① 고지의무위반으로 인한 보험계약해지

② 위험의 현저한 변경 · 증가로 인한 보험계약해지

③ 위험유지의무위반으로 인한 보험계약해지

④ 계속보험료 부지급으로 인한 보험계약해지

정답 | ④

해설 | 계약이 해지가 되면 장래에 대해서만 효력을 상실하게 된다. 따라서 해지시점 이전의 보험사고에 대해서는 보상을 해야 한다(④의 경우). 그러나 ①, ②, ③의 경우는 해지권의 특칙을 적용하여 해지시점 이전의 보험사고에 대해서도 보험자는 면책된다.

※ 고지의무위반 등의 경우 → 보험자는 해지시점을 불문하고 계약을 해지할 수 있다.

14 다음 중 통지의무가 부과되지 않는 것은?

① 위험의 현저한 변경, 증가 시 ② 위험유지의무 발생 시

③ 사고발생 시 ④ 병존보험계약을 체결한 경우

정답 | ②

해설 | 위험유지의무 위반의 경우 별도의 통지의무 이행절차가 없다.

15 위험유지의무 위반에 대한 설명이다. 틀린 것은?

① 위험유지의무를 부담하는 자는 보험계약자, 피보험자, 그리고 보험수익자이다.

② 위험의 현저한 변경 또는 증가 시에는 통지의무가 부과되지만, 위험유지의무 위반에는 사전에 부과되는 통지의무는 없다.

③ 위험의 현저한 변경 또는 증가의 정도가 통상적인 수준을 크게 초과한다면, 바로 위험유지의무 위반이 된다.

④ 동 의무를 위반 시 보험자는 그 사실을 안 날로부터 1개월 내로 보험료의 증액을 청구하거나 계약을 해지할 수 있다.

정답 | ③

해설 | 고의나 중과실에 의해 위험이 현저하게 증가된 경우, 그 자체로 위험유지의무 위반이 된다.

16 보기 중에서 그 효과가 '1개월 내로 보험료의 증액을 청구하거나 보험계약을 해지할 수 있다'에 해당하는 것을 모두 묶은 것은?

> ⊙ 위험의 현저한 변경, 증가에 대한 통지의무를 이행한 경우
> ⊙ 위험의 현저한 변경, 증가에 대한 통지의무를 위반한 경우
> ⊙ 위험유지의무를 위반한 경우
> ⊙ 선박미확정의 적하예정보험에서의 통지의무를 위반한 경우

① ⊙, ⊙　　　　　　　　　　　　　② ⊙, ⊙
③ ⊙, ⊙　　　　　　　　　　　　　④ ⊙, ⊙

정답 | ③
해설 | 'ⓛ, ⓔ'은 '그 사실을 안 날로부터 1개월 내로 계약을 해지할 수 있다'에 해당된다.
　　 ※ 통지의무를 이행한 경우에도 보험자가 계약을 해지할 수 있다는 점에 유의한다.

17 통지의무 위반의 효과가 나머지 셋과 다른 것은?

① 위험의 현저한 변경 또는 증가 시의 통지의무 위반
② 선박미확정의 적하예정보험의 통지의무 위반
③ 보험사고발생의 통지의무 위반
④ 보험목적양도 시의 통지의무

정답 | ③
해설 | ①, ③, ④는 '1개월 내로 계약을 해지'할 수 있는 사안이지만, ③은 보험계약 해지사유가 아니다.
　　 ※ 암기법 : 사.중.병(통지의무을 위반해도 계약을 해지할 수 없는 경우)

18 다음 중 '제척기간'으로 분류되지 않는 것은?

① 고지의무위반 시 보험자의 계약해지권의 기간
② 손해배상책임에 대한 보험금청구권의 기간
③ 보험자파산시의 보험계약자의 계약해지권의 기간
④ 보험자가 약관의 교부·설명의무를 위반 시 보험계약자의 취소권의 기간

정답 | ②
해설 | ②는 소멸시효이며, ①, ③, ④는 제척기간이다.

19 재보험에 대한 설명이다. 가장 적절하지 않은 것은?

① 재보험계약은 원보험계약의 효력에 영향을 미치지 않는다.

② 원보험계약의 계약자는 원보험자가 지급불능인 경우 재보험자에 대해 지급을 청구할 수 있다.

③ 원보험계약이 생명보험계약이라 하더라도 재보험은 무조건 손해보험에 속한다.

④ 산업발전에 따라 위험이 대형화될수록 재보험의 중요성은 커진다.

정답 | ②
해설 | 원보험계약과 재보험계약은 법률적으로 독립된 별개의 계약이므로 원보험자가 지급불능이라도 재보험자에게 지급을 청구할
수 없다.

20 신규판매하는 보험종목이나 영업경험이 적은 신설보험자의 재보험방식으로 주로 활용되는 것은?

① 비례적 재보험 특약(Quota Share Treaty)

② 초과액 재보험 특약(Surplus Treaty)

③ 초과손해액 재보험 특약(XOL)

④ 초과손해율 재보험 특약(Stop Loss)

정답 | ①
해설 | ② 대형계약이 많은 기술보험이나 선박보험에 적합
③ 거대위험이 발생할 수 있는 누적위험을 담보하는 데 적합
④ 우박보험 등 천재지변을 담보하는데 적합
[학습안내] 재보험에 대한 학습은 '3과목 언더라이팅'에서 상세히 다룸

21 '보험계약자 등의 불이익변경금지의 원칙'에 대한 설명이다. 가장 거리가 먼 것은?

① 보험계약자에게 불이익이 되도록 변경된 약관에 의해 계약이 체결된 경우, 보험계약자보호를 위해 약
관 전체를 무효로 하는 규정이다.

② 이 원칙의 가장 중요한 존재근거는 보험계약의 부합계약성이다.

③ 보험자에 대해서는 강행규정, 보험계약자에 대해서는 상대적 강행규정이 적용된다.

④ 해상보험, 재보험 등 기업보험에는 적용되지 않는 규정이다.

정답 | ①
해설 | 그 범위 내에서 무효이다.

22 빈칸을 옳게 연결한 것은?(순서대로)

> • 보험계약의 동일성여부를 판단하는 기준은 (   )이다.
> • 초과보험, 중복보험의 판정기준은 (   )이다.

① 피보험이익 – 피보험이익   ② 피보험이익 – 보험가액

③ 보험가액 – 보험가액   ④ 보험가액 – 피보험이익

정답 | ②
해설 | '피보험이익 – 보험가액'이다. 피보험이익을 평가한 가액이 보험가액이다.

23 보기는 피보험이익의 요건 중 무엇에 가장 부합하는가?

> 주택화재보험에 가입하고, 주택이 전소되는 화재사고가 발생하여 보험금을 수령하였다. 하지만 해당주택과 관련된 추억은 보상받을 수 없다.

① 경제성   ② 적법성

③ 확정성   ④ 수익성

정답 | ①
해설 | 경제성에 해당된다. 그리고 피보험이익의 요건은 '①, ②, ③'이다(경.적.확).

24 보험가액에 대한 설명이다. 옳은 것은?

① 보험사고 발생 시 지급하기로 한 약정상 최고한도이다.

② 보험가액이 존재하지 않는 손해보험은 없다.

③ 보험계약체결 당시에 당사자가 정한 보험가액을 협정보험가액이라 하는데, 협정보험가액이 사고발생 시의 가액을 현저하게 초과하면 손해보험의 이득금지원칙에 따라 사고발생 시의 가액을 보험가액으로 한다.

④ 전 보험기간에 걸쳐 보험가액을 고정시키는 것을 보험계약자 등의 불이익변경금지의 원칙이라 한다.

정답 | ③
해설 | ① 법률상 최고한도액
       ② 배상책임보험은 보험가액이 없음(원칙)
       ④ 보험가액불변경주의

25 초과보험에 대한 설명이다. 가장 거리가 먼 것은?

① 초과보험은 보험금액이 보험가액을 현저하게 초과할 경우뿐 아니라 물가변동으로도 발생할 수 있다.

② 초과보험이 문제가 되는 것은 손해보험의 대원칙인 이득금지원칙을 반하기 때문이다.

③ 선의의 초과보험의 경우 보험자는 보험계약자에게 보험금액의 감액을, 보험계약자는 보험자에게 보험료의 감액을 청구할 수 있다.

④ 초과보험으로 계약이 무효가 되면 해당 초과부분에 대해서만 무효가 적용된다.

정답 | ④

해설 | 악의의 초과보험(사기로 인한 초과보험)은 계약전체가 무효가 되며, 보험자는 사기사실을 안 날까지의 보험료를 징구할 수 있다.

※ 무효가 될 경우 납입보험료를 환급하는 것이 원칙이지만, 사기로 인한 계약이므로 이에 대한 징벌차원에서 보험료를 환급하지 않는다.

26 중복보험의 요건을 잘못 나열한 것은?

| 가. 동일한 보험의 목적 | 나. 동일한 보험사고 |
| 다. 동일한 보험기간 | 라. 보험금액의 합계가 보험가액을 초과 |

① 가, 나   ② 나, 라

③ 다, 라   ④ 가, 다

정답 | ④

해설 | • 가 : 동일한 보험계약의 목적
　　　• 다 : 보험기간은 반드시 동일해야 하는 것은 아니면 중첩되는 기간이 있으면 된다.

27 아래와 같은 중복보험에서 A보험사와 B보험사가 지급할 보험금은 얼마인가?

> 공장화재보험, 보험가액 2천만원, 보험가입금액은 보험 A가 1천만원, 보험 B가 2천만원, 손해액 600만원(A, B 보험사의 지급보험금 계산방식이 다름)

	<u>A보험사</u>	<u>B보험사</u>
①	200만원	400만원
②	267만원	533만원
③	300만원	300만원
④	400만원	600만원

정답 | ①

해설 | 각 보험사의 지급보험금 계산방식이 다르므로 독립책임액 안분방식으로 계산한다.

(1) 먼저 타보험이 없는 것으로 간주하고 각 보험사의 지급액(독립책임액)을 계산한다.

- A보험사 독립책임액 = 600만원 $\times \dfrac{1천만원}{2천만원}$ = 300만원

- B보험사 독립책임액 = 600만원 $\times \dfrac{2천만원}{2천만원}$ = 600만원

(2) 독립책임액 비례방식으로 최종 지급금액을 구한다.

$$A = 600만원 \times \frac{300만원}{300만원 + 600만원} = 200만원. \quad B = 600만원 \times \frac{600만원}{300만원 + 600만원} = 400만원$$

28 보기의 중복보험에서 손해액이 7억원이라면 B보험사의 책임분담액은 얼마인가?

> 보험가액 10억원인 화재보험(동일 목적)을 A보험사에 3억원, B보험사에 5억원, C보험사에 6억원을 가입하였다 (각 보험사의 책임액 계산방식은 같다고 가정함).

① 1.5억원 ② 2.5억원

③ 3억원   ④ 7억원

정답 | ②

해설 | 각 보험사의 지급보험금 계산방식이 동일하므로 보험가입금액 비례분담방식을 적용하면 된다.

- A보험사 분담액 = 7억원 $\times \dfrac{3억원}{14억원}$ = 1.5억원

- B보험사 분담액 = 7억원 $\times \dfrac{5억원}{14억원}$ = 2.5억원

- C보험사 분담액 = 7억원 $\times \dfrac{6억원}{14억원}$ = 3억원(총 7억원으로 손해액과 지급액이 일치함)

29 중복보험의 내용이 아래와 같다. 만일 보험계약자가 B보험사에 대한 보험금청구권을 포기할 경우, 나머지 보험사의 지급액은 얼마인가?(보험가입금액 안분방식 적용)

구분	A보험사	B보험사	C보험사
보험가입 금액	8억원	8억원	4억원

(손해액 2억원, 보험가액 15억원)

① A가 4천만원, C가 2천만원을 지급한다.

② A가 6천만원, C가 4천만원을 지급한다.

③ A가 5천만원, C가 2천 5백만원을 지급한다.

④ A가 7천 5백만원, C가 2천 5백만원을 지급한다.

정답 | ①

해설 | B보험사에 대해서 보험금청구권을 포기할 경우, 타보험사의 지급책임액에는 영향을 주지 않는다. 즉, A보험사는 4천만원(2억원 × $\frac{8억원}{20억원}$)이며, C보험사는 2천만원(2억원 × $\frac{4억원}{20억원}$)이다. B보험사의 지급책임액 4천만원을 A와 C가 연대책임을 부담하는 것이 아니다(→ 이는 보험자와 피보험자의 통모를 방지하기 위함).

30 다음 설명 중 가장 적절한 것은?

① 보험계약의 수를 불문하고, 보험가입금액이 보험가액을 초과하며 초과보험이라 한다.

② 우리나라에서는 중복보험의 체결시점이 동시 또는 이시를 구분하지 않고 어떤 경우든 보험자는 보험금액한도 내에서 연대책임을 진다.

③ 개별보험자의 보상책임은 각 보험자의 보험가액에 비례하는 비례주의를 채택하고 있다.

④ 배상책임보험은 보험가액이 없으므로 아무리 많은 책임보험에 가입하더라도 중복보험이 되지 않는다.

정답 | ②

해설 | ① 초과보험은 보험계약이 하나이다.
③ 보험금액(보험가입금액)에 비례하는 비례주의를 택하고 있다.
④ 수개의 책임보험에 가입한 경우, 중복보험의 규정을 준용한다.

31 상법 제670조는 보험목적을 양도할 경우 일정 요건을 충족하면 보험계약의 권리의무 승계가 가능하도록 하고 있다. 해당 요건과 가장 거리가 먼 것은?

① 양도 당시 보험계약이 유효한 채로 존속되어야 한다.

② 보험목적은 물건이어야 한다.

③ 보험목적의 물권적 이전(소유권의 이전)이 있어야 한다.

④ 보험목적을 유상으로 양도해야 한다.

정답 | ④

해설 | 보험목적의 양도는 유상, 무상을 구분하지 않는다.

32 보험목적양도의 효과가 적용되지 않는 경우를 모두 묶은 것은?

> ㉠ 인보험
> ㉡ 전문직업배상책임보험
> ㉢ 상속이나 회사의 합병

① ㉠   ② ㉠, ㉡   ③ ㉡, ㉢   ④ ㉠, ㉡, ㉢

정답 | ④

해설 | 모두 보험목적양도의 효과가 적용되지 않는 예이다. ㉠, ㉡은 보험목적이 물건이 아니므로 상법 679조의 요건을 충족하지 못하며, ㉢은 그 자체의 법률에 따라 승계가 되므로 상법 679조가 적용되지 않는다.

33 빈칸을 옳게 연결한 것은?

> 자동차양도 시 양수인이 양수사실을 통지하였음에도 불구하고 보험자의 낙부통지가 없을 때에는 보험자가 통지를 받은 날로부터 (   )이 지난 때에 보험계약이 승낙된 것으로 (   )한다.

① 7일 – 간주   ② 10일 – 간주   ③ 7일 – 추정   ④ 10일 – 추정

정답 | ②

해설 | 10일, 승낙의제가 된다.

    ※ 간주와 추정 사례

간주	추정
30일 승낙의제 : 신계약의 낙부통지가 없을 때, 부활계약의 낙부통지가 없을 때	청약서의 질문사항 : 중요사항으로 추정
10일 승낙의제 : 자동차양도 시 통지 후 보험자의 낙부통지가 없을 때	보험의 목적의 양도 시 포괄승계추정(상법 679조)

34 손해방지경감의무에 대한 설명이다. 가장 적절하지 않은 것은?

① 상법상 손해방지경감의무를 부담하는 자는 보험계약자와 피보험자, 그리고 이들의 대리권이 있는 대리인과 지배인이다.

② 손해방지경감의무는 손해보험에서만 발생하는 의무이므로, 인보험에서는 부담하지 않는 의무이다.

③ 손해방지경감의무를 위반 시 경과실이나 중과실을 구분하지 않고 그로 인해 증가된 보험금지급책임을 보험자의 면책으로 한다.

④ 손해방지경감의무의 이행방법은 보험에 부보하지 않는 자가 자기재산에 대한 주의를 취할 정도의 노력으로 이행할 것이 요구된다.

정답 | ③
해설 | 경과실은 보험자 책임, 중과실은 보험자면책이다.

35 잔존물대위에 대한 설명이다. 틀린 것은?

① 잔존물대위가 되기 위해서는 보험목적의 전부가 멸실되어야 한다.

② 보험자는 보험금액의 전부를 지급해야 한다.

③ 잔존물대위를 취득한 보험자는 그 대위권을 포기할 수도 있다.

④ 보험자대위로 인한 보험목적물의 권리이전시기는 보험사고가 발생한 때이다.

정답 | ④
해설 | 보험사고가 발생한 때가 아니라 보험금액을 전부 지급한 때이다.

36 상법 제670조는 보험목적을 양도할 경우 일정 요건을 충족하면 보험계약의 권리의무 승계가 가능하도록 하고 있다. 해당 요건과 가장 거리가 먼 것은?

① 양도 당시 보험계약이 유효한 채로 존속되어야 한다.

② 보험목적은 물건이어야 한다.

③ 보험목적의 물권적 이전(소유권의 이전)이 있어야 한다.

④ 보험목적을 유상으로 양도해야 한다.

정답 | ④
해설 | 보험목적의 양도는 유상, 무상을 구분하지 않는다.

37 보험자대위와 관련하여 보기에 대한 설명으로 옳은 것은?

> 보험가입금액 7천만원, 보험가액 1억원, 손해액 1억원, 잔존물가액 1천만원

① 보험자는 보험금액을 1억원 지급하고 1천만원의 잔존물소유권을 취득한다.

② 보험자는 보험금액을 7천만원 지급하고 1천만원의 잔존물소유권을 취득한다.

③ 보험자는 보험금액을 7천만원 지급하고 700만원의 잔존물소유권을 취득한다.

④ 보험금액의 전부를 지급하는 것이 아니므로 잔존물의 소유권을 취득할 수 없다.

정답 | ③

해설 | 전손이지만 일부보험이므로 보험가입금액(7천만원)을 지급하고, 일부보험의 비율대로 잔존물대위권을 행사한다(1천만원 × $\frac{7}{10}$ = 700만원).

38 청구권대위에 대한 설명이다. 가장 거리가 먼 것은?

① 반드시 피보험자에 대한 가해행위를 한 제3자가 존재해야 한다.

② 잔존물대위와는 달리 보험금액의 일부를 지급해도 해당금액의 범위 내에서 청구권대위가 성립한다.

③ 잔존물대위와는 달리 피보험자에게 권리보존의무가 부과된다.

④ 인보험에서는 상법상 대위권을 전혀 인정하지 않는다.

정답 | ④

해설 | 인보험의 상해보험에서는 당사자 간의 다른 약정이 있는 경우에는 피보험자의 권리를 해하지 않는 범위 내에서 그 권리를 대위하여 행사할 수 있다.

39 예정보험에 대한 설명이다. 틀린 것은?

① 예정보험은 보험계약의 일부나 전부가 보험계약 체결 시 확정되지 않은 것을 말한다.

② 예정보험은 보험계약의 예약이라 할 수 있다.

③ 예정보험의 계약자는 미확정된 부분이 확정된 때에 보험자에게 통지의무를 부담한다.

④ 예정보험은 신속한 보험계약의 체결을 위하여 편리할 뿐만 아니라 계속적으로 거래되는 상품과 그 운송에 관한 포괄적 보험계약의 방법으로 적하보험이나 재보험에서 주로 활용된다.

정답 | ②

해설 | 예정보험은 보험계약의 예약이 아니라 독립된 계약이다.

40 다음 중 보험위부의 요건이다. 가장 거리가 먼 것은?

① 위부의 원인이 생긴 때에는 상당한 기간 내에 보험자에게 그 통지를 해야 한다.

② 위부대상의 보험목적과 관련된 다른 보험계약이 있다면 그 종류와 내용을 통지해야 한다.

③ 보험자는 보험계약자가 위부와 관련된 다른 보험계약의 내용을 통지를 받을 때까지 보험금의 지급을 거절할 수 있다.

④ 위부는 반드시 보험목적 전부에 대하여 해야 한다.

정답 | ④
해설 | 보험목적전부를 위부하는 것이 원칙이나, 위부의 원인이 보험목적 일부에 대해 생긴 때에는 그 부분에 대해서만 위부할 수 있으며, 이 경우 보험가액에 대한 보험금액의 비율로만 위부가 가능하다.

41 배상책임보험에 대한 설명이다. 틀린 것은?

① 배상책임보험은 제3자에 대하 법률상 또는 계약상의 손해배상책임을 보상한다.

② 배상책임보험에서의 보험의 목적은 피보험자의 전 재산이다.

③ 배상책임보험도 손해보험에 속하므로 고의 또는 중과실사고를 보상하지 않는다.

④ 배상책임보험은 그 특성상 보험가액이 존재하지 않는데 이에 대한 예외는 없다.

정답 | ②
해설 | ① 계약상의 책임은 보상하지 않는다.
③ 배상책임보험은 중과실사고를 보상한다.
④ 보관자배상책임보험, 임차자배상책임보험은 보험가액이 있다.

42 피해자의 직접청구권에 대한 설명이다. 가장 거리가 먼 것은?

① 피해자보호를 위한 제도이다.

② 1993년 개정상법으로 모든 손해보험에 있어서 피해자의 직접청구권이 인정된다.

③ 피해자의 직접청구권과 피보험자의 보험금청구권은 독립적인 관계에 있다.

④ 보험자는 피해자로부터 보험금의 직접청구를 받은 때에는 지체 없이 피보험자에게 이를 통지해야 한다.

정답 | ②
해설 | 피해자의 직접청구권은 모든 손해보험이 아니라 책임보험에 한해 인정된다.

43 다음 중 계약이 무효가 되는 것이 아닌 것은?

① 사기로 인한 초과보험이나 사기로 인한 중복보험의 경우

② 타인의 사망보험계약에서 피보험자의 서면동의를 받지 못한 경우

③ 15세 미만자를 피보험자로 하는 타인의 사망보험계약을 체결한 경우

④ 이미 체결된 타인의 사망보험계약에서 피보험자가 서면동의를 철회한 경우

정답 | ④

해설 | 서면동의철회 시 계약은 해지가 되며, 해지환급금을 지급한다.

44 인보험에 대한 설명이다. 옳은 것은?

① 보험계약자와 피보험자가 다른 생명보험계약을 타인을 위한 생명보험이라 한다.

② 생명보험에서 서면동의를 요구하는 것은 타인을 피보험자로 하여 사망보험계약을 체결하는 경우가 유일하다.

③ 15세 미만자를 피보험자로 하는 상해보험계약은 무효이다.

④ 제3보험은 생명보험과 손해보험의 성격을 모두 지니고 있으나 대부분은 생명보험계약의 규정을 준용한다.

정답 | ④

해설 | ① 타인의 생명보험이다.
② 타인의 생명보험에서 보험수익자변경 시 또는 보험계약양도 시 서면동의를 요구한다.
③ 15세 미만자를 피보험자로 하는 사망보험계약은 무효, 상해보험은 유효하다.

CHAPTER 02 | 보험업법

SECTION 1 보험업법 체계

① 보험법

　㉠ 보험계약법(상법 제4편)과 보험업법의 이원적 체계

보험계약법	보험업법[주1]
보험계약상의 당사자 간 권리와 의무를 상세히 규정한 법 (상법 제4편 보험편)	보험사업의 영위주체인 보험회사에 대해 사업허가에서부터 청산에 이르기까지 정부 의 실질적 감독에 대한 사항을 규정한 법

　　※ 주1 : 보험업법에서 말하는 보험업은 '생명보험업, 손해보험업, 제3보험업'을 말한다.

　㉡ 5단계 법령체계(보험업법, 보험업법 시행령, 보험업법 시행규칙 등)

법	시행령	시행규칙	감독규정	시행세칙
국회 제정	대통령령	국무총리령	금융위원회	금융감독원

　　※ 생명보험 표준약관, 자동차보험 표준약관 등 표준약관이 포함된 것은 시행세칙이다.

② 보험업법의 기본개념

　㉠ 공공적인 성격이 있는 보험업을 적절하게 규제, 감독하기 위한 상사특별법규[주1]이다.

　　※ 주1 : 상사특별법이란 특별한 거래제도를 규율하기 위한 상사(商事)에 관한 법률. 즉 상법의 일종인데 상법의 특별법에 해당되므로 상법에 우선하여 적용한다.

　　예 보험업법, 자본시장법, 어음수표법, 해운법 등

　㉡ 공법적 성격과 사법적 성격이 병합된 혼합법률이다.

공법적 성격	사법적 성격
보험사업의 허가, 실질적 감독주의 등	주식회사의 배당제한 등, 상호회사의 조직 및 운영에 관한 규정 등

　　※ 주식회사는 자본충실원칙 등을 위해 배당제한 등의 규제를 하는데 이는 사법적 성격에 속한다.

③ 보험업의 적용범위

보험계약법	보험업법
보험자와 보험계약자의 권리의무를 규정한 법이므로, 민영사업자뿐 아니라 공영보험, 각종 공제 등 모든 형태의 보험업자에게 적용됨	민영사업자에 대한 감독법규이므로, 보험회사와 상호회사, 외국보험사 국내지점을 감독함[주1]

　　※ 주1 : 보험업법의 적용을 받지 않는 보험(예 노인장기요양법에 의한 장기요양보험은 보험업법의 적용을 받지 않는다)
　　• 공보험 : 국민건강보험, 장기요양보험, 국민연금보험, 산업재해보상보험, 고용보험, 우체국보험
　　• 특별법에 의한 보험 : 각종 공제(신협공제, 새마을공제, 자동차공제조합 등)

④ 보험업에 대한 감독

공시주의	준칙주의	실질적 감독주의[1]
직접감독이 아닌 공시를 통한 이해관계자들의 자율감독	필요한 준칙을 제시하고, 준칙에 부합하지 않을 경우에만 감독	보험업의 공공성을 감안하여 허가에서 운영까지 실질적인 감독

※ 주1 : 우리나라를 포함 세계 대부분의 국가가 실질적 감독주의를 택하고 있음

⑤ 보험계약의 체결

　㉠ 누구든지 보험회사가 아닌 자[1]와 보험계약을 체결하거나 중개 또는 대리를 할 수 없다(보험업법 3조)[2]. 단, 대통령령으로 정하는 경우 예외가 적용된다.

　　※ 주1 : 보험업법상의 허가를 받아 국내에서 보험업을 운영하는 재(민영보험사, 상호회사, 외국보험사 국내지점)를 말함

　　※ 주2 : 동 규정을 위반한 자에게는 1천만원 이하의 과태료를 부과할 수 있다.

　㉡ 예외(국내영업을 허가받지않은 외국보험사와 직접 계약을 체결하는 경우를 말함)

　　　• 외국보험사와 생명보험계약, 적하보험계약, 항공보험계약 등을 체결하는 경우
　　　• 국내에서 경영하지 않는 보험종목을 외국보험회사와 체결하는 경우
　　　• 국내에서 경영하는 보험종목에 대해 3곳 이상의 보험회사로부터 거절되어 외국회사와 계약을 체결하는 경우
　　　• 기타 보험회사와 계약체결이 곤란한 경우로써 금융위의 승인을 받은 경우

⑥ 보험업법상 주요 용어

　㉠ 전문보험계약자와 일반보험계약자

전문보험계약자	일반보험계약자
한국은행, 금융기관, 상장법인[1] 등 보험계약의 내용을 이해하고 이행할 능력이 있는 자	전문보험계약자가 아닌 자

※ 주1 : 주권상장법인의 경우는 본인이 일반보험계약자의 대우를 받겠다는 의사를 보험자에게 서면통지할 경우 일반보험계약자로 간주된다.

　㉡ 보험회사의 최대주주, 주요주주, 자회사

최대주주	주요주주	자회사
본인과 그 특수관계인이 보유한 지분이 가장 많은 자	지분율이 10% 이상인 자 또는 지분율과 관계없이 사실상의 영향력을 행사하는 자	보험회사가 타회사의 지분을 15%를 초과하여 보유할 경우의 당해회사

※ 보험업법이나 자본시장법상의 '대주주'는 최대주주와 주요주주를 합한 개념이다.

① 보험업 허가 개요

   ㉠ 보험업의 허가는 회사별 설립허가가 아닌 보험종목별 허가를 말한다.

   ㉡ 보험업의 보험종목

생명보험업	손해보험업	제3보험업
생명보험, 연금보험	화재보험, 해상보험, 자동차보험, 보증보험, 재보험 등	상해보험, 질병보험, 간병보험

   ㉢ 제3보험과 재보험에 대한 특칙

제3보험의 겸영에 대한 특칙	재보험의 겸영에 대한 특칙
생명보험이나 손해보험의 보험종목 전부를 영위할 경우에는 제3보험의 허가를 받은 것으로 본다(→ 즉 '생명보험 + 제3보험' 또는 '손해보험 + 제3보험' 형태의 겸영이 가능).	'생명보험, 손해보험, 제3보험'의 보험종목 중 하나를 영위하는 경우 해당 보험종목의 재보험의 허가를 받는 것으로 본다.[주1]

   ※ 주1 : 재보험은 손해보험의 영역이나 예를 들어 '생명보험의 재보험은 생명보험에서 영위'가 가능하도록 하고 있다(보험업법 제4조 2항).

   ㉣ 신설 보험종목의 허가에 대한 특칙 : 생명보험이나 손해보험의 보험종목의 전부를 영위하는 경우 생명보험이나 손해보험의 신설보험종목에 대한 허가를 받은 것으로 본다.

② 보험업의 허가를 받을 수 있는 자

주식회사	상호회사	외국보험회사 국내지점
교보생명, 삼성화재, KB손보 등 민영보험회사를 말함	현재 우리나라에서는 상호회사가 존재하지 않음	외국보험회사가 국내영업을 인가받은 경우 보험업법에 의한 보험회사로 봄

③ 허가신청과 허가

허가신청서류	예비허가와 조건부허가
• 정관, 3년간의 사업계획서, 기초서류 • 기초서류 3가지[주1] 중에는 '보험종목별 사업방법서'만 첨부함(간소화 차원)	• 본허가 전에 예비허가를 신청할 수 있음. 신청을 받은 금융위는 2개월 이내에 심사하여 예비허가 여부를 통지해야 함[주2] • 금융위는 허가신청 시 조건부허가를 낼 수 있음 • 예비허가를 받은 자는 예비허가의 조건을 이행한 후 본허가신청을 하면 허가를 해야 함

   ※ 주1 : 기초서류라 함은 '보험종목별 사업방법서, 보험약관, 보험료 및 책임준비금산출방법서'를 말함('사.약.책'으로 암기)
   ※ 주2 : 예비허가는 '총리령'으로 2개월인 심사통지기간을 연장할 수 있음(대통령령이 아님)

④ 허가의 요건

   ㉠ 허가의 4가지 요건

최소자본금 또는 기금을 보유할 것	사업계획이 타당하고 건전할 것
전문인력과 물적시설을 충분히 갖출 것	충분한 출자능력과 재무건전성을 갖출 것

ⓛ 보험종목별 최소자본금

보험종목	보험종목별 최저자본금	전체영위 시 자본금
생명보험	생명보험 200억원, 연금보험 200억	300억원 이상
손해보험	보증보험 300억원, 재보험 300억원, 자동차보험 200억원, 해상보험 150억원, 화재보험 100억원, 책임보험 100억원, 기술·권리보험 50억원	300억원 이상
제3보험	상해보험 100억원, 질병보험 100억원, 간병보험 100억원 등	300억원 이상

- 보험회사는 300억원[주1] 이상의 자본금 또는 기금을 납입함으로써 보험업을 시작할 수 있다.
  - ※ 주1 : 여기서 보험종목의 전부를 영위하고자 할 경우 300억원 이상이 최소자본금이라는 의미
- 보험종목의 일부만을 취급하고자 할 경우 50억원[주2] 이상의 자본금 또는 기금을 납입하여야 한다.
  - ※ 주2 : 1개의 보험종목은 50억원 이상이다(기술권리보험의 경우 50억원, 화재보험의 경우 100억원 등).
- 2개 이상의 보험종목을 영위하고자 할 경우 각각의 최소자본금 또는 기금을 합한 금액으로 하되, 그 합계가 300억원이 넘는 경우 300억원으로 한다.
  - **예시 1** 화재보험과 해상보험의 2종목을 영위하고자 할 경우 → 100억 + 150억 = 250억원의 자본금을 납입해야 한다.
  - **예시 2** 자동차보험과 재보험을 영위하고자 할 경우 → 200억 + 300억 = 500억. 그런데 300억원 이상의 경우는 300억원의 자본금을 납입하면 된다.
- 외국보험회사 국내지점의 영업기금은 30억원 이상으로 한다.

ⓒ 통신판매전문보험회사

- 통신판매전문보험회사란 총계약건수 및 수입보험료의 90% 이상을 전화, 인터넷 등 통신수단을 이용하여 모집하는 회사를 말한다.
- 통신판매전문보험회사의 경우 일반 보험회사 최소자본금 또는 기금의 2/3 이상의 금액으로 보험업을 시작할 수 있다.

⑥ 보험업의 겸영가능 요건

구분	생명보험의 일부	손해보험의 일부	제3보험의 일부	생명보험의 전부	손해보험의 전부	제3보험의 전부
연금저축보험 (세적격)	○			○	○	
퇴직연금보험						
질병사망보험 (요건을 갖춘 특약)					○	
제3보험				○	○	
각각의 재보험	○	○	○	○	○	○

㉠ 연금저축(조세특례제한법상), 퇴직연금(근로자퇴직급여보장법상)은 '손해보험종목의 일부를 영위하는 보험회사' '제3보험만을 영위하는 보험회사'는 겸영할 수 없다.
  - ※ '세적격 연금저축보험'을 겸영하기 위해서는 '생보의 전부, 손보의 전부'를 영위하거나 '생보의 일부'를 영위하는 보험회사이어야 한다.

㉡ 질병사망보장(요건을 갖출 경우 특약으로만 가능함)은 손해보험의 보험종목 전부를 영위하는 회사만 가능하다.
  - Cf. 생명보험이나 제3보험은 주계약으로도 가능함

ⓒ 제3보험은 생명보험이나 손해보험의 보험종목 전부를 영위하는 보험회사만 겸영할 수 있다(**예** 생명보험전부 + 제3보험, 손해보험전부 + 제3보험).

ⓔ 각각의 재보험은 생명보험이나 제3보험의 일부를 영위해도 겸영이 가능하다(겸영제한의 예외).

⑦ **보험회사의 겸영업무와 부수업무** : 보험회사는 겸영업무나 부수업무를 영위하고자 할 경우 그 업무를 시작하려는 날의 7일 전까지 금융위에 신고해야 한다.

겸영업무	부수업무
집합투자업, 투자자문업, 투자일임업, 신탁업, 동화자산관리업무, 전자자금이체업무 등	보험회사의 경영건전성과 계약자보호를 저해하지 않는 업무를 부수업무로 영위할 수 있음

⑧ **외국보험회사의 국내사무소**

ⓐ 외국보험회사가 국내 보험시장에 관한 조사 및 정보수집을 위해 국내사무소를 설치하려는 경우 30일 이내에 금융위에 신고해야 한다.

ⓑ 해당 사무소는 보험업을 경영한다거나 보험계약체결을 대리할 수 없다(보험시장조사 및 정보의 수집, 이와 유사한 업무만 가능함).

SECTION 3 주식회사

① **주식회사의 의의** : 투자자(주주)가 회사에 투자하고(자본), 그 증표 또는 대가로서 주식을 받는다. 이때 주주는 출자한 만큼 유한책임을 진다.

② **이익배당요건** : 배당가능이익이 있어야 하며(상법상 요건충족 시 가능), 주총에서 재무제표승인과 보통결의의 절차가 필요함. 주주가 보유한 주식수에 따라 배당을 지급한다(주주평등원칙).

③ **자본감소**

ⓐ 자본감소의 종류

실질적 자본감소(유상감자)	형식적 자본감소(무상감자)
감자액을 주주에게 반환	장부상 감소(감소된 자본을 주주가 포기)

ⓑ 자본감소의 절차 : 주주총회의 특별결의가 필요하며, 실질적 자본감소(유상감자)의 경우 금융위원회의 승인을 받아야 한다.
- 주총 보통결의 : 출석 과반수&전체의 1/4 이상
- 주총 특별결의 : 출석의 2/3 이상&전체의 1/3 이상

ⓒ 자본감소 시의 채권자보호절차: 자본감소에 이의가 있는 자에게 이의를 제출할 수 있는 기간(1개월 이상)을 두어 공고해야 함
※ 만일, 이의제기 기간 중 이의제기를 한 주주 '전체 지분의 10%나 시가총액의 10%를 초과할 경우'에는 자본감소를 할 수 없다.

④ 조직변경

　　㉠ 조직변경 시 별도의 해산 및 청산절차는 거치지 않는다.

　　㉡ 주식회사는 주총의 특별결의를 거쳐 상호회사로 조직을 변경할 수 있다. 이때 상호회사는 그 기금을 반드시 300억원 이상으로 할 필요가 없다(→ 주식회사인 보험회사는 자본금이 300억원 이상인데, 만일 상호회사로 조직을 변경한다면 상호회사의 기금은 300억원 미만으로 하거나 설정하지 않아도 된다는 의미임). ※ 조직변경 후 : 주식회사의 주주 → 상호회사의 사원

SECTION 4　상호회사

① 상호회사는 보험업법에 의해 설립되는 사단법인이다. 그런데 우리나라에서는 아직 상호회사가 없다.

② 주식회사와 상호회사의 비교

구분	근거법	출자금	의결기관	구성원	손익귀속주체
주식회사	상법(회사법)	자본금	주주총회	주주	주주
상호회사	보험업법	기금	사원총회	사원(보험계약자)	사원(보험계약자)

※ '이사, 이사회, 대표이사, 감사'를 두고 있는 것은 주식회사와 동일하다.

③ 상호회사의 기금납입과 사원의 수

　　㉠ 상호회사의 기금은 반드시 금전으로 납입되어야 한다.

　　㉡ 상호회사는 100명 이상의 사원으로서 설립하며, 회사설립 후 사원이 100명에 미달된다고 하여 해산사유가 되지는 않는다.

④ 사원의 권리와 의무

권리	의무
공익권, 자익권	유한책임, 간접책임[주1]

※ 주1 : 유한책임이란 사원의 책임은 보험료를 납입한 총액한도에서 부담하며, 간접책임은 채권자에 대한 채무의 책임을 직접 부담하는 것이 아님을 의미함

⑤ 사원의 퇴사, 회사의 해산 및 청산

사원의 퇴사	회사의 해산, 청산	
	해산결의	청산절차
• 보험관계소멸 • 사원의 사망(상속인인 지분을 상속함) • 정관에서 정한 사유	사원총회의 특별결의에 의함	해산결의 후 청산절차이행 (단, 합병 · 파산 시에는 청산절차 면제)

※ 사원총회의 특별결의 : '사원의 과반수 출석 & 전체 의결권의 3/4 이상'의 찬성으로 결의함

① 외국보험회사(외국사업자)가 금융위로부터 국내 영업을 허가받은 경우 '외국보험회사 국내지점'으로서 보험업법상의 보험회사가 된다.

② 외국보험회사 국내지점의 허가취소 사유

• 합병이나 영업양도로 영업권이 소멸된 경우 • 휴업이나 영업중단 시 • 위법행위로 인해 외국감독기관으로부터 6개월 이내의 영업전부정지를 당한 경우 등	→ 외국보험회사 국내지점에 대한 청문을 거쳐 보험업의 허가를 취소할 수 있다.

③ 국내자산보유의무

국내자산보유의무	잔무처리자
국내에서 모집한 보험계약의 책임준비금과 비상위험준비금 이상의 자산을 국내에서 보유해야 함	잔무처리자(허가취소 시 선임)는 잔무에 관한 재판상 또는 재판외의 모든 행위를 할 권리를 가짐

① 보험모집을 할 수 있는 자

모집을 할 수 있는 자	모집을 할 수 없는 자
• 판매조직 : 보험설계사, 보험대리점, 보험중개사 • 보험회사 임직원[주1]	보험회사 임직원 중 모집불가인 자 → 대표이사, 사외이사, 감사, 감사위원

※ 주1 : 보험회사 직원은 '영업직원' '일반사무직원'을 모두 포함함

② 모집종사자의 권리비교

구분	보험설계사	보험대리점	보험중개사
보험료수령권	△[주1]	○	×
고지수령권	×	○	×
계약체결권	×	○	×
보험료협상권	×	×	○

※ 주1 : 보험설계사는 초회보험료에 한하여 보험료수령권이 있다고 본다(판례).
※ 암기법
   • 보험설계사는 모집상의 권리가 하나도 없으며,
   • 보험대리점은 '보험료협상권'을 제외하고 모두 있으며,
   • 보험중개사는 '보험료협상권'만 있고 나머지는 모두 없다.

③ 등록업무의 위탁(등록은 모두 금융위원회)

보험설계사	보험대리점	보험중개사,
보험협회	보험협회	금융감독원

※ 보험계리사, 손해사정사, 보험중개사는 금융감독원에서 등록실무를 담당한다.

④ 보험설계사의 교차모집 : 교차모집을 하고자 하는자는 서류를 보험협회에 제출
　㉠ '생명보험 + 제3보험'의 전속설계사 : 1개의 손해보험회사를 위한 교차모집가능
　㉡ '손해보험 + 제3보험'의 전속설계사 : 1개의 생명보험회사를 위한 교차모집가능
　㉢ 생명보험 또는 손해보험의 전속설계사 : 1개의 제3보험을 위한 교차모집가능

⑤ 영업보증금

보험대리점		보험중개사	
(보험회사를 대리하여 계약을 체결하는 자)		(독립적으로 보험계약 체결을 중개알선하는 자)	
개인	법인	개인	법인
1억원 이내	3억원 이내	1억원 이상	3억원 이상

※ 보험대리점의 영업보증금은 1억원(법인 3억원) 이내에서 보험회사와 협의해서 결정하며, 보험중개사의 영업보증금은 1억원(법인 3억원) 이상에서 총리령으로 결정한다.

⑥ 금융기관보험대리점의 영업기준
　㉠ '금융기관'은 보험대리점 또는 보험중개사로 등록할 수 있다.
　　• 금융기관 : 은행, 투자매매업자 또는 투자중개업자, 상호저축은행, 특수은행(산업은행, 중소기업은행, 농협은행), 신용카드업자, 농협 단위조합
　　※ 단, 수출입은행과 수협은 보험대리점 또는 보험중개사로 등록할 수 없다.
　㉡ 금융기관보험대리점에는 영업보증금 예탁의무를 면제한다.
　㉢ 금융기관보험대리점의 보험상품 모집제한

모집가능한 생명보험 상품	모집가능한 손해보험 상품
• 연금상품, 신용생명보험, 개인저축성보험 • 개인보장성보험은 제3보험 주계약에 한해 허용(저축성특약 불가, 질병사망특약 불가)	• 연금상품, 장기저축성보험, 주택화재보험, 상해보험, 신용손해보험 • 개인장기보장성보험은 제3보험 주계약에 한해 허용(저축성특약 불가, 질병사망특약 불가)

※ 방카슈랑스는 주택화재보험은 모집할 수 있으나, 일반화재보험은 모집할 수 없다.

① 모집질서확립

> (1) 보험료를 받지 않고 영수증을 선발행할 수 없다.
> (2) 분납보험료의 경우 납입유예기간 이후에 결제되는 어음을 영수할 수 없다.
> (3) 보험료를 영수한 경우 소속보험회사가 발행한 영수증을 발급해야 한다. 단, 신용카드 또는 금융기관이체로 보험료를 영수한 경우에는 영수증발급을 생략할 수 있다.
> (4) 자기가 모집한 계약을 타인이 모집한 것으로, 타인의 모집계약을 자기가 모집한 계약으로 처리할 수 없다.
> (5) 보험계약자 등의 실지명의가 아닌 명의로 보험계약을 임의로 작성하여 청약할 수 없다.

② 보험안내자료

필수기재사항	기재금지사항
• 보험회사 상호나 명칭 • 보험가입에 따른 권리와 의무에 관한 사항 • 보험약관에 정한 보장 및 지급제한에 관한 사항 • 해지환급금에 관한 사항 • 예금자보호와 관련한 사항 등	• 자산과 부채에 관련하여 금융위에 제출한 서류와 다른 내용 • 장래의 이익배당과 잉여금분배 예상에 관련한 사항(→ 방송 등 불특정다수에게 알리는 경우에도 동일하게 적용)

③ 설명의무

> ㉠ 일반보험계약자에게 보험을 판매할 경우 설명의무가 부과된다.
>
> • 설명의무 : 보험계약의 중요사항을 일반보험계약자가 이해할 수 있도록 설명해야 함을 말한다.
>
> ㉡ 설명의무를 이행하고 일반보험계약자가 이해하였음을 서명이나 녹취 등의 방법으로 확인으로 받고 보관해야 한다.

④ **적합성의 원칙** : 보험계약에서 적합성이 준수되어야 하는 것은 변액보험이다.

> (1) 일반보험계약자의 연령, 보험가입목적, 재산상황 등을 파악한다(Know Your Customer Rule).
> (2) (1)에서 파악한 일반보험계약자의 유형에 적합하지 않은 상품을 권유하면 안 된다.
> (3) (1)에서 파악한 정보는 보험계약체결 이후 종료일로부터 2년간 유지관리해야 한다.

⑤ **중복계약체결 확인의무** : 모집하고자 하는 보험계약과 동일한 위험을 보장하는 보험계약이 있는지의 여부, 즉 보험계약의 중복여부를 확인해야 한다(2011년 시행령).

⑥ **통신판매관련 준수사항**

> ㉠ 통신수단을 통해 보험계약을 모집하는 자는 다른 사람의 평온한 생활을 침해하는 방법으로 모집할 수 없다.
>
> ㉡ 통신판매계약은 청약철회 및 계약내용의 확인 또는 계약해지 시에도 통신수단을 이용할 수 있도록 해야 한다.

⑦ 보험계약의 체결 또는 모집에 관한 금지행위

> (1) 보험상품의 내용을 사실과 다르게 알리거나 그 중요한 사항에 대해 알리지 않는 행위
> (2) 보험상품의 내용 일부에 대하여 비교대상기준을 분명하게 밝히지 않거나 객관적인 근거 없이 다른 보험상품과 비교하는 행위
> (3) 보험계약자나 피보험자로 하여금 고지사항을 보험회사에 알리는 것을 방해하는 행위
> (4) 보험계약자 또는 피보험자로 하여금 기존보험계약을 부당하게 소멸시킴으로써 유사한 새로운 보험계약을 청약하게 하는 행위 또는 새로운 보험계약을 청약한 후 기존계약을 소멸하게 하는 행위
> ㉠ 기존보험계약이 소멸된 날로부터 1개월 이내에 새로운 보험계약을 청약하게 하거나, 새로운 보험계약을 청약한 날로부터 1개월 이내에 기존보험계약을 소멸하게 하는 경우
> ㉡ 이 경우 기존보험계약이 소멸된 날로부터 6개월 이내에 새로운 보험계약을 청약하게 하거나, 새로운 보험계약을 청약하게 한 날로부터 6개월 이내에 기존보험계약을 소멸하게 하는 경우로서, 해당 보험계약자 등에게 기존보험계약과 새로운 보험계약의 중요한 사항을 비교하여 알리지 않은 경우
> (5) '(4)'의 규정을 위반하여 기존보험계약을 소멸시킨 경우 그 보험계약이 소멸한 날로부터 6개월 이내에 소멸된 보험계약의 부활을 청구하고 새로운 보험계약은 취소할 수 있다.
> (6) 실제 명의인이 아닌 자의 보험계약을 모집하는 행위
> (7) 보험계약자 또는 피보험자의 자필서명을 직접 받지 않고 임의로 하는 행위
> (8) 다른 모집종사자의 명의를 이용하여 보험계약을 모집하는 행위 등등

⑧ 특별이익의 제공금지(아래의 행의 금지)

> • 금품제공금지 [단, Min(최초보험료 1년치의 10%, 3만원)은 제공이 가능하다]
> ※ 즉, 최대 3만원까지 금품제공이 가능하다.
> • 기초서류에서 정한 사유가 아닌 보험료할인 또는 수수료의 지급
> • 기초서류에서 정한 보험금액보다 많은 보험금액의 지급을 약속하는 행위
> • 보험계약자나 피보험자를 위한 보험료의 대납 및 대출금이자의 대납
> • 제3자에 대한 청구권대위행사의 포기

⑨ 보험회사의 금지행위

> • 보험계약모집의 대가로 해당 금융기관에 대한 신용공여, 자금지원 및 보험료의 예탁을 요구하는 행위
> • 보험계약체결을 대리하거나 중개하면서 발생하는 비용과 손실을 보험사에게 전가하는 행위
> • 금융기관의 우월적 지위를 이용하여 부당한 요구를 하는 행위 등

⑩ 자기계약의금지

> • 보험대리점 또는 보험중개사가 자기 또는 자기를 고용하고 있는 자를 보험계약자 또는 피보험자로 하는 보험계약(자기계약)을 모집하는 것을 금지한다(101조 1항).
> • 자기계약의 누계액이 해당 보험대리점 또는 보험중개사가 모집한 보험료의 50%를 초과하게 된 경우 자기계약의 금지대상이 된다(101조 2항).[주1]

⑪ 변액보험모집시의 금지사항

> • 납입한 보험료의 원금을 보장하는 권유행위
> • 모집과 관련하여 취득한 정보를 자신 또는 제3자의 이익을 위해 이용하는 행위
> • 허위표시 또는 중요한 사항에 대해 오해를 유발할 수 있는 표시행위
> • 사실에 근거하지 않는 판단자료 및 출처를 제시하지 않은 예측자료 제공행위 등

모집을 위탁한 보험회사의 배상책임

① 보험회사는 자사의 임직원, 보험설계사 또는 보험대리점이 모집 중에 보험계약자에게 손해를 입힌 경우 해당 손해에 대해서 배상책임을 진다(단, 상당한 주의의무를 이행한 경우는 면책).

② 책임의 성질 : 보험자가 아래의 책임으로 배상책임을 이행하였을 때는 보험설계사나 임직원 등에 구상권을 행사할 수 있다.

사용자책임(민법 756조)	무과실에 가까운 책임	무과실책임
피용자의 배상손해를 사용자가 부담한다.	보험설계사와 보험대리점	임직원
	보험회사에게 임직원에 대한 책임을 좀 더 엄격하게 적용함[주1]	

※ 주1 : 보험자가 책임을 면하기 위해서는 상당한 주의의무를 이행하였음을 보험자가 입증해야 한다.
※ 보험자는 보험중개사에 대해서는 무과실책임 또는 무과실에 가까운 책임을 지지 않는다.

③ 보험설계사나 보험대리점의 손해배상책임에 보험계약자 등의 책임사유도 경합된다면, 그 과실정도에 따라 과실상계되어야 한다.

SECTION 9 보험계약자 등의 권리

의무	권리	
	청약철회	영업보증금에 대한 우선변제권
사기행위 금지 (선언적인 규정)	보험증권을 받은 날로부터 15일 이내 청약철회가 능(단, 청약일로부터 30일 초과 시는 불가)	보험대리점 또는 보험중개사의 영업보증금은 보험계약자의 손해를 다른 채권자보다 우선하여 변제함

SECTION 10 자산운용

① 보험회사의 자산운용원칙 : 수익성, 안정성, 유동성, 공공성

② 자산운용 금지대상

- 업무용부동산이 아닌 부동산의 소유
- 상품이나 유가증권에 대한 투기를 목적으로 하는 자금의 대출
- 해당 보험회사의 주식을 매입하도록 하기 위한 대출
- 정치자금대출
- 해당 보험회사의 임직원에 대한 대출(약관에 따른 소액대출 제외)
- 그 외 자산운용의 안정성을 해할 우려가 있는 것으로 대통령령으로 정한 행위

③ 자산운용방법
  ㉠ 업무용부동산의 소유비율 : 일반계정의 25%, 특별계정의 15%
  ㉡ 매분기말 기준 300억원 이하의 특별계정은 일반계정에 포함하여 운용한다.

④ 의결권행사제한 : 보험회사는 특별계정자산으로 취득한 주식에 대해서는 의결권을 행사할 수 없다(단, 합병 등의 이유로 특별계정자산의 손실초래가 명백히 예상될 경우에는 행사가 가능함).

⑤ 특별계정 운용에 있어서의 금지행위

> • 보험계약자의 지시에 따라 자산을 운용하는 행위
> • 변액보험계약에 대해서 수익률을 보장하는 행위
> • 특별계정에 속하는 자산을 일반계정에 편입하는 행위
> • 보험료를 어음으로 수납하는 행위

⑥ 타회사에 대한 출자제한 : 보험회사는 타회사의 의결권 있는 주식총수의 15%를 초과하여 소유할 수 없다.

⑦ 타회사의 의결권 있는 주식총수의 15%를 초과하여 소유한다면 자회사(子會社)가 된다.
  ㉠ 보험회사의 대주주가 비금융주력자일 경우 은행법에 따른 은행을 자회사로 소유할 수 없다(∵ 금산분리규제).
  ㉡ 자회사가 소유하는 주식을 담보로 하는 신용공여 및 자회사가 다른 회사에 출자하는 것을 지원하기 위한 신용공여는 금지된다.
  ㉢ 자회사를 소유하게 된 날로부터 15일 이내에 해당서류를 금융위에 제출해야 한다.
  ㉣ 자회사의 소유요건 : 자회사를 소유할 경우 승인 또는 신고의 절차가 필요하다.

SECTION 11 재무제표 등

① 보험회사 장부폐쇄일은 매년 12월 31일이다(2013년 회계연도부터).

② 업무보고서는 매월 제출한다.

③ 책임준비금과 비상위험준비금 계상한다(관련사항은 총리령으로).

④ 배당 : 유배당보험과 무배당보험은 구분계리하며, 유배당보험의 경우 계약자지분과 주주지분을 정해야 한다.

① 해산과 청산 개념비교

해산	청산
법인격을 소멸케 하는 법률요건	해산사유발생으로 청산절차진행, 비로소 법인격이 소멸됨

※ 회사의 법인격을 소멸케 하는 법률요건은 해산, 해산사유발생으로 법인격을 소멸시키는 절차는 청산이다.

② 해산사유 : 아래와 같은 해산사유가 발생하면 회사는 청산절차를 밟아야 한다.

(1) 존립기간의 만료 또는 정관에 정하는 사유의 발생
(2) 주주총회와 사원총회의 해산결의[주1](해산결의 + 금융위인가 = 해산)
(3) 회사의 합병 : 합병결의 + 금융위인가 = 해산
(4) 보험계약 전부의 이전 : 보험업법상의 해산사유(다른 법에는 없는 사항)
(5) 회사의 파산, 법원의 해산명령, 보험업 허가 취소
(6) 보험업허가의 취소
(7) 법원의 해산명령

※ 주1 : 주총의 해산결의는 특별결의(출석의 2/3 & 전체의 1/3), 사원총회의 해산결의는 '사원과반수의 출석 & 출석의 3/4)의 찬성
으로 의결함

③ 보험계약의 이전

(1) 보험회사는 계약의 방법으로 책임준비금 산출의 기초가 같은 보험계약의 전부를 포괄하여 다른 보험회사에 이전할 수
있다(보험업법 제140조의 2).
(2) 절차 : 주총 또는 사원총회의 특별결의(해산결의와 동일) → 이전결의일로부터 2주 내에 재무상태표 공고 → 1개월 이
상의 기간을 둔 이의제출공고 → 금융위 인가 → 계약이전 후 7일 이내에 그 취지를 공고 → 해산등기의 신청
(3) 계약이전의 효과
   ㉠ 보험회사는 이전하려는 보험계약과 같은 종류의 보험계약을 이전완료 시까지 체결할 수 없다.
   ㉡ 보험계약이전 시 보험계약조건의 변경이 있을 경우, 이에 대한 보험계약자의 이의제기가 전체계약자총수의 10%를
   초과할 경우 보험계약을 이전할 수 없다.
(4) 권리 · 의무의 승계 : 보험계약이전 시 이전받은 보험회사가 권리의무를 승계한다.
(5) 보험계약이 이전된 경우 이전을 받은 보험회사가 상호회사인 경우 그 보험계약자는 상호회사의 사원이 된다.
(6) 보험회사는 해산한 후에도 3개월 이내에는 보험계약 이전을 결의할 수 있다.

④ 합병

(1) A + B = A(흡수합병), A + B = C(신설합병). 합병으로 소멸하는 회사는 상법상 청산절차를 거치지 않고 합병 후 존속
회사는 소멸회사의 권리의무를 포괄적으로 승계한다.
   ※ 합병으로 소멸하는 회사는 청산절차 없이 해산등기로 소멸한다.
(2) 생명보험 + 손해보험 → 합병불가(∵ 생명보험과 손해보험의 겸영불가)
(3) 상호회사는 타회사와 합병할 수 있다.
   ㉠ 상호회사 + 타회사 = 상호회사(존속), 다만 '상호회사 + 주식회사 = 주식회사'이다
   ※ 상호회사가 타회사와 합병시 존속회사는 상호회사이어야 하나, 그 타회사가 주식회사일 경우에는 존속회사가 주식
   회사가 될 수 있다.
   ㉡ 합병으로 존속하는 회사가 상호회사인 경우에는 상호회사의 사원이 된다.

CHAPTER 02 | 단원정리문제

01 다음 중 국무총리령으로 제정, 개정하는 법은?

① 보험업법
② 보험업법 시행령
③ 보험업법 시행규칙
④ 보험업법 시행세칙

정답 | ③
해설 | 보험업법 시행규칙이다(시행령은 대통령령, 시행세칙은 금융감독원령).

02 보험업법에 대한 내용이다. 틀린 것은?

① 보험계약법과 보험업법의 이원적 체계로 구성되어 있다.
② 보험자와 보험계약자 간의 계약관계를 규율하는 법이다.
③ 상사특별법규로써 상법에 우선한다.
④ 공법적 성격과 사법적 성격이 혼합된 법률이다.

정답 | ②
해설 | 보험자와 보험계약자 간의 계약관계를 규율하는 법은 보험계약법이다.

03 보험업법의 규제를 받지 않는 보험자는?

① 주식회사
② 상호회사
③ 외국보험회사 국내지점
④ 각종 공제기관의 공제사업

정답 | ④
해설 | 보험업법은 민영보험회사(①, ②, ③)를 대상으로 한다. 공제사업은 각각의 특별법에 의해 운영된다.
 ※ 공적보험(국민건강보험, 노인장기요양보험, 산재보험, 고용보험 등)도 당연히 보험업법의 대상이 아니다.

04 보험업에 대한 감독의 입장에서 우리나라가 채택하는 방법은?

① 공시주의
② 준칙주의
③ 실질적 감독주의
④ 정답없음

정답 | ③
해설 | 우리나라뿐 아니라 세계 대부분의 나라가 실질적 감독주의를 택하고 있다.

05 보험회사의 최대주주 등에 대한 설명이다. 틀린 것은?

① 최대주주는 의결권 있는 주식의 총수가 본인과 그 특수관계인을 포함하여 가장 많은 경우의 본인을 말한다.

② 주요주주는 의결권 있는 주식의 총수가 10% 이상의 주식을 소유하는 자를 말한다.

③ 임원의 임면 등의 방법으로 보험회사의 주요 경영사항에 대해 사실상의 영향력을 행사하는 주주를 최대주주로 간주한다.

④ 보험회사가 다른 회사의 의결권 있는 주식 총수의 15%를 초과하여 소유할 경우 그 다른 회사를 자회사라고 한다.

정답 | ③
해설 | ③의 경우 주요주주로 간주한다.

06 보험업의 허가에 대한 내용이다. 틀린 것은?

① 우리나라 보험업의 허가는 회사별 허가가 아닌 보험종목별 허가이다.

② 생명보험의 전부를 영위해야만 제3보험을 겸영할 수 있다.

③ 손해보험의 전부를 영위해야만 제3보험을 겸영할 수 있다.

④ 생명보험이나 손해보험의 전부를 영위해야 재보험을 겸영할 수 있다.

정답 | ④
해설 | 재보험은 생명보험이나 손해보험의 보험종목별로 모두 재보험의 허가를 받은 것으로 본다(재보험권장차원의 특칙).

07 빈칸을 옳게 연결한 것은?

• 예비허가의 신청을 받은 금융위는 (   ) 이내에 심사하여 예비허가 여부를 통지해야 한다.
• 단, (   )이 정하는 바에 따라 그 기간을 연장할 수 있다.

① 2개월 – 대통령령   ② 2개월 – 총리령
③ 3개월 – 대통령령   ④ 3개월 – 총리령

정답 | ②
해설 | '2개월 – 총리령'이다.

08 보험업의 허가요건에 대한 내용이다. 빈칸을 옳게 채운 것은?

> • 1항 : 보험회사는 (가) 이상의 자본금 또는 기금을 납입함으로써 보험업을 시작할 수 있다.
> • 2항 : 보험종목의 일부만을 취급하고자 할 경우에는 (나) 이상의 범위에서 다르게 정할 수 있다.
> • 3항 : 통신수단으로 모집하는 보험회사는 '1항'의 (다) 이상의 금액 이상을 자본금 또는 기금으로 납입해야
>   한다.

	가	나	다
①	300억원	50억원	3분의 2
②	300억원	100억원	3분의 1
③	500억원	50억원	3분의 1
④	500억원	100억원	3분의 2

정답 | ①
해설 | '300억원 – 50억원 – 3분의 2'이다. 참고로 통신판매회사는 전체 보험계약의 90% 이상을 통신판매로 모집하는 회사를
말한다.

09 화재보험과 해상보험을 영위하고자 할 때 요구되는 최소자본금은?

① 150억원
② 200억원
③ 250억원
④ 300억원

정답 | ③
해설 | 화재보험(100억원) + 해상보험(150억원) = 250억원이다. 만일 보험종목의 합산금액이 300억원 이상일 경우 300억원이 최
소자본금이 된다.

10 연금저축보험(세제적격)을 판매할 수 없는 회사는?

① 생명보험의 전부를 영위하는 보험회사
② 손해보험의 전부를 영위하는 보험회사
③ 생명보험의 일부를 영위하는 보험회사
④ 손해보험의 일부를 영위하는 보험회사

정답 | ④
해설 | 연금저축보험과 퇴직연금보험은 손해보험의 일부를 영위하는 경우만 제외하고 모두 판매가 가능하다.

11 **자본감소에 대한 설명이다. 틀린 것은?**

① 보험회사가 자본감소를 하기 위해서는 사전에 금융위의 승인을 받아야 한다.

② 보험회사가 자본감소를 하기 위해서는 주주총회의 특별결의를 받아야 한다.

③ 보험회사가 자본감소를 할 경우 주주에게 2개월 이상의 기간을 정하여 이의제기를 할 수 있는 기간을 두어야 한다.

④ 주식수가 주주총수의 1/10을 초과하는 주주가 이의를 제기할 경우 보험회사는 자본감소를 할 수 없다.

정답 | ③

해설 | 2개월 → 1개월

12 **주식회사와 상호회사의 비교이다. 틀린 것은?**

	분류	주식회사	상호회사
①	설립근거법	상법	상법
②	의사결정기관	주주총회	사원총회
③	자본	자본금	기금
④	손익귀속	주주	사원(보험계약자)

정답 | ①

해설 | 상호회사는 보험업법에 의해 설립된다(사단법인).

13 **상호회사에 대한 설명 중 틀린 것은?**

① 상호회사의 기금은 반드시 금전으로 납입되어야 한다.

② 상호회사는 300명 이상의 사원으로 설립된다.

③ 상호회사의 사원은 회사의 채권자에 대해 간접책임을 진다.

④ 상호회사 사원의 책임은 보험료를 한도로 한다.

정답 | ②

해설 | 100명 이상이다.

14 상호회사에 대한 설명 중 틀린 것은?

① 주식회사가 상호회사로 전환할 때 그 기금을 300억원 미만으로 하거나 기금을 설정하지 않아도 된다.

② 상호회사는 100명 이상의 사원으로서 설립하며, 만일 회사설립 후 사원이 100명 이하가 될 경우는 해산사유가 되지 않는다.

③ 상호회사의 사원은 회사의 채권자에 대해서 직접적인 상환의무를 진다.

④ 상호회사를 해산할 경우 사원총회의 특별결의를 거쳐야 하는데, 사원총회의 특별결의는 사원 과반수의 출석과 그 출석의 3/4의 찬성으로 결의한다.

정답 | ③
해설 | 상호회사의 사원은 본인의 보험료의 범위 내에서 회사채무에 대한 책임(간접책임)을 진다.

15 다음 중 보험모집을 할 수 없는 자는?

① 보험설계사   ② 보험대리점

③ 보험중개사   ④ 보험회사 사외이사

정답 | ④
해설 | 보험회사의 임직원도 모집이 가능하나 '대표이사, 사외이사, 감사, 감사위원회'는 모집을 할 수 없다.

16 다음 중 등록업무의 위탁업무를 수행하는 곳이 나머지 셋과 다른 것은?

① 보험대리점   ② 보험중개사

③ 손해사정사   ④ 보험계리사

정답 | ①
해설 | 보험설계사와 보험대리점은 보험협회, 나머지는 금융감독원이다.

17 다음 설명 중 틀린 것은?

① 보험대리점의 영업보증금은 개인대리점이 1억원, 법인대리점이 3억원 이상이어야 한다.

② 보험중개사는 금융위에 등록을 하는데 금융위의 등록업무위탁에 따라 금융감독원에서 등록업무를 대행한다.

③ 보험계약체결 시 설명의무는 일반보험계약자에게만 적용한다.

④ 보험회사의 사용자책임에 있어서 보험설계사에 대해서는 무과실에 가까운 책임을, 당해 보험사의 임직원에 대해서는 무과실책임을 진다.

정답 | ①
해설 | 보험대리점은 1억원(법인 3억원) 이내에서 보험회사와 협의해서 결정한다.

18 보험대리점의 권리가 아닌 것은?

① 보험료수령권   ② 고지수령권
③ 계약체결권   ④ 보험료협상권

정답 | ④
해설 | 보험대리점은 보험료협상권 외에 ①, ②, ③의 권리가 있고 보험중개사는 보험료협상권만 있다.

19 보험중개사에 대한 설명이다. 틀린 것은?

① 보험중개사의 등록업무는 업무의 위탁규정에 의해 금융감독원에게 위탁된다.

② 보험회사는 보험중개사에 대한 사용자책임을 지지 않는다.

③ 개인인 경우 1억원 이상, 법인인 경우 3억원 이상의 영업보증금을 납부해야 하는데, 그 금액은 보험회사와의 협의를 거친다.

④ 보험료협상권은 있으나 고지수령권, 계약체결대리권은 없다.

정답 | ③
해설 | 1억원(법인은 3억원) 이상의 금액에서 총리령으로 정한다.
　　　　※ 보험중개사의 사용자책임에 대해서는 추가학습예정

20 금융기관보험대리점에서 모집할 수 있는 보험상품이 아닌 것은?

① 개인연금보험

② 일반화재보험

③ 신용손해보험

④ 개인보장성보험의 경우 제3보험의 주계약

정답 | ②

해설 | 주택화재보험은 인수가능하나 일반화재보험(기업보험)은 불가하다.

21 빈칸에 올바르게 채워진 것은?(차례대로)

> ㉠ 기존보험계약이 소멸된 날로부터 (   ) 이내에 새로운 보험계약을 청약하게 하거나, 새로운 보험계약
> 을 청약한 후 기존의 보험계약을 (   ) 이내에 소멸케 하는 행위
> ㉡ 기존보험계약이 소멸된 날로부터 (   ) 이내에 새로운 보험계약을 청약하게 하거나 새로운 보험계약을
> 청약한 날로부터 (   ) 이내에 기존보험계약을 소멸케 하는 행위로써, 해당 보험계약자 또는 피보험자
> 에게 그 중요한 사항을 비교하여 알리지 않는 행위

① 1개월, 1개월, 3개월, 3개월

② 1개월, 1개월, 6개월, 6개월

③ 2개월, 2개월, 3개월, 3개월

④ 2개월, 2개월, 6개월, 6개월

정답 | ②

해설 | ㉠과 ㉡의 차이에 주의해야 한다. ㉠은 1개월이지만, ㉡의 경우 불완전판매에 해당하므로('그 중요한 사항을 비교하여 알리지 않는 경우'라는 전제), 6개월이 적용된다.

22 보험계약체결 시 최초 1년간 납입되는 보험료의 (   )와 (   ) 중 적은 금액을 초과하지 않는 금액은 제공이 가능하다. 빈칸을 옳게 채운 것은?

① 5%, 3만원

② 10%, 3만원

③ 5%, 5만원

④ 10%, 5만원

정답 | ②

해설 | 금품제공 금지의 예외이다. Min(최초보험료 1년치의 10%, 3만원)

23 다음 설명 중 틀린 것은?

① 보험설계사의 불법모집행위로 인한 손해배상책임에는 보험회사가 무과실에 가까운 사용자책임을 부담한다.

② 보험대리점의 불법모집행위로 인한 손해배상책임에는 보험회사가 무과실에 가까운 사용자책임을 부담한다.

③ 보험중개사의 불법모집행위로 인한 손해배상책임에는 보험회사가 무과실에 가까운 사용자책임을 부담한다.

④ 보험회사 임직원의 불법모집행위로 인한 손해배상책임에는 보험회사가 무과실의 사용자책임을 부담한다.

정답 | ③
해설 | 보험중개사에 대해서는 사용자책임을 지지 않는다(∵ 보험중개사는 독립적으로 조직이므로).

24 상호회사의 해산요건을 정확히 기술한 것은?

① 출석한 주주의 과반수 이상 찬성&전체 의결권의 1/2 이상의 찬성

② 출석한 주주의 2/3 이상 찬성&전체 의결권의 1/3 이상의 찬성

③ 사원 과반수의 출석&전체 의결권의 3/4 이상의 찬성

④ 사원 과반수의 출석&전체 의결권의 1/2 이상의 찬성

정답 | ③
해설 | ① 주총 보통결의. ② 주총 특별결의. ③ 사원총회 특별결의. ④ 사원총회 보통결의

25 해산에 대한 설명이다. 가장 거리가 먼 것은?

① 회사의 해산이란 회사의 법인격이 소멸되는 것을 의미한다.

② 회사의 합병은 해산사유이다.

③ 해산결의는 사원총회에서는 '사원과반수 출석과 그 2/3 이상의 찬성'으로 결의하고 주주총회에서는 '출석주주의 2/3 이상과 전체의 1/3 이상'의 찬성으로 결의한다.

④ 보험회사에 해산사유가 발생하면 회사는 청산절차를 밟아야 한다.

정답 | ①
해설 | 해산은 법인격 소멸의 원인이며, 청산은 법인격을 소멸시키는 절차이다.

26 보험계약이전에 대한 설명이다. 가장 거리가 먼 것은?

① 보험계약이전의 결의는 주총의 경우 '출석의 2/3와 전체의 1/3' 이상의 의결권 있는 주식의 찬성으로 결의한다.

② 보험계약이전의 결의가 되면 그 결의일로부터 2주 내에 공고해야 한다.

③ 보험계약이전을 받은 보험회사가 상호회사일 경우 상호회사에 입사하게 된다.

④ 보험회사는 해산한 후에도 1개월 이내에는 보험계약이전을 결의할 수 있다.

정답 | ④

해설 | 3개월이다. ①에서 보험계약이전결의는 해산결의요건과 동일하다는 점, 그리고 주총결의와 사원총회결의가 다르다는 점에 유의한다.

27 합병에 대한 설명이다. 가장 거리가 먼 것은?

① 인보험회사와 손해보험회사의 합병은 금지된다.

② 상호회사와 다른 보험회사의 합병은 금지된다.

③ 주식회사 간의 합병으로 설립되는 보험회사는 반드시 주식회사이어야 한다.

④ 소멸회사는 상법상 청산절차없이 해산등기로 소멸된다.

정답 | ②

해설 | 상호회사와 다른 보험회사가 합병 시 합병 후 존속회사는 상호회사이어야 한다(단, '상호회사 + 주식회사'일 경우 주식회사가 존속회사가 될 수 있음).

P / A / R / T 03

A C I U

기 업 보 험 심 사 역

손해보험 언더라이팅

기업보험심사역(ACIU)
Associate Insurance Underwriter

'손해보험 언더라이팅' 학습 Guide

(1) 세부과목별 출제문항수

세부과목	예상문항수	과목난이도(최고 ★★★★★)
1장 언더라이팅 개요	2문항	
2장 일반보험 언더라이팅	8문항	
3장 장기보험 언더라이팅	4문항	★★★★
4장 자동차보험 언더라이팅	3문항	
5장 재보험 언더라이팅	3문항	
계	20문항(과락 : 득점문항이 8문항 미만 시)	

※ 챕터별 문항 수는 매 시험 변동이 있을 수 있습니다.

(2) 학습전략

최고난이도인 보험회계에 못지않게 점수가 잘 나오지 않는 과목이다. 자동차보험 언더라이팅이나 재보험 언더라이팅은 난이도가 높으며, 기본서 분량에서도 2과목인 보험법 다음으로 많다. 이해와 암기가 모두 필요한 과목이어서 어려움이 있다. 그렇지만 보험회계에 비해서는 학습이 상대적으로 수월하므로, 타 과목보다 한 번 더 반복하는 학습을 한다면 의외로 높은 성과를 올릴 수도 있다.

본 과목에서는 70% 이상 득점을 목표로 하고 최소한 60% 이상을 득점한다는 자세로 학습할 것을 권장한다.

CHAPTER 01 | 언더라이팅 개요

SECTION 1 언더라이팅 의의

① 언더라이팅 개념
- ㉠ 보험가입을 원하는 대상(피보험자 또는 피보험물건)에 대한 위험을 평가하여 그 위험도에 따라 인수와 거절을 결정하는 과정이다.
  ※ 위험도평가의 대상

피보험자의 위험도	피보험물건의 위험도
건강상태, 직업, 직무환경, 소득수준 등	업종, 건물구조, 보관방법 등

- ㉡ 언더라이팅 과정 : 정확한 위험정보 확보 → 매뉴얼에 따른 공정한 심사 → 위험선택 또는 거절
  ※ Underwriting refers to process of selecting, classifying and pricing applicants of insurance.
- ㉢ 타 업무와는 달리 언더라이팅은 외부에 위탁할 수 없으므로 보험사의 핵심업무가 된다.

② 언더라이팅의 역할
- ㉠ 언더라이팅은 역선택(adverse selection)의 차단과 예방을 통해 '보험가입자 간의 공평성'을 유지하고 나아가서 보험제도의 정상적 유지가 가능하게 한다.

보험가입자 간의 공평성 유지	보험제도의 정상적 유지
위험도에 따라 요율을 적용	합리적인 인수기준과 절차를 통한 운영

- ㉡ 역선택의 유형

(1) 환경적 위험	(3) 도덕적 위험
• 고위험군에 속하는 직업을 제대로 알리지 않은 경우 • 직무위험도, 운전여부, 취미 등	연령이나 사회적 지위에 비해서 과도한[주2] 보험가입상태, 보험수익자가 제3자인 경우 등 고의사고유발 가능성
(2) 신체적 위험[주1]	**(4) 재정적 위험**
• 이미 발병한 질병, 증상을 제대로 알리지 않은 경우 • 건상상태, 가족력, 음주여부, 흡연여부 등	소득에 비해 과도한[주2] 보험료의 지불상태

  ※ 주1 : 신체적 위험에서의 질병은 '체증성 위험, 항상성 위험, 체감성 위험'으로 분류함(세부내용은 Chapter 3에서 학습함)
  ※ 주2 : 재정적 위험도 도덕적 위험에 포함된다고 볼 수 있겠으나, 협의의 개념으로 구분한다면 '소득에 비해 과도한 보험료납입'은 재정적 위험으로, '소득이 아닌 연령이나 사회적 지위 등에 비해 과도한 보험료납입'은 도덕적 위험으로 평가할 수 있음

[1단계] 모집자에 의한 최초 언더라이팅

① 대면접촉을 통해 취득한 정보로써 정보의 비대칭을 가장 잘 보완한다는 점에서, 4단계 언더라이팅 절차 중에서 가장 중요하게 평가됨

② 모집자보고서 : 계약자의 기본정보(연령, 직업, 소득, 가입경위 등)와 불완전판매를 방지하기 위한 상품설명 후 계약자의 자필서명확인을 받은 보고서

[2단계] 건강진단에 의한 언더라이팅

① 건강진단은 일부계약에 한해 진행한다(∵ 진단비용과다의 문제).

② 보험의학은 장기간 유지하는 보험계약의 특성상 20년 정도의 장기간에 걸쳐 환자의 예후를 예상해야 하므로 임상의학(현재의 환자치료를 주 목적)보다 엄격하게 적용된다.

※ **예** 비만의 경우 임상의학에서는 당장 문제되지 않으나, 장기적 예후를 중시하는 보험의학의 경우 문제가 되므로 경우에 따라 할증요소 내지 부담보 또는 거절요인이 될 수도 있다.

[3단계] 언더라이팅부서의 언더라이팅

① 언더라이팅 매뉴얼에 의한 공정하고 객관적인 언더라이팅 업무수행

② 언더라이터(Underwriter)에게는 전문성과 경험이 필요하나, 언더라이팅 결과를 고객에게 마찰 없이 잘 설명을 할 수 있는 커뮤니케이션능력도 요구된다.

③ 언더라이팅은 영업력을 축소하는 것이 아니라 장기적으로 영업력을 강화시킬 수 있어야 한다.

※ 피보험자에 대해서는 공정한 언더라이팅, 회사 측면에서는 비용절감이 되는 효율적인 언더라이팅이 되어야 함

[4단계] 계약적부심사

① 계약적부조사는 보험계약이 체결되기 전에 피보험자에게 직접 방문하여 '청약서상에서 알린 사항'을 검증하는 절차이다.

※ 피보험자 등이 청약을 할 경우 '방문을 통한 계약적부심사가 있을 수 있음'을 청약서상에 명시하여야 함

② 직접 방문하여 피보험자의 고지사항을 검증하므로 역선택 차단효과가 크다 → 보험사고 최소화 → 보험료 인하 효과 → 다수의 선의의 계약자를 보호하는 효과

※ 방문심사가 정확하지만 비용의 문제가 발생함. 따라서 텔레 – 언더라이팅이 계약적부심사의 수단으로 활용되기도 함

① 언더라이팅의 'PLAN – DO – SEE'

PLAN(계획수립)	DO(집행)	SEE(평가 및 수정)
• 위험에 대한 정확한 정보 확보 • 매뉴얼과 대안 확립	매뉴얼에 따른 위험인수 또는 위험거절, 조건부인수 제안	• 손해율과 영업수지 평가 • 평가결과에 따라 매뉴얼 및 보험요율, 영업정책 등 수정

② 언더라이팅의 흐름 및 결과

㉠ 보험가입신청(위험인수요청) → 언더라이터의 위험분석 및 평가 → 위험의 인수 또는 거절

㉡ 보험가입신청(위험인수요청) → 언더라이터의 위험분석 및 평가 → 조건부 인수조건 제시 → 가입자의 보험가입여부결정

Cf. 보험자가 계약의 인수를 거절할 경우, 보험업법 시행령의 설명의무에 따라 거절 사유에 대해서 보험계약자에게 지체 없이 알려야 한다(시행령 제42조).

CHAPTER 01 | 단원정리문제

01 언더라이팅을 설명하는 개념과 가장 거리가 먼 것은?

① 언더라이팅을 엄격히 하면 회사의 영업 측면이 장기적으로 위축될 수밖에 없다.

② 언더라이팅은 역선택을 효과적으로 차단한다.

③ 적절한 언더라이팅은 회사의 손해율을 감소시키고 이는 보험료 인하로 이어져 결국 보험계약자에게 혜택으로 돌아간다.

④ 언더라이팅은 보험회사의 이익극대화와 고객만족을 병행할 수 있어야 한다.

정답 | ①
해설 | 언더라이팅은 장기적으로 '언더라이팅 강화 → 손해율 하락 → 보험료 인하 → 판매경쟁력 강화'의 선순환흐름을 보이면서 영업측면에 도움이 될 수 있다.

02 역선택의 유형 중 환경적 위험을 말하는 것은?

① 오토바이배달을 하는 직업을 제대로 알리지 않고 보험가입을 하였다.

② 암진단을 받은 상태에서 이를 고지하지 않고 보험가입을 하였다.

③ 사고를 유발할 의도에서 유사한 보험을 회사별로 다수 가입하였다.

④ 수입 상태에 비해 과도한 보험료를 지출할 정도로 다수의 보험에 가입하였다.

정답 | ①
해설 | ① 환경적 위험, ② 신체적 위험, ③ 도덕적 위험, ④ 재정적 위험

03 인보험에 대한 역선택의 유형 중 '환경적 위험'에 해당하는 것은?

① 과거병력　　　　　　　　② 음주여부

③ 흡연여부　　　　　　　　④ 취미

정답 | ④
해설 | '직업, 취미, 생활습관, 운전여부'는 환경적 위험이다. ①, ②, ③은 모두 신체적 위험에 속한다.

04 4단계 언더라이팅 절차 중에서, 정보의 비대칭 해소 차원에서 가장 중요하게 취급되는 것은?

① 취급자에 의한 1차 언더라이팅   ② 건강진단에 의한 의학적 언더라이팅

③ 보험사 언더라이터에 의한 언더라이팅   ④ 계약적부조사

정답 | ①

해설 | 정보의 비대칭을 해소하는 데 가장 크게 도움이 되는 것은 '취급자(모집자)에 의한 1차 언더라이팅'이다. 따라서 4단계 절차
중 1단계가 가장 중요하게 취급된다.

05 언더라이팅 4단계 절차에 대한 설명이다. 가장 거리가 먼 것은?

① 정보의 비대칭으로 인한 역선택을 최소화하는 데 가장 도움이 되는 절차는 취급자에 의한 1차 언더라
이팅이다.

② 모집자가 부실판매를 한 경우 보험계약자에게 계약성립일로부터 3개월 이내에 계약을 해지할 수 있도
록 하고 있다.

③ 임상의학에서는 비만과 같이 문제가 되지 않을 정도의 질환이라도, 보험의학에서는 장기간 예후가 좋
지 않을 수 있으므로 인수에 문제가 될 수 있다.

④ 계약적부조사는 보험사의 신계약에 의한 언더라이팅이 완료되고 계약을 체결하기 전에 청약서의 고지
사항과 실제가 일치하는지의 여부를 검증하는 제도로서, 방문조사를 원칙으로 한다.

정답 | ②

해설 | 해지 → 취소

06 언더라이팅에 대한 설명이다. 옳은 것은?

① 언더라이터는 모든 정보 중 객관적인 사실로서의 정보만을 인수기준의 판단으로 선택해야 한다.

② 인수기준에는 보험자 상호 간의 형평의 원칙이 준수되어야 한다.

③ 정확한 언더라이팅을 하기 위해서는, 가계성보험처럼 보험가입금액이 소액이라도 청약서에 기재된 사
항에 만족하지 말고 가급적 현장실사를 하는 것이 바람직하다.

④ 인수거절 건에 대해서는 보험업법상의 관련 규정이 없으나, 고객관리 차원에서는 승낙이 거절된 이유
를 지체 없이 알리는 것이 권장된다.

정답 | ①

해설 | ② 피보험자 상호 간
③ 소액의 경우 청약서로 심사(∵ 비용문제)
④ 지체 없이 알려야하는 것은 법규정이다(보험업법 제95조 설명의무 등).

CHAPTER **02** | # 일반보험 언더라이팅

I 일반보험의 언더라이팅 3단계

SECTION 1 언더라이팅 계획수립(PLAN단계)

① 위험에 대한 정확한 정보 확보

   ⊙ 소액계약의 경우 보험청약서로만 언더라이팅이 가능하지만, 고액계약(대형물건)은 Risk Survey(사전 위험조사)가 필요함.

     ※ 소액계약이라도 과거 손해이력이 있는 경우에는 Risk Survey가 필요함

   ⓛ Risk Survey의 조사대상

> (1) 불량계약자 여부
> (2) 과거 3년간의 손해율(손해이력)
> (3) 동일사고 빈번 여부
> (4) 보험가입금액에서 동산의 비율 과다 여부(50% 이상 여부)

② 적정한 인수규정(언더라이팅 매뉴얼) 확립과 대안 마련

   ⊙ 인수규정(Underwriting manual)의 확립

     • 인수규정은 합리적이고 공정해야 하며, 예외적 적용에도 대비하는 절차가 마련되어야 함

     • 예외적 적용 : 물건 자체의 위험이 높아도 당 보험사와의 거래관계상 거절이 어려운 경우 재보험출재를 전제로 인수할 수도 있으며, 영업실적을 좌우할 수 있는 대형계약의 언더라이팅은 위험선택이 아니라 위험분산에 치중할 수밖에 없음

   ⓛ 대안 마련 : '인수가능성 여부'와 '조건부인수'에 대한 체계적인 대안 마련

인수가능성 여부		조건부인수	
위험인수	인수거절	보험조건	보험요율조건
PML, LOL설정, Deductible설정, 재보험 출재	역선택 평가	소손해면책, 공동보험, 부담보조건 등	요율등급 변경 등

① 언더라이팅의 집행은 '위험인수, 위험거절, 조건부인수'를 결정하는 것을 말함

② 위험인수를 위한 언더라이팅

　㉠ 보험가입신청시 청약서 심사로 언더라이팅을 하는 것이 일반적이나, 대형계약의 Underwriting Inspection을 추가하는 것이 바람직함

　　※ 특히 해외재보험사에 출재하고 재보험협의요율을 사용하는 대형패키지보험의 경우 대상물건의 위험도조사 내용을 모두 보고해야 함

　㉡ 화재보험계약을 인수할 때의 중요사항 : PML, LOL의 설정

　　• TSI, PML, LOL

TSI (Total Sum Insured)	PML (Probable Maximum Loss)	LOL (Limit Of Liability)
피보험자가 부보하고자 하는 가입금액	전손위험이 낮을 경우 추정최대손실(PML)을 부보기준으로 삼는 것이 일반적	보험자의 보상한도액을 보험가입금액보다 훨씬 작게 하여, 보험자와 계약자 간의 'win – win'관계를 도출할 수 있음

예시 화재보험의 인수사례이다. '보험가입금액 100억원, PML 60억원(또는 60%), LOL 48억원'일 경우,

(1) 만일 전손이 발생한다면 보험자의 최대보상한도액은 100억원이다. 그런데, 이러한 전손가능성이 매우 낮은 보험목적이라면, 굳이 TSI 100억원으로 보험가입을 할 필요가 없다(∵ 계약자의 입장에서는 보험료의 과다지출).

(2) 해당 보험목적의 추정최대손실(PML)[주1]은 60억원인데, 만일 보험목적이 공장물건이고 여러 공장동의 한 개 동이고 최대위험물건(Top Risk물건)과 거리를 더 둔다던가, 방화벽을 둔다던가, 자체 소방시설을 더 갖춘다던가 등의 보완을 할 경우 PML은 하락한다.
　※ 주1 : 2012년 현재 전체 공장건물의 평균 PML은 58.83%이다(한국화재보험협회).

(3) LOL의 설정취지는 TSI가 아닌 PML을 기준으로 부보하되 보험자의 보상책임(LOL)을 PML보다 낮게 설정함으로서 보험자와 계약자 간의 win – win관계를 기대할 수 있다.
　• 보험자의 입장: TSI보다 훨씬 작은 금액으로 보상책임액을 제한할 수 있으며, 대형계약의 경우 LOL이 설정되어야 재보험출재가 가능한 경우가 많아 대형계약의 LOL설정은 필수적이다.
　• 계약자의 입장: TSI로 부보하는 것 보다 보험료비용을 훨씬 낮출 수 있다.

(4) 그런데, 만일 보험사고가 LOL이상으로 발생한다면 LOL을 초과하는 손해액은 계약자가 전적으로 부담하므로 계약자 입장에서는 지나치게 낮은 LOL을 설정하지 않도록 유의해야 한다.
　※ 웹 동 예시에서 손해액이 70억원 발생하였다면 '보험자책임액 48억원, 계약자부담액 32억원'이 된다. 이처럼 손해액이 PML이상으로 발생하는 것을 PML Error라고 함

(5) PML Error : PML은 부보의 기준으로서 PML이 언더라이팅에서 차지하는 중요성은 대형계약일수록 더 커진다. 따라서 PML을 조사·평가하는 Risk Surveyor의 역할이 증가하는 것이며, 언더라이터의 입장에서는 PML Error를 고려하여 PML적용을 좀 더 보수적으로 할 필요가 있다.
　• PML과 MPL : PML보다는 MPL의 금액이 크며, 일반적으로 PML을 부보기준으로 하지만, 매우 보수적으로 위험을 부보할 경우 예외적으로 MPL을 기준으로 한다.

PML	MPL
• Probable Maximum Loss • 주어진 상황[주1]에서 평균적으로 일어날 수 있는 손실의 최대금액	• Maximum Possible Loss • 최악의 상황[주2]에서 일어날 수 있는 손실의 최대금액

※ 주1 : '주어진 상황'이란 기본적인 소방시설, 소방기구가 정상적으로 작동하는 상황을 말한다.
※ 주2 : '최악의 상황'이란 기본적인 소방시설, 소방기구가 정상적으로 작동하지 않는 상황을 말한다.

ⓒ 화재보험계약을 인수할 때의 중요사항 : Deductible의 설정

- Deductible(공제액 또는 자기부담금 설정액)은 보험자에게는 소손해면책을, 보험계약자에게는 자기부담금이 된다.
- 자기부담금은 보험계약자의 도적적 위험을 방지하며, 자기부담금 설정액이 높을수록 계약자의 위험관리 의지도 높아지는 것이고 이에 대한 보상으로 보험료는 낮아지게 된다.

  ※ 대형계약일수록 deductible의 설정은 필수적이다.

ⓔ 재보험출재(出再)

- 손해보험사는 재보험출재가 많으므로 손해보험사의 위험인수는 '위험보유 + 재보험출재'로 표현할 수 있다(즉 위험보유부분은 '인수한 원보험 – 재보험출재분'이다).
- 위험보유와 위험분산

위험보유의 원칙		위험분산의 종류	
안정성	수익성	재보험	공동보험(공동인수)
2원칙 중 '안정성'이 우선되어야 한다.		수직적 위험분산	수평적 위험분산

③ 위험거절을 위한 언더라이팅

ⓐ 도덕적 위험이 있거나 조건부인수도 어려운 경우 위험을 거절해야 함

ⓑ 인수거절 시 즉시 통보를 해야 함(계약갱신의 경우 갱신일 전일 또는 당일)

  ※ 즉시통보의 효과 : 계약자입장의 위험공백을 최소화해주는 차원과, 보험회사의 언더라이팅 부서와 영업조직 간의 마찰을 최소화하는 차원

④ 조건부 인수를 위한 언더라이팅

ⓐ 언더라이팅의 목적이 위험물건에 대한 무조건적인 거절에 있는 것이 아니므로, 계약인수가 가능한 조건을 제시함

ⓑ 보험자가 제시한 인수조건을 계약자가 그대로 받아들이는 경우가 많지 않으므로, 인수의 예외적 적용이나 특수한 경우에 성립된다고 할 수 있음

SECTION 3 언더라이팅 평가 및 수정(SEE 단계)

① 언더라이팅 평가

ⓐ (원)보험사업에 대한 평가

손해율 평가	합산비율 평가
손해보험사업에 대한 평가 ※ 평가대상 : 손해율(보험금/보험료), 사업비율	손해보험사업 뿐 아니라 회사자체의 사업비도 포함한 경영성과를 평가 ※ 평가대상 : 손해율 + 사업비율

예시 보험료 100억원, 보험금 70억원, 사업비 40억원일 때 (현금주의를 가정함)

(1) 손해율은 70%이다($\frac{70}{100} \times 100$). 사업비율은 40%이다($\frac{40}{100} \times 100$).

(2) 합산비율은 110%이다(손해율70% + 사업비율 40%).

(3) 종합평가 : 합산비율이 100%이상이면 언더라이팅 결과가 만족스럽지 못한 것이다(100% 미만이라야 바람직함).

ⓛ 영업수지 평가: 손익계산서 기준의 평가를 하고(보험료수입에서부터 보험금의 지급과 사업비지출을 고려), 손익발생의 원인을 언더라이팅 차원에서 규명하는 것

    Cf. 원보험사업에 대한 평가는 일종의 '매출이익' 차원이고, 영업수지 평가는 '영업이익' 차원의 평가이다.

② 언더라이팅의 수정 : 언더라이팅의 결과가 만족스럽지 못할 경우 언더라이팅의 수정방안은 아래 3가지로 분류할 수 있다.

영업정책 수정	매뉴얼 수정	보험요율 수정
손해율 상승 → 판매방침 수정 ※ 영업조직개편, 판매방침 수정 등	손해율 상승 → 인수기준 수정 ※ 보험종목별 인수기준 강화 등	손해율 상승 → 보험요율 인상 ※ 예정율과 실적률의 괴리가 있을 경우 요율을 조정함[주1]

※ 주1 : 손해보험의 요율조정은 손해율은 과거 5년간, 사업비율은 과거 1년간의 실적률을 반영한 요율조정공식을 사용한다('손5사 1'로 암기).

※ '보험조건 변경'은 언더라이팅의 수정단계(SEE)가 아니라, 언더라이팅의 실행단계(DO)에 속한다.

Ⅱ   언더라이팅 시 유의해야 할 주요 보험계약조건

※ 언더라이팅 수행에 있어서 '요율의 적정성'도 중요하지만, 위험에 적합한 '보험계약조건'을 적용하는 것도 매우 중요하다.

SECTION 1   자기를 위한 보험계약 VS 타인을 위한 보험계약

① 개념

계약자	피보험자	구분
본인	본인	자기를 위한 보험
본인	타인	타인을 위한 보험

② 임차인이 '임차건물에 대한 화재배상책임'을 부보하기 위한 화재보험가입방법 비교

비교	계약자	피보험자	보험종류	구분
㉠	임차인	임차인	화재보험	피보험이익이 없으므로 무효가 될 수 있음
㉡	임차인	임대인 (건물주)	화재보험	대위권포기조항을 설정해야 임차인에게 구상권을 행사하지 않음
㉢	임차인	임차인	임차자화재배상 책임보험	가장 확실한 방법

㉠ 손해보험에서는 피보험이익이 없는 계약은 무효이다. 따라서 임차자가 자기를 위한 보험(피보험자 = 임차인)으로 건물화재보험에 가입하는 경우, 피보험이익이 없으므로 무효가 될 수 있다.

㉡ 임차자가 타인을 위한 보험으로 계약하는 경우(피보험자 = 건물주), 대위권포기조항을 설정해야 한다.

    ※ 임차자의 과실로 건물에 대한 배상책임이 발생하였을 경우 보험자는 건물주(피보험자)에게 보험금을 지급하고 계약자(임차인)에게 대위권을 행사할 수 있는데, 이렇게 되면 보험가입의 의미가 없다. 따라서 이 경우 계약자(임차인)를 대위권행사대상에서 제외함이 적절하다(대위권포기조항 설정).

㉢ 임차자배상책임보험이 자기를 위한 보험이면서 보험가입목적에도 가장 부합된다.

① 보험기간은 보험자가 보험금지급의 책임을 지는 기간을 말함. 예를 들어 생명보험은 '초회보험료 납입 시부터 해지 시까지'이며, 자동차보험은 초회보험료 납입 시부터 마지막 날의 24시까지(최초계약의 경우)'임

② 보험기간의 종류

기간보험기간 (Time Policy)	구간보험기간 (Voyage Policy)	혼합보험기간 (Mixed Policy)
위험이 시간에 비례하는 경우	위험이 거리에 비례하는 경우	시간과 특정 목적이 혼합하는 경우
대부분의 보험 (화재보험, 상해보험, 자동차보험 등)	운송보험(해상보험, 항공보험 등)	여행자보험(보험기간 중 여행목적기간 중에 발생한 사고를 보상)

① 담보기준의 개념 : 보험자의 책임이 개시되는 기준을 말함

② 3가지 담보기준[주1]

사고발생기준	배상청구기준	사고발견기준
보험기간 중 사고가 발생해야 보상이 됨	보험기간 중 배상청구가 제기되어야 보상이 됨	보험기간 중 사고가 발견되어야 보상이 됨
화재보험, 자동차보험, 상해보험 등 대부분의 보험	직업배상책임보험, 생산물배상책임보험 등	금융기관종합보험, 일부 범죄보험 등

※ 주1 : 대부분의 보험은 사고발생기준으로 보험자의 책임이 발생하지만 '㉠ 사고일자 확인이 곤란하거나, ㉡ 사고일자와 피해자손해가 현실화되는 기간이 긴 경우(long – tail)' 배상청구기준을 담보기준으로 한다(배상책임보험에서 활용).

※ 실무적으로 하나의 손해사고기준을 정할 경우 나머지 두 개의 기준은 제한된다.

① 개념비교

보험가액(Insurable Value)	보험가입금액(Sum Insured)
법률상[주1] 최고보상한도액	약정상[주2] 최고보상한도액

※ 주1 : 법률상의 의미는 상법상 손해보험의 이득금지원칙상, 보험목적이 전손이 되는 경우에도 그 보상액은 보험목적의 가액을 초과할 수 없다.

※ 주2 : 약정상의 의미는 보험목적의 가액이 2억원이라도 보험계약자가 가입한 보험가입금액이 1억원이라면, 보험자와 계약자 간의 약정상 최고보상한도는 1억원이다.

※ 보험가입금액이 1억원, 보험가액이 2억원인 보험에서 보험자가 책임지는 법률상 최고보상한도액은 2억원이며 약정상 최고보상한도액은 1억원이다.

② 보험가액을 확정할 수 없는 보험의 경우의 보험자책임액

　ㄱ 배상책임보험 : 제3자에 대한 손해배상책임(신체 또는 재물에 대한)은 그 특성상 가액을 평가할 수 없다(예외 : 보관자배상책임보험).

　　※ 따라서 배상책임보험에서는 사고당 보상가액(Limit of accident)으로 평가한다.

　ㄴ 인보험 : 생명보험이나 상해보험의 부보대상은 사람의 신체인데, 사람의 신체의 가액은 평가될 수 없다.

　　※ 따라서 인보험에서 생명의 보험가액은 무한이라 할 수 있는데, 보험계약상 보험가액을 정액으로 정한다(이를 관습상의 보험가입금액이라 함).

③ 보험가입금액 VS 보상한도액

　ㄱ 개념비교

보험가입금액 (Sum Insured)	보상한도액 (Limit of Liability))
보험가액이 확정가능한 경우	보험가액이 확정불가능한 경우
모든 사고를 합하여 보험가입금액을 한도로 보상 (원칙적 비례보상원리 적용)	매사고당 보상한도액을 한도로 보상함 (원칙적 실손보상원리 적용)
화재보험 등 재물가액이 있는 대부분의 물보험	배상책임보험

> **예시 1** 보험가입금액 1억원, 보험사고로 4천만원의 보험금을 지급하였다면 → 이후 보험사고의 최대보상한도액은 6천만원이다 (잔존보험가입금액으로 보상함).

> **예시 2** 매사고당 보상한도액은 1억원이고 첫 번째 사고의 손해액이 3천만원이고, 두 번째 사고의 손해액이 1억 2천만원이라면 → 이 경우 피보험자가 수령하는 누적보험금은 1억 5천만원이다(매사고당 보상한도액 내에서 실제손해액을 지급한다).

　ㄴ 실무약관상 보험자책임액을 결정하는 3가지 형태

보험가입금액	보험가입금액 원칙, 예외적 보상한도액 적용	보상한도액
화재보험, 동산종합보험, 유리보험	패키지보험, 기계보험	금융기관종합보험, 범죄보험

※ 보험자의 책임한도를 보험가입금액으로 결정하는 보험은 '비례보상'의 원리가 적용된다.

※ 보험자의 책임한도를 결정함에 있어서 화재보험은 오로지 '보험가입금액'으로 하며, 금융기관종합보험은 오로지 '보상한도액'으로 한다.

① 보상하는 범위 : 약관상 보상 + 약관에 보상규정이 없어도 보상하는 손해

※ 화재보험의 경우

약관에 명시된 손해				약관에 명시되지 않아도 보상하는 손해[주1]
화재손해			잔존물제거비용	필요유익한 사고처리비용 (손해방지비용 등)
직접손해	소방손해	피난손해		

※ 주1 : 손해방지비용 등은 보험자에 필요한 유익비용으로, '보험금액 + 손해방지비용 등'이 보험가입금액을 초과하여도 지급한다(이는 약관상에 명시되지 않는 보상규정이다).

② 약관에 명시되지 않아도 보상하는 비용의 종류 : 아래는 사고처리비용을 말하는데, '손해방지비용'으로 통칭하기도 함

- 손해방지비용
- 잔존물보전비용(Cf. 잔존물제거비용은 약관상 명시된 보상항목이다).
- 제3자대위권보전비용(청구권대위의 경우 피보험자에게 권리행사보존의무가 부과)
- 기타협력비용(보험사에 협력하는 것이므로 일부보험이라도 전액지급함)
- 손해액산정비용 등

※ 잔존물제거비용은 약관에 명시되어야 하지만, 잔존물보전비용은 약관에 명시되지 않아도 보상한다.

③ 보상한도

잔존물제거비용(한도 내 지급)	손해방지비용(한도초과 가능)
보험금 + 잔존물제거비용 ≤ 보험가입금액	보험금 + 손해방지비용 ≥ 보험가입금액

① 소재지의 고정성과 이동성

보험목적의 고정성 → 고정위험 노출	보험목적의 이동성 → 이동위험 노출
건물, 구축물 등	동산

※ '전시품'의 경우 고정성과 이동성이 모두 있다고 봄

② 보험목적의 이전 시 약관상의 효과

　㉠ 보험목적의 이전을 계약 후 알릴의무(통지의무)로 규정하는 약관

보험목적의 이전	통지의무 이행 시	위험이 감소된 경우 → 차액보험료 반환
		위험이 증가된 경우 → 1개월 내로 보험료증액을 청구하거나 계약의 해지가 가능
	통지의무 불이행 시	보험목적의 위험이 현저하게 증가한 때에 그 사실을 안 날로부터 1개월 내 계약 해지가 가능

　㉡ 보험목적에 이전을 보험자의 사전동의를 요구하는 경우

보험목적의 이전	화재보험 영문약관	실효(즉, 영문약관은 보험목적 이전에 대해 보험자의 서면동의가 없을 경우 → 계약이전시점에서 실효)
	도난보험 국문약관	면책(즉, 보험계약은 실효되지 않지만 보험사고에 대해서는 면책)

※ ['영실국면'으로 암기] 영문약관의 경우 실효이며, 국문약관의 경우 실효는 아니지만 면책이다.

③ 담보지역의 위반

　㉠ 보험목적이 고정위험을 가진 경우 : 담보지역 위반은 면부책의 문제뿐 아니라 계약의 해지의 문제까지 발생한다.

　㉡ 이동위험을 가진 보험목적의 경우 : 담보지역 위반은 면부책의 문제만 발생하고 계약의 해지의 문제는 발생하지 않는다.

① 보험목적의 양도효과의 3가지 형태

상법 679조	상법 679조에 대한 특칙(상법 703조)	
㉠ 포괄승계 추정	㉡ 보험자의 사후승인이 있어야 포괄승계	㉢ 보험자의 사전승인이 없을 경우, 계약이 자동종료

㉠ 보험목적양도 시 포괄승계를 추정하는 보험은 ㉡과 ㉢에 비해서 역선택의 우려가 높을 수 있다. 따라서 포괄승계 추정보험에서는 통지의무위반의 효과가 중요하다.

㉡ 자동차보험의 경우, 보험자가 양수인의 통지를 받은 날로부터 10일 이내에 낙부의 통지를 하지 않으면 승낙된 것으로 간주한다(10일 승낙의제).

㉢ 선박보험의 경우, 보험자의 승인이 없으면 계약이 자동종료된다. ㉡과 ㉢은 상법679조(양도 시 포괄승계 추정)의 예외규정인 바, 자동차보험과 선박보험은 운행자가 누군가에 따라서 위험의 변경 정도가 크므로 상법상 이러한 특칙을 인정하고 있다.

② 승계추정보험의 통지의무 위반의 효과

통지의무위반			
위험이 감소된 경우	위험이 변경되지 않은 경우	위험이 경미하게 증가된 경우	위험이 현저하게 증가된 경우
통지의무를 위반해도 계약에 아무런 영향이 없음			계약해지 가능[주1]

※ 주1 : 위험이 현저하게 증가된 경우에만, 보험자는 그 사실을 안 날로부터 1개월 이내에 계약을 해지할 수 있다.

① **초과보험과 중복보험에 대한 상법규정이 존재하는 이유** : 초과보험과 중복보험은 보험가입금액의 합이 보험가액을 초과하는 보험인데, 이는 손해보험의 대원칙인 이득금지원칙을 위배하기 때문

② **중복보험의 개념**
   ㉠ 동일한 피보험이익(또는 보험계약의 목적)과 동일한 보험사고에 대하여,
   ㉡ 보험기간이 동일 또는 중복되는 수개의 보험계약을 체결하여,
   ㉢ 보험가입금액의 합계가 보험가액을 초과하는 보험을 '중복보험'이라 한다.
   ※ 중복보험의 요건상, 보험계약자는 동일인일 필요는 없지만, 피보험자(피보험이익을 가진 자)는 반드시 동일해야 한다.

③ 중복보험의 효과

　㉠ 사기로 인한 초과보험, 중복보험의 경우 → 계약무효이며, 보험자는 그 사실을 안 날까지 보험료를 징구할 수 있다.

　㉡ 보험자 간의 책임액 부담방식 : 연대비례주의

　㉢ 중복보험을 체결한 수인의 보험자 중 1인에 대해 보험금청구권을 포기한 경우 : 보험계약자와 보험자 간의 통모방지차원에서 나머지 보험사의 책임액에 전혀 영향을 주지 않는다.

　㉣ 중복보험 또는 병존보험에 대한 통지의무 부과 : 수인의 보험자와 중복되는 보험을 체결하는 경우 통지의무 부과된다.

④ 중복보험의 보험금계산방식(계산예시는 '공통2 보험법' 설명 참조)

보험금계산방식이 동일한 경우	보험자의 보험금계산방식이 다른 경우
보험가입금액 비례분담방식(보험가입금액 안분배분방식)	지급보험금 비례분담방식(독립책임액 방식)

⑤ 중복보험과의 차이점

중복보험과 공동보험[주1]의 차이	중복보험과 병존보험의 차이
수인의 보험자와 계약을 체결하는 것은 동일하지만, 중복보험은 수개의 계약을 체결하는 것이고 공동보험은 1개의 계약을 체결하는 것임.	수인의 보험자와 수개의 보험계약을 체결하는 것은 동일하지만, 보험가입금액의 합계가 보험가액을 초과하면 중복보험, 초과하지 않으면 병존보험이다.

※ 주1 : 여기서의 공동보험은 Coinsurance Ⅰ, 즉 일반적인 의미의 공동보험을 말한다.

SECTION 9　공제조항(deductible)

① 공제조항의 의의

보험자 입장	보험계약자 입장
(1) 비효율성의 극복 : 소손해에서는 보험금보다 보험조사 비용이 더 클 수 있음 (2) 보험계약자 등의 도덕적 위험을 경감 : 공제조항(자기부담금)이 높을수록 피보험자의 손해방지노력이 더욱 커지게 됨	(1) 보험료 인하 효과 : 자기부담금을 설정하는 만큼 보험료가 할인되는 효과가 있다. (2) 위험관리기법에 부합 : 저강도의 위험은 위험보유가 적절함

② 공제조항의 종류

(1) 직접공제 : 일정금액(정액법) 또는 보험가입금액의 일정비율(정률법)을 정하고 그 금액을 초과하는 부분만 보험자가 부담한다.

   예 손해액 1,000만원, 직접공제액 200만원이라면 보험자는 800만원을 부담한다.

(2) 참여공제 : 총 손해액의 일정비율만큼 공제하고 그 초과액을 보험자가 부담한다.

   예1 손해액 100만원, 참여공제율 20%이라면 보험자는 80만원을 부담한다.

   예2 국민건강보험공단에서의 자기부담률 적용 또는 실손의료보험에서의 표준형(20%), 선택형(10%)

   Cf. 직접공제의 정률공제율이 20%라면 이는 '보험가입금액×20%'를 말하며, 참여공제의 공제율이 20%라면 이는 '총 손해액×20%'라는 점에서 차이가 있다.

(3) 종합공제 : 누적 자기부담금을 적용하는 공제조항이다. 보험기간 전체를 기준으로 누적공제액을 적용하여, 누적공제액을 초과하는 부분만 보험자가 부담한다.

   예1 국민건강보험가입자 K씨(소득 1분위자)의 2014년도 총 자기부담금이 연 500만원이었다면, 소득1분위자의 본인부담상한선은 120만원(2014년 기준)이므로 380만원을 환급받게 된다.

   예2 보기(누적공제액 50만원). 3차사고 시에 계약자의 자기부담금은 10만원이고 보험자 책임액은 40만원이다. 이후부터는 전액 보험자가 책임진다(공제한도액 : 50만원).

사고횟수	사고별 손해액	보험자 책임액	피보험자 자기부담금
1차	10만원	0	10만원
2차	30만원	0	30만원
3차	50만원	40만원	10만원
4차	80만원	80만원	0원

(4) 소멸성공제 : 정액의 기본공제액을 두고, 기본공제액을 초과하는 금액에 대해서 정률의 보상비율(예 105%, 110% 등)을 설정하는 방법이다. 손해액이 클수록 피보험자의 공제부담액이 줄어들게 되며 손해액이 일정수준을 초과하면 공제액이 완전 소멸하므로 소멸성공제라고 한다.

   예 손해액 200만원, 기본공제액 20만원, 보상비율 105% → 보험자는 189만원{(200만원 − 20만원)×105% = 189만원}을 부담하고 피보험자는 11만원을 부담한다.

   ※ 참고 : 동 조건에서는 손해액이 420만원[1] 이상일 경우 피보험자의 자기부담금(공제액)은 제로(0)가 된다.

   ※ 주1 : $(x - 20만원) \times 1.05 = x$, $x = 420만원$

(5) 프랜차이즈공제 : 손해액이 공제액 이하이면 계약자가 전액부담, 손해액이 공제액을 초과하면 전액을 보험자가 부담함(해상보험에서 주로 사용).

   예 손해액 200만원, 프랜차이즈공제액 50만원 → 보험자는 200만원을 부담한다.

   ※ 소멸성공제와 프랜차이즈공제방식은 손해액이 일정수준을 상회할 경우 보험계약자의 자기부담금이 전혀 발생하지 않는다.

(6) 대기기간(waiting period) : 면책기간이다. 암보험의 경우 최대 90일의 면책기간을 두는데 만일 가입 후 80일 만에 암진단을 받는다면 진단보험금이 지급되지 않는다.

③ 공제조항의 예외 : 생명보험에서는 적용되지 않는다. 공제조항은 소손해에 적용하는 것이 취지인데 사망은 항상 전손이기 때문이다.

CHAPTER 02 | 단원정리문제

01 언더라이팅의 3단계(plan – do – see) 중 'plan' 단계에 대한 설명이다. 틀린 것은?

① 언더라이팅의 핵심요소인 위험을 먼저 파악하기 위해서는 먼저 객관적이고도 정확한 위험관련 정보확보가 선행조건이 된다.

② 대규모의 보험료수입이 예상되는 대형물건의 경우 위험의 선택보다는 위험의 분산이 더 중요할 수 있다.

③ 보험목적물별 가입금액 중 동산의 비중이 50% 이상이 되면 역선택가능성에 특히 유의해야 한다.

④ 언더라이팅 매뉴얼은 보험종목, 물건별로 마련되어야 하며, 기본규정 외에 예외사례가 적용되지 않도록 명확한 체계를 갖추어야 한다.

정답 | ④
해설 | 예외사례에 대비할 수 있는 체계의 보완이 필요하다(예외 : ②와 같이 영업논리가 우세할 경우 예외를 수용해야 할 수도 있음).

02 언더라이팅 시 위험도 조사(Underwriting Risk Survey)의 조사대상과 가장 거리가 먼 것은?

① 불량계약자의 여부

② 과거 3년간의 손해율

③ 동일사고의 빈번한 발생 여부

④ 부동산이 보험가입금액에서 차지하는 비중이 50%를 초과하는 경우

정답 | ④
해설 | 부동산 → 동산(∵ 동산의 도덕적 위험이 높기 때문)

03 언더라이팅의 집행(DO 단계)에 대한 설명이다. 가장 거리가 먼 것은?

① 언더라이팅의 집행은 언더라이팅의 결과 위험인수, 조건부인수, 위험거절을 결정하는 것을 말한다.

② 대형계약의 경우 청약서심사에 추가하여 Underwriting Inspection을 하는 것이 바람직하다.

③ 위험보유의 원칙에는 수익성의 원칙과 안정성의 원칙이 있는데, 보험사업의 영리목적상 수익성의 원칙이 더 중요시된다.

④ 재보험으로 위험을 분산하는 것은 수직적 분산으로 평가된다.

정답 | ③
해설 | 안정성이 더 중요하다.

04 언더라이팅의 3단계(plan – do – see) 중 DO 단계에 대한 설명이다. 가장 거리가 먼 것은?

① 화재보험의 보험의 목적인 분손가능성이 확실시된다면 TSI(보험가입금액)보다는 PML(추정최대손해액)을 적용하여 부보하는 것이 바람직하다.

② TSI가 1,000억원, PML이 400억원이라면 LOL은 400억원보다 낮게 설정하는 것이 합리적이다.

③ 위험보유 금액을 결정함에 있어 수익성과 안정성의 두 기준이 있는데, 안정성이 더 중시되어야 한다.

④ 위험의 분산은 공동보험에 의한 수평적 분산과 재보험에 의한 수직적 분산이 있는데, 특히 위험률이 높은 물건을 재보험에 출재함으로써 위험분산을 하는 것을 양적인 분산이라 한다.

정답 | ④

해설 | ④는 '질적 분산'의 개념이다.
 ※ 위험분산(손해보험경영원칙 '대.동.분' 중 '분'을 말함)
  • 공동보험에 의한 수평적 분산
  • 재보험에 의한 수직적 분산 : 양적분산, 질적분산
  • 장소적 분산

05 화재보험 인수 사례이다. 보기에 대한 설명으로 가장 거리가 먼 것은?

> 보험가입금액 500억원, PML 300억원, LOL 240억원
> (PML : 추정최대손실, LOL : 보상한도액)

① 전부보험에 가입한 것으로 가정한다면 보험자의 최대보상액은 500억원이다.

② 추정최대손실율을 60%로 설정하고 있다.

③ 부보물건에 대해 전손 가능성이 높을 경우에 설정하는 계약이다.

④ 계약자의 입장에서는 보험료절감효과가 있고, 보험자입장에서는 책임부담액이 PML보다 낮아 서로 만족할 수 있는 계약이다.

정답 | ③

해설 | 전손가능성이 거의 없다고 판단될 경우 적용하는 방식이다. 화재보험이나 특종보험에서는 지진과 같은 대재해가 발생하지 않는 한 전손사고는 극히 드물다. 따라서 위험에 대해 합리적으로 측정한 추정최대손실(PML)로 부보할 경우 피보험자는 보험료의 과다지출을 방지할 수 있다. 또한 분손가능성이 확실시될 경우 PML보다 낮게 LOL을 설정하면, ④의 효과가 발생한다.

06 빈칸에 알맞은 것은?

> (   )의 궁극적인 목적은, 보험사업의 핵심이 되는 순이익을 안정적으로 그리고 최대한으로 얻기 위한 것
> 으로, 이는 언더라이팅의 핵심목적이라 할 수 있다.

① 위험보유　　　　　　　　　　　② 위험이전

③ 위험분리　　　　　　　　　　　④ 위험회피

정답 | ①
해설 | 위험보유이다.

07 언더라이팅 결과 위험이 표준치보다 높아서 '조건부인수'를 결정하였다. 이러한 조건부인수에 부합하지
않는 것은?

① Deductible을 하향조정하고, LOL 규모를 높인다.

② 보통수준 이상의 임의재보험을 확보한다.

③ 보험금액의 감액 또는 부담보를 설정한다.

④ 공동보험(Co – Insurance I)으로 인수한다.

정답 | ③
해설 | Deductible(공제액, 자기부담금)을 상향조정하고, LOL(보상한도액) 규모를 낮춘다.

08 보기에 대한 설명으로 가장 적절하지 않은 것은?

> [2018년 결산] 원수보험료 100억원, 보험금이 90억원, 사업비 20억원

① 합산비율이 110%이므로 언더라이팅 결과가 불량함을 말한다.

② 사업비율에 비해서 손해율이 매우 높으므로 손해율을 낮추기 위해서 언더라이팅을 더욱 강화해야
한다.

③ 영업정책을 수정하거나 언더라이팅 매뉴얼을 수정하거나 보험요율을 수정하는 등의 언더라이팅 수정
이 필요하다.

④ 요율조정을 위한 요율검증에 있어서, 손해율을 과거 1년간의 평균치에 안전율을 감안하고, 사업비율을
최근 5년간의 실적을 적용한다.

정답 | ④
해설 | 요율검증기간은 손해율은 과거 5년, 사업비는 과거 1년간을 적용한다.

09 다음 중 '기간보험(time policy)'으로 담보하는 보험이 아닌 것은?

① 화재보험 ② 상해보험

③ 자동차보험 ④ 여행자보험

정답 | ④

해설 | 여행자보험, 낚시보험, 스키보험, 건설공사보험, 조립보험은 혼합보험기간이다.

  ※ 화.상.자 : '화재보험, 상해보험, 자동차보험'은 '기간보험, 손해사고발생기준'에서 동일함

10 보험기간 중 사고가 발생하여야 보상한다는 담보기준을 가진 보험종목으로 연결한 것은?

㉠ 화재보험	㉡ 자동차보험
㉢ 금융기관종합보험	㉣ 의사배상책임보험

① ㉠ ② ㉠, ㉡

③ ㉠, ㉡, ㉢ ④ ㉠, ㉡, ㉢, ㉣

정답 | ②

해설 | 금융기관종합보험은 사고발견기준, 전문직업배상책임보험은 배상청구기준이다.

11 다음 중 열거주의로 위험을 부보하는 보험은?

① 화재보험 ② 상해보험

③ 자동차보험 ④ 건설공사보험

정답 | ①

해설 | 화재보험은 열거주의이다. '화.상.자'는 '기간보험, 손해사고발생기준'에서는 동일하지만 열거, 포괄에서는 다르다.

12 보기의 경우 두 번째 사고에 대한 보험지급액은?

> • 일반화재보험, 보험가입금액이 1억원(전부보험)
> • 최초 사고 시 보험금지급액은 3천만이다. 두 번째 사고 시 손해액이 1억원이다(사고처리비용 등 기타의 지급액은 없다고 가정함).

① 7천만원

② 1억원

③ 1억 3천만원

④ 정답없음

정답 | ①

해설 | 화재보험의 보험자 최고보상한도액은 잔존보험가입금액이다(이 경우 1억원 – 3천만원 = 7천만원). 이를 보험금의 체감주의라고도 한다.

13 보기의 경우 두 번의 사고를 통해 피보험자가 수령한 누적보험금은 얼마인가?

> • 매사고당 보상한도액은 1억원(연간보험금한도제한은 없다고 가정함)
> • 첫 번째 사고의 손해액이 3천만원, 두 번째 사고의 손해액이 1억3천만원이다.

① 1억원

② 1억 3천만원

③ 1억 6천만원

④ 정답 없음

정답 | ②

해설 | 화재보험의 보험자의 최고보상한도액은 잔존보험가입금액이지만, 배상책임보험의 경우 매사고당 보상한도액으로 보상한다. 연간 또는 총보험금의 한도제한을 약관에 별도로 두지 않는 한 누적보험금의 제한은 없다.
　　　※ 1차사고 : 3천만원 수령, 2차사고 : 1억원 수령, 누적보험금 : 1억 3천만원 수령

14 약관상의 보상규정이 없어도 원칙적으로 보상해야 하는 항목을 모두 묶은 것은?

> ㉠ 손해방지경감비용　　　㉡ 기타협력비용
> ㉢ 잔존물보존비용　　　　㉣ 잔존물제거비용

① ㉠

② ㉠, ㉡

③ ㉠, ㉡, ㉢

④ ㉠, ㉡, ㉢, ㉣

정답 | ③

해설 | 잔존물제거비용은 보통약관의 명시를 기준으로 보상한다.

15 보험기간과 담보기준 등과 관련하여, 보기의 기준을 모두 충족하는 보험은?

기간보험(time policy), 손해사고발생기준, 포괄위험담보

① 화재보험　　　　　　　　　　　　② 자동차보험
③ 금융기관종합보험　　　　　　　　④ 전문직업배상책임보험

정답 | ②

해설 | 화재보험은 열거주의, 금융기관종합보험은 손해사고발견기준, 전문직업배상책임 보험은 배상청구기준으로 담보한다는 점에서 차이가 있다.

16 아래의 보험목적물의 이전 중, 계약해지의 문제가 발생하는 것은?

① 건물의 이전　　　　　　　　　　② 창고 내 상품의 이전
③ 운송물건의 이전　　　　　　　　④ 전시물건의 이전

정답 | ①

해설 | 건물, 구축물과 같은 고정물건의 이전은 계약해지의 문제(계약존립의 문제)가 발생하지만, 이동물건(②, ③, ④)은 면 · 부책의 문제가 발생한다.

17 보험목적을 양도할 경우 계약에 미치는 효과는 A, B, C 3가지가 있다. 이때 보험제도상 가장 문제가 될 수 있는 것은 무엇인가?

A. 보험목적양도 시 양도시점에서 보험계약도 종료하는 경우(사전동의가 없는 한)
B. 보험목적양도와 보험자의 승인이 있어 그 권리 · 의무가 양수인에게 승계되는 경우
C. 보험목적양도 시 계약상의 권리 · 의무도 함께 양도되는 경우

① A　　　　　　　② B　　　　　　　③ C　　　　　　　④ B와 C

정답 | ③

해설 | A와 B는 사전 또는 사후승인의 절차가 있지만, C는 바로 포괄승계로 추정되는 것이므로 보험자 입장에서 안정성의 문제가 발생할 수 있다.

18 보험목적양도 시 승계가 추정되는 보험에서 통지의무를 위반한 경우, 상법상 보험자가 취할 수 있는 조치와 가장 거리가 먼 것은?

① 위험이 감소된 경우에는 차액보험료를 반환한다.

② 위험이 변경되지 않은 경우 계약에 아무런 영향이 없다.

③ 위험이 경미하게 증가된 경우 계약에 아무런 영향이 없다.

④ 위험이 현저하게 증가된 경우에는 계약을 해지할 수 있다.

정답 | ①

해설 | 차액보험료를 반환하는 경우는 '통지의무이행&위험감소'이다. 통지의무를 위반했을 경우, 현저하게 위험이 증가된 경우는 해지할 수 있고 나머지 경우는 계약에 아무런 영향이 없다.

19 빈칸을 순서대로 옳게 연결한 것은?

- 보험가입금액 1억원, 공제액은 보험가입금액의 5%이다.
- 손해액 800만원일 경우 보험자부담액은 (   )이며, 이러한 공제방식은 (   )이다.

① 300만원, 직접공제   ② 300만원, 참여공제

③ 500만원, 직접공제   ④ 500만원, 참여공제

정답 | ①

해설 | '300만원 – 직접공제'이다. 정확히는 직접공제 정률법이다.

20 보기의 경우 보험자 부담액은 얼마이며, 이는 어떤 공제조항에 해당하는가?

- 실손의료보험에 가입(입원의료비 보험가입금액 5천만원, 표준형).
- 입원기간 청구대상 치료비 100만원(약관상 공제율은 표준형은 20%, 선택형은 10%)

	보험자부담액	공제조항
①	80만원	직접공제
②	80만원	참여공제
③	90만원	참여공제
④	100만원	직접공제

정답 | ②

해설 | '80만원 – 참여공제'이다. 공제액인 보험가입금액의 일정비율이면 직접공제(정율법), 손해액의 일정비율이면 참여공제이다.

21 보기의 경우 보험자 부담액은 얼마이며, 이는 어떤 공제조항에 해당하는가?

- 국민건강보험 피보험자가 2016년 건강보험급여로 지출한 비용이 500만원이다.
- 동 피보험자는 소득 8분위에 해당되며, 소득 8분위자의 본인부담상한액은 303만원이다.

	보험자부담액	공제조항
①	197만원	직접공제
②	197만원	참여공제
③	197만원	종합공제
④	303만원	종합공제

정답 | ③

해설 | '197만원 – 종합공제(또는 누적공제)'이다.

22 보기의 경우 3차 사고 시 보험자의 지급책임액은?

- 누적공제액(종합공제액) : 1,000만원
- 1차사고 손해액 : 200만원
- 2차사고 손해액 : 300만원
- 3차사고 손해액 : 600만원
- 4차사고 손해액 : 700만원

① 0원

② 100만원

③ 500만원

④ 600만원

정답 | ②

해설 | 1,000만원이 될 때까지 누적해서 공제하므로 '200만원(1차) + 300만원(2차) + 500만원(3차)'로 공제한다. 즉 3차사고에서는 공제액이 500만원이므로 보험자는 100만원을 지급한다.

※ 4차사고 시에는 누적공제가 완료되었으므로 손해액 전액을 보험자가 지급한다.

23 보기의 소멸성공제약관에서 발생손해액이 500만원이라면 보험자와 보험계약자의 부담액은 각각 얼마인가?

> 약관상 공제한도액은 100만원이고, 100만원을 초과하여 발생하는 손해액에 대해서는 105%를 보상한다.

	보험자	보험계약자
①	400만원	100만원
②	420만원	80만원
③	500만원	0원
④	500만원	100만원

정답 | ②

해설 | 아래 예시 참조

발생손해액 500만원	**발생손해액** 1,000만원	**발생손해액** 1,500만원
(500만 − 100만)×1.05 = 420만원	(1,000만 − 100만)×1.05 = 945만원	(1,500만 − 100만)×1.05 = 1,470만원
• 보험자 = 420만원 • 계약자 = 80만원	• 보험자 = 945만원 • 계약자 = 55만원	• 보험자 = 1,470만원 • 계약자 = 30만원

→ 손해액이 클수록 계약자의 자기부담액이 감소하며 일정금액 이상이 되면 자기부담액이 소멸되므로 '소멸성 공제'라고 한다.

24 손해액이 100만원이고 프랜차이즈 공제액이 20만원이다. 보험자의 지급금액은?

① 0원   ② 20만원   ③ 80만원   ④ 100만원

정답 | ④

해설 | 손해액이 공제액을 초과하면 공제없이 손해액 전액을 지급하는 방식이다.

CHAPTER 03 | 손해보험 요율산정

손해보험의 요율산정의 원칙

① 보험료산출의 3대 수리적 원리

대수의 법칙[주1]	수지상등의 원칙(전체의 입장)	급부 · 반대급부의 원칙 (개별 보험계약자의 입장)
$$P = \frac{R}{N}$$ (P : 손해발생확률, N : 표본횟수, R : 표본횟수 중의 손해발생확률)	총보험료의 현재가치 = 총보험금의 현재가치	개인이 납부하는 총보험료의 현재가치 = 지급받는 총보험금의 현재가치

※ 주1 : 표본 N의 크기를 크게 할수록 R/N은 P로 수렴한다는 수리적 원리이다.

② 보험요율산정의 기본 3원칙 : '적공비'로 암기

⊙ 적정성	ⓛ 비과도성	ⓒ 공정성
보험자의 입장에서, 보험사업이 유지될 수 있을 만큼 보험료가 충분해야 한다.	보험소비자의 입장에서, 보험가입을 회피하지 않도록 보험료가 지나치게 높지 않아야 한다.	보험소비자 간의 입장에서, 부당한 차별이 없어야 한다.

※ 수지상등의 원리와 유사한 개념의 보험요율산정의 원칙은 적정성이다.

※ 보험요율산정은 일반인의 이해력을 뛰어넘은 복잡한 수리과정을 거치는데, 그렇다고 해서 지나치게 높게 책정해서는 안 된다는 것은 비과도성의 원칙이다.

※ 계약자 간에 위험률의 차이가 명백함에도 불구하고 보험요율이 같다면, 이는 보험요율의 3원칙 중 공정성을 위배한 것이다.

③ 보험요율산정 시 경영상의 요건 : '안적단손경'으로 암기

(1) 안정성	(2) 적응성[주1]	(3) 단순성
보험료가 빈번하게 변동한다면 혼란, 신뢰 저하	예정율과 실제율 간의 괴리발생 시 적절한 요율조정이 가능	보험상품의 가격이 이해하기 쉽도록 산정되어야 함
(4) 손실통제장려	(5) 경제적 부담가능성	
사행계약을 유발하지 않는 요율체계로 손실 방지를 촉진	계약자가 경제적으로 부담할 수 있는 수준의 요율체계	–

※ 주1 : 적응성은 손해보험요율에서 특히 유의해야 할 원칙이다. 그리고 적응성은 안정성과 개념상 상충된다.

※ 분류에 따른 요율의 종류

① 인가기준	② 경쟁기준	③ 적용기준	④ 체계기준	⑤ 성과기준
인가요율	협정요율	고정요율	등급요율	경험요율
비인가요율	비협정요율	범위요율	개별요율	소급요율
				점검요율

※ 보험요율 : 보험가입금액에 대한 보험료의 비율(또는 보험가격을 보험단위에 대해 나타낸 것)을 말한다. 예를 들어 화재보험에서 건물에 대해 보험가입금액 1억원에 대한 보험요율이 0.02%라면 보험료는 '1억원×0.02% = 2만원'이다.

① 인가요율

  ㉠ 자동차보험이나 화재보험 등 국민생활과 연관도가 높은 보험에 사용하는 보험요율이다.

  ㉡ 엄격한 심사 후 보험료산출기관에서 산정한 요율로, 인가요율은 사전인가요율, 제출 후 사용요율, 사용 후 제출요율으로 구분된다.

  Cf. 비인가요율 : 감독당국의 규제를 받지 않는 요율인데, 이는 대수의 법칙이 적용되지 않는 신상품에 주로 사용되는 요율이다.

② 협정요율

  ㉠ 손해보험사 간에 협정하는 요율이다.

  ㉡ 요율의 자유경쟁에 따른 요율덤핑, 또는 부당하게 높은 요율로 계약자피해 등을 방지하기 위해 적용하는 요율로서 보험시장 공동의 안전을 위한 요율이다(우리나라에서는 현재 협정요율제도가 인정되지 않으나, 필요할 경우 보험료산출기관이 제시한 참조순요율을 사용할 수 있음).

  Cf. 비협정요율 : 자유경쟁요율로써 보험사별로 독자적으로 사용하는 요율이다. 과당경쟁으로인한 요율덤핑으로 보험사가 부실화될 수 있음(현재 우리나라 손해보험시장에 적용됨)

  ※ 비협정요율은 비인가요율과 동일개념이 아니다(형식은 동일하나 내용은 다름).

③ 고정요율

  ㉠ 보험종류별로 하나의 요율로 고정하는 요율이다.

  ㉡ 요율체계가 경직화되어 있는 것이 단점이다.

  Cf. 범위요율 : 표준요율을 중심으로 일정범위 이내에서 인상 또는 인하를 인정하는 요율체계이며 현재 대부분은 고정요율이 아닌 범위요율을 사용하고 있다. 이는 고정요율이나 협정요율의 경직화를 막으려는 취지에서 도입되었다.

④ 등급요율과 개별요율

등급요율	개별요율[주1]
동일등급에 속하는 위험에 대해 동일한 보험요율을 적용하는 방식 ※ 가계성 보험에 많이 활용되는 요율	보험목적별 위험도에 따라 개별적으로 요율을 산출하는 방식 ※ 등급요율의 단점을 보완하기 위해 사용
(+) 간편하고 개별요율보다 작은 비용으로 요율 산출이 가능 (−) 동일등급에 속하면 평균요율을 적용하므로 집단 내 요율의 불공평성이 존재함	(+) 다수의 동질적 위험이 존재하지 않는 물건에 대해서 사용하기 적합 (−) 시간과 비용이 많이 소요됨

※ 주1 : 개별요율은 매 위험등급에 보험목적물이 하나만 존재할 때 사용된다.

⑤ 경험요율, 소급요율, 점검요율

경험요율	소급요율[주1]	점검요율[주1]
각 위험의 과거손해실적(통상 3년)에 따라 보험료에 차등을 두는 방식(선박보험, 근재보험)	경험요율의 일종이나, 보험기간 동안의 손해발생결과를 당해 보험료에 바로 반영시키는 방식	기준이 되는 보험요율을 산정한 후, 이를 기초로 각 위험의 특수성을 반영하여 최종요율을 산출하는 방식(화재보험, 기계보험)
[사례] 자동차보험에서 과거 손해율에 따라 할증 또는 할인하는 것이 경험요율에 해당됨	(+) 요율의 적응성, 공정성에 부합되는 측면 (−) 경험요율에 비해서 복잡하고 비용이 많이 소요됨	(+) 위험의 특수성을 반영하므로 동일특성을 가진 보험목적에 동일 요율을 적용할 수 있음(요율의 공정성) (−) 요율산출에 많은 비용이 듦

※ 주1 : 소급요율을 소급경험요율이라고도 하며, 점검요율을 예정요율이라고도 한다.

※ 등급요율을 기초로 경험기간(통상 3년) 동안의 피보험자의 손해실적에 따라 상향 또는 하향 조정되는 요율체계는 경험요율이다.

※ 자동차보험의 우량할인·불량할증요율처럼 과거 실적에 따라 요율이 변동이 되어 손실통제를 장려할 수 있는 요율체계는 경험요율이다.

※ 보험요율의 경영상 요건 중 손해확대방지성에 가장 적합한 요율체계는 경험요율이며, 적응성에 가장 부합하는 요율체계는 소급요율이다.

※ 점검요율은 개별적인 위험의 특수성을 반영하므로 보험요율산정의 3원칙 중 공정성에 부합하나, 요율산출에 많은 비용이 든다는 단점이 있다. → 동 요율을 적용하기 위해서는 피보험물건에 대한 사전점검이 반드시 수행되어야 하므로 '점검요율'이라 한다.

SECTION 3 현행 손해보험 요율체계

① 참조순보험요율제도(순보험요율의 자유화, 2002.4월 이후 적용).

순보험료	부가보험료
보험개발원에서 제시하는 순보험요율을 참조 + 보험사의 실적을 반영 → 참조순보험요율을 수정하여 사용	부가보험료는 2000.4월부터 완전 자율화

② 요율조정범위 : ±25%

요율이 과도하게 변동하면 안정성(보험요율의 경영상 여건)을 위배하게 되므로 상하 25%로 제한하나, 자동차보험의 경우 예외를 적용함

③ 요율조정주기 : ±5% 초과 시 매년 조정을 원칙으로 함

④ 자사위험률을 사용하기 위한 요건

　㉠ 회사의 통계집적기간 : 3년 이상

　㉡ 연평균 경과계약건수 : 1만건 이상

　㉢ 연평균 사고건수 : 96건(연령별 위험률을 위한 사고건수는 384건)

CHAPTER 03 | 단원정리문제

01 보기는 손해보험요율산정의 3원칙 중 어디에 해당하는가?

> 보험요율은 보험사업이 유지 · 존속될 수 있도록 충분해야 한다.

① 적정성   ② 비과도성

③ 공정성   ④ 안정성

정답 | ①
해설 | 적정성 또는 충분성이다(적정성은 보험회사 재무건전성에 중요한 영향). ④의 안정성은 기본 3원칙에는 포함되지 않는다.

02 보기는 손해보험요율산정의 3원칙 중 어디에 해당하는가?

> 보험요율은 보험계약자의 위험의 크기나 예상손실의 규모에 따라 보험료에 차등을 둠으로써 보험계약자 간 형평성이 유지되도록 한다.

① 적정성   ② 비과도성

③ 공정성   ④ 안정성

정답 | ③
해설 | 공정성이다. 그리고 손해보험의 원리로 볼 때 '급부 · 반대급부 균등의 원칙'이 공정성과 유사하다.

03 보기는 손해보험요율산정의 경영상 요건 중 무엇을 말하는가?

> 보험요율이 빈번하게 변경되면 보험소비자의 불신을 초래할 수 있어 보험제도의 유지 · 발전을 저해할 수 있다.

① 단순성(simplicity)   ② 안정성(stability)

③ 적응성(responsiveness)   ④ 손실통제장려(promotion of loss control)

정답 | ②
해설 | 안정성을 말한다.

04 보기는 손해보험요율산정의 경영상 요건 중 무엇을 말하는가?

- 예정손해율과 실제손해율의 괴리가 커질 경우 요율을 조정해서 균형을 이루어야 한다.
- 특히 손해보험요율을 산출할 때 특히 유의해야 하는 원칙이다.

① 단순성(simplicity)　　　　　　　② 안정성(stability)

③ 적응성(responsiveness)　　　　　④ 손실통제장려(promotion of loss control)

정답 | ③
해설 | 적응성을 말한다. 적응성과 안정성은 상반관계이다.

05 보험요율산정의 경영상 요건 중에서, 안정성과 상충(trade – off) 관계에 있는 원칙은?

① 단순성　　　　　　　② 적응성

③ 손실통제의 장려　　　④ 경제적 부담가능성

정답 | ②
해설 | 안정성 ↔ 적응성

06 '성과에 따른 구분'으로 보험요율을 구분한 것은?

① 순보험요율, 부가보험요율　　　② 등급요율, 개별요율

③ 인가요율, 비인가요율　　　　　④ 경험요율, 소급요율, 예정요율

정답 | ④
해설 | ① 보험료구성에 따른 구분, ② 체계에 따른 구분, ③ 감독에 따른 구분, ④ 성과에 따른 구분

07 보기의 요율종류에 해당하지 않는 것은?

> • 보험요율감독의 대표적인 형태이다.
> • 국민 다수의 일상생활과 관련성이 높은 화재보험, 자동차보험에 적용되는 것이 일반적이다.

① 사전인가요율　　　　　　　　　　　② 제출 후 사용요율

③ 사용 후 제출요율　　　　　　　　　　④ 점검요율

정답 | ④

해설 | 보기는 인가요율을 말한다(인가요율은 ①, ②, ③의 세부종류로 구성됨).

08 보기의 요율종류에 해당하지 않는 것은?

> • 광범위한 동일위험 집단별로 동일한 요율을 적용하는 요율체계이다.
> • 요율 적용이 간편하고, 적은 비용으로도 요율을 사용할 수 있는 것이 장점이다.
> • 요율체계의 단순성, 경직성으로 인해 동일등급에 해당하는 모든 계약자에게 정확히 평준화될 수는 없다.

① 등급요율　　　　　　　　　　　　　② 경험요율

③ 고정요율　　　　　　　　　　　　　④ 범위요율

정답 | ①

해설 | 등급요율을 말한다. 비교하여, 동일등급 내에서 보험의 목적이 하나만 존재한다고 할 때 적용되는 것은 개별요율이다. 그리고 등급이 아니라 보험목적별 특수성을 반영하여 요율을 부과하면 예정요율(점검요율)이다.

09 보기가 해당하는 보험요율은?

> • 등급요율을 기초로 경험기간(3년 이상) 동안의 피보험자의 손해실적에 따라 상향 또는 하향조정되는 요율이다.
> • 손해방지의 권장 및 피보험물건에 대한 정확한 보험료를 부과할 수 있도록 하는 데에 목적이 있다.

① 경험요율　　　　　　　　　　　　　② 소급요율

③ 점검요율　　　　　　　　　　　　　④ 예정요율

정답 | ①

해설 | 자동차보험의 우량할인 · 불량할증제도는 사고실적(경험)을 반영하는 경험요율인데, 손실통제를 장려하는 효과가 있다.

10 보기에 해당하는 보험요율은?

> • 과거의 손해실적을 반영하되, 보험기간이 종료되는 시점에서 최종보험료를 결정하여 해당 보험기간에 소급하여 적용하는 방법이다.
> • 요율의 안정성보다는 적응성과 공정성을 더 중시하는 요율이지만, 복잡하고 관리 부담이 많다는 단점이 있다.

① 경험요율   ② 소급요율
③ 예정요율   ④ 협정요율

정답 | ②
해설 | 소급요율을 말한다. 소급요율은 적응성에 가장 부합하며, 동시에 안정성에 상충되는 측면이 있다.

11 요율조정에 대한 내용이다. 틀린 것은?

① 요율의 안정성을 도모하기 위해 위험적용 단위별 조정율을 상하 25%로 제한하는 것을 원칙으로 한다.
② 자동차보험의 경우 요율조정폭의 제한을 두지 않는다.
③ 자동차보험은 1년, 일반손해보험은 2년을 주기로 요율을 조정한다.
④ 위험적용 단위별 요율조정요인이 상하 5%를 초과할 경우 매년 조정하는 것을 원칙으로 한다.

정답 | ③
해설 | 개정 전에는 자동차보험은 1년, 일반손해보험은 2년을 주기로 요율을 조정했으나, 개정 후에는 요율조정요인이 5%를 초과할 경우는 매년 조정하는 것을 원칙으로 한다.

CHAPTER 04 | 장기보험 언더라이팅

SECTION 1 장기손해보험의 특징

① 일반손해보험과의 비교

　㉠ 보험기간 : 일반손해보험은 1년, 장기손해보험은 3년 이상이다.

　㉡ 환급금 : 일반손해보험은 환급금이 없으나, 장기손해보험은 만기환급금이 있다.

　㉢ 보험료구성 : 일반손해보험은 '위험보험료 + 부가보험료[주1]'이며, 장기손해보험은 '위험보험료 + 저축보험료[주2] + 부가보험료'이다.

　　※ 주1 : 일반손해보험의 부가보험료는 '사업경비 + 기업이윤'이며, 장기보험은 '신계약비 + 유지비 + 수금비'이다.

　　※ 주2 : 장기손해보험은 만기환급금이 있으므로 저축보험료를 부과한다.

　㉣ 보험료납입주기 : 일반손해보험은 만기 1년이므로 일시납이 대부분이나, 장기보험은 만기가 길어서 다양한 납입방법 중 하나를 선택할 수 있다.

　　※ 일시납, 연납, 월납, 2개월납, 3개월납, 6개월납(4개월, 5개월납은 없음)

② **보험가입금액의 자동복원** : 1회 사고로 지급하는 보험금이 보험가입금액의 80% 미만이면 보험가입금액이 자동복원된다(장기보험의 가장 큰 특징).

SECTION 2 장기보험 언더라이팅 관련 제도

① 건강진단제도	② 계약적부	③ 보장제한부인수 특별약관	④ 보험료할증 및 보험금삭감 특별약관

① 건강진단제도 : 가장 객관적이고 적극적인 보험자의 언더라이팅 수단

　㉠ 진단의, 촉탁의, 간호사에 의한 진단: '진단의, 촉탁의'에 의한 진단이 '간호사'에 의한 진단보다 신뢰성이 높지만 비용부담이 있다.

　㉡ 건강진단 항목 : 신장, 체중, 혈압, 혈액검사(혈당, 간기능, 콜레스테롤 등), 소변검사(당뇨, 단백뇨 등)

　㉢ 유진단보험과 무진단보험

유진단 계약	무진단 계약
고액보장계약, 과거병력자 등의 계약을 대상	소액보장계약의 경우 보험금지급비용과 건강진단비용이 서로 상계가 가능하다고 판단함

ⓔ 무진단보험의 도입논리 : 비용·절감차원뿐 아니라 고객편의차원에서 도입[주1]

> ※ 주1 : 다음 기본서 설명을 볼 때 해석상의 애매함이 있으나, 실무상 '비용절감목적이 좀 더 크다'고 이해함이 바람직하다.
> ※ 2018 기본서 공통2, p70
> (중략) 무진단계약의 도입은 보험금지급비용과 건강진단을 함으로써 발생되는 비용을 상계처리하고자 도입되었고, 건강진단의 생략으로 인해 전체 언더라이팅 처리과정이 단축되므로 보험계약자의 만족도를 제고하는 차원에서 도입되었다. (후략)

② 계약적부

- ㉠ 계약성립 전에 피보험자를 방문하여 피보험자의 청약서내용을 검증하는 절차

> ※ 모든 계약적부가 방문으로만 이루어지는 것은 아니며, 비용절감을 고려하여 전화심사(텔레 – 언더라이팅 제도)를 하기도 함

- ㉡ 계약적부는 모든 계약을 대상으로 하지는 않는다(∵ 비용측면 외에도 계약체결 소요기간이 길어질 경우의 불편함 제거 차원).

> ※ 고지의무위반의 개연성이 높은 계약, 부실판매경력이 있는 모집자 관련 계약 등
> ※ 보험사는 회사가 필요 시 계약적부확인을 할 수 있다는 사실을 청약서상에 분명히 기재하고 고객의 서명을 받아야 한다.

③ 보장제한부인수 특별약관

특정신체부위 · 질병 부담보 특별약관	이륜자동차 운전 중 상해부보장 특별약관
• 표준체 이하의 질병병력자에게는 보험가입의 기회를 제공, 보험자에게는 보험판매 증대를 통한 수익창출의 기회가 된다. • 보장제한기간 : 1년~5년 또는 전기간[주1] • 납입보험료는 표준체와 동일하다.	• 위험이 높은 이륜자동차의 주기적 운전 중(또는 탑승 중) 사고는 면책으로 하고, 운전 중이 아닌 경우는 부책으로 함으로써 이륜자동차 운전자의 일반 상해의 보장공백을 해소하며, 보험자입장에서도 틈새시장에서 수익을 제고할 수 있는 기회가 됨 • 50cc 미만의 이륜자동차 포함

> ※ 주1 : 특정신체부위 · 질병 부담보 특약은 부담보기간이 전기간도 가능하지만, '보험금감액특약'에서는 부담보기간이 5년을 초과할 수 없다(비교주의). 또한 청약일로부터 5년 동안에 보장제한의 대상 질병에 대해 재진단이나 치료사실이 없을 경우, 5년 이후부터는 보장이 시작된다.

④ 보험료 할증 및 보험금 감액 특별약관

㉠ 보험료 할증으로 부보		㉡ 보험금 감액으로 부보
체증성 질병	항상성 질병	체감성 질병
고혈압, 당뇨, 비만, 동맥경화 등	시력 · 청력장애, 만성기관지염, 류마티스	위궤양, 염증성 질환, 외상 등

[암기법] 고 · 당 · 비 · 체(체증성질병), 항 · 시 · 만 · 류(항상성질병), 나머지는 체감성질병이다.

- ㉠ 보험료 할증으로 부보
  - 체증성 위험, 항상성 위험이 할증 부보의 대상이다(보험기간 전기간을 대상으로 함).
  - 할증으로 부보한다고 함은 '표준체보다 높은 보험료(할증보험료)를 받고 표준체와 동일한 보험금을 지급하는 것'을 말한다.
- ㉡ 보험금 감액으로 부보
  - 체감성 위험을 대상으로 하며 보험금 감액 기간은 계약 후 5년 이내로 한다.
  - 표준체와 동일한 보험료를 납부하며, 질병사망을 감액적용담보로 한다.

※ 두 특약 비교

구분	보험료 할증특약	보험금 감액 특약
대상 위험	체증성, 항상성 위험	체감성 위험
적용기간	할증기간 : 보험기간 전기간	감액기간 : 1년~5년
적용담보	질병사망/의료비/일당	질병사망
납입보험료	표준보험료 + 할증	표준체보험료

SECTION 3 장기손해보험(재물담보)의 요율산정기준

① 장기보험(재물담보)의 요율 종류

주택물건 요율	일반물건 요율	공장물건 요율
단독주택, 연립주택, 아파트(3종류)	주택물건과 공장물건이 아닌 물건(102 종류)	공장, 작업장 등 273 종류

② 재물담보의 요율 구분

주택물건 요율	일반물건 요율
단독주택(다중주택, 다가구주택), 연립주택, 아파트	–
아파트 구내 부대시설 및 복리시설[주1]	아파트 단지 내 상가
주상복합아파트 주거용도 부분	주상복합아파트 상업용도 부분[주2]
주상복합아파트 부대시설	주상복합아파트 복리시설[주2]
	주차장(주거 및 상업 공동으로 사용)

※ 주1 : '아파트의 단지 내 상가'는 주택물건에서 제외되며, 단지 내 상가를 제외한 아파트 구내 부대시설(주차장, 관리사무소, 경비실, 담장 등) 또는 복리시설(어린이 놀이터, 유치원, 피트니스센터, 탁구장, 공용세탁소 등)은 주택물건에 포함된다.

※ 주2 : 주상복합아파트는 주거용도와 상업용도를 구분하며, 일반 아파트와 달리 주상복합아파트의 복리시설은 일반물건요율을 적용한다.

③ 주택물건 적용 시 유의사항

㉠ 피아노교습소, 조산원 등 주택병용물건의 경우 내직 또는 출장치료 정도에 대해서만 주택물건 요율을 적용한다.

Cf. 주택을 변호사, 회계사사무실로 사용시는 일반물건 요율을 적용함

㉡ 농어가 주택에서 농업 또는 어업을 평소수준으로 하면 주택물건 요율을 적용한다. 단, 주택과는 별동을 두고 양잠이나 그 밖의 부업을 할 경우는 일반물건요율을 적용한다.

㉢ 건축 중인 건물은 공사완공 후 주택물건이 되는 것에 한해 주택물건요율을 적용한다.

④ 일반물건
  ㉠ 주택물건과 공장물건이 아닌 물건은 일반물건 요율을 적용한다.
  ㉡ 주택건물에 일시적으로 동산을 수용하는 경우 : 주택 및 가재도구에 대해서는 주택물건요율을 적용하지만, 주택 내에 일시적으로 동산을 수용하는 경우에는 주택물건요율에 재고자산할증요율을 부과한다(일반물건 요율이 아님에 주의).
  ㉢ 주택건물에 변호사사무소, 대리점사무소를 설치한 경우는 일반물건요율을 적용한다.
  ㉣ 공가(空家)에 가까운 별장은 가재도구가 항상 비치되어 있는 경우는 주택물건요율을 적용한다.
  ㉤ 방화구획이 있는 경우 각각의 물건으로 하여 각각의 요율을 적용할 수 있다.

⑤ 공장물건
  ㉠ 공장물건요율은 공장, 작업장의 구내에 있는 건물, 공작물 및 이에 수용된 동산, 야적의 동산에 적용된다.
  ㉡ 물리, 화학 등 생산관련 연구소로서 공장 구외에 있으며 생산가공을 하지 않는 경우 일반물건요율을 적용한다.
  ㉢ 작업기계의 설치가 완료 전인 신축중 건물은 일반물건요율을 적용한다. 단, 어느 하나라도 작업을 개시한 경우는 공장물건요율을 적용한다.
  ㉣ 같은 공장이라도 방화구획으로 위험이 분리된 경우에는 각각 다른 위험률을 요율에 반영할 수 있다.

⑥ 신체손해배상특약부 화재보험 [화보법개정(2017.10.19)으로 인한 기본서 개정사항]
  ㉠ 신체손해배상특약부 화재보험에 의무적으로 가입해야 하는 특수건물

연면적 1,000m²	바닥면적 2,000m²	연면적 3,000m²
국유건물(관공서 등)	학원	병원, 공장, 관광숙박업, 학교, 공연장, 방송국, 숙박업, 대규모점포 등[주1]
	일반음식점, 단란주점, 노래연습장, 게임장 등	
	[신설] 공중목욕탕, 영화관	[신설] 도시철도역사 및 시설
[신설] 실내사격장(면적구분 없음)		
16층 이상의 아파트, 11층 이상의 일반건물		

  ※ 주1 : 3,000m² 이상에서 바닥면적을 기준으로 하는 것 : 도시철도역사 및 시설, 대규모점포, 숙박업(나머지는 모두 연면적으로 기준으로 함)

  ㉡ 담보범위 : 화재보험 보통약관상의 손해로 입힌 타인에 대한 신체손해와 대물손해를 보상한다.

대인손해[주1]			대물손해(신설)
사망	부상	후유장해	
최고 1억 5천만원 (최저 2천만원)[주2]	최고 3천만원 (상해 1급~14급)	최고 1억 5천만원 (장해 1급~14급)	1사고당 10억원

  ※ 주1 : 대인손해의 보상한도는 '자동차보험 대인배상1'과 동일한다.
  ※ 주2 : 사망 시 실손해액이 2천만원에 미달할 경우 2천만원을 정액 지급한다.

⑦ 다중이용업소 화재배상책임보험(2013.2.23〜)

    ㉠ 가입대상

- 22개 업종 다중이용업소의 업주(22개 업종 : 음식점, 주점, 영화관, PC방, 학원 등) : '일반음식점, 휴게음식점, 제과점'은 '바닥면적합계가 지상 100m² 이상, 지하 66m² 이상일 경우 의무가입대상이다.
- 보험자는 계약체결을 거부할 수 없으며, 소방방재청에 계약체결사실을 통지한다.

    ㉡ 담보범위 : 화재 및 폭발로 인한 제3자의 신체손해 및 재산손해를 보상한다.

인명피해		물적피해
사망, 후유장해	부상	
1인당 최고 1억원	최고 2,000만원	1사고당 최고 1억원

    ㉢ 보험회사의 의무 : 계약체결거부 금지, 동보험외의 타보험 가입강요 금지, 보험계약 종료 시 다중이용업주에 대한 통지, 계약체결시 소방방재청에 통지

    ※ 보상한도 비교

구분	신체손해배상특약(화보법)	화재배상책임보험(다중법)	가스배상책임보험(가스법)
사망	1억 5천만원	1억원	8천만원
후유장해	1억 5천만원	1억원	8천만원
부상	3천만원	2천만원	1,500만원
대물(1사고당)	10억원	1억원	보험가입금액 한도

⑧ 건물의 구조급수

    ㉠ 요율적용을 위한 건물급수(내 : 내화구조, 불 : 불연재료)

구분	기둥	지붕	외벽	사례
1급	내	내	내	철근콘크리트조(조적조) 슬라브즙
2급	내	불	내	철근콘크리트조(조적조) 스레트즙
3급	불	불	불	경량철판조 샌드위치판넬즙
4급	기 타			목조와즙, 천막즙

    ㉡ 화재보험요율산출 시 유의점

- 외벽에 커튼월구조가 있고 그 재료가 불연재료(유리 등)일 경우, 해당 면적을 제외하고 급수를 산정할 수 있다.
- 외벽이 샌드위치판넬인 건물의 구조급수는 다른 주요 구조부에 관계없이 3급을 적용한다.
- 건축 중 또는 철거 중인 건물은, 공사완성 후의 건물급수가 1급 또는 2급일 경우는 2급을 적용하고, 공사완성 후의 급수가 3급이면 3급, 4급이면 4급을 적용한다.
- 외벽이 50% 이상 결여된 무벽건물은 주요 구조부가 내화구조이면 1급을 적용하고, 지붕을 제외한 주요 구조부가 불연재료인 경우 2급을 적용하고, 기타는 4급을 적용한다(일반건물과 적용이 다름).

상해보험	질병보험	재물보험
• 피보험자의 직업 및 직무 • 운전차량 • 부업 및 취미생활	• 최근 3개월 이내 진찰 여부 • 최근 1년 이내 추가검사 여부 • 최근 5년 이내 10대 질병의 진찰 또는 검사 여부 • 최근 5년 이내, 7일 이상의 치료 또는 30일 이상의 투약 • 생활습관 또는 체격	• 건물의 구조 및 건축연도 • 영위업종 • 건물 내 타업종 • 소재지 • 사고경력

CHAPTER **04** | **단원정리문제**

01 장기손해보험의 특징과 가장 거리가 먼 것은?

① 일반손해보험은 보통 보험기간을 1년으로 하지만 장기 손해보험은 3년 이상을 원칙으로 한다.

② 일반손해보험은 환급금이 없으나 장기손해보험은 환급금을 지급한다.

③ 일반손해보험에서는 아무리 손해가 자주 발생하더라도 보험가입금액(보험자의 보상한도액)을 초과할 수 없으나, 장기손해보험은 사고손해액이 보험가입금액의 80% 미만이면 보험가입금액이 감액되지 않고 복원된다.

④ 장기손해보험은 일반손해보험과 달리 부가보험료를 '사업경비와 이윤'으로 표시한다.

정답 | ④
해설 | 부가보험료를 '사업경비 + 이윤'으로 표시하는 것은 일반손해보험이다.
　　　※ 장기손해보험 = 순보험료 + 부가보험료(부가보험료 = 신계약비 + 유지비 + 수금비).

02 건강진단제도에 대한 설명이다. 가장 거리가 먼 것은?

① 건강진단제도는 모집자에 의한 1차 언더라이팅에서 확보한 고지내용을 확인하고 건강에 대한 추가발견도 할 수 있는 적극적인 언더라이팅 과정이다.

② 피보험자의 연령이 높고 보험금액이 클수록 보다 정밀한 건강진단의 언더라이팅이 요구된다.

③ 무진단보험의 도입 주목적은 비용절감에 있다고 할 수 있다.

④ 보험사에 고용된 사의나 촉탁의를 통한 진단은 간호사에 의한 진단보다 신뢰성이 높고 비용도 상대적으로 적게 든다는 장점이 있다.

정답 | ④
해설 | 신뢰성이 높은 장점이 있지만, 비용이 많이 든다는 단점이 있다.

03 계약적부에 대한 설명이다. 잘못된 것은?

① 계약적부심사의 가장 큰 목적은 역선택의 차단이다.

② 보험계약자가 작성한 청약서상의 고지사항을 확인 · 검증하는 제도이다.

③ 계약적부심사는 고지의무위반의 개연성이 높은 피보험자를 대상으로 하는 것이므로 모집자(취급자)를 이유로 계약적부를 결정하지는 않는다.

④ 보험사는 청약서상에 별도의 확인절차(계약적부심사)가 있음을 알리는 문구를 명기하고 있다.

정답 | ③
해설 | 부실판매경력이 있는 모집자로부터 청약된 보험계약의 경우 계약적부심사의 대상이 될 수 있다.

04 장기보험의 보장제한부 인수 특별약관(특정신체부위 · 특정질병부담보특약)에 대한 설명이다. 잘못된 것은?

① 보장제한부 인수 특별약관은 언더라이팅이 거절을 우선목표로 하는 것이 아님을 보여준다.

② 보장제한을 위한 부담보기간은 '1년~5년'이 일반적이나 경우에 따라서는 보험기간의 전기간으로 할 수 있다.

③ 보장제한부 인수의 특별약관이 적용될 경우 납입보험료는 표준체 + 할증률이 적용된다.

④ 이륜자동차 운전 중 상해 부보장 특별약관은 이륜자동차를 정기적으로 운전하던 중 발생하는 사고 시 보험금은 면책으로 하고, 그 외의 사고는 보장하는 것을 말한다.

정답 | ③
해설 | 표준체의 보험료를 받고 일부보장을 제한하는 방식의 특별약관이다.

05 '보장제한부 인수 특별약관(특정신체부위질병)'에 대한 설명이다. 틀린 것은?

① 현증이 있거나 과거 병력보유자 등의 비표준체에게 표준체의 보험료를 받는 대신 보장을 제한하여 인수하는 특별약관이다.

② 보장을 제한하는 대상은 피보험자 1인당 '2개~4개' 이내로 설정한다.

③ 보장을 제한하는 기간은 1년에서 5년, 또는 보험기간 전체이며 보험기간 전체를 제한할 경우에는 어떤 경우에도 해당 질병으로부터는 보상을 받을 수 없다.

④ 동 특별약관이 없다면 인수가 거절될 수 있는 비표준체에게도 보험에 가입할 기회를 제공하고, 보험회사 측면에서는 틈새시장 창출로 매출에 기여하는 측면이 있다.

정답 | ③
해설 | 5년간 해당 질병으로부터 재진단, 치료사실이 없으면 5년 이후부터 보장을 받을 수 있다.

06 '보험료할증특약'에 대한 설명이다. 틀린 것은?

① 체증성질병과 항상성질병을 대상으로 한다.

② 보험료할증을 적용하는 기간은 최대 5년까지이다.

③ 표준체보다 높은 보험료를 받고 표준체와 동일한 보험금을 지급한다.

④ 질병사망, 의료비, 일당 등의 담보를 대상으로 보험료할증을 적용한다.

정답 | ②
해설 | 할증기간은 전기간이다(Cf. 감액적용기간은 최대 5년).

07 '보험금감액특약'에 대한 설명이다. 틀린 것은?

① 체증성, 항상성, 체감성 질병 중에서 체감성 질병을 대상으로 한다.

② 표준체에 해당하는 보험료를 납입하고, 보험금을 감액하는 특약이다.

③ 보험금의 감액지급이 적용되는 대상은 '질병사망, 의료비, 일당'이다.

④ 보험금의 감액기간은 1년에서 5년이다.

정답 | ③
해설 | 보험금감액특약은 질병사망담보에만 적용된다.

08 다음 중 항상성 질병에 해당하는 것은?

① 고혈압, 당뇨, 비만, 동맥경화증, 정신병

② 시력 및 청력장애, 만성 기관지염, 류마티스 관절염

③ 외상, 위궤양, 염증성 질환

④ 위암, 간암, 폐암

정답 | ②
해설 | ① 체증성 질병, ② 항상성 질병, ③ 체감성 질병, ①, ②는 할증으로 부보, ③은 보험금감액으로 부보하며, ④는 거절대상이다.

09 보기와 같이 담보하는 질병은?

> 표준보험료를 납입하고 보험금은 감액한다(감액기간은 1년에서 5년).

① 위궤양   ② 비만

③ 만성기관지염   ④ 류마티스

정답 │ ①

해설 │ ① 체감성 질병, ② 체증성 질병, ③, ④ 항상성 질병이다. ①은 보험금삭감특약, ②와 ③, ④는 보험료할증특약으로 부보한다.

10 다음 중 '주택물건' 요율이 적용되는 것을 모두 묶은 것은?

> ㉠ 아파트 구내의 부대시설   ㉡ 아파트 구내의 복리시설
> ㉢ 주상복합아파트의 복리시설   ㉣ 아파트 단지 내 상가

① ㉠   ② ㉠, ㉡   ③ ㉠, ㉡, ㉢   ④ ㉠, ㉡, ㉢, ㉣

정답 │ ②

해설 │ 아파트의 복리시설은 주택물건이지만, 주상복합의 복리시설은 일반물건인 점에 유의한다.

11 다음 중 '주택물건'으로 요율이 적용되는 것이 아닌 것은?

① 주상복합아파트의 부대시설

② 주상복합아파트에서 주거 및 상업용도 공동으로 사용하는 주차장

③ 공사완공 후 주택물건이 될 것에 대한 신축 또는 증축, 개축 및 재수선 중인 건물

④ 농가 또는 어업자의 주택의 경우 주택 내에서 평소에 하는 정도의 작업을 포함한 주택

정답 │ ②

해설 │ ②는 일반물건이다. ④와 비교하여, 주택과의 별동을 두고 양잠 및 그 밖의 부업을 할 경우 일반물건요율이 적용된다.

12 일반물건요율의 적용특례이다. 가장 적절하지 않은 것은?

① 화재보험의 일반물건요율은 주택물건요율과 공장물건요율을 제외한 물건에 적용된다.

② 주택으로 쓰이는 건물 내에 일시적으로 수용된 재고자산에 대해서는 일반물건요율을 적용한다.

③ 교회·사원의 본당과 그 부속건물, 의사의 진료소, 대서소, 정기적인 경매장 또는 경판장으로 사용되는 주택은 일반물건요율을 적용한다.

④ 변호사, 공인회계사, 대리점주 또는 이들의 사용인이 사무소를 일부 설치하고 있는 주택은 일반물건요율을 적용한다.

정답 | ②

해설 | 주택으로 쓰이는 건물 내에 일시적으로 수용된 재고자산에 대해서는 주택물건 기본요율에 재고자산할증을 부가한 요율을 적용한다.

13 '화보법'상의 특수건물에 화재가 발생 시 보험자가 지급하는 보상한도액이다. 틀린 것은?

① 사망 시 1억 5천만원   ② 후유장해 시 1억 5천만원

③ 부상 시 2천만원   ④ 대물 1사고당 10억원

정답 | ③

해설 | 부상은 3천만원이다. '사망 또는 후유장해 1억 5천만원, 부상 3천만원'은 자동차보험의 대인배상 I 의 한도와 같다.
　　※ 대물사고 보상(1사고당 10억원) : 2017.10.19. 화보법 개정으로 신설되었다.

14 다음 중 '화보법'상의 신체손해배상책임 특별약관에 가입해야 하는 특수건물에 해당되지 않는 것은?

① 연면적이 1,000m² 이상인 국유건물

② 바닥면적이 2,000m² 이상인 사설 학원, 일반음식점, 유흥주점영업 건물

③ 연면적이 3,000m² 이상인 학교, 병원, 공장, 숙박업, 공연장, 방송사업, 대규모 점포, 농수산물도매시장 건물

④ 16층 이상의 아파트와 건물

정답 | ④

해설 | 아파트가 아닌 건물은 11층 이상이 특수건물이다.
　　※ 사설학원은 '바닥면적 2천 제곱미터' 이상이지만, 학교는 '연면적 3천 제곱미터' 이상이다.

15 신체손해배상책임보험의 의무가입대상 요건을 잘못 설명한 것은?

① 바닥면적이 2,000m² 이상인 공중목욕탕

② 바닥면적이 2,000m² 이상인 영화상영관

③ 바닥면적이 3,000m² 이상인 도시철도 역사 및 시설

④ 바닥면적이 3,000m² 이상인 실내사격장

정답 | ④

해설 | 실내사격장은 바닥면적 또는 연면적의 구분 없이 특수건물에 해당된다. 참고로 ①, ②, ③, ④는 모두 이번 개정(2017.10.19)을 통해서 신설된 특수건물이다.
※ 3천 제곱미터 중 바닥면적을 기준으로 하는 것(3가지) : 숙박업, 대규모점포, 도시철도 역사 및 역시설

16 '다중법'상 의무적으로 가입해야 하는 화재배상책임 보험의 보상한도로 틀린 것은?

① 사망 시 1억원   ② 후유장해 시 1억원

③ 부상 시 2천만원   ④ 대물 1사고당 10억원

정답 | ④

해설 | 대물 1사고당 1억원이다(Cf. 10억원은 신배책).

17 화재보험 요율산출 시 적용되는 건물의 구조급별에 대한 설명으로 틀린 것은?

① 외벽의 일부 또는 전부가 커튼월(curtain wall) 구조로서 그 재료가 불연재료인 경우에는 해당 면적을 제외하고 건물급수를 결정할 수 있다.

② 외벽이 샌드위치 판넬인 건물의 구조급수는 다른 주요구조부에 관계없이 3급을 적용하지만, 내화구조로 인정받은 경우는 2급을 적용한다.

③ 신축 중인 건물에 대해서는 공사완성 후의 건물급수를 그대로 적용하며, 철거 중인 건물은 공사 착공 전의 건물급수를 적용한다.

④ 건물의 2급 구조란 지붕만 불연재료이고 기둥, 보, 바닥 및 외벽이 내화구조인 건물을 말한다.

정답 | ③

해설 | 완공 후 건물급수가 1급 또는 2급일 경우는 2급을 적용한다(보수적인 적용).

18 화재보험 요율의 건물구조 급수에 대한 설명이다. 틀린 것은?

① 일반형태의 건물에서 주요 구조부 중 지붕만 불연재료이고, 나머지가 내화구조이면 1급을 적용한다.

② 외벽이 50% 이상 결여된 무벽건물은 주요 구조부가 내화구조이면 1급을 적용하고, 지붕을 제외한 주요 구조부가 불연재료이면 2급을 적용하고, 기타는 4급을 적용한다.

③ 신축 중인 건물의 경우, 공사완성 후 건물급수가 1급 또는 2급일 경우 2급을 적용한다.

④ 일반형태의 건물의 급수는 주요구조부 중 기둥, 보, 바닥, 지붕, 외벽에 따라 결정된다.

정답 | ①
해설 | ①은 2급에 해당된다. ②에서, 외벽이 50% 이상 결여된 무벽건물은 구조급수를 일반건물과 다르게 적용한다는 점에 유의한다.

19 청약서 심사포인트 중 '상해보험'에 해당하지 않는 것은?

① 피보험자의 직업 및 직무   ② 운전차량

③ 부업 및 취미생활   ④ 생활습관

정답 | ④
해설 | 음주, 흡연, 생활습관, 약물사용 여부 등은 '질병보험'의 심사포인트이다.
　　　 ※ 심사포인트 비교 : 취미생활은 상해보험, 생활습관은 질병보험

CHAPTER **05** | 자동차보험 언더라이팅

SECTION 1 자동차보험 언더라이팅의 의의

① 자동차보험에서 역선택을 방지하는 3가지 방법

강제가입	Screening(걸러내기)	반복거래
• 위험이 높으면서도 책임보험가입을 회피하는 역선택자의 강제가입 → 역선택 방지 • 강제가입은 가입자 간의 소득의 강제이전이 발생하는데, 이는 역선택비용으로 간주됨	• 보험회사의 언더라이팅, 대출기관의 여신심사가 대표적인 사례 • 비용이 들고 완전한 역선택 방지가 어렵지만, 자원배분의 비효율해소에 많은 기여	동일한 보험사와 지속적으로 계약을 유지하는 경우 역선택 문제가 상당부분 해소

② 자동차보험의 언더라이팅의 변천

㉠ 전통적 언더라이팅(선별인수) VS 언더라이팅 Scoring System

전통적 언더라이팅(선별인수)	Scoring System
• 우량불량여부를 과거 실적손해율을 중심으로 판단하였기 때문에, 미래의 요율 변화요인을 반영하지 못함 • 위험 factor를 2~4개 요인만으로 활용하므로 종합적인 위험도 평가에는 미흡하며, 선별인수의 대상이 많아지는 문제점이 있음 • 선별인수의 단점을 보완하기 위해 계약별 추가정보를 바탕으로 언더라이팅을 시도한 바, 이는 비효율과 영업조직과의 마찰이 증가되는 문제를 남김	• 많은 위험 factor(20개 이상)를 종합하여 계약의 위험도를 지수화한 것이 Scoring system • 다차원적인 통계방식을 사용함으로써 선별인수의 단점을 완화시킴 • 언더라이터의 주관에 의존하던 방식에서 객관적 지수를 근거로 판단하여 영업조직과의 마찰이 감소됨 • Scoring system의 결과가 정확한지에 대한 영업조직의 반발이 없지 않아, 전격사용보다는 기존인수기준의 보조장치로 활용되는 편임

※ Scoring System은 단조로운 전통적 언더라이팅방식을 개선하고자 한 것이나, 지나치게 많은 위험 factor 반영을 통한 Scoring system 결과의 정확도는 높지 않은편이다. 따라서 전격적으로 도입, 사용되는 것보다는 기존의 언더라이팅의 보조역할을 하는 수준으로 이해된다.

※ 과거의 실적손해율을 바탕으로 우량, 불량물건을 구분하고 불량물건은 인수하지 않는 언더라이팅 방식은 전통적 언더라이팅이다.

ⓒ 최근 언더라이팅 동향

(1) 차종세분화에 따른 요율의 세분화	(3) 판매채널과 판매수수료제도 활용 ⑩ 우량·불량건에 대한 수수료차별지급
(2) 비가격정책으로서의 Moral hazard 가능성이 높은 계약을 선별	(4) 계약체결단계에서의 인수절차 강화

※ '모든 위험은 그 위험도에 상응하는 보험료를 부과한다'는 개념은 최근 언더라이팅 동향 4가지 중에서 '차종세분화에 따른 요율의 세분화'에 해당된다.

③ 공동인수제도(2018.6 기본서개정으로 신설)

ⓐ 공동인수제도 개요 : 개별 보험사로부터 가입거절당한 고위험운전자라도 보험사들이 사고위험을 공동으로 분담하는 방식을 통해 종합보험에 가입할 수 있도록 하는 제도이다.

※ 공동인수제도

의무보험		임의보험				
대인1	대물책임	대인2	대물임의	자차	자손	무보
기존의 공동인수 담보						
공동인수대상 담보 확대(개정 : 2017.11.13)						

ⓑ 보험료의 배분 : 인수계약 보험료의 30%를 보유하고 나머지 70%는 타보험사의 시장점유율에 따라 배분한다. 단, 의무보험부분(대인1, 대물책임)은 배분대상에서 제외한다. 또한 의무보험 부분은 보험료 할증대상에서도 제외된다.

※ 공동인수를 하더라도 의무보험 부분은 보험료배분대상도 아니며 보험료 할증대상도 아니다.

ⓒ 기타

- 보험요율 형평성 제고기능 : 고위험 계약자와 일반계약자를 분리하여 별도 운영함으로써, 일반계약자의 보험요율이 불합리하게 상승하는 것을 방지함
- 공동인수제도의 운영 근거 : 자배법에 근거하며, '자동차보험 불량물건 공동인수에 관한 상호협정'을 토대로 운영함

① 보험요율관련 용어

(1) 기본보험료	(4) 적용보험료[주1]
순보험료 + 부가보험료를 말함	계약자가 최종적으로 지불하는 보험료
(2) 참조순보험료	(5) 특별요율
보험료산출기관에서 산출, 감독기관의 심사를 거쳐 보험사에서 참조하는 순보험료	자동차구조가 동종차종과 상이함으로써 발생하는 특별위험에 대한 요율
(3) 가입자특성요율	(6) 특약요율
교통법규위반에 대한 벌점 등 가입자별 특성을 반영한 요율	특별약관을 첨부함에 따른 요율

※ 주1 : 적용보험료(대인배상Ⅰ의 경우)

= 기본보험료×특약요율×가입자특성요율×(우량할인·불량할증 + 특별할증요율)×기명피보험자연령요율×특별요율×(1 + 단체업체특성요율)

Cf. '대인배상Ⅱ, 대물배상, 자기차량손해, 자기신체사고, 자동차상해, 무보험차상해'의 적용보험료는 대인배상Ⅰ에 '물적사고할증기준요율'을 추가하면 된다.

※ 에어백 특별할인, ABS 특별할인, 위험적재물 특별할증은 특별요율에 해당된다.

※ 교통법규위반 경력을 반영하는 요율은 가입자특성요율, 사고경력을 반영하는 요율은 우량할인·불량할증요율이다.

② 자동차보험의 요율산출

    ㉠ 요율산출의 개념 : 수지상등원칙에 입각하여 현재의 요율이 미래의 손해액을 부담할 수 있도록 적정한 요율을 산출하는 것

    ㉡ 보험요율산정의 3원칙 : 적정성, 공정성, 비과도성

    ㉢ 요율산출방법

순보험료법	손해율법
보험요율을 처음 만들 때 사용	기존요율에 실제손해율을 반영하여 기존요율을 조정하는 데 사용
• 순보험료 = 총손실금액/총부보건수 • 총보험료 = 순보험료/(1 − 사업비율) • 순보험요율 = 순보험료/총보험료	(실제손해율 − 기존손해율)/기존손해율

> 예시   보험계약자 수 100,000명, 향후 1년간 발생할 손실예상액 60억원, 사업비율 40%, 1년 후 실제손실율은 70%일 경우,
>
> (1) 순보험요율은 얼마인가? 순보험요율(손해율) = $\dfrac{60억원}{100,000}$ = 60,000원
>
> (2) 영업보험료는 얼마인가? 영업보험료 = $\dfrac{60,000}{1 - 0.4}$ = 100,000원
>
> (3) 손해율법을 따를 때, 1년 후 요율(1년 후 영업보험료)은 얼마인가?
>
>   • 손해율법에 의한 요율의 변동 = $\dfrac{0.7 - 0.6}{0.6}$ ≒ + 16.67%
>
>   • 즉, 손해율이 16.67% 상향해야 한다. 즉 100,000원(1 + 0.1667) = 166,700원
>
>   • 또는 사업비율이 40%로 동일한다면, 순보험료율 70,000원($\dfrac{70억원}{100,000}$)
>
> ∴ 영업보험료 = $\dfrac{70,000}{1 - 0.4}$ ≒ 166,700원이다.

③ 우량할인 · 불량할증제도

㉠ 개별할인할증과 단체할인할증

개별할인 · 할증	단체할인 · 할증	
단체할인할증의 대상이 아니면 개별할인할증을 적용함	영업용	업무용
	10대 이상	50대 이상
평가대상기간(1년)	평가대상기간(3년)	
전전계약 보험기간 만료일 3개월 전부터 전계약의 보험기간 만료일 3개월 전까지[주2]	역년기준 3년[주1]	
평가대상 : 사고점수	평가대상 : 손손해율 실적	

※ 주1 : '역년기준 3년'이란 가입시점을 기준으로 과거 3년을 말하며, '해당 평가대상기간의 말일기준으로 익년 4/1부터 익익년 3/31까지 기간에 가입하는 계약'에 적용함

※ 주2 : 도해 − 개별할인할증을 위한 평가대상기간

(전전보험계약의 만료일 3개월 전 ~ 전계약의 만료일 3개월 전)

㉡ 평가대상사고

미지급사고	평가대상기간 말일 현재 보험회사가 알고 있는 미접보사고	자기과실이 없는 사고[주1]

※ 청구포기사고, 대리운전업자나 자동차취급업자가 야기한 사고는 평가대상에서 제외됨

※ 주1 : 평가대상사고에 포함되는 '자기과실이 없는 사고'

- 태풍, 홍수, 해일 등 자연재해로 인한 자기차량손해, 자기신체사고손해
- 무보험자동차에 의한 상해담보 사고
- 화재, 폭발, 낙뢰에 의한 자기차량손해 및 자기신체사고손해(단, 날아온 물체, 떨어지는 물체 이외의 다른 물체와의 충돌, 접촉, 전복 및 추락에 의한 화재나 폭발은 제외함)
- 주차가 허용된 장소에서 주차 중 발생한 관리상 과실이 없는 자기차량손해사고('가해자불명사고'라고 함)
- 기타 보험회사가 자기과실이 없다고 판단하는 사고

[참고] '자기과실이 없는 사고'에 대해서는 종류에 따라 1년~3년간의 할인유예가 적용됨(타 사고보다 완화적용)

㉢ 평가내용 : 사고내용별 점수

대인사고					자기신체사고 (또는 자동차상해)	대물사고	
사망	부상 1급	부상 2~7급	부상 8~12급	13급, 14급	−	물적사고 할증금액 초과	물적사고 할증 금액 이하
4점		3점	2점	1점	1점	1점	0.5점

- 대인사고, 자기신체사고, 자동차상해, 물적사고가 중복되어 사고점수가 중복될 경우에는 이를 구분하여 합산한다.
  ※ 물적사고 : 대물사고, 자기차량손해를 말함

- 대인사고의 피해자가 복수이어서 사고점수도 복수에 해당될 경우, 가장 높은 점수를 적용한다.
  ※ 물적사고할증금액이 200만원이고 대물사고 150만원, 자기차량손해액 60만원일 경우 사고내용점수는 1.0 이다.
  ※ 대인 사망사고, 자기신체사고, 물적사고할증금액 이하의 물적사고가 발생한 경우 사고점수는 5.5점(사망 4점 + 자손 1점 + 물적사고 0.5점)이다.

④ 특별할증 적용대상 계약
  ㉠ 개별할인할증 적용대상 계약

구분	대상계약	최고할증률
A그룹	• 위장사고야기자 • 자동차이용 범죄행위자 • 피보험자 변경으로 할증보험료를 적용할 수 없는 경우	50%
B그룹	3회 이상 사고자	40%
C그룹	2회 사고자 등	30~15%
D그룹	1회 사고자	10%
E그룹	승용차요일제 위반	8.7%

- 그룹별 할증대상이 중복될 경우에는, A~D그룹 중 가장 높은 그룹에 E그룹의 특별할증률을 합산하여 적용한다.
  예시 B그룹과 D그룹이 중복될 경우, 최종적용되는 특별할증요율은 40% + 8.7% = 48.7%이다.
- 대상계약의 평가기간은 최근 3년이다(최근 3년 : 전계약만료일 3개월 전부터 과거 3년).
  단, A그룹과 E그룹은 최근 1년으로 한다.
  ※ 3회 이상의 사고를 일으킨 경우 특별할증률은 최고 40%이다(50%가 아님).
  ※ 자동차보험의 적용보험료 계산 시, 특별할증은 우량할인·불량할증 요율에 합산하여 적용한다.
  ㉡ 단체할인할증 적용대상 계약 : ⓐ, ⓑ 등의 경우 특별할증률 50%를 적용함
  - 최근 3년간 실적순손해율이 비사업용은 165%, 사업용은 140% 이상인 경우
  - 소속업체 변경 자동차보험 계약

CHAPTER 05 | 단원정리문제

01 자동차보험 언더라이팅에 사용되는 Scoring system에 대한 내용이다. 가장 거리가 먼 것은?

① 보다 정교한 언더라이팅을 위해 언더라이팅 factor를 반영하고 계약의 위험도를 수치화한 것이 언더라이팅 scoring system이다.

② 언더라이터의 경험에 의존한 기존의 방식보다 객관적인 지수로 위험도를 판단함으로써 업무효율 개선이라는 긍정적 효과가 있다.

③ 너무 많은 언더라이팅 factor가 반영됨에 따른 에러(본질과 다른 언더라이팅결과)가 발생하여 영업조직의 반발이 발생하는 등의 문제점이 발생할 수 있다.

④ scoring system은 그 정확성과 객관성이 뛰어나 전통적 언더라이팅을 대체하여 전면적으로 사용되고 있다.

정답 | ④

해설 | scoring system 자체에도 단점이 있으므로, 전격 사용보다는 기존 인수기준의 보조장치로 활용되고 있다.

02 자동차보험의 최근 언더라이팅 동향에 대한 설명이다. 가장 거리가 먼 것은?

① 차종을 더 세분하여 요율도 세분화하고 신요율을 개발하고 있다.

② 도적적 위험이 높은 계약군을 선별하여 계약유입을 차단하고 있다.

③ 우량물건일수록 더 높은 판매수수료을 지급하여 판매조직에서부터 자연스러운 언더라이팅이 진행되고 있다.

④ 손해율로 우량물건, 불량물건을 구분하고 불량물건은 인수를 거절하고 있다.

정답 | ④

해설 | ④는 전통적인 언더라이팅방식을 말한다. 최근의 언더라이팅은 가입거절은 극히 일부로 제한하고, 고객방문으로 검증을 하는 등 인수절차를 강화하고 있다.

※ 자동차보험의 최근언더라이팅 동향 4가지 : ①, ②, ③에 추가하여 '계약체결단계에서의 검증 강화(⑩ 방문 실사 등)' 가 있다.

03 자동차보험 공동인수제도에 대한 설명이다. 틀린 것은?

① 자동차손해배상법과 그 시행규칙으로 법제화되어 있으며, 보험회사들은 '자동차보험 불량물건 공동인수에 관한 상호협정'을 맺고 공동인수제도를 운영 중에 있다.

② 고위험계약자를 일반계약자와 분리하여 다수 일반계약자의 보험료가 불필요하게 올라가는 것을 방지함으로써, 보험요율의 형평성을 제고하는 기능을 한다.

③ 매 계약마다 위험의 30%를 보유하고 70%를 다른 보험회사들의 시장점유율로 배분하며, 의무보험계약에 대해서는 보험료 및 책임을 분담하지 않는다.

④ 대인배상1과 대물배상 책임보험 부분을 포함하여 공동인수하는 모든 담보에 대해서 할증률이 적용된다.

정답 | ④
해설 | 의무보험(대인1, 대물책임)에 대해서는 보험료의 배분도 없고, 할증률이 적용되지도 않는다.

04 보험가입경력요율과 교통법규위반경력요율을 반영하는 요율은?

① 가입자특성요율
② 특약요율
③ 특별요율
④ 우량할인, 불량할증요율

정답 | ①
해설 | ② 특약요율 : 가종운전자한정특약 등 특별약관추가에 따른 요율
③ 특별요율 : 자동차구조상이에 따라 반영하는 요율(예 에어백특별요율 등)
④ 우량할인 · 불량할증요율 : 사고발생실적, 손해실적에 따른 요율

05 보기에 해당하는 자동차보험의 요율은?

특별약관을 첨부하여 체결하는 보험계약에 대해 적용하는 요율이다.

① 가입자특성요율
② 특약요율
③ 특별요율
④ 우량할인, 불량할증요율

정답 | ②
해설 | 특약요율이다.

06 빈칸을 옳게 연결한 것은?(순서대로)

> • 사고점수를 반영하는 요율은 (   )이다.
> • 자동차보험의 계약자가 최종적으로 납부하는 요율은 (   )이다.

① 가입자특성요율, 기본보험료

② 우량할인 · 불량할증요율, 기본보험료

③ 가입자특성요율, 적용보험료

④ 우량할인 · 불량할증요율, 적용보험료

정답 | ④

해설 | '우량할인 · 불량할증요율, 적용보험료'이다.

07 가입자경력요율에 대한 설명이다. 틀린 것은?

① 보험가입 경과기간 산정에 있어서 2개 이상의 계약의 보험기간이 중복될 경우에는 중복되는 기간은 하나의 기간으로 본다.

② 관공서 및 법인체 등에서 운전직으로 근무한 기간 및 외국에서의 보험기간은 보험가입경과기간으로 본다.

③ 법인이 합병되거나 명칭과 종류가 변경된 경우 합병 전 또는 변경 전 법인의 보험가입경과기간을 포함한다.

④ 보험가입경과기간의 산정에 있어서 모터바이트 종합보험의 가입기간은 제외한다.

정답 | ④

해설 | 모터바이트 종합보험의 가입기간도 포함한다.

　　　※ 학습안내 : 동 문항의 내용은 분문에 기술된 것이 없으므로, 문항을 통해 이해하길 바람

08 보기는 개인용자동차보험의 '대인배상2, 대물배상, 자기신체사고, 자동차상해, 무보험차상해, 자기차량손해'의 적용보험료 계산식이다. 빈칸에 들어갈 수 없는 것은?

> 적용보험료 = 기본보험료×(   )×가입자특성요율×{(   ) + 특별할증률)}×(   )× 기명피보험자연령요율×특별요율×(1 + 단체업체특성요율)

① 특약요율　　　　　　　　　　　② 우량할인 · 불량할증요율

③ 물적사고할증기준요율　　　　　④ 교통법규위반경력요율

정답 | ④
해설 | 교통법규위반경력요율은 가입자특성요율에 포함된다.

09 자동차보험의 우량할인 및 불량할증제도에 대한 설명이다. 가장 거리가 먼 것은?

① 영업용자동차의 경우 평가대상기간의 최종연도 1년간 유효대수가 10대 이상이면 단체할인할증을 적용한다.

② 갱신계약이 개별할인할증의 평가대상기간은 '전전계약 보험기간 만료일 3개월 전부터 전계약의 보험기간 만료일 3개월 전까지의 기간'으로 한다.

③ 태풍, 홍수, 해일 등의 자연재해로 발생한 자기차량손해는 평가대상사고에 포함되지 않는다.

④ 사고내용별 점수는 대인사고의 경우 사망이나 부상1급은 4점, 자기신체사고의 자동차상해는 1점이다.

정답 | ③
해설 | '자기과실이 없는 사고'로 평가대상사고에 반영된다.

10 자동차보험료 개별할인 · 할증을 위한 사고내용 중 사고점수가 가장 낮은 것은?

① 물적사고할증기준률 이하인 사고　　② 가해자불명 자기차량사고

③ 부상1급　　　　　　　　　　　　④ 사망사고

정답 | ①
해설 | ① 0.5점, ② 1점, ③ · ④ 4점

11 자동차보험 개별할인·할증의 평가대상사고에 포함되는 '자기과실이 없는 사고'가 아닌 것은?

① 주차가 허용된 장소에 주차 중 발생한 관리상 과실이 없는 자기차량사고

② 화재, 폭발 및 낙뢰에 의한 자기차량사고, 자기신체사고

③ 날아온 물체, 떨어지는 물체 이외의 다른 물체와 충돌, 접촉, 전복 및 추락에 의해 발생한 화재나 폭발에 의한 자기차량사고, 자기신체사고

④ 태풍, 홍수, 해일 등 자연재해로 인한 자기차량사고, 자기신체사고

정답 | ③
해설 | ③은 제외된다. '날아오는 물체나 떨어지는 물체로 인한 충돌이나 접촉으로 인한 자차, 자손'은 포함이 된다.

12 자동차보험의 요율제도의 '평가대상기간' 기준이다. 틀린 것은?

① 개별할인할증은 갱신계약의 전전계약 보험기간 만료일 3개월 전부터 전계약 보험기간 만료일 전까지의 기간을 평가대상으로 한다.

② 단체할인할증은 역년기준 2년으로 하며, 이 평가대상기간의 말일의 익년 4월 1일부터 익익년 3월 31일까지의 기간에 책임이 시작되는 계약을 대상으로 적용한다.

③ 교통법규위반경력요율은 당년 4월 30일부터 과거 2년으로 하며, 당년 9월 1일부터 익년 8월 31일 사이에 책임이 시작되는 계약에 대해 적용한다.

④ 개별할인할증 적용대상계약의 특별할증은 최근 3년으로 하며, 최근 3년은 전계약만료일 3개월 전부터 과거 3년간으로 한다(보험가입기간이 3년 미만이면 해당기간으로 함).

정답 | ②
해설 | 역년 3년이다.
　　　[학습안내] 교통법규위반경력요율의 평가대상기간과 특별할증의 평가대상기간에는 본문에는 기술되어 있지 않으므로, 동 문항의 내용을 참조하길 바람

13 자동차보험의 특별할증 적용대상기준(개별할인·할증 적용대상 계약)에서 최고할증률의 대상이 아닌 것은?

① 위장사고 야기자

② 자동차를 이용하여 범죄행위를 한 경우

③ 피보험자를 변경함으로써 할증된 보험료를 적용할 수 없는 경우

④ 3회 이상의 사고를 일으킨 사실이 있는 경우

정답 | ④
해설 | ①, ②, ③은 50%(최고할증률)이며 ④는 40%이다.

CHAPTER 06 | 위험보유와 재보험출재

SECTION 1 위험보유

① 위험보유의 개념

    ㉠ 보험계약자 입장에서 위험전가는 보험자의 입장에서는 위험보유가 된다.

    ㉡ 보험자가 개별위험에 대해서 자기계산으로 보유하는 위험액의 크기를 자기보유한도액이라 함(단, 보험사업의 존속에 영향이 없을 정도이어야 함).

    ㉢ 위험보유는 통상적으로 개별위험을 기준으로 결정한다.

    ㉣ 위험보유는 보험가입금액을 기준으로 정해지나, 특정위험을 기준으로 전손가능성이 낮은 경우에는 PML(추정최대손실액)을 기초로 한다.

    ※ 선진국에서는 통계예측모델인 몬테카를로 시뮬레이션의 사용이 증가하고 있음

② 위험보유의 종류

개별위험보유	집적위험보유	총계위험보유
손해액이 하나의 위험으로부터 발생할 경우	손해액이 다수의 위험으로부터 발생할 경우4	연간손해액의 일정기준을 대상으로 보유를 하는 경우[주2]

※ 주1, 2 : 집적위험은 해상보험이나 선박보험에서 주로 사용되며, 총계위험은 풍수해보험 등의 자연재해보험 또는 대재해보험에 주로 활용됨

③ 위험보유의 방법

언더라이터의 직관	일정기준에 의한 방법(최고보유액 한도)		
인수경험이 풍부한 언더라이터의 직관을 통한 위험보유는 실제로 매우 정확하다.[주1]	㉠ 수입보험료 기준	㉡ 자기자본 기준	㉢ 유동자산 기준

※ 주1 : '언더라이터의 직관에 의한 보유는 주관성이 많아 정확하지 못하다'는 오답에 유의할 것

    ㉠ 수입보험료기준

      • 화재보험, 특종보험 등 : 1~3%

      • 해상보험 : 5%(해상보험은 전손위험이 많으며 재보험출재를 감안, 타보험보다 위험보유규모가 크다).

    ㉡ 자기자본기준(자본금과 잉여금을 합한 수준) : 0.5~1.5%

    ㉢ 유동자산기준(환금성 고려) : 약 10%

① 재보험의 개념

　㉠ 재보험이란 보험자(원보험사)가 인수한 보험(원보험계약)의 일부 또는 전부를 다른 보험자(재보험
　　사)에게 넘기는 것을 말한다. 최근 산업발전에 따라 위험이 대형화됨에 따라 재보험의 역할을 더욱
　　중요해지고 있다.

　㉡ 원보험사가 재보험사에 위험의 일부를 맡기는 것을 출재(出再)라고 하고, 재보험사 입장에서 원보험
　　사의 책임을 인수하는 것을 수재(受再)라고 한다.

② 재보험의 일반원칙

---

(1) 피보험이익의 존재
원보험계약이 해지되면 재보험계약도 자동으로 해지된다(원보험자의 피보험이익이 없어지므로).

(2) 고지의무의 이행(최대선의의 원칙)
원보험계약에서 피보험자에게 고지의무를 부과하듯이, 재보험계약에서는 원보험사에게 고지의무가 부과된다.

(3) 실손보상의 원칙
모든 재보험계약은 손해보험이므로 실손보상의 원칙을 지닌다. 즉 사고발생 시 재보험자의 책임은 원보험사가 입은
손실에 한정이 되며, 원보험사는 보험계약자에게 지는 책임에 대해 입증해야 한다.

(4) 대위금액의 분담
재보험에 가입한 원보험사에게 이득금지의 원칙이 적용되므로, 원보험사가 대위권 행사를 통해 손해액이 감소되었다
면 그 감소액만큼 재보험사의 책임액도 줄게 된다.

---

③ 재보험의 기능

(1) 원보험사의 위험인수능력 확대	(3) 대형 이재손실로부터의 파산보호
재보험사를 통해 담보력 강화	거대위험의 부보를 통해 대규모손실방지
(2) 보험경영의 안정성 증대	(4) 보험회사의 재무구조 개선
위험분산을 통한 영업실적의 급변동방지	재보험출재는 재보험자산의 증가가 됨

① 재보험거래방식의 분류 : 절차상에 따라 '임의재보험/특약재보험'으로, 책임액분담 방식에 따라 '
비례적 재보험/비비례적 재보험'으로 구분한다.

임의재보험 (Fac)	특약재보험(Treaty)				
	비례적 재보험[주1]			비비례적 재보험[주2]	
	Quota Share	Surplus	Com.Q&S	XOL	Stop Loss

※ 주1 : 출재와 수재를 정해진 비율에 따라 배분함. 비례적 재보험에는 위의 3종류 외에 '의무적 임의재보험특약'이 추가됨

※ 주2 : 출재와 수재를 정함에 있어 어떠한 비례성이 없음

㉠ 임의재보험 : 사전 정해진 특약 없이 출재 시마다 임의로 결정하는 방식. 비표준위험이나 신규인수위험, 특약상 재보험자의 부담을 초과하는 위험에 적용된다.

(+) 특약으로 출재가 곤란한 계약을 상호간 합의로 임의로 설정할 수 있음

(−) 사무량이 많아지는 단점이 있고, 재보험자입장에서는 역선택위험부담이 큰 편

㉡ 특약재보험(Treaty)

(1) Quota Share Treaty(비례재보험특약) : **소규모보험계약에 주로 활용**

(+) 가장 기본적인 재보험거래방식으로 특약의 운영이 쉽고 업무처리가 간단함

(−) 출재사입장에서 우량·불량물건을 구분해서 관리하기 어려움(재보험자의 입장에서는 원보험사의 역선택의 위험이 없다는 장점이 됨)

(2) Surplus Treaty(초과액재보험특약)

(+) line(출재사 보유한도액) 이하의 소규모위험에 대해서는 출재사보유가 가능하여 보험료유출 감소, 우량·불량물건의 차별적 보유가 가능하여 수익성에 도움이 됨

※ 재보험사 입장에서는 불량물건 위주로 수재하는 경향이 있어 불리함

(−) 차별적 보유에 대한 노하우가 필요(경험 있는 언더라이터 필요), 추가적인 업무 부담

(3) Com. Q&S(혼합특약) : **Quota Share 와 Surplus Treaty를 혼합한 방식**

(+) 출재사입장에서 소형계약은 quota share를 적용하여 재보험료를 절감할 수 있고, 중대형계약은 surplus treaty를 적용하여 위험분산에 중점을 둠

(+) 재보험사 입장에서는 더 많은 계약을 수재할 수 있어 '특약균형[주1]'을 확보할 수 있음

(+) 실무적으로 가장 많이 사용되는 재보험거래방식

※ 주1 : 재보험사 입장에서 소형계약과 대형계약을 고루 인수할 경우(특약균형), 그 자체로 위험분산효과를 기대할 수 있다.

(4) 의무적 임의재보험

(+) 출재사가 출재할 위험을 결정하면 재보험사를 이를 의무적으로 인수해야 함

(−) 출재사에게 일방으로 유리한 방식이므로, 출재·수재사 간의 오래되고 돈독한 거래관계가 뒷받침이 있어야만 가능함

(5) XOL(Excess of Loss ; 초과손해액재보험특약) : layering을 손해액으로 결정함

(+) 자연재해상의 여러 개 위험에 의해 대형손실이 발생할 수 있는 바, 사전에 정해둔 누적위험을 초과하는 손해를 보상

(6) Stop Loss(초과손해율재보험특약) : layering을 손해율로 결정함

(+) 경험률이 아직 증명되지 않는 농작물보험(Crop Insurance)이나 우박보험(Hail Insurance)에 활용됨

(+) 위험이 짧은 short − tail종목에 적합함

예시 1 비례재보험특약(quota share reinsurance) : 무조건 20%를 원보험자가 보유, 80%를 출재한다.

구분	보험 A	보험 B	보험 C
보험금	500억원	200억원	150억원
원보험사 부담	100억원	40억원	30억원
재보험사 부담	400억원	160억원	120억원

(원보험사:재보험사 분담비율 = 20%:80%)

예시 2 초과액재보험특약(Surplus Treaty) : 1line에 해당하는 10억원을 원보험자가 보유하고, 3line에 해당하는 30억원까지 출재할 수 있다. 출재규모가 30억원을 초과할 경우(보험 C), 초과분을 출재하기 위해서는 임의재보험방식으로 한다.

구분	보험 A	보험 B	보험 C	보험 D
보험금	40억원	30억원	50억원	8억원
원보험사 부담	10억원	10억원	10억원	8억원
재보험사 부담	30억원	20억원	30억원	0원

(1 line = 10억원, 3line treaty)

※ 도해 : Surplus Treaty

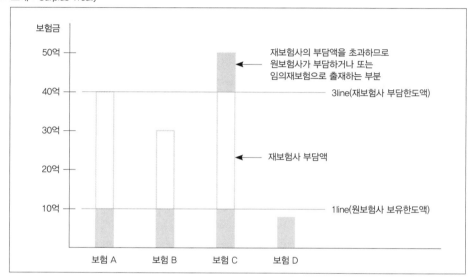

예시 3 초과손해액재보험(Excess of Loss Cover; XOL)방식 : 원보험자는 1st Layer의 40억원을 보유하며, 4개의 layer 합계 1,010억원을 출재하였음(Layer별로 다수의 재보험자가 참여하며 layer마다 리더가 있음)

4th Layer	300억원 초과 500억원
3rd Layer	150억원 초과 300억원
2nd Layer	100억원 초과 150억원
1st Layer	40억원 초과 60억원

※ XOL에서는 손해액을 기준으로 출재를 하고 Stop Loss에서는 손해율로 한다.

예시 4 비례적 재보험과 비비례적 재보험의 구분

비례적 **재보험**			비비례적 **재보험**	
비례 재보험특약	초과액 재보험특약	혼합특약	초과손해액 재보험	초과손해율 재보험

※ 재보험출재방식 중 수재사입장에서 역선택의 위험이 가장 작은 것은 비례재보험특약(Quota Share Treaty)이다.
※ '60% Quota Share Treaty'에서 60%는 출재비율을 의미한다.
※ 출재사의 보유액(line)을 늘리면 수재사에 출재하는 금액도 증가하는 것은 초과액재보험특약(Surplus Treaty)이다.
※ 예를 들어 '1 line 10억원, 3 line treaty'의 경우 재보험사의 최대손해액은 30억원이다.
※ 재보험출재 시 위험의 자기보유한도를 line방식으로 하면 초과액재보험특약, layer방식으로 하면 초과손해액재보험, 초과손해율재보험이다.
※ Catastrophe Cover라고도 불리며, 지진이나 홍수, 폭풍 등 자연재해로 인한 대형손실을 예방할 수 있는 재보험방식은 초과손해액재보험(XOL)이다.
※ 신상품의 경우 경험률이 증명되지 않으며, 농작물재해보험은 농작물의 특성상 위험의 예측이 쉽지 않은데 이 경우 적합한 재보험출재방식은 초과손해율재보험(Stop Loss)이다.
※ Short – tail 보험에 적합한 출재방식은 초과손해율재보험(Stop Loss Cover)이다.

CHAPTER 06 | 단원정리문제

01 위험보유를 결정하는 방법에 대한 설명이다. 틀린 것은?

① 언더라이터의 직관에 의존하는 방법은 주관적인 면이 반영되므로 특수한 경우에만 권장된다.

② 수입보험료를 기준으로 할 때 해상보험은 5%의 보유가 권장된다.

③ 자본금과 잉여금을 기준으로 할 때, 둘을 합친 금액의 0.5%~1.5%를 최고보유액으로 한다.

④ 유동자산을 기준으로 할 때, 유동자산의 10%를 최고보유액으로 권장한다.

정답 | ①
해설 | 인수경험이 풍부하고 전문성이 있는 언더라이터의 직관을 통한 위험보유는 매우 정확하다.

02 원보험계약과 재보험계약 간의 관계에 대한 법률적 내용이다. 틀린 것은?

① 원보험자는 원보험료의 지급이 없음을 이유로 재보험료의 지급을 거절할 수 없다.

② 재보험료의 지급이 없다고 해서 재보험자는 직접 원보험계약자에게 재보험료의 지급을 청구할 수 없다.

③ 원보험계약의 계약자는 원보험자로부터 보상을 받지 못한다고 해서 재보험자에게 직접 보험금을 청구할 수 없다.

④ 재보험은 책임보험의 일종으로서 손해보험에 속하므로, 생명보험회사는 생명보험의 재보험을 겸영할 수 없다.

정답 | ④
해설 | 재보험은 손해보험의 영역이지만, '생명보험의 재보험'은 생명보험에서 영위가 가능하도록 하고 있다(재보험경영에 관한 특칙).
　　※ ①, ②, ③은 재보험의 독립성이다(① 원보험자 입장, ② 재보험자입장, ③ 원보험계약자 입장).

03 재보험에 대한 설명이다. 가장 거리가 먼 것은?

① 원보험계약이 없어지면 재보험도 자동적으로 없어진다.

② 재보험계약 시 원보험사(출재사)가 재보험자(수재사)에게 고지의무를 이행하지 않는다면 계약무효의 원인이 된다.

③ 모든 재보험계약은 손해보험이므로 원보험사는 재보험사로부터 실제손해액을 초과하는 보상을 받을 수 없다.

④ 원보험사가 파산한다면 원보험계약의 피보험자는 재보험자에게 보상을 청구할 수 있다.

정답 | ④
해설 | 피보험자의 계약은 원보험사와의 계약이기 때문에 재보험사에 청구할 수 없다.

04 재보험의 일반원칙 중 '임의재보험'에서 더욱 중요한 원칙은?

① 피보험이익의 존재   ② 최대선의의 원칙

③ 손해보상의 원칙   ④ 대위 및 분담

정답 | ②
해설 | 임의재보험은 역선택의 가능성이 가장 높기 때문이다.

05 출재사와 수재사의 책임분담액이 보기처럼 결정된다면 어떤 재보험방식인가?

구분	보험 A	보험 B	보험 C
보험금	500억원	200억원	150억원
원보험사 부담	100억원	40억원	30억원
재보험사 부담	400억원	160억원	120억원

(원보험사 : 재보험사 분담비율 = 20% : 80%)

① 비례재보험특약(quota share reinsurance)

② 초과액재보험특약(surplus treaty)

③ 비례 및 초과액재보험 혼합특약(combine quota share&surplus treaty)

④ 의무적 임의재보험특약(facultative and obiligation treaty)

정답 | ①

해설 | 80% 비례재보험특약을 말함. 참고로 ①, ②, ③, ④는 모두 '비례적 재보험' 방식이다.

   ※ 비례재보험특약(quota share reinsurance)의 특징
   (+) 특약의 운영이 쉽고 업무처리가 간단함
   (−) 출재사입장에서 우량 · 불량물건을 구분해서 관리하기 어려움(재보험자의 입장에서는 원보험사의 역선택의 위험이 없다는 장점이 된다)

06 ABC손해보험사는 '60% Quota Share 특약'을 가지고 있다. 이에 대한 설명으로 옳은 것은?

① 출재사가 모든 손해에 대하여 60%를 보유한다.

② 재보험자가 출재사에 대하여 손해의 60%를 보상한다.

③ 출재사가 60%의 재보험수수료를 받는다.

④ 재보험자는 출재사에 대하여 손해의 40%를 보상한다.

정답 | ②

해설 | 60%를 출재한다는 의미이다. 즉 사고 시 재보험자는 손해의 60%를 보상한다.

07 출재사와 수재사의 책임분담액이 보기처럼 결정된다면 어떤 재보험방식인가?

구분	보험 A	보험 B	보험 C	보험 D
보험금	40억원	30억원	50억원	8억원
원보험사 부담	10억원	10억원	10억원	8억원
재보험사 부담	30억원	20억원	30억원	0원

(1line = 10억원, 3line treaty)

① 비례재보험특약(quota share reinsurance)

② 초과액재보험특약(surplus treaty)

③ 비례 및 초과액재보험 혼합특약(combine quota share & surplus treaty)

④ 의무적 임의재보험특약(facultative and obiligation treaty)

정답 | ②

해설 | 1line이 10억원이고 3line surplus treaty(초과액재보험특약)이다.

　　　※ 초과액재보험특약(surplus treaty)의 특징

　　　(+) line(출재사 보유한도액) 이하의 소규모위험에 대해서는 출재사보유가 가능하여 보험료유출 감소, 우량·불량물건의 차별적 보유가 가능하여 수익성에 도움이 된다(재보험사 입장에서는 불량물건 위주로 수재하는 경향이 있어 불리함).

　　　(−) 차별적 보유에 대한 노하우가 필요(경험 있는 언더라이터 필요), 추가적인 업무부담

08 초과액재보험특약(Surplus Treaty)에 대한 설명이다. 틀린 것은?

① 비례적 재보험(proportional reinsurance) 방식이다.

② 원보험자의 보유규모가 커질수록 재보험자의 보상책임도 늘어나는 구조이다.

③ 동 특약상 원보험자의 순보유금액을 Layer라고 한다.

④ 소액계약에 대해서는 Quota Share를 적용하고, 중대형계약에 대해서는 Surplus Treaty를 적용하는 방식이 실무적으로 많이 사용된다.

정답 | ③

해설 | 라인(line)은 Surplus Treaty상의 보유금액이며 출재의 기본단위이다.

09 보기에 해당하는 재보험거래 방식은?

- Quota Share와 Surplus Treaty를 혼합한 방식이다.
- 출재사입장에서 소형계약은 quota share를 적용하여 재보험료를 절감할 수 있고, 중대형계약은 surplus treaty를 적용하여 위험분산에 중점을 둔다.
- 재보험사 입장에서는 더 많은 계약을 수재할 수 있어 '특약균형'을 확보할 수 있다.
- 실무적으로 가장 많이 사용되는 재보험거래방식이다.

① 비례재보험특약(quota share reinsurance)

② 초과액재보험특약(surplus treaty)

③ 비례 및 초과액재보험 혼합특약(combine quota share & surplus treaty)

④ 의무적 임의재보험특약(facultative and obiligation treaty)

정답 | ③

해설 | '비례 및 초과액재보험 혼합특약'이다.
　　 ※ 특약균형이란 수재하는 위험이 많을수록 위험의 평균이 가능하다는 것, 즉 '대수의 법칙'이 적용되는 원리와 같다.

10 원보험사는 적정보유액 외에 모든 위험에 대해 재보험출재를 하고자 한다. 필요한 경우 임의재보험 출재 방식을 사용한다고 할 때, 임의재보험이 필요한 부분은?

원보험 200억원, 원보험사의 적정보유액(Line) 10억원, 15Line 출재

① 10억원　　　　　　　　　　　　　　② 40억원

③ 50억원　　　　　　　　　　　　　　④ 100억원

정답 | ②

해설 | 200억원 − {10억원 + (10억원×15)} = 40억원. 즉 Surplus Treaty로 150억원을 출재하고 남는 금액은 40억원이다. 이 40억원에 대해서는 임의재보험을 통해 출재를 할 수 있다.

11 재보험 Capacity의 구축이 아래와 같다. 이에 대한 설명으로 가장 거리가 먼 것은?

4th Layer	300억원 초과 1,000억원
3rd Layer	150억원 초과 400억원
2nd Layer	100억원 초과 200억원
1st Layer	20억원 초과 80억원

① 비비례적 재보험방식이다.

② Short tail보험에 적합한 재보험출재방식이다.

③ 총담보금 1,680억원의 Excess of Loss Cover이다.

④ 폭풍, 홍수 또는 지진 등 자연재해로 인하여 여러 개의 위험에 대해 보험사고가 발생하는 경우 예상되는 위험의누적으로 입을 수 있는 대형손실을 예방하기 위해 고안된 재보험 출재방식이다.

정답 | ②
해설 | Short tail보험에 적합한 재보험출재방식은 초과손해율재보험(Stop Loss Cover)이다.

12 초과손해율재보험(Stop Loss Cover)을 설명한 것이다. 틀린 것은?

① 손해율로 layering을 한다.

② 아직 경험률이 증명되지 않은 신상품이나 손해의 양태가 어떠한 방향으로 발전할 지에 대한 예측이 쉽지 않은 농작물재해보험에 주로 사용된다.

③ 위험기간이 긴 Long - tail 보험에 적합하다.

④ 비비례적 재보험방식이다.

정답 | ③
해설 | Stop Loss는 Short tail 종목에 적합하다.

13 수재사의 입장에서 역선택의 위험이 가장 큰 출재방식과 가장 작은 출재방식은?

	가장 큰 방식	가장 작은 방식
①	임의재보험	비례재보험
②	임의재보험	초과액재보험
③	초과손해액재보험	비례재보험
④	초과손해율재보험	초과액재보험

정답 | ①

해설 | '임의재보험 − 비례재보험'이다. 비례재보험(Quota Share)의 경우 수재사의 입장에서 역선택위험이 가장 낮으므로 지급하는 출재보험수수료율이 가장 높은 것이 일반적이다.

P / A / R / T 04

손해보험 손해사정

A C I U

기 업 보 험 심 사 역

기업보험심사역(ACIU)
Associate Insurance Underwriter

'손해보험 손해사정' 학습 Guide

(1) 세부과목별 출제문항수

세부과목	예상문항수	과목난이도(최고 ★★★★★)
1장 손해사정 일반이론	10문항	
2장 보험사고와 보험자의 책임	5문항	★★★
3장 손해사정 용어해설	5문항	
계	20문항(과락 : 득점문항이 8문항 미만 시)	

※ 챕터별 문항 수는 매 시험 변동이 있을 수 있습니다.

(2) 학습전략

과목의 난이도는 평이한 수준이다. 1과목에 비해서는 어렵다고 할 수 있지만, 2과목과 3과목의 내용이 다수 중복이 되어 이해가 바탕이 되면 학습이 매우 수월해진다. 또한 기본서 분량이 가장 적은 과목이므로, 상대적으로 적은 노력의 투입으로도 마스터를 할 수 있는 과목이다. 동 과목에서는 80% 이상의 득점을 목표로 집중학습을 할 것을 권장한다.

CHAPTER 01 | 손해사정 일반이론

SECTION 1 손해사정 개요

① 손해사정사 업무(보험업법 제188조)
- ㉠ 손해발생사실의 확인
- ㉡ 보험약관 및 관계법규 적용의 적정성 판단
- ㉢ 손해액 및 보험금의 산정(보험금의 지급×, 보상한도설정×)
- ㉣ ㉠~㉢과 관련한 업무와 관련된 서류의 작성 · 제출의 대행
- ㉤ ㉠~㉢과 관련한 업무수행과 관련된 보험회사에 대한 의견진술

SECTION 2 손해사정사 제도

① 고용 또는 선임의무 : 보험회사는 손해사정사를 고용하여 손해사정업무를 담당하게 하거나, 손해사정사 또는 손해사정업자에게 그 업무를 위탁해야 한다.

② 손해사정업 : 손해사정업자는 2인 이상의 손해사정사를 두어야 한다.

③ 손해사정사의 의무
- ㉠ 보험회사로부터 사정업무를 위탁받은 손해사정사는 사정업무수행 후 지체 없이 손해사정서를 보험회사에 발급하고 그 중요한 내용을 알려주어야 한다.
- ㉡ 보험계약자가 선임한 손해사정사는 사정업무를 수행한 후 지체없이 손해사정서를 보험계약자와 보험회사에 발급하고 그 중요한 내용을 알려주어야 한다.

④ 손해사정사의 금지행위 (보험업법 제189조 3항)

㉠ 고의로 진실을 숨기거나 거짓으로 손해사정을 하는 행위	㉣ 정당한 사유 없이 손해사정업무를 지연하거나 또는 충분한 사유 없이 손해액이나 보험금을 산정하는 행위
㉡ 업무상 알게 된 보험계약자 등의 개인정보를 누설하는 행위	㉤ 보험사 또는 보험계약자에게 중복되는 서류나, 손해사정과 관련 없는 서류요청으로 손해사정을 지연하는 행위
㉢ 타인으로 하여금 자기명의로 손해사정 업무를 하게 하는 행위	㉥ 보험금지급을 요건으로 합의서를 작성하거나 합의를 요구하는 행위

사고통지접수 → 계약사항확인 → 청약서확인 → 약관의 면·부책내용 확인 → 사고조사시기와 사고조사
방법 확정 → 현장조사 → 손해액산정 → 보험금산정 → 보험금지급 → 대위 및 구상권 행사

※ 손해사정절차에서 '보험계약이 유효하고 보험사고가 담보되는 보험장소에서 보험자의 책임 기간 내에 발생하였는지를 확인'하는 단계는 계약사항확인 단계이다.

※ 손해사정절차에서 '피보험이익의 존속여부, 공제액, 중복계약의 유무, 재보험사항 등'을 파악하는 것은 청약서확인 단계이다.

※ 해당사고가 담보손인에 의한 사고인지, 발생사고와 손해액 사이의 상당인과관계가 있는 지를 확인하는 것은 약관의 면부책내용 확인 단계이다.

① 이득금지원칙의 개념 : 손해보험은 재산상 손해를 보상하는 것이므로 실제 입은 재산상의 손해만을 보상한다는 것이 대원칙이다. 이득금지원칙에 근거한 보상원리를 '실손보상원리' 또는 '손해보상원리'라고 하는데, 현실적으로 3가지 용어 모두 같은 뜻으로 사용된다.

② 실손보상의 기준

보험가액(피보험이익의 값)	→ 손해가 발생한 때와 곳의 가액 (손해가 발생한 때 = 손해발생 직전)

※ 보험자가 보상할 손해액은 피보험이익의 값인 보험가액을 기준으로 한다. 그리고 보험가액은 '그 손해가 발생한 때와 곳에서의 가액(시가액)'에 의해 산정된다. 그러나, 당사자 간의 다른 약정이 있는 경우에는 그 신품가액에 의해 손해를 배상할 책임을 면치 못한다(상법 제676조).

→ (시가액)보험가액으로 실손보상을 하는 것이 일반적이지만 신품가액을 보험가액으로 하는 특약을 설정할 경우, 실손보상의 예외가 된다.

③ 이득금지원칙의 적용

㉠ 초과보험

사기로 인한 초과보험	선의의 초과보험
무효 & 그 사실을 안 날까지 보험료청구	보험금의 감액청구(보험자, 소급가능) & 보험료의 감액청구(보험계약자, 소급불가)

㉡ 중복보험

사기로 인한 중복보험	중복보험의 비례주의	중복보험계약의 통지의무
사기로 인한 초과보험의 규정을 준용함	보험자는 각자의 보험금액 한도 내에서 비례보상	수개의 보험체결 시 통지의무부과 (병존보험에도 적용)

※ 중복보험의 비례주의(이득금지차원)와 일부보험의 비례주의(형평성 차원)는 다르다.

㉢ 기평가보험의 경우 : 기평가보험의 보험가액이 사고발생 시의 보험가액을 현저히 초과하는 경우에는 사고발생 시의 보험가액을 보험가액으로 정한다.

ⓔ 보험목적에 대한 대위

잔존물 대위	청구권 대위(제3자 대위)
보험목적전부가 멸실하고, 보험금액의 전부를 지급한 보험자가 취득하는 권리	손해가 제3자에 의해 발생된 경우, 보험금을 지급한 보험자가 해당 금액을 한도로 제3자에 대해 가지는 청구권

ⓜ 신구교환공제 : 보험목적물의 분손사고로 인해 새로운 재료를 사용하여 수리하거나, 중고부품을 새로운 부품으로 교환함으로써 보험사고 이후의 보험목적의 가치가 보험사고 직전보다 높아질 경우, 피보험자는 결과적으로 이득을 보게 되며 이를 방지하기 위해 개별보험약관을 통해 그 증가된 금액만큼 공제를 하는 것을 말한다.

> ※ 신구교환이익을 명확히 판단하기 어려우므로, 보통보험약관에서는 신구교환공제에 대한 규정을 두기 어렵고 개별보험약관(자동차보험약관 등)으로 규정을 명시하고 있다.

ⓗ 타보험조항 : 둘 이상의 보험계약이 동일한 손인을 담보할 경우 보험자간 분담 여부 및 보상방법을 정해 놓은 약관조항을 말하며, 초과액 타보험조항과 균등액타보험조항 등이 있다(타보험조항도 이득금지원칙을 준수하기 위한 수단에 해당).

ⓢ 피보험이익이 없는 계약의 무효화 : 손해보험계약의 도박화를 방지하는 손해보험계약의 대전제이다.

④ 이득금지원칙의 예외('신.기.불.생'으로 암기)

⊙ 재조달가액보험(신가보험)	ⓛ 현저한 차이가 나지 않는 기평가보험	ⓒ 보험가액불변경주의	ⓔ 생명보험

⊙ 재조달가액보험(신가보험, 대체가격보험 또는 복원보험)
  • 신가보험과 시가보험의 비교

시가(時價,actual cash value) 보험	신가(新價) 보험
대체가격 − 감가공제액	대체가격

  • 신가보험으로 보상을 하는 경우는 이득금지원칙에 위배되는바, 신가(대체가격)로 보상하지 않으면 보험목적을 가동할 수 없는 물건에 한하여 적용한다.

> ※ 기계, 공장, 건물 등에 대해 제공되며, 재고자산(상품, 재고품, 원재료 등)에 대해서는 제공되지 않는다.

> ※ 재고자산에 복원보험이 제공되지 않는 이유는 계속사용재가 아니라 교환재이기 때문

ⓛ 보험가액과 현저한 차이가 나지 않는 기평가보험
  • 골동품과 같이 사고발생 시 보험가액의 산정이 어려운 보험목적에 대해서는 보험자와 보험계약자 간에 협의한 가격(협정보험가액)을 보험가액으로 한다.
  • 보험처리방법

사고 시 보험가액과 협정보험가액의 현저한 차이가 있는 경우	사고 시 보험가액과 협정보험가액의 현저한 차이가 아닌 경우
사고 시 보험가액을 보험가액으로 함	약간의 초과이익이 발생할 수 있음

ⓒ 보험가액불변경주의 : 협정보험가액(기평가보험)으로 보험가액을 정하고 보험기간동안 변경하지 않는 것을 말하는데, 주로 해상보험에서 이용된다. 그런데 물가하락으로 보험가액이 협정보험가액보다 하락한다면, 실제손해액을 초과하는 이득이 발생할 수 있다.

ⓔ 생명보험 : 사람의 생명, 신체는 보험가액으로 정할 수 있는 대상이 아니므로, 이득금지원칙이 적용될 수 없다.

① 신구교환공제의 적용은 이득금지원칙에 따른 것이다.

② 신구교환공제의 적용원칙 : 실무적으로 신구교환이익의 평가가 쉽지 않으므로, 신구교환으로 인한 가치가 현저히 증가한 경우에만 적용된다(아래 적용 예시).

예시 1　화재보험의 경우 : 건물의 일부를 신재료로 수리하고 그 수리로 인해 건물의 가치가 현저히 증가될 경우 신구교환공제를 함

예시 2　자동차보험의 경우 : 대물배상 또는 자차손담보에서 자동차를 수리하는 경우, 자동차가격에 영향을 주는 지정된 주요부품(엔진 등)에 한하여 신구교환공제를 함

예시 3　해상보험의 경우 : 수리 후 가치증가발생을 판정하기 어려우므로 일반적인 경우는 신구교환공제가 없으며, 공동해손정산의 경우에는 신구교환공제를 한다.

예시 4　기계보험의 경우 : 기계보험은 기계의 가동유지를 목적으로 하기 때문에 사고 직전수준의 가동이 유지된다면, 그 가치가 증가하였다 해도 신구교환공제를 하지 않는다. 단, 이러한 보험은 항상 보험가액을 신품대체가격으로 유지해야 한다.

① 타보험조항의 적용은 이득금지원칙에 따른 것이다.

② 타보험조항의 종류

비례책임조항	책임한도 분담조항	균등액분담 타보험조항	초과액 타보험조항	타보험 금지조항
중복보험의 보험가입 금액안분방식과 동일	중복보험의 독립책임액 방식과 동일	가장 낮은 책임한도부터 순차적으로 균등하게 분담함	타보험에서 우선지급 후 그 초과분에 한해서 지급	타보험가입은 담보위반이 됨

예시 1　보험가액이 10억원, A와 B 그리고 C보험에 각각 8억원, 7억원, 5억원의 보험가입을 하였다. 손해액이 5억원인 경우,

A = 5억원 × $\frac{8}{20}$ = 2억원, B = 5억원 × $\frac{7}{20}$ = 1.75억원, C = 5억원 × $\frac{5}{20}$ = 1.25억원으로, 보험자 간의 책임액을 분담하는 방식은 타보험조항 중 비례책임조항에 해당한다.

예시 2　동일한 피보험이익, 동일 손해의 복수계약을 체결하고 타보험조항도 모두 삽입되어 있다고 가정할 경우, → 비례책임조항을 적용하여 손해액을 분담한다.

① 소손해면책의 필요성

㉠ 비경제성의 극복 : Σ소손해에 대한 조사비용 > Σ보험금 → 소손해(petty claim)에 들어가는 조사비용이 지급해야 할 보험금보다 더 클 수 있는데, 이 경우 공제(deductible)를 두면 보험자에게는 비용의 절감, 보험계약자에게는 보험료인하라는 상호이익의 측면이 있다.

ⓛ '보험계약자의 주의력 집중 → 보험자의 손해율 하락'이라는 긍정적 효과를 기대할 수 있다(공동보험자 입장에서의 주의력 이완 방지).

ⓒ 보험자에게 위험을 전가하는 '위험이전'은 '저빈도 - 고강도'의 위험인데, 소손해는 저강도의 위험이므로 공제(deductible)를 통해 보험계약자가 부담하는 것('위험보유')이 보험이론에도 부합하다.

※ 소손해는 경상비용으로 감당할 수 있으므로 보험계약자가 부담하는 것이 옳다는 것은, 위험관리기법상 위험보유에 해당한다.

② 소손해면책의 종류

㉠ 직접공제(정액공제)	㉣ 프랜차이즈공제
㉡ 참여공제(정율공제)	㉤ 소멸성공제
㉢ 종합공제	㉥ 대기기간

※ 추가하여 드물지만 분리공제가 있는데, 이는 손인별로 공제액을 별도로 설정하는 방법을 말함

㉠ 직접공제 : 손해액의 일정금액 이하는 계약자부담, 손해액이 일정금액을 초과하면 초과분에 한해서 보험자가 부담함

예시 손해액 100만원, 직접공제 20만원 → 보험자는 80만원 부담(계약자는 20만원 부담)

㉡ 참여공제 : 일정비율 이하는 계약자부담, 손해액이 일정비율을 초과하면 그 초과분에 한해서 보험자가 부담함 **예** 자동차의 자차손담보의 자기부담율 20% 또는 실손의료비보험에서의 자기부담율 20%(표준형)

예시 손해액 100만원, 참여공제 20% → 보험자는 80만원 부담(계약자는 20만원 부담).

㉢ 종합공제 : 보험기간전체를 기준으로 공제금액을 정하는 바, 일정금액이상의 종합공제액(누적 자기부담금)을 초과하는 경우에는 보험자가 전액 부담함

예시 1 손해액 100만원, 종합공제액 40만원 → 손해액이 40만원이 될 때까지는 자기부담, 40만원을 초과하는 60만원은 보험자가 전액 부담함

예시 2 국민건강보험가입자 K씨의 수술 2회를 포함하여 2014년도에 연간 500만원의 자기부담금을 부담하였다. 그런데 K씨는 소득1분위자로서 본인부담상한선은 120만원이다. 따라서 380만원은 공단에서 부담(K씨에게 환급)한다. 이것은 종합공제와 같은 방식이다.

㉣ 프랜차이즈공제 : 손해액이 공제액 이하이면 계약자가 전액부담, 손해액이 공제액을 초과하면 전액을 보험자가 부담함(해상보험에서 주로 사용).

예시 손해액 100만원, 프랜차이즈 공제액 20만원 → 보험자는 100만원을 부담함

㉤ 소멸성공제 : 정액의 기본공제액을 두고, 기본공제액을 초과하는 금액에 대해서 정률의 보상비율을 설정하여(**예** 105%, 110% 등), 손해액이 클수록 피보험자의 공제부담액이 줄어드는 방법을 말함

예시 손해액 100만원, 기본공제액 20만원, 보상비율 110% → 보험자는 {(100만원 − 20만원)×110% = 88만원}을 부담. 이 방식은 손해액이 클수록 보험자의 부담이 커지며, 손해액이 일정수준을 넘어서게 되면 계약자의 자기부담은 없어진다.

㉥ 대기기간(waiting period) : 보험사고가 대기기간 후에 발생해야 보험자가 책임을 짐

예시 암보험의 면책기간은 90일이다. 손해액 2,000만원, 면책기간 중 암진단을 받는다면 → 보험자의 책임은 없음

※ 피보험자가 더 높은 소손해(공제액, 자기부담금)를 부담할수록 보험료는 하락한다.

① 개념비교 : 열거담보는 약관에 명시된 담보에 한해서 보상을 하며(positive system), 포괄담보는 면책담보로 명시된 것을 제외한 모든 위험에 대해서 보상한다(negative system).

② 열거담보 VS 포괄담보

열거위험담보	포괄위험담보
(+) 위험의 범위가 좁아 보험료가 싸다. (−) 담보범위가 좁다.	(+) 담보범위가 넓다. (−) 보험료가 비싸다.
보상을 받기 위해서는 피해자가 열거된 담보로부터의 손해임을 입증해야 한다.	보험자가 면책되기 위해서는 발생된 손해가 면책담보에 의한 것임을 입증해야 한다.

※ 포괄담보는 존재할 것으로 예상하기 힘든 위험도 담보하게 되므로 보험료가 비싸다.

※ 포괄담보에서 입증책임은 보험자가 진다(→ 피보험자는 손해의 발생사실만을 입증하면 되며, 보험자가 그 손해가 열거된 면책손해로 인한 것을 입증하면 면책이 됨).

① 비교

구분	내용
보험기간	보험회사의 책임이 시작되어 끝날 때까지의 기간 ※ 다른 약정이 없는 한 '최초보험료를 받은 때' 개시한다.
보험계약기간	보험계약이 성립해서 소멸할 때까지의 기간 ※ 성립시기는 통상 보험회사의 승낙이 있는 시점
보험료기간	보험료 산출에 기초가 되는 위험의 단위기간(통상 1년) ※ 보험료불가분의 원칙 : 보험료기간은 최소한의 단위이므로 이 기간의 보험료를 원칙적으로 분할될 수 없다.
보상기간	보험자가 보상하는 손해의 지속기간(간접손해에 한함) ※ 기업휴지보험의 예 통상 12개월 한도

※ 소급보험에서는 보험기간이 보험계약기간보다 길게 된다.

※ 보험료불가분의 원칙과 가장 거리가 밀접한 것은 보험료기간이다.

② 보험기간을 정하는 방법

기간보험(Time policy)	구간보험(Voyage policy)	혼합보험(Mixed policy)
시간상의 기간 예 2016.1.1~2016.12.31	구간상의 기간 예 출발에서 도착까지	시간 + 구간 = 혼합보험
화재, 상해, 자동차, 선박보험 등	항해보험, 운송보험, 농업보험 등	낚시보험, 스키보험, 여행자보험, 건설공사보험 등

③ 보험기간과 손해보상에 대한 학설

손해설	이재설(통설)	위험설
보험기간 중 발생한 손해만 보상한다는 설	보험기간 중 손해를 입고, 보험기간 만료 이후에 걸쳐 발생한 손해를 보상해야 한다는 설	보험기간 중 보험목적에 손인이 발생하고, 그 이후 손해가 발생한 경우 이를 보상해야 한다는 설

※ 보험사고가 발생한 경우, 손해를 보험기간의 만료시점까지의 손해와 그 이후의 손해를 분리한 후 만료시점까지의 손해만을 담보한다는 설은 손해설이다(보험자에게 제일 유리).

※ 보험사고가 보험만기 전에 발생하고, 그 손해가 상당인과관계로 인해 만기 후까지 지속된다면 그 손해에 대해서도 보상을 한다는 설은 이재설이다(현재 통설로 인정).

※ 만일 보험기간 만료 직전에 이웃집에서 화재가 발생하고 그것이 원인이 되어 보험기간 만료 후에 보험목적물에 화재가 발생한 경우, 이를 보상한다는 설은 위험설이다(보험자에게 가장 불리).

━━ **SECTION 10** 보험계약의 해제, 해지, 무효, 취소

ⓐ 해제	ⓑ 무효	ⓒ 취소	ⓓ 해지
일단 유효하게 성립된 계약을 소급하여 무효로 하는 법률행위	당사자가 목적한 법률행위 자체의 효력이 발생하지 않는 것	강박, 착오 등으로 일단 유효하게 성립된 계약을 소급하여 소멸케하는 취소권자의 의사표시	장래에 한하여 계약의 효력을 상실시키는 것
계약성립 후 2개월 경과 시까지 초회보험료를 납입하지 않은 경우	• 사기로 인한 초과보험, 중복보험 • 15세 미만을 피보험자로 하는 사망보험	약관의 교부명시의무를 위반 시, 3개월 내로 취소 가능함	• 고지의무위반, 통지의무위반 등 • 계속보험료미납입, 보험자 파산 시
환급할 보험료 없음	선의 – 무효가 아니며 보험료의 감액청구가능(악의는 무효, 보험료의 환급 없음)	보험료 전액 환급	해지환급금 환급
의사표시 있어야 함	의사표시 없어도 성립	의사표시 있어야 함	의사표시 있어야 함
소급하여 효력소멸			장래에 한하여 소멸

※ 소급하여 효력이 소멸되는 것이 아니라 장래에 한해서만 효력이 생기는 것은 해지이다.

※ 형성권이 아닌 것은 무효가 유일하다(그 자체로 무효이므로).

※ 보험계약의 무효사유
  • 사기로 인한 초과보험, 사기로 인한 중복보험
  • 15세 미만자, 심신박약자, 심신상실자의 사망을 보험사고라 하는 보험계약(상법 732조)
    – 단, 심신박약자가 의사능력이 있을 때 체결한 계약은 유효하다.
  • 보험계약체결 시까지 타인의 서면동의를 받지 못한 타인의 사망보험계약
  • 암보험에 가입하고 면책기간 중 암진단을 받은 경우

손익상계	과실상계
이득금지원칙의 준수차원	손해의 공평분담 차원
손익상계의 대상 : 산재보험금/공무원연금(단, 생명보험금이나 상해보험금은 손익상계의 대상이 아님)	불법행위(또는 채무불이행)이 있어야 하며, 피해자(또는 채권자)의 과실이 있어야 성립
※ 과실상계 후 손익상계가 원칙(단, 자동차보험의 경우 예외가 있음)[주1]	

※ 주1 : 자동차보험 상실수익액 계산 시 예외가 적용된다(즉, 손익상계 후 과실상계).

CHAPTER 01 | 단원정리문제

01 다음 중 손해사정업무에 해당하지 않는 것은?

① 사고원인 조사   ② 보상한도 설정

③ 보험금 산정   ④ 보상책임유무 판단

정답 | ②
해설 | 보상한도 설정은 보험회사의 업무이다.

02 손해사정업무에 관한 내용이다. 가장 적절하지 않은 것은?

① 보험회사는 손해사정사를 고용 또는 선임해야 의무가 있으며, 손해사정사 또는 손해사정업자는 손해사정업무를 수행 시 보험계약자나 그 밖의 이해관계자들의 이익을 부당하게 침해해서는 안 된다.

② 보험계약자 또는 피보험자, 보험수익자는 보험사고의 발생을 안 때에는 보험자에게 지체 없이 그 사실을 통지해야 한다.

③ 해당 분야의 전문지식이 필요한 손해액 조사를 할 경우, 변호사, 의사 등에 해당 분야 전문가의 의견을 받았다 하더라도 손해사정의 최종책임은 손해사정인이 부담한다.

④ 보험금 지급은 금전으로만 이루어져야 한다.

정답 | ④
해설 | 보험금 지급방법에는 현금지급방식 외에도 현물보상, 수리, 복구 등이 있다.

03 손해사정절차에서 보기는 어떤 단계에 속하는가?

> 보험계약이 유효하고 보험사고가 담보되는 보험장소에서 보험자의 책임기간 내에 발생하였는지를 확인한다.

① 계약사항 확인   ② 청약서 확인

③ 약관의 면부책 내용확인   ④ 현장조사

정답 | ①
해설 | 계약사항 확인이다.

04 이득금지원칙이 적용되는 경우가 아닌 것은?

① 초과보험에서의 보험금액 감액　　　　② 일부보험에서의 비례주의

③ 중복보험에서의 비례주의　　　　　　④ 신구교환공제

정답 | ②
해설 | 일부보험의 비례주의는 형평성을 실현하는 차원으로서, 이득금지원칙과는 상관이 없다.

05 이득금지원칙의 적용에 대한 내용이다. 잘못 설명한 것은?

① 보험자가 보상할 손해액은 피보험이익의 값을 기준으로 하며, 보험가액은 그 손해가 발생한 때와 곳의 가액에 의해 산정함을 원칙으로 한다.

② 초과보험계약이 보험계약자의 사기로 인해 체결된 때에는 그 계약에 대해서 보험자는 취소권을 행사할 수 있다.

③ 보험금액이 보험가액을 현저하게 초과한 경우 보험료는 장래에 대해서만 감액할 수 있고, 보험금은 소급하여 감액할 수 있도록 하고 있다.

④ 중복보험의 경우 보험자는 각자의 보험금액 한도 내에서 연대책임을 진다.

정답 | ②
해설 | 사기로 인한 초과보험(또는 중복보험)에 대해서는 그 계약을 무효로 하며, 그 사실을 안 날까지의 보험료를 징구할 수 있다.

06 신구교환공제 약관에 대한 설명이다. 가장 거리가 먼 것은?

① 손해보험의 이득금지원칙에 따라 도입되어 사용되는 손해보상원칙의 하나이다.

② 중고품인 보험목적에서 보험사고가 발생하여 새로운 재료를 사용·수리하거나, 새로운 부품으로 교환하여 보상할 경우 보상가액이 사고직전의 보험목적의 가치보다 증가한다. 이 경우 이득금지원칙을 위배하게 되므로 수리 또는 교환으로 늘어난 이익(신구교환이익)을 공제하게 되는데 이를 신구교환공제라고 한다.

③ 신구교환공제는 이득금지원칙에 의해 보험목적의 가치가 조금이라도 증가하게 되면 적용되어야 한다.

④ 기계보험과 같은 특종보험은 기능의 유지를 중요시하기 때문에 신구교환공제를 적용하지 않는다.

정답 | ③
해설 | 신구교환이익은 실무적으로 정확히 평가되기 어려우므로, 보험목적의 가치가 현저하게 증가된 경우에만 적용되는 것이 원칙이다.

07 다음 중 신구교환공제 약관이 적용되지 않는 경우는?

① 기계보험

② 해상보험에서의 공동해손정산

③ 신재료로 건물을 수리 후 건물가치가 현저하게 증가한 경우

④ 자동차수리 시 엔진을 교체한 경우

정답 | ①

해설 | 기계보험은 가동유지를 목적으로 하므로 신구교환공제를 하지 않는다. 대신, 기계의 보험가입금액은 보험기간 중 신품재조달
가격으로 유지해야 한다.

08 이득금지원칙이 적용되지 않는 경우를 나열하였다. 가장 거리가 먼 것은?

① 신가보험

② 기평가보험에서의 보험금액이 보험가액을 현저히 초과하는 경우

③ 보험가액 불변경주의

④ 생명보험

정답 | ②

해설 | '기평가보험'은 이득금지원칙의 예외이다. 그러나 기평가보험이라도 기평가한 보험가액(협정보험가액)이 보험가액을 현저히
초과할 경우는 미평가보험이 되어 보험가액을 기준으로 보상한다.

09 신가보험(복원보험, 재조달가액보험)이 제공되지 않는 보험의 목적은?

① 건물   ② 공장   ③ 기계   ④ 상품

정답 | ④

해설 | 상품(재고자산 또는 동산)은 교환재로써 감가상각이 없다. 따라서 성질상 복원보험이 제공되지 않는다(본문의 추가내용
참조).

10 타보험조항 중 보기에 해당하는 것은?

> 다른 보험계약이 없었다면 각 보험자가 보상책임을 부담해야 할 금액을 먼저 산정한 후, 각 보험금의 총보험금에 대한 비율에 따라 손해를 분담한다.

① 초과액타보험조항   ② 균등액분담조항

③ 책임한도분담조항   ④ 비례책임조항

정답 | ③

해설 | 책임한도분담조항이다. 중복보험의 계산방식에서 독립책임액 방식과 동일하다.
       Cf. 비례책임조항은 보험가입금액 안분방식과 같다.

11 보기는 타보험조항의 하나이다. 어떤 방식의 타보험조항을 말하는가?

> 여러 보험증권 중 가장 낮은 책임한도 내에서 균등하게 부담한 후 그 다음으로 낮은 책임한도에 대해 균등하게 부담하는 방식을 총손해액에 이를 때까지 적용한다.

① 비례책임 타보험조항   ② 책임한도분담 타보험조항

③ 균등액분담 타보험조항   ④ 초과액분담 타보험조항

정답 | ③

해설 | '균등액분담 타보험조항'이며 주로 배상책임보험에서 사용된다.

12 소손해면책(petty claim)을 두는 이유와 가장 거리가 먼 것은?

① 이득금지원칙의 실현

② 공동보험자 입장에서의 주의력 이완방지

③ 소손해처리에 따른 비용과 시간의 절감

④ 보험계약자 측의 경상비용으로 담보가능

정답 | ①

해설 | 소손해면책과 이득금지원칙은 관련이 없다.
      ※ 소손해면책을 둠으로써 보험자는 지급책임이 감소하며, 보험계약자입장에서는 보험료가 인하되는 효과가 있다.

13 보기는 소손해면책 중 어떤 방법인가?

사고횟수	사고별 손해액	보험자 책임액	보험계약자 자기부담금
1차	10만원	0	10만원
2차	20만원	0	20만원
3차	40만원	30만원	10만원
4차	50만원	50만원	0원

(공제한도액 : 40만원)

① 직접공제

③ 소멸성공제

② 프랜차이즈공제

④ 종합공제

정답 | ④

해설 | 종합공제방식을 말한다. 3차 사고에서 누적공제한도액(40만원)을 초과하게 되므로 4차 사고부터는 사고금액의 전부를 보험
자가 부담하게 된다.

14 손실조정계수 1.05(보상비율 105%)인 소멸성 공제조항을 설정한 보험계약에서, 손해액 2,100만원 이상
에서 공제(deductible)가 완전히 소멸되도록 하기 위해서는 기본공제액을 얼마로 설정해야 하는가?

① 50만원

③ 150만원

② 100만원

④ 200만원

정답 | ②

해설 | (2,100만원 − 공제액)×1.05 = 2,100만원. 따라서 공제액 = 100만원

15 다음 중 손해발생 시 피보험자의 부담이 전혀 발생하지 않을 수 있는 공제방식은?

㉠ 직접공제	㉡ 소멸성공제
㉢ 종합공제	㉣ 프랜차이즈공제

① ㉠, ㉡

③ ㉠, ㉢

② ㉡, ㉢

④ ㉡, ㉣

정답 | ④

해설 | 소멸성공제와 프랜차이즈공제는 손해액이 일정금액을 상회할 경우 공제액이 제로가 될 수 있다(보험자가 전액 지급).

16 다음은 열거위험담보와 포괄위험담보의 특징을 비교한 것이다. 틀린 것은?

구분	열거위험담보계약	포괄위험담보계약
① 장점	필요한 위험만 선택하여 가입할 수 있고, 보험료가 싸다.	위험이 누락될 우려가 없고, 담보범위가 넓다.
② 단점	담보범위가 좁다.	보험료가 비싸다.
③ 입증책임자	보험자	피보험자
④ 부보방식	열거된 위험만 담보	열거된 면책사항 외 모두 담보

정답 | ③

해설 | 열거담보에서는 피보험자, 포괄담보에서는 보험자가 입증책임을 진다.
　　　 ※ 입증책임은 보험의 수혜자가 진다(열거담보에서는 보험금을 받기 위해서는 피보험자가 입증, 포괄담보에서는 면책을 위해서 보험자가 입증).

17 포괄위험담보계약에 대한 설명이다. 잘못된 것은?

① 열거담보위험계약에서 누락될 수 있는 위험을 담보할 수 있다.

② 면책사항으로 열거되지 않는 모든 위험에 대해서 보장받는다.

③ 담보범위가 넓으나 보험료가 비싸다는 단점이 있다.

④ 포괄위험담보계약에서의 입증책임은 피보험자에게 있다.

정답 | ④

해설 | 포괄담보의 입증책임은 보험자에게 있다.
　　　 ※ 포괄담보의 경우 피보험자는 '사고발생의 존재 정도'를 입증하면 되고, 보험자는 면책사항에 의해 사고가 발생하였다는 것을 입증함으로써 보상책임을 면할 수 있다.

18 다음 중 보험자가 입증해야 하는 것이 아닌 것은?

① 고지의무 위반　　　　　　　　　　　② 통지의무 위반

③ 사기에 의한 보험계약　　　　　　　　④ 열거담보방식에서의 상당인과관계

정답 | ④

해설 | 열거담보는 피보험자(피해자)에게 입증책임이 있다.

19 다음 설명 중 보험료기간을 뜻하는 것은?

① 보험자는 보험계약에 대하여 어떤 일정한 기간 내에 발생한 보험사고에 대하여 보험금을 지급할 것을 약속하는데 이때의 일정기간을 말한다.

② 보험계약이 성립할 때로부터 종료할 때까지의 기간을 말한다.

③ 보험자가 위험을 측정하고 보험료를 산출하기 위한 표준이 되는 기간을 말한다.

④ 간접손해를 담보할 때 보험자가 보상책임을 져야 하는 손해의 지속기간을 말한다.

정답 | ③
해설 | ① 보험기간, ② 보험계약기간, ④ 보상기간

20 보험료불가분의 원칙과 가장 관련이 깊은 것은?

① 보험기간　　　　　　　　　　　② 보험계약기간

③ 보험료기간　　　　　　　　　　④ 보상기간

정답 | ③
해설 | 보험료기간이다. 보험료기간은 보험료산출의 기본단위이므로 원칙적으로 분리될 수 없다.

21 빈칸을 옳게 연결한 것은?

소급보험에서는 ( )이 ( )보다 더 길다.

① 보험기간 – 보험계약기간　　　　② 보험기간 – 보험료기간

③ 보험계약기간 – 보험기간　　　　④ 보험계약기간 – 보험료기간

정답 | ①
해설 | 소급보험은 소급담보일자(청약일 이전시점)부터 보상책임을 지므로, 보험기간이 보험계약기간보다 길다.

22 다음 중 기간보험(time policy)에 해당하는 것은?

① 선박보험　　　　　　　　　　　② 낚시보험

③ 여행자보험　　　　　　　　　　④ 건설공사보험

정답 | ①
해설 | 선박보험과 '화.상.자'는 기간보험이다. 나머지는 모두 혼합보험이다.

23 보험기간과 관련된 손해배상의 문제에 대한 학설은 손해설과 이재설과 위험설이 있다. 이중에서 현재 통설로 받아들이고 있는 것은?

① 보험의 목적에 보험사고가 발생한 경우 보험기간의 만료시점까지의 현실적 손해를 분리하여 보상한다는 설이다.

② 보험기간 만료 전에 보험사고로 인한 손해가 일부 발생하고 그 사고의 불가피성으로 인해 보험기간 만료 후에 발생한 손해에 대해서도 보상책임을 져야 한다는 설이다.

③ 보험자가 부담하는 위험이 보험기간 만료 전에 발생하고 그 당연한 결과로 보험의 목적에 만기 후 손해가 발생하더라도 그 전액을 보상해야 한다는 설이다.

④ 보험사고가 발생하고 보험사고와 일반적, 보편적, 평균적인 관계에 의해 손해가 발생한 것이라면 보험자는 보상을 해야 한다는 설이다.

정답 | ②
해설 | ① 손해설, ② 이재설(사고설), ③ 위험설. 이 중에서 이재설이 통설로 인정되고 있으며, 보험자에게 가장 부담이 큰 것은 위험설이다.
④ 본 주제와는 관련이 없는 '상당인과관계설'을 말한다.

24 다음은 보험기간과 손해보상에 대한 학설 중 어디에 해당하는가?

보험의 목적에 보험사고가 발생한 경우, 보험기간의 만료시점까지의 현실적 손해만 분리해서 보상해야 한다.

① 손해설   ② 이재설   ③ 위험설   ④ 상당인과관계설

정답 | ①
해설 | 손해설이다. 보험자의 부담이 가장 작다(가장 큰 것은 위험설, 통설은 이재설).

25 다음은 보험기간과 손해보상에 대한 학설 중 어디에 해당하는가?

보험기간 중에 이웃집에서 화재가 발생하고 보험기간 종료 후에 보험의 목적에 불이 옮겨 붙어 손해가 발생한 경우 보상을 한다는 설이다.

① 손해설   ② 이재설   ③ 위험설   ④ 상당인과관계설

정답 | ③
해설 | 위험설(보기는 위험설의 극단적인 예에 해당함)은 보험기간 중에 위험이 발생한다면 사고가 보험기간 후에 발생해도 보상한다는 설이다(Cf. 이재설은 보험기간 중에 보험사고가 발생하고 손해가 보험기간 종료 후에도 이어진다면 상당인과관계가 있는 것이라면 모두 보상한다는 설이다 – 통설).

26 의사표시가 없어도 법률행위가 인정되는 것은?

① 해제   ② 해지   ③ 무효   ④ 취소

정답 | ③

해설 | 무효는 처음부터 계약이 성립이 되지 않는 것을 말하므로 형성권을 행사할 여지가 없다.

     ※ 형성권 : 권리자의 일방적인 의사표시만으로도 법률행위의 효과가 발생하는 것을 말한다(해제권, 해지권, 취소권이 해당됨).

27 빈칸을 순서대로 옳게 연결한 것은?

- 일단 유효하게 성립된 계약을 소급하여 소멸시키는 행위를 (　　　　)라 한다.
- 계약의 계속적인 채무관계를 장래에 한하여 소멸시키는 것을 (　　　　)라 한다.

① 해제 – 취소   ② 해제 – 해지

③ 무효 – 취소   ④ 무효 – 해지

정답 | ②

해설 | '해제 – 해지'이다.

28 취소에 대한 설명이다. 가장 적절하지 않은 것은?

① 원칙적으로 법률행위가 무능력 또는 사기, 강박, 착오로 행하여 진 것을 이유로 일단 유효하게 성립된 법률행위의 효력을 소급하여 소멸케하는 특정인(취소권자)의 의사표시를 말한다.

② 취소권자는 보험계약자이다.

③ 취소권자가 취소권을 포기하더라도 그 행위의 효력은 상실되지 않는다.

④ 취소권을 행사하면 보험계약이 소급적으로 소멸되므로 납입보험료 원금을 반환한다.

정답 | ②

해설 | 취소권이 무조건 보험계약자에게 있는 것은 아니다.

     ※ 취소권자

       • 사기로 인해 계약이 체결되었음을 보험자가 입증하는 경우 → 취소권자는 보험자

       • 보험약관의 교부설명의무를 보험자가 위반 시 → 취소권자는 보험계약자

29 다음 중 '무효'에 해당하는 개념은?

① 일단 유효하게 성립된 계약을 소급적으로 소멸시키는 일방적인 의사표시이다.

② 장래에 한하여 계약의 법률관계를 소멸시키는 것을 말한다.

③ 당사자가 기도한 법률효과가 처음부터 발생하지 않는 것을 말하는데, 의사능력이 없는 계약자가 체결한 계약·사기로 체결된 계약·타인의 서명동의가 없는 타인의 사망보험 등이 그 예이다.

④ 일단 유효하게 성립된 계약이라도 당사자의 법률행위가 무능력 또는 사기, 강박, 착오로 행해졌다면 이를 소급하여 소멸케 하는 특정인의 의사표시를 말한다.

정답 | ③
해설 | ① 해제, ② 해지, ③ 무효, ④ 취소

30 무효가 되는 보험계약을 나열하였다. 가장 거리가 먼 것은?

① 사기로 인한 초과보험 또는 사기로 인한 중복보험

② 피보험자가 서면동의권을 철회한 타인의 사망보험계약

③ 15세 미만자, 심신상실자, 심신박약자를 피보험자로 하는 사망보험계약

④ 면책기간 중에 암진단을 받은 암보험계약

정답 | ②
해설 | 타인의 사망보험계약을 체결시 피보험자의 서면동의를 받지 못한 계약은 무효이다. 이후 타인이 서면동의권을 철회하면 계약은 해지가 된다.

31 다음 중 손익상계에 해당하지 않는 것은?

① 산재보험금

② 공무원연금

③ 자동차보험의 상실수익액 계산 시 '현실소득액 − 생활비율'에서의 생활비율에 해당하는 금액

④ 상해보험금

정답 | ④
해설 | 인보험의 보험금(생명보험금, 상해보험금)은 손익상계의 대상이 아니다.

CHAPTER 02 | 보험사고와 보험자의 책임

보험사고와 인과관계

① 보험사고와 인과관계 : 보험금의 지급대상은 모든 사고가 아니라, 보험계약에서 담보하는 손인에 의한 사고('~로 생긴 손해')이어야 한다. 즉 손인과 손해 간에는 인과관계가 있어야 함을 말하며, 우리나라 보험계약에서는 상당인과관계설이 통설이다.

② 인과관계 학설의 종류

상당인과관계설 (통설)	근인설	
어떤 결과의 원인이, 보편적이고 일반적인 경우에 부합시켜 보아도 동일한 결과를 가져올 경우, 상당인과관계라 한다.	보험의 담보손인은, 해당 사고의 가장 가까운 손인이 되어야 한다는 설이며, 근인설에는 최후조건설과 최유력조건설이 있음	
우리나라의 보험계약이나 대부분의 법률행위에서 '상당인과관계설'를 통설로 함	**최후조건설**	**최유력조건설**
	시간상 근접한 원인	가장 유력한 원인
	영국해상보험은 근인설(최유력조건설)에 따름	

단일책임주의와 교차책임주의(예시)

구분	과실비율	손해액
A차량	70%	40만원
B차량	30%	60만원

① 단일책임주의(차액지급)

A차량 부담액	B차량 부담액
(40 + 60)×0.7 − 40 = + 30만원(지급)[주1]	(40 + 60)×0.3 − 60만원 = − 30만원(수령)[주1]
A차량보험사가 B차량보험사에 30만원(차액)을 지급한다.	

※ 주1 : 산식에서 (+)는 지급을, (−)는 수령을 의미한다.

② 교차책임주의(대물배상액을 쌍방 지급함)

A차량 부담액	B차량 부담액
[대물배상] (60만원×0.7) = 42만원(지급)[주2]	[대물배상] (40만원×0.3) = 12만원(지급)
[자차손] 40만원×0.7 = 28만원	[자차손] 60만원×0.3 = 18만원
A차량보험사 총부담액 : 70만원	B차량보험사 총부담액 : 30만원

[비교]
(1) 총부담액 : A사부담은 70만원으로 양자가 동일함
   예 단일책임주의 A = (40 + 60)×0.7 = 70만원
(2) 순부담금 : A사가 B사에게 30만원을 지급하는 것으로 양자가 동일함
   • 단일책임주의 : A사가 30만원 지급[주1]
   • 교차책임주의 : A사가 42만원 지급하고 12만원을 수령하므로 30만원 순지급[주2]

※ 주2 : 교차책임주의는 '상대차량(B)의 손해액×자차의 과실비율'로 지급한다.

※ 단일책임주의의 지급방식 : 쌍방의 손해액을 합산한 금액에 쌍방의 과실비율을 곱하여 자기분담금을 산출한 후, 자기손해액을 공제하고 차액만을 보상하는 방식이다.

※ 교차책임주의는 각자가 서로 상대방의 손해액에 자기의 과실비율을 곱하여 산출된 금액을 쌍방이 교차하여 보상하는 방식이다.

※ 단일책임주의는 자기재물담보를 전제해야만 성립하므로, 교차책임주의가 좀 더 폭넓게 사용된다(손해실적의 정확화 등 교차책임주의가 합리적이다).

SECTION 3 사고발생기준과 배상청구기준

사고발생기준	배상청구기준
Occurrence Basis Policy (화재보험 등 대부분의 보험에서 사용)	Claims – made Basis Policy (전문배상책임보험, 생산물배상책임보험)
보험기간 중에 발생한 사고를 기준으로 보상하는 방식	보험기간 중에 피보험자에게 청구된 사고를 기준으로 보상하는 방식
사고발생시점을 명확히 확인할 수 있어야 하는 전제	사고발생시점의 확인이 어려운 경우 (의약품사고, 건축내장재사고 등)에 사용

※ 피보험자로부터 제기된 최초의 손해배상청구시점을 보험사고의 성립시점으로 해석함으로써 보험금지급에 따른 분쟁을 회피할 수 있는 것은 배상청구기준이다.

※ 최근의 손해성적을 표준으로 하여 적정한 보험료를 산출할 수 있는 것은 배상청구기준의 장점이다.

SECTION 4 보험금청구권의 상실조항(실권약관, Forfeiture Clause)

① 조항의 의의 : 손해통지의무위반, 허위청구 등 '보험계약의 최대선의의 원칙'을 위반하는 경우 보험금청구권을 상실시키는 것을 말함

② 유의점
   ㉠ 보험금청구권의 상실은 보험계약자체의 해지사유는 아니다. → '고지의무위반'과 다름
      ※ 단, 자동차보험에서는 보험금의 사기청구 시 계약을 해지할 수 있다.
   ㉡ 보험금을 받을 수 있는 권리가 허위청구 등에 의해 상실되는 것이다 .→ 처음부터 보험금청구권이 발생하지 않는 '면책사유'와도 구분된다.

© 보험금청구권의 상실조항은 해당 보험목적에 대해서만 적용된다(판례상, 타 보험목적은 청구가 가능하다고 봄).

© 보험금청구권조항에 대한 보험약관상의 설명의무는 없다(판례상).

SECTION 5 구상권행사(제3자에 대한 보험대위 또는 청구권 대위)

① **구상권행사의 의의** : 청구권자의 이중행사를 방지하고(이득금지원칙의 실현), 제3자에 대해 구상하여 회수하는 금액만큼 손해율이 낮아지며, 가해자에 대한 책임추구를 통해 손해방지효과를 촉진시키는 역할을 한다.

② **구상권행사의 포기** : 구상권을 포기하는 약관도 있다(예 자동차보험의 자차손은 기명 피보험자가 정당하게 관리한 경우 기명피보험자에 대한 구상권을 행사하지 않음).

③ **구상권행사의 효과** : 피보험자의 이중의 이득방지, 손해율하락을 통한 보험요율의 적정성유지, 손해방지를 촉진시킬 수 있다.

※ 보험자의 구상권은 피보험자가 피해자일 때 발생한다.

※ 보험자의 취소가 가능한 것 : 고지의무위반 시 해지권, 잔존물대위권, 구상권

SECTION 6 면책약관이 필요한 이유

① **면책사유** : 보험자가 보험금지급책임을 면하는 사유를 말함(아래 상해보험의 예시)

절대적 면책사유	상대적 면책사유
피보험자의 고의, 전쟁, 임신 · 출산 등	패러글라이딩, 스쿠버다이빙 등

※ '상대적 면책사유'는 추가보험료를 납부해서 부보가 가능할 수 있다.

② **면책사유가 필요한 이유**

인수불가능위험	보험사의 경영안정	도덕적 위험 방지	보험료인하 효과
자연마모, 감가상각 등은 인수불가하다.	전쟁위험 등 위험이 너무 크면 보험사경영상 담보가 불가하다.	고의사고 방지(보험제도의 존립에 영향을 주는 기본적 요소)	면책사항이 많을수록 필요 없는 부보를 하지 않게 되어 보험료 인하 효과가 있다.

※ 추가로 '이중담보방지'를 이유로 둘 수 있는데, 이는 타보험과 겹치는 영역을 면책으로 함으로써 중복을 피하고 보험료의 절감효과를 기대할 수 있다.

① 보험계약준비금은 책임준비금과 비상위험준비금으로 구성된다(비상위험준비금의 적립한도 : 당해 사업연도 보험료합계액의 100분의 50을 한도로 함).

보험계약준비금	
책임준비금	**비상위험준비금**
보험료적립금, 미경과보험료적립금, 지급준비금, 계약자배당준비금 등	보유보험료×적립기준[주1]×(35%~100%)[주2]

※ 주1 : 화재 5%, 해상 3%, 자동차 2%, 보증 15%, 특종 5%, 수재 6%

※ 주2 : 화재 50%, 해상 50%, 자동차 40%, 보증 150%, 특종 50%, 수재 50%

　　[2016개정] 보증보험이 종전 6%, 50%에서 15%, 150%로 변경되었음

　　[2017개정] 수재보험의 적립기준율이 3%에서 6%로 변경되었음

※ 책임준비금과 비상위험준비금의 계상에 관하여 필요한 사항은 총리령으로 한다.

② 지급준비금

　㉠ 지급준비금 : 보통준비금(Outstanding Loss) + IBNR준비금

보통준비금	**IBNR준비금**
보고는 되었으나 아직 지급되지 않은 손해에 대한 준비금	사고가 이미 발생하였으나 아직 보고되지 않은 손해에 대한 준비금

　㉡ 지급준비금의 적립순서 : 'IBNR준비금 → 보통준비금 → 미지급보험금'

　　※ 보험회사는 책임준비금은 부채 계정에 계상하며, 비상위험준비금은 자본 계정에 계상한다.

　　※ 비상위험준비금은 손해보험에만 존재한다.

　　※ 비상위험준비금 중 적립비율이 가장 높은 보험종목은 수재보험이다(15%, 150%).

　　※ 지급준비금은 이미 발생한 보험사고에 대해 적립하는 것이며, 비상위험준비금은 미래의 대형사고에 대해 적립한다는 점에서 차이가 있다.

　　※ IBNR준비금을 적립하지 않으면 책임준비금을 과소평가하게 되어 보험회사의 재무건전성을 악화시키고 적정한 보험료산출을 저해한다.

CHAPTER **02** | # 단원정리문제

01 보험사고와 인과관계와 관련하여 우리나라에서 통설로 채택하고 있는 것은?

① 어떤 결과에 대한 원인으로 생각되는 제 조건 가운데 어떤 특정한 경우가 아닌 일반적인 경우에 부합시켜보더라도 동일한 결과를 가져오는 경우의 인과관계를 말한다.

② 보험계약에서 담보되는 원인과 담보되지 않는 원인이 병합하여 손해를 야기시킨 경우에 그 손해가 보험사고로 보상되기 위해서는 담보되는 원인이 그 사고와 가장 가까운 원인이 되어야 한다는 설이다.

③ 시간적으로 손해에 가장 가까운 원인을 근인(近因)으로 보는 설이다.

④ 어떤 원인이 효과면에서 손해발생에 끼치는 영향이 지배적일 경우에만 근인(近因)이 될 수 있다는 설이다.

정답 | ①
해설 | 우리나라는 상당인과관계설을 통설로 하고 있다(영국해상보험은 근인설 중 최유력조건설을 통설로 함).
　　　※ ① 상당인과관계설, ② 근인설, ③ 근인설 중 최후조건설, ④ 근인설 중 최유력조건설

02 보기의 사례에서 '단일책임주의'로 각 차량 보험자가 부담금액을 옳게 설명한 것은?

사고차량	과실비율	손해액
A차량	60%	300,000
B차량	40%	500,000

(A차, B차량은 모두 배상책임과 자기차량손해액 담보에 가입된 상태임)

① A가 B에게 18만원을 지급한다.　　　　② A가 B에게 20만원을 지급한다.

③ A가 B로부터 18만원을 수령한다.　　　④ A가 B로부터 20만원을 수령한다.

정답 | ①
해설 | A가 B에게 18만원을 지급한다(아래 산식에서 플러스는 지급, 마이너스는 수령).
　　　• A차 보험사의 부담액 : {(30만원 + 50만원)×60%} − 30만원 = 48만원 − 30만원 = + 18만원
　　　• B차 보험사의 부담액 : {(30만원 + 50만원)×40%} − 50만원 = 32만원 − 50만원 = − 18만원

03 손해사고발생기준(Occurrence Basis)의 특징이다. 틀린 것은?

① 사고일자 확인이 불분명한 전문직업의 담보위험을 인수하기에는 적절하지 않다.

② IBNR준비금의 추정이 어렵다.

③ 보상한도액이 인플레위험에 노출될 수 있다.

④ 최근의 손해성적을 기준으로 보험료를 산출할 수 있다.

정답 | ④

해설 | 손해사고발생기준은 손해발생 시점과 손해확인시점에서 갭이 발생할 수 있다(∵ 보험사고가 보험기간 중에 발생하기만 하면 보험금청구기간 중에 청구하면 됨). 따라서 최근의 손해성적을 기준으로 보험료를 산출할 수 없다는 단점이 있다. 반면, 배상청구기준은 최초의 청구시점을 손해발생 시점으로 간주하므로, 최근의 손해성적을 기준으로 보험료를 산출할 수 있다.

04 '배상청구기준'으로 손해를 담보하는 보험에 대한 설명이다. 틀린 것은?

① 보험기간 중에 최초로 피보험자에게 청구된 사고를 기준으로 보험자가 보상한다.

② 전문직업은 과실로 인한 사고와 그 사고로 인한 손해가 장기간이 지나야 확인되는 경우가 많으므로 전문직업인의 배상책임보험에 적합한 담보기준이다.

③ 손해배상청구시점을 보험사고성립시점으로 보므로 보험사고확인에 대한 보험자와 보험계약자의 분쟁을 회피할 수 있다.

④ IBNR사고에 대한 책임준비금의 적정성문제가 발생한다.

정답 | ④

해설 | IBNR준비금의 과다, 과소여부 문제는 손해사고발생기준에서 발생한다.

05 실권약관(보험금청구권의 상실조항, Forfeiture Clause)에 대한 설명으로 옳은 것은?

① 허위청구 등으로 보험금청구권이 상실될 경우 보험계약도 효력이 상실된다.

② 보험금청구권의 상실조항은 보험계약의 중대한 사항에 해당하므로 약관상 설명의무의 대상으로 본다.

③ 보험목적물 중 일부에 대해 허위청구를 하여 보험금청구권의 상실조항이 발동될 경우 다른 목적물의 보험금청구권까지 상실된다.

④ 자동차보험에서는 약관에 보험금청구권 상실조항이 없더라도, 보험금청구에 사기행위가 있었을 때에는 보험계약을 해지할 수 있다.

정답 | ④

해설 | 자동차보험은 예외적으로 해지할 수 있다.
　　　① 해지할 수 없다.
　　　② 설명의무는 없다.
　　　③ 해당 건에 대해서만 청구권이 상실된다.

06 **구상권행사의 효과와 가장 거리가 먼 것은?**

① 부당이득방지를 위한 형평성 확보

② 공동보험자 입장에서 주의력 이완방지

③ 손해율 경감을 통한 보험요율의 적정성 유지

④ 손해방지촉진효과

정답 | ②

해설 | ②는 소손해면책을 두는 사유이다. 그리고 ④의 경우 적하보험에서의 구상권은 손해방지를 촉진하는 효과가 있다고 본다.

07 **다음 중 보험자가 스스로 포기할 수 있는 권리를 모두 묶은 것은?**

⊙ 고지의무위반 시 해지권
ⓒ 잔존물대위권
ⓒ 구상권

① ⊙   ② ⊙, ⓒ   ③ ⊙, ⓒ   ④ ⊙, ⓒ, ⓒ

정답 | ④

해설 | 모두 스스로 포기할 수 있다.

08 **면책약관을 두는 이유를 나열하였다. 가장 거리가 먼 것은?**

① 인위적 사고유발과 같은 도덕적 위험을 방지해야 하기 때문이다.

② 전쟁위험 등 보험경영상 보험자가 담보하기 어렵기 때문이다.

③ 감가상각과 같은 보험불가능위험이 있기 때문이다.

④ 보험자의 손해율을 경감시킬 수 있기 때문이다.

정답 | ④

해설 | 보험자의 손해율감소와는 면책약관의 목적과 거리가 멀다. 위의 ①, ②, ③에 추가하여 '이중담보의 방지, 보험료부담 경감'이 있다.

09 빈칸이 잘못 연결된 것은?

보험계약준비금	(①)	보험료적립금, 미경과보험료적립금		
		(②)	보통준비금	
			(③)	
		계약자배당준비금, 계약자이익배당준비금, 배당보험손실보전준비금		
		(④)		

① 순보험료

③ IBNR준비금

② 지급준비금

④ 비상위험준비금

정답 | ①

해설 | ①은 책임준비금이다(보험계약준비금 = 책임준비금 + 비상위험준비금).

10 다음 설명 중 가장 적절하지 않은 것은?

① 보험계약준비금은 책임준비금과 비상위험준비금으로 구분된다.

② 보험계약준비금은 보험자가 보험계약과 관련하여 보험계약자에게 미래에 지급해야 할 각종 지급금액에 대비한 자금을 말한다.

③ 책임준비금은 보험계약자로부터 받은 보험료에 대한 반대급부로써 미래 보험금을 지급하기 위해 적립하는 금액이며, 재무상태표상에서 부채계정에 계상된다.

④ 비상위험준비금은 손해보험과 생명보험 모두가 적립해야 하는데, 당해 사업연도의 보험료합계액의 100분의 50 범위 내에서 적립해야 한다.

정답 | ④

해설 | 비상위험준비금 적립의무는 손해보험에만 인정된다.

11 IBNR준비금을 과다하게 적립하였을 때의 현상이다. 가장 적절하지 않은 것은?

① 책임준비금이 두터워진다.

② 보험회사의 영업실적이 악화된다.

③ 보험요율이 적정수준보다 올라가게 된다.

④ 계약자배당금이 감소한다.

정답 | ④

해설 | 지급준비금과 계약자배당금과 직접적인 관련은 없다.

12 비상위험준비금의 보험종목별 적립기준율이 틀린 것은?

① 화재보험 : 5% ② 자동차보험 : 3%

③ 보증보험 : 15% ④ 수재보험 : 6%

정답 | ②

해설 | 자동차보험은 2%이다. 참고로 수재보험은 2018년 개정으로 3%에서 6%로 변경되었다.

13 지급준비금의 적립순서가 옳은 것은?

① 보통준비금 → IBNR준비금 → 미지급준비금

② IBNR준비금 → 보통준비금 → 미지급준비금

③ IBNR준비금 → 미지급준비금 → 보통준비금

④ 보통준비금 → 미지급준비금 → IBNR준비금

정답 | ③

해설 | IBNR준비금을 가장 먼저 적립한다(보수적인 회계차원에서 불확실한 것부터 먼저 적립).

CHAPTER **03** | 손해사정 용어해설

SECTION 1 손해율, 사업비율, 합산비율

손해율		사업비율		합산비율	
현금주의	발생주의	현금주의	발생주의	100% 이하	100% 초과
$\dfrac{보험금}{수입보험료} \times 100$	$\dfrac{보험금}{경과보험료} \times 100$	$\dfrac{사업비}{수입보험료} \times 100$	$\dfrac{보험금}{경과보험료} \times 100$	언더라이팅 결과가 양호	언더라이팅 결과 불만족

※ 현재 우리나라 보험사 실무상 사업비율은 발생주의방식으로 구한다(2018년 기본서개정 사항).

[예시] 보기의 경우 합산비율은 얼마인가?(손해율은 현금주의로, 사업비율은 보험사 실무방식에 따름)

If 수입보험료 100억원, 경과보험료 80억원, 보험금 70억원, 사업비 20억원			
손해율	사업비율	합산비율	평가
$\dfrac{75억원}{100억원} = 70\%$	$\dfrac{20억원}{80억원} = 25\%$	70% + 25% = 95%	합산비율이 100% 이하이므로 언더라이팅 결과가 양호함

SECTION 2 공동보험(Co − Insurance)

Co − Insurance Ⅰ	Co − Insurance Ⅱ
하나의 보험목적을 여러 보험자가 공동으로 인수하는 보험 → 위험이 큰 보험목적을 여러 보험사가 참여하여 분할인수하는 계약	부보비율조건부 실손보상이라 하며, 보험가입금액이 부보비율 이상이면 전부보험의 효과(아니면 일부보험이 됨)
각 보험사의 지위는 동등하며 번거로움을 덜기 위해 간사회사가 업무집행을 대행함	보험계약자에게 더 많은 혜택을 주면서라도 일정한 보험금액 이상의 가입을 권장함

※ Coinsurance Ⅰ(일반적인 의미의 공동보험)과 중복보험, 병존보험과의 비교
- 공동보험(1)은 수인의 보험자가 한 개의 보험계약을 체결하는 것이나, 중복보험이나 병존보험은 여러 개의 계약을 체결한다.
- 공동보험(1)은 수인의 보험자가 공동으로 하나의 계약을 체결하는 것이나, 중복보험이나 병존보험은 보험자 간에 서로 모른다는 점에서 차이가 있다.

※ Coinsurance Ⅱ(일부보험에서의 공동보험)
- 80%부보비율부 실손보상 시의 지급보험금 계산 : 손해액 × $\dfrac{보험가입금액}{보험가액 \times 80\%}$
  - 부보비율에는 50%, 60%, 70%, 80%가 있음(일반물건의 경우)

- Co – Insurance Ⅱ를 두는 목적
  - 보험료감소효과 : 부보비율만큼 보험가입금액의 감소, 보험료 하락
  - 손해방지효과 : 공동보험자로서 주의력 강화를 통한 손해방지효과를 기대
  - 요율의 형평성 유지 : 전손보다는 분손위험이 더 많다는 점을 고려하면 전부보험 가입자는 일부보험가입자에 비해 보험료를 더 많이 부담하는 셈이 되는데, 공동보험(2)는 이러한 부분을 완화시켜줌
- 공동보험비율(부보비율)이 올라가면 보험요율은 낮아진다.

SECTION 3 병존보험

중복보험	병존보험
각 계약의 보험금합계가 보험가액을 초과	각 계약의 보험금합계가 보험가액에 미달
통지의무 부과, 연대비례주의	통지의무 부과, 비례주의

※ 공동보험Ⅰ과 병존보험은 중복보험과 달리 연대주의가 적용되지 않는다(초과지급의 우려가 없으므로).

SECTION 4 신가(新價)보험

① 개요
  ㉠ 보험가액을 時價(actual cash value)로 평가하느냐, 新價로 평가하느냐에 따라 시가보험과 신가보험으로 구분함
    - 시가(actual cash value)보험 : '보험사고가 발생한 때와 장소의 가액'을 말하며, '재조달가액 – 감가공제액'으로 보상받는 보험이다.
    - 신가 : 사고 직전의 가동능력유지를 위해 재조달가격(신가, 대체가격)으로 보상을 받는 보험이다.
  ㉡ 시가보험 VS 신가보험

시가(時價) 평가	신가(新價) 평가	
재조달가액 – 감가공제액	재조달가액	
일반적인 보험의 목적	신가보험 가능	신가보험 불가
	기계, 건물 등	동산(재고품, 상품)
화재보험 등	기계보험 등	

② 이득금지실현의 원칙
  ㉠ 이득금지실현의 원칙상 손해보험은 시가보험으로 보상한다.
  ㉡ 그러나, 보험의 목적을 사고 직전의 가동능력유지를 목표로 하는 특수한 경우 이득금지실현원칙의 예외로서 신가보험을 인정한다.

③ '기계'에 대해 신가보험으로 담보하는 방법

화재보험 + 재조달가액담보특약첨부	기계보험
이 경우 대체가격으로 보상받으므로, 신가보험이 됨	대체가격으로 보상을 받되, 단 보험목적(기계)의 보험가액을 신가로 유지해야 하는 전제가 있음

※ 신가보험(대체가격보험, 복원보험)은 이득금지실현원칙에 위배되므로, 기계보험 등 가동유지(동종·동능력)를 목적으로 할 경우에 만 예외적으로 인정된다(상법으로도 인정).

━━ **SECTION 5** 전손과 분손

전손(Total Loss)	분손(Partial Loss)
피보험이익의 전부멸실[주1]	피보험이익의 부분멸실
[전부보험] 보험금액을 전액 보상 [일부보험] 보험금액을 전액 보상	[전부보험] 분손손해액을 전액보상 [일부보험] 분손액에 대해서 비례보상
보험계약종료 (보험목적 소멸 → 무조건 종료)	보험금액의 감액(체감주의) 또는 자동복원(전액주의)

※ 주1 : 전손에는 현실전손(actual total loss ; 실제전손)과 추정전손이 있다.

현실전손	추정전손
보험목적의 실질적인 멸실(완전히 파괴, 본래의 기능을 완전히 상실한 경우)	보험목적의 수리비용이 보험가액을 초과하는 경우, 실제전손은 아니지만 전손으로 인정함(→ 추정전손)
※ 추정전손의 성립요건 • 보험목적의 점유박탈 • 회복비용(수리비용)이 회복후의 보험가액을 초과할 경우	

※ 선박보험의 경우 선박의 행방불명이 2개월 이상 지속되면, 현실전손으로 인정한다(→ 상법 개정 전에는 추정전손이었음).
※ 전손사고가 발생하면 복원주의를 택하고 있다고 해도 무조건 보험계약은 소멸된다.

① 개념비교

체감주의	복원주의 중 전액주의
보험사고 후 지급보험금을 차감한 잔액이 이후의 보험금액이 됨	보험사고 후 지급보험금이 있더라도 다시 최초의 보험금액으로 자동복원이 됨[주1]
예 화재보험	예 자동차보험, 해상보험, 운송보험

※ 주1 : 복원주의에는 ⊙ 추가보험료를 내고 다시 최초의 보험가입금액으로 복원하는 '청구복원'과, ⓒ 추가보험료의 납부 없이도 자동복원이 되는 '자동복원(전액주의)'의 두 가지가 있다.

② 보험계약자에 의한 청구복원의 요건
  ⊙ 보험의 목적이 수리나 복구로 보험가액이 회복되어야 한다.
  ⓒ 보험계약자가 복원되는 보험가입금액에 대해 잔존보험기간에 해당하는 보험료를 납입해야 한다.
  ⓒ 보험계약자의 청구와 보험자의 승인이 있어야 한다.

③ 복원보험의 사고 후 해지 : 전액주의보험은 사고 후 해지가 가능하나 단, 미경과보험료가 반환되지 않으므로 해지의 실익이 없다(상법 649조).

PML(Probable Maximum Loss)	MPL(Maximum Possible Loss)
손해방지시설이나 기구(소방시설이나 소화장치)가 제대로 작동하고 있는 경우에 일어날 수 있는 최대손실액 → 추정최대손실	손해방지시설이나 기구가 제대로 작동하지 않는 최악의 경우에 일어날 수 있는 최대손실액 → 최대가능손실

※ 전손가능성이 매우 낮은 보험목적의 경우 보상한도액(LOL)을 PML보다 낮게 설정하면 → 상호이익의 가능함
  [보험계약자] 보험료의 과다지출 방지 [보험자] 책임한도액 절감
※ 해상보험 등 전손위험이 높은 경우는 MPL을 적용하고, 화재보험 등 전손위험이 낮은 경우에는 PML을 적용하여 부보하는 것이 합리적이다.

※ MPL은 EML(Estimated Maximum Loss)로도 표현된다.
※ 극단적으로 위험을 회피하는 보험계약자의 경우 MPL로 부보하는 것이 적합하며, MPL로 부보할 경우 PML보다 보험료가 더 비싸다.

직접손해(direct loss)	간접손해(indirect loss)
담보손인의 직접적인 영향으로 보험목적에 생긴 손해	담보손인의 2차적인 영향으로 피보험자가 입은 경제적 손해

- 손해보험약관은 직접손해만을 보상하는 것이 일반적이다. 간접손해를 보상받기 위해서는 기업휴지담보특약 등 별도의 특약가입이 필요하다.
- 간접손해의 종류 : ㉠ 건물이나 기계 등 재물손해가 선행되어 유발되는 기업휴지손해, ㉡ 화재로 인한 전기장치고장이 선행되어 발생한 냉동냉장손실, 자동차대물사고 시 발생하는 대차료(휴차료, 영업손실 등) 등이 있음
- 결과적 손해(Consequential Loss) : 위 간접손해 중 ㉠, ㉡처럼 직접손해 후 필연적으로 발생하는 간접손해를 결과적 손해라 한다.

■■■ **SECTION 9** 신용보험

구분	보증보험	신용(손해)보험
보험계약자/피보험자	채무자/채권자	채권자/채권자
성격	타인을 위한 보험	자기를 위한 보험
담보위험	개별적인 채무불이행, 횡령이나 배임·절취 등 불법행위도 담보	채무자의 파산, 지급불능을 담보

Cf. 신용생명보험 : 채무자가 채무상환기간 중에 사망할 경우에 미상환분을 보험금으로 지급하는 보험이다.

※ 채무자의 총체적인 지급불능이 없이, 피보험목적에 해당하는 거래에서의 채무불이행만으로도 보험사고가 성립이 되는 것은 보증보험이다.

※ 보증보험의 담보범위가 신용보험에 비해서 넓다.

※ 채무자의 사망보험료를 기준으로 보험료가 산출되는 것은 신용생명보험이다(∵ 채무자의 사망 시에만 보험금을 지급하므로).

CHAPTER 03 | 단원정리문제

01 보기에 대한 설명으로 틀린 것은?

- 수입보험료 100억원, 경과보험료 80억원, 지급보험금 60억원, 사업비 30억원
- 손해율은 발생주의에 입각하며, 사업비율은 보험회사의 실무방식에 입각함

	합산비율	언더라이팅 평가
①	97.5%	양호
②	97.5%	불량
③	112.5%	양호
④	112.5%	불량

정답 | ④

해설 |

구분	손해율	사업비율	합산비율
현금주의	60/100 = 60%	30/80 = 37.5%	97.5%(양호)
발생주의	60/80 = 75%	30/80 = 37.5%	112.5%(불량)

※ 사업비율 계산방식 변경(2018.6 개정사항) : 경과보험료에 대한 발생경비의 비율로 산정함

02 공동보험(Co – Insurance)에 대한 설명이다. 가장 적절하지 않은 것은?

① Co – Insurance I 은 일반적인 의미의 공동보험으로써 위험의 횡적분산을 말한다.

② Co – Insurance I 은 하나의 보험목적물에 대해 수인의 보험자가 공동으로 인수하는 것인데, 계약자 체가 하나이므로 수인과 수개의 보험계약을 체결하는 중복보험이나 병존보험과는 차이가 있다.

③ Co – Insurance II 는 일부보험으로서의 공동보험을 말하는데, 보험료감소효과나 요율의 형평성유지 를 주목적으로 한다.

④ Co – Insurance II 에서 약정한 부보비율이 상향되면 보험요율도 상승하게 된다.

정답 | ④

해설 | 약정한 부보비율이 상향조정되면(예 50% → 80%), 보험요율이 하락하게 된다(분모가 커지면 지급보험금의 크기가 작아 지므로).

03 일반적인 의미의 공동보험(Co – Insurance Ⅰ)에 대한 설명이다. 가장 적절하지 않은 것은?

① 하나의 보험목적물에 대해 수인의 보험자가 공동으로 보험을 인수한다.

② 보험자 간의 횡적 분산이라고도 한다.

③ 중복보험과 마찬가지로 각자의 보험금 한도 내에서 보험자 간의 연대주의가 적용된다.

④ 업무집행의 간소화를 위해 주간사를 둔다.

정답 | ③

해설 | 보험가입금액이 보험가액을 초과하지 않으므로 보험자 간의 연대주의가 적용되지 않는다(연대주의가 적용되는 것은 중복보험).

04 보기의 공동보험2(Co – Insurance Ⅱ)에서 손해액이 5억원일 때 보험자의 부담액은 얼마인가?

$$보상액 = 손해액 \times \frac{보험가입금액}{보험가액 \times 80\%} \ (보험가액 \ 10억원, \ 보험가입금액 \ 8억원)$$

① 4억원　　　　② 5억원　　　　③ 8억원　　　　④ 10억원

정답 | ②

해설 | 보험자 부담액(보상액) $= 5억원 \times \dfrac{8억원}{10억원 \times 80\%} = 5억원$. 만일 가입자가 8억원에 미달하는 보험가입금액으로 가입하게 되면 일부보험이 되어 가입자부담액이 발생하게 된다.

05 병존보험에 대한 설명으로 틀린 것은?

① 수인의 보험자와 수개의 보험계약을 체결하였다.

② 보험가입금액의 합계가 보험가액을 초과하지 않는다.

③ 보험금지급시 연대비례주의가 적용된다.

④ 병존보험계약을 체결시 통지의무가 부과된다.

정답 | ③

해설 | 병존보험에서 보험금을 지급시 비례주의는 적용되지만 연대주의는 적용되지 않는다.

06 신가보험(新價保險)과 가장 거리가 먼 것은?

① 보험사고가 생긴 경우에 보험목적의 신품가액 또는 재조달가액을 보상한다.

② 보험사고발생 시 보험목적의 감가상각을 하지 않는다.

③ 보험목적의 시가를 보상하기로 한다.

④ 이득금지의 원칙이 적용되지 않는다.

정답 | ③
해설 | 신가(新價)보험은 시가(時價)보험의 반대개념으로서 신가(대체가격. 복원가격)로 보상한다.

07 전손(Total Loss)에 대한 설명이다. 틀린 것은?

① 피보험이익이 전부 멸실된 경우이다.

② 전손이 되더라도 절차를 거쳐 보험계약을 복원할 수 있다.

③ 선박보험에서 선박의 존부가 2개월 이상 불명일 경우에는 상법상 현실전손으로 간주한다.

④ 전부보험이든 일부보험이든 보험가입금액을 전액 보상한다.

정답 | ②
해설 | 전손이 되면 보험계약은 무조건 소멸한다.

08 보험금액의 변동에 대한 설명이다. 가장 거리가 먼 것은?

① 보험금 지급 후 보험금액이 복원되지 않으면 추가사고가 발생 시 감액된 보험금으로 인해 손해액에 대한 보장이 부족해질 수 있으며 이는 곧 보험의 원래 취지에 위반되는 것이므로 보험금액의 복원제도를 정하고 있다.

② 전손(total loss) 시에는 어떤 경우에도 보험금액을 복원할 수 없다.

③ 분손(partial loss) 시에는 약관에 따라 보험금액이 감액되거나 자동복원이 될 수 있다.

④ 보험사고 후에는 체감주의와 전액주의를 구분할 것 없이 보험계약의 해지가 불가하다.

정답 | ④
해설 | 자동복원(전액주의)의 경우에는 보험계약자의 계약해지가 가능하다(단, 미경과보험료청구권은 인정되지 않음).

09 보험사고 후 보험금액을 복원함에 있어서 보험계약자의 청구에 의한 복원요건을 나열하였다. 틀린 것은?

① 보험의 목적의 수리나 복구로 보험가액이 회복되어야 한다.

② 보험계약자가 복원되는 보험금액에 대해서 잔존보험기간에 해당하는 보험료를 납부해야 한다.

③ 보험계약자의 청구와 보험자의 승인이 있어야 한다.

④ 직전 보험금지급총액이 보험가입금액의 80% 미만이어야 한다.

정답 | ④
해설 | ④의 요건은 없다(청구복원요건 : ①, ②, ③).

10 최대추정손해액에 대한 설명으로 가장 적절하지 않은 것은?

① 손해방지경감시설이나 장치나 기구가 제대로 작동하고 있음을 전제로 발생할 수 있는 최대손실을 PML이라 한다.

② 손해방지경감시설이나 장치나 기구가 제대로 작동하고 있지 않음을 전제로 발생할 수 있는 최대손실을 MPL이라 한다.

③ 일반적인 경우 MPL로 부보하고, 계약자가 극단적인 위험회피형일 경우 PML로 부보한다.

④ PML과 MPL을 기준으로 부보할 경우, 보험료는 PML이 더 싸다.

정답 | ③
해설 | 일반적인 경우 PML로 부보한다.

11 다음은 보증보험과 신용보험을 비교한 것이다. 틀린 것은?

	구분	보증보험	신용손해보험
①	보험계약자	채무자	채무자
②	성격	타인을 위한 보험	자기를 위한 보험
③	담보위험	개별적인 채무불이행	채무자의 파산, 지급불능
④	보험금수령자	채권자	채권자

정답 | ①
해설 | 신용손해보험은 '계약자 – 채권자, 피보험자 – 채권자'이다. 따라서 자기를 위한 보험이 된다.

12 보기에 해당하는 보험은?

> • 타인을 위한 보험이다.
> • 횡령, 배임, 절취 등의 불법행위 또는 매매, 고용 그 밖의 계약에서의 채무불이행으로 사용자가 채권자가 입는 손해를 보상한다.

① 보증보험   ② 신용손해보험

③ 신용생명보험   ④ 배상책임보험

정답 | ①

해설 | 보증보험이다. 보증보험은 일반적인 채무불이행도 담보하므로 신용보험 중 가장 담보범위가 넓다.
       ※ 담보범위 : 보증보험 > 신용손해보험 > 신용생명보험(사망 시에만 지급)

13 다음 설명 중 가장 적절하지 않은 것은?

① 전손사고가 발생하면 체감주의, 전액주의를 막론하고 보험계약은 소멸한다.

② 손해방지시설과 장치 등이 제대로 작동하는 것을 전제로 추정한 최대손실액을 PML이라 한다.

③ 기업휴지손해나 냉동냉장손해를 결과적 손해라 한다.

④ 신용보험(신용손해보험)은 채무자의 단순한 채무불이행만 있어도 보험사고가 성립한다.

정답 | ④

해설 | 채무자의 단순한 채무불이행에도 보상을 하는 것은 보증보험이다. 신용(손해)보험은 채무자의 채무불이행 이벤트(사망, 장애, 파산 등)가 있을 때에만 보상한다.

PART 05

기업보험심사역(ACIU)
Associate Insurance Underwriter

'보험회계 및 자산운용' 학습 Guide

(1) 세부과목별 출제문항수

세부과목	예상문항수	과목난이도(최고 ★★★★★)
1장 보험회계	14문항	
2장 자산운용	3문항	★★★★★
3장 재무건전성 감독	3문항	
계	20문항(과락 : 득점문항이 8문항 미만 시)	

※ 챕터별 문항 수는 매 시험 변동이 있을 수 있습니다.

(2) 학습전략

대부분의 학습자들이 고전을 하는 과목이다. 최고난이도로써 이해하기도 힘들뿐더러, 기본서 분량에서도 2과목인 보험법에 근접할 정도로 많다. 또한 2021년부터 전격 시행되는 IFRS17에 대한 개정내용까지 포함되어 어려움이 가중되는 측면도 있다.

현실적으로 동 과목에 대해서는 방어적인 전략이 필요하다. 시간을 많이 투입하여도 고득점이 쉽지 않기 때문이다. 동 과목에서는 60% 정도의 득점을 목표로 하되, 최악의 경우 과락을 면하는 전략을 세울 수도 있다. 단, 과락을 면하는 전략으로 학습을 할 때는 반드시 타 과목에서의 고득점 전략이 병행되어야 한다.

학습의 어려움을 감안하여 예시와 문항을 더 많이 수록하였으므로, 타 과목보다 2회 이상 더 반복한다는 자세로 학습에 임한다면 소기의 성과를 달성할 수 있다.

CHAPTER 01 | 보험회계

I 보험회계 총론

SECTION 1 보험회계 개요

① 원칙: 한국채택국제회계기준(K – IFRS)을 따름(외감법 13조1항)

한국채택국제회계기준(K – IFRS) 적용	보험업감독규정 및 시행세칙 적용
원칙적인 사항 (IFRS는 원칙제시, 다양한 세부선택권 부여)	• K – IFRS에서 규정하지 않은 회계처리사항 • 계정과목의 종류와 배열순서 등
• 책임준비금의 적정성 평가 • 비상위험준비금의 부채계상금지	• 비상위험준비금의 이익잉여금 계상 • 대손준비금의 이익잉여금 계상 • 보험계리기준 운용

※ 보험회사회계는 국제적 정합성 차원에서 국제회계기준을 수용하되 재무건전성확보라는 감독목적의 달성을 위해, 원칙은 K – IFRS 을 적용하며, 세부기준에 있어서 보험업감독기준을 적용한다.

SECTION 2 타업종과 다른 보험회계의 특징

이론적 특성	경영적 특성	재무보고의 특성[주1]
재무상태표를 더 중시함	공공성과 사회성이 강조됨	원가의 사후확정성 등

※ 주1 : 보험회계의 재무보고의 특성은 '원가의 사후확정성, 금융업과 일반제조업의 혼합적 성격, 보험상품급부의 다차원적 구조, 계약 자에 대한 이익배당제도'가 있음

※ 감독목적회계의 기본적인 목표는 지급여력과 관련한 정보제공에 있으므로, 감독목적회계에서는 재무상태표가 더 중요시 된다.

※ 보험회계의 재무보고의 특성 중에 책임준비금제도와 가장 관련이 있는 것은 원가의 사후확정성이다.

※ 일반기업은 배당의 대상이 주주이나, 보험회사의 경우 배당의 대상은 주주와 계약자이다.

① K – IFRS는 '외감법', 감독목적회계는 '보험업법 및 감독규정'의 법률을 따른다.

※ 보험회계는 일반회사와 달리 외감법과 보험업법, 두 규정에 따라야 한다.

② 재무제표 제출기한 : 장부폐쇄일로부터 3개월 이내 금융위에 제출해야 한다.

※ 장부폐쇄일은 12월 31일이다(2013년 회계연도부터 적용).

③ 겸영업무, 부수업무의 구분계리

※ 구분계리 대상의 겸영업무 및 부수업무는 '직전 사업연도 매출액이 전체 수입보험료의 1천분의 1과 10억원 중 많은 금액'을 초과하는 업무를 말한다.

※ 또한 겸영·부수업무를 영위하기 위해서는 그 업무시작일 7일 전까지 금융위에 신고해야 한다.

④ 특별계정의 설정·운용 : 특별계정에 속하는 이익은 해당계정의 보험계약자에게 분배되며, 일반계정자산과 구분하여 계리해야 한다.

※ 특별계정의 종류 : 연금저축보험계약, 퇴직보험계약, 변액보험계약, 장기손해보험, 자산연계형보험계약(공시이율적용보험 제외)

① 재무제표의 종류(K – IFRS) : '재손현자주'로 암기

재무상태표	포괄손익계산서	현금흐름표	자본변동표	주석
보험사는 K – IFRS와 감독목적회계의 두 가지 형태의 재무제표를 작성해야 한다.				

※ 재무제표에 사용되는 계정과목과 배열에 대해서 구체적으로 규정하고 있는 것은 감독목적 회계이다(∵ 국제회계기준은 원칙만 제시하므로).

※ 이익잉여금처분계산서나 결손금처리계산서는 재무제표에 포함되지 않는다(∵ 주석사항에 포함).

※ 감독목적회계에서는 재무제표 중 '현금흐름표, 자본변동표'에 대해서는 작성방법을 별도로 두고 있지 않다.

② 재무상태표(구기준 : 대차대조표)

  ㉠ 보험회사의 재무상태표(감독목적회계)

자산	부채 및 자본
I 운용자산(현금 및 예치금, 유가증권, 대출채권, 부동산) II 비운용자산 III 특별계정자산(총액)	I 책임준비금 II 계약자지분조정 III 기타부채 IV 특별계정부채(총액)
	자본금, 자본잉여금, 이익잉여금, 자본조정, 기타포괄손익누계액

  ㉡ 감독목적회계의 특징

  • 운용자산과 비운용자산을 명확히 구분, 재산운용실태를 명확히 파악할 수 있다.

  • 특별계정의 자산 및 부채는 총액으로 표시하여 일반계정과 구분하고 있으며, '특별계정별 재무상태표'를 별도로 작성하여 세부내용을 확인하도록 하고 있다.

  ※ 특별계정별 재무상태표는 보험회사의 일반계정 재무상태표(또는 전체 재무상태표)에서 확인할 수 없다(∵ 전체 재무상태표에는 총액만 반영하므로).

③ 포괄손익계산서(감독목적회계)

생보사	손보사
I 보험손익 1. 보험영업수익 2. 보험영업비용 II 투자손익 III 책임준비금전입액 IV 영업이익(또는 영업손실) V 영업외손익 VI 특별계정손익 VII 법인세비용차감전순이익 VIII 당기순이익 IX 기타포괄손익 X 총포괄손익	1. 경과보험료 2. 발생손해액 · · 7. 보험영업이익 · 10.투자영업이익 11. 영업이익(또는 영업손실) · 17. 당기순이익 18. 기타포괄손익 19. 총포괄손익

※ 생보사와 손보사의 포괄손익계산서의 양식은 다르다('영업이익' 단계까지 다르고 이후부터는 동일하다).

④ **자본변동표, 현금흐름표** : 감독목적회계에서 구체적인 처리기준을 두고 있지 않음

⑤ **연결재무제표, 개별재무제표, 별도재무제표**
  ㉠ A와 B가 연결실체라면 → A가 B의 지분을 50% 이상 보유하고 있는 경우

연결재무제표(주 재무제표)	별도재무제표(부 재무제표)
A + B	A, B
A는 B에 대해 '지배적인 영향력'이 있음(B는 A의 종속회사)	

  ㉡ A와 C가 연결실체가 아니라면 → A가 C의 지분을 20% 이상 50% 미만 보유 시

개별재무제표(주 재무제표)	(부 재무제표 : 없음)
A(C에 대해서는 지분법처리)	
A는 C에 대해 '유의적인 영향력'이 있음(C는 A의 관계회사)	

※ 도해 : 지분율에 따른 지분법회계, 연결회계

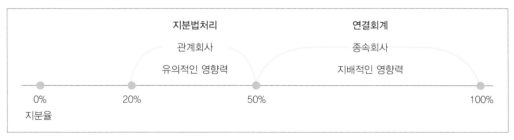

※ 두 회사가 지배·종속관계에 있을 경우 연결재무제표를 주재무제표로, 각 회사의 별도재무제표를 부재무제표로 한다.

⑥ **주석** : 우발부채, 재무제표에서 인식할 수 없는 계약사항 등

SECTION 1 의의 및 작성원칙

---

① 재무상태표의 의의 : A(자산) = L(부채) + C(자본) → 회계등식

  ※ 차변(자산) = 자금의 사용현황, 대변(부채 및 자본) = 자금의 조달현황

② 재무상태표의 작성기준

K - IFRS(범주별 작성)	감독목적회계(상품별 작성)
현금 및 현금성자산, 금융자산, 투자부동산, 지분법투자자산, 유형자산, 무형자산 등	(운용자산) 현금 및 예치금, 유가증권,대출채권, 부동산 (비운용자산) 고정자산, 기타자산

  ※ 감독목적회계는 효과적인 재무건전성감독을 위해 자산을 상품별로 표시한다.

③ 재무상태표의 인식과 측정 : 감독목적회계와 일반회계(K - IFRS)의 자산, 부채, 자본에 대한 인식과 측정방법은 동일하므로 금액은 일치한다. 다만 감독목적회계의 필요상 재무상태표상의 계정과목이 좀 더 상세하게 표기된다.

  ㉠ 자산(Asset) : 과거사건의 결과로 기업이 통제하고 있고 미래 경제적 효익이 기업에 유입될 것으로 기대되는 자원

  ㉡ 부채(Liability) : 과거사건에 의해 발생하였으며 경제적 효익이 내재된 자원이 유출됨으로써 이행될 것으로 기대되는 현재의무

  ㉢ 자본(Capital 또는 Equity) : 기업의 자산에서 모든 부채를 차감한 잔여지분

  ※ 자산, 부채에 대한 인식과 측정은 감독목적회계와 국제회계기준이 동일하다.

④ 총액표시 : 상계하지 않고 총액으로 표시한다(순액으로 상계표시할 경우 재무규모를 알 수 없음).

SECTION 2 금융상품 총론(구기준 : K - IFRS 제1039호)

---

① 금융상품(financial instrument) : 거래당사자 일방에게 금융자산을 발생 시키고 동시에 다른 거래상대방에게 금융부채나 지분상품을 발생 시키는 모든 계약을 말한다.

② 금융상품 분류

금융자산(4가지 범주)	금융부채(2가지 범주)	지분상품
당기손익인식금융자산, 매도가능금융자산, 만기보유금융자산, 대여금 및 수취채권	당기손익인식금융부채, 기타금융부채	자본

㉠ 금융자산('당.매.만.대'로 암기)

당기손익인식 금융자산	매도가능금융자산	만기보유금융자산	대여금 및 수취채권
공정가치 평가		상각 후 원가로 후속측정	
평가손익 → 당기손익	평가손익 → 기타포괄손익	유효이자율로 할인한 현재가치측정 → (상각 또는 환입으로) 이자비용/이자손실	
손상차손 인식 ×	손상차손 인식 ○ (대여금 및 수취채권은 대손충당금적립 必)		

※ 금융자산 중 손상차손을 대손충당금으로 인식하는 것은 '대여금 및 수취채권'이 유일하다.

취득원가	공정가치	매도금액
2015.12.10	2015.12.31	2016.4.20
800만원	1,000만원	900만원

예시 A주식의 공정가치와 매도금액이 아래와 같을 때, 단기매매금융자산일 경우와 매도가능금융자산일 경우 각각의 회계처리는?

(1) 단기매매금융자산의 경우, 2015년에는 당기순이익 + 200만원, 2016년에는 당기순손실 − 100만원이다.
  ※ 당기손익인식금융자산(단기매매금융자산 포함)은 공정가치로 평가하고 당기손익으로 인식한다.
(2) 매도가능금융자산의 경우, 2015년에는 기타포괄손익 + 200만원, 2016년에는 당기순이익 + 100만원이다.
  ※ 매도가능금융자산의 경우 2015년 결산기에는 보유 중이므로 공정가치로 평가하고 기타포괄손익(+ 200만원)으로 반영한다. 2016년에는 실제 매도하였으므로 그 차액(장부가 800만원대비 + 100만원)은 당기순이익으로 인식한다.

㉡ 금융부채

금융부채		기타부채
당기손익인식부채	기타금융부채	
단기매매금융부채, 당기손익인식지정금융부채	미지급금, 차입금, 예수금, 임대보증금, 충당부채 등	선수금, 선수수익 등

㉢ 지분상품 : 거래상대방에 대한 현금 등 금융자산의 지급의무가 없거나 회피가능한 금융상품을 의미함(또는 자산에서 모든 부채를 차감한 후의 잔여지분)

③ 금융상품의 인식 및 제거
  ㉠ 매매계약체결일을 적용한다. 단, 정형화된 매입의 경우 거래일(매매일)이나 결제일에 인식할 수 있다.
  ㉡ 최초 인식 시의 공정가치로 측정하며, 취득과 직접 관련되는 거래원가는 공정가치에 가산하여 측정한다. 단, 당기손익인식금융상품의 경우 거래원가는 발생 시의 손익으로 인식한다.
  ㉢ 금융상품의 제거 : 금융자산은 '계약상 권리가 소멸하거나, 금융자산을 양도한 경우'에, 금융부채는 '계약상 의무가 이행되거나 취소, 소멸된 경우' 제거한다.

④ 금융상품의 공시 : '양적공시(시장R, 운영R, 유동성R 등) + 질적공시(리스크관리요건)'

⑤ 대손충당금의 적립(구기준 : K − IFRS 제1039호에 따름)
  ㉠ 당기손익인식금융자산을 제외한 금융자산은 손상발생의 객관적 증거가 있는 경우 손상차손을 인식하며, '대여금 및 수취채권'의 경우 손상발생 시 대손충당금을 설정해야 한다.
  ※ 대여금 및 수취채권은 타 금융자산과는 달리 손상을 장부가액의 변동으로 처리할 수 없으므로 대손충당금 계정을 사용하여 손상차손을 인식한다.

ⓛ 개별평가와 집합평가의 구분
- 개별평가채권 : 차주(借主) 개별 건으로 회수가 가능한 채권
  ※ 대손충당금 설정액 = 장부가액 – 회수가능액
- 집합평가채권 : 신용위험이 유사한 포트폴리오별로 회수가능액을 측정하는 채권
  ※ 대손충당금 설정액 = 익스포저 금액 × 부도율 × 손실률

ⓒ 대손충당금 설정을 위한 대출채권의 평가방식

중요한 대출채권			중요하지 않은 대출채권		
손상된 경우	손상되지 않은 경우		손상된 경우		손상되지 않은 경우
ⓐ 개별평가	ⓑ 개별평가	집합평가	ⓒ 개별평가	집합평가	ⓓ 집합평가

※ 평가방식
(1) 중요한 채권으로써 손상된 경우(ⓐ) : 무조건 개별평가(예외 없음)
(2) 중요하지 않은 채권으로써 손상되지 않은 경우(ⓓ) : 무조건 집합평가(예외 없음)
(3) 나머지(ⓑ, ⓒ)는 집합평가가 원칙이나 예외적으로 개별평가를 허용한다.
- 중요한 채권으로써 손상되지 않은 채권 중 PF채권과 같은 특수금융여신(ⓑ) : 개별평가
- 중요하지 않은 채권으로써 손상된 채권 중 제각채권(ⓒ) : 개별평가

※ 집합평가채권의 대손충당금 추정방식 : 익스포저 × 부도율 × 손실률(바젤2 모형)

⑥ 손상기준 : '손상의 객관적인 증거가 되는 사건(아래)'이 반드시 발생되어 있어야 한다.
  ⓐ 금융자산의 발행자나 지급의무자의 중요한 재무적 어려움
  ⓛ 이자지급 또는 원금상환의 불이행이나 지연과 같은 계약위반
  ⓒ 차입자의 파산이나 기타 재무구조 조정가능성이 높은 상태가 됨
  ⓔ 차입자의 재무적 어려움으로 당초 차입조건의 불가피한 완화가 있는 경우 등

⑦ 대손준비금
  ⓐ 보험회사는 보험업감독규정에 의거, 대손충당금 등을 적립해야 한다.
  ⓛ K – IFRS의 대손충당금 설정규모는 감독기준의 대손충당금에 비해 작으므로, 그 차액을 대손준비금으로 적립해야 한다.

  예시] K – IFRS의 대손충당금 설정규모는 100억원, 감독목적회계상 대손충당금설정 규모가 180억원이라면 대손준비금은 (   )이며, 이 금액은 자본계정의 (   ) 항목에 적립한다. → 80억원, 이익잉여금

Ⅱ – 1   금융상품 총론(신기준 : K – IFRS 제1109호)

① K – IFRS 제1039호(구기준)와 제1109호(신기준)
  ⓐ '금융상품의 인식과 측정'에 관해 현재 사용되고 있는 기준서 K – IFRS 제1039호(구기준)는 2018.1.1부터 K – IFRS 제1109호(신기준)로 대체됨. 단, 2021년에 전격 시행되는 2단계 국제보험회계기준인 'IFRS17'과의 회계불일치 등의 부작용을 고려하여, 2021년 전까지는 제1039호와 제1109호를 병행 적용하기로 함

ⓛ 신기준(제1109호 또는 IFRS 9)은 금융상품의 범주를 3가지로 분류하고, 손상기준을 발생손실모형이 아닌 기대신용손실모형으로 하는 등 구기준(제1039 또는 IFRS 39)에 비해 큰 차이점을 보임

※ 우리나라 보험사들은 IFRS17(보험계약)의 적용 전까지 금융상품에 대한 회계처리를 위하여, 기준서 제1039호와 기준서 제1109호를 모두 적용해야 한다(2018~2020년말).

② 제1109호와 제1039호의 차이

㉠ 금융자산의 범주변화(4가지 → 3가지)

K – IFRS 제1039호(구기준)	K – IFRS 제1109호(신기준)
(1) 당기손익인식 금융자산 (2) 매도가능 금융자산 (3) 만기보유 금융자산 (4) 대여금 및 수취채권	(1) 당기손익 – 공정가치측정자산 (2) 기타포괄손익 – 공정가치측정자산 (3) 상각후원가 측정 금융자산

[암기] '당.매.만.대', '당.기.상'

※ 제1109호의 분류기준(사업모형과 현금흐름특성의 2가지를 기준으로 분류함)

사업모형/현금흐름특성	원금과 이자만으로 구성 (채무증권, 대여금)	그외의 경우 (지분증권[주1],파생상품)
매매목적	당기손익 – 공정가치측정자산	당기손익 – 공정가치 측정 자산
계약상 현금흐름수취&매매목적	기타포괄손익 – 공정가치측정자산	
계약상 현금흐름수취	상각후원가 측정자산	

※ 주1 : 지분증권의 경우 '당기손익 – 공정가치측정 금융자산'로 분류되는 것이 원칙이지만, '기타포괄손익 – 공정가치측정 금융자산'으로 선택할 수 있다(선택 후 취소불가).

※ 제1109호의 분류상, 사업모형이 '매매목적'에만 있는 금융자산은 당기손익공정가치측정 금융자산이며 '계약상 현금흐름수취'에만 있는 것은 상각후원가 측정 금융자산이다.

ⓛ 금융자산(3가지 범주)의 재분류

K – IFRS 제1039호	K – IFRS 제1109호
일정조건 충족 시 재분류가 가능함	사업모형 변경 시에만 재분류가능

※ 제1039호하에서는 평가이익을 기록하고 있는 만기보유금융자산을 매도가능 금융자산으로 재분류함으로써 자본을 증가시키는 '자본부풀리기 꼼수'가 가능했지만, 제1109호 하에서는 사업모형변경의 전제 없이는 재분류가 불가함

㉢ 기타포괄손익의 재순환금지

K – IFRS 제1039호	K – IFRS 제1109호
매도가능금융자산 • 평가손익 → 기타포괄손익 • 매도 시 → 당기손익(즉, 재순환 O)	기타포괄손익 – 공정가치측정 금융자산의 경우, 지분상품은 재순환이 금지됨(채무상품은 재순환 O)[주1]

※ 주1 : '기타포괄손익 – 공정가치측정 금융자산'에서 채무상품과 지분상품의 차이(아래 표)

기타포괄손익 공정가치 측정 금융자산(2종류)	
채무상품	지분상품
공정가치로 평가하고 그 평가손익은 기타포괄손익으로 인식함(동일함)	
제거 시에는 당기손익으로 인식함 (재순환 가능)	제거 시에도 기타포괄손익으로 인식함[주2] (재순환금지)
손상차손 인식	손상차손 인식하지 않음

※ 주2 : 지분상품의 경우 '당기손익 공정가치 측정 금융자산'으로 분류되는 것이 원칙이나, 선택에 의해 '기타포괄손익 공정가치 측정 금융자산'으로 지정할 수 있다(선택 후 취소 불가능). 그런데 이 경우는 매도 시(제거 시) 차익이 발생해도 당기순이익으로 인식할 수 없고, 기타포괄손익으로 인식해야 한다.

ㄹ 손상기준의 변화[주1]

K – IFRS 제1039호	K – IFRS 제1109호
발생손실모형	기대신용손실모형
손실발생의 객관적 증거가 있는 경우에만 인식함	향후 발생할 것으로 예상되는 신용손실을 인식함

※ 주1 : 발생손실모형은 한꺼번에 대손을 인식하게 되는 구조이지만, 기대손실모형은 점차적으로 손상을 인식하게 되어 발생손실모형에 비해 충격을 완화하는 의미가 있음

※ 채무회사의 회사채등급이 투자적격에서 투자부적격으로 변경되었으나 이자연체는 없는 경우, 손상을 인식하고 대손충당금을 쌓아야 하는 것은 제1109호이다(제1039호는 이자연체가 있는 등 객관적인 사실이 있는 경우에만 대손충당금을 쌓게 됨).

※ 손상차손의 인식대상 금융자산

구분	손상차손 인식여부
당기손익 – 공정가치측정 금융자산	×
기타포괄손익 – 공정가치측정 금융자산(지분상품)	×
기타포괄손익 – 공정가치측정 금융자산(채무상품)	○
상각후원가 측정 금융자산	○

※ 기준서 제1109호(금융상품)에서, 손상차손을 인식하지 않으며 매도 시(제거 시) 손익을 기타포괄손익으로 인식하는 것은 '기타포괄손익 공정가치측정 금융자산 중 지분상품'이다.

SECTION 3 자산의 계정과목별 회계처리

현금 및 예치금/유가증권/대출채권/유형자산/투자부동산/무형자산/미상각신계약비/재보험자산/보험미수금/구상채권/이연법인세자산/특별계정자산/기타자산

① 현금 및 예치금
　㉠ 현금은 통화 및 통화대용증권을 포함하는 계정과목이다(유동성이 가장 높은 계정).
　　• 현금에 포함 : 통화, 타인발행당좌수표, 자기앞수표, 송금수표, 우편환증서 등
　　• 현금에 비포함 : 차용증서, 선일자수표, 자기발행당좌수표, 수입인지, 부도수표 등
　㉡ 예치금 : 당좌예금, 보통예금, 정기예금, 해외제예금, 기타예금(CD, CMA, MMDA, 장기저축성보험료 등), 금전신탁, 선물거래예치금, 기타예치금, 외화예금

② 유가증권 : 지분증권과 채무증권이 있으며, 범주별 또는 상품별로 분류할 수 있음

유가증권의 범주별 분류(K – IFRS기준)	유가증권의 상품별 분류(감독목적회계)
당기손익인식증권, 매도가능증권, 만기보유증권, 관계종속회사투자주식	주식, 국공채, 특수채, 금융채, 회사채, 수익증권, 외화유가증권, 타유가증권(CP 등)

③ 대출채권 : 이자수취 등을 위해 원리금반환을 약정하고 자금을 대여하는 경우의 계정
　㉠ 종류 : 콜론, 보험약관대출금, 유가증권담보대출금, 신용대출금, 어음할인대출금, 지급보증대출금, 기타대출금

ⓛ 인식 및 측정

- 인식 : 대출절차가 완료되어 대출실행 시 재무상태표에 인식
- 측정 : 최초인식 시 공정가치로 측정하며, 취득과 직접관련된 거래원가는 공정가치 가산함(단, 당기손익인식증권은 비용처리). '대여금 및 수취채권'으로 분류되는 금융자산은 유효이자율법을 적용한 '상각 후 원가'로 측정하며, 손상금액에 대해서는 대손충당금을 적립함

④ 유형자산(Tangible Assets) : 물리적 형체가 있고, 1년을 초과하여 사용할 것이 예상되는 자산

ㄱ 종류 : 토지, 건물, 기계장치, 구축물, 건설 중인 자산 등

ㄴ 인식

- 인식요건 : 자산으로부터 발생하는 미래 경제적 효익이 유입될 가능성이 높고, 자산의 원가를 신뢰성있게 측정할 수 있어야 한다.
- 인식시점 : 유형자산의 원가는 발생 시점(취득시점)에 인식하며, 후속적으로 수선, 증설 등과 관련하여 발생하는 원가를 포함하여 인식한다.

ㄷ 후속측정의 2가지 모형 : 하나를 택일하며, 유형자산의 분류별로 동일하게 적용함

원가모형	재평가모형
장부금액 = 원가 − 감가상각누계액 − 손상차손누계액	장부금액 = 재평가일의 공정가치[주1] − 이후의 감가상각누계액 − 이후의 손상차손누계액

※ 주1 : 재평가로 인한 공정가치변동은 증가시 기타포괄손익으로, 감소 시 당기손실로 인식한다(아래 추가설명).

※ 재평가모형 : 재평가로 인해 장부금액의 변동 시 회계처리방법

재평가로 인해 장부금액이 증가할 경우	재평가로 인해 장부금액이 감소할 경우
기타포괄손익으로 인식&재평가잉여금으로 자본에 가산(단, 종전에 재평가감소금으로 당기손익에 인식한 부분이 있다면 해당금액만큼 당기순이익으로 가산함)	당기손익으로 인식(단, 종전에 재평가잉여금으로 기타포괄손익으로 인식한 부분이 있다면 해당금액만큼 기타포괄손익을 감소)

※ 재평가 시에는 개별로 하는 것이 아니라 '해당 유형자산 분류전체'를 대상으로 한다.

예시 유형자산의 후속측정 − 재평가모형

재평가로 장부금액 증가 시	재평가로 장부금액 감소 시
• 직전 재평가로 재평가증가액 100억원 발생 → 기타포괄손익 + 100억원으로 처리 • 차기 재평가로 재평가감소액 130억원 발생 → 기타포괄손익 − 100억원/당기손익 − 30억원	• 직전 재평가로 재평가감소액이 100억원 발생 → 당기손익 − 100억원으로 처리 • 차기 재평가로 재평가증가액이 130억원 발생 → 당기손익 + 100억원/기타포괄손익 + 30억원

ㄹ 감가상각

- 유형자산의 감가상각대상금액(취득가액 + 자본적지출액)은 내용연수에 걸쳐 체계적인 방법으로 배분한다.
- 유형자산의 잔존가치와 내용연수, 감가상각방법에 대해 적어도 매회계연도 말에 재검토해야 한다.
- 해외부동산의 감가상각도 국내기준에 따라야 한다.
- 공정가치로 측정하는 투자부동산은 감가상각을 하지 않는다(교환재로 보기 때문).

⑤ 투자부동산 : 후속측정모형에 원가모형이 권장됨(원가모형과 공정가치모형 중 선택가능하며, 선택한 모형은 모든 투자부동산에 적용해야 함)

원가모형	공정가치모형
장부금액 = 원가 − 감가상각누계액 − 손상차손누계액	공정가치로 인식하고, 손익발생 시 당기손익반영

※ 공정가치모형에서 공정가치변동으로 손익이 발생한다면 당기손익으로 인식한다(Cf. 유형자산에서의 공정가치변동은 증가 시 기타포괄손익, 감소 시 당기손실로 인식함).

⑥ 무형자산(Intangible Assets) : 물리적 실체는 없지만 식별가능하고 통제가 가능한 비화폐성자산을 말함[종류 : 영업권, 소프트웨어, 개발비, 기타의 무형자산(회원권 등)]

  ㉠ 연구비는 비용, 개발비는 자산(무형자산)으로 인식한다.

  ㉡ 하나의 프로젝트에서 연구비와 개발비의 구분이 어려울 경우에는 모두 연구비로 인식한다(보수적 회계기준).

  ㉢ 감가상각은 내용연수가 한정된 무형자산에 대해서만 한다. 비한정된 자산은 감가상각을 하지 않지만 손상검사는 수행한다.

⑦ 미상각신계약비

  ㉠ 신계약비로 실제 지출된 금액 중 차기이후에 회수될 금액을 말하며, 계약유지기간에 걸쳐 균등하게 상각하되, 최대상각기간은 7년이다.

  ㉡ 예정신계약비를 초과하는 신계약비는 당해 연도에 비용처리한다. 또한, 보험기간이 1년 이하인 단기보험계약의 신계약비도 당기비용으로 처리한다(→ ㉡ 항목은 재무건전성 차원임).

  ㉢ 장기보험계약에서 당해연도말 미상각신계약비가 순보험료식 보험료적립금과 해지환급금식 보험료적립금과의 차액보다 큰 경우에는 해지일이 속하는 회계연도에 전액 상각한다.

⑧ 재보험자산

  ㉠ 개념 : 보험계약의 출재 시, 수재한 보험사가 적립한 책임준비금 상당액이 출재사의 '재보험 자산'이 되며, 재보험자산은 관련된 보험부채와 상계할 수 없다.

  ㉡ 재보험자산의 손상평가에 따른 감액손실과 감액손실환입을 계상한다.

  ㉢ 재보험자산의 손상평가는 재보험자단위로 하며, 재보험자의 신용등급이 투자적격이 아닐 경우 해당 재보험자산의 전체가 손상된 것으로 본다.

⑨ 보험미수금 : 보험거래로 인해 회수해야 할 보험료 및 보험금을 보험미수금이라 한다.

  Cf. 보험미수금은 자산항목이고, 보험미지급금은 부채항목이다.

⑩ 구상채권 : 보험금을 지급한 후 피보험자로부터 취득하는 구상물권의 대위권 또는 소유권이다.

  ※ 구상채권 = 평가일 기준 직전 1년간 순보험금 중 잔여분×경험률

⑪ 기타자산

  ㉠ 미수금 : 보험영업 이외의 거래에서 발생한 미수채권을 말한다.

  ㉡ 보증금 : 건물 등의 임차를 위해 지급한 보증금 또는 전세금을 처리하는 계정이다.

    Cf. 임차보증금은 자산이며 임대보증금은 부채이다(임차보증금은 감가상각이 없음).

  ㉢ 가지급보험금 : 손해액이 미확정된 상태에서 가지급한 보험금으로써 결산 시 원수보험금으로 대체된다.

  ㉣ 이연법인세자산 : 미래에 회수될 수 있는 법인세금액은 이연법인세자산이며, 미래에 추가로 부담해야 할 법인세금액은 이연법인세부채이다.

  ㉤ 특별계정미수금 : 특별계정의 보험금지급은 일반계정에서 선지급 후 특별계정에서 후정산하는 바, 결산시점에서 정산이 종결되지 않는다면 특별계정미수금이 발생한다.

① 생명보험의 책임준비금

  ㉠ 책임준비금의 개념 : '재무상태표일 현재 장래 지급보험금의 현가와 장래 수입보험료의 현가와의 차이'로써, 재무상태표상에서 부채로 계상된다.

  ㉡ 생보사의 책임준비금 : 보험료적립금, 미경과보험료적립금, 지급준비금, 계약자배당준비금, 계약자이익배당준비금, 배당보험손실준비금, 재보험료적립금, 보증준비금

---

(1) 보험료적립금
- 유지 중인 계약에 대한 장래보험금을 지급을 위해 적립하는 금액으로서 책임준비금의 대부분을 차지함(90% 이상)
- 보험료 및 책임준비금 산출방법서에 따라 계산한 금액으로 적립함
- 보험료적립금 적립방식의 변천과정(생명보험) : 전기질멜식 → 순보험료식 → K율방식 → 실질해약환급금식 → 표준책임준비금 제도

(2) 미경과보험료적립금
- 당해 납입한 수입보험료 중에서 사업연도 말 현재, 기간이 경과하지 않은 보험료
- 미경과분은 보험계약자에게 반환해야 하는 성격을 지니므로 경과분과 미경과분으로 구분함

※ 미경과보험료적립금 = $\dfrac{m'-t}{m'} \times p$(m' : 납입주기, t : 납입경과월수, p : 영업보험료)

> **예시** 납입보험료총액 9천만원(순보험료 7천만원, 부가보험료 2천만원)이고 결산기말 현재 4개월이 경과하였다. 이 경우 미경과보험료적립금은?
>
> → 미경과보험료적립금 = $\dfrac{m'-t}{m'} \times p = \dfrac{12-4}{12} \times$ 9천만원 = 6천만원

(3) 지급준비금
- 보험사고가 발생하였으나, 보험금 등과 관련한 분쟁 또는 소송 중에 있어 보험금 지급금액이 확정되지 않은 경우의 추정금액을 말함
- 지급준비금 = 기보고 발생손해액 + 미보고 발생손해액(IBNR) + 장래손해조사비 + 미지급보험금 + 실효비금

(4) 계약자배당준비금
- 법령이나 약관에 의하여 계약자에게 배당하기 위한 목적으로 적립하는 금액
- 위험률차배당준비금(재원은 사차익), 이자율차배당준비금(재원은 이차익), 사업비차배당준비금(재원은 비차익), 장기유지특별배당준비금 등이 있다.
- 장기유지특별배당준비금은 6년 이상 유효한 계약을 대상으로 지급하기 위한 준비금이다.

(5) 계약자이익배당준비금
- 계약자지분 중에서, 배당보험손실준비금과 계약자배당준비금을 적립 후에도 남는 잉여금이 있을 경우 계약자이익배당준비금을 적립한다.
- 계약자배당준비금은 계약자별로, 계약자이익배당준비금은 총액으로 적립한다(계약자별로 확정하지 않음).
- 5년 이내에 계약자별로 배당하거나 계약자이익배당준비금 외의 책임준비금으로 대체해야 한다.

(6) 배당보험손실보전준비금
- 배당보험의 손실을 보전할 목적으로 계약자배당준비금 및 계약자이익배당준비금에 우선하여 적립한다.
- 계약자지분의 30% 이내까지 적립하며, 적립 후 5년 이내에 배당보험계약의 손실을 우선 보전하고 그 잔여분은 계약자배당의 재원으로 사용한다.
- 배당관련 준비금의 적립순서 : 배당보험손실보전준비금 → 계약자배당준비금 → 계약자이익배당준비금

(7) 재보험료적립금(재보험자산)
- 출재 시에는 '출재금액을 재보험자산'으로, 수재 시에는 '책임준비금 전액을 재보험료적립금'으로 적립해야 한다.

(8) 보증준비금
- 변액보험계약에서의 GMDB, GMAB 등에 대한 보증을 위해 각 변액보험계약에서 납입한 보증료를 준비금계정에 적립해 두는 것을 말한다.

※ 생명보험사나 장기손해보험의 책임준비금 중에서 가장 큰 비중을 차지하는 것은 보험료적립금이다.

※ 계약자이익배당준비금은 총액으로 적립하며, 적립 후 5년 이내에 계약자에게 배당하거나 계약자이익배당준비금 외의 책임준비금으로 대체해야 한다.

※ 신국제보험회계기준(IFRS17)에 따른 책임준비금의 측정 (2018.6 기본서개정사항)

(1) 신국제보험회계기준의 제정

① IFRS17(신국제보험회계기준, 종전 기준으로 'IFRS 4'의 2단계)의 의의
- 보험계약의 회계처리를 다루는 최초의 통일된 국제회계기준에 해당되며, 우리나라에서는 이에 대한 신회계기준서(제1117호)가 2017.6에 공표된 후 2021.1.1부터 국내 시행 예정
- 국제보험회계기준의 1단계 기준이라 할 수 있는 'IFRS4'는 각국의 상황을 폭 넓게 수용하다보니 국제적 비교가능성이 떨어지는 문제가 있어 통일된 기준의 필요성이 증가하였으며 이에 따라 IFRS17이 제정됨

② 'IFRS17'의 특징
- ㉠ 비교가능성 증대 : 국제적으로 통일된 단일의 회계기준, 산업별 일관성 유지
- ㉡ 경제적 실질 반영 : 시가평가 강화
- ㉢ 예측가능성 증대 : 폭 넓은 공시

  예시 FRS17이 시행되면 기존회계 대비, 보험부채는 증가하고(∵ 원가평가에서 시가평가), 보험수익은 감소한다(∵ 보험계약서비스마진 만을 보험수익으로 인식).

  ※ 기존회계에서 IFRS17으로 전환될 경우 보험부채는 증가하고, 보험수익은 감소하는 것이 일반적이다.

(2) 최초 인식시점의 측정

① 보험계약의 측정모형 3가지 : 일반모형, 보험료배분모형, 변동수수료 모형

  ※ 대부분 일반모형(General Model)을 적용함

② 보험계약부채의 측정요소(IFRS17) : 음영부분을 회계상의 부채로 인식함

[현행 보험 충당부채]		[IFRS17의 보험부채]	
보험료	수익	① 보험계약마진(CSM)	보험료
	현행 BS에 표시된 보험부채 (책임준비금) →	② 위험조정	
		③ 할인효과(화폐시간가치)	
		④ 미래현금흐름의 추정치	

- ㉠ 기존회계에서 보험부채는 '보험료수입에 대한 책임준비금'으로 인식하는데, 신회계에서는 '보험계약마진, 위험조정, 할인효과, 미래현금흐름의 추정치(①, ②, ③, ④)'의 합으로 인식한다.
- ㉡ 신회계에서 보험부채는 '①, ②, ③, ④'로 구성되지만, ①(보험계약마진)은 장래에 보험회사에 이익으로 전환될 것이므로 신회계에서의 책임준비금은 '②, ③, ④'가 된다.

※ 그리고, ①(보험계약마진 또는 계약서비스마진)은 지급여력비율 산정 시 가용자본이 된다.

※ IFRS17의 보험부채 구성요소

보험계약마진(CSM)	보험계약의 장래이익 (향후 이익으로 전환)	가용자본 (이익으로 전환되므로)
위험조정(RA)[주1]	추정의 불확실성에 대한 추가부채 (비금융위험을 대상)	책임준비금 (이행현금흐름)
할인효과	화폐의 시간가치와 금융위험을 반영한 조정액	
미래현금흐름의 추정치	보험계약 이행에 따른 미래현금흐름의 추정치	

※ 주1 : IFRS17에서는 위험조정(RA)에 대한 구체적인 산출방식을 규정하지 않고 있다.

예시 미래현금유출액의 현재가치 4,500원, 위험조정 800원이며,

(1) 보험료가 6,000원일 경우
 ① 보험계약마진 : '6,000원 − 4,500원 − 800원 = 700원', 즉 700원이다.
 ② 최초인식시점의 보험부채 : 유출액(4,500원 + 800원 + 700원) − 유입액 6,000원 = 0

(2) 보험료가 5,000원인 경우
 ① 보험계약마진 : '5,000원 − 4,500원 − 800원 = − 300원' 즉, 보험계약마진은 없다.
 ② 최초인식시점의 보험부채 : '유출액(4,500원 + 800원) − 유입액 5,000원 = 300원(+ 300원은 '양의 이행현금흐름'에 해당됨). 신회계기준상 최초인식시점에서의 장부상 부채는 0(제로)가 되어야 하므로 300원은 당기손실처리한다.

  ※ 보험부채의 구성항목 중 '미래현금흐름의 추정치'는 보험계약집합 내 각 계약의 경계 내에 있는 모든 미래 현금유출액의 추정치를 말하며, 중립적이어야 하며 현행가치로 추정되어야 한다.
  ※ 보험부채의 구성항목 중 '할인 또는 할인효과'는 화폐의 시간가치 및 금융위험을 반영한 조정액을 말한다.
  ※ 부채의 구성항목 중 '위험조정'은 미래현금흐름이 비금융위험으로 인하여 기대치와 다르게 나타날 불확실성이 있는데, 이에 대해 보험사가 보험계약자에게 요구하는 금액'이라고 할 수 있다. 그리고 IFRS17에서는 위험조정에 대한 구체적인 산출방법을 제시하지 않고 있다.
  ※ 보험부채의 구성항목 중 '미래현금흐름의 추정치, 할인효과, 위험조정'을 합쳐서 이행현금흐름이라 한다.
  ※ 보험부채의 구성항목 중 '보험계약마진'은 보험서비스의 대가로써 장래에 이익으로 인식한다.
  ※ 보험계약의 최초인식시점에 양(+)의 이행현금흐름이 나타나면, 동 계약은 손실부담계약이 되므로, 동 금액을 즉시 당기손실로 인식해야 한다.
  ※ 보험계약마진(CSM)은 부채항목에 속하지만, 보험회사의 지급여력비율 산정 시 가용자본에 포함된다(∵ 장래에 이익으로 인식하므로).

(3) 보험계약의 후속측정
 ① '매 보고기간 말 보험계약의 장부금액(후속측정)'은 '잔여보장에 대한 부채'와 '발생사고부채'의 합계액이 된다.
  ※ 매 보고기간 말 보험계약의 장부금액

잔여보장부채의 장부금액		발생사고부채의 장부금액
미래현금흐름의 추정치		미래현금흐름 추정치
할인	**+**	할인
위험조정		위험조정
보험계약마진		

 → 발생사고부채에는 '보험계약마진'이 없다. 보험계약마진은 장래에 인식하는 이익이므로 이미 발생된 사고에 대해서는 존재할 수 없기 때문이다.

(4) 보험료배분모형과 변동수수료 모형
 ① 보험료배분 모형

잔여보장부채	발생사고부채
보험료배분모형으로 측정[주1]	일반모형으로 측정

  ※ 주1 : '보험료배분모형'은 보험계약집합 내 계약의 보장기간이 1년 이하인 경우 주로 사용(여기서 보험계약 집합이란 '종신보험' 또는 '연금보험' 등의 해당 보험종목에 속해있는 계약의 집합을 말함)
 ② 변동수수료 모형(접근법)
  ㉠ 적용방식 : 변동수수료가 발생하는 계약에 대해서 적용한다.
   ※ 변동수수료 : 보험보장뿐 아니라 자산관리서비스와 유사한 서비스에 대한 대가(예 변액연금보험에서 최저연금적립금 보증을 위한 보증수수료 등)을 말함
  ㉡ 적용대상 : 보험금 지급대상의 상당부분을 차지하는 항목이 공정가치(시가) 변동에 따라 변동할 것이 예상되는 요건 등을 충족한 계약('직접참가특성이 있는 보험계약')을 대상으로 함
   ※ 보험료배분모형은 일반모형과 유사한데, 잔여보장부채의 측정에 대해서만 보험료배분모형을 사용한다.
   ※ 보험보장뿐 아니라 자산관리서비스와 유사한 서비스에 대한 대가를 변동수수료라 하고, 변동수수료가 발생하는 계약에 대해서 적용하는 모형은 변동수수료모형이다.

② 손해보험의 책임준비금

  ㉠ 장기손해보험의 책임준비금 : 보험료적립금, 미경과보험료적립금, 지급준비금, 계약자배당준비금, 계약자이익배당준비금, 배당보험손실보험준비금

  ※ 생명보험과 달리 '재보험료적립금과 보증준비금'항목이 없다(손해보험에서는 재보험료적립금을 별도로 표시하지 않는 것이 특징).

  ㉡ 일반손해보험의 책임준비금 : 지급준비금과 미경과보험료적립금

  ㉢ 지급준비금의 추정방법 : 기보고발생손해액(Outstanding Loss)을 추정하는 4가지 방식

구분	추정 방법
개별추산법	사고항목별로 손해사정자가 개별적으로 추산함 (해상, 항공보험 등 거액계약건에 적합)
평균평가법	일정기간 보험금지급의 증가율을 파악하여 그 추세로써 추산함
손해율평가법	예정손해율을 적용한 예정보험금에서 지급보험금을 차감하여 추산함
지급보험금 진전추이방식	사고발생 시점 이후의 손해율변동을 총계적으로 분석하여 향후의 지급규모를 추산함

  ※ 미보고발생손해액(Incurred But Nor Reported) : 정률법(보고지연, 보험료수준 등 회사의 경험률을 고려하여 일정비율로 추산함)

※ 책임준비금의 적정성평가(2018.6 기본서개정으로 내용 추가)

  (1) 개요
    ① 국제회계기준은 각 국의 현행 책임준비금 평가방식을 인정하되, 보험사의 의무이행을 위해 매 보고시점에 책임준비금의 적정성평가를 요구하고 있다.
    ② 책임준비금으로 평가된 장부금액이 추정된 미래현금흐름과 비교하여 과부족이 발생할 수 있는데, 잉여분은 당기순이익으로 부족분은 당기손실로 인식한다.

  (2) 평가대상 책임준비금 : 보험료적립금, 미경과보험료적립금, 보증준비금

  (3) 평가단위와 상계 및 추가적립
    ① 평가단위 및 추가적립방법

손해보험(3가지)			생명보험(3가지)		
일반손해보험 (자동차보험제외)	자동차보험	장기손해보험	금리확정형	금리연동형	실적배당형
'미경과보험료적립금'으로 추가적립			'보험료적립금'으로 추가적립		

    ② 상계여부 : 손해보험에서는 책임준비금의 과부족이 발생할 경우 3가지 평가단위 상호 간의 상계는 불가하다(생명보험은 원칙상 가능함).

    예시 S손해보험사의 책임준비금 적정성을 평가한 결과, 자동차보험을 제외한 일반 손해보험에서는 500억원의 잉여분이 발생하고 자동차보험에서는 200억원의 부족분이 발생하고 장기손해보험에서는 600억원의 부족분이 발생하였다. 이 경우,
      → 평가단위 상호 간의 상계는 불가하며, 아래와 같이 처리한다.
      ① 일반손해보험(자동차보험 제외)에 대해서는 잉여분 500억원에 대해서 당기순이익으로 인식한다.
      ② 자동차보험에 대한 부족분 200억원에 대해서는 미경과보험료적립금으로 200억원을 적립하고, 당기순손실 200억원을 인식한다.
      ③ 장기손해보험에 대한 부족분 600억원에 대해서는 보험료적립금으로 600억원을 추가적립하고, 당기순손실 600억원을 인식한다.

---

③ 계약자 지분조정

  ㉠ 개념
    • 계약자에 대한 포괄적 채무를 나타내는 계정으로, 궁극적으로 계약자에게 돌려주어야 할 비확정부채의 성격을 띤다(생명보험회계에서만 인정됨).

- 일반기업에서는 매도가능증권평가손익, 관계종속기업투자주식평가손익 등이 기타 포괄손익누계액에 전액 계상이 되지만, 보험회계에서는 매도가능증권평가손익 등의 일부를 계약자지분조정에 계상한다(주식회사 형태로 유배당상품을 판매하는 우리나라보험사의 현실을 반영한 것).
- 계약자지분조정은 K - IFRS로도 인정하는 회계처리방식이다(보험회계관행으로 인정).

ⓒ 계약자지분조정의 구성(음영부분은 '기타포괄손익누계액'과 공유하는 부분)

계약자배당안정화준비금 (구 회계기준, 재평가차액 중 계약자의 몫)	매도가능금융자산평가손익 (미실현손익 중 계약자의 몫)
공익법인 출연기금 (구 회계기준, 재평가차액 중 계약자의 몫)	관계종속기업투자주식평가손익 (미실현손익 중 계약자의 몫)
재평가적립금 (구 회계기준, 재평가차익 중 계약자의 몫)	재평가잉여금 (신 회계기준, 계약자 몫으로 계상한 금액)

※ 계약자지분조정과 계약자배당준비금은 둘 다 부채계정에 속하며, 유배당상품에 국한된다는 공통점이 있다.

※ 계약자지분조정은 K - IFRS에서 인정하나, 계약자배당준비금은 K - IFRS에서 인정하지 않아 법령이나 약관에 의해 적립된다.

④ 퇴직급여부채
  ㉠ 개념 : 미래 퇴사 시 지급할 퇴직급여를 충당하기 위해 적립하는 것으로 '퇴직급여충당부채'라고 함
  ㉡ 퇴직연금제도의 종류

확정급여형(DB)	확정기여형(DC)
기업은 매년 부담금을 충당부채에 적립하여 미래 퇴직급여를 지급할 의무가 있음	기업은 매년 부담금을 종업원에 지급하는 것으로 의무가 종료됨

※ 퇴직급여충당부채를 설정하는 퇴직연금의 유형은 확정급여형(DB형)이다.

⑤ 특별계정부채
  ㉠ 퇴직연금과 변액보험의 경우 부채총액을 특별계정부채에 합산하여 총액으로 표시한다.
  ㉡ 단, 퇴직연금과 변액보험을 제외한 나머지 특별계정운용상품(연금저축보험, 장기손해보험 등)은 일반계정과 계정과목별로 합산하여 표시한다.

⑥ 기타부채
  ㉠ 보험미지급금 : 보험영업거래에서 발생하는 미지급채무를 말함(미지급보험금 등)
  ㉡ 미지급금 : 보험영업 이외의 거래에서 발생한 미지급채무를 말함(주식매수대금 등)
  ㉢ 선수금 : 보험영업 이외의 거래에서 발생한 착수금, 계약금 등의 선수금액을 말함
  ㉣ 예수금 : 원천징수한 세금 등 지급시점보다 먼저 수입된 금액(소득세예수금 등)
  ㉤ 임대보증금 : 임차인으로부터 받은 보증금(Cf. 임차보증금은 자산이다)
  ㉦ 이연법인세부채 : 일시적 차이로 인해, 법인세비용이 법인세법 등의 법령상으로 납부해야 할 금액을 초과하는 경우 그 초과금액
    - 예 1 : 법인세비용 300, 세법상 납부금액이 200일 경우, 당기에 200을 납부하지만 과소납부액 100(법인세비용이 세법상 납부금액을 초과하는 금액 100)에 대해서는 차기에 추가로 납부해야 함. 즉 이연부채가 됨
    - 예 2 : 법인세비용 300, 세법상 납부금액이 500일 경우, 당기에 500을 납부하므로 과다납부한 200에 대해서는 추후 회수하거나 공제받을 수 있음. 즉 이연자산이 됨

※ 귀속할 과목이나 금액이 미확정된 일시적 자금의 수입액을 처리하기 위한 임시계정을 예수금이라 하며, 회사가 원천징수한 세금 등이 이에 해당된다.

※ 선급금은 자산이고 선수금은 부채이다.

※ 자본계정의 의미

자본계정	내용
자본금	• 1주당 액면금액에 발행주식총수를 곱하여 산출한 금액 • 채권자를 위해 회사가 보유해야 할 최소한의 담보액
자본잉여금	재무활동을 통해 창출한 잉여금(주식발행초과금)
이익잉여금	본연의 영업활동을 통해 창출한 잉여금(매년 반복되므로 기업가치결정에 있어 가장 중요함)
자본조정	자본계정을 감소시키는 항목(주식할인발행차금 등)
기타포괄손익누계액	기타포괄손익의 누계액(당기손익에 반영될 수 없으므로 자본에 반영)

① **(납입)자본금** : 자본금 = 액면금액×발행주식수
　　㉠ 무액면주의 경우 발행시가총액의 1/2 이상을 납입자본금으로 함(참고 : 시험범위 밖)
　　㉡ 상법상 자본충실의 원칙, 자본유지의 원칙에 적용되는 자본은 '자본금'을 의미함. 즉, '자본금, 상법상의 자본, 법정자본금, 납입자본금'은 모두 동일한 의미이며, 회사가 채권자를 위해 보유해야 할 최소한의 담보액을 의미하기도 함
　　　Cf. 불입자본 : 주주가 기업에 불입한 금액으로 자본금에 주식발행초과금을 가산하고 주식할인발행차금을 차감한 금액을 말함

② **자본잉여금** : 증자 등 자본거래를 통해 발생된 잉여금을 말함
　　㉠ 주식발행초과금 : 발행가액이 액면가를 초과할 경우 그 초과하는 금액을 주식발행 초과금이라 한다 (신주발행 시 비용을 차감한 금액). 그리고, 주식배당이나 무상증자의 경우 '이익잉여금의 자본전입'에 불과하므로, 주식발행초과금이 발생하지 않는다.
　　㉡ 기타의 자본잉여금 : 합병차익, 감자차익, 자사주처분이익
　　㉢ 자본잉여금은 자본금으로의 전입이나 결손금의 보전 이외에는 처분할 수 없다.
　　　※ 자본잉여금은 이익배당의 재원으로 사용할 수 없다.
　　　※ 무상증자나 주식배당에서는 주식발행초과금이 발생할 수 없다.

③ **이익잉여금** : 기업활동을 통해 얻은 이익 중에서, 배당금 등으로 사외유출되거나 결손보전에 사용되지 않고 사내에 유보된 이익
　　㉠ 이익준비금 : 배당총액의 1/10 이상을 납입자본의 1/2에 달할 때까지 의무적으로 적립해야 한다 (개정상법2012).
　　㉡ 기업합리화적립금 : 조세특례제한법상 세액공제(또는 소득공제)를 받았을 경우, 해당 금액은 당해 배당처분이 불가하고 의무적으로 적립해야 한다.
　　㉢ 비상위험준비금 : 예정사고율을 초과하는 거대위험에 대비하여 적립하는 준비금으로서 손해보험에만 존재한다(손해보험 6개 종목).

※ 비상위험준비금 = 보유보험료×적립기준율×적립한도					
• 주1 : 화재 5%	해상 3%	자동차 2%	보증 15%	특종 5%	수재 6%
• 주2 : 화 50%	해 50%	자 0%	보 150%	특 50%	수 50%

ⓔ 대손준비금 : K - IFRS는 회사의 경험률을 토대로 한 손실모형상의 평가금액만을 인정하고, 감독 규정에 따른 대손충당금을 인정하지 않아서 실제 대손충당금의 감소로 나타나고 있음. 이에 따른 재무건전성악화를 방지하기 위해 '감독목적회계상의 대손충당금과 K-IFRS상의 대손충당금 간의 차액'을 대손준비금으로 계상한다.

ⓜ 임의적립금 : 의무적립(법정준비금)이 아니라, 회사의 정관이나 주총을 통해서 임의적으로 설정되는 적립금

※ **법정준비금과 임의준비금(또는 법정적립금과 임의적립금)**
- 법정준비금 : 이익준비금, 비상위험준비금, 대손준비금, 기업합리화준비금
- 임의준비금 : 임의적립금

④ **자본조정** : 자본거래 중 최종결과가 미확정인 상태의 항목 또는 자본을 감소시키는 항목을 말함
ⓖ 주식할인발행차금 : 증자 시 액면가에 미달하는 금액을 말함
ⓛ 자기주식 : 자사주매입은 납입자본금을 줄어들게 하는 효과가 있음(자본의 공동화)
ⓒ 자기주식처분손실 : 자사주매매차익은 자본잉여금에, 매매차손은 자본조정에 계상
ⓡ 주식선택권 : 자본조정에 계상(자사주매입과 유사한 논리)

> **예시** 아래 보기에서 자본조정계정의 총금액은 얼마인가?
>
> 주식발행초과금 100억원, 자기주식 50억원, 자사주처분이익 10억원, 자사주 처분손실 5억원, 주식선택권 30억원
>
> → '자기주식 50억원 + 자사주처분손실 5억원 + 주식선택권 30억원 = 85억원'.
> ※ 참고로 주식발행초과금(100억원), 자사주처분이익(10억원)은 자본잉여금에 속한다.

⑤ **기타포괄손익누계액**
ⓖ 개념 : 미실현손익으로 당기순이익에 포함되지 않지만, 재무적자원의 변동에는 분명하므로, 손익계산서상에는 '기타포괄손익'으로, 재무상태표상에서는 '기타포괄손익누계액'으로 계상된다.
ⓛ 종류

매도가능금융자산평가손익	해외사업환산손익
관계 · 종속기업투자주식평가손익	현금흐름회피파생상품손익
재평가잉여금	특별계정 기타포괄손익누계액

※ 음영부분은 '계약자지분조정'으로도 배분되는 항목이다. '매관재'로 암기

SECTION 1 의의 및 작성원칙

① 손익계산서의 의의 : 일정기간 동안의 기업의 경영성과를 측정하기 위한 재무제표
  ※ 재무상태표는 일정시점(stock통계), 손익계산서는 일정기간(flow통계)의 통계이다.

② 수익 및 비용의 인식
  ㉠ 발생주의 회계 : 현금입출입 기준이 아니라 거래의 발생을 기준으로 계상하며, 모든 수익과 비용은 그것이 발생한 시기에 정당하게 배분되도록 한다.
    ※ 단, 미실현손익의 경우 당기손익에 산입하지 않는다.
  ㉡ 수익과 비용 대응의 원칙 : 모든 수익과 비용은 정확히 대응되어야 한다(예 매출액 – 매출원가). 단, 보험회계에서는 비용이 사후에 확정되는 특성이 있어 개별적 대응 대신 포괄적 대응을 하고 있다.
  ㉢ 총액주의 : 수익과 비용항목을 상계해서는 안 된다.

SECTION 2 보험회사의 수익과 비용의 계정과목

① 생명보험의 영업이익

보험영업수익 – 보험영업비용 = 보험손익 + 투자손익 – 책임준비금전입액 = 영업이익	
보험영업수익	**보험영업비용**
보험료수익(개인보험료 + 단체보험료) 재보험수익(재보험료수익 + 재보험금수익 + 재보험수수료수익 + 재보험자산손상차손환입)	지급보험금(보험금비용 + 환급금비용 + 배당금비용) 재보험비용(재보험료비용 + 재보험금비용 + 재보험료수수료비용 + 재보험자산손상차손) 사업비(이연신계약비, 신계약비, 유지비 등)

  ㉠ 재보험거래를 제외한다면 생명보험회계에서 보험손익은 '보험료수입에서 보험금이나 환급금을 지급하고 사업비를 차감'하여 계산된다.
  ㉡ 재보험거래가 포함된다면 '출재사로서의 출재보험료, 수재보험사로서 지급하는 수재보험수수료와 수재보험금'은 (–), '출재사로서 받는 출재보험수수료와 출재보험금, 수재사로서 받는 수재보험료'는 (+)가 된다.
    ※ 여기서 (–)는 보험영업비용, (+)는 보험영업수익을 말함(재보험거래의 메커니즘은 추후 학습)

  예시 1 생명보험회계이다. 보기의 경우 영업이익은 얼마인가?

  > 보험영업수익 800억원, 보험영업비용 600억원, 투자영업수익 400억원, 투자영업비용 300억원, 책임준비금전입액 200억원

  → (보험영업수익 – 보험영업비용) + (투자영업수익 – 투자영업비용) – 책임준비금
   = (800억 – 600억) + (400억 – 300억) – 200억 = 100억원
  → 보험손익(200억) + 투자손익(100억) – 책임준비금전입액(200억) = 영업이익(100억원)
  ※ 만일 위 보기에서 책임준비금환입액 200억원이라면
  → 보험손익(200억) + 투자손익(100억) + 책임준비금환입액(200억) = 영업이익(500억원)

※ 손익계산서 정리 : 생명보험VS손해보험(영업이익이 나오기까지의 단계에 유의할 것)

생명보험 손익계산서	손해보험 손익계산서
Ⅰ. 보험손익	Ⅰ. 경과보험료
1. 보험영업수익	Ⅱ. 발생손해액
2. 보험영업비용	Ⅲ. 보험환급금
Ⅱ. 투자손익	Ⅳ. 순사업비
1. 투자영업수익	Ⅴ. 보험료적립금증가액
2. 투자영업비용	Ⅵ. 계약자배당준비금증가액
Ⅲ. 책임준비금전입액 (또는 책임준비금환입)	Ⅶ. 보험영업이익
Ⅳ. 영업이익 (또는 영업손실)	Ⅷ. 투자영업수익
	Ⅸ. 투자영업비용
	Ⅹ. 투자영업이익
	ⅩⅠ. 영업이익(또는 영업손실)

※ 손해보험회계에서는 '책임준비금전입액'이라는 계정과목을 쓰지 않는다(책임준비금의 개별항목으로 반영).

예시 2 손해보험회계이다. 보기의 경우 영업이익은 얼마인가?

→ 경과보험료 − 발생손해액 − 보험환급금 − 순사업비 − 보험료적립금증가액 − 계약자배당준비금증가액 + 투자영업수익 − 투자영업비용
  = 100억 − 30억 − 20억 − 10억 − 15억 − 5억 + 70억 − 40억 = 50억원
→ 영업이익은 50억원이다. 그리고 영업이익 이하 단계는 생명보험과 손해보험이 같다.

② 손해보험의 영업이익

㉠ 보험영업이익과 영업이익

경과보험료 − 발생손해액 − 보험환급금 − 순사업비 − 보험료적립금증가액 − 계약자배당준비금증가액 = 보험영업이익 + 투자영업이익(투자영업수익 − 투자영업비용) = 영업이익

㉡ 경과보험료와 발생손해액

• 경과보험료 = 수입보험료[주1] − 지급보험료[주2] + 전기이월미경과보험료 − 차기이월미경과보험료 − 재보험자산감액손실 + 재보험자산감액손실환입

  ※ 주1 : 수입보험료 : 원수보험료, 수재보험료, 해지환급금 환입
  ※ 주2 : 지급보험료 : 출재보험료, 해지환급금

• 발생손해액 = 순보험금[주1] + 손해조사비 + 차기이월지급준비금[주2] − 전기이월지급준비금[주2] + 재보험자산감액손실 − 재보험자산감액손실환입

  ※ 주1 : 순보험금 = 지급보험금 − 수입보험금 − 구상이익

• 지급보험금 : 원수보험금, 수재보험금
• 수입보험금 : 출재보험금

  ※ 주2 : 전기이월지급준비금 = 지급준비금환입, 차기이월미지급준비금 = 지급준비금적립

예시 1 손해보험회계이다. 경과보험료는 얼마인가?

수입보험료 700억원, 지급보험료 200억원, 전기이월미경과보험료 100억원, 차기이월미경과보험료 150억원, 재보험자산감액손실 120억원, 재보험자산감액 손실환입 30억원

→ 경과보험료 = 수입보험료(700억) − 지급보험료(200억) + 전기이월미경과보험료(100억) − 차기이월미경과보험료(150억) − 재보험료감액손실(120억) + 재보험료감액손실환입(30억) = 360억원

예시 2 손해보험회계이다. 경과보험료는 얼마인가?(단위 : 억원)

원수보험료 100, 출재보험료 40, 수재보험료 30, 전기이월미경과보험료 20, 차기이월미경과보험료 10

→ 경과보험료 = 원수보험료 100 + 수재보험료 30 - 출재보험료 40 + 전기이월미경과보험료 20 - 차기이월미경과보험료 10 = 100

예시 3 손해보험회계이다. 발생손해액은 얼마인가?

순보험금 300억원, 손해조사비 10억원, 전기이월지급준비금 40억원, 차기이월지급준비금 70억원, 재보험자산감액손실 50억원, 재보험자산감액손실환입 10억원

→ 발생손해액 = 순보험금(300억) + 손해조사비(10억) - 전기이월지급준비금(40억) + 차기이월지급(70억) + 재보험자산감액손실(50억) - 재보험자산감액손실환입(10억) = 380억원

예시 4 손해보험회계이다. 발생손해액은 얼마인가?(단위 : 억원)

원수보험금 300, 수재보험금 200, 출재보험금 100, 지급준비금환입 150, 지급준비금적립 50, 손해조사비 50

→ 발생손해액 = 원수보험금 300 + 수재보험금 200 - 출재보험금 100 - 지급준비금환입 150 + 지급준비금적립 50 + 손해조사비 50 = 350

- 보험환급금 : 만기환급금, 개인연금지급금, 계약자배당금, 장기해지환급금

  ※ 지급보험금(원수보험금, 수재보험금)과 다르다.

- 순사업비 : 지급경비 - 수입경비

지급경비	수입경비
급여, 퇴직급여, 복리후생비, 일반관리비, 수재보험수수료, 수재이익수수료 등	출재보험수수료, 출재이익수수료[주1], 대손충당금환입 등

※ 주1 : 재보험출재가 있을 경우 '수입경비'도 발생하게 된다. 이를 이해하기 위해, 재보험거래의 매커니즘은 다음 표와 같다.

※ 재보험관련 항목의 현금흐름(출재사, 수재사를 모두 영위한다고 가정함)

출재사 입장		수재사 입장	
수익(+)	비용(-)	수익(+)	비용(-)
출재보험수수료	출재보험료	수재보험료	수재보험수수료
출재이익수수료	-	-	수재이익수수료
출재보험금	-	-	수재보험금

[출재사] 출재 시 출재보험료를 지급하고(-), '출재보험수수료와 출재이익수수료'를 수취한다(+). 그리고 사고 시 재보험사로부터 출재보험금을 수취한다(+) → 주고, 받고, 받고

[수재사] 수재사 수재보험료를 수취하고(+), '수재보험수수료와 수재이익수수료'를 지급한다(-). 그리고 사고 시 출재보험사에게 수재보험금을 지급한다(-) → 받고, 주고, 주고

ⓒ 투자영업손익

- 투자영업수익 : 이자수익, 배당금수익, 임대료수익, 수수료수익, 금융자산처분이익, 유가증권평가이익, 유가증권손상차손환입, 지분법평가이익, 부동산처분이익, 외환차익, 외화환산이익 등
- 투자영업비용 : 이자비용, 유가증권평가손실, 유가증권손상차손, 지분법평가손실, 부동산처분손실, 감가상각비, 재산관리비, 외환차손, 외화환산손실 등

ⓔ 영업이익(또는 영업손실) 이하 단계는 생명보험과 손해보험의 양식이 동일함

※ 영업이익 + (영업외수익 - 영업외비용) + 특별계정이익 = 법인세차감전순이익 - 법인세 = 당기순이익 + 기타포괄손익 = 총포괄손익

ⓜ 영업외손익

- 외환차손익, 외환환산손익 : 투자영업손익이나 영업외손익에 모두 반영될 수 있다. 자산운용차원에서 발생한 것이면 투자영업수익 또는 투자영업비용에 반영되며, 자산운용차원이 아닌 영업거래상 발생한 것이라면 영업외손익에 반영된다.

- 유형자산처분손익(부동산처분손익 제외) : 부동산처분손익은 자산운용상의 손익이므로 투자영업손익에 반영되지만, 부동산을 제외한 유형자산(예 차량운반구, 비품 등)의 처분손익은 영업외손익에 반영된다.

  ※ 자산운용차원이 아닌 외환차익은 투자영업이익이 아닌 영업외수익에 반영된다.

  ※ 부동산처분손실은 투자영업비용에 반영되지만, 차량운반구 등의 유형자산처분손실은 영업외비용에 반영된다.

ⓑ 기타포괄손익

- 당기순이익(실현손익) + 기타포괄손익(미실현손익) = 총포괄손익
- 기타포괄이익의 종류: 매도가능증권평가손익, 관계종속기업투자주식평가손익, 재평가잉여금, 해외사업환산손익, 현금흐름회피파생상품평가손익, 특별계정기타포괄손익

③ 손익의 구분

유배당이익		무배당이익	자본계정이익
90%	10%		
계약자 지분	주주지분		

※ 유배당상품에서 손실이 발생한 경우는, 전액 주주지분으로 인식한다.

[예시] 보험회사 유배당상품의 손익이 각각 + 100억원, − 100억원으로 가정할 때, 주주지분으로 인식하는 금액은 각각 + 10억원, − 100억원이다.

④ 재보험회계

㉠ 재보험자는 적정한 준비금의 적정정립을 위해, 원보험자가 통보하는 정보뿐 아니라 자체적인 지급준비금 추 정기법을 개발할 필요가 있다.

㉡ 재보험회계처리

구분	보험료	보험금	사업비	자산 또는 부채
출재 시	출재보험료 (재보험료비용)	출재보험금 (재보험금수익)	출재보험수수료 출재이익수수료 (재보험사업비수익)	재보험자산 (재보험자가 적립한 책임준비금)
수재 시	수재보험료 (재보험료수익)	수재보험금 (재보험금비용)	수재보험수수료 수재이익수수료 (재보험사업비비용)	책임준비금 (재보험자의 부채)

[예시 1] 재보험출재사의 현금흐름

(1) 수재사에 재보험료를 납입하는 것을 (   ),

(2) 보험사고 발생 시 수재사로부터 받은 보험금을 (   ),

(3) 출재보험에 대한 이익 및 수수료일부를 반환받는데, 이는 (   ), (   )의 항목에 해당된다.

→ 차례대로 '출재보험료(−)/출재보험금(+)/출재이익수수료(+), 출재보험수수료(+)'이다.

※ 출재사의 현금흐름 : 주고, 받고, 받고

[예시 2] 재보험수재사의 현금흐름

(1) 출재사로부터 재보험료를 수수하는 것을 (   ),

(2) 보험사고 발생 시 출재사에 지급하는 보험금을 (   ),

(3) 수재보험에 대한 이익 및 수수료일부를 반환하는데, 이는 (   ), (   )의 항목에 해당된다.

→ 차례대로 '수재보험료(+)/수재보험금(−)/수재이익수수료(−), 수재보험수수료(−)'이다.

※ 수재사의 현금흐름 : 받고, 주고, 주고

㉢ 재보험에 출재할 경우 미경과보험료에 대한 적립부담이 감소하여 재무구조가 개선되는 효과가 있다.

① **특별계정의 의의** : 특정보험계약의 손익을 구별하기 위해 별도로 설정한 계정을 통해 운영함으로써, 보험계약자 간 형평성과 경영투명성을 제고시키는 것이 장점이다.

※ 특별계정의 2종류

수급권 보장을 위함[주1]	실적의 투자자귀속을 위함[주2]
연금저축, 장기손해보험, 퇴직연금(원리금보장형)	변액보험, 퇴직연금(실적배당형)

※ 주1 : 손익구조는 일반계정과 동일하지만 계약자의 수급권보장을 위해 별도로 운용한다.

※ 주2 : 손익구조 자체가 일반계정과 다름(실적의 완전한 투자자귀속). 운용수익의 투명한 귀속을 위함

② **특별계정별 재무제표 계상방법**

구분	수급권보장을 위한 특별계정			실적의 투자자귀속을 위한 특별계정	
	연금저축보험	장기손해보험	퇴직연금 (원리보장형)	퇴직연금 (실적배당형)	변액보험
재무제표	단순합산	단순합산	**총액표시** ○	**총액표시** ○	**총액표시** ○
손익계산서	단순합산	단순합산	**총액표시** ○	총액표시 ×	총액표시 ×

※ 재무제표의 총액표시 : 특별계정자산, 특별계정부채(특별계정 총계)

※ 손익계산서의 총액표시 : 특별계정수익, 특별계정비용(특별계정원리금보장형 총계), 즉 손익계산서의 특별계정총액표시에는 '실적배당형 특별계정'은 제외된다.

> **예시 1** A손해보험사의 특별계정이 아래와 같다. 이 경우 재무상태표와 손익계산서에 총액으로 표시되는 금액은?

구분	특별계정자산	특별계정부채	특별계정수익	특별계정비용
연금저축보험	300	150	100	50
퇴직연금 (원리금보장형)	200	120	80	40
변액보험	400	250	150	60

→ 연금저축보험은 일반계정에 합산된다. 퇴직연금(원리금보장형)은 재무상태표와 손익계산서에 모두 총액으로 표시되며, 변액보험은 재무상태표에서만 총액으로 표시된다.

(1) 재무상태표에 표시되는 총액 : 특별계정자산 600, 특별계정부채 370

(2) 손익계산서에 표시되는 총액 : 특별계정수익 80, 특별계정비용 40

※ 연금저축보험(생손보사), 손해보험의 장기손해보험을 특별계정으로 운영하는 이유는 '계약자의 수급권보장'에 있다.

※ 특별계정운용상품 중 실적배당형(퇴직연금 실적배당형, 변액보험)은, 재무상태표에서는 총액으로 기재되지만, 손익계산서에서는 계상되지 않는다.

① 국제회계기준의 특징

다수 국가의 공동참여를 통해 제정	원칙중심(원칙과 방법론 제시, 세부선택)[주1]
연결재무제표 중심(실체위주의 정보제공)	공정가치평가(실제가치위주의 정보제공)[주2]

※ 주1 : 국제회계기준도입 시 기업 간 재무정보의 비교가능성은 낮아진다(IFRS는 원칙만 제시하고, 세부기준은 기업 스스로의 판단과 선택으로 재무제표를 작성함).

※ 주2 : 공정가치평가를 할 경우 재무구조의 변동성이 커진다(시가평가를 하므로).

② 국제회계기준의 도입필요성 : 회계기준의 국제적 정합성 충족(회계기준의 전 세계적 통용가능), 회계투명성에 대한 신뢰도제고 등이 있음

③ 국제회계기준(K – IFRS)은 2011년부터 상장회사 전체에 대해 의무도입

   ㉠ 비상장기업은 자율선택이 가능하나, K – IFRS를 선택한 후에는 재변경 불가함

   ㉡ 보험회사는 상장, 비상장 구분 없이 2011년부터 K – IFRS를 도입함

④ 국제회계기준 도입에 따른 영향

도입효과	K – IFRS	K – GAAP
공시기간 단축	각 결산 후 90일 내	120일 이내(자산 2조원 이상은 90일 내)
연결총자산 감소	50% 초과를 대상	30% 초과를 대상
연결범위 증가	자산 100억원 미만도 포함	자산 100억원 미만은 제외

※ 국제회계기준을 도입하면 공시기한이 단축되며, 연결총자산은 감소하며, 연결대상회사의 수는 증가한다.

CHAPTER 01 | 단원정리문제

01 보기 중에서 감독목적회계 차원에서 수행되는 회계처리방식을 모두 묶은 것은?

> ㉠ 책임준비금의 적정성 평가
> ㉡ 비상위험준비금의 부채계상금지
> ㉢ 이익잉여금 내 비상위험준비금과 대손준비금의 별도적립
> ㉣ 보험계리기준 운영

① ㉠, ㉡   ② ㉡, ㉢   ③ ㉠, ㉣   ④ ㉢, ㉣

정답 | ④
해설 | '㉢, ㉣'은 감독목적회계, '㉠, ㉡'은 국제회계기준의 처리기준이다.

02 다음 중 '한국채택국제회계기준'을 수용하는 보험회계의 처리기준은?

① 손익계산서보다 재무상태표를 더 중요시한다.

② 범주별이 아닌 상품별로 표시한다.

③ 비상위험준비금의 부채계상을 금지하였다.

④ K – IFRS의 대손충당금 적립규모를 대손준비금으로 보완하고 있다.

정답 | ③
해설 | ③은 K – IFRS채택기준, 나머지는 감독목적회계 기준이다.

03 보험회계의 특징과 가장 거리가 먼 것은?

① 손익계산서보다 재무상태표를 더 중요시한다.

② 원가가 사후적으로 계산된다.

③ 보험상품의 판매는 손익계산서상의 매출로 기록되고 일부는 보험자의 사업비로 처분이 가능하다.

④ 보험상품의 급부는 일반 금융상품과 마찬가지로 이자율만을 고려하여 계산된다.

정답 | ④
해설 | 보험상품의 급부는 일반 금융상품과 달리 이자율뿐 아니라 위험률, 사업비율을 동시에 고려하여 계산된다.

04 보험회사 재무제표에 속하지 않는 것은?

① 재무상태표 　　　　　　　　　　② 포괄손익계산서

③ 자본변동표 　　　　　　　　　　④ 이익잉여금처분계산서

정답 ｜ ④
해설 ｜ 이익잉여금처분계산서는 '주석'에 포함된다.
　　　　※ 재무제표 암기 : 재.손.현.자.주

05 보험회사의 재무상태표상에서 자본항목에 들지 않는 것은?

① 자본잉여금 　　　　　　　　　　② 이익잉여금

③ 기타포괄손익 　　　　　　　　　④ 자본조정

정답 ｜ ③
해설 ｜ 기타포괄손익은 포괄손익계산서 항목이며, 기타포괄손익누계액이 자본계정의 항목이다.

06 보험회사의 포괄손익계산서에서 볼 수 없는 것은?

① 매출총이익 　　　　　　　　　　② 영업외수익

③ 당기순이익 　　　　　　　　　　④ 총포괄손익

정답 ｜ ①
해설 ｜ 매출총이익(생보사는 보험손익에 해당)은 일반 제조업에서 표시하는 항목이다.

07 다음 중 감독목적회계에서 구체적인 작성방법을 두고 있지 않은 재무제표를 모두 묶은 것은?

㉠ 자본변동표	㉡ 현금흐름표
㉢ 재무상태표	㉣ 포괄손익계산서

① ㉠ 　　　　　　　　　　　　　　② ㉠, ㉡

③ ㉠, ㉡, ㉢ 　　　　　　　　　　④ ㉠, ㉡, ㉢, ㉣

정답 ｜ ②
해설 ｜ 자본변동표와 현금흐름표는 구체적인 작성방법을 별도로 두고 있지 않다(∵ 재무상태표와 손익계산서에 비해 중요성이 떨어지기 때문).

08 B가 A의 연결대상 종속회사일 경우, 가장 올바른 회계처리는?

① 'A + B'에 대해 연결재무제표를 작성한다.

② 'A + B'에 대해 연결재무제표를 작성하고, A와 B의 각각의 별도 재무제표를 작성한다.

③ 'A + B'에 대해 연결재무제표를 작성하고, A와 B의 각각의 개별 재무제표를 작성한다.

④ A와 B에 대해 개별재무제표를 작성한다.

정답 | ②
해설 | 연결대상 종속회사가 있는 경우, 주재무제표는 연결재무제표, 부재무제표는 각각의 별도재무제표이다.

09 보험회사의 재무제표에 대한 설명으로 가장 적절하지 않은 것은?

① 자산은 과거 사건의 결과로 기업이 통제하고 있고 미래 경제적 효익이 기업에 유입될 것으로 기대하는 자원이다.

② 부채는 과거 사건에 의해 발생하였으며 경제적 효익을 갖는 자원이 기업으로부터 유출될 것에 대한 이행이 기대되는 현재의 의무이다.

③ 일반회계는 자산 및 부채를 상품별로, 감독목적회계는 범주별로 구분표시한다.

④ 자산 및 부채에 대한 인식과 측정은 감독목적회계와 일반회계의 차이가 없다.

정답 | ③
해설 | 일반회계는 범주별로, 감독회계는 상품별로 구분하여 표시한다.
　　④ 자산·부채에 대한 인식과 측정방법이 동일한 것은 감독목적회계가 원칙은 국제회계기준을 따르기 때문이다(국제적인 정합성 유지차원).

10 다음 중 보험회사 재무상태표의 자산항목이 아닌 것은?

① 예치금　　　　　　　　　　② 미상각신계약비

③ 개발비　　　　　　　　　　④ 보험미지급금

정답 | ④
해설 | 보험미수금은 자산, 보험미지급금은 부채이다. 그리고 개발비는 자산(무형자산)인데 연구비는 비용이다.

11 금융상품의 인식과 후속측정 등에 대한 내용(표)이다. 빈칸에 가장 적합하지 않은 것은?(K – IFRS 제 1039호에 따름)

금융상품	최초인식방법	후속측정방법	손상측정	위험 공시
(①)	공정가치	공정가치	없음	양적공시 + 질적공시
(②)				
(③)		상각 후 원가	있음	
(④)				

※ 양적공시 : 시장위험, 신용위험, 유동성위험 등을 반영 / 질적공시 : 위험관리방법

① 당기손익인식금융자산   ② 매도가능 금융자산

③ 만기보유 금융자산   ④ 지분증권

정답 | ④

해설 | ④는 대여금 및 수취채권이다.
　　　※ 금융상품분류 구기준(제1039호) : '당.매.만.대'로 암기

12 공정가치로 평가하고 평가손익을 기타포괄손익으로 반영하는 금융자산은?(K – IFRS 제1039호에 따름)

① 당기손익인식금융자산   ② 매도가능금융자산

③ 만기보유금융자산   ④ 대여금 및 수취채권

정답 | ②

해설 | 매도가능금융자산이다.

13 보기에 해당하는 금융자산은?(K – IFRS 제1039호에 따름)

- 상각 후 원가로 후속측정한다.
- 유효이자율로 할인한 현재가치로 측정한다.
- 손상차손을 인식하지만 대손충당금은 설정하지 않는다.

① 당기손익인식금융자산   ② 매도가능금융자산

③ 만기보유금융자산   ④ 대여금 및 수취채권

정답 | ③

해설 | 만기보유금융자산이다.

14 K – IFRS 제1039호에 따른 금융자산의 분류 중 '대여금 및 수취채권'에 해당하는 것을 모두 고른 것은?

> ㉠ 공정가치로 평가한다. ㉡ 상각 후 원가로 후속 측정한다.
> ㉢ 평가손익을 기타포괄손익에 계산한다. ㉣ 손상차손을 인식하고 대손충당금을 적립한다.

① ㉠, ㉢   ② ㉡, ㉣   ③ ㉠, ㉡, ㉢   ④ ㉡, ㉢, ㉣

정답 ┃ ②
해설 ┃ ㉠은 매도가능금융자산, ㉡는 대여금 및 수취채권에 해당된다.

15 다음 중 금융부채에 속하지 않는 것은?

① 예수금   ② 일반사채
③ 선수금   ④ 미상각신계약비

정답 ┃ ④
해설 ┃ 미상각신계약비는 금융자산이다.
　　　※ 금융부채 = 당기손익인식금융부채(예수금, 차입금 등) + 기타금융부채(선수금, 선수수익 등)

16 K – IFRS상 대손충당금을 설정하는 방법은 개별평가와 집합평가방법이 있다. 그렇다면 보기에서 반드시 개별평가를 해야 하는 것은?

> ㉠ 손상이 발생한 중요한 채권 ㉡ 손상이 발생하지 않은 중요한 채권
> ㉢ 손상이 발생한 중요하지 않은 채권 ㉣ 손상이 발생하지 않은 중요하지 않은 채권

① ㉠   ② ㉠, ㉡   ③ ㉠, ㉡, ㉢   ④ ㉠, ㉡, ㉢, ㉣

정답 ┃ ①
해설 ┃ 반드시 개별평가를 해야 하는 것은 ㉠, 반드시 집합평가를 해야 하는 것은 ㉣, ㉡ · ㉢은 집합평가가 원칙이지만 예외적으로 ㉡의 경우 PF채권(특수금융여신), ㉢의 경우 제각채권은 개별평가를 한다.

17 2018년 1월 1일 이후에 우리나라 보험사들에게 적용되는 '금융상품에 대한 회계처리방법'을 옳게 설명한 것은?

① 2018년 1월 1일 이후로는 새로운 금융상품회계기준서인 K – IFRS 제1109호를 의무적으로 적용해야 한다.

② 보험계약에 대한 새로운 국제회계기준서인 'IFRS17'이 시행되는 2021년까지 기존의 금융상품회계기준서인 K – IFRS 제1039호와 새로운 기준서인 제1109호를 모두 적용해야 한다.

③ 보험계약에 대한 새로운 국제회계기준서인 'IFRS17'이 시행되는 2021년까지 기존의 금융상품회계기준서인 K – IFRS 제1039호와 새로운 기준서인 제1109호를 선택하여 사용할 수 있다.

④ 보험계약에 대한 새로운 국제회계기준서인 'IFRS17'이 시행되는 2021년까지 기존의 금융상품회계기준서인 K – IFRS 제1039호를 적용해야 한다.

정답 | ②

해설 | 2018.1.1이후부터 제1109호를 의무적으로 적용해야 하나, 2021년부터 시행되는 보험계약에 대한 국제회계기준 2단계(IFRS17)과 회계불일치가 우려되므로, 2021년까지는 기존의 제1039호와 새로운 기준서인 제1109호를 병행하여 적용하도록 하고 있다.

18 K – IFRS 제1109호에서 규정하는 금융자산에 속하지 않는 것은?

① 당기손익 공정가치측정 금융자산 ② 기타포괄손익 공정가치측정 금융자산

③ 만기보유금융자산 ④ 상각후원가 측정 금융자산

정답 | ③

해설 | K – IFRS 제1109호 기준서상의 금융상품은 ①, ②, ④의 3가지 범주로 분류된다.

19 한국채택국제회계기준 제1109호에 기준할 때, 보기는 어떤 금융자산으로 분류되는가?

계약상 현금흐름을 수취하기 위해 보유하며, 특정일에 원금과 원금잔액에 대한 이자가 지급된다.

① 당기손익 공정가치측정 금융자산 ② 기타포괄손익 공정가치측정 금융자산

③ 상각후원가측정 금융자산 ④ 대여금 및 수취채권

정답 | ③

해설 | 사업모형상 이자수취에만 목적이 있으므로 '상각후원가측정 금융자산'이다.

20 한국채택국제회계기준 제1109호에 기준할 때, 보기는 어떤 금융자산으로 분류되는가?

> 계약상 현금흐름 수취와 매도 두 가지 모두를 보유목적으로 하며, 특정일에 원금과 원금잔액에 대한 이자가 지급된다.

① 당기손익 공정가치측정 금융자산　　　　　② 기타포괄손익 공정가치측정 금융자산

③ 상각후원가 측정 금융자산　　　　　　　　④ 대여금 및 수취채권

정답 | ②

해설 | 사업모형상 이자수취와 매도 두 가지 모두를 목적으로 하므로 '기타포괄손익 공정가치측정 금융자산'이다.

21 빈칸을 옳게 채운 것은?(K - IFRS 제1109호에 따름)

> 사업모형상 매매만을 목적으로 하는 금융자산은 (　　　　　　　　　　)이며, 사업모형상 계약상 현금흐름 수치만을 목적으로 하는 금융자산은 (　　　　　　　　)이다.

① 당기손익 공정가치측정 금융자산 - 상각후원가 측정 금융자산

② 당기손익 공정가치측정 금융자산 - 기타포괄손익 공정차가치측정 금융자산

③ 기타포괄손익 공정가치측정 금융자산 - 상각후원가 측정 금융자산

④ 상각후원가 측정 금융자산 - 당기손익 공정가치측정 금융자산

정답 | ①

해설 | 사업모형만으로 분류할 때, 매매목적에만 있으면 '당기손익 - 공정가치측정 금융자산'이며, 현금흐름수취에만 있으면 '상각후원가 측정 금융자산'이며, 매매목적과 현금흐름수취 모두에 있으면 '기타포괄손익 - 공정가치측정 금융자산'이다.

22 K - IFRS 제1109호 기준에 따를 경우, 손상을 인식하는 금융자산은?

> ㉠ 당기손익 공정가치측정 금융자산
> ㉡ 기타포괄손익 공정가치측정 금융자산(채무상품)
> ㉢ 기타포괄손익 공정가치측정 금융자산(지분상품)
> ㉣ 상각후원가 측정 금융자산

① ㉠, ㉡　　　　　② ㉡, ㉢　　　　　③ ㉠, ㉢　　　　　④ ㉡, ㉣

정답 | ④

해설 | 손상차손의 인식대상 금융자산은 ㉡과 ㉣이다(참고: 기타포괄손익 공정가치특정 금융자산은 각각 채무상품과 지분상품으로 구분된다).

23 '기타포괄손익 공정가치 측정 금융자산(지분증권)'에 대한 설명이다. 가장 거리가 먼 것은?(K – IFRS 제 1109호 기준에 따름)

① 손상차손을 인식하지 않는다.

② 평가 시에는 평가손익에 대해 기타포괄손익으로 인식한다.

③ 매도(제거) 시에는 매매손익에 대해서 당기손익으로 인식한다.

④ 지분상품의 경우 '당기손익 – 공정가치측정 금융자산'과 '기타포괄손익 – 공정가치측정 금융자산'으로 선택이 가능하며, 선택 후에는 취소할 수 없다.

정답 | ③

해설 | 지분증권의 경우 매도(제거)시에도 당기손익으로 인식할 수 없고 기타포괄손익으로 인식해야 한다(→ 지분증권의 경우 '기타 포괄손익의 재순환금지'를 말함).

24 K – IFRS 제1109호(신기준)에 대한 설명이다. 가장 거리가 먼 것은?

① 사업모형과 계약상 현금흐름을 기준으로 금융상품의 범주로 3가지로 분류하였다.

② 종전기준의 금융상품의 범주 4가지는 다른 범주로의 재분류가 비교적 용이하였으나, 신기준상으로는 사업모형 변경 시에만 재분류가 가능하도록 하여 재분류 요건을 매우 엄격히 하였다.

③ 기타포괄손익 공정가치측정 금융자산 중 지분상품의 경우, 어떠한 경우에도 평가손익을 당기손익으로 인식할 수 없다.

④ 손실발생의 객관적 증거가 있는 경우를 제외하고는 손상을 인식할 수 없게 하여, 손상기준을 더 엄격히 하였다.

정답 | ④

해설 | 손상기준은 종전의 발생손실모형(지문④의 내용)에서 기대손실모형으로 전환하여, 손상의 객관적인 이벤트가 발생하지 않았다 하더라도 향후 발생이 예상되는 신용손실을 인식할 수 있게 하였다(예 신용등급하락 시 손상인식).

25 유형자산에 대한 최초인식 후의 측정을 재평가모형으로 한다. 재평가에 대한 정보가 아래와 같을 경우 당기의 회계처리로 옳은 것은?

- 직전 재평가 시 재평가증가액이 50억원 발생하여 기타포괄손익으로 인식하였다.
- 당기에 재평가로 재평가감소액이 70억원 발생하였다.

① 당기에 70억원을 당기순손실로 인식한다.
② 당기에 기타포괄손익으로 – 70억원을 인식한다.
③ 당기에 기타포괄손익으로 – 50억원, 당기순손실로 20억원을 인식한다.
④ 당기에 당기순이익으로 50억원을 인식하고, 기타포괄손익으로 – 20억원을 인식한다.

정답 | ③
해설 | 직전에 플러스로 반영되었던 기타포괄손익에서 마이너스 처리를 하고, 남는 부분(– 20억원)에 대해서 당기손실로 인식한다.

26 유형자산에 대한 최초인식 후의 측정을 재평가모형으로 한다. 재평가에 대한 정보가 아래와 같을 경우 당기의 회계처리로 옳은 것은?

- 직전 재평가 시 재평가감소액이 30억원 발생하여 당기손실로 인식하였다.
- 당기에 재평가증가액이 50억원 발생하였다.

① 당기에 당기순이익으로 50억원을 인식한다.
② 당기에 당기순이익으로 30억원, 기타포괄손익으로 + 20억원을 인식한다.
③ 당기에 기타포괄손익으로 + 30억원을 인식한다.
④ 당기에 기타포괄손익으로 + 50억원을 인식한다.

정답 | ②
해설 | 직전에 보수적인 회계처리상 당기손실로 계상하였던 부분만큼은(– 30억원) 당기순이익으로 인식하고, 남는 20억원을 기타포괄손익으로 계상한다.

27 유형자산의 인식 및 측정에 대한 설명이다. 틀린 것은?

① 기업은 원가모형이나 재평가모형 중 하나를 회계정책으로 선택하여 자산분류별로 동일하게 적용한다.

② 원가모형이란 최초 인식한 원가에서 감가상각누계액과 손상차손누계액을 차감한 금액을 장부가액으로 한다.

③ 특정유형자산을 평가할 때, 해당자산이 포함되는 유형자산 전체를 재평가해야 한다.

④ 자산의 장부금액이 재평가로 인해 증가된 경우에는 당기순이익으로 인식한다.

정답 | ④
해설 | 재평가로 증가된 금액은 기타포괄손익으로, 감소된 금액은 당기손실로 인식한다(보수적인 회계원칙).

28 '투자부동산'의 후속측정에 대한 설명이다. 가장 거리가 먼 것은?

① 투자부동산의 후속측정은 원가모형 또는 공정가치측정모형 중 선택할 수 있으며, 선택한 평가모형은 모든 투자부동산에 적용한다.

② 공정가치평가모형을 도입할 경우 현재의 시장상황을 잘 반영한다는 장점이 있으나 회계변동이 커질 수 있는 단점이 있다.

③ 원가모형에서는 감가상각을 하지만 공정가치모형에서는 감가상각을 하지 않는다.

④ 공정가치모형에서 공정가치의 변동으로 발생하는 손익은 증가 시에는 기타포괄손익으로, 감소 시에는 당기손실로 인식한다.

정답 | ④
해설 | 공정가치모형은 변동가격의 증감과 관계없이 당기손익으로 인식한다(유형자산의 재평가모형과 구분해야 함). 그리고 ③에서 공정가치모형에서는 감가상각을 하지 않는 이유는 자산을 교환재로 보기 때문이다.

29 다음 중 무형자산에 속하지 않는 것은?

① 연구비   ② 개발비   ③ 영업권   ④ 소프트웨어

정답 | ①
해설 | 개발비는 무형자산, 연구비는 비용이다.

30 무형자산에 대한 다음 설명 중 가장 적절하지 않은 것은?

① 연구단계에서 발생한 지출은 비용으로 인식하고 개발단계에서 발생한 지출은 무형자산으로 인식한다.

② 연구단계와 개발단계의 구분이 어려운 경우 모두 개발단계로 간주하여 전체의 비용을 무형자산으로 인식한다.

③ 내용연수가 비한정인 무형자산은 감가상각을 하지 않는다. 대신 내용연수가 비정형이라는 것이 정당한가를 매 회계연도에 평가하여, 정당하지 않은 경우에는 내용연수를 유한으로 변경해야 한다.

④ 내용연수가 비한정인 무형자산은 자산손상의 징후가 유무와 관계없이 매년 손상검사를 한다.

정답 | ②

해설 | 만일 지출발생을 연구단계와 개발단계로 구분하기 어려운 경우 모두 연구단계에서 발생한 것으로 간주한다(∵ 보수적인 회계처리).

31 자산계정의 각종 항목에 대한 설명이다. 틀린 것은?

① 미상각신계약비는 최대 7년동안 균등하게 상각하여 비용으로 처리된다.

② 재보험자산은 관련된 보험부채와 상계처리를 하지 않는다.

③ 미래 회계기간에 회수될 수 있는 법인세 금액을 이연법인세부채라 한다.

④ 임차보증금은 감가상각을 하지 않는다.

정답 | ③

해설 | 미래에 회수될 수 있는 법인세금액은 이연법인세자산이며, 미래에 추가로 부담해야 할 법인세금액은 이연법인세부채이다.

32 미상각신계약비에 대한 설명이다. 틀린 것은?

① 예정신계약비를 한도로 하는 미상각신계약비는 유지기간 동안 균등하게 상각하되, 최대상각기간은 10년이다.

② 예정신계약비 한도를 초과하는 신계약비는 당해 연도에 비용처리한다.

③ 보험기간이 1년 이하인 단기보험계약으로 인해 발생한 신계약비는 당기의 비용으로 처리한다.

④ 당해 회계연도말 미상각신계약비가 순보험료식 해지환급금과 해지환급금식 보험료적립금과의 차액보다 클 경우에는 해지일이 속하는 회계연도에 전액 상각한다.

정답 | ①

해설 | 7년이다.

33 재보험회계에 대한 설명이다. 틀린 것은?

① 재보험에 출재할 경우 수재사가 적립해야 하는 책임준비금은 출재사의 재보험자산이 된다.

② 재보험에 출재 시 수재사의 입장에서 미경과보험료의 적립부담이 감소하여, 수재사의 재무구조 개선 효과가 발생한다.

③ 재보험은 일반적으로 이익 또는 수수료에 대해 초과이익이 발생한 경우, 원보험자에게 일부를 반환하는 약정을 체결한다.

④ 재보험자산은 관련된 보험부채와 상계할 수 없다.

정답 | ②
해설 | 출재사의 재무구조가 개선된다.

34 다음 중 보험회계의 자산항목이 아닌 것은?

① 미수금   ② 선급금   ③ 선수금   ④ 이연법인세자산

정답 | ③
해설 | 선수금은 미리 받은 금액이므로 부채이다.

35 다음 중 보험회계의 부채항목이 아닌 것은?

① 보험미수금   ② 보험미지급금   ③ 차입금   ④ 예수금

정답 | ①
해설 | 미수금은 아직 받지 못한 금액이므로 자산이다.
        ※ 미수금(자산) ↔ 미지급금(부채), 선급금(자산) ↔ 선수금(부채)

36 생명보험의 책임준비금에 대한 설명이다. 틀린 것은?

① 보험계약을 체결한 경우 계약자로부터 매년 납입받는 보험료 중에서 보험료산출 시 적용한 기초율대로 비용을 지출하고 계약자에게 장래에 지급할 보험금, 환급금, 계약자배당금 등의 부채에 충당하기 위해 적립하는 법정준비금이다.

② 재무상태표일 현재 장래 지급보험금의 현가와 장래 수입보험료의 현가와의 차이이다.

③ 보험회사의 지급능력 및 경영상태의 평가기준이 되며 결산손익을 결정하는 주요 요소가 된다.

④ 책임준비금은 재무상태표상 자산에 기재된다.

정답 | ④
해설 | 책임준비금은 부채계정의 대표적인 항목이다.

37 보험회사 책임준비금에 대한 설명으로 가장 거리가 먼 것은?

① 보험료적립금은 책임준비금 중 가장 높은 비중을 차지하지만 일반손해보험의 경우 적립하지 않는 항목이다.

② 보증준비금은 생명보험회계에서만 적립하는 책임준비금이다.

③ 책임준비금은 생보회계, 손보회계 모두 '책임준비금 전입액'이라는 계정과목으로 영업이익의 차감항목으로 반영된다.

④ 보험자는 매 보고기간 말에 보험계약의 미래현금흐름에 대한 현행추정치를 이용하여 인식한 책임준비금의 적정성을 평가해야 하며, 만일 평가결과 책임준비금이 미래현금흐름대비 부적정하다고 판단되면 그 부족액은 모두 당기비용으로 처리한다.

정답 | ③
해설 | 책임준비금 전입액(또는 환입액)으로 영업이익의 차감항목(가산항목)으로 반영되는 것은 생보회계이다. 손보회계에서는 책임준비금의 세부항목으로 개별적으로 반영된다(손익계산서에서 추가 학습함).

38 미경과보험료적립금에 대한 내용이다. 틀린 것은?

① 수입보험료 중 사업연도 말 현재, 기간이 경과하지 않은 보험료를 말한다.

② 보험계약 해지 시에 보험계약자에게 반환되어야 하는 반환금의 성격이 있다.

③ 자산항목에 속한다.

④ 선수보험료의 성격이다.

정답 | ③
해설 | 미경과보험료적립금은 부채이다. 비교하여 미상각신계약비는 자산항목이다.

39 책임준비금의 세부항목 중 보기가 뜻하는 것은?

> 재무상태표일 현재 보험사고가 발생하였으나 보험금, 환급금, 계약자배당금에 대한 분쟁 또는 소송이 계류 중인 금액이나 보험금지급금액이 확정되지 않는 경우의 추정금액을 말한다.

① 보험료적립금

② 미경과보험료적립금

③ 미보고발생손해액

④ 지급준비금

정답 ┃ ④

해설 ┃ 지급준비금이다. 미보고발생손해액(IBNR)은 지급준비금의 세부항목에 속한다.

40 다음 설명 중 가장 적절한 것은?

① 계약자배당준비금은 K – IFRS기준에 의해 적립한다.

② 계약자이익배당준비금은 계약자별로 확정하여 적립한다.

③ 배당보험손실준비금은 적립 후 5년 이내에 배당보험의 손실보전을 위해 우선 사용하고 그 잔여분은 계약자배당의 재원으로 사용한다.

④ 실제위험률이 예정위험률보다 높을 경우 계약자배당의 재원이 된다.

정답 ┃ ③

해설 ┃ ① 법령이나 약관에 의해 적립한다.
　　　② 계약자이익배당준비금은 총액으로 적립한다.
　　　④ 사차익은 실제위험률이 예정위험률보다 낮아야 발생한다.

41 빈칸을 순서대로 옳게 채운 것은?

> • 장기유지특별배당준비금은 (　　　　) 이상 유지된 유효한 계약에 대해서 특별히 지급하는 배당금을 적립한 것이다.
> • 계약자이익배당준비금은 당해 회계연도 종료일로부터 (　　　　) 이내에 계약자별로 배당하거나 계약자이익배당준비금 외의 책임준비금으로 대체해야 한다.

① 5년, 5년　　　　② 6년, 5년　　　　③ 6년, 3년　　　　④ 5년, 3년

정답 ┃ ②

해설 ┃ '6년, 5년'이다.

42 빈칸을 순서대로 옳게 채운 것은?

> 배당보험손실보전준비금은 계약자지분 중 (　　　) 이내에서 적립하며, 적립 후 (　　　) 이내에 배당보험
> 계약에서 발생한 손실을 우선적으로 보전하고, 보전 후 잔여액은 계약자 배당재원으로 사용한다.

① 100분의 30, 3년　　　　　　　　　② 100분의 30, 5년

③ 100분의 50, 3년　　　　　　　　　④ 100분의 50, 5년

정답 | ②

해설 | '100분의 30, 5년'이다.

43 유배당상품에서 계약자배당관련 준비금을 적립하는 순서를 옳게 연결한 것은?

① 계약자배당준비금 → 계약자이익배당준비금 → 배당보험손실보전준비금

② 계약자이익배당준비금 → 배당보험손실보전준비금 → 계약자배당준비금

③ 배당보험손실보전준비금 → 계약자배당준비금 → 계약자이익배당준비금

④ 배당보험손실보전준비금 → 계약자이익배당준비금 → 계약자배당준비금

정답 | ③

해설 | 보수적인 원칙에 따라 배당보험손실보전준비금을 제일 먼저 적립한다. 이후 계약자배당준비금을 계약자별로 적립하고, 남는
잉여금이 있을 경우 계약자이익배당준비금을 총액으로 적립한다.

44 IFRS17에 의하면, 보험계약을 최초인식 시 보험계약부채의 4가지 구성요소가 아닌 것은?

① 미래현금흐름의 추정치　　　　　　② 할인

③ 위험조정　　　　　　　　　　　　　④ 이행현금흐름

정답 | ④

해설 | 보험계약부채의 4가지 요소는 '①, ②, ③, 보험계약마진'이다. 그리고 ①, ②, ③을 합쳐서 '이행현금흐름'이라 한다.

45 IFRS17에 따라 보험계약부채의 구성을 기술하였다. 틀린 것은?

① 보험계약부채는 이행현금흐름과 보험계약마진으로 구성된다.

② 보험계약부채는 최적추정부채와 위험조정과 보험계약마진으로 구성된다.

③ 보험계약부채는 미래현금흐름의 추정치와 할인효과와 위험조정과 보험계약마진으로 구성된다.

④ 정답 없음(①, ②, ③ 모두 옳다)

정답 | ④

해설 | '보험계약부채 = 최적추정부채 + 위험조정 + 보험계약마진' 또는 '보험계약마진 = 이행현금흐름 + 보험계약마진'이다.

46 보험계약을 최초 인식 시 보험계약부채의 4가지 구성요소에 대한 설명이다. 틀린 것은?(IFRS17에 따름)

① '미래현금흐름의 추정치'에는 보험계약집합의 모든 미래현금흐름의 현재가치 추정치를 말하는데, 중립적이고 명시적으로 추정하는 것이 원칙이다.

② 미래현금흐름 추정치에 추가하여 화폐의 시간가치 변동이나 금융위험의 변동이 있을 경우 적절한 할인율로 할인하는 것이 '할인효과'이다.

③ 미래현금의 기대흐름이 평균기대치와 다른 불확실성에 노출될 경우 이를 부담한 대가로 보험자가 보험계약자에게 추가로 요구하는 부채를 위험조정이라 하며, IFRS17에서는 위험조정에 대한 산출방식을 제시하는 것을 원칙으로 하고 있다.

④ 보험계약의 최초인식시점에서 양(+)의 이행현금흐름이 발생한다면 해당금액은 즉시 당기손실로 인식해야 한다.

정답 | ③

해설 | 위험조정(RA)에 대한 측정방식은 제시하지 않는다(IFRS는 원칙중심).

47 보험계약부채를 후속측정을 할 경우, 발생사고부채의 장부금액에 포함되지 않는 것은?

① 보험계약마진   ② 할인

③ 위험조정   ④ 이행현금흐름

정답 | ①

해설 | 발생사고부채의 장부금액에는 보험계약마진이 없다.

※ 보험계약마진은 보험서비스 제공의 대가로 장래에 이익으로 전환된다. 따라서 잔여보장부채에서는 존재하지만 발생사고부채에서는 존재할 수 없다.

48 IFRS17의 보험계약측정모형에 대한 설명이다. 가장 거리가 먼 것은?

① 대부분의 계약은 3가지 모형 중 일반모형으로 측정한다.

② 보험의 보장기간이 1년 이하인 계약은 보험료배분모형으로 측정한다.

③ 보험료배분모형에서의 후속측정은 잔여보장부채와 발생사고부채 모두 보험료배분모형을 적용하는 것을 말한다.

④ 변동수수료모형은 보험자가 보장뿐 아니라 자산관리서비스에 대한 대가를 받는 계약에 대해 적용된다.

정답 | ③
해설 | 보험료배분모형이라도 발생사고부채에 대한 평가는 일반모형과 동일하다.

49 다음 중 일반손해보험의 책임준비금을 모두 묶은 것은?

㉠ 보험료적립금	㉡ 미경과보험료적립금
㉢ 지급준비금	㉣ 계약자이익배당준비금

① ㉠, ㉡   ② ㉡, ㉢   ③ ㉢, ㉣   ④ ㉠, ㉣

정답 | ②
해설 | 일반손해보험의 책임준비금은 '미경과보험료적립금, 지급준비금'으로 구성된다.

50 손보사의 지급준비금 추정방법 중 개별추산법에 해당하는 것은?

① 대수의 법칙을 적용시킬 수 없을 정도로 건수가 적고 건당 손해액이 큰 해상보험, 항공보험, 화재보험의 공장물건에 주로 적용되는 방법이며, 손해정도나 판례 등을 감안하여 개별적으로 추산하여 적립한다.

② 손해가 발생한 이후부터 정산이 완료될 때까지의 기간 동안(재무상태일 이전 5년간) 발생한 사고의 건수별 지급보험금의 평균적 증가율을 파악하고, 장래에도 해당 증가율로 준비금을 적립한다.

③ 수입보험료에 예정손해율을 곱하여 구한 예정보험금에서 그 시점까지 실질적으로 지급된 지급보험금을 차감한 금액을 지급준비금으로 적립한다.

④ 사고가 발생한 연도부터 정산되는 시점까지의 경과기간동안 손해액이 어떻게 진전되어 나가느냐를 통계적으로 분석한 진전추이를 근거로, 앞으로 지급될 것으로 예상되는 지급준비금을 추산하여 적립한다.

정답 | ①
해설 | ① 개별추산법, ② 평균평가법, ③ 손해율평가법, ④ 지급보험금진전추이방식(사다리법). 그리고 마지막으로 '⑤ 정률법'이 있다.
※ 정률법 : 미보고발생손해액(IBNR)에 대한 지급준비금을 추산할 경우에 사용하는데, 회사의 과거 클레임별 경험치를 고려하여 일정시점에 있어서의 IBNR 클레임을 추산한다.

51 책임준비금 중 지급준비금을 추정하는 방법 중 미보고발생손해액에 대한 추정방법은?

① 정률법   ② 개별추산법
③ 평균평가법   ④ 손해율평가법

정답 | ①
해설 | 미보고발생손해액(IBNR)에 대한 추정방법은 정률법이다. 그리고 기보고발생손해액(O/S)에 대한 추정방법은 '②, ③, ④, 지급보험금진전추이방식'의 4가지가 있다.

52 책임준비금의 적정성평가의 대상이 아닌 것은?

① 보험료적립금   ② 미경과보험료적립금
③ 지급준비금   ④ 보증준비금

정답 | ③
해설 | '보험료적립금, 미경과보험료적립금, 보증준비금'의 3가지이다. 참고로 이러한 책임준비금의 적정성평가는 IFRS의 회계기준에 입각한 회계처리이다.

53 책임준비금의 적정성평가에 대한 설명이다. 틀린 것은?

① 책임준비금 적정성평가의 평가단위는 생명보험과 손해보험이 다르다.

② 손해보험의 평가단위는 일반손해보험(자동차보험 제외), 자동차보험, 장기손해보험(개인연금 포함)의 3개 단위이다.

③ 책임준비금 적정성 평가에 따라 잉여분이나 부족분이 발생할 경우 상계가 가능한 것이 원칙이지만, 손해보험의 3개 단위는 상호간 상계가 불가하다.

④ 책임준비금 적정성 평가결과, 추가로 적립하는 부분은 모두 미경과보험료적립금으로 계상한다.

정답 | ④
해설 | 장기손해보험과 생명보험은 보험료적립금으로 계상한다.

54 계약자지분조정의 개념으로 가장 적절하지 않은 것은?

① 유배당상품의 미실현손익을 계약자지분조정으로 배분하는 것을 말한다.

② K – IFRS 기준이 아닌 감독목적회계상의 회계처리방법이다.

③ 미실현손익을 장래의 귀속자별로 구분하여 표시하는데 의의가 있다.

④ 부채항목에 속한다.

정답 | ②
해설 | 보험회계의 관행으로써 IFRS에서도 인정하고 있다.
　　　※ 계약자배당준비금 : IFRS에서 인정하지 않아서 법령이나 약관을 근거로 적립함

55 다음 중 계약자지분조정에 포함되는 항목이 아닌 것은?

① 계약자배당 안정화준비금　　　　　　② 계약자배당준비금
③ 공익법인 출연기금　　　　　　　　　④ 매도가능금융자산 평가손익

정답 | ②
해설 | 계약자지분조정은 비확정부채를 말하는데 ② 계약자배당준비금은 책임준비금의 항목으로 비확정부채가 아니다.

56 '자본금(資本金)'에 대한 설명이다. 가장 거리가 먼 것은?

① 1주당 액면금액에 발행주식 총수를 곱하여 산출된다.

② 채권자를 위하여 최소한으로 보유해야 하는 담보액이다.

③ 법정자본이라고도 한다.

④ 불입자본이라고도 한다.

정답 | ④

해설 | 법정자본과 불입자본은 다른 개념이다(본문 참조).

57 자본잉여금에 대한 설명이다. 가장 거리가 먼 것은?

① 채권자를 위해 회사가 보유해야 할 최소한의 담보액을 의미하는 것은 자본잉여금이다.

② 자본잉여금은 결손금의 보전이나 자본금으로의 전입 이외에는 처분할 수 없다.

③ 주식 배당이나 무상증자의 경우에는 주식발행초과금이 발생하지 않는다.

④ 자기주식처분손실은 자본조정에 속하지만 자기주식처분이익은 자본잉여금이 된다.

정답 | ①

해설 | 채권자를 위해 회사가 보유하는 최소한의 담보액은 (납입)자본금이다.

58 액면가 5천원의 주식을 시가 20,000원에 발행하였다. 이 경우 자본계정의 변화를 옳게 연결한 것은?(발행주식수 1주, 발행비용은 무시함)

① 자본금 5천원 증가, 자본잉여금 15,000원 증가

② 자본금 5천원 증가, 이익잉여금 15,000원 증가

③ 자본잉여금 20,000원 증가

④ 자본조정 20,000원 증가

정답 | ②

해설 | 2만원 = 5천원(자본금) + 15,000원(주식발행초과금). '주발초'는 자본잉여금에 속한다.

59 액면가 5천원의 주식을 시가 4,000원으로 발행하였다. 이 경우 자본계정의 변화를 옳게 연결한 것은?(발행주식수 1주, 발행비용은 무시함)

① 자본금 5천원 증가, 자본잉여금 1,000원 감소

② 자본금 5천원 증가, 이익잉여금 1,000원 감소

③ 자본금 5천원 증가, 자본조정 1,000원 증가

④ 자본조정 4천원 증가

정답 | ③

해설 | ①, ②는 재무상태표 작성원리상 맞지 않다(마이너스로 기록하지 않음). 자본금 5천원증가, 자본조정 1,000원 증가이다. 자본조정 1,000원의 의미는 자본이 1,000원 감소하였다는 의미이다.

60 다음 중 기업합리화적립금에 해당하는 것은?

① 당기배당액의 10% 이상의 금액을 자본의 1/2에 달할 때까지 적립해야 하는 금액을 말한다.

② 기업이 조세특례제한법의 규정에 의해 세액공제나 소득공제를 받은 경우 해당액은 배당금지급 등의 처분을 못하고 내부유보를 의무화하는데 이때의 적립금을 말한다.

③ 예측불가능한 위험으로 인한 보험영업상의 손실을 보전하기 위해 적립하는 금액이다.

④ 보유자산에 대한 대손충당금 적립액이 일정금액에 미달하는 경우 그 차액을 적립하는 금액이다.

정답 | ②

해설 | ① 이익준비금, ② 기업합리화적립금, ③ 비상위험준비금, ④ 대손준비금

61 보험종목별로 비상위험준비금을 적립하는 적립기준율과 적립한도가 틀린 것은?

비상위험준비금 = 보유보험료 × 적립기준율 × 적립한도

① 화재보험 : 5%, 50%　　　　② 자동차보험 : 5%, 40%

③ 보증보험 : 15%, 150%　　　④ 수재보험 : 6%, 50%

정답 | ②

해설 | 자동차보험은 '2%, 40%'이다.

62 보기의 경우 대손준비금의 적립규모와 적립을 하는 항목을 옳게 연결한 것은?

> 감독목적회계상 대손충당금 50억원, 일반회계기준상 대손충당금 30억원

① 20억원 – 자본잉여금 항목　　　　　② 20억원 – 이익잉여금 항목

③ 50억원 – 자본잉여금 항목　　　　　④ 50억원 – 이익잉여금 항목

정답 ┃ ②

해설 ┃ '감독기준(50억)과 일반회계기준(30억)'의 차액을 대손준비금으로 이익잉여금 항목에 적립한다.
　　　※ 일반회계기준이란 한국채택기업회계기준(K – IFRS)을 말함. K – IFRS는 '부채계상의 현실화'라는 원칙에서 미리 부채로
　　　　 인식하는 비상위험준비금의 부채계상을 금지하였고, 과도한 대손상각을 금지하는 것을 원칙으로 함

63 이익잉여금을 처분함에 있어서 법령이나 감독규정상의 의무가 없이 순수한 회사의 판단(정관이나 주총판
단)으로 적립하는 것은?

① 이익준비금　　　　　　　　　② 기업합리화적립금

③ 비상위험준비금　　　　　　　④ 임의적립금

정답 ┃ ④

해설 ┃ ①은 상법, ②는 조세제한특례법, ③은 보험업감독규정상의 의무로 적립하지만, 임의적립금은 회사가 임의로 판단하여 적립
　　　한다.

64 자본계정의 기타포괄손익누계액에 속하지 않는 것은?

① 매도가능금융자산평가손익　　　　② 관계종속기업투자주식평가손익

③ 해외사업환산손익　　　　　　　　④ 주식발행초과금

정답 ┃ ④

해설 ┃ 주발초(주식발행초과금)은 자본잉여금에 속한다.

65 생보회계에서 기타포괄손익누계액과 계약자지분조정을 공통으로 인식하는 계정과목이 아닌 것은?

① 매도가능금융자산평가손익　　　　② 관계종속기업투자주식평가손익

③ 재평가잉여금　　　　　　　　　　④ 해외사업환산손익

정답 ┃ ④

해설 ┃ 공통으로 인식하는 것은 ①, ②, ③이다('매.관.재'로 암기).

66 자본조정에 대한 설명이다. 틀린 것은?

① 거래의 결과 자본의 구성항목 중 어디에 해당되는지가 미정인 상태의 항목으로써 회계상 자본총계에서 가감하는 형식으로 계상하는 것을 말한다.

② 액면에 미달하는 가격으로 주식을 발행하는 경우를 주식발행할인차금이라 하고 자본조정계정으로 계상한다.

③ 회사가 자기주식을 매수하는 경우 납입자본금의 반환과 같은 의미이므로 자본을 감소하는 의미로써 자본조정계정에 계상한다.

④ 자기주식처분손실은 자본거래에 해당하므로 자본잉여금의 마이너스로 계상한다.

정답 | ④
해설 | 자기주식처분이익 → (기타)자본잉여금으로, 자기주식처분손실 → 자본조정
　　　 ※ 자본조정은 자본의 구성항목의 결정이 미확정인 것을 말하나, 자본을 감소시키는 항목이 계상되는 것으로 이해할 수 있다.

67 다음 자료를 사용하여 계산한 재무상태표상의 자본총계는?

> 자본금 10,000원, 자기주식 2,500원, 사채 6,000원, 차입금 3,000, 이익준비금 3,500원, 주식할인발행차금 1,200원, 자사주처분이익 1,000원

① 9,800원 　　　 ② 10,800원 　　　 ③ 11,000원 　　　 ④ 13,500원

정답 | ②
해설 | 10,000 + 3,500 + 1,000 − (2,500 + 1,200) = 10,800원. 자사주처분이익은 자본잉여금으로, 자기주식(2,500원)과 주식할인발행차금(1,200원)은 자본조정(자본의 차감계정)이므로 마이너스를 해야 한다. 그리고 사채와 차입금은 부채계정으로서 계산에 포함되지 않는다.

68 보기에서 '자본조정' 계정과목의 합계금액은 얼마인가?

> 자본금 10,000원, 주식발행초과금 2,500, 주식발행할인차금 1,000원, 자기주식3,000원, 자기주식처분손실 500원, 매도가능증권평가이익 4,000원, 주식선택권 1,500원

① 1,500원 　　　 ② 4,000원 　　　 ③ 5,000원 　　　 ④ 6,000원

정답 | ④
해설 | 자본조정항목에는 '자기주식, 주식발행할인차금, 자사주처분손실, 주식선택권 등'이 있다. 즉 '1,000원 + 3,000원 + 500원 + 1,500원 = 6,000원'이다.

69 A회사의 2015년도 회계자료의 일부이다. 보기에 따를 경우 기타포괄손익누계액은 얼마인가?

> 주식발행할인차금 10,000원, 자기주식처분이익 20,000원, 매도가능금융자산평가이익 30,000원, 해외사업환산손실 25,000원

① 5,000원   ② 10,000원   ③ 10,500원   ④ 25,000원

정답 | ①

해설 | 매도가능금융자산평가이익 − 해외사업환산손실 = 30,000원 − 25,000원 = 5,000원
    ※ 자기주식처분이익은 자본잉여금이며, 주식발행할인차금은 자본조정에 속한다.

70 손익계산서에 대한 설명이다. 틀린 것은?

① 손익계산서는 재무상태표와 함께 가장 기본적인 재무제표로써, 일정기간의 기업의 경영성과를 측정하기 위한 동적인 재무제표이다.

② 수익은 실현가치를 기준으로 계상하고 비용은 발생된 시기에 계상하는 것을 원칙으로 한다.

③ 회계기간에 속하는 모든 수익과 이에 대응하는 모든 비용을 적정하게 표시해야 한다.

④ 수익과 비용은 수익항목과 비용항목을 상계하여 처리하는 것을 원칙으로 한다.

정답 | ④

해설 | 수익과 비용은 총액으로 기재함을 원칙으로 한다(총액주의).
    ※ 손익계산서 작성원칙 : 발생주의회계(②), 수익비용대응의 원칙(③), 총액주의(④)

71 P생명보험사의 손익계산서 정보가 보기와 같다. 당사의 '영업이익'은 얼마인가?

> 보험영업수익 700억원, 보험영업비용 400억원, 투자영업수익 600억원, 투자영업비용 200억원, 책임준비금전입액 500억원

① 200억원   ② 300억원   ③ 700억원   ④ 1,200억원

정답 | ①

해설 | (보험영업수익 − 보험영업비용) + (투자영업수익 − 투자영업비용) − 책임준비금
    = 보험손익 300억원(700억 − 400억) + 투자손익 400억원(600억 − 200억) − 책임준비금 500억 = 200억원
    ※ 책임준비금전입액은 마이너스, 책임준비금환입액은 플러스이다.

72 생명보험회계에서 '보험영업수익'에 해당하지 않는 것은?

① 재보험료수익

② 재보험금수익

③ 재보험수수료수익

④ 재보험자산손상차손

정답 | ④

해설 | 재보험자산손상차손은 '보험영업비용'이다.

73 손익계산서상 보험영업비용에 속하지 않는 계정과목은?(생명보험회계)

① 지급보험금

② 재보험비용

③ 사업비

④ 책임준비금전입액

정답 | ④

해설 | 영업이익 = (보험영업수익 − 보험영업비용) − (투자영업수익 − 투자영업비용) − 책임준비금환입액

74 S손해보험사의 결산자료이다. 보기의 자료를 이용할 경우 경과보험료는 얼마인가?

수입보험료 1,000억원, 지급보험료 600억원, 전기이월 미경과보험료 500억원, 차기이월 미경과보험료 400억원

① 370억원　　　　② 430억원　　　　③ 470억원　　　　④ 500억원

정답 | ④

해설 | 경과보험료 = 수입보험료 − 지급보험료 + 전기이월미경과보험료 − 차기이월미경과보험료 = 1,000억원 − 600억원 + 500억원 − 400억원 = 500억원

※ 만일 재보험자산감액손실이 있다면 (−)로, 재보험자산감액손실환입이 있으면 (+)해주면 된다.

75 K손해보험사의 결산자료이다. 보기의 자료를 이용할 경우 경과보험료는 얼마인가?

원수보험료 100억원, 출재보험료 50억원, 수재보험료 30억원, 전기이월 미경과보험료 20억원, 차기이월 미경과보험료 40억원

① 370억원　　　　② 430억원　　　　③ 470억원　　　　④ 500억원

정답 | ④

해설 | 경과보험료 = 수입보험료 − 지급보험료 + 전기이월미경과보험료 − 차기이월미경과보험료 = (100 + 30) − 50 + 20 − 40 = 60억원

※ 수입보험료 = 원수보험료 + 수재보험료, 지급보험료 = 출재보험료

76 손해보험회사의 '경과보험료'를 산출하기 위한 항목이 아닌 것은?

① 원수보험료   ② 수재보험료

③ 출재보험료   ④ 전기이월지급준비금

정답 | ④

해설 | 지급준비금은 지급보험금과 관련된 항목으로서 발생손해액 계산항목이다.

     ※ 경과보험료 = 수입보험료 − 지급보험료 + 전기이월미경과보험료 − 차기이월미경과보험료

77 H손해보험사의 결산자료이다. 보기의 자료를 이용할 경우 발생손해액은 얼마인가?

> 순보험금 100억원, 손해조사비 8억원, 전기이월지급준비금 40억원, 차기이월지급준비금 50억원

① 82억원   ② 98억원   ③ 100억원   ④ 118억원

정답 | ④

해설 | 발생손해액 = 순보험금 + 손해조사비 + 차기이월지급준비금 − 전기이월지급준비금 = 100 + 8 + 50 − 40 = 118억원

     ※ 순보험금 = 지급보험금 − 수입보험금

     ※ 전기이월지급준비금 = 지급준비금환입(따라서 비용의 감소항목)

     ※ 차기이월지급준비금 = 지급준비금적립(따라서 비용의 증가항목)

78 손해보험회사의 보험영업이익을 산출함에 있어서, '보험환급금'을 계산하는 항목에 속하지 않는 것은?

① 만기환급금   ② 계약자배당금

③ 수재보험금   ④ 장기해지환급금

정답 | ③

해설 | 사고보험금 항목은 발생손해액, 사고보험금이 아닌 만기환급금, 해지환급금 등은 보험환급금으로 반영된다.

     ※ 보험영업이익 = 경과보험료 − 발생손해액 − 보험환급금 − 순사업비 − 보험료적립금증가액 − 계약자배당금증가액

79 다음 중 손해보험회사의 순사업비에서 지급경비에 속하지 않는 것은?

① 퇴직급여   ② 출재보험수수료

③ 수재이익수수료   ④ 신계약비상각비

정답 | ②

해설 | 출재보험수수료와 출재보험이익수수료는 수입경비이다.

80 다음의 재보험거래에 있어서 현금흐름이 다른 하나는?

① 출재보험료   ② 출재보험금

③ 출재보험수수료   ④ 수재보험료

정답 | ①
해설 | 출재보험료는 (−)현금흐름, 나머지는 (+)현금흐름이다.

81 손해보험회사의 영업이익을 산출함에 있어서, '투자영업손익'에 반영되는 항목이 아닌 것은?

① 이자수익 또는 이자비용

② 유가증권평가이익 또는 유가증권평가손실

③ 외환차익 또는 외환차손

④ 매도가능증권평가이익 또는 매도가능증권평가손실

정답 | ④
해설 | ④는 영업이익의 아래 단계인 기타포괄손익에 반영된다.

82 생명보험회계에서 영업이익을 결정짓는 요소가 아닌 것은?

① 보험영업이익   ② 투자영업수익

③ 책임준비금전입액   ④ 기타포괄손익

정답 | ④
해설 | 영업이익영업외손익 + 기타포괄손익 = 당기순이익. ①, ②, ③은 영업이익의 전단계이다.

83 보험회사 유배당상품의 이익은 계약자지분 (   )와 주주지분 (   )로 배분된다. 빈칸을 옳게 채운 것은?

① 100% − 0%   ② 90% − 10%   ③ 60% − 40%   ④ 50% − 50%

정답 | ①
해설 | '90% − 10%'이다(보험업감독규정 6 − 13조).

84 재보험에 출재할 경우의 현금흐름에 대한 설명이다. 틀린 것은?

① 수재사에 재보험료를 납입하는 것을 출재보험료라고 한다.

② 보험사고 발생 시 수재사로부터 받는 보험금을 수재보험금이라 한다.

③ 출재시 출재보험료에 대한 일부를 반환받는 것을 출재보험수수료라고 한다.

④ 출재보험에 대한 이익의 일부를 반환받는 것을 출재이익수수료라고 한다.

정답 | ②

해설 | 출재보험금이다.

85 재보험관련 회계처리가 옳은 것은?

> 원보험자가 재보험자에게 출재를 하면, 재보험자는 이에 대한 (   )을/를 적립해야 하고 이는 원보험자의 재무상태표상에서 (   )으(로) 계상된다.

① 책임준비금, 재보험자산   ② 책임준비금, 재보험부채

③ 재보험자산, 책임준비금   ④ 재보험부채, 책임준비금

정답 | ①

해설 | 재보험사가 수재를 하면 보험금지급의무를 지므로 '책임준비금'을 적립해야 한다. 그리고 이는 원보험자의 입장에서는 자산이 되므로 '재보험자산'과목으로 계상한다.

86 특별계정에는 2가지 종류 중에서, 수급권보장을 위한 특별계정이 아닌 것은?

① 연금저축보험   ② 장기손해보험

③ 퇴직연금(원리금보장형)   ④ 퇴직연금(실적배당형)

정답 | ④

해설 | ①, ②, ③은 수급권보장을 위해, ④와 변액보험은 실적배당의 귀속을 투명하게 처리하기 위해 특별계정을 운영한다.

87 일반계정의 재무상태표에 단순합산되어 표시되는 특별계정은?

㉠ 연금저축보험	㉡ 장기손해보험
㉢ 퇴직연금보험(원리금보장형)	㉣ 퇴직연금보험(실적배당형)

① ㉠ ② ㉠, ㉡ ③ ㉠, ㉡, ㉢ ④ ㉠, ㉡, ㉢, ㉣

정답 | ②
해설 | ㉠, ㉡은 단순합산된다. 나머지는 일반계정의 재무상태표에서 총액으로 표시된다.

88 별도로 작성된 '특별계정의 수익과 비용'을 일반계정의 손익계산서에 총액으로 기재하는 대상은?

① 장기손해보험 ② 연금저축보험
③ 퇴직연금(원리금보장형) ④ 퇴직연금(실적배당형), 변액보험

정답 | ③
해설 | 특별계정수익과 특별계정비용이므로 손익계산서이다. ③과 ④는 재무상태표에는 모두 총액으로 반영되지만, 손익계산서에서는 ④는 반영되지 않는다. 즉, 손익계산서에 총액으로 표시되는 것은 퇴직연금 원리금보장형(③)만 해당된다.
※ 실적배당형은 손익자체가 계약자에게 귀속되므로 별도로 표시할 이유가 없다.

89 국제회계기준(IFRS)의 특징이 아닌 것은?

① 국제적인 비교가능성 제고 ② 원칙중심의 기준
③ 연결재무제표 중심 ④ 장부가평가

정답 | ④
해설 | 장부가평가 → 시가평가

90 H생보사의 특별계정에 관한 정보가 보기와 같다. 이 경우 H생보사의 전체 포괄손익계산서에 총액으로 표시되는 특별계정수익과 특별계정비용은 얼마인가?

> H보험사의 특별계정은 아래 3개가 있다.
> ㉠ 연금저축보험 특별계정(수익 60억원, 비용 50억원)
> ㉡ 퇴직연금원리금보장형 특별계정(수익 20억원, 비용 10억원)
> ㉢ 변액보험 특별계정(수익 40억원, 비용 30억원)

	특별계정수익	특별계정비용
①	0원	0억원
②	20억원	10억원
③	60억원	40억원
④	120억원	90억원

정답 | ②

해설 | • 연금저축보험과 장기손해보험은 일반계정에 합산하여 표시한다(총액표시 하지 않음).
　　　• 재무상태표에서 총액표시하는 것은 '퇴직연금 원리금보장형, 퇴직연금 실적배당형, 변액보험'의 3가지이지만, 손익계산서에서는 퇴직연금원리금보장형만 총액표시를 한다. 즉 동 문항에서는 '특별계정수익 20억원, 특별계정비용 10억원'으로 총액표시 된다.

91 GAAP에서 K – IFRS로 변경함에 따라 나타나는 영향이다. 가장 거리가 먼 것은?

① 재무제표의 작성주체가 개별기업에서 연결실체로 변경된다.

② 공시기한이 단축된다.

③ 연결총자산이 증가한다.

④ 종속기업의 수가 증가한다.

정답 | ③

해설 | IFRS하에서는 연결총자산의 규모는 감소하지만, 연결대상범위는 증가한다.

CHAPTER 02 | 자산운용

① 자산운용의 중요성
    ㉠ 보험회사는 안정적 경영을 위해, 상품의 예정이율보다 높은 자산운용수익률을 달성해야 한다.
    ㉡ 글로벌 초저금리의 영향으로 운용환경이 더욱 악화되고 있는 바, 자산운용의 중요성은 더욱 커지
      고 있다.

② 보험회사 자산운용의 원칙 : 안정성, 수익성, 유동성, 공공성
    ※ 손해보험은 만기 1년의 보험상품이 다수이므로(일반손해보험, 자동차보험), 생명보험에서 비해 보험금지출에 대한 대비가 더
     필요하다. 따라서 유동성원칙이 더 중요함

① 규제원칙의 변화 : 열거주의(Positive system) → 포괄주의(Negative system)
    ※ 보험산업의 공공성을 고려하여 자산운용의 최소한의 제한을 부여하고 있음. 포괄주의로 규제원칙이 전환되면서 규제의 강도
     가 완화되었다고 할 수 있음

② 자산운용금지대상

㉠ 업무용이 아닌 부동산의 소유	㉢ 당사의 주식을 사도록 하기 위한 대출
㉡ 당사의 임직원에 대한 대출	㉣ 투기목적의 자금 대출
㉢ 운용의 안정성을 크게 해하는 행위(외국환 및 파생상품 거래 등)	㉥ 정치자금 대출

③ 보험회사자산운용비율규제(표1)

비율규제의 대상	일반계정	각 특별계정
대주주 및 자회사에 대한 신용공여	Min(자기자본×40%, 총자산의 2%)[주1]	특별계정자산의 2%
대주주 및 자회사가 발행한 채권 및 주식에 대한 투자	Min(자기자본×60%, 총자산의 3%)[주2]	특별계정자산의 3%
동일자회사에 대한 신용공여	자기자본의 10%	특별계정자산의 4%
동일개인 or 법인에 대한 신용공여	총자산의 3%	특별계정자산의 5%
동일법인이 발행한 유가증권	총자산의 7%	특별계정자산의 10%
부동산의 소유	총자산의 25%[주3]	특별계정자산의 15%

외국환 또는 외국부동산의 소유	총자산의 30%^{주4}	특별계정자산의 20%
파생상품거래 위탁증거금의 합계액	총자산의 6%	특별계정자산의 6%

※ 주1, 주2 : 예시

> P보험사의 총자산이 1조원이고 자기자본이 4천억원일 경우,
> • 대주주에 대한 신용공여한도 : Min(4천억원×40%, 1조원×2%) = 200억원
> • 대주주가 발행한 증권에 대한 매입한도 : Min(4천억원×60%, 1조원×3%) = 300억원

※ 주3, 주4 : 예시

> Q보험사의 총자산이 1조원이고 특별계정자산이 1천억원일 경우,
> • 국내부동산 매입한도 : 일반계정은 2,500억원(1조원×25%), 특별계정은 150억원(1천억원×15%)
> • 해외부동산 매입한도 : 일반계정은 3,000억원(1조원×30%), 특별계정은 200억원(1천억원×20%)

④ 대주주에 대한 자산운용규제
  ㉠ 대주주의 정의 : 보험회사의 최대주주와 주요주주를 말한다.
    • 최대주주 : 본인과 그 특수관계인의 지분율이 가장 높은 자
    • 주요주주 : 지분율이 10% 이상인 자
  ㉡ 대주주와의 거래금지와 거래제한

거래금지 대상	거래제한 대상 (③ – 표1 참조)
• 대주주가 타회사에 출자하는 것을 지원하기 위한 신용공여 • 당사에 현저하게 불리한 조건으로 거래하는 행위 • 자산의 무상양도	• 대주주에 대한 일정금액 이상의 신용공여 • 대주주가 발행한 증권을 일정금액 이상 취득(일정금액 내의 거래도 이사회의 사전결의를 거쳐야 하고, 7일 이내에 금융위에 보고해야 함)

※ 대주주에 대한 신용공여 한도 : 자기자본의 40%, 총자산의 2% 중 적은 금액(→ 402로 암기)
※ 대주주가 발행한 증권에 대한 매입한도 : 자기자본의 60%, 총자산의 3% 중 적은 금액(→ 603으로 암기)

⑤ 자회사 관련규제
  ㉠ 자회사 : 보험회사가 '의결권 있는 주식을 15%를 초과하여 소유하는' 타회사
  ㉡ 자회사를 소유하기 위해서는 금융위의 승인 또는 신고를 필요로 한다. 대주주가 비금융주력자인 경우 보험회사는 은행법에 의한 금융기관을 소유할 수 없다(금산분리의 원칙).
  ㉢ 자회사와의 거래금지행위 : 자산의 무상양도 또는 보험회사에 현저히 불리한 조건의 거래/자회사의 임직원에 대한 대출금지(약관대출 및 소액대출은 허용)

⑥ 자산운용제한에 대한 예외 : 자산운용의 제한비율초과 시, 그 이유가 보험회사 자산가격의 변동 등 보험회사 자의가 아닌 경우는, 한도초과일로부터 1년 이내에 처분 등을 통해 비율을 준수해야 한다.

⑦ 기타 보험회사에 대한 자산운용관련 규제
  ㉠ 특별계정의 설정ㆍ운용의무 및 구분계리 의무
  ㉡ 자금지원관련 금지행위 : 의결권 있는 주식의 교차보유, 또는 교차 신용공여 등
  ㉢ 불공정한 대출금지 : 대출을 조건으로 보험가입을 요구하는 행위 등
  ㉣ 타인을 위한 채무보증 금지 : 보험사의 자산으로 타인을 위한 담보제공 등
  ㉤ 자금차입의 제한 : 재무건전성기준의 충족 또는 적정유동성유지를 위한 경우에만 차입이 허용된다.

CHAPTER 02 | 단원정리문제

01 보험회사의 자산운용원칙 중 손해보험회사에 특히 중요한 것은?

① 안정성의 원칙   ② 수익성의 원칙

③ 유동성의 원칙   ④ 공익성의 원칙

정답 | ③

해설 | 손해보험은 생명보험에 비해 1년 이하의 단기보험상품이 많아서 보험영업수익의 변동성이 크다. 또한 생보사보다 거액의 보험금지출가능성이 크므로 유동성원칙이 무엇보다 중요하다고 할 수 있다.

02 보험회사의 자산운용 금지대상이 아닌 것은?

① 업무용 부동산의 소유   ② 투기를 목적으로 하는 자금의 대출

③ 정치자금의 대출   ④ 임직원에 대한 대출

정답 | ①

해설 | 업무용 부동산의 비율규제는 받지만 소유는 가능하다(비업무용은 소유불가).

03 보험회사의 자산운용 금지대상이 아닌 것은?

① 비업무용부동산의 취득

② 당해 보험회사 임직원에 대한 대출

③ 대주주가 다른 회사에 출자하는 것을 지원하기 위한 대출

④ 대주주에 대해 신용공여를 하는 행위

정답 | ④

해설 | 대주주에 대한 신용공여 그리고 대주주가 발행한 증권에 대한 매입은 제한적으로 허용된다.

04 보험회사가 그 대주주와의 거래를 함에 있어서 금지대상이 아닌 것은?

① 대주주가 발행한 주식을 매입하는 것

② 대주주가 타회사를 인수할 때 그 인수자금을 지원하는 것

③ 대주주와의 거래조건이 당해 보험회사에 현저하게 불리한 조건인 경우

④ 대주주에게 자산을 무상으로 양도하는 것

정답 | ①

해설 | ①은 완전금지가 아니라 제한적으로 허용된다.

05 보기의 경우, 보험회사의 국내부동산(업무용) 소유한도는?

보험회사 자기자본 2조원, 총자산 3조원, 특별계정자산 1조원

	일반계정	특별계정
①	4,000억원	750억원
②	4,000억원	1,000억원
③	7,500억원	1,500억원
④	7,500억원	2,000억원

정답 | ③

해설 | 부동산의 소유한도는 '총자산의 25%, 특별계정자산의 15%'이다. 즉, 일반계정은 7,500억원, 특별계정은 1,500억원이다.
　　　※ 외국부동산의 소유한도는 5%씩 많은 '총자산의 30%, 특별계정자산의 20%'이다.

06 빈칸을 순서대로 옳게 연결한 것은?

• 보험회사가 다른 회사의 의결권 있는 주식총수의 (　　)%를 초과하여 소유할 경우, 그 다른 회사를 보험회사의 자회사라 한다.
• 보험회사는 자회사를 소유하게 된 날로부터 (　　)일 이내에 당해 자회사의 정관을 포함한 서류를 금융위에 제출해야 한다.

① 15, 7　　　　　　　② 15, 15　　　　　　　③ 20, 7　　　　　　　④ 20, 15

정답 | ②

해설 | '15%, 15일'이다(자회사 관련은 '15.15'로 암기).

CHAPTER 03 | 재무건전성 감독

I 재무건전성 규제

SECTION 1 자산건전성규제 개요

① 자산건전성 규제의 2단계 : 자산의 건전성을 먼저 분류 → 분류별 대손충당금 적립

② 미예상손실에 대한 손실흡수력을 확보하는 제도 → 자기자본규제, 예상손실에 대한 손실흡수력을 확보하는 제도 → 자산건전성규제

※ 자산건전성규제 VS 자기자본규제

예상된 손실(Expected Loss)	예상되지 않은 손실(Unexpected Loss)
대손충당금 적립 → 자산건전성규제	자기자본확충 → 자기자본규제

※ 건전성규제대상 자산 : 대출채권, 유가증권, 미수금, 미수수익 등

※ 예상손실에 대해서 대손충당금을 적립하는 것을 '자산건전성 규제'라고 한다.

※ '예상되지 않는 손실(위험)'에 대해서 자기자본을 쌓는 것을 '자기자본 규제'라고 한다.

※ 대손충당금의 적립이 충실하다고 해서 자산건전성이 양호하다고 할 수는 없다(→ 손실흡수력은 좋을 뿐이다. 대손충당금을 적립할 자산이 없는 것이 가장 좋은 상태이다).

SECTION 2 자산건전성 분류기준

① 자산건전성을 분류하는 3가지 기준 : 채무상환능력기준, 연체기간, 부도여부

※ 자산건전성에 따른 5단계 자산의 분류 : 정상, 요주의, 고정, 회수의문, 추정손실

② 5단계 대손충당금 적립기준(최저적립비율)

정상	요주의	고정	회수의문	추정손실
0.5%	2%	20%	50%	100%

※ 고정이하 = 22.5%로 암기

③ 자산건전성분류기준 – 1. 채무상환능력기준

구분	채무상환능력기준
	경영내용, 재무상태 및 미래현금흐름 등을 감안할 때, →
정상	채무상환능력이 양호하여 채권회수에 문제가 없는 것으로 판단되는 거래처에 대한 자산
요주의	채권회수에 즉각적인 위험이 발생하지 않았으나 향후 채무상환능력의 저하를 초래할 수 있는 잠재적인 요인이 존재하는 것으로 판단되는 거래처의 자산
고정	향후 채무상환능력의 저하를 초래할 수 있는 요인이 현재화되어 채권회수에 상당한 위험이 발생한 것으로 판단되는 거래처의 자산 ※ 회수의문 및 추정손실 채권 중 회수예상가액 해당분
회수의문	채무상환능력이 현저히 악화되어 채권회수에 심각한 위험이 발생한 것으로 판단되는 거래처에 대한 자산 중 회수예상가액 초과분
추정손실	채무상환능력의 심각한 악화로 회수불능이 확실하여 손실처리가 불가피한 것으로 판단되는 거래처에 대한 자산 중 회수예상가액 초과분

| 암기 | 양.잠.상.심.회

예시 1 분류기준별 대손충당금(최소적립한도)

채무상환능력기준	금액	충당금적립 (최소한도)
채무상환능력이 양호하여 채권회수에 문제가 없는 것으로 판단되는 거래처에 대한 자산	500억원	2.5억원
채권회수에 즉각적인 위험이 발생하지 않았으나 향후 채무상환능력의 저하를 초래할 수 있는 잠재적인 요인이 존재하는 것으로 판단되는 거래처의 자산	400억원	8억원
향후 채무상환능력의 저하를 초래할 수 있는 요인이 현재화되어 채권회수에 상당한 위험이 발생한 것으로 판단되는 거래처의 자산 ※ 회수의문 및 추정손실 채권 중 회수예상가액 해당분	300억원	60억원
채무상환능력이 현저히 악화되어 채권회수에 심각한 위험이 발생한 것으로 판단되는 거래처에 대한 자산 중 회수예상가액 초과분	200억원	100억원
채무상환능력의 심각한 악화로 회수불능이 확실하여 손실처리가 불가피한 것으로 판단되는 거래처에 대한 자산 중 회수예상가액 초과분	100억원	100억원

예시 2 보기에서 고정자산, 추정손실, 회수의문에 해당하는 금액은 얼마인가?

채무상환능력기준	금액
채무상환능력이 양호하여 채권회수에 문제가 없는 것으로 판단되는 거래처에 대한 자산(500억원)	정상 : 500억원
채권회수에 즉각적인 위험이 발생하지 않았으나 향후 채무상환능력의 저하를 초래할 수 있는 잠재적인 요인이 존재하는 것으로 판단되는 거래처의 자산(400억원)	요주의 : 400억원
향후 채무상환능력의 저하를 초래할 수 있는 요인이 현재화되어 채권회수에 상당한 위험이 발생한 것으로 판단되는 거래처의 자산(300억원) ※ 회수의문 및 추정손실 채권 중 회수예상가액 해당분 (?)	고정 : ?
채무상환능력이 현저히 악화되어 채권회수에 심각한 위험이 발생한 것으로 판단되는 거래처에 대한 자산(200억원) ※ 이 중 회수예상가액(120억원)	회수의문 : ?
채무상환능력의 심각한 악화로 회수불능이 확실하여 손실처리가 불가피한 것으로 판단되는 거래처에 대한 자산(100억원) ※ 이 중 회수예상가액(70억원)	추정손실 : ?

(1) 고정자산 : 300억원 + 120억원 + 70억원 = 490억원

　　※ 120억 : 회수의문자산 중 회수예상가액, 70억원 : 추정손실자산 중 회수예상가액

(2) 회수의문 : 80억원(회수의문자산 중 회수예상가액 초과분)

(3) 추정손실 : 30억원(추정손실자산 중 회수예상가액 초과분)

④ 자산건전성분류기준 − 2. 연체기간에 따른 건전성 분류

정상	요주의	고정	회수의문	추정손실
1개월 미만	1개월~3개월	3개월 이상 회수예상 가액합산(㉠ + ㉡)	3개월~12개월 (회수 예상가액초과분 − ㉠)	12개월 이상 (회수예 상가액초과분 − ㉡)

예시 연체금액 10억원, 연체기간이 9개월, 회수예상가액이 8억원일 경우.

　　(1) 고정자산은 얼마인가?

　　　　→ 연체기간이 3개월 초과 12개월 이하 중 회수예상가액이 고정자산이다. 즉, 고정자산은 8억원, 회수의문은 2억원이다.

　　(2) 고정자산과 회수의문자산에 대한 대손충당금 적립한도는 얼마인가?

　　　　→ 고정자산은 '8억원×20% = 1억 6천만원', 회수의문자산은 '2억원×50% = 1억원'이다.

⑤ 자산건전성분류기준 − 3. 부도여부에 따른 건전성 분류

고정	추정손실
최종부도, 파산, 청산진행, 폐업 등의 사유로 채권회수에 심각한 위험에 존재하는 것으로 판단되는 자산 중,	
회수예상가액 부분	회수예상가액 초과분

SECTION 3 　 자본적정성평가

① 우리나라의 지급여력제도 : RBC(Risk Based Capital)제도 − 2009년 4월부터 도입(종전은 EU 방식의 지급여력제도이었음)

　㉠ 지급여력제도는 예상치 못한 손실에 대비하기 위해 적정수준의 자기자본을 확충ㆍ유지하는 것을 말한다.

　㉡ 지급능력(Solvency) + 추가보유해야 하는 순자산 = 지급여력(Solvency margin)

② 지급여력비율 = $\dfrac{\text{지급여력금액}}{\text{지급여력기준금액}} \times 100$

　㉠ 분모의 지급여력기준금액은 시장위험, 신용위험, 운용위험을 반영하므로 위험에 기초한 비율이 된다(RBC의 사전적 개념).

　㉡ 분자의 지급여력금액은 보험회사의 순자산을 기준으로 산출하므로 '실질 자기자본'의 개념이 된다. 쉽게 말하면 '책임준비금 → 지급능력, 순자산 → 지급여력'이다.

　㉢ 지급여력기준금액은 보험회사에 내재된 보험, 금리, 시장, 신용, 운영리스크의 규모를 측정하여 산출한 금액으로서 보험회사가 보유해야 할 적정잉여금을 의미한다.

　　※ 지급여력기준금액에 반영되는 리스크에서 유동성리스크는 제외된다.

　㉣ 현행 법규상 보험회사는 지급여력비율을 100% 이상 유지해야 한다(→ 100%가 안된다고 해서 바로 퇴출되는 것이 아니라 적기시정조치를 당하지 않고 정상적인 영업을 하기 위해서는 지급여력비율이 100% 이상이어야 한다는 의미이다).

③ 지급여력금액 및 지급여력기준금액의 산정

$$지급여력비율 = \frac{지급여력금액}{지급여력기준금액} \times 100$$

지급여력금액 산정(분자항목)		지급여력기준금액(분모)
합산항목	차감항목	
[기본자본] (1) 자본금과 자본잉여금(누적적우선주 및 신종자본증권 발행금액 제외) (2) 이익잉여금(대손준비금 제외) (3) 기타포괄손익누계액 (4) 신종자본증권 발행금액 중 자기자본 25% 이내의 금액 (5) 저축성보험료 중 해지 시 환급될 금액을 초과하여 적립된 금액 (6) 기타 손실보전에 사용될 수 있다고 감독원장이 인정하는 항목 [보완자본(가산항목)] (1) 대손충당금 및 대손준비금(정상, 요주의 限) (2) 신종자본증권 발행금액 중 자기자본의 25%를 초과하는 금액 (3) 계약자이익배당준비금, 계약자배당 안정화준비금, 배당보험손실 준비금 (4) 비상위험준비금관련 이연법인세부채	(1) 미상각신계약비 (2) 영업권 (3) 이연법인세자산 (4) 주식할인발행차금 (5) 자기주식 (6) 기타 손실보전에 사용할 수 없다고 감독원장이 인정하는 항목	보험위험액, 금리위험액, 시장위험액, 운용위험액을 반영하여 산출함 (아래산식)

㉠ 지급여력금액 : 순자산(자본금 + 자본잉여금 + 이익잉여금 + 기타포괄손익누계액) + 합산항목(보완자본) – 차감항목(자산성이 없는 자본).

※ 순자산을 기본으로 하고 유동성의 유무를 고려한 실질 자기자본이라 할 수 있음

㉡ 지급여력기준금액 = $\sqrt{보험위험액^2 + [(금리위험액 + 신용위험액)^2 + 시장위험액^2)]}$ + 운영위험액

※ 유동성위험액은 고려되지 않음(지급여력금액 자체가 유동성을 반영하기 때문)

※ 자본금, 자본잉여금, 이익잉여금, 기타포괄손익누계액 그리고 신종자본증권 발행금액 중 자기자본의 25% 이내의 금액은 기본자본에 해당된다.

※ 기본자본은 주로 자기자본계정의 항목을 말하며, 보완자본은 부채계정에 있으면서도 유동성에 도움을 주는 항목이 해당된다.

※ 대손충당금은 자산건전성분류상 정상, 요주의에 한해서 가산항목(보완자본)으로 인정된다.

※ 미상각신계약비는 자산계정에 속하지만 유동성유출에 해당되므로 차감항목이 된다.

※ 이연법인세자산은 자산계정에 속하지만 유동성유출에 해당되므로 차감항목이 된다(반대로 이연법인세부채는 가산항목이 됨).

※ 주식발행초과금은 합산항목, 주식할인발행차금은 차감항목이다.

※ 영업권은 자산계정에 속하지만 무형의 자산으로서 현재의 유동성이 도움이 되지 않으므로 차감항목이 된다.

※ 지급여력기준금액에서 반영하는 위험 중, 보험계약의 인수 및 보험금지급과 관련하여 발생하는 위험은 보험리스크, 이자율변동과 관련한 자산가치하락위험을 금리리스크, 상대방의 계약불이행위험은 신용리스크, 주가 등 시장변수의 변동에 시장리스크, 불완전판매나 주문실수 등으로 인한 손실위험은 운영리스크에 해당된다.

④ 적기시정조치

㉠ 적기시정조치의 주요발동요건 : 지급여력비율 또는 위험기준 경영실태평가등급

기준	경영개선권고	경영개선요구	경영개선명령
지급여력비율	100% 미만~50% 이상	50% 미만~0% 이상	0% 미만
위험기준 경영실태평가 (RAAS) 등급	종합 3등급이상 & (1) 자본적정성부문이 4등급 이하 (2) 보험·금리·투자리스크 부문 중 2개 이상이 4등급 이하인 경우	종합등급이 4등급 이하	등급없음

ⓒ 적기시정조치(Prompt Corrective Action)의 개요

- 적기시정조치는 지급여력비율과 경영실태평가 등급을 기준으로 3단계로 나누어 취해지며, 부실화 징후가 있는 금융회사의 건전성을 회복하기 위한 강제수단이다.

- '권고 → 요구 → 명령'으로 갈수록 더욱 강도 높은 적기시정조치를 이행해야 한다.

  ※ 적기시정조치 이행은 강행규정이지만, 자본확충이나 자산매각 등으로 적기시정 조치 발동요건을 벗어날 것이 확실시되면 해당조치의 유예가 가능하다.

- 적기시정조치가 발동되면 해당보험회사는 시정조치에 대한 이행계획을 포함한 경영개선계획을 금융위에 제출하여 승인을 얻어야 한다.

- 적기시정조치의 단계별 조치내용이 아니라도, 보험계약자의 이익보호를 위해 필요하다고 인정되는 경우 금융위원회는 긴급조치를 내릴 수 있다.

  ※ 지급여력기준금액이 1,000억원, 지급여력금액이 400억원일 때 발동되는 적기시정조치는 경영개선요구이다(∵ 지급여력비율이 40%이므로).

II 재무건전성 평가

SECTION 1 위험기준 경영실태평가제도(RAAS)

① 도입취지 : 종전의 '경영실태평가제도'와 '리스크평가제도'를 통합하였음(2011.4월 평가제도의 일원호 및 간소화 차원)

  ※ 보험회사의 평가대상 리스크를 7개 부문으로 구분 → 계량평가 후 등급부여 → 결과에 따라 감독 및 검사수준을 차별화하여 적용 → 보험사 재무건전성 확보

② 평가대상 및 주기

ⓒ 평가대상 : 보험업법상의 모든 보험회사(민영보험사)를 대상으로 하되, 일부 예외가 인정된다.

  [예외] 영업개시 후 2년 미경과 보험사, 소규모 보험사, 정리절차 중인 보험사

ⓒ 평가주기 : 업무보고서(매분기)를 기준으로 평가함

ⓒ 평가부문별 가중치

평가부문(7개)	생보사	손보사	재보험사 등
경영관리 리스크[주1]	20점	20점	20점
보험 리스크[주2]	15점	20점	25점
금리 리스크	15점	10점	–
투자 리스크	15점	15점	20점
유동성 리스크	5점	5점	5점
자본적정성[주3]	20점	20점	20점
수익성	10점	10점	10점

  ※ 주1 : 경영진이나 내부통제의 적정성과 관련하여 발생하는 리스크
  ※ 주2 : 보험계약의 인수 또는 보험금지급과 관련하여 발생하는 리스크
  ※ 주3 : 지급여력비율이 100%에 미달하여 규제를 받게 될 리스크
  ※ 평가대상 7개 부문 중에서 생보사와 손보사 모두 가중치가 최고점수(20점)로 반영되는 항목은 '경영관리리스크, 자본적정성'이다.
  ※ 평가대상 7개 부문 중에서 생보사와 손보사 모두 가중치가 최저점수(5점)로 반영되는 항목은 유동성리스크이다.
  ※ 평가대상 7개 부문 중에서 재보험사를 평가할 때 가장 높은 가중치가 반영되는 항목은 보험리스크이다.
  ※ 지급여력비율이 100%에 미달하여 적기시정조치를 받을 수 있는 위험은 평가대상 7개 부문 중 자본적정성에 해당한다.

CHAPTER 03 | 단원정리문제

01 자산건전성을 분류하는 '3가지 기준'에 해당하지 않는 것은?

① 채무상환능력　　　　　　　　　　　② 연체기간

③ 부도여부　　　　　　　　　　　　　④ 신용등급

정답 | ④

해설 | 3가지 기준은 ①, ②, ③이다(신용등급은 ①에 포함된다고 할 수 있음).

02 채무상환능력기준에 따라 건전성을 분류할 때, 보기의 경우 '고정자산'에 해당하는 금액은?

> 가. 채권회수에 상당한 위험이 발생한 것으로 판단되는 거래처에 대한 자산 100억원
> 나. 채권회수에 심각한 위험이 발생한 것으로 판단되는 거래처에 대한 자산 50억원(이 중 회수예상가액 20억원)
> 다. 회수불능이 확실하여 손실처리가 불가피한 것으로 판단되는 거래처에 대한 자산 20억원(이 중 회수예상가액 5억원)

① 100억원　　　　② 120억원　　　　③ 125억원　　　　④ 155억원

정답 | ③

해설 | 100억원 + 20억원 + 5억원 = 125억원

03 보기에 대한 설명으로 옳은 것은?

> • 채무상환능력이 현저히 악화되어 채권회수에 심각한 위험이 발생한 것으로 판단되는 거래처에 대한 자산이 80억원이다.
> • 이 중 회수예상가액은 30억원이다.

① 회수의문 자산이 80억원이다.　　　　② 회수의문 자산이 50억원이다.

③ 추정손실 자산이 80억원이다.　　　　④ 추정손실 자산이 50억원이다.

정답 | ②

해설 | 회수의문에 해당하며, 회수예상가액의 초과분이므로 50억원이 된다.
　　　Cf. 추정손실 : 채무상환능력의 심각한 악화로 회수불능이 확실하여 손실처리가 불가피한 것으로 판단되는 거래처에 대한 자산 중 회수예상가액 초과분

04 '연체금액 10억원, 연체기간이 6개월이고 해당 자산으로부터 회수율이 60%'라면, 고정자산에 대한 대손충당금의 적립한도는?

① 8천만원   ② 1억원   ③ 1억 2천만원   ④ 2억원

정답 | ③

해설 | 고정자산은 6억원(10억원×회수율 60%)이다. 따라서 대손충당금 적립한도는 '6억원×20% = 1억 2천만원'이다.
　　　　※ 회수의문의 대손충당금 적립한도 = 4억원×50% = 2억원

05 '연체금액 10억원, 연체기간이 15개월이고 해당 자산으로부터 회수율이 60%'라면, 자산별 대손충당금 적립한도가 옳은 것은?

① 고정 2.0억원   ② 고정 1.2억원, 회수의문 2억원

③ 고정 1.2억원, 추정손실 2억원   ④ 고정 1.2억원, 추정손실 4억원

정답 | ④

해설 | 연체기간이 12개월을 초과하므로 회수예상분 6억원은 고정자산이고, 회수예상 초과분 4억원은 추정손실이 된다.
　　　　• 고정자산 대손충당금 적립한도 = 6억원×20% = 1.2억원
　　　　• 추정손실 대손충당금 적립한도 = 4억원×100% = 4억원

06 대손충당금 적립에 대한 설명이다. 가장 거리가 먼 것은?

① 대손충당금 적립을 많이 할수록 회사의 자산건전성이 양호하다고 할 수 있다.

② 회수의문 및 추정손실 채권 중 회수예상가액에 해당하는 부분은 '고정자산'으로 분류된다.

③ 최종부도가 발생하였을 때 해당 자산의 회수예상가액 해당부분은 '고정자산', 예상회수가액의 초과부분은 '추정손실자산'으로 분류한다.

④ 부동산PF의 대손충당금 적립비율은 일반자산에 비해 높다.

정답 | ①

해설 | 대손충당금 적립금이 많다고 해서 자산건전성이 양호하다는 것은 아니다. 자산건전성을 수익성도 뒷받침이 되어야 하는데, 대손충당금이 많다고 해서 수익성이 좋아지는 것은 아니기 때문이다(대손충당금이 많다고 함은 손실흡수력이 증가됨을 의미한다).

07 지급여력제도(RBC제도)에 대한 설명이다. 가장 거리가 먼 것은?

① 우리나라는 EU방식의 지급여력제도의 한계를 극복하고 리스크 중심의 예방적, 선제적 감독체계 도입을 위하여 2009년 4월부터 RBC제도를 도입하였다.

② 보험회사가 보험계약자에 대한 보험금지급의무를 이행할 수 있는 능력을 지급능력(Solvency)이라 하며, 지급여력금액(Solvency margin)은 지급능력에 필요한 자산 외에 추가로 보유해야 하는 순자산의 개념으로, 예기치 않는 미래상황에 대비한 충격 흡수장치의 기능을 한다.

③ 지급여력금액은 기본자본으로 구성되며, 지급여력기준금액은 보험리스크와 금리리스크, 신용리스크, 시장리스크, 유동성리스크를 반영한다.

④ 지급여력비율이 100%에 미달할 경우 경영개선권고, 경영개선요구 경영개선명령 중 하나의 적기시정조치가 발동된다.

정답 | ③

해설 | 지급여력기준금액은 RBC 계산 시 분모에 해당하는 총위험인데, 유동성리스크는 반영하지 않는다(분자인 지급여력금액 자체가 유동성위험을 반영하기 때문).

08 지급여력비율 산정 시 지급여력금액은 '기본자본 + 보완자본 – 차감항목'으로 구성된다. 그렇다면 기본자본에 속하지 않는 것은?

① 자본잉여금

② 이익잉여금

③ 신종자본증권 발행금액 중 자기자본의 25%를 초과하는 금액

④ 기타포괄손익누계액

정답 | ③

해설 | 신종자본증권 발행금액 중 자기자본의 25%까지는 기본자본으로, 25%를 초과하는 부분은 보완자본으로 분류된다.

09 지급여력비율 산정 시 지급여력금액은 '기본자본 + 보완자본 − 차감항목'으로 구성된다. 그렇다면 보완자본에 속하지 않는 것은?

① 계약자배당안정화준비금

② 후순위채무액

③ 신종자본증권 발행금액 중 자기자본의 25%를 초과하는 금액

④ 기타포괄손익누계액

정답 ┃ ④
해설 ┃ 기타포괄손익누계액은 기본자본이다.

10 지급여력비율 산정 시 지급여력금액은 '기본자본 + 보완자본 − 차감항목'으로 구성된다. 그렇다면 차감항목에 속하지 않는 것은?

① 미상각신계약비 　　　　　　　　　② 이연법인세자산

③ 자기주식 　　　　　　　　　　　　④ 대손충당금

정답 ┃ ④
해설 ┃ 대손충당금은 보완자본이다(합산항목).

11 지급여력기준금액 산정 시 고려해야 하는 위험이 있다. 다음 중 운영리스크에 해당하는 것은?

① 보험계약의 인수 및 보험금 지급과 관련하여 발생하는 리스크

② 이자율변동과 자산 · 부채의 만기구조 차이 등에 따른 자산가치의 하락위험

③ 상대방의 채무불이행 또는 신용등급 변화에 따른 자산가치의 하락위험

④ 불완전판매, 금융사고, 내부통제제도 미흡등으로 인한 손실위험

정답 ┃ ④
해설 ┃ ① 보험리스크, ② 금리리스크, ③ 신용리스크, ④ 운영리스크
　　　 ※ 추가하여 시장위험이 있는데, 시장위험은 '주가 등 시장변수의 변동에 따른 당기손익인식 자산의 가치하락위험'을 말한다.

12 빈칸을 순서대로 옳게 연결한 것은?

> 기본자본 700억원, 보완자본 300억원, 차감항목 400억원, 지급여력기준금액 800억원.
> 이때 지급여력비율은 (   )이며 적기시정조치로는 (   )가 발동된다.

① 75%, 경영개선권고

② 75%, 경영개선요구

③ 87.5%, 경영개선권고

④ 87.5%, 경영개선요구

정답 | ①

해설 | 지급여력비율 $= \dfrac{700 + 300 - 400}{800} = 0.75$, 즉 75%이므로 경영개선권고가 발동된다.

13 위험기준 경영실태평가(RAAS) 제도에서 평가하는 7개 부문이 아닌 것은?

① 보험리스크

② 금리리스크

③ 투자리스크

④ 운영리스크

정답 | ④

해설 | 운영리스크는 제외된다(경영관리리스크에 포함됨).

※ 7개 부문 : 경영관리리스크, 보험리스크, 금리리스크, 투자리스크, 유동성리스크, 자본적정성, 수익성

14 보기는 위험기준 경영실태평가 제도에서 평가하는 7개 부문 중 무엇을 말하는가?

> 이사회, 경영진 및 내부통제의 적정성과 관련하여 발생하는 리스크

① 경영관리리스크

② 보험리스크

③ 자본적정성

④ 수익성

정답 | ①

해설 | 경영관리리스크이다(운영리스크를 포함하는 개념이다).

15 보기는 위험기준 경영실태평가 제도에서 평가하는 7개 부문 중 무엇을 말하는가?

> 보험회사에 예상치 못한 손실이 발생하고 이를 충당할 수 있는 적정수준의 자기자본을 보유하지 못함으로써, 지급여력비율이 규제수준에 미달하게 될 위험이다.

① 경영관리리스크   ② 보험리스크

③ 자본적정성   ④ 수익성

정답 | ③
해설 | 지급여력비율이 100%에 미달하면 적기시정조치가 부과된다. 이러한 위험을 자본적정성(리스크)이라고 한다.

16 7개 평가부문별 가중치에서 손해보험사에서 가장 높게 반영되는 3개 위험에 속하지 않는 것은?

① 경영관리리스크   ② 보험리스크

③ 투자리스크   ④ 자본적정성

정답 | ③
해설 | 중요한 3개 부문은 '경영관리리스크, 보험리스크, 자본적정성'이다.
※ 7개 평가부문 중 가중치가 20점 이상인 부문

평가부문	생보사	손보사	재보험사
경영관리리스크	20점	20점	20점
보험리스크	–	20점	25점
자본적정성	20점	20점	20점

17 재보험사의 위험기준 경영실태평가상 가중 가중치가 높게 반영되는 평가부문은?

① 경영관리리스크   ② 보험리스크

③ 투자리스크   ④ 자본적정성

정답 | ②
해설 | 평가부문별 가중치는 차례로 '20점, 25점, 20점, 20점'이다. 재보험에서는 보험금지급이 대형규모일 가능성이 높으므로 보험리스크에 대한 가중치가 가장 크다.

18 '위험기준 경영실태평가제도(RASS)'상 경영개선권고가 발동되는 요건이 아닌 것은?

① 종합등급이 3등급 이상이면서 자본적정성부문이 4등급 이하인 경우

② 종합등급이 3등급 이상이면서 보험리스크와 금리리스크 부문에서 4등급 이하인 경우

③ 종합등급이 3등급 이상이면서 보험리스크와 투자리스크 부문에서 4등급 이하인 경우

④ 종합등급이 3등급 이상이면서 경영관리리스크부문이 4등급 이하인 경우

정답 | ④
해설 | ④의 요건은 없다.
　　　※ RASS상 경영개선권고 발동요건
　　　• 경영실태평가 종합등급이 3등급 이상&자본적정성부문이 4등급 이하인 경우
　　　• 경영실패평가 종합등급이 3등급 이상&'보험 · 금리 · 투자리스크'의 3개 부문 중 2개 이상이 4등급 이하인 경우

PART 06

공통부문
기출유형 **모의고사**

■

기업보험심사역(ACIU)
Associate Insurance Underwriter

※ 학습안내

(1) 기출유형 반영

본 모의고사에는 저자의 시험경험과 시험을 본 응시자들의 도움을 통해 파악한 기출유형 문제가 다수 반영되어 있습니다.

(2) 문제유형의 다양화

최근 보험심사역의 실제 시험에서는 단순한 4지선다에서 벗어나 다양한 형태의 문항이 출제되고 있습니다. 합격률을 일정한 수준(누적합격률 20% 초반)으로 유지하려는 시험주관 측의 의도로 보이는데, 실제 응시자의 입장에서는 체감난이도가 더 높아지게 됩니다.

본 모의고사에서는 이러한 실제 시험의 흐름을 반영하여, 단순한 4지선다를 지양하고 문제 형태를 좀 더 다양화하였습니다. 불편함이 있겠지만, 실제 시험에 대한 적응도 향상과 학습효과가 올라가는 효과가 있음을 이해하시고 숙달이 되도록 연습하시길 바랍니다.

(3) 모의고사 학습방법

모의고사를 풀어본 후 오답을 정리합니다. 그리고 추가이해가 필요한 부분에 대해서는 동 교재나 또는 연수원 기본서를 통해 찾아서 확인하는 노력이 필요합니다. 찾아보는 과정은 세부사항에 대한 집중이해뿐 아니라 전체적인 체계를 잡는데도 도움을 주기 때문입니다. 그런 다음 해설과 같이 모의고사를 2회 이상 반복을 하면 소기의 성과를 달성할 수 있을 것으로 봅니다.

CHAPTER 01 | 1과목 **손해보험이론 및 약관**

01 보기에서 '실체적 위태(물리적 위태)'에 해당하는 수는?

> 고의, 사기, 부주의, 무관심, 도로의 빙결, 악천후, 인간의 기질, 잠재적 질병

① 1개   ② 2개   ③ 3개   ④ 4개

정답 | ④
해설 | '도로의 빙결, 악천후, 인간의 기질, 잠재적 질병'은 모두 실체적 위태에 속한다.

02 보기에서 보험회사가 보상하지 않는 사고의 수는?

> 가. 보험금을 받기 위해 고의로 사고를 내었다.
> 나. 운전부주의로 사고가 발생하였다.
> 다. 졸음운전으로 사고가 발생하였다.
> 라. 무심코 버린 담뱃불에 의해 화재사고가 발생하였다.

① 0개   ② 1개   ③ 2개   ④ 3개

정답 | ②
해설 | 고의사고('가')는 면책이지만, 부주의로 인한 사고('나, 다, 라')는 보상한다.
      ※ 도덕적 위태는 면책, 정신적 위태는 부책

03 도덕적 위험을 방지하기 위한 대책으로써 공동보험비율(CoinsuranceⅡ)을 조정할 수 있다. 그렇다면 다음 중에서 도덕적 위험을 방지하는 효과가 가장 큰 공동보험비율은?

① 50%   ② 60%   ③ 70%   ④ 80%

정답 | ④
해설 | 공동보험비율을 높일수록 보험금액이 감소하므로 도덕적 위험의 방지효과가 커지게 된다(아래 예시 참조).
    ※ **공동보험비율에 따른 보험금액의 변화**
      • 보험가액 1억원, 보험가입금액 4천만원, 손해액 2천만원, 부보비율 50%의 경우

$$\rightarrow 2천만원 \times \frac{4천만원}{1억원 \times 0.5} = 1,600만원$$

      • 보험가액 1억원, 보험가입금액 4천만원, 손해액 2천만원, 부보비율 80%의 경우

$$\rightarrow 2천만원 \times \frac{4천만원}{1억원 \times 0.8} = 1,000만원$$

    ∴ 공동보험비율을 높일수록(50% → 80%) 보험금액이 줄어들어 도덕적 위험도 줄게 된다.

04 다음 설명 중 가장 적절한 것은?

① 면책손인과 비담보손인의 구분은 비교적 명확한 편이다.

② 위험관리기법은 위험회피, 위험이전, 위험보유, 손실통제 중에서 가장 적합한 하나를 선택하는 것이 효율적이다.

③ 손해방지경감의무는 사고예방의무도 포함한다.

④ 손해보험에서는 피보험이익이 없는 계약은 무조건 무효이다.

정답 | ④

해설 | ① 구분이 명확하지 않다. ② 통상 2개 이상을 병용한다. ③ 손해방지경감의무는 사고발생 전의 예방과는 상관이 없다.

05 다음은 보험가입가능(Insurablel risk) 요건 중 무엇을 말하는가?

> 손실이 금전적으로 측정되지 않으면 보상이 불가능하고, 시간과 장소가 불명확하면 보험기간 내의 사고인지 아니면 보험증권에서 담보하는 손실인지를 확인할 수 없다.

① 다수의 동질적인 위험   ② 명확하고 측정가능한 손실

③ 확률적 측정가능성   ④ 충분히 크지만 대재난이 아닌 손실

정답 | ②

해설 | '명확하고 측정가능한 손실'의 요건에 해당된다.

    Cf. 확률적 측정가능성 : 다수의 동질적인 위험이 있어 미래에 발생가능한 손실의 빈도와 심도를 어느 정도 계산할 수 있어야 함을 의미한다(보험요율의 산출가능성).

06 컴퓨터 디스크의 자료를 복사하여 별도의 장소에 보관함으로써 손실을 줄이는 방법은 위험관리기법 중 어디에 해당하는가?

① 위험회피   ② 위험보유

③ 위험분리   ④ 위험전가

정답 | ③

해설 | 위험분리이다.

    ※ 위험에 대한 대비방법 : 위험회피, 손실통제, 위험보유, 위험전가, 위험분리

07 자가보험이나 종속보험의 경우 보험회사에 가입하는 것보다 보험료가 절감될 수 있다. 그 이유를 모두 묶은 것은?

> ㉠ 부가보험료를 부담하지 않아도 되기 때문이다.
> ㉡ 손해율이 낮은 기업은 자신의 손해율을 반영한 보험료를 납부하기 때문이다.
> ㉢ 보험료를 직접 운용하므로 이익창출이 용이하고 이를 배당으로 지급하므로 결과적으로 보험료절감효과가 있기 때문이다.

① ㉠　　　　　　② ㉡　　　　　　③ ㉠, ㉡　　　　　　④ ㉠, ㉡, ㉢

정답 | ③

해설 | ㉢은 잘못된 내용이다. 보험료를 직접 운용하여 이익창출에 용이하긴 하지만, 보험회사의 유배당상품과 같이 배당을 지급하는 체계는 아니다.

08 다음 설명 중 옳은 항목을 연결한 것은?

> 가. 위험선택의 주체는 보험계약자이다.
> 나. 순수위험과 투기위험의 공통점은 전혀 없다.
> 다. 일반화재보험에서 폭발손해는 보상하지 않지만 폭발로 인한 화재손해를 보상하는 것은 위험보편의 원칙이 적용되는 예이다.
> 라. 자가보험이나 캡티브도 대수의 법칙이 적용되는 위험에 한해서 부보할 수 있다.

① 가, 나　　　　　② 나, 다　　　　　③ 다, 라　　　　　④ 가, 다

정답 | ③

해설 | '다, 라'가 옳다. 위험선택의 주체는 보험자(가)이며, 순수위험과 투기위험은 위험발생에 대한 불확실성이 있다는 점에서는 동일하다(나).

09 손해보험계약의 법적 성질 중에서 '계속계약의 성질'과 가장 가까운 것은?

① 해지　　　　　② 해제　　　　　③ 무효　　　　　④ 취소

정답 | ①

해설 | 계속보험료 미납으로 인해 해지가 되어도 장래에 한해서 그 효력이 소멸되며, 일정한 요건을 갖출 경우 계약의 부활도 가능하다. 그러나 '무효, 취소, 해제'는 애초의 계약이 소멸되는 것이므로 '계속계약성'이 없다.

10 다음은 보험계약의 법적성질을 설명한 것이다. 이 중에서 '독립계약성'에 부합하는 것은?

① 매매계약이나 운송계약에 비용을 추가하여 덤으로 위험을 보장하는 것은 보험계약이 될 수 없다.

② 보험계약이 중도에 종료한다 하더라도 소멸하는 것이 아니라 장래에 대해서만 효력을 상실케 하는 것이 일반적이다.

③ 보험약관에 대한 교부·설명의무를 위반 시 보험계약자는 계약의 성립일로부터 3개월 내로 계약을 취소할 수 있다.

④ 보험계약이 성립되면 보험계약자는 보험료지급의무를 지며, 보험자는 보험금지급의무를 진다.

정답 | ①
해설 | ① 독립계약성, ② 계속계약성, ③ 부합계약성, ④ 유상·쌍무계약성

11 보기에 대한 설명으로 가장 적절한 것은?

- 화재보험에 가입하고 보험사고가 발생하여 보험금을 수령함
- 보험계약현황 : 보험가입금액 1억원, 보험가액 2억원, 전부손해 발생

① 보험자는 법률상 최고한도액인 2억원을 지급한다.

② 보험자는 법률상 최고한도액인 1억원을 지급한다.

③ 보험자는 약정상 최고한도액인 2억원을 지급한다.

④ 보험자는 약정상 최고한도액인 1억원을 지급한다.

정답 | ④
해설 | 일부보험(보험가입금액 1억원, 보험가액 2억원)에 가입하고 전부손해가 발생하였으므로, 보험가입금액(약정상 최고한도액)으로 보상하게 된다. 즉, 법률상 최고지급한도는 2억원이나(보험가액), 보험가입금액을 1억원으로 약정하였으므로 1억원(약정상 최고지급한도액)을 지급한다.

12 다음 설명 중 가장 적절하지 않은 것은?

① 약관의 해석원칙 중 가장 마지막 순서로 적용되는 것은 작성자불이익의 원칙이다.

② 보험수익자는 인보험에만 존재한다.

③ 보험가입금액은 법률상 최고보상한도액이다.

④ 우리나라의 보험회사는 모두 주식회사이다.

정답 | ③
해설 | 보험가입금액은 약정상 최고보상한도액이다(법률상 최고보상한도액은 보험가액이다).

13 빈칸에 가장 적절한 것은?

> 보험증권의 교부의무를 위반할 경우 (   ).

① 위반 시의 효과에 대한 규정은 없다.

② 보험계약자는 보험계약성립일로부터 3개월 내로 보험계약을 취소할 수 있다.

③ 보험계약자는 그 사실을 안 날로부터 3개월 내로 보험계약을 취소할 수 있다.

④ 보험계약자는 보험계약성립일로부터 1개월 내로 보험계약을 해지할 수 있다.

정답 | ①

해설 | '보험증권의 교부의무'와 '보험약관의 교부ㆍ설명의무'를 구분해야 한다.
- 보험약관의 교부설명의무를 위반 시 → 보험계약성립일로부터 3개월 내로 계약의 취소가 가능하다(②).
- 보험증권의 교부의무를 위반 시 → 그 효과에 관한 규정이 없다(아무런 영향이 없다).

[부연설명] 보험증권은 증거증권에 불과하므로 형식의 중요성이 없다. 즉, 보험약관과 달리 '보험증권의 교부의무'는 실질적인 의무가 아니라고 이해할 수 있다.

14 보기가 뜻하는 약관의 종류는?

> - 부합계약이다.
> - 보충적이고 상세한 내용을 담고 있다.

① 개별약관

② 보통보험약관

③ 특별보통보험약관

④ 특별보험약관

정답 | ③

해설 | 특별보통보험약관(또는 부가약관)이다.
- 보통보험약관(부합계약) : 미리 정형화된 약관
- 특별보험약관(부합계약 아님) : 보통약관의 내용을 변경, 추가, 배제하는 약관

15 보기와 같은 문언이 동일 약관에 적용된다면, 약관을 해석하는 순서는?

> 보험약관의 인쇄된 문언(A), A에 추가하여 인쇄된 문언(B), 수기로 쓴 문언(C)

① A > B > C

② B > A > C

③ B > C > A

④ C > B > A

정답 | ④

해설 | 손으로 쓴 문언이 인쇄문언이나 그 밖의 문언보다 가장 우선하여 해석하며, 인쇄된 보험증권에 다른 문언들이 첨가된 경우 첨가된 문언을 우선하여 해석한다.

16 보기에서 '보험계약자 등의 불이익변경금지 원칙'이 적용되지 않는 보험의 수는?

재보험, 적하보험, 선박보험, 자동차보험, 단체생명보험

① 1개   ② 2개   ③ 3개   ④ 4개

정답 | ③

해설 | '재보험, 적하보험, 선박보험'의 3가지이다.
　　　 ※ 자동차보험과 단체생명보험은 부합약관에 의한 보험이므로 동 규정이 적용된다.

17 빈칸을 순서대로 옳게 연결한 것은?

• 금융위원회는 (　　) 소속 하의 회의체 의결기관이다.
• 금융분쟁조정위원회는 위원장 1인을 포함하여 (　　) 이내의 위원으로 구성한다.

① 대통령 – 20인   ② 대통령 – 30인
③ 국무총리 – 20인   ④ 국무총리 – 30인

정답 | ④

해설 | '국무총리 – 30인'이다. 금융분쟁조정위원회는 전체 30인 이내로 구성하며, 매 회의 시에는 조정위원장 1인을 포함하여 '7인 ~11인'의 위원으로 구성한다.

18 금융감독원의 업무가 아닌 것은?

① 각종 금융정책의 수립

② 금융기관에 대한 업무 및 재산상황에 대한 검사

③ 금융위원회 및 소속기관에 대한 업무지원

④ 법령 또는 규정에 의한 제재

정답 | ①

해설 | 금융정책의 수립은 금융위원회의 업무이다.

19 보기는 '손해보험회사의 제3자 보험금 지급보장의무'를 실현하기 위해 개별 보험회사가 출연하는 금액을 구하는 산식이다. 빈칸을 옳게 채운 것은?

> 협회가 지급하는 보험금 × (   )

① $\dfrac{\text{해당 보험사의 수입보험료와 책임준비금의 합계액}}{\text{손보사 전체의 수입보험료와 책임준비금의 합계액}}$

② $\dfrac{\text{해당 보험사의 수입보험료와 책임준비금의 산술평균액}}{\text{손보사 전체의 수입보험료와 책임준비금의 합계액}}$

③ $\dfrac{\text{해당 보험사의 수입보험료와 책임준비금의 합계액}}{\text{손보사 전체의 수입보험료와 책임준비금의 산술평균액}}$

④ $\dfrac{\text{해당 보험사의 수입보험료와 책임준비금의 산술평균액}}{\text{손보사 전체의 수입보험료와 책임준비금의 산술평균액}}$

정답 | ④
해설 | 분자, 분모 모두 산술평균액이다.

20 선임계리사의 선임절차에 대해서 빈칸을 순서대로 옳게 연결한 것은?

> 보험회사가 선임계리사를 선임 또는 해임하고자 하는 경우는 (   )를 거쳐야 하며, 선임과 해임 시 (   ), (   )의 절차를 따른다.

① 이사회결의, 선임 후 보고, 해임 후 보고
② 이사회결의, 선임 후 보고, 해임 전 신고
③ 주총 보통결의, 선임 전 신고, 해임 전 신고
④ 주총 보통결의, 선임 후 신고, 해임 후 보고

정답 | ②
해설 | 이사회결의를 거치며, '선임 후 보고, 해임 전 신고'를 따른다. 해임 절차가 좀 더 엄격하다.

CHAPTER **02** | 2과목 **보험법**

21 보기에서 내용이 옳지 않은 지문의 개수는?

> 가. 신계약 청약 후 30일 동안 보험자가 낙부의 통지를 하지 않는 경우 승낙으로 간주한다.
> 나. 부활계약 청약 후 30일 동안 보험자가 낙부의 통지를 하지 않은 경우 승낙으로 간주한다.
> 다. 보험목적을 양도할 경우 양도인의 권리와 의무는 양수인에게 포괄승계 되는 것으로 간주한다.
> 라. 청약서상의 질문사항을 고지의무대상인 중요사항으로 간주한다.

① 0개　　　　② 1개　　　　③ 2개　　　　④ 3개

정답 | ③
해설 | '다, 라'는 추정에 해당된다.

22 보기에서 내용이 옳지 않은 지문의 개수는?

> 가. 보험사고가 발생하기 전에는 보험계약자는 언제든지 계약의 전부 또는 일부를 해지할 수 있다.
> 나. 보험사고가 발생한 후에는 어떤 보험이라도 보험계약을 해지할 수 없다.
> 다. 특정한 타인을 위한 보험의 경우, 그 특정한 타인에게 상당한 기간을 정하여 보험료의 지급을 최고하지 않으면 그 계약을 해지할 수 없다.
> 라. 해지는 장래에 대해서만 그 효력을 상실하는 것이므로, 해지시점 이전의 사고에 대해서는 어떠한 경우에도 보험자는 책임을 져야 한다.

① 0개　　　　② 1개　　　　③ 2개　　　　④ 3개

정답 | ③
해설 | '나'와 '라'가 틀린 지문이다.
　　• 나 : 보험사고가 발생한 이후라도 보험금액이 복원되는 보험(전액주의 보험)은 보험계약을 해지할 수 있다. 단, 이때 미경과 보험료는 반환되지 않아 해지의 실익은 없다.
　　• 라 : 해지시점 이전의 사고는 보상하는 것이 원칙이지만, 고지의무위반 등의 경우는 해지권의 특칙을 적용하여 해지 이전 사고에 대해서도 보험자책임은 없다.

23 피보험자의 의무를 모두 묶은 것은?(손해보험으로 가정)

| ㉠ 고지의무 | ㉡ 위험유지의무 |
| ㉢ 손해방지경감의무 | ㉣ 사고발생통지의무 |

① ㉠

② ㉠, ㉡

③ ㉠, ㉡, ㉢

④ ㉠, ㉡, ㉢, ㉣

정답 | ④

해설 | 모두 다 해당된다. 사고발생통지의무의 경우 보험금청구권자에게 부과되는데, 인보험에서는 보험수익자, 손해보험에서는 피보험자에게 부과된다.

24 보기에서 통지의무위반의 효과가 '보험자는 그 사실을 안 날로부터 1개월 이내에 계약을 해지할 수 있다'에 해당하는 항목의 수는?

가. 위험의 현저한 변경 또는 증가 시의 통지의무 위반
나. 위험유지의무 위반
다. 보험목적양도 시의 통지의무 위반
라. 선박미확정의 적하예정보험의 통지의무 위반
바. 수개의 책임보험 체결 시의 통지의무 위반
사. 사고발생 시의 통지의무 위반
아. 병존보험체결 시의 통지의무 위반

① 2개

② 3개

③ 4개

④ 5개

정답 | ②

해설 | ※ 통지의무 위반 시의 효과
- 가, 다, 라 → 그 사실을 안 날로부터 1개월 이내에 계약을 해지할 수 있다.
- 나 → 그 사실을 안 날로부터 1개월 이내에 계약의 해지 또는 보험료의 증액을 청구할 수 있다.
- 바, 사, 아 → 보험자의 해지사유는 아니다.

25 빈칸을 순서대로 옳게 채운 것은?

- 보험금청구권은 사고발생을 안 날로부터 (   )이며 이는 (   )에 해당된다.
- 고지의무를 위반한 경우 보험계약체결일로부터 (   )이 지나면 보험계약을 해지할 수 없는데 이는 (   )에 해당된다.

① 2년, 소멸시효, 2년, 제척기간

② 3년, 소멸시효, 3년, 제척기간

③ 3년, 제척기간, 3년, 소멸시효

④ 2년, 제척기간, 2년, 소멸시효

정답 | ②

해설 | '3년, 소멸시효, 3년, 제척기간'이다.

26 다음 설명 중 옳은 것은?

① 보험에 부쳐지는 대상을 보험계약의 목적이라 한다.

② 밀수품을 분실하여 발생한 손실은 피보험이익이 될 수 없는데, 이는 피보험이익의 확정성을 위반하기 때문이다.

③ 피보험이익의 가액을 보험가입금액이라 한다.

④ 동일한 보험의 목적이라도 피보험이익이 다르면 서로 다른 계약이 된다.

정답 | ④
해설 | ① 보험의 목적, ② 적법성 위배, ③ 보험가액

27 보기에서 설명이 잘못된 항목의 수는?

> 가. 악의의 초과보험계약에서는 보험사고가 우연히 발생하였다 하더라도 보험금은 전혀 지급되지 않는다.
> 나. 선의의 초과보험계약에서는 보험계약자는 보험료의 감액을 장래에 한해서 청구할 수 있다.
> 다. 초과보험은 보험계약체결당시에 발생할 수도 있고 물가가 상승으로 발생할 수도 있다.
> 라. 중복보험체결에 대한 통지의무를 이행하지 않았을 경우, 악의에 의한 계약이 아니라면 아무런 불이익이 없다.
> 마. 수개의 책임보험을 동시 또는 순차로 체결한 경우 중복보험의 규정을 준용한다.

① 0개　　　　　② 1개　　　　　③ 2개　　　　　④ 3개

정답 | ②
해설 | '다'만 틀린 내용이다(물가상승 → 물가하락).
　　　※ 라 : 사기로 인한 중복보험으로 추정될 경우에는, 계약은 무효가 되고 납입원금을 돌려주지 않는 불이익을 받을 수 있다.

28 중복보험의 요건에 해당하지 않는 것은?

① 보험계약의 목적이 동일해야 한다.　　　　② 보험사고가 동일해야 한다.

③ 보험기간이 중첩되어야 한다.　　　　　　④ 보험계약자가 동일해야 한다.

정답 | ④
해설 | 보험계약자는 반드시 동일인일 필요는 없으나 피보험자는 동일해야 한다(∵ 피보험이익이 동일해야 하므로 피보험자가 동일함).

29 아래의 상법 조항이 충족되기 위한 요건을 설명한 것이다. 틀린 것은?

> 피보험자가 보험목적을 양도한 때에는 양수인은 보험계약의 권리와 의무를 승계한 것으로 추정한다(상법 제679조).

① 양도 당시 보험계약이 유효하게 존속하고 있어야 한다.
② 양도 대상 보험목적은 물건에 한한다.
③ 보험목적에 대한 물권적 또는 채권적 양도가 있어야 한다.
④ 보험목적을 양도 시 유상 또는 무상을 불문한다.

정답 | ③
해설 | 물권적 양도이어야 한다.

30 손해방지경감의무에 대한 설명이다. 틀린 항목의 수는?

> 가. 상법상 손해배상의무를 지는 자는 보험계약자와 피보험자이다.
> 나. 손해방지경감의무를 이행하는 시점은 손해가 발생한 시점의 익일까지이다.
> 다. 손해방지경감의무를 이행하지 않음으로써 늘어난 손해는 우연성을 결여한 것으로 볼 수 있으므로 보험자는 완전 면책이다.
> 라. 손해방지경감의무에서 요구되는 행위의 정도는 보험에 부보되지 않은 자기재산에 대해 취할 정도이다.

① 0개　　　　　② 1개　　　　　③ 2개　　　　　④ 3개

정답 | ③
해설 | '나, 다'가 틀린 항목이다.
- 나 : 이행하는 시점은 '보험사고가 생긴 것을 안 때'이다.
- 다 : 경과실로 인해 증가된 손해는 보험자가 보상하고, 고의나 중과실로 인해 증가된 손해는 보험자 면책이다.

31 잔존물대위에 대한 설명이다. 옳은 항목의 수는?

> 가. 보험자대위권의 소멸시효는 보험금을 지급한 날로부터 3년이다.
> 나. 보험자대위권의 권리이전 시기는 보험사고가 발생한 때이다.
> 다. 보험자의 대위권은 절대 포기될 수 없다.
> 라. 권리보전의무가 부과된다.

① 0개　　　　　② 1개　　　　　③ 2개　　　　　④ 3개

정답 | ①
해설 | 모두 틀린 내용이다.
- 가 : 보험자대위권은 보험금을 지급 후 자동으로 취득되는 권리이므로 소멸시효 자체가 없다.
- 나 : 권리이전 시기는 보험금액을 지급한 때이다.
- 다 : 공법상의 잔존물제거의무 등을 부담할 경우 비용이 더 커질 수 있으므로, 보험자는 잔존물대위권을 포기할 수도 있다.
- 라 : 권리보전의무가 부과되는 것은 청구권대위(제3자대위)이다.

32 다음 중 형성권이 아닌 것은?

① 고지의무위반에 대한 보험자의 해지권

② 보험약관의 교부 · 설명의무 위반에 대한 보험계약자의 취소권

③ 추정전손이 있을 경우 보험계약자의 보험위부행사권

④ 전손발생 시 잔존물에 대한 보험자의 대위권

정답 ┃ ④
해설 ┃ 보험자대위에서 보험자의 대위권은 보험금을 지급한 때로부터 자동으로 취득하는 것이므로 형성권이 아니다.

33 다음 중 보험계약전체가 무효가 되는 항목의 수는?

> 가. 사기로 인한 초과보험
> 나. 사기로 인한 중복보험
> 다. 15세 미만자를 피보험자로 하는 암보험
> 라. 보험계약자에게 불이익하게 변경된 약관에 의한 계약
> 마. 타인의 생명보험에서 서면동의철회권을 행사한 계약

① 1개   ② 2개   ③ 3개   ④ 4개

정답 ┃ ②
해설 ┃ 다 : 유효, 라 : 불이익하게 변경된 부분만 무효, 마 : 해지

34 타인의 사망보험계약에서 피보험자의 서면동의를 얻어야 하는 경우를 모두 묶은 것은?

> ㉠ 타인의 사망보험계약을 체결 시
> ㉡ 타인의 사망보험계약의 보험수익자를 지정 · 변경하는 경우
> ㉢ 타인의 사망보험계약을 피보험자가 아닌 자에게 양도하는 경우

① ㉠, ㉡   ② ㉡, ㉢

③ ㉠, ㉢   ④ ㉠, ㉡, ㉢

정답 ┃ ④
해설 ┃ 모두 다 피보험자의 서면동의를 필요로 한다.

35 보험업법의 감독대상이 아닌 보험은?

① 배상책임보험　　　　　　　　　　　② 노인장기요양보험

③ 날씨보험　　　　　　　　　　　　　④ 지진보험

정답 | ②

해설 | 노인장기요양보험은 공보험(공보험)이므로 보험업법의 감독대상이 아니다.

36 보험대리점과 보험중개사는 대리점과 중개사의 공신력을 제고하여 보험험계약자를 보호하는 일환으로 영업보증금을 예탁해야 한다. 그렇다면 다음 중 각 대리점과 중개사의 영업보증금의 설정이 가능하지 않은 것은?

① 개인보험대리점 – 5천만원　　　　　② 법인 보험중개사 – 2억원

③ 금융기관보험대리점 – 0원　　　　　④ 금융기관보험중개사 – 0원

정답 | ②

해설 | 개인보험대리점은 1억원 이내이면 되고, 법인 보험중개사는 3억원 이상이어야 한다. 금융기관보험대리점 또는 금융기관보험중개사는 영업보증금 예탁의무가 면제된다.

보험대리점		보험중개사	
개인	법인	개인	법인
1억원 이내	3억원 이내	1억원 이상	3억원 이상
보험사와 대리점이 협의		총리령	

37 보험업 허가요건에 관련하여, 빈칸에 들어갈 수 없는 것은?

> **[보험업법 제6조 1항]**
> 보험회사는 (　　) 이상의 자본금 또는 기금을 납입함으로써 보험업을 시작할 수 있다. 단, 보험종목의 일부만을 취급하려는 경우에는 (　　) 이상의 범위 내에서 대통령령으로 정하는 금액을 납입하면 된다.
>
> **[보험업법 제6조 2항]**
> 통신판매회사는 동 조항 1항에 따른 자본금 또는 기금의 (　　) 이상에 해당하는 자본금 또는 기금을 납입함으로써 보험업을 시작할 수 있다.
>
> **[보험업법 제7조]**
> 예비허가의 신청을 받은 금융위원회는 (　　) 이내에 심사하여 예비허가 여부를 통지해야 한다. 다만, (　　)로 정하는 바에 따라 그 기간을 연장할 수 있다.

① 3개월　　　　② 2/3　　　　③ 50억원　　　　④ 300억원

정답 | ①

해설 | 차례대로 '300억원 – 50억원 – 2/3 – 2개월 – 총리령'이다. 참고로 통신판매회사는 통신수단으로 모집하는 계약이 전체 모집계약의 90% 이상인 회사를 말한다.

38 빈칸을 순서대로 옳게 연결한 것은?

> • 외국보험회사의 영업기금은 ( ) 이상으로 한다.
> • 보험회사의 겸영업무나 부수업무를 영위하기 위해서는 그 업무를 시작하려는 날의 ( )까지 금융위에 신고해야 한다.

① 30억원 – 7일 전
② 30억원 – 14일 전
③ 50억원 – 14일 전
④ 50억원 – 7일 후

정답 | ①

해설 | '30억원 – 7일 전'이다. 참고로 보험회사의 본업에 대해서는 보험종목별로 요건을 갖춘 다음 금융위에게 사전허가를 받지만, 본업이 아닌 겸영업무나 부수업무는 영위 7일 전까지 신고하면 된다.

39 다음 설명 중 가장 적절하지 않은 것은?

① 특수은행 중에서 산업은행은 금융기관보험대리점이 될 수 있지만, 수출입은행은 금융기관보험대리점이 될 수 없다.

② 금융기관보험대리점에서는 주택화재보험은 모집할 수 있지만, 일반화재보험은 모집할 수 없다.

③ 보험계약의 청약철회 당시 이미 보험금 지급사유가 발생한 경우에는 그 청약철회의 효력이 발생하지 않는다.

④ 보험회사의 임직원, 보험설계사, 보험대리점의 과실로 손해배상책임을 질 경우 회사는 사용자 책임을 지는데, 이때 피용자에 대해서 상당한 주의의무를 이행하였음을 입증할 경우 면책이 될 수 있다.

정답 | ④

해설 | ④는 무과실에 가까운 책임을 뜻하는데, 이는 보험설계사, 보험대리점을 대상으로 적용된다.
※ 보험회사의 사용자책임

무과실에 가까운 책임[주1]	무과실책임
보험설계사, 보험대리점 (보험중개사 ×)	임직원

※ 주1 : 무과실에 가까운 책임은 사용자가 피용자에 대한 상당한 주의의무를 이행하였음을 입증할 경우 면책이 될 수 있는 책임을 말한다. 반면, 임직원에 대해서는 그러한 조건 없이 무조건 사용자책임을 지므로 무과실책임이 된다.

40 손해보험회사의 상호로 적절하지 않은 것은?

① ○○화재해상보험주식회사
② ○○보험회사
③ ○○화재보험
④ ○○손해보험

정답 | ②

해설 | '보험회사는 그 상호 또는 명칭 중에 주로 영위하는 보험업의 종류를 표시해야 한다(보험업법 제8조 1항). 즉, 손해보험회사의 경우 '○○화재보험, ○○화재해상보험, ○○손해보험(주식회사)'의 표기가 가능하다.
[참고] 동 문항은 2018년 10월 시험에서 출제된 문항인데, 기본서에는 없지만 손해 보험회사의 상식차원에서 출제한 것으로 평가됨

CHAPTER 03 | 3과목 **손해보험 언더라이팅**

41 언더라이팅의 4단계 절차가 순서대로 연결된 것은?

ⓐ 모집자에 의한 언더라이팅   ⓑ 건강진단에 의한 언더라이팅
ⓒ 보험사 언더라이터에 의한 언더라이팅   ⓓ 계약적부심사

① ㉠ → ㉢ → ㉡ → ㉣   ② ㉠ → ㉡ → ㉢ → ㉣
③ ㉠ → ㉣ → ㉡ → ㉢   ④ ㉣ → ㉢ → ㉡ → ㉠

정답 | ②
해설 | 이 중에서 역선택을 차단하는 의미에서 가장 중요한 것은 '모집자(취급자)에 의한 언더라이팅'이며, 가장 마지막에 이루어지는 것은 계약적부심사이다.

42 언더라이팅의 수행과정에 대한 내용이다. 가장 적절하지 않은 것은?

① 대형물건일수록 보유위험이 높아지므로, 위험선택여부에 중점을 두는 언더라이팅을 해야 한다.
② 보험가입금액이 고액일 경우나 대규모 시설의 경우 청약서만의 심사에 의존하지 말고 보험목적물에 대한 Underwriting Inspection을 실시하는 것이 바람직하다.
③ 분손가능성이 확실시되는 보험목적물의 경우 PML을 기준으로 LOL을 설정하여 인수하는 것이 일반적인데, 이때 LOL은 PML보다 낮게 설정되어야 한다.
④ 위험을 보유하는 원칙에는 안전성과 수익성이 있는데, 안전성이 우선되어야 한다.

정답 | ①
해설 | 대형물건일수록 대규모의 보험료수입이 예상되어 영업논리가 더 강해질 수 있다. 즉, 이 경우 언더라이팅 실무상 위험을 선택하는 경우는 거의 없으며 위험분산이 더욱 중요한 요소가 된다.

43 보험자의 최고지급한도의 결정방식을 보기와 같이 하는 보험이 아닌 것은?

> • 보험가입금액 1억원
> • 최초 사고 시 보험금지급액은 3천만원
> • 두 번째 사고 시 손해액이 1억원이라면 보험자의 지급책임액은 7천만원이다(단, 사고처리비용 등 기타의 지급책임액은 없다고 가정함).

① 금융기관종합보험   ② 동산종합보험 국문약관

③ 유리종합보험 국문약관   ④ 화재보험

정답 | ①

해설 | 보기는 '보험가입금액' 부보방식이다(보험자의 책임한도가 보험가입금액). 화재보험 등(②, ③, ④)은 오로지 '보험가입금액'으로 부보한다. 금융기관종합보험은 반대로 보상한도액으로만 부보한다.

44 승계추정보험에서 통지의무를 위반하여도 보험계약에 아무런 영향을 주지 않는 경우(보험료의 감액도 없고 계약의 해지도 없는 상태)를 모두 묶은 것은?

> ㉠ 위험이 변경되지 않은 경우   ㉡ 위험이 경미하게 증가한 경우
> ㉢ 위험이 현저하게 감소된 경우   ㉣ 위험이 현저하게 증가된 경우

① ㉠   ② ㉠, ㉡

③ ㉠, ㉡, ㉢   ④ ㉠, ㉡, ㉢, ㉣

정답 | ③

해설 | 통지의무를 위반한 경우는 '위험이 현저하게 증가된 경우(㉣)'에만 계약해지를 할 수 있고 나머지의 경우 계약에 아무런 영향을 주지 않는다.
※ 위험이 감소된 경우는 통지의무이행 시 보험료의 감액이 가능하다.

45 보기는 종합공제의 예이다. 빈칸에 알맞은 것은?(공제한도액 : 50만원)

사고횟수	사고별 손해액	보험자 책임액	피보험자 자기부담금
1차	10만원	0	10만원
2차	30만원	0	30만원
3차	50만원	(①)	(②)
4차	80만원	(③)	(④)

① 30만원   ② 10만원

③ 120만원   ④ 50만원

정답 | ②

해설 | 차례대로 '40만원 – 10만원 – 80만원 – 0원'이다.

46 보기의 경우 보험자부담액과 피보험자의 자기부담금을 옳게 연결한 것은?

> 프랜차이즈공제약관, 공제액 50만원, 손해액 200만원

	보험자부담액	자기부담금
①	150만원	50만원
②	200만원	50만원
③	200만원	0원
④	250만원	0원

정답 | ③

해설 | 손해액이 공제액 이하이면 계약자가 전액부담, 손해액이 공제액을 초과하면 전액을 보험자가 부담하는 방식이다.
　　　[참고] 프랜차이즈방식은 1969년까지 해상보험에서 주로 사용된 공제방식이다.

47 손해보험요율의 경영상 요건에 대한 내용이다. 보기에 해당하는 개념과 상충되는 것은 무엇인가?

> • 당초 예상했던 예정손해율보다 실적손해율이 크게 높거나 낮아진 경우에 요율의 인상이나 인하를 통해 요율의 균형을 이루어야 한다.
> • 손해보험요율을 산출할 때 유의해야 하는 원칙이다.

① 안정성(stability)　　　　　　　　② 손해확대방지성(promotion of loss control)

③ 단순성(simplicity)　　　　　　　　④ 경제적 부담가능성

정답 | ①

해설 | 보기는 적응성(responsiveness)을 말하며, 적응성과 상충되는 개념은 안정성이다.
　　　※ 안정성 : 보험요율이 자주 변동되거나 개정된다면 혼란과 불신을 야기시킬 수 있기 때문에, 보험요율은 적어도 단기간에는 안정성을 가져야 한다.

48 점검요율(또는 예정요율)에 대한 설명이다. 가장 적절하지 않은 것은?

① 기준요율을 기초로 정형화된 Check List에 따라 할증, 할인을 부가하여 요율을 산출한다.

② 이 요율을 적용하기 위해서는 피보험물건에 대한 사전점검이 반드시 수행되어야 한다.

③ 동일한 특성을 가진 보험의 목적에 대해 동일한 요율을 적용하므로, 요율의 공평성을 촉진한다.

④ 주택화재보험 등 주로 가계성보험에 많이 사용되며, 적은 비용으로 요율을 사용할 수 있는 장점이 있다.

정답 | ④

해설 | ④는 등급요율에 해당된다(점검요율은 기계보험이나 일반화재보험에 사용). 점검요율은 요율산출에 비용이 많이 들고, 점검요원의 주관적 판단에 따른 신축성이 있으며 기계적 안전도에만 중점을 둠으로써 인적 안전도를 무시한다는 단점이 있다고 평가된다.

49 건강진단제도와 관련된 내용이다. 가장 적절하지 않은 것은?

① 연령이 높고 위험도가 높은 담보에 가입하거나 가입금액이 클수록 보다 정밀한 수준의 검사항목이 요구된다.

② 통상 진단심사 전문업체의 간호사에 의한 진단은 진단의 신뢰성이 높은 반면 상대적으로 비용이 많이 든다.

③ 가입절차의 편의성을 요구하는 일부 영업조직과 고객의 요구로 인하여 건강진단대상이 축소되거나 진단기준이 완화되는 경향이 나타나기도 한다.

④ 무진단보험계약을 도입한 것은 비용절감의 측면이 크다고 할 수 있다.

정답 | ②

해설 | 의사(사의, 지정의, 촉탁의 포함)를 통한 진단은 신뢰성이 높지만 비용이 많이 든다는 장점이 있다.
　　　　Cf. 진단심사 전문업체의 간호사를 통한 진단 : 진단의 신뢰성이 상대적으로 낮더라도, 비용절감과 고객편의성을 높일 수 있다.

50 보기와 같이 부보하는 질병이 아닌 것은?

- 질병사망보험금 1억원, 표준체의 보험료 100,000원
- 가입대상자는 표준체가 아닌 할증대상으로서, 질병사망보험금 1억원에 대한 할증률이 140%이다(즉, 할증보험료는 14만원).

① 고혈압　　　　　　　　　　　　　　② 시력 및 청력장애
③ 만성기관지염　　　　　　　　　　　④ 위궤양

정답 | ④

해설 | 보기는 '보험료할증 특약'이며 동일한 보험금에 대해서 보험료할증을 하는 것인데, 체증성 질병(고 · 당 · 비 · 체)과 항상성 질병(항 · 시 · 만 · 류)을 대상으로 한다.
　　　　※ 체감성 질병(위궤양, 위염, 외상 등)은 보험료할증특약이 아닌 '보험금삭감특약'의 대상이다.

51 장기보험과 관련하여, 빈칸의 수를 모두 합한 숫자는?

- 일반손해보험의 만기는 (　　　)년이다.
- 장기손해보험에서 1회의 사고손해액이 (　　　)% 미만이면 보험가입금액이 자동으로 복원된다.
- 보험료자동대출납입제도의 대출기간은 (　　　)년 이내이다.

① 72　　　　　　　　② 82　　　　　　　　③ 84　　　　　　　　④ 87

정답 | ②

해설 | 차례대로 '1년 – 80% – 1년'이다(따라서 82).

52 보기 중에서 '일반물건 요율'이 적용되는 항목의 수는?

> 가. 아파트의 복리시설
>
> 나. 주상복합아파트의 복리시설
>
> 다. 주거 및 상업용도 공동으로 사용되는 주상복합아파트의 주차장
>
> 라. 주택과는 별동으로서 양잠 및 그 밖의 부업을 하고 있는 경우 그 별동
>
> 마. 주택으로 사용하는 건물 내에 일시적으로 가재 이외의 동산을 수용한 경우의 가재 이외의 동산
>
> 바. 신축 중인 공장으로서 공업상의 작업에 사용하는 기계의 설치가 완료되기 전인 경우

① 2개   ② 3개   ③ 4개   ④ 5개

정답 | ③

해설 | 4개(나, 다, 라, 바)이다.
- 주택물건 요율 : 가, 마('마'는 '주택물건요율 + 재고자산할증률'을 적용함)
- 일반물건 요율 : 나, 다, 라, 바
- 공장물건 요율 : 없음

53 다음 중 '화보법'상의 신체손해배상책임 특별약관에 가입해야 하는 특수건물의 요건을 나열하였다. 틀린 것은?

① 바닥면적이 $2,000m^2$ 이상인 사설 학원

② 바닥면적이 $3,000m^2$ 이상인 관광숙박업

③ 바닥면적이 $3,000m^2$ 이상인 도시철도 역사 및 시설

④ 16층 이상의 아파트와 건물

정답 | ②

해설 | '바닥면적이 $3,000m^2$ 이상인 숙박업, 바닥면적이 $3,000m^2$ 이상인 관광숙박업'이다.
※ 관광호텔은 고층빌딩이 많으므로 연면적이 기준이 됨

54 보기는 화재보험에서의 건물구조급수에 대한 내용이다. 틀린 항목의 수는?

> 가. 철근 콘크리트조 슬라브즙은 1급 건물이다.
> 나. 외벽이 샌드위치 판넬인 건물의 구조급수는 다른 주요구조부와 관계없이 3급을 적용한다.
> 다. 외벽의 일부나 전부가 커튼월 구조로서 그 재료가 불연재료인 경우에는 해당 면적을 제외하고 나머지의 기준에 따라 구조급수를 결정한다.
> 라. 외벽이 50% 이상 결여된 무벽건물은 주요구조부가 내화구조이면 1급을 적용하고, 지붕을 제외한 주요구조부가 불연재료인 경우 2급을 적용하며, 기타는 4급을 적용한다.
> 마. 건축 중 또는 신축 중인 건물은 공사완성 후 건물급수가 1급 또는 2급일 경우는 1급을 적용한다.

① 0개   ② 1개   ③ 2개   ④ 3개

정답 | ②
해설 | '마'를 제외하고 모두 옳은 내용이다.
　　　※ 마 : 2급을 적용한다(보수적인 적용).

55 공동인수의 대상으로서 의무보험(대인1, 대물책임)에 대한 설명이 가장 정확한 것은?

① 의무보험도 다른 담보와 마찬가지로 할증률을 적용하여 인수한다.

② 할증률을 적용하여 인수한 의무보험의 보험료는 인수보험자가 30%, 나머지 70%는 시장점유율에 따라 타보험사에게 배분한다.

③ 할증률의 적용 없이 인수한 의무보험의 보험료는 인수보험자가 30%, 나머지 70%는 시장점유율에 따라 타보험사에게 배분한다.

④ 의무보험의 보험료는 할증되지 않으며 인수한 보험자에게 보험료가 전액 배분된다.

정답 | ④
해설 | 의무보험(대인1, 대물책임)에 대해서는 보험료의 배분도 없고(책임 또한 분담되지 않음), 할증률이 적용되지도 않는다.

56 자동차보험의 요율과 관련하여 빈칸을 순서대로 옳게 연결한 것은?

> • 보험가입경력을 반영하는 요율은 (   )이다.
> • 교통법규위반경력을 반영하는 요율은 (   )이다.

① 가입자특성요율 – 우량할인불량할증요율   ② 가입자특성요율 – 가입자특성요율

③ 우량할인불량할증요율 – 가입자특성요율   ④ 가입자특성요율 – 특별할증요율

정답 | ②
해설 | 둘 다 가입자특성요율에서 반영한다. 우량할인불량할증은 사고점수를 반영한다.

57 우량할인·불량할증 요율에 대한 설명이다. 틀린 것은?

① 단체할인할증의 경우 영업용자동차는 평가대상 유효대수가 10대 이상인 경우, 업무용자동차는 평가대상 유효대수가 50대 이상인 경우 적용되며, 그외에는 개별할인할증이 적용된다.

② 개별할인할증의 평가대상기간은 전전계약 보험기간 만료일 3개월 전부터 전계약의 보험기간 만료일 3개월 전까지의 기간이다.

③ 개별할인할증에서 대인사고, 자기신체사고, 물적사고가 중복될 경우에는 사고점수가 가장 높은 사고만을 반영한다.

④ 대리운전업자 및 자동차취급업자가 야기한 사고는 평가대상사고에서 제외한다.

정답 | ③

해설 | 여러 종류의 사고가 중복될 경우는 구분해서 합산하며, 대인사고의 피해자가 복수일 경우에는 가장 점수가 높은 피해자의 사고만을 반영한다.

58 원보험사는 적정보유액 외에 모든 위험에 대해 재보험출재를 하고자 한다. 미출재금액이 없도록 하기 위해서는 1line의 금액을 어떻게 조정해야 하는가?

> ㉠ 원보험 90억원
> ㉡ 원보험사의 적정보유액 10억원. 5line 출재

① 5억원 ② 15억원 ③ 20억원 ④ 30억원

정답 | ②

해설 | 1line을 15억원으로 조정하면 미출재금액이 없어진다.
- 10억원 + (10억원 × 5) = 60억원. 따라서 미출재금액은 30억원인데, 이 부분을 임의재보험으로 출재하면 미출재금액이 없어진다.
- 15억원 + (15억원 × 5 Line) = 90억원. 즉, 1line을 15억원으로 조정하면 미출재금액이 없어지게 된다.

59 보기에 해당하는 재보험거래 방식은?

> • 특약기간 중 발생할 수 있는 모든 손해액의 총합이 보험료의 일정비율을 초과할 경우 재보험자가 부담한다.
> • 출재사 손해율의 안정화로 출재사의 영업실적을 안정적으로 유지할 수 있다.
> • 출재사 입장에서 재보험관리비용이 저렴하다는 장점이 있지만, 적정 위험보유액 결정을 위한 전문계리인력이 필요한 단점이 있다.
> • 아직 경험률이 증명되지 않는 농작물보험(Crop Insurance)이나 우박보험(Hail Insurance)에 활용된다.

① 매위험당 초과손해액재보험(Per Risk Cover)

② 매사고당 초과손해액재보험(Per Event Cover)

③ 초과손해액재보험(Excess of Cover)

④ 초과손해율재보험(Stop Loss Cover)

정답 | ④
해설 | '초과손해율재보험'이다.

60 재보험거래방식 중 비례적 재보험(Proportional Reinsurance)에 속하지 않는 것은?

① Quota Share Treaty

② Surplus Treaty

③ Combine Quota Share & Surplus Treaty

④ Excess of Loss Cover

정답 | ④
해설 | ④는 비비례적 재보험(Non – proportional reinsurance)이다. ①은 비례재보험특약, ②는 초과액재보험특약, ③은 비례 및 초과액재보험 특약, ④는 초과손해액재보험이다.
[주의] 비례적 재보험과 비비례적 재보험의 구분은 매우 중요함

CHAPTER 04 | 4과목 **손해보험 손해사정**

61 다음 중 손해사정사의 금지행위와 가장 거리가 먼 것은?

① 보험금의 산정을 잘못 계산한 행위

② 타인으로 하여금 자신의 명의로 손해사정업무를 하게 하는 행위

③ 중복되는 서류를 요청함으로서 손해사정을 지연시키는 행위

④ 보험금지급을 요건으로 합의서를 작성하는 행위

정답 | ①

해설 | 단순히 보험금의 산정을 잘못계산하는 것은 금지행위가 아니다. '충분한 조사를 하지 않고 손해액이나 보험금을 산정하는 행위'가 금지행위에 해당된다.

62 손해보험의 대원칙인 이득금지원칙의 실현수단이 아닌 항목의 수는?

가. 신구교환공제   나. 신가보험
다. 보험자대위   라. 타보험조항
마. 손익상계   바. 과실상계
사. 중복보험의 비례주의   아. 일부보험의 비례주의

① 1개   ② 2개   ③ 3개   ④ 4개

정답 | ③

해설 | '나, 바, 아'가 이득금지원칙의 실현수단에 해당되지 않는다.
　　　　※ 신가보험은 이득금지실현의 예외이다. 일부보험의 비례주의와 과실상계는 형평성차원으로써 이득금지실현 수단과는 관계 없다.

63 빈칸에 알맞은 것은?

동일한 피보험이익과 동일한 손해를 부담하는 복수의 보험계약과 관련하여 손해가 발생하고, 각각의 보험계약에 초과액타보험조항이 모두 삽입되어 있다고 할 때는 (   ) 방식의 타보험조항을 적용하여 지급액을 분담한다(단, 손해분담에 관한 다른 약정이 없다고 가정한다).

① 비례책임조항   ② 책임한도분담조항

③ 균등액분담조항   ④ 초과액타보험조항

정답 | ①

해설 | 비례책임조항(보험가입금액 안분방식)으로 분담한다.

64 보기의 소멸성공제약관에서 발생손해액이 1,500만원이라면 보험자 지급액은 얼마인가?

> 계약자의 공제부담액은 100만원이고, 100만원을 초과하여 발생하는 손해액에 대해서는 110%를 보상한다.

① 0원

② 1,400만원

③ 1,500만원

④ 1,540만원

정답 | ④

해설 | (1,500만원 − 100만원) × 1.1 = 1,540만원. 즉 보험계약자의 자기부담금은 소멸되고 보험자가 전액 부담한다.

65 포괄위험담보계약에 대한 설명이다. 틀린 것은?

① 위험이 누락될 우려가 없다.

② 불필요한 위험이 중복가입 될 여지가 있다.

③ 손해가 열거위험에 의해 발생하지 않았다는 것을 보험자가 입증함으로써 보상책임을 면한다.

④ 담보범위가 넓지만 보험료가 비싸다.

정답 | ③

해설 | 손해가 면책위험에 의해 발생하지 않았다는 사실을 보험자가 입증함으로써 보상책임을 면한다.
　　　• 열거담보의 입증책임대상 : 손해가 열거위험에 의해 발생되었다는 사실
　　　• 포괄담보의 입증책임대상 : 손해가 면책위험에 의해 발생되었다는 사실

66 빈칸을 순서대로 옳게 연결한 것은?

> 보험기간 중에 이웃집에서 화재가 발생하고 보험기간 종료 후에 보험의 목적에 불이 옮겨 붙어 손해가 발생한 경우, 통설인 (　　　)에 의하면 보상이 되지 않지만 (　　　) 에 의하면 보험금지급책임이 발생한다.

① 손해설 − 위험설

② 이재설 − 위험설

③ 상당인과관계설 − 위험설

④ 상당인과관계설 − 이재설

정답 | ②

해설 | '이재설(통설) − 위험설'이다. 그리고 보험자의 부담이 가장 큰 것은 위험설이다.

67 보기와 관련성이 가장 높은 것은?

> 대차료와 휴차료는 수리불가능한 경우는 10일, 수리가능한 경우는 30일을 한도로 보상하며, 영업손실은 30일을 한도로 보상한다.

① 보험기간　　　　　　　　　　　　　② 보험계약기간

③ 보험료기간　　　　　　　　　　　　④ 보상기간

정답 | ④
해설 | 보기는 간접손해에 대해서 보상대상이 되는 손해지속기간을 말한다(보상기간).

68 보기에서 무효가 되지 않는 보험계약의 수는?

> 가. 만 15세 미만자를 피보험자로 하는 사망보험계약
> 나. 심신상실자를 피보험자로 하는 사망보험계약
> 다. 심신박약자가 단체보험의 피보험자로서 의사능력이 있을 때 체결한 계약
> 라. 면책기간 중에 암진단을 받은 암보험계약
> 마. 만 15세 미만자를 피보험자로 하는 상해보험
> 사. 만 15세 미만 시에 보험계약을 체결하였으나, 사망사고가 만 18세 때 발생한 사망보험계약
> 아. 타인의 사망보험계약에서 피보험자의 서면동의를 철회한 계약

① 1개　　　　　　② 2개　　　　　　③ 3개　　　　　　④ 4개

정답 | ③
해설 | 무효가 되지 않는 계약은 '다, 마, 아(해지)'의 3항목이다.

69 보기에서 취소에 해당하는 항목의 수는?

> 가. 당사자가 행한 법률행위에서 당사자가 기도한 법률상의 효과가 생기지 않는다.
> 나. 일단 유효하게 성립한 계약을 소급적으로 소멸시키는 일방적인 의사표시이다.
> 다. 계속적인 채무관계를 장래에 한해서 소멸시키는 행위이다.
> 라. 법률행위가 무능력 또는 사기, 강박, 착오로 행하여 진 것을 이유로 일단 유효하게 성립된 법률행위의 효력을 후에 소급하여 소멸케 하는 특정인(취소권자)의 의사표시를 말한다.
> 마. 형성권이다.
> 바. 동 권리를 행사하지 않아도 그 행위의 효력은 상실되지 않는다.
> 사. 보험약관의 교부설명의무를 위반시 보험계약자가 행사할 수 있는 권리이다.

① 2개　　　　　　② 3개　　　　　　③ 4개　　　　　　④ 5개

정답 | ③
해설 | '라, 마, 바, 사'의 4개 항목이다. 나머지는 무효(가), 해제(나), 해지(다)이다.

70 자동차보험에서 사망보험금을 지급할 때, 손익상계의 대상으로서 공제되는 항목을 모두 묶은 것은?

| ㉠ 산재보험금 | ㉡ 공무원연금 |
| ㉢ 상실수익액계산 시 공제하는 본인생활비 | ㉣ 생명보험금 |

① ㉠   ② ㉠, ㉡

③ ㉠, ㉡, ㉢   ④ ㉠, ㉡, ㉢, ㉣

정답 | ③
해설 | ㉢도 손익상계로 보며, 인보험의 보험금(㉣)은 어떤 경우에도 손익상계의 대상이 되지 않는다.

71 보기 중에서 배상청구기준에 해당하는 것을 모두 묶은 것은?

가. 보험기간 중에 최초로 피보험자에게 청구된 사고를 기준으로 보험자의 보상책임을 정한다.
나. 건축가나 전문직업인의 사고에서는 그 행위와 결과가 반드시 시간적으로 근접해 있지 않은 경우가 많고 이러한 사고를 담보하는 기준으로 적합하다.
다. 피보험자나 보험자에게 가장 적정한 보험료를 최근의 손해성적을 표준으로 산출할 수 있다는 장점이 있다.
라. 미보고발생손해액(IBNR)으로 인한 책임준비금의 과대계상 또는 보험요율의 불합리한 산정의 문제점이 있다.

① 가, 나   ② 가, 나, 다

③ 가, 나, 라   ④ 가, 나, 다, 라

정답 | ②
해설 | '라'는 손해사고발생기준에 해당된다. 손해사고발생기준은 보험사고가 보험기간 중 발생하면 이후 보험금청구기간 중에 청구할 수 있으므로 IBNR의 문제점이 발생한다.

72 보험금청구권 상실조항(이하 '실권약관'이라 함)에 대한 설명이다. 틀린 것은?

① 실권약관은 판례상 약관의 설명의무의 대상이 아니다.

② 보험목적 중 일부에 대해 허위청구를 하여 실권약관을 적용할 경우, 판례상 청구하지 않는 다른 보험목적의 보험금청구권까지 상실한다고 본다.

③ 보험금청구권을 상실한다고 해도 계약이 해지되는 것은 아니다.

④ 기존의 발생해 있는 보험금청구권을 상실한다는 의미에서 처음부터 보험금청구권이 없는 면책과 차이가 있다.

정답 | ②
해설 | 청구하지 않은 다른 보험목적까지 상실시키는 것은 아니다(대법원 판례).

73 P손해보험사의 당해 사업연도의 보험료합계액이 3천억원이다. 그렇다면 비상위험준비금을 계상하는 최대한도는 얼마인가?

① 0원 　　　　　② 900억원 　　　　　③ 1,500억원 　　　　　④ 3,000억원

정답 ┃ ③

해설 ┃ 비상위험준비금은 손해보험회사에만 존재하며, 당해 사업연도 보험료 합계액의 50%를 적리하므로 1,500억원이 된다. 그런데, 생보사의 경우 비상위험준비금을 적립하지 않는다.

　　※ 보험계약준비금 = 책임준비금 + 비상위험준비금. 참고로, 책임준비금은 부채계정에, 비상위험준비금은 자본계정에 계상된다.

74 P보험사의 20××년 회계연도에서 일반손해보험종목에서의 원수보험료, 보험금, 사업비에 대한 정보가 보기와 같다. 이에 대한 설명으로 가장 적절하지 않은 것은? (손해율은 현금주의에 입각하며, 사업비율은 보험사 실무방식에 입각하여 평가함)

> 수입보험료 100억원, 경과보험료 80억원, 보험금 60억원, 사업비 30억원

	합산비율	언더라이팅 평가
①	97.5%	양호
②	97.5%	불량
③	112.5%	양호
④	112.5%	불량

정답 ┃ ①

해설 ┃

손해율	사업비율	합산비율
$\frac{60}{100} = 0.60$	$\frac{30}{80} = 0.375$	97.5% (양호)
현금주의 = 보험금/수입보험료	실무방식 = 사업비/경과보험료	–

75 보험금을 지급함에 있어서 보험자 간의 연대주의가 필요한 경우를 모두 묶은 것은?

| ㉠ 중복보험 | ㉡ 초과보험 | ㉢ 병존보험 | ㉣ 공동보험 |

① ㉠   ② ㉠, ㉡

③ ㉠, ㉡, ㉢   ④ ㉠, ㉡, ㉢, ㉣

정답 | ①

해설 | 중복보험에만 연대주의가 필요하다. 즉, 중복보험에는 연대비례주의이며 병존보험과 공동보험(1)은 비례주의만 적용된다고
할 수 있다. 초과보험은 보험자 수가 하나이므로 연대, 비례 등의 개념자체가 성립하지 않는다.

76 전손(Total Loss)에 대한 설명이다. 틀린 항목의 수는?

> 가. 전손이란 피보험이익이 전부 멸실된 경우를 말한다.
> 나. 전손 시에는 전부보험과 일부보험 모두 보험가입금액을 전액 보상한다.
> 다. 전손 시 손해방지비용은 전부보험과 일부보험 모두 손해방지비용을 전액 보험자가 부담한다.
> 라. 전손사고가 발생하면 보험계약은 무조건 종료된다.

① 0개   ② 1개   ③ 2개   ④ 3개

정답 | ②

해설 | '다'항목만 틀리고 나머지는 옳은 내용이다.
　　 ※ 다 : 일부보험의 경우는 일부보험의 비율(보험가액에 대한 보험가입금액의 비율)에 따라 비례부담한다. 즉, 손해방지비용
　　　　의 계산은 손해액의 계산방식과 동일하다.

77 보험자가 보험금을 지급한 만큼 보험금액이 감액되는 보험은?

① 화재보험   ② 해상보험

③ 항공보험   ④ 자동차보험

정답 | ①

해설 | 화재보험은 체감주의이다. 체감주의의 경우 감액된 보험금액이 유지되거나 또는 보험금이 지급된 만큼의 추가보험료를 납부
하고 보험금액을 복원신청을 할 수 있다. ②, ③, ④는 보험금이 자동복원되는 전액주의 보험이다.

78 보기에 대한 설명으로 가장 거리가 먼 것은?

> 보험가액 1억원, 보험가입금액 1억원, 보험사고로 지급한 보험금이 4천만원, 전액주의에 따름

① 이후의 보상한도액은 6천만원이 아니라 1억원이다.

② 추가보험료를 납부해야 1억원의 보험가입금액을 유지할 수 있다.

③ 전액주의가 유지될 경우 보상한도총액이 보험가입금액을 초과하여 이득금지원칙에 위배될 수 있다.

④ 전액주의하에서는 보험사고 발생 후라도 보험계약자는 언제든지 계약을 해지할 수 있다.

정답 | ②

해설 | 보험가입금액이 복원되는 방법은 '자동복원/보험료추가납부를 통한 청구'의 두 가지인데, 자동복원이 되는 것을 전액주의라 한다.

79 다음은 비례보상약관이 적용되는 경우를 나열하였다. 그 성격이 나머지 셋과 다른 것은?

① 일부보험에서 보상액을 산정하는 경우

② 일부보험에서 손해방지비용을 산정하는 경우

③ 일부보험에서 잔존물제거비용을 산정하는 경우

④ 수개의 책임보험에서 보상액을 산정하는 경우

정답 | ④

해설 | ①, ②, ③은 일부보험의 비례주의이며, ④는 중복보험의 비례주의이다.

80 신용관련 보험(보증보험, 신용손해보험, 신용생명보험)에 대한 설명이다. 가장 거리가 먼 것은?

① 세 가지 보험 모두 채권자의 채권확보를 위해 가입하는 보험이다.

② 보증보험은 타인을 위한 보험이고 신용손해보험은 자기를 위한 보험의 성격을 지닌다.

③ 보증보험은 채무자가 파산하지 않더라도 단순한 채무불이행만 있으면 보험사고로 성립된다.

④ 채무자의 사망이나 장애 같은 불의의 사고로 채권이 부실화되는 경우에 대비하기 위해서는 신용생명 보험에 가입해야 한다.

정답 | ④

해설 | ④는 신용손해보험을 말한다(신용생명보험의 보험사고는 사망이 유일함).

CHAPTER **05** | 5과목 **보험회계 및 자산운용**

81 감독목적회계로 회계처리할 경우 재무상태표의 변화를 옳게 설명한 것은?

> 비상위험준비금 700억원, 대손준비금 100억원

① 부채계정이 700억원 증가한다.

② 자본계정이 800억원 증가한다.

③ 부채계정이 700억원, 자본계정이 100억원 증가한다.

④ 부채계정이 700억원 감소한다.

정답 | ②
해설 | [해설] 감독목적회계는 비상위험준비금과 대손준비금을 자기자본계정 내에 이익잉여금 항목으로 적립을 한다. 즉 자본계정에 800억원 증가요인이 발생한다.
① 비상위험준비금을 부채계정에 계상(→ K – IFRS 도입 전의 회계처리)
④ 비상위험준비금의 부채계정에 계상금지(→ K – IFRS 도입에 따른 회계처리)
② 비상위험준비금을 자기자본계정의 이익잉여금 항목에 계상(→ K – IFRS 기준을 수용하면서 감독목적회계를 반영한 회계처리)

82 손해보험의 재무상태표에서 부채계정에 속하지 않는 것은?

① 책임준비금   ② 계약자지분조정

③ 기타부채   ④ 특별계정부채

정답 | ②
해설 | 계약자지분조정은 생명보험회계에만 있다.

83 재무상태표에 대한 설명이다. 가장 적절하지 않은 것은?

① 차변의 자산은 자금의 운용형태를 나타내고, 대변인 부채와 자본은 자금의 조달현황을 나타낸다.

② 국제회계기준은 자산 및 부채를 범주별로 구분표시하고, 감독목적회계는 상품별로 구분표시한다.

③ 자산 및 부채에 대한 인식과 측정에 있어서 국제회계기준은 발생주의를, 감독목적회계는 현금주의에 입각하여 측정한다.

④ 자산의 항목과 부채의 항목 또는 자본의 항목을 상계하지 않고 총액으로 표시하는 것을 원칙으로 한다.

정답 | ③
해설 | 자산 및 부채에 대한 인식과 측정은 감독목적회계와 일반회계(국제회계기준)와 차이가 없다. 이는 감독목적회계에서도 국제적 정합성 차원에서 원칙에 있어서는 국제회계기준을 전면수용 하였기 때문이다.

---

84 K – IFRS 제1039호에 따를 때, '만기보유증권'에 해당하는 내용은?

가. 후속측정에 있어 공정가치로 평가한다.
나. 후속측정에 있어 상각후원가로 평가한다.
다. 후속측정 후 평가손익은 기타포괄손익으로 인식한다.
바. 손상검사를 수행하고 손상차손에 대해 대손충당금을 설정한다.

① 나   ② 나, 다
③ 나, 라   ④ 나, 다, 라

정답 | ①
해설 | 만기보유증권에는 '나'만 해당된다. 만기보유증권은 상각후원가로 후속측정을 하며, 손상차손을 인식하지만 대손충당금은 설정하지 않는다.

---

85 보기를 따를 때, 대손충당금설정을 위한 개별평가대상금액은?

ㄱ 개별적으로 중요한 자산 중 손상된 자산 : 100억원
ㄴ 개별적으로 중요한 자산 중 손상되지 않은 자산 : 900억원
    ⓐ 이 중 PF채권, 특수금융여신은 150억원
ㄷ 개별적으로 중요하지 않은 자산 중 손상된 자산 : 200억원
    ⓑ 이 중 금융감독원에 대손신고된 제각채권은 30억원
ㄹ 개별적으로 중요하지 않은 자산 중 손상되지 않은 자산 : 500억원

① 100억원   ② 280억원
③ 300억원   ④ 350억원

정답 | ②
해설 | 개별평가의 대상은 'ㄱ + ⓐ + ⓑ(100억원 + 150억원 + 30억원) = 280억원'이다. 나머지는 집합평가대상이다.

86 K - IFRS 제1109호상 기타포괄손익 - 공정가치측정 금융자산(지분상품)에 대한 설명이다. 가장 적절하지 않은 것은?

① 손상차손을 인식하지 않는다.

② 평가 시에는 평가손익에 대해 기타포괄손익으로 인식한다.

③ 매도(제거) 시에는 매매손익에 대해 당기손익으로 인식한다.

④ 지분상품의 경우 '당기손익 - 공정가치측정 금융자산'과 '기타포괄손익 공정가치측정 금융자산'으로 선택이 가능하며, 선택 후에는 취소할 수 없다.

정답 | ③

해설 | '기타포괄손익인식 공정가치측정 금융자산'은 채무상품과 지분상품으로 구분되는데, 지분상품의 경우 제거 시에도 그 손익을 당기손익으로 인식할 수 없다(기타포괄손익의 재순환금지에 해당됨).

87 투자부동산에 대해서 공정가치모형으로 평가한다. 전기에 대해 당기의 공정가치가 + 200억원이라면, 이에 대한 회계처리를 옳게 설명한 것은?

① 기타포괄손익으로 + 200억원을 인식한다.

② 전기에 당기손실로 인식한 것이 있다면 해당 부분을 당기순이익으로 인식하고 남은 부분에 대해 기타포괄손익으로 인식한다.

③ 당기순이익으로 200억원을 인식한다.

④ 200억원에 감가상각누계액과 손상차손누계액을 차감한 금액을 장부가로 인식한다.

정답 | ③

해설 | 투자부동산의 경우 원가모형과 공정가치모형이 있는데, 공정가치모형에서 공정가치의 변동이 있을 경우 전액 당기손익으로 인식한다. 참고로, ②는 유형자산의 재평가모형을 말한다.

88 빈칸의 수를 모두 합한 수는?

- 미상각신계약비의 최대상각기간은 (   )년이다.
- 장기유지특별배당준비금은 (   )년 이상 유지된 유효한 계약에 대해서 특별히 적립하는 준비금이다.
- 계약자이익배당준비금은 총액으로 적립하며, 당해 회계연도종료일로부터 (   )년 이내에 계약자별로 배당하거나 계약자이익배당준비금 이외의 다른 책임준비금 항목으로 대체하여야 한다.
- 배당보험손실보전준비금은 계약자지분 중 100분의 (   ) 이내에서 적립하며, 적립 후 (   )년 이내에 배당보험계약에서 발생한 손실을 우선적으로 보전한다. 보전 후 잔여액이 있을 경우 계약자배당의 재원으로 사용한다.

① 50   ② 52   ③ 53   ④ 55

정답 | ③

해설 | 차례대로 '7 - 6 - 5 - 30 - 5'이므로, 이들을 합한 수는 53이다.

89 보험계약부채 4가지 구성요소(IFRS17)에 대한 다음 설명 중 틀린 것은?

① '미래현금흐름의 추정치'는 보험계약집합의 모든 미래현금흐름의 현재가치 추정치를 말하는데, 중립적이고 명시적으로 추정하는 것이 원칙이다.

② 미래현금흐름의 추정치에 추가하여 화폐의 시간가치 변동이나 금융위험의 변동이 있을 경우 적절한 할인율로 할인하는 것은 '할인효과'이다.

③ 미래현금흐름의 기대흐름이 평균기대치와 다른 불확실성에 노출될 경우 이를 부담한 대가로 보험자가 보험계약자에게 추가로 요구하는 부채를 위험조정이라고 하며, IFRS17에서는 위험조정에 대한 산출 방식을 제시하지 않고 있다.

④ 보험계약의 최초인식시점에서 음(−)의 이행현금흐름이 발생한다면 해당금액은 즉시 당기손실로 인식해야 한다.

정답 | ④
해설 | 양(+)의 이행현금흐름이 발생할 때 해당금액은 즉시 당기손실로 인식한다.
　　　※ 양(+)의 이행현금흐름이 발생하였다 함은 '보험부채 > 보험료수입'을 말하며, 이 경우 손실부담계약이 되므로 동금액을 즉시 당기손실로 인식해야 한다.

90 S손해보험회사의 책임준비금 적정성을 평가한 결과, 자동차보험에서는 200억원의 부족분이 발생하고 장기손해보험에서는 100억원의 부족분이 발생하였다. 이 경우 책임준비금의 적정성을 위해 추가적립을 해야 하는 바, 그 방법이 옳은 것은?

① 300억원을 보험료적립금 계정으로 추가적립한다.
② 300억원을 미경과보험료적립금 계정으로 추가적립한다.
③ 100억원을 보험료적립금 계정으로, 200억원을 미경과보험료적립금 계정으로 추가적립한다.
④ 200억원을 보험료적립금 계정으로, 100억원을 미경과보험료적립금 계정으로 추가적립한다.

정답 | ③
해설 | 자동차보험의 부족분 200억원은 미경과보험료적립금으로, 장기손해보험의 부족분 100억원은 보험료적립금으로 추가적립한다(그리고 추가적립분 300억원은 당기손실처리됨).
　　　Cf. 잉여분이 발생할 경우 그 금액은 당기순이익으로 인식한다.

91 기타포괄손익누계액의 세부항목들이다. 이 중에서 계약자 지분조정으로도 배분해야 하는 항목으로 연결한 것은?

가. 매도가능금융자산평가손익	나. 관계·종속기업투자주식평가손익
다. 해외사업환산손익	라. 현금흐름회피 파생상품평가손익
마. 특별계정 기타포괄손익누계액	바. 재평가잉여금

① 가, 나, 다   ② 라, 마, 바

③ 가, 나, 바   ④ 다, 라, 마

정답 | ③

해설 | '가, 나, 바'이다.

    ※ 기타포괄손익누계액에서 전액 처리하지 않고 계약자지분조정과 배분해야 하는 항목 : 매도가능금융자산평가손익, 관계종속기업투자주식평가손익, 재평가잉여금('매.관.재'로 암기)

92 자본계정에 대한 설명이다. 틀린 항목의 수는?

가. 주주가 기업에 불입한 금액으로 자본금에 주식발행초과금을 가산하고 주식할인발행차금을 차감한 금액을 법정자본이라 한다.
나. 자본잉여금은 자본금으로의 전입이나 결손금의 보전 외에는 처분할 수 없다.
다. 주식배당이나 무상증자의 경우 주식발행초과금이 발생할 수 없다.
라. 주식회사는 이익배당총액의 1/10 이상의 금액을 자본의 1/2에 달할 때까지 적립해야 하며, 이때 자본이란 자기자본을 의미한다.
마. 자사주처분이익은 기타자본잉여금으로, 자사주처분손실은 자본조정에 계상된다.

① 0개   ② 1개   ③ 2개   ④ 3개

정답 | ③

해설 | '가, 라'가 틀린 항목이다. '가'는 불입자본이며, '라'에서 자본은 법정자본을 말한다.

93 보기에 따를 때, 동사의 영업손익은 얼마인가?

보험영업수익 100, 보험영업비용 70, 투자영업수익 50, 투자영업비용 30, 책임준비금환입액 60

① 영업이익 50   ② 영업이익 90

③ 영업이익 110   ④ 영업손실 10

정답 | ③

해설 | 영업손익은 '(100 − 70) + (50 − 30) + 60 = + 110'이다. 책임준비금전입액은 (−)이지만 책임준비금환입액은 (+)이다.

94 보기에 따를 때, 발생손해액은 얼마인가?(출재와 수재를 모두 영위하는 손해보험사로 가정함)

원수보험금 300, 출재보험금 200, 수재보험금 100, 전기이월지급준비금 90, 차기이월지급준비금 150, 손해조사비30

① 170　　　　　② 290　　　　　③ 370　　　　　④ 490

정답 ┃ ②
해설 ┃ 발생손해액 = 순보험금 + 손해조사비 + 차기이월지급준비금(지급준비금적립) − 전기이월지급준비금(지급준비금환입) = (300 + 100 − 200) + 30 + (150 − 90) = 290

95 보기에서, 손해보험회계에서 보험영업손익을 산출하는 과정 중의 하나인 '보험환급금'에 반영되지 않는 항목의 수는?

만기환급금, 개인연금지급금, 손해조사비, 계약자배당금, 장기해지환급금

① 0개　　　　　② 1개　　　　　③ 2개　　　　　④ 3개

정답 ┃ ②
해설 ┃ 보험환급금은 사고보험금이 아닌 만기환급금 등을 지급하므로 손해조사비가 발생하지 않는다(손해조사비는 발생손해액에 반영됨). 나머지는 모두 보험환급금에 반영되는 항목이다.

96 K생보사의 특별계정현황이다. 이때 K생보사의 회사전체의 재무상태표와 손익계산서에 총액으로 반영되는 금액은 얼마인가?

구분	특별계정자산	특별계정부채	특별계정수익	특별계정비용
연금저축보험	100	80	40	30
퇴직연금 원리금보장형	50	40	30	20
퇴직연금 실적배당형	30	20	20	10
변액보험	60	50	35	15

	특별계정자산	특별계정부채	특별계정수익	특별계정비용
①	240	190	125	75
②	180	140	90	60
③	140	110	85	45
④	140	110	30	20

정답 | ④
해설 | 재무상태표에 총액으로 반영되는 것은 '퇴직연금(원리금보장형), 퇴직연금(실적배당형), 변액보험'이므로 '특별계정자산 140, 특별계정부채 110'이 된다. 손익계산서에는 연금저축과 실적배당형이 제외되므로 퇴직연금(원리금보장형)만 반영된다. 즉 '특별계정수익 30, 특별계정비용 20'이다.

97 보험회사의 자산운용에 있어서 금지대상이 아닌 것은?

① 비업무용부동산의 소유

② 당해 보험회사 주식을 매입하기 위한 대출

③ 당해 보험회사의 대주주가 타회사에 출자하는 것을 지원하기 위한 신용공여

④ 당해 보험회사의 대주주가 발행한 주식의 매입

정답 | ④
해설 | ④는 금지대상이 아니라 제한적으로 허용된다.

98 '연체금액 10억원, 연체기간이 11개월이고 해당 자산으로부터 회수율이 60%'일 경우, 자산별 대손충당금 적립한도를 옳게 연결한 것은?

① 고정 1.2억원

② 고정 1.2억원, 회수의문 2억원

③ 고정 1.2억원, 회수의문 3억원

④ 고정 1.2억원, 추정손실 4억원

정답 | ④

해설 | 고정 : 6억원 × 20% = 1.2억원, 회수의문 : 4억원 × 50% = 2억원. 연체기간이 12개월 미만이므로 회수예상가액은 고정자산, 회수예상가액 초과분은 회수의문자산이다.

99 지급여력금액 산정 시 차감항목이 아닌 것은?

① 미상각신계약비

② 영업권

③ 주식할인발행차금

④ 이연법인세부채

정답 | ④

해설 | 이연법인세자산 – 차감항목, 이연법인세부채 – 보완자본(합산항목)
- 이연법인세자산 : 법인세를 과다하게 납부하여 차기에 공제받을 수 있게 되므로 자산계정에 속하지만, 차액만큼 회사의 유동성이 유출된 것이므로 차감항목으로 인식한다.
- 이연법인세부채 : 법인세를 과소하게 납부하여 차기에 추가로 납부해야 하므로 부채계정에 속하지만, 차액만큼 회사의 유동성이 남아 있으므로 보완자본(합산항목)으로 인식한다.

100 위험기준 경영실태평가 제도에서 평가하는 7개 부문 중에서, 손해보험사를 평가할 때 가중치가 가장 높은 수준(20점)으로 부여되는 항목이 아닌 것은?

① 경영관리리스크

② 보험리스크

③ 자본적정성

④ 수익성

정답 | ④

해설 | 손보사 평가 시 ①, ②, ③이 최고수준(20점)으로 가중치가 부여된다. 수익성의 가중치는 10점이다.

기업보험심사역

단기합격을 위한 통합본

ACIU
(기업전문부문)

기업보험심사역
단기합격을 위한 **통합본**
ACIU
(공통부문 + 기업전문부문)

P / A / R / T

01

재산보험

A C I U

기 업 보 험 심 사 역

■
기업보험심사역(ACIU)
Associate Insurance Underwriter

재산보험 학습 Guide

(1) 세부과목별 출제문항 수

세부과목	예상문항 수	과목난이도(최고 ★★★★★)
1장 화재보험	8문항	
2장 동산종합보험	2문항	
3장 재산종합보험	8문항	★★★★
4장 기업휴지보험	4문항	
5장 재산보험의 재보험	3문항	
계	25문항(과락 : 득점문항이 10문항 미만 시)	

※ 챕터별 문항 수는 매 시험 변동이 있을 수 있습니다.

(2) 학습전략

화재보험과 재산종합보험의 출제비중이 높다. 보험의 종류별로 보험의 목적, 면부책, 보험금 산정 방법, 특별약관 또는 확장담보조항을 비교하면서 이해를 하는 것이 좋다.

1과목 재산보험에서는 타 과목에 비해 계산비중이 높다. 화재보험의 손해액 계산 시 80% 부보비율 적용 여부, 지진담보와 풍수재담보에서의 자기부담금 계산에 유의할 필요가 있으며, 특히 기업휴지보험에서는 보험가입금액과 보험가액 등에 대해 계산을 통해 확실히 이해를 하는 것이 중요하다. 재산보험의 재보험은 공통과목과 달리 임의재보험의 사례에 중점을 두고 이해할 필요가 있다.

기업전문에서는 4과목 해상보험을 제외한 나머지 3과목의 난이도는 유사하다고 할 수 있는데, 1과목 재산보험은 암기와 계산에 부담이 있어서 학습이 어려운 측면이 있다.

본 과목에서는 70% 이상의 득점을 목표로 학습하기를 권장한다.

CHAPTER 01 | 화재보험

① 약관의 종류

주택화재 보통약관	화재보험 보통약관	FOC form
화재, 벼락 + 폭발, 파열	화재, 벼락	2천억 초과 물건, 구득요율

※ Korean form(≠FOC form) : 국문약관을 영역한 것이다.
※ 화재보험의 주력은 '국문 화재보험 → FOC form → 재산종합보험(패키지보험)'으로 변천되어 왔다.
※ 화재보험은 열거주의(named – policy)이며, 재산종합보험은 포괄주의(non – named policy)이다.
※ FOC영문약관은 2,000억원을 초과하는 대형물건에 한해 재보험자 협의요율을 적용한다.

② 상품의 구조

보통약관	특별약관(특약)

'화재와 벼락'에 의한 손해를 보상
※ 직접손해, 소방손해, 피난손해, 잔존물제거비용(손해액×
   10%) 등
	보통약관에서 보상하지 않는 손해를 특약으로 보상
	※ 풍수재위험담보특약, 지진위험담보특약, 신체손해배상책
	   임담보특약, 도난위험담보특약, 전기위험담보특약, 기업
	   휴지손해담보특약 등

[보험목적 – 열거주의] 건 · 동 · 시 · 공 · 비 · 가 · 계	

※ 화재보험은 손해보험에서 가장 기본적이면서도 가장 오래된 보험이다.
※ FOC영문약관은 2,000억원을 초과하는 대형물건에 한해 재보험자 협의요율을 적용한다.
※ 화재보험은 보통약관으로 화재위험을 담보하고, 다양한 위험을 특별약관으로 담보할 수 있어 사실상의 종합보험이라 할 수 있다.
※ 화재보험의 보험의 목적 6가지는 '건물, 동산, 시설, 공기구, 비품, 가재도구, 기계'이다.

▶ 특별약관의 내용

(1) 풍수재위험담보특약
　① 풍재(태풍, 폭풍, 폭풍우, 회오리바람 등)과 수재(홍수, 해일, 범람 등)를 담보함
　　Cf. 폭설, 우박은 담보하지 않음.
　② 7월, 8월, 9월에만 특약에 가입하고자 하는 경우 인수가 엄격히 제한됨
　③ '특수건물'의 자동담보는 폐지되었으며, 할증보험료를 내어야 부보 가능
　④ 1사고당 50만원의 자기부담금을 설정
　⑤ 보상하지 않는 손해(면책손해)
　　㉠ 보험의 목적에 생긴 도난, 분실손해
　　㉡ 풍재 또는 수재로 생긴 파열 또는 폭발손해
　　㉢ 지진 또는 분화로 생긴 손해
　　㉣ 풍재 또는 수재와 관계없이 댐 또는 제방이 터지거나 무너져 생긴 손해
　　㉤ 바람, 비, 우박 또는 모래먼지가 들어옴으로써 생긴 손해. 그러나 보험의 목적이 들어있는 건물이 풍재 또는
　　　수재로 직접 파손되어 보험의 목적에 생긴 손해는 보상함
　　㉥ 추위, 서리, 얼음, 눈으로 생긴 손해
　　㉦ 풍재의 직간접에 관계없이 네온사인에 전기적 사고로 생긴 손해 및 건식전구의 필라멘트에 생긴 손해

(2) 구내폭발위험담보특약 : 구내에서의 폭발 · 파열손해 담보

① 폭발이란 화학적 폭발을 말하며, 물리적 폭발은 제외함

② 주택화재보험은 보통약관상 화학적 폭발을 담보하므로 동 특약이 필요하지 않음

(3) 도난위험담보특약

① 강도 · 절도로 생긴 도난이나 훼손을 담보함(화재 시의 도난사고는 담보하지 않음)

② 1사고당 10만원의 자기부담금을 설정

(4) 전기적위험담보특약

① 발전기, 여자기, 변압기 등 전기기기나 장치의 전기적 손해를 담보함(전기사고에 의한 화재손해는 보통약관에서 담보함

② 변압기 내 절연유 열화(자연열화) 손해, 안전장치의 기능상 손해는 보상하지 않음

③ 1사고당 10만원의 자기부담금 설정

(5) 냉동 · 냉장위험담보특약 : 반드시 화재사고가 발생한 후 → 냉동 · 냉장설비 파괴(변조) → 냉동 · 냉장손해를 보상

(6) 소요, 노동쟁의특약

① 동 특약에서는 소요 등으로 인한 화재손해뿐 아니라 화재 이외의 손해도 담보함

② 노동쟁의에 대해 국가기관이 수행하는 압류, 몰수 등에 대해서는 보험자 면책임

③ 1사고당 50만원의 자기부담금 설정(자기부담금 상향 10만원 → 50만원)

노동쟁의, 항공기, 차량이 원인이 되어 발생한 화재손해	소요가 원인이 되어 발생하는 화재손해	소요, 노동쟁의, 항공기, 차량에 의한 화재 이외의 손해
화재보험 보통약관에서 부책	• 화재보험 보통약관에서 면책 • 소요 · 노동쟁의 특별약관으로 담보함	

(7) 확장 I 특약, 확장 II 특약

확장 I 특약	확장 II 특약 (확장 I 특약 + 소요 · 노동쟁의특약)
폭발, 폭풍, 우박, 연기, 항공기, 차량에 의한 손해를 담보[주2] Cf. 수재손해는 담보하지 않음	
소요, 노동쟁의특약[주1]	

※ 주1 : 확장 I 특약에 '소요 · 노동쟁의특약'을 추가하면 '확장 II 특약'이 된다.

※ 주2 : 확장 I 특약의 담보위험 : '폭.풍.우.항.차.연'으로 암기한다.

(8) 악의적인 파괴행위 특약

① '소요 · 노동쟁의특약'이나 '확장 II 특약'이 적용되는 계약에 한해 첨부할 수 있음

② '계약자, 피보험자 및 그 대리인이 아닌 자'의 악의적인 행위로 인한 손해를 담보

※ 이들의 고의행위를 담보하고 과실은 담보하지 않음

③ 1사고당 10만원의 자기부담금 설정

(9) 부보비율조건부 실손보상특약

① 내화구조의 건물로서 전손가능성이 매우 낮을 경우에 적용하는 특약

※ 부보비율을 낮춤(보험가액×부보비율)으로써, 동일한 보험료로 보험금액이 증가되는 효과가 있음

② 첨부대상물건 : 1급 · 2급의 건물과 해당 건물에 수용된 기계, 설비, 장치

③ 약정부보비율 : 일반물건은 50%~80%, 공장물건은 50%~100%

④ 실무적으로 동 특약을 적극 첨부하지는 않으며, 부보비율이 있다 하더라도 TSI를 전액 부보하는 것이 일반적

(10) 재조달가액담보특약

① 기계 등의 보험목적물에 사고가 발생해도 '사고 전과 동일한 가동능력'을 담보하고 싶을 때 첨부하는 특약

② 신품재조달가액으로 보상하며, 감가상각률이 낮은 물건에 한정됨(재고자산 제외)

③ 보험가입금액이 신품재조달가액의 80% 이상일 경우, 보험가입금액을 한도로 손해액 전액을 지급함(아닐 경우는 의 비율로 비례보상함)

④ 동 특약 첨부 시, 보험가입금액을 신품재조달가액의 80% 이상으로 유지해야 함

(11) **재고가액특별약관** : 최대재고예상가액을 보험가입금액으로 하여 보험료를 미리 납부하고, 계약 만기 후 연간평균치로 정산함(계절성이 강한 매출품목에 필요한 특약)

　　⑩ 최대재고예상가액 100억, 평균재고예상가액 60억, 보험요율 0.2% → 최초보험료 납부액은 '100억×0.2% = 2천만원'

(12) **기업휴지손해담보특약**

　① 화재 등 사고 → 기업활동휴지 → 간접적 손해를 보상

　② 보험가입금액은 '영업이익 + 보험가입경상비'

　③ 약정복구기간이 12개월을 초과 시 해당기간을 기준으로 TSI산정함

　④ 보상하지 않는 손해

　　㉠ 보통약관 및 특별약관에 의해 보상되지 않는 손해

　　㉡ 사용, 건축, 수리 또는 철거를 규제하는 국가 또는 지자체의 법령 또는 이에 준하는 명령

　　㉢ 리스, 허가, 계약, 주문 또는 발주 등의 중지, 소멸, 취소

　　㉣ 보험의 목적의 복구 또는 사업의 계속에 대한 방해

　　㉤ 보험에 가입하지 않는 재산의 손해

　　㉥ 관계당국에 의해 구내 출입금지기간이 14일을 초과하는 경우(단, 14일까지는 보상함)

(13) **지진위험담보 특별약관**

　① 보상하는 손해 : 보험의 목적에 지진 또는 분화로 생긴 손해 중

　　㉠ 화재 및 그 연소로 인한 손해

　　㉡ 붕괴, 파손 및 파묻힘 등의 손해

　　㉢ 손해방지 및 긴급피난에 필요한 조치로 인한 손해

　② 보상하지 않는 손해

　　㉠ 보험목적의 도난 또는 분실손해

　　㉡ 원인의 직간접에 관계없이 지진 또는 분화로 생긴 파열 또는 폭발손해

　　㉢ 원인의 직간접에 관계없이 지진 또는 분화로 생긴 해일, 홍수 그 밖의 수재손해

　③ 자기부담금 : 1사고당 100만원

　※ 72시간 이내에 생긴 사고는 동일한 사고로 봄

(14) **리스회사 임대물건 특별약관**

　① 보험의 목적 : 리스계약으로 임차인에게 인도되는 물건 일체

　② 보험기간 : 시운전을 마치고 인도된 때~리스기간의 종료

　③ 보험가액 : 리스계약서에 기재된 규정손실금액에 따라 계산한 아래의 금액

계약연도	이후 연도
규정손실금액 전액	규정손실금액 − 매년 경과액

[참고] 규정손실금액(stipulated loss value) : 리스계약서에서 리스물건에 멸실, 훼손, 채무불이행 등이 생기면 리스회사가 이용자에게 청구할 금액을 미리 약정해 두는 금액

　④ 보험가입금액

　　㉠ 규정손실금액으로 하는 경우 : ③에서와 같이 매년 연도별 차액을 공제함

　　㉡ 시가액으로 하는 경우 : 손해가 생긴 때와 곳에서의 가액으로 계산함

　⑤ 수선 비용 : 수선 또는 보수비용을 보상하며, 비용이 보험가입금액을 초과할 경우는 보험가입금액을 한도로 보상함

　⑥ 가치하락손해 : 수선 또는 보수로 인한 가치하락손해는 보상하지 않음

(15) 신체손해배상책임 특별약관
　① 특수건물의 소유자가 화재로 타인이 사망하거나 부상함으로 인하여 지는 배상책임손해(무과실책임)에 따라 피보험자가 부담한 손해를 보상함
　② 특수건물 : 16층 이상의 아파트, 11층 이상의 일반건물, 연면적 1,000m² 이상의 관공서, 바닥면적 2,000m² 이상의 학원, 연면적 3,000m² 이상의 병원, 숙박업소, 학교 등
　③ 보상금액 : 사망 시 최고 1억 5천만원(최저 2천만원), 후유장해 시 최고 1억 5천만원, 부상 시 최고 3천만원, 대물사고 시 1사고당 최고 10억원
　④ 특수건물화재보험 : 특수건물의 경우 신체배상책임보험특약을 의무적으로 첨부해야 하는 바, 이 특약을 첨부한 화재보험계약을 '특수건물 화재보험'이라 하며, 화재보험협회에서 인수함

(16) 실화배상책임 특별약관
　① 보험목적물의 화재사고로 인해 타인의 재물에 손해를 끼쳤을 때의 법률적 손해배상금과 관련 비용을 보상하는 보험
　② 특수건물이 동 특약에 가입하는 경우, 의무보험에서 보상하는 금액을 초과하는 금액에 한해서 보상

(17) 보세화물 화재보험 특별약관
　① 보세화물 : 관세의 징수가 유보된 상태의 외국물품 또는 수출하고자 하는 물품
　② 보세화물 화재보험 : 영업용 보세구역에 보관 중인 보세화물에 화재로 인하여 손해가 발생한 경우 이를 화주에게 보상하는 보험
　　※ 보험계약자(창고업자)가 화주를 위해 가입하는 것이므로 화주의 동의 없이 보험가입이 가능
　③ 보험자 간 공동인수협정에 따라 손해보험협회가 취급(사실상 의무보험)
　④ 보세화물이 계약자의 창고에 따라 반입되는 때에 개시되고, 계약자의 창고로부터 반출된 때에 종료함(보험료의 납입시점과 관계없음)
　⑤ 보험가입금액 : 수출품은 FOB, 수입품은 CIF가격으로 함
　⑥ 보상금액 : 손해액×
　　※ 손해발생 시까지 반입보고서를 미제출할 경우 보상하지 않는다.
　⑦ 업무수행비용의 지급 : 보험료의 7.5%를 보험계약자에게 지급함

※ 특수건물 화재보험
(1) 일정 규모 이상의 특수건물(16층 이상의 아파트, 11층 이상의 일반건물, 연면적 1,000m² 이상의 국유건물 등)은 화재 시 다수의 인명피해가 발생할 수 있으므로, 이에 대한 원활한 보상 차원에서 '신체배상책임담보 특별약관'의 가입을 의무화함
(2) 특수건물 화재보험에 자동으로 담보되던 풍수재 특별약관은 2005년 이후 폐지되었음(따라서 가입을 원할 경우 할증보험료를 부담해야 함)

※ 자기부담금 : 지진위험담보 100만원, 풍수재위험담보/소요노동쟁의담보 50만원, 도난위험담보/전기위험담보/악의적 파괴행위담보 10만원
※ 전기위험담보 특약에서는 어떠한 일이 있어도 안전장치의 기능상 당연히 발생할 수 있는 손해(예 퓨즈의 끊어짐)나 변압기 내의 절연유의 열화와 같은 자연열화손해는 보상하지 않는다.
※ 수영복, 스키복 등 계절별로 재고자산가액의 변동이 심한 업종의 경우 매우 요긴하게 활용될 수 있는 것은 재고가액통지특별약관이다.
※ 기업휴지손해담보 특별약관의 보험요율은 '기초요율×약정복구기간계수×면책기간계수'인데, 약정복구기간이 길수록, 면책기간이 짧을수록 동 특약의 요율은 상승한다.
※ 리스회사임대물건특약은, 수선 또는 보수로 인한 보험목적물의 가치 하락에 대해서는 보상하지 않는다.
※ 특수건물의 화재로 종업원이 사상을 입은 경우 건물소유자의 손해배상책임은 면책이다(산재보험에서 보상함).
※ 바닥면적 2,000m² 이상의 학원, 공중목욕탕, 영화관은 특수건물에 해당된다.
※ 연면적 3,000m² 이상의 학교, 병원, 공장, 관광숙박업은 특수건물에 해당된다.
※ 바닥면적 3,000m² 이상의 숙박업, 대규모점표, 도시철도역사 및 역시설은 특수건물에 해당된다.
※ 특수건물 화재보험은 화재보험협회에서, 보세화물 화재보험 특별약관은 손해보험협회에서 인수한다.

① 보험의 목적 : '건물, 동산, 시설, 공기구, 비품, 가재도구, 기계'(→'건동시공비가계'로 암기)

당연물건				명기물건[주1]
건물의 부속물	**건물의 부착물**	**건물 부속설비**	**건물 이외**	**귀중품, 그림 등**
칸막이, 대문 등	간판, 선전탑 등	전기, 가스 등	가재, 집기 등	귀중품은 점당 300만원 이상
피보험자 소유			세대원 소유	

※ 주1 : 명기물건은 객관적으로 가치산정이 어려울 뿐 아니라 도덕적 위험이 높기 때문에 인수제한물건으로 분류된다(인수 시 매우 엄격한 심사를 거침).
※ 인수제한물건

약관상 인수제한물건	사업방법서상 인수제한물건
• 통화, 유가증권, 인지, 우표 등 • 자동차(단, 전시용자동차는 인수대상)	창고물건요율을 적용하는 물건

→ 창고물건은 재고자산(동산)의 위험이 높아 사업방법서상 인수를 제한함

㉠ 당연물건 : 피보험자가 소유하는 '건물의 부속물·부착물·부속설비'와 피보험자와 동일 세대인 세대원이 소유하는 가재도구, 집기, 비품 등

㉡ 명기물건 : 원고, 도면, 그림, 귀금속, 귀중품 등(귀중품은 점당 300만원 이상 한정)

※ 인수제외물건 : 동물, 식물, 토지, 교량, 교통승용구 등('동.식.구.토.교'로 암기)

※ **화재손해(Unfriendly fire)의 요건**
  • 불자리가 아닌 장소에서 우발적으로 발생한 화재일 것
  • 불이 자력으로 확대될 수 있는 상태인 화재일 것
  • 연소에 의해 보험목적물에 경제적인 손해를 입히는 화재일 것

② 보통약관상 보상하는 손해 : 화재·폭발손해 + 잔존물제거비용

화재, 벼락 손해			폭발, 파열 손해	잔존물제거비용
직접손해	소방손해	피난손해	주택 한정	해체비용 등

※ 손해방지비용 등 사고처리비용은 보통약관에 명시되지 않아도 보상한다.
※ 회사가 보상하는 손해액은 '그 손해가 생긴 때와 곳에서의 보험가액'으로 계산한다.

㉠ 피난손해 : 피난처에서 5일 동안 생긴 직접손해와 소방손해를 보상(5일의 의미는 '옮긴 날로부터 5일간'을 의미하는데, 어떤 경우라도 계약상의 보험기간을 초과할 수 없다)

㉡ 폭발손해 : 전용주택 및 전용주택에 수용된 가재에 한하여 보상함

㉢ 잔존물제거비용 : 손해액의 10%

※ 잔존물의 해체비용, 청소비용(오염제거비용×), 상차비용이 해당됨(하차비용 ×).

㉣ 손해방지비용 : 회사에 유익한 비용이므로 보험가입금액을 초과해도 보상함

잔존물제거비용(한도 내 지급)	손해방지비용(한도 초과 가능)
보험금 + 잔존물제거비용 ≤ 보험가입금액	보험금 + 손해방지비용 ≥ 보험가입금액

※ 사고처리비용의 종류

잔존물제거비용	손해방지비용	대위권보전비용	잔존물보존비용	기타협력비용
보험금과 합한 금액이,				
TST한도 내로 지급	TSI(보험가입금액)를 초과해도 보상			
일부보험 시 비례보상				전액보상[주1]

※ 주1 : 기타협력비용은 보험자에 협력하는 비용이므로 일부보험이라도 비용을 전액보상한다.

예시 1 보험가액이 1억원(주택물건), 보험가입금액이 4천만원, 손해액이 1천만원, 잔존물제거비용이 400만원 발생 시, 잔존물제거비용으로 지급되는 보험금은 100만원이다.

→ $400만원 \times \dfrac{0.4억원}{1억원 \times 0.8}$ = 200만원, 그런데 손해액의 10%가 한도이므로 잔존물제거비용보험금은 100만원이다.

예시 2 보험가입금액이 5천만원, 보험가액이 1억원, 손해방지비용이 500만원일 경우, 보험사가 지급하는 손해방지비용은 250만원이다.

→ $500만원 \times \dfrac{5천만원}{1억원}$ = 250만원. 일부보험일 경우 보험가액에 대한 보험가입금액의 비율(일부보험의 비율)로 보상한다.

예시 3 보험가액이 1억원(주택물건), 보험가입금액이 8천만원, 손해액이 8천만원, 손해방지비용이 3천만원일 경우, 보험회사가 지급하는 보험금액은 1억 1천만원이다.

→ 전부보험이므로 '8천만원(손해액) + 3천만원(손해방지비용) = 1억 1천만원'이다.

예시 4 보험가액이 1억원(주택물건), 보험가입금액이 8천만원, 손해액이 8천만원, 잔존물제거비용이 2천만원, 손해방지비용이 3천만원일 경우, 보험회사가 지급하는 보험금액은 1억 1천만원이다.

→ 8천만원 + 0원 + 3천만원 = 1억 1천만원이다.

• 잔존물제거비용의 800만원까지 보상되나 보험가입금액을 초과할 수 없다.

• 손해방지비용은 보험가입금액을 초과하더라도 보상한다.

예시 5 보험가입금액이 5천만원, 보험가액이 1억원, 기타협력비용이 500만원일 경우, 보험사가 지급하는 기타협력비용은 500만원이다.

→ 기타협력비용은 타 사고처리비용(손해방지비용, 대위권보전비용 등)과 다르게 실손보상한다(일부보험이라도 전액지급).

③ 보험기간 : 기간보험(time policy)

국문약관	FOC form
초회보험료 입금 시~말일의 16:00시	초일의 정오~말일의 16:00시

※ 보험증권 발행지(보험자의 주소지)의 표준시각 기준

④ 보상하지 않는 손해

(1) **고의 또는 중대한 과실**
'보험계약자, 피보험자 및 이들의 법정대리인'의 고의나 중과실사고는 면책이지만, 이들이 아닌 타인의 고의사고는 보상이 된다.
※ 중대한 과실은 인보험에서는 보상된다.

(2) **보험목적의 발효, 자연발화, 자연발열**(단, 자연발화에 의해 다른 보험목적에 생긴 화재손해는 보상함)
※ 실외에 둔 석탄에서 자연발화가 되어 석탄이 소실된 사고는 면책이다.

(3) **화재가 났을 때의 도난 또는 분실**

(4) **화재로 생긴 것이든 아니든 폭발·파열손해**(전용주택은 '화재, 폭발손해'를 보상함)
 ① 단, 그러한 폭발 또는 파열의 결과로 화재발생 시 화재손해는 보상한다.
 ② 동결로 인한 수도관파열 손해는 보상하지 않는다.
 ③ 폭발손해의 종류와 면책여부(일반화재보험의 경우)

단순폭발로 인한 손해	폭발로 인한 화재손해		화재로 인한 폭발손해	
	폭발손해부분	화재손해부분	폭발손해부분	화재손해부분
×	×	○	×	○

 ※ 단순폭발손해는 면책이다(단, 주택화재보험에서는 화학적 폭발에 의한 손해는 보상함).
 ※ 폭발로 인한 화재손해나, 화재로 인한 폭발손해의 경우 '화재손해'부분은 보상한다.
 예시 1 주택화재보험은 '보통약관'으로 폭발 또는 파열로 입은 직접손해를 보상한다.
 예시 2 일반화재보험은 '보통약관'으로 폭발 또는 파열로 생긴 화재손해를 보상한다.
 예시 3 공장화재보험은 '특별약관(구내폭발위험담보)'으로 폭발 또는 파열로 생긴 화재손해를 보상한다.

(5) **발전기, 여자기, 변압기 등의 전자기기 또는 그 장치의 전기적 사고로 생긴 손해**
 ※ 그러나 그 결과로 생긴 화재손해는 보상한다.

(6) **지진, 전쟁, 내란, 노동쟁의 등 기타 이와 유사한 사태로 생긴 손해**
 Cf. 전쟁 등의 거대위험을 담보한다면 → ⓐ 수지상등원리 붕괴, ⓑ 요율급등문제

(7) **핵연료, 방사능으로 인한 오염**

(8) **국가 및 지자체의 명령에 의한 재산소각 및 이와 유사한 손해**

⑤ 보험가액(Insured Value)의 결정 : 화재보험은 대표적인 미평가보험이다.

미평가보험(원칙)[주1]		기평가보험(예외)
시가액[주2]	재조달가액[주3]	
재조달가액 - 감가상각비 (비재고자산)	재조달가액 (재고자산 한정)	협정보험가액(글, 그림, 골동품 등)

※ 주1 : 미평가보험 : 보험사고가 발생한 '때'와 '곳'에서의 시가로 보험가액을 결정하는 것. '때'란 보험사고 직전을 의미한다.
※ 주2 : 시가액은 계속사용재를 대상으로 한다(계속사용재이므로 감가상각을 함).
※ 주3 : 재조달가액은 교환재를 대상으로 한다(교환재는 계속사용재가 아니므로 감가상각을 적용하지 않음). 단, 재고자산(상품 또는 동산)은 어떤 경우에도 판매이익을 남기면 안 되므로, 상품이나 재료의 외부매입 시는 재매입가액으로 평가하고 제품은 재생산원가(투입재료비 + 가공비)로 한다.

⑥ 화재보험의 협정보험가액특약, 재조달가액담보특약
 ㉠ 협정보험가액특약 : 보험가입 시 보험자와 계약자 간의 협정가격을 보험가액으로 함
  ※ 협정보험가액특약에 가입할 수 있는 대상 : 글, 그림, 원고, 설계서, 증서, 조각물 등(대부분 화재보험의 명기물건에 해당함)
  예시 1 통화, 유가증권은 화재보험의 협정보험가액 특약에 가입할 수 (있다/없다).
   → 없다. 통화와 유가증권은 명기물건 중 인수제한물건에 속한다.
  예시 2 가재도구, 집기비품은 화재보험의 협정보험가액 특약에 부보할 수 (있다/없다).
   → 없다. 가재도구와 집기비품은 계속사용재로써 시가액으로 평가하므로 협정보험가액의 대상이 아니다.

ⓛ 재조달가액담보 특약

- 계속사용재 중 기계와 같이 '동형, 동능력'의 보상을 원할 경우 첨부할 수 있는 특약이다.
  Cf. 교환재인 재고자산이나 명기물건의 대상인 글, 그림, 설계서, 골동품 등은 첨부대상에서 제외된다.
- 보험가입금액은 보험가액의 80% 이상이어야 한다.
- 손해발생 후 180일이 경과하기 전에 수리 또는 복구의사를 보험회사에 표시해야 재조달가액으로 보상받을 수 있다.

⑦ 보험가입형태

ⓖ 전부보험, 초과보험, 일부보험 여부

전부보험	초과보험	일부보험
보험가액 = 보험가입금액	보험가액 < 보험가입금액	보험가액 > 보험가입금액
※ Co - Insurance II 의 적용(주택물건 · 일반물건 한정) → TSI가 보험가액의 80% 이상 시 전부보험이 된다.		비례보상

ⓛ 중복보험(중복보험의 요건)

- 피보험이익(또는 보험계약의 목적)이 동일해야 한다.
- 피보험자가 동일해야 한다(보험계약자가 동일인일 필요는 없다).
- 보험기간이 중첩되어야 한다(중첩은 중복 또는 동일을 의미함).
- 수인의 보험자와 체결한 다수의 보험계약의 보험가입금액 합계가 보험가액을 초과해야 한다.

※ **중복보험 시 보험금의 분담방법**

- 연대비례주의 : 보험금 안분배분방식(다른 계약과 계산방식이 동일한 경우), 독립책임액 방식(다른 계약과 계산방식이 다를 경우)
- 중복보험자 중 한 보험자의 파산 시 : 연대비례주의에 따라 나머지 보험사가 각자의 보험가입금액 한도 내에서 분담
- 사기로 체결한 중복보험 : 무효

예시 A사에 1억, B사에 2억, C사에 3억원의 보험가입금액으로 가입한 중복보험에서(보험가액 3억원), 손해액이 3억원 발생하고 각 사의 보험금계산방식이 동일하다고 할 경우 지급보험금은?

→ A = 3억원×1/6 = 5천만원, B = 3억원×2/6 = 1억원, C = 3억원×3/6 = 1억 5천만원

⑧ 지급보험금 계산 예시 : 동대문시장의 의류점포에서 화재사고가 발생

건물의 손해액 : 4억원	재고자산의 손해액 : 2억원
보험가액 : 10억원, 보험가입금액 : 5억원	보험가액 : 5억원, 보험가입금액 : 2억원

→ (건물) 4억원 × $\dfrac{5}{10 \times 0.8}$ = 2.5억원, (재고자산) 2억원 × = 0.8억원 ∴ 보험금총액 = 3.3억원

※ 화재보험 지급보험금 계산식

주택물건, 일반물건	공장물건, 재고자산
손해액 × $\dfrac{보험가입금액}{보험가액 \times 80\%}$	손해액 × $\dfrac{보험가입금액}{보험가액}$

※ 일반건물 내 수용하고 있는 재고자산은 공장물건의 산식을 적용함에 주의

예시 보험가입금액 600만원, 보험가액 1,000만원인 화재보험계약(보험의 목적은 공장 내 완제품)에 가입하고 풍수재위험담보특약을 첨부하였다. 호우로 인한 손해액이 300만원 발생하였다면 지급보험금은?

→ 130만원이다.

- 300만원 $\times \dfrac{600만원}{1,000만원}$ = 180만원(재고자산이므로 80%부보비율이 적용되지 않음)
- 180만원 − 50만원 = 130만원(자기부담금 50만원을 공제함)

예시 보험가입금액 1,600만원, 보험가액 2천만원인 화재보험계약(보험의 목적은 건물)에 가입하고 지진위험담보특약을 첨부하였다. 지진으로 인한 손해액이 300만원 발생하고, 이틀 후 여진으로 60만원의 추가손해가 발생하였다. 이때 보험회사가 지급하는 보험금은?

→ 260만원이다.

- 360만원 $\times \dfrac{1,600만원}{2,000만원 \times 80\%}$ = 360만원(재고자산, 공장물건이 아니므로 80%부보비율이 적용되며, 3일 내의 추가지진은 한사고로 간주하므로 손해액은 360만원)
- 360만원 − 100만원 = 260만원(지진위험담보의 자기부담금은 100만원)

SECTION 3 화재보험요율

① 건물의 급수판정

기둥	지붕	외벽	급수
내화구조	내화구조	내화구조	1급
내화구조	**불연재료**	내화구조	2급
불연재료	**불연재료**	**불연재료**	3급
상기 이외의 것(목조 또는 천막)			4급

※ 내화구조(철근콘크리트 건물), 불연재료(철골구조 건물), 가연재료(목재)

[참고] 1급은 화재발생 후 약간의 수리로 재활용이 가능한 수준이며, 2급은 지붕(불연재료)만 무너지는 수준이며, 3급은 외벽과 함께 건물 대부분이 무너지는 수준이며, 4급은 건물전체가 연소되는 수준을 말한다.

※ 화재보험의 실손보상특약에 가입할 수 있는 건물급수는 1급, 2급이다.

② 화재보험료의 요율체계

㉠ 화재보험료 = 보험가입금액 × 최종적용요율[주1] + 특약보험료

※ 주1 : 최종적용요율 = 기본요율 × 각종 할인할증[주2] + 특약요율

※ 주2 : 각종 할인할증 부과 이유 : 계약자별 공정성 유지와 손해방지기능 기대

㉡ 할인할증요율의 종류

구분	할증	할인
주택, 일반, 공장물건	고층건물할증	소화설비할인 불연내장재할인 고액보험계약할인 특수물건할인
기타	재고자산할증(주택물건 제외)	공지할인(공장물건 제외) 우량할인(공장물건만 해당)

ⓒ 화재보험료 요율계산 : 화재보험료(기본요율 = TSI×보험요율) + 특약보험료

> 기본요율×고층할증×공지할인×소화할인×내장재할인 + 동산할증×특건할인×방산할인×우량할인×계속할인×범위요율×장단기율×고액할인

※ 고층할증(11층 이상 건물), 공지할인(공장건물 제외), 특건할인(특수건물 내의 동산, 집기는 제외), 우량할인(공장물건 한정), 장기계약할인(2년 일시납은 175%, 3년 일시납은 250%), 고액할인(TSI 20억원 이상)

※ 재보험자 구득요율 사용 가능 : TSI가 2천억원 이상의 FOC form.

※ 화재보험협회의 점검 후 적용가능한 요율: 소화할인, 우량할인, 특건할인, 불연내장재할인('소.우.특.불'로 암기)

예시 보기의 경우 보험료는?

> • 보험기간 1년, 보험가입금액 5천만원
> • 기본요율 0.078%, 공지할인 10%, 소화설비할인 5%, 동산할증 0.069%
>   (화재보험 일반물건, 보험요율은 소수점 넷째자리로 함, 10원 단위 절사)

[풀이] 5,000만원×보험요율 = 5,000만원×0.1357% = 67,850원. 따라서 67,800원

※ 보험요율 = 0.078%×(1 − 0.1)×(1 − 0.05) + 0.069% = 0.1357%(재고자산할증은 '더하기'에 유의할 것)

ⓓ 최저보험료 : 주택화재보험 2만원, 일반화재보험 3만원, 공장화재보험 7만원

※ 건물의 기둥과 지붕과 외벽이 모두 내화구조이면 1급에 해당된다.

※ 건물의 기둥과 외벽은 내화구조인데, 지붕이 불연재료일 경우 2급에 해당된다.

※ 화재보험의 실손보상특별약관에 가입할 수 있는 건물은 1급과 2급만 가능하다.

※ 우량할인은 공장물건에만 적용되며, 공지할인은 공장물건에는 적용할 수 없다.

CHAPTER 01 | 단원정리문제

01 화재보험의 당연가입물건이 아닌 것은?

① 피보험자 소유의 칸막이, 대문

② 피보험자 소유의 전기, 가스

③ 피보험자와 같은 세대원이 소유한 선전탑

④ 피보험자와 같은 세대원이 소유한 가재도구

정답 | ③
해설 | 건물의 부속물(칸막이 등), 부착물(선전탑 등), 부속설비(냉방설비 등)는 피보험자의 소유이어야 한다.

02 화재보험의 보험의 목적이 될 수 없는 것은?

① 일정금액 이상의 귀중품

② 교량

③ 피보험자 소유의 냉방설비

④ 피보험자와 같은 세대원이 소유한 가재도구

정답 | ②
해설 | 교량은 보험의 목적이 될 수 없다(제외물건 : 동.식.구.토.교).

03 국문화재보험의 보통약관상 보험의 목적의 범위에 대한 설명이다. 틀린 것은?

① 무게나 부피가 휴대할 수 있는 정도이며, 점당 300만원 이상인 귀중품은 보험증권에 기재해야만 보험
   의 목적이 된다.

② 물건의 모형, 금형 또는 목형 등은 사고 발생 시 객관적인 손해액 평가가 불가하므로 보험의 목적이 될
   수 없다.

③ 건물의 경우 피보험자가 소유한 간판, 네온사인, 안테나, 선전탑 및 이와 유사한 것은 다른 약정이 없
   으면 보험의 목적에 포함된다.

④ 가재도구의 경우 피보험자와 같은 세대원에 속하는 사람의 소유물은 다른 약정이 없으면 보험의 목적
   에 포함된다.

정답 | ②
해설 | 귀금속, 귀중품(점당 300만원 이상), 보석, 글, 그림, 골동품, 원고, 설계서, 모형, 증서, 장부, 금형, 목형 등은 명기물건으로 가
      입할 수 있다.

04 화재보험의 보통약관상 보상하는 사고에 대한 설명이다. 가장 거리가 먼 것은?

① 화재손해는 불자리가 아닌 장소에서 발생하거나 이를 벗어나서 발생한 불에 의한 화재에 의한 것이어야 한다.

② 화재의 연소 확대 방지 또는 진압을 위해 보험목적물을 파괴한 경우, 소방손해로 보상한다.

③ 화재 발생에 따른 손해 확대를 방지하기 위해 보험목적물을 반출하던 중 파손된 손해는 피난손해로 간주한다.

④ 피난지에서의 보험기간 내의 5일 동안에 생긴 화재손해나 소방손해 등도 보상하는 바, 5일은 옮긴 날로부터 5일을 의미하며 5일의 기간이 보험기간을 초과하더라도 담보기간으로 인정한다.

정답 │ ④

해설 │ 피난손해로 보상하는 5일은, 어떠한 경우라도 보험기간 이내이어야 한다.

05 국문 화재보험 보통약관상 보상하는 손해에 대한 설명이다. 틀린 것은?

① 피난지에서의 5일 동안에 생긴 화재에 대한 직접손해와 소방으로 인한 수침손해를 보상한다.

② 손해의 방지 및 경감을 위해 지출한 비용은 지급보험금(손해액 + 손해방지비용)이 보험가입금액을 초과하는 경우에도 이를 지급한다.

③ 사고현장에서의 잔존물의 해체비용, 상차비용 및 하차비용은 보험가입금액을 한도로 지급한다.

④ 보험의 목적에 자연발화로 생긴 손해는 보상하지 않으나, 그 결과로 생긴 화재손해는 보상한다.

정답 │ ③

해설 │ 하차비용은 보상하지 않는다.

06 잔존물제거비용에 대한 설명이다. 옳은 것은?

① 잔존물제거비용은 잔존물을 보존하기 위해 지출한 비용을 말한다.

② 잔존물제거비용은 보험가액의 10%를 초과할 수 없다.

③ 보험금과 잔존물제거비용의 합계액은 보험가입금액을 초과할 수 없다.

④ 잔존물제거비용이라 함은 잔존물의 해체비용, 청소비용, 오염물질제거비용을 말한다.

정답 │ ③

해설 │ ① 잔존물보존비용은 '손해방지비용 등'에 속한다(잔존물제거비용이 아님).
  ② 손해액의 10%를 초과할 수 없다.
  ④ 오염물질제거비용은 잔존물제거비용에 속하지 않는다.

07 다음 중 국문화재보험 보통약관에서 비용손해의 지급방식이 다른 것은?

① 잔존물보전비용   ② 기타협력비용

③ 대위권보전비용   ④ 손해방지비용

정답 | ②

해설 | 기타협력비용은 일부보험이라도 보험가입금액 내에서 실손보상한다. 나머지는 $\dfrac{\text{보험가입금액}}{\text{보험가액}}$ 의 비율로 보상한다.

08 다음 중 화재보험에서 보상하지 않는 손해는?

① 피보험자 또는 계약자의 중대한 과실로 화재가 발생하여 가재도구가 소실

② 이웃집의 화재로 주택 내 가재도구가 불에 타서 소실

③ 벼락으로 인해 집안의 냉장고가 고장

④ 화재진압을 위해 뿌린 물이 TV에 스며들어 고장

정답 | ①

해설 | 고의 또는 중과실로 생긴 손해는 보상하지 않는다.

09 다음 중 국문 화재보험에서 보상하는 손해에 해당하는 것은?

① 화재가 발생하였을 때 생긴 도난 또는 분실로 인한 손해

② 자연발화로 연소되어 다른 보험의 목적에 생긴 손해

③ 발전기, 변압기, 그 밖의 전기장치의 전기적 사고로 생긴 손해

④ 국가 및 지방자치단체의 명령에 의한 재산의 소각으로 인한 손해

정답 | ②

해설 | 자연발화로 연소된 손해는 면책이지만, 자연발화로 인해 다른 보험목적물에 생긴 손해는 보상한다.

10 다음 중 국문 화재보험의 폭발 또는 파열 손해 담보 여부에 대한 설명으로 틀린 것은?

① 주택화재보험은 보통약관에서 폭발 또는 파열로 입은 직접손해를 보상한다.

② 일반화재보험은 보통약관에서 폭발 또는 파열로 입은 화재손해를 보상한다.

③ 공장화재보험은 특별약관에서 폭발 또는 파열로 입은 직접손해를 보상한다.

④ 구내폭발위험담보 특별약관은 기관, 기기 등의 물리적 폭발이나 파열로 생긴 손해를 보상한다.

정답 | ④
해설 | 구내폭발위험담보특약에서는 화학적 폭발에 한해 보상한다.

11 다음 중 국문화재보험 전기위험담보 특별약관에 대한 설명으로 옳은 것은?

① 전기기기 안전장치의 기능상 당연히 발생할 수 있는 전기적 손해를 주된 담보위험으로 보상하는 특별약관이다.

② 전기기기의 전기적 사고의 결과로 생긴 화재손해를 담보한다.

③ 이 특별약관에는 1사고당 50만원의 자기부담금이 있다.

④ 이 특별약관에서 담보할 수 있는 보험목적물은 '발전기, 여자기, 정류기, 변류기, 변압기, 전압조정기, 축전기, 개폐기, 차단기, 피뢰기, 배전반 및 이와 비슷한 전기기기 또는 장치'로 제한된다.

정답 | ④
해설 | ① 어떠한 경우에도 자연열화의 손해(변압기 내의 절연유의 열화)나 안전장치 기능상 발생할 수 있는 손해(퓨즈가 녹아 끊어짐)는 보상하지 않는다.
② 전기적 사고로 인한 화재손해는 화재보험 보통약관에서 담보한다.
③ 1사고당 10만원이다.

12 다음 중 국문화재보험의 구내폭발위험담보 특별약관에 대한 설명으로 틀린 것은?

① 보험의 목적이 있는 구내에서 발생한 폭발사고로 생긴 손해를 담보한다.

② 급격한 산화반응을 포함하는 화학적 폭발로 생긴 손해를 담보한다.

③ 증기기관의 물리적 폭발로 생긴 손해는 담보하지 않는다.

④ 기계의 운동부분 또는 회전부분의 분해, 비산으로 생긴 손해는 담보한다.

정답 | ④
해설 | ④는 기계보험(특종보험)에서 담보한다.

13 화재보험 도난위험담보 특별약관에 대한 설명이다. 틀린 것은?

① 화재가 발생한 경우에 생긴 도난손해를 보상한다.

② 보험의 목적이 들어있는 건물을 계속하여 72시간 이상 비워 둔 사이에 생긴 도난손해는 보상하지 않는다.

③ 보험의 목적물이 건물 구내 밖에 있는 동안에 생긴 도난손해는 보상하지 않는다.

④ 1사고당 자기부담금은 10만원이다.

정답 ┃ ①
해설 ┃ 강도, 절도(미수 포함)로 생긴 도난, 훼손 또는 망가짐 손해를 보상한다.

14 풍수재위험담보 특별약관에서 '보상하지 않는 손해'를 나열하였다. 틀린 것은?

① 보험의 목적에 생긴 분실 또는 도난손해

② 원인의 직간접에 관계없이 풍재 또는 수재로 생긴 파열 또는 폭발손해

③ 바람이나 비 등에 의한 손해로서, 보험목적물이 들어있는 건물이 풍재 또는 수재로 직접 파손되어 보험목적물에 생긴 손해

④ 풍재의 직간접에 관계없이 보험의 목적인 네온사인장치에 전기적 사고로 생긴 손해 및 건식전구의 필라멘트에 생긴 손해

정답 ┃ ③
해설 ┃ ③은 보상하는 손해이다.

15 국문화재보험 지진위험담보 특별약관에 대한 설명이다. 틀린 것은?

① 지진으로 인한 화재 및 그 연소손해와 붕괴, 파손 및 파묻힘손해를 보상한다.

② 지진으로 인하여 생긴 파열 또는 폭발손해도 보상한다.

③ 72시간 이내에 생긴 사고는 한 번의 사고로 보고 1사고당 100만원을 공제한다.

④ 지진으로 인하여 생긴 해일, 홍수 및 그 밖의 수재손해는 보상하지 않는다.

정답 ┃ ②
해설 ┃ 폭발 및 파열손해는 보상하지 않는다.

16 다음 중 국문 화재보험의 확장위험담보 특별약관 I 에서 보상하는 손해가 아닌 것은?

① 폭발, 파열로 인한 손해

② 붕괴로 인한 손해

③ 폭풍으로 인한 손해

④ 항공기로부터 떨어진 물건으로 생긴 손해

정답 | ②

해설 | 붕괴로 인한 손해는 보상하지 않는다(확장 I 에서 보상하는 손해 : 폭.풍.우.항.차.연).

17 국문 화재보험의 '확장위험담보 특별약관 I '과 '특별약관 II'에 있어, 특별약관 II 를 추가해야만 담보할 수 있는 위험은?

① 폭발   ② 폭풍   ③ 연기   ④ 소요 및 노동쟁의

정답 | ④

해설 | 확장 I (폭.풍.우.항.차.연) + 소요 및 노동쟁의 = 확장 II

18 국문 화재보험의 '악의적인 파괴행위 특별약관'에 대한 내용이다. 틀린 것은?

① 소요 · 노동쟁의담보특약이 있으면 동 특약을 첨부할 수 있다.

② 확장 II 특약이 있으면 동 특약을 첨부할 수 있다.

③ 보험계약자, 피보험자 또는 이들의 법정대리인이 아닌 자의 고의적이고 악의적인 행위로 인한 보험목적물에 생긴 손해를 보상한다.

④ 보험계약자, 피보험자 또는 이들의 법정대리인이 아닌 자의 과실로 생긴 손해를 보상한다.

정답 | ④

해설 | 과실로 인한 손해는 보상하지 않는다.

19 다음 중 국문 화재보험 실손보상특별약관에 대한 설명으로 틀린 것은?

① 1, 2급 건물 및 이에 수용된 설비, 장치 및 설치기계에 한해 적용된다.

② 이 특별약관을 첨부하기 위해서는 보험가액을 미리 평가해야 한다.

③ 약정부보비율은 공장물건의 경우 50%, 60%, 70%, 80%, 90%, 100%로 운영되고 있다.

④ 보험가입금액이 보험가액의 부보비율 해당액보다 적을 때에는 보험가입금액을 한도로 손해액 전액을 지급한다.

정답 ┃ ④

해설 ┃ 보험가입금액이 보험가액의 부보비율 해당액 이상일 경우 보험가입금액을 한도로 손해액 전액을 지급한다(적을 경우에는 비례보상).

20 다음은 국문 화재보험의 재조달가액담보 특별약관에 대한 설명이다. 틀린 것은?

① 화재보험 보통약관의 시가보상기준을 보완하여 실제 복구비용을 보상하는 데 그 취지가 있다.

② 본 특별약관을 첨부할 수 있는 보험목적물은 건물, 기계, 집기비품, 공기구 및 동산이다.

③ 보험가입금액은 보험목적물이 재조달가액의 80%를 상회하게 부보되어야만 재조달가액으로 보상이 가능하다.

④ 손해를 입은 보험목적물이 실제로 수리 또는 복구되지 아니한 때에는 감가상각을 한 시가로 보상한다.

정답 ┃ ②

해설 ┃ 동산은 동 특약에 가입이 불가하다('건동시공비가계' 중 '동(재고자산)'은 제외).

21 국문 화재보험의 기업휴지손해담보 특별약관의 면책사항이다. 잘못 설명한 것은?

① 사용, 건축, 수리 또는 철거를 규제하는 국가나 지자체의 법령 또는 이에 준하는 명령에 의한 손해

② 리스, 허가, 계약, 주문 또는 발주 등의 중지, 소멸, 취소로 인한 손해

③ 보험목적의 복구 또는 사업의 계속에 대한 방해로 인한 손해

④ 관계당국에 의한 구내 출입금지 기간 중 30일을 초과하는 기간에 해당하는 손해

정답 ┃ ④

해설 ┃ ④의 경우 14일을 초과하는 기간에 대한 손해는 보상하지 않는다(14일까지의 손해는 보상함).

22 국문 화재보험의 리스회사 임대물건 특별약관에 대한 설명이다. 틀린 것은?

① 보험가입금액을 규정 손실금액으로 설정한 경우, 규정 손실금을 한도로 실제로 입은 손해액을 보상한다.

② 규정 손실금액에 해당하는 보험금은 리스회사에 지급하고, 잔액이 있을 때에는 그 잔액을 임차인에게 지급한다.

③ 리스계약 각 연도 중 보험가액은 당해연도 규정 손실금액과 차년도 규정 손실금액과의 차액을 지난 기간에 따라 월 단위로 계산한 금액을 당해연도 규정 손실금액에서 뺀 잔액으로 한다.

④ 수선 또는 보수로 인해 보험목적물의 가치가 하락한 경우 그 하락분을 보상한다.

정답 | ④
해설 | 수선 또는 보수로 인한 보험목적물의 가치 하락분은 보상하지 않는다.

23 국문 화재보험의 신체손해배상책임담보 특별약관에 대한 설명이다. 틀린 것은?

① 특수건물이 양도된 경우에는 양수인이 피보험자의 권리의무를 승계한다.

② 동 특약에서 보상하는 건물소유자의 손해배상책임이란 특수건물의 화재로 타인이 사망하거나 부상한 때 그 건물의 소유자가 과실이 있을 때 배상책임을 지는 것을 말한다.

③ 특수건물의 화재로 인한 종업원의 사망이나 부상에 대해 건물소유자가 지는 손해배상책임은 면책이다.

④ 동 특약에서 사망 시 보상한도액은 1억 5천만원이며, 실손해액이 2천만원 미만인 경우는 2천만원을 보상한다.

정답 | ②
해설 | 특수건물의 소유자가 지는 책임은 무과실책임이다.

24 다음 중 '화보법'상의 신체손해배상책임 특별약관에 가입해야 하는 특수건물에 해당되지 않는 것은?

① 연면적이 $1,000m^2$ 이상인 국유건물

② 바닥면적이 $2,000m^2$ 이상인 사설 학원, 공중목욕탕, 영화관

③ 연면적이 $3,000m^2$ 이상인 학교, 병원, 공장,

④ 바닥면적이 $2,000m^2$ 이상인 도시철도역사 및 시설

정답 | ④
해설 | 도시철도역사 및 시설은 바닥면적이 $3,000m^2$ 이상인 경우 특수건물이 된다.

25 보세화물 화재보험 특별약관에 대한 설명이다. 틀린 것은?

① 보험자의 책임은 보험료 납입시점부터 보세화물이 계약자의 창고로부터 반출되는 때까지이다.

② 보세창고업자가 보험계약자가 되며 계약체결 시 화주의 동의를 필요로 하지 않는다.

③ 보험목적물에 손해가 발생한 경우 손해 발생 시까지 반입보고서가 제출된 상태라야 보상이 가능하며, 보험가입금액이 보험가액의 80% 이상이면 전부보험금을 지급한다.

④ 보험계약자가 납입한 보험료의 7.5%를 업무처리비용으로 보험계약자에게 지급한다.

정답 │ ①
해설 │ 보험자의 책임은 보험료 납입 여부와 관계없이 보세화물이 계약자의 창고에 반입되는 때에 개시되고 계약자의 창고로부터 반출된 때에 종료된다(구간보험).

26 국문 화재보험 특별약관에 대한 설명이다. 가장 적절하지 않은 것은?

① 재조달가액담보특약에서 보험가입금액을 재조달가액의 80% 미만으로 가입한 경우 보험가입금액의 재조달가액에 대한 비율에 따라 비례보상을 한다.

② 냉동(냉장)담보특약에서는 사고 원인에 관계없이 냉동(냉장)장치 또는 설비가 파괴, 변조되고 이로 인한 온도 변화로 인해 보험목적물인 냉동(냉장)물에 생긴 손해를 보상한다.

③ 풍수해위험담보특약이 적용되는 계약이라도 풍수재로 생긴 폭발이나 파열손해는 보상하지 않는다.

④ 소요 · 노동쟁의, 항공기 및 차량위험담보특약에서는 손해액에서 1사고당 50만원의 자기부담금이 설정되어 있다.

정답 │ ②
해설 │ 사고 원인에 관계없는 것이 아니라 화재사고로 인한 냉동(냉장)장치의 파괴, 변조가 반드시 선행되어야 한다.

27 국문 화재보험의 특별약관 중 1사고당 자기부담금을 잘못 연결한 것은?

① 풍수재위험담보 특별약관 – 50만원

② 소요 · 노동쟁의, 항공기 및 차량위험담보 특별약관 – 50만원

③ 악의적 파괴행위담보 특별약관 – 50만원

④ 지진위험담보 특별약관 – 100만원

정답 │ ③
해설 │ 악의적 파괴행위담보 특별약관의 자기부담금은 10만원이다.

28 보험가액의 평가방법에 대한 설명이다. 틀린 것은?

① 보험가액은 보험가입금액의 결정과 손해액 계산의 기초가 된다.

② 보험가액은 원칙적으로 손해가 발생한 때와 곳의 가액으로 평가하는데, 여기서 '때'란 사고 발생 직후를 말한다.

③ 배상책임보험에서는 원칙적으로 보험가액이 존재하지 않는다.

④ 화재보험은 최초 보험가입 시 추정보험가액으로 보험가입금액을 결정할 수밖에 없는 대표적인 미평가보험에 해당된다.

정답 | ②
해설 | '때'란 사고발생 직전을 의미한다.

29 재고자산의 보험가액 평가방법과 관련하여 빈칸을 옳게 연결한 것은?

상품이나 재료는 ( )으로/로 평가하며, 제품이나 제공품은 ( )으로/로 평가한다.

① 미평가보험 – 기평가보험   ② 재매입가액 – 재생산비
③ 재생산비 – 재매입가액   ④ 기평가보험 – 미평가보험

정답 | ②
해설 | '재매입가액 – 재생산비'이다.

30 국문 화재보험 재조달가액담보특약에 대한 설명이다. 틀린 것은?

① 보험의 목적이 손해를 입은 장소에서 수리 또는 복구가 되지 않을 경우 시가를 기준으로 보상한다.

② 보험가입금액은 시가의 80% 이상을 상회해야 한다.

③ 계약자 또는 피보험자는 손해 발생 후 240일 이내에 수리 또는 복구 의사를 회사에 서면으로 통지해야 한다.

④ 이 특약이 적용하는 보험의 목적은 건물, 시설 및 기계장치, 집기비품이나 공기구에 한한다.

정답 | ③
해설 | 180일 이내이다.

31 다음 중 국문 화재보험의 협정보험가액 특별약관의 적용대상으로 옳지 않은 것은?

① 그림, 골동품   ② 증서, 장부

③ 원고, 설계서   ④ 유가증권, 화폐

정답 | ④
해설 | '통화, 유가증권'은 제외된다.

32 보기의 경우 지급보험금을 옳게 계산한 것은?

> 국문 화재보험 보통약관 : 계약사항 및 손해내용
> • 보험가입금액 : 건물 800만원, 재고자산 800만원
> • 보험가액 : 건물 1,000만원, 재고자산 1,000만원
> • 손해액 : 건물 200만원, 재고자산 300만원
> • 영위업종 : 일반 판매시설

① 건물 200만원, 재고자산 240만원   ② 건물 200만원, 재고자산 300만원

③ 건물 160만원, 재고자산 300만원   ④ 건물 160만원, 재고자산 240만원

정답 | ①

해설 | 건물 : $200만원 \times \dfrac{800만원}{1,000만원 \times 80\%} = 200만원$, 재고자산 : $300만원 \times \dfrac{800만원}{1,000만원} = 240만원$

33 보기의 경우 지급보험금을 옳게 계산한 것은?

> 국문화재보험 보통약관 : 계약사항 및 손해내용
> • 보험가입금액 40만원, 보험가액 100만원, 손해액 40만원, 잔존물제거비용 10만원, 손해방지비용 2만원
> • 영위업종 : 일반업무시설

① 20만원   ② 25만원   ③ 26만원   ④ 27만원

정답 | ②

해설 | '20만원 + 4만원 + 1만원 = 25만원'이다.

- 손해액 : $40만원 \times \dfrac{40만원}{100만원 \times 80\%} = 20만원$

- 잔존물제거비용 : $10만원 \times \dfrac{40만원}{100만원 \times 80\%} = 5만원$(그런데, 손해액의 10%가 한도이므로 4만원이다)

- 손해방지비용 : $2만원 \times \dfrac{40만원}{100만원 \times 80\%} = 1만원$

34 중복보험의 요건을 잘못 나열한 것은?

> 가. 동일한 보험의 목적 　　　　　　　나. 동일한 보험사고
> 다. 동일한 보험기간 　　　　　　　　라. 보험금액의 합계가 보험가액을 초과

① 가, 나　　　　　② 다, 라　　　　　③ 가, 다　　　　　④ 나, 라

정답 | ③

해설 | '가'는 동일한 피보험이익이므로 동일한 보험계약의 목적이 옳다. '다'에서 보험기간은 반드시 동일하지는 않아도 되며 보험기
간이 중첩되면 된다.

35 국문화재보험에서 동일한 보험계약의 목적에 대해 지급보험금의 계산방식이 다른 보험계약을 중복하여
가입하였다. 보기의 경우, 각 계약별로 지급할 보험금은 각각 얼마인가?

> • 보험가액 2천만원
> • 보험가입금액
> 　– 계약A : 1천만원, 계약B : 2천만원
> • 손해액 800만원

	계약A	계약B
①	267만원	533만원
②	200만원	600만원
③	400만원	400만원
④	400만원	800만원

정답 | ①

해설 | (1) 각 계약의 독립책임액을 먼저 구한다.

- 계약A : $800 \times \dfrac{\text{1천만원}}{\text{2천만원}} = 400$만원
- 계약B : $800 \times \dfrac{\text{2천만원}}{\text{2천만원}} = 800$만원

(2) 독립책임액 비례분담방식으로 계약별 지급액을 구한다.

- 계약A : $800 \times \dfrac{\text{400만원}}{\text{400만원} + \text{800만원}} = $ 약 267만원
- 계약B : $800 \times \dfrac{\text{400만원}}{\text{400만원} + \text{800만원}} = $ 약 533만원
- 즉, 계약A는 267만원, 계약B는 533만원이다.

※ 자기부담금이 없을 경우는 전자와 후자의 방식 모두 동일한 결과가 나온다.
- 전자 = 안분배분방식(계산방식이 동일한 경우)
- 후자 = 독립책임액방식(계산방식이 다를 경우)

36 화재보험의 요율산정과 관련한 설명이다. 틀린 것은?

① '화재보험료 = 보험가입금액×최종요율×특약보험료'이다.

② 건물의 주요구조부 중 지붕만 불연재료이고 나머지가 내화구조이면 2급 건물이다.

③ 보험요율산출 시스템에 있어서 화재보험보다 재산종합보험이 더 간편하여 재산종합보험의 시장성이 더 높아지고 있다.

④ 최저보험료는 주택화재, 일반화재, 공장화재 구분없이 2만원이다.

정답 | ④
해설 | 최저보험료는 '주택화재 2만원, 일반화재 3만원, 공장화재 7만원'이다.

37 다음 중 화재보험의 할증할인이 '주택, 일반, 공장물건'에 모두 적용되는 것이 아닌 것은?

① 고층건물 할증   ② 소화설비 할인
③ 우량물건 할인   ④ 특수물건 할인

정답 | ③
해설 | 우량물건할인은 공장물건에만 적용된다(Cf. 공지할인은 공장물건에만 적용불가).

38 공장물건의 화재보험요율 예시이다. 가장 적절한 것은?

① 기본요율×고층할증×공지할인×소화설비할인×동산할증×우량할인×고액할인

② 기본요율×고층할증×소화설비할인×불연내장재할인×동산할증×우량할인×고액할인

③ 기본요율×고층할증×소화설비할인×동산할증×주방등할인×장단기할인×고액할인

④ 기본요율×고층할증×동산할증×우량할인×특수건물할인×방위산업체할인×고액할인

정답 | ②
해설 | 공지할인은 공장물건에 적용될 수 없고, 우량할인은 공장물건에만 적용된다.
      ① 공지할인은 공장물건에는 적용될 수 없다.
      ③ 주방등할인은 일반물건에만 적용된다.
      ④ 특건할인과 방위산업체할인은 중복 적용될 수 없다.

39 우량할인 적용 시 유의사항이다. 틀린 것은?

① 공장물건에만 적용된다.

② 손해보험협회에서 통보하는 할인율만 적용된다.

③ 1증권당 가입금액이 20억원 이상인 물건에 대해 적용한다.

④ 특수건물할인이 적용될 경우 우량할인은 10%를 초과할 수 없다.

정답 | ②
해설 | 손해보험협회가 아니라 화재보험협회이다.

40 보험요율과 관련하여 빈칸에 들어갈 수 없는 것은?

- 고액할인은 가입금액 (　　) 이상의 물건에 적용된다.
- 2년 장기계약은 (　　), 3년 장기계약은 (　　)를 납입한다.
- 특건할인이 적용된 경우 우량할인은 (　　)를 초과할 수 없다.

① 10%　　　　　　② 20억원　　　　　　③ 175%　　　　　　④ 225%

정답 | ④
해설 | 차례대로 '20억원, 175%, 250%, 10%'이다.

CHAPTER 02 | 동산종합보험

① 보통약관의 구성

화재	폭발	파손	도난	잡위험	면책위험
기본담보(필수담보)				선택담보	면책

② 보통약관에서 담보위험과 면책위험을 규정하고 있다.

　　㉠ 영문약관 Inland Floater Policy는 구제적 위험을 담보하기 위해 특별약관을 첨부해야 한다.

　　㉡ 동산을 포괄적으로 담보하므로 '동산종합보험'이라 한다.

　　※ 도해 : 동산종합보험의 담보위험 : '화.도.파.폭.잡'으로 암기

필수담보위험　　　　　　　선택담보위험

① 보험목적의 범위

보험의 목적	제외 물건
제외물건을 제외한 모든 유체동산^{주1}	아래 참조

※ 주1 : 가재도구, 집기비품, 재고자산, 리스물건, 중장비, 전시품 등
※ 동산종합보험에서의 보험목적 제외물건

> • 수용 장소가 특정되어 있는 상품(동산이 아님)
> • 자동차^{주1}, 선박, 항공기(타보험에서의 보험목적)
> • 공장 내에 설치된 기계(임대회사의 리스기계 제외)
> • 특정 구간 운송위험만의 담보(운송보험에서 담보)
> • 특정 장소에서의 가재포괄계약
> • 동물, 식물(동 · 식물보험에서 담보)

※ 주1 : 동산종합보험의 보험의 목적에서 제외되는 자동차는 자배법상의 자동차를 말한다. 즉 '자동차관리법상의 자동차 + 9종 건설기계'가 아닌 것은 보험의 목적이 될 수 있다(예 타이어식 굴삭기는 제외, 트랙터는 부보 가능).
※ 번호판이 나오지 않은 자동차는 동산종합보험에서 담보할 수 있다(아직 자동차가 아님).
※ 동산종합보험은 공장 내에 설치된 기계는 담보할 수 없지만, 임대회사의 리스기계는 담보할 수 있다.

② 보상하는 손해 VS 보상하지 않는 손해

보상하는 손해^{주1, 주2}	보상하지 않는 손해
• 화재, 벼락 • 도난 • 파손, 폭발, 파열 • 항공기와의 추락 · 접촉 및 차량과의 충돌 · 접촉 • 건물의 붕괴, 누손^{주3} • 비, 눈, 담수 등의 수해(단, 홍수나 해일, 범람은 제외) • 연기손해	• 보험목적의 수리, 청소 등 작업상의 과실 또는 기술졸렬로 인한 손해 • 보험목적의 전기적 사고(전기적 사고로 인한 화재손해는 보상함) • 지진, 분화로 생긴 손해 • 홍수, 해일, 범람, 태풍 등 풍수재로 인한 손해

※ 주1 : 동산종합보험은 All risks cover 방식이라 할 수 있지만, 주요 담보위험은 보통약관상 열거하고 있다.
※ 주2 : 동산종합보험의 보상하는 손해 = '화.도.파.폭.항.건.비.연'으로 암기
※ 주3 : 보상하는 손해 중에서 '건물의 붕괴, 누손', '비, 눈, 담수 등의 수해', '연기손해'를 잡위험이라 한다('화.도.파.폭.항.건.비.연' 중에서 '건.비.연'이 잡위험에 해당됨).
※ 동산종합보험은 도난손해를 담보한다(도난위험을 담보하는 보험은 건설공사보험, 조립보험, 동산종합보험이다. '건.조.동'으로 암기).
※ 동산종합보험은 비, 눈, 담수 등의 수해는 보상하지만, '홍수 · 해일 · 범람'은 보상하지 않는다.

③ 보험기간 : 기간보험(time policy)

기간보험 원칙	예외
초회보험료 입금 시(실무적)~말일 16:00시	전시품포괄담보계약은 혼합보험기간 적용

※ 보험증권 발행지(보험자의 주소지)의 표준시각 기준

④ 보험가액(Insured Value)의 결정 : 미평가보험의 시가방식, 예외적으로 전시품포괄특약에 대해서는 협정보험가액(귀금속 등)을 적용함

⑤ 보험금 지급 방식 : 화재보험과 동일(단, 잔존물제거비용은 보상하지 않음)

> ※ 추정전손(현실전손은 아니지만 수리비가 잔존물가치를 초과하거나, 보험목적을 수용한 수송용구가 행방불명된 지 60일이 지난 경우)은 전손사고로 간주함

⑥ 손해 후 보험가입금액의 변동

보통약관	특별약관(예 상품포괄특별약관)
잔존 보험가입금액	1사고당 보상한도액(LOL)으로 복원

> ※ 동산종합보험은 미평가보험의 시가방식으로 보상하는 것이 원칙인데, 귀금속이나 골동품 등은 협정보험가액으로 보상한다.
> ※ 동산종합보험은 잔존물제거비용을 보상하지 않는다(∵ 잔존물제거비용이 발생할 여지가 없음).

⑦ 주요 특별약관

　㉠ 상품포괄특별약관

　　• 보험의 목적 : 상품

　　• 보험기간 : '상품이 보험기간 중 보험증권에 기재된 장소에 반입되는 때~해당 장소로부터 반출되어 매수인에게 인도될 때'

　　• 운송 중 1사고당 보상한도액(LOL)을 설정함

　㉡ 전시품포괄특약

　　• 보험의 목적 : 전시품

　　• 보험기간 : '전시품이 보관장소에서 반출된 때~전시회장의 전시 후 피보험자가 지정하는 장소에 반입하는 때'

　　• 보상하지 않는 손해 : 계약자나 피보험자가 가담한 도난행위, 전시품(보험의 목적)의 포장 중 발생한 손해, 진열 중 발생한 손해 등

　㉢ 잡위험 부담보 특별약관 : 잡위험이란 동산종합보험에서 보상하는 위험인 '화도파폭항건비연' 중에서 '건비연'을 말하는데(앞부분 표1 참조), 잡위험 부담보 특별약관은 이러한 잡위험은 보상대상에서 제외한다.

　㉣ 기타 특별약관 : 할부금융회사 할부물건 특별약관, 보세구역 – 항양본선 간 보상특별약관, 중장비 추가약관

> ※ 보험기간이 '상품이 보험기간 중 보험증권에 기재된 장소에 반입되는 때~해당 장소로부터 반출되어 매수인에게 인도될 때'인 것은 상품포괄특약이다.
> ※ 보험의 목적을 포장하거나 풀거나 하는 작업 중에 발생한 손해, 보험의 목적을 진열 중에 발생한 손해를 보상하지 않는 것은 전시품포괄특약이다.
> ※ 동산종합보험 보통약관에 잡위험 부담보 특별약관을 첨부하면 '건물의 붕괴, 누손'이나 '연기손해'는 보상하지 않는다.

⑧ 동산종합보험의 보험요율

　㉠ 기본요율의 구성 : '화재, 도난, 파손, 폭발 + 잡위험'

　　기본요율에는 잡위험이 포함되며, 잡위험을 부담보하고자 할 경우는 '잡위험부담보 특별약관'을 첨부한다.

　㉡ 최종적용요율 = 기본요율 + 할증요율 + 특약요율

> ※ 할증요율 : 항공기 탑재위험담보 할증요율을 말한다.

　㉢ 최저보험료(국문약관) : 3만원

> ※ 국문 동산종합보험의 최저보험료는 3만원이다(Cf. 화재보험은 '주택 2만원, 일반 3만원, 공장 7만원'이다).

CHAPTER 02 I 단원정리문제

01 다음 중 동산종합보험으로 인수할 수 있는 물건은?

① 이동하지 않는 점두품, 저당품

② 특정 구간 수송 중의 위험만을 대상으로 하는 동산

③ 동물, 식물

④ 리스 또는 할부금융물건으로 공장 내 설치된 기계

정답 | ④

해설 | 일반기계는 기계보험의 영영이므로 담보할 수 없지만 ④는 담보할 수 있다.

02 국문 동산종합보험의 보험가입 대상물건에 해당하지 않는 것은?

① 전시품 및 전시상품   ② 타이어식 굴삭기

③ 리스기계   ④ 농업용 중장비

정답 | ②

해설 | 타이어식 굴삭기는 9종 건설기계에 해당되므로 동산종합보험에서는 부보하지 않는다(자동차보험으로 부보).

03 동산종합보험에 대한 설명으로 옳은 것은?

① 공장 내 장치된 기계 중 리스물건의 기계는 인수할 수 있다.

② 화재, 도난, 파손, 폭발, 잡위험을 필수위험으로 담보한다.

③ 비, 눈, 담수 등의 수해뿐만 아니라 홍수나 해일, 범람의 수재까지 담보한다.

④ 열거주의로 위험을 담보한다.

정답 | ①

해설 | ② 화.도.파.폭 → 필수담보, 잡위험 → 선택담보

③ 잡위험 중에서 비나 담수의 수해는 담보하지만 홍수 · 해일 · 범람은 담보하지 않는다.

④ 포괄주의로 담보한다.

04 국문 동산종합보험의 잡위험에 해당하는 것은?

① 건물의 붕괴

② 항공기로부터의 물체의 낙하

③ 차량의 충돌, 접촉

④ 폭발 또는 파열

정답 ┃ ①

해설 ┃ 건물의 붕괴는 잡위험에 속한다('화.도.파.폭.항.건.비.연'중에서 잡위험은 '건.비.연'에 해당됨).

05 동산종합보험 보통약관상 담보하는 손해로 옳은 것은?

① 항공기와의 추락, 접촉 및 차량과의 충돌로 인한 손해

② 전기적 사고로 보험의 목적에 생긴 손해

③ 홍수, 범람, 태풍 등 풍수재로 생긴 손해

④ 보험목적의 수리, 청소 등의 작업 중에 작업상의 과실로 생긴 손해

정답 ┃ ①

해설 ┃ ②, ③, ④는 면책사항이다.

06 동산종합보험의 보통약관상 '보상하지 않는 손해'에 해당하지 않는 것은?

① 지진이나 분화로 생긴 손해

② 전기적 사고 또는 기계적 사고로 생긴 손해

③ 홍수, 범람, 태풍 등 풍수재로 생긴 손해

④ 보험목적의 수리 중 발생한 화재손해

정답 ┃ ④

해설 ┃ 보험의 목적의 수리나 청소 등의 작업에 있어서 작업상의 과실 또는 기술졸렬로 생긴 손해는 면책이다. 그러나 이러한 사유로 생긴 '화재손해'는 보상한다.

07 동산종합보험의 '상품포괄특별약관'에 대한 설명이다. 틀린 것은?

① 보험의 목적인 상품에 생긴 손해를 담보한다.

② 보험의 목적이 보험증권에 기재된 장소에 반입되는 때에 시작되고, 그 장소에서 반출되어 목적지에 반입되거나 매수인 등에게 인도된 때에 끝난다.

③ 보험기간 중 예상되는 운송량에 대한 운송잠정보험료를 납입하고 보험기간 종료 후 보험목적물의 실제 수송량을 기초로 확정보험료를 산출한 후 보험료를 추가 납입받거나 환급하는 등의 보험료 정산을 한다.

④ 운송 중에 있어서는 보험목적물의 매도가격을 보험가액으로 하고, 보험가액에 대한 보험가입금액의 비율로 보상한다.

정답 | ④

해설 | 운송 중 1사고에 대한 보상한도액으로 실손보상한다(주의 : 상품포괄특약은 보상한도액으로 보상).

08 동산종합보험 '전시품포괄특별약관'에 대한 설명이다. 틀린 것은?

① 보험기간 중 보험의 목적이 보관장소에서 반출된 때에 책임이 시작하고 전시회장에서 전시를 거쳐 그 보관장소 또는 피보험자가 지정하는 장소에 반입되는 때에 책임이 끝난다.

② 전시를 목적으로 보험증권에 기재된 보험의 목적이 통상의 수송경로를 통해 운송 중이거나 전시회장에서 보관 또는 전시 중에 입은 손해를 보상한다.

③ 계약자나 피보험자의 피용자가 행하거나 가담한 도난행위나 부정행위는 보상하지 않는다.

④ 보험의 목적을 포장하거나 풀거나 하는 작업 중에 생긴 손해를 보상한다.

정답 | ④

해설 | 보험목적물을 포장하거나 풀거나 하는 작업 중, 설치나 진열 중, 작업에 따른 이동 중의 파손이나 망가짐 손해는 보상하지 않는다.

09 다음 중 동산종합보험의 '잡위험 부담보 특별약관'에 대한 설명으로 틀린 것은?

① 보험목적물의 성질 및 위험관리상태를 고려하여 잡위험 중 일부 또는 전부의 위험을 제외하고 보험계약을 체결할 수 있다.

② 잡위험이라 함은 '우, 담수누수, 강설, 수해, 연기손해, 건물의 붕괴 및 누손 등을 말한다.

③ 태풍, 폭풍우, 홍수, 해일, 범람에 의한 수해는 잡위험으로 간주한다.

④ 항공기의 추락이나 접촉 또는 항공기로부터의 낙하 및 차량의 충돌 또는 접촉은 잡위험에 포함되지 않는다.

정답 | ③
해설 | '태풍, 폭풍우, 홍수, 해일, 범람에 의한 수해'는 잡위험 여부를 떠나서 면책이다.

10 동산종합보험의 손해사정과 관련된 설명이다. 틀린 것은?

① 손해액은 사고가 발생한 때와 곳의 가액을 기준으로 산정한다.

② 협정보험가액 특약이 첨부된 보험목적물이 입은 손해액은 보험계약 당시의 협정보험가액을 기초로 산정한다.

③ 리스회사임대물건특약이 첨부된 보험목적물이 입은 손해액은 규정손실금액을 기초로 산정한다.

④ 보험목적물의 수리비가 잔존물가치를 초과하거나 보험목적물을 적재한 수송용구가 30일 이상 행방불명된 경우에는 전손사고로 간주한다.

정답 | ④
해설 | 30일이 아니라 60일이다.

CHAPTER 03 | 재산종합보험

재산종합보험 개념

① 개요

   ㉠ All risks cover 방식이다(화재보험 – 열거주의, 재산종합보험 – 포괄주의).

   ㉡ 발전단계 : 화재보험 → FOC form → 재산종합보험(PAR Cover)

   ㉢ 의의 : 대규모 위험의 담보로 보험료 절감 효과, 재보험처리 용이, 대형 사고의 경우 다양한 손해를 동반하므로 하나의 보험증권으로 관리하는 것이 효율적이다.

② 패키지보험의 장점

   ㉠ 전위험담보(all risks담보)이므로 담보의 누락 및 중복을 방지하는 효과가 있다.

   > 예 화재보험의 경우 풍수재위험담보는 특별약관으로 별도 가입해야 하나, 패키지보험은 그 자체로 담보한다.

   ㉡ 다수의 계약을 하나로 통합함으로써 보험자의 사업비가 절감, 결국 보험료가 할인되는 효과가 있다.

   ㉢ 기타 : 보험계약자의 니즈에 맞는 설계(tailor – made), 계약관리의 편리성

③ 패키지보험의 4부문 담보위험

모든 재산위험을 담보	기계위험을 담보	기업휴지손해위험을 담보	배상책임손해위험을 담보
Property all risk cover	Machinery Breakdown cover	Business Interruption cover	Comercial General Liability cover
제1부문/Section Ⅰ	제2부문/Section Ⅱ	제3부문/Section Ⅲ	제4부문/Section Ⅳ

※ PAR을 기본담보로 하고 나머지 MB, BI, GL을 선택담보하지만, 4개 모두를 담보하는 것이 일반적이다.
※ 화재보험의 요율은 보험사가 자체적으로 결정하지만, 패키지보험의 요율은 재보험자로부터 구득하여 사용한다.
※ 화재보험은 열거주의, 패키지보험은 포괄주의로 위험을 담보한다.

재산종합위험담보(PAR Cover)

① 보험의 목적

당연가입물건(모든 부동산과 동산)	주요 제외물건[주2]
• 피보험자소유의 물건(소유물건) • 피보험자 책임하에 있는 타인물건[주1] (임차사용 또는 보호 · 관리 · 통제 물건)	통화 · 유가증권 · 그림 · 귀금속 등, 건설공사 · 조립공사물건, 시운전위험[주3], 교통승용구, 동 · 식물, 토지, 지하매설물, 해상물건, 운송물건, 촉매 및 소모성물건

※ 주1 : 타인물건은 구상책임 회피를 위해 소유자와 공동피보험자로 하여 계약하기도 한다.
※ 주2 : 담보제외물건은 절대적인 제외가 아니라 피보험자가 원할 경우 '추가보험료의 납입과 보험자와의 협의'를 통해 담보가 가능하다.
※ 주3 : 시운전위험은 보험의 목적이 될 수 없지만, 통상적인 유지정비에 필요한 시운전 기계장치는 보험의 목적이 된다.

② 보상하는 손해 : All risks cover이므로 화재보험(열거주의)에 비해 담보범위가 넓다.

※ PAR Cover가 보상하는 손해의 체계[주1]

화재보험 보통약관상 담보	화재보험 특별약관상 담보	영문약관상 담보
화재, 벼락[주2]	폭발(화학적 폭발)	폭음
	지진, 화산분화	동맹파업
	홍수, 범람, 해일	자동살수장치[주3]
	절도 및 강도	기타 면책위험조항에 들지 않는 위험에 대한 직접재물 손해
	바람, 우박, 항공기, 차량, 연기	
	파괴 · 악의적 행위	
패키지보험 Section Ⅰ (PAR Cover)에서 보상하는 손해		

※ 주1 : 패키지보험은 포괄주의방식이므로 위험을 열거하지는 않으나, 그 내용상 표와 같이 위험의 종류를 구분할 수 있다.
※ 주2 : 화재보험에서는 '잔존물제거비용, 소방비용'을 보통약관으로 담보하지만, 패키지보험에서는 확장담보조항을 첨부해야 담보할 수 있다.
※ 주3 : 오염이나 누출손해는 패키지보험에서 면책이지만 '자동살수장치'의 누출로 인한 손해는 부책이다.
※ 폭발, 지진, 화산의 분화는 화재보험 보통약관상으로는 담보하지 않지만 패지키보험에서는 담보한다.
※ 폭발손해에 대해서는 PAR Cover에서는 화학적 폭발, MB Cover에서는 물리적 폭발을 담보한다.

③ 보상하지 않는 손해

화재보험 보통약관상 담보	화재보험 특별약관상 담보
화재, 벼락	폭발(화학적 폭발)

※ PAR Cover 고유의 면책사항

- 원인을 불문한 오염손해, 누출손해
  ※ 단, 자동살수장치의 누출손해는 보상한다.
- 고의적인 기계나 설비의 안전한계초과운전사고 손해
- 작업 철회, 태업 또는 조업 중단
  ※ 작업 철회 등 노동쟁의와 관련된 손해는 우연성 위배로 담보에서 제외함
- 토지의 침하, 사태, 팽창, 침식 등으로 인한 손해
  ※ 토지의 수축이나 팽창 등은 위험의 특성상 담보가 불가능함
- 소모, 마모, 부식, 온도나 습도, 공기, 건조, 점진적 악화, 자연발열로 인한 손해
  ※ 점진적이고 누적적인 것은 담보에서 제외함
- 담보위험이 아닌 위험으로부터 발생한 발효, 증발, 중량 감소, 품질 변화로 인한 손해
- 과부하, 과전압, 누전, 단락 등 전기적 사고 및 기기의 고장이나 장애 등의 기계적 사고
  ※ MB Cover에서 담보하므로 PAR Cover에서는 면책
- 결함 있는 부품이나 자재, 작업하자, 설계상 결함 또는 누락으로 인한 손해
  ※ MB Cover에서 담보하므로 PAR Cover에서는 면책
- 확장담보조항으로 담보하지 않은 잔존물제거비용 및 청소비용
- 저장탱크나 용기 내 동산의 누출, 넘침 사고로 인한 손해

④ 보험기간

㉠ 기간보험(time policy) & 손해사고기준
㉡ 보험기간 산정 : 보험계약자의 주소지의 표준시 기준. 기준시간 00:01am
※ 보험기간의 산정에 있어, 화재보험은 보험자의 주소지를 기준으로 하지만 패키지보험은 보험계약자의 주소지를 기준으로 한다.

⑤ 보험자의 최고보상한도액 한도 : 아래의 하나를 당사자 협의로 선택함

보험가입금액(TSI)	보상한도액(LOL)
보험가액기초로 한 TSI가 최고보상한도	PML을 기초로 설정한 LOL이 보상한도액

㉠ 재산종합위험담보는 '미평가보험, 신품재조달가액'으로 보험가액을 평가함. 단, '공인가액평가특약'
은 기평가보험으로 하지만 국내에서는 사례가 거의 없음

> **Cf.** 공인가액평가특약(Certified Valuation : 대형 물건에 대해서 사전 실사를 거쳐 평가한 보험가액을 협정보험가액으로 하는 기
> 평가보험이고, 일부보험이라도 보험가입금액 내에서 비례보상을 하지 않고 실손보상함(평가 시 비용 과다 등의 이유로 국내
> 에서는 아직 사례가 없음).

㉡ TSI > PML > LOL : 전손가능성이 희박한 보험목적에 대해 PML을 도입하며(TSI > PML), LOL
을 PML보다 낮게 설정함으로써(PML > LOL) 보험료절감효과 및 재보험처리용이라는 장점을 누
릴 수 있음

[참고] 현실적으로 LOL은 TSI의 15% 정도로 설정된다.

> ※ **PML, LOL 설정의 의의(TSI, PML, LOL의 개념)**
> (참고 : 이하 내용은 '공통3 손해보험 언더라이팅'과 동일함)
>
> | TSI
(Total Sum Insured) | PML
(Probable Maximum Loss) | LOL
(Limit Of Liability) |
> |---|---|---|
> | 피보험자가 부보하고자 하는 가입금액 | 전손위험이 낮을 경우 추정최대손실(PML)을 부보기준으로 삼는 것이 일반적 | 보험자의 보상한도액을 보험가입금액보다 훨씬 작게 하여, 보험자와 계약자 간의 'win − win' 관계를 도출할 수 있음 |
>
> **예시** 화재보험의 인수사례이다. '보험가입액 100억원, PML 60억원(또는 60%), LOL 48억원'일 경우,
>
> (1) 만일 전손이 발생한다면 보험자의 최대보상한도액은 100억원이다. 그런데, 이러한 전손가능성이 매우 낮은 보
> 험목적이라면, 굳이 TSI 100억원으로 보험가입을 할 필요가 없다(∵ 계약자의 입장에서는 보험료의 과다지출).
> (2) 해당 보험목적의 추정최대손실(PML)[주1]은 60억원인데, 만일 보험목적이 공장물건이고 여러 공장동의 한 개 동이
> 며 최대위험물건(Top Risk물건)과 거리를 더 둔다든가, 방화벽을 둔다든가, 자체 소방시설을 더 갖춘다든가 등
> 의 보완을 할 경우 PML은 하락한다.
> > ※ 주1 : 2012년 기준 전체 공장건물의 평균 PML은 58.83%이다(한국화재보험협회).
> (3) LOL의 설정 취지는 TSI가 아닌 PML을 기준으로 부보하되 보험자의 보상책임(LOL)을 PML보다 낮게 설정함으
> 로서 보험자와 계약자 간의 win − win 관계를 기대할 수 있다.
> > ※ 보험자의 입장 : TSI보다 훨씬 작은 금액으로 보상책임액을 제한할 수 있으며, 대형 계약의 경우 LOL이 설정
> > 되어야 재보험출재가 가능한 경우가 많아 대형 계약의 LOL설정은 필수적이다.
> > ※ 계약자의 입장 : TSI로 부보하는 것보다 보험료비용을 훨씬 낮출 수 있다.
> (4) 그런데, 만일 보험사고가 LOL이상으로 발생한다면 LOL을 초과하는 손해액은 계약자가 전적으로 부담하므로 계
> 약자 입장에서는 지나치게 낮은 LOL을 설정하지 않도록 유의해야 한다.
> > ⓓ 동 예시에서 손해액이 70억원 발생하였다면 '보험자책임액 48억원, 계약자 부담액 32억원'이 된다. 이처럼
> > 손해액이 PML 이상으로 발생하는 것을 PML Error라고 한다.
> (5) PML Error : PML은 부보의 기준으로서 PML이 언더라이팅에서 차지하는 중요성은 대형계약일수록 더 커진다.
> 따라서 PML을 조사·평가하는 Risk Surveyor의 역할이 증가하는 것이며, 언더라이터의 입장에서는 PML Error
> 를 고려하여 PML산정을 좀 더 보수적으로 할 필요가 있다.

ⓒ 공제액(Deductible)
- 소손해의 경우 보험금지급 시 손해조사비용이 더 클 수 있으므로, 공제액을 설정한 만큼 소손해가 면책되는 것을 말한다.
- 보험자 입장에서는 사고건수 감소를 통한 이미지 제고, 보험계약자의 입장에서는 보험료 절감의 효과를 얻을 수 있다.
- 패키지보험에서는 LOL과 Deductible을 설정하기 않고는 재보험출재가 어렵다.
- Deductible을 높게 설정할수록 보험료는 인하된다.

⑥ 보상기준 : PAR Cover는 신품재조달가액으로 보상하는 것을 원칙으로 한다.
ⓐ '건물/기계'의 전손(Total Loss) 시 : 재조달가액 보상

- 건물의 경우 재축, 다른 자산의 경우 유사목적물로의 대체를 말한다.
  ※ 단, 어떠한 경우에도 더 개선된 상태로 보상되어서는 안 된다.
- 사고 전의 상태와 완전히 동일한 상태로의 대체를 강제하는 것은 아니다.
  ※ 최소한 동종·동질의 요건을 갖춘 유사목적물로의 대체이면 족하다.

ⓑ '건물/기계'의 분손(Partial Loss) 시 : 재조달가액 보상

- 손상된 부분의 수리나 복구비용을 보상함을 말한다.
  ※ 단, 수리비가 목적물 전체의 재조달가액보다 클 수 없다.
- 피보험자가 재축이나 복구를 하지 않을 경우 시가액으로 보상한다.
- 재조달작업은 손해를 입은 날로부터 12개월을 경과하지 않은 시점에서 개시한다.

▶ 패키지보험과 기계보험의 차이

패키지보험(PAR Cover)	기계보험(특종보험)
전손, 분손 모두 재조달가액으로 보상	전손은 시가, 분손은 재조달가액으로 보상

ⓒ 재고자산의 보상

(1) 재조달시점의 동종, 동능력의 시가로 하되, 최종보관까지의 제비용과 세금을 포함하여 보상한다.
(2) 재고자산은 통상 감가요소를 적용하지 않는다.
(3) 재조달가액의 평가방법
  - 상품 : 재매입가액
  - 제품(반제품, 재공품 포함) : 재생산원가. 단, 투입재료비에 공정별로 부가된 가공비(직접노무비 등)를 가산한 금액(즉 재생산원가 = 투입재료비 + 가공비)
  - 원·부재료 및 저장품
    − 외부매입 : 재매입가액
    − 자가제조 : 제조원가

※ PAR Cover의 보상은 재조달가액을 기준으로 하는데, 분손이 되고 피보험자가 재축이나 복구나 수리를 하지 않은 경우는 시가액으로 보상한다.
※ PAR Cover에서 재조달작업은 손해를 입은 날로부터 12개월 이내에 개시되어야 한다.
※ 재고자산의 보상은, 재조달시점의 동종·동능력의 시가로 하며 최종보관까지의 제비용과 세금을 포함하여 보상한다.

⑦ 지급보험금의 계산

㉠ 보험가액평가를 신품재조달가액을 기준으로 한다는 것 이외에는 화재보험과 유사하다.

※ PAR Cover의 지급보험금 = 손해액 × $\dfrac{보험가입금액}{신품재조달가액}$

㉡ 공인가액평가특약(Certified Valuation)은 협정보험가액으로 부보하며(기평가보험), 일부보험시에는 비례보상을 하지 않고 실손보상을 한다는 특징이 있다.

※ 공인가액평가 특약의 지급보험금 = 손해액 × $\dfrac{보험가입금액}{공인가액}$

㉢ 중복보험의 경우 : 재산종합보험(재조달가액보험)과 타보험(시가보험)이 중복될 경우, 재산종합보험을 시가보험으로 간주하여 분담금액을 계산한다.

㉣ 잔존보험가입금액

TSI의 경우	LOL의 경우
잔존보험가입금액으로 보상함 (TSI − 지급보험금 = 잔존보험가입금액)	보험급지급 후에도 '1사고당 보상한도액'이 자동복원됨

⑧ 확장담보조항(9개 조항)

> **(1) 잔존물제거비용 및 청소비용**
> 손해액의 일정액(10% 등)을 설정하여 해당 비용을 보상함. 단, 토지나 지하의 물의 오염을 원상회복하는 비용은 보상하지 않는다(∵토지는 면책자산).
> **Cf.** 화재보험에서는 보통약관으로 담보한다.
>
> **(2) 소방비용(Fire Fighting Expenses)**
> 손해방지를 위한 필요유익비용이므로 합의된 금액을 한도로 보상한다.
>
> **(3) 긴급추가비용(Expending Expense) 또는 특별비용담보**
> 부보자산의 긴급한 수리나 대체에 합리적으로 소요된 비용(야근수당, 휴일수당, 시간외수당, 급행운임 등)을 보상한다.
> ※ 합의된 금액을 한도로 보상한다.
>
> **(4) 손해방지비용(Sue and Labour)**
> • 손해방지를 위한 즉각적·합리적 조치를 이유로 발생한 비용, 희생손해를 보상한다.
> • 합의된 금액이 아닌 추가비용(적정한 수준)을 보상한다. 패키지보험의 확장담보조항에서 '손해방지비용'과 '일시적철거담보조항'만 추가비용을 보상하며, 나머지는 모두 당초에 합의된 금액 내에서 보상한다.
> **Cf.** 화재보험에서는 약관조항에 없어도 보상한다.
>
> **(5) 소규모건설이나 조립공사 자동담보(Minor Works Clause)**
> • 보통약관상 담보하는 구내에서의 소규모 추가공사(건설, 조립 등)는 미리 합의된 총공사 도급계약 금액 이내의 공사에 한하여 담보한다.
> • '통상적인 작업과정에서 발생하는 변경, 유지 및 수리작업'은 동 조항의 담보위험이 아니고 보통약관상의 담보위험이다.
> • 동 조항에 의해 담보되는 공사물건에 대하여 다른 보험계약에서 보상을 받을 수 있을 경우 타보험의 지급분을 초과하는 부분만 보상한다(excess policy).
> • 물적 피해만을 담보하므로, 어떠한 경우에도 '예정이익의 상실'은 보상하지 않는다.
>
> **(6) 구내신규 추가자산 자동담보(Capital Additions Clause)**
> • 보험기간 중 담보하는 구내에서 공장설비의 변경, 추가, 개량이 있을 경우 구내당 미리 합의된 금액을 보상한다(일일이 부보하는 번거로움을 해소).
> • 피보험자는 추가로 부보하는 자산의 명세를 2개월 내로 보험사에 제출해야 한다.
> • 추가보험료는 보험기간 종료 후 일괄하여 납입한다(일할계산).
>
> **(7) 공공기관조치로 인해 증가하게 된 비용담보**
> 법령에 의한 제반조치를 취함으로써 발생하는 추가비용을 담보한다.

> **(8) 건축가/조사자/자문기술자 용역비용담보**
> - 손해 발생 후 건축가 등에 대한 용역비가 발생한 경우 전액 보상한다.
> - 단, 변호사선임비용은 복구에 필요한 비용이 아니라 클레임 준비에 소요되는 비용이므로 보상하지 않는다.
>
> **(9) 일시적 철거 확장담보**
> 부보자산에 대한 일시적인 청소, 개량, 수리 등을 목적으로 일시적 철거나 이동이 있을 경우 도중에 발생한 비용을
> 보상한다(부보자산에는 재고자산 또는 동산은 제외됨).

※ 잔존물제거비용은 화재보험에서는 보통약관으로, 패키지보험에서는 확장담보조항으로 담보한다.
※ 소규모공사조항(Minor Works Clause)은 Excess Policy이며, 어떠한 경우에도 예정이익손실은 보상하지 않는다. 그리고 통상
적인 작업과정에서 발생하는 변경 · 유지 · 수정에 대해서는 보통약관에서 담보한다.

⑨ **구득요율**

㉠ 화재보험은 독립적인 요율을 사용하나, 재산종합보험은 해외재보험자와의 협상을 통해 요율을 결정
한다(이를 '요율의 구득'이라 함).

㉡ 재산종합보험에서 구득요율을 사용하는 이유 : 국내 보험사의 인수능력 부족, 최저입찰제도 등

㉢ 재보험 구득요율은 수요공급의 원리가 충실히 반영된다고 할 수 있다(∵ 재보험요율은 국내 원보험
시장의 경험률과 관계없이 재보험시장의 수요공급의 업황에 따라 결정되기 때문).

㉣ 재보험출재방식에 있어서 소형물건에 대해서는 Quota share가, 대형물건에 대해서는 XOL 또는
Stop Loss가 주로 사용된다.

※ 국내 원보험의 손해율이 양호하다고 해서 재보험 구득요율이 하락하는 것은 아니다(∵ 국내 경험률과 관계없이 글로벌 재보험
시장의 업황에 따라 구득요율이 결정되기 때문).

SECTION 3 기계위험담보(MB Cover)

① **개요**

㉠ 사업장 내에서 가동 중인 기계나 기계설비, 장치의 기계적 사고로 인한 물적 손해를 담보한다.

※ 기계적 사고 자체를 담보하는 것이 아니라 그로 인한 물적 손해를 담보한다(Cf. 기계적 사고는 특종보험인 기계보험에서 담
보함).

※ 도해

㉡ 보험의 목적

당연가입물건(모든 종류의 기계)	주요 제외물건
• 피보험자소유의 기계(소유물건) • 피보험자 책임하에 있는 타인소유기계(임차사용 또는 보호 · 관리 · 통제 물건)	보험기술적인 측면에서 일부 기계를 제외함 ※ 체인, 벨트 등 소모성 부품은 제외

② 보험가입대상 및 가입방법

　　㉠ 기계의 선별가입 및 사업장별 포괄가입도 가능함

　　㉡ MB Cover는 항상 신품재조달가액으로 부보해야 한다(시가부보 불가).

　　　※ 신품재조달가액 : 동종, 동능력의 새로운 기계를 재조달하는 비용인데, 비용에는 운송비, 조립비용, 제세공과금을 포함한다.

③ 보상하는 손해 : 기계적 사고로 인한 물적 피해액을 보상함

(1) 기계적 사고로 인한 물적 피해액을 보상함
기계적 사고는 보상하지 않음(→ 특종보험인 기계보험에서 보상)

(1) 기계적 사고로 인한 물적 피해액을 보상함

　기계적 사고는 보상하지 않음(→ 특종보험인 기계보험에서 보상)

　※ 기계적 사고 VS 물적 손해

　　㉠ 기계적 사고의 형태는 '파열, 변형, 뒤틀림 등'이며, 물적 손해는 기계적 사고가 폭발이나 화재로 연결되어 주변 재산에 피해가 발생하는 것을 말한다.

　　㉡ 즉, 기계파열로 폭발이 나고 이 폭발과 화재로 건물이 전소되었다면 기계적 사고와 물적 손해가 공존하는 형태가 된다.

(2) 부보된 기계장치의 작동 중, 휴지 시, 검사 또는 재조립 시 발생하는 손해를 보상함

　작동 중(operating)일 때만 보상하는 것이 아니다.

(3) 기계적 사고(Machinery breakdown)가 발생하는 원인에 대한 보험증권상의 규정

- 재질, 설계, 건설, 조립상의 결함
- 진동, 조절불량, 느슨함, 윤활기능의 결함, 안전장치 고장, 기계장치의 오작동, 부분적 과열
　※ 단, 보일러나 유사기계장치의 폭발이 발생한 후의 부분적 과열은 제외
- 누전, 방전, 단락, 과 · 부전압
- 종업원 또는 제3자의 '부주의행동, 능력부족, 기술부족
- 추락, 충격, 충돌과 같은 사고
- 기계보험증권에서 면책사항으로 두지 않은 기타원인

　※ 기계적 사고 원인의 분류

기계적 사고	전기적 사고	외래적 사고
재질, 설계, 조립결함 등	과전압, 부전압, 누전, 단락	종업원의 부주의, 기술부족

※ 패키지보험의 MB Cover는 기계적 사고에 의한 물적 피해액만을 보상하며, 기계적 손해 자체에 대해서는 기계보험에서 담보한다.

🅔 과전압으로 인해 기계의 폭발이 발생하고 그 폭발로 인해 보험목적물인 공장건물이 전손이 되었다면, MB Cover가 보상하는 것은 '공장물건의 전손손해'이다.

④ 보상하지 않는 손해

(1) 화재, 폭발 등 PAR Cover의 담보위험은 MB Cover에서는 면책

(1) 화재, 폭발 등 PAR Cover의 담보위험은 MB Cover에서는 면책

(2) 일상적 사용으로 인한 소모 및 마모, 녹, 화학적 대기조건으로 인한 부식

(3) 서서히 진행된 변형과 뒤틀림, 균열, 봉합선의 교정비용

　※ Sudden and Accidental loss는 보상, Maintenance loss는 면책

(4) 시운전기간 중의 사고에 직접 또는 간접적으로 관련된 손해(조립보험에서 담보)

　※ 단, 통상적인 보수나 정비를 위한 시운전과 시운전재개는 면책이 아님

(5) 고의적인 과부하 또는 실험행위로 인해 초래된 비정상적인 상태에 의한 손해

(6) 미고지사항으로 피보험자가 인지하고 있던 결함 및 하자에 기인한 손해

(7) 여하한 성질의 기계의 사용손실 또는 결과적 손해

(8) 지진, 태풍, 홍수, 범람 또는 수조장치의 누수로 인한 손해

(9) 누출 또는 오염과 직간접적으로 관련된 기계장치의 손해 또는 사용손실

(10) 피보험자의 고의적 행위나 태만으로 인한 손해(단, 피보험자의 고용인이나 그 대리인의 악의적 파손행위로 인한 손해는 담보)

⑤ 확장담보조항 : 일시적철거확장담보, 긴급추가비용담보, 건축가 · 조사자 · 자문기술자용역비용담보('일.긴.건'으로 암기)

⑥ 보상기준

    ㉠ MB Cover는 재조달가액으로 보상한다(재조달가액 : 신품으로 대체하기 위해 소요되는 일체의 비용으로써, 해체 및 재조립비용 포함).

       ※ 패키지보험의 PAR Cover, MB Cover는 기계보험과 달리 전손, 분손 구분없이 재조달가액 보상이 원칙이다.

    ㉡ 사고가 발생한 부보자산이 수리 또는 대체가 되지 않을 경우는 시가액(actual cash value)으로 보상한다(포기의 경우도 마찬가지 시가액으로 보상).

SECTION 4　기업휴지위험담보(BI Cover)

① 개요

물적 사고(재산종합위험손해 또는 기계손해) 발생 → ㉠ 물적 피해 또는, ㉡ 기업휴지피해 → ㉠은 PAR Cover, MB Cover로, ㉡은 BI Cover로 보상받을 수 있음

※ BI Cover는 보험사고로 인한 기업매출 감소에 따른 수익손실을 담보한다. 산업이 고도화될수록 기업휴지손해가 확대되므로 BI Cover의 필요성도 증대되고 있다.

② BI Cover의 보상요건

    ㉠ 물적 피해(physical damage)가 있어야 한다.

       ※ 물적 피해액이 기초공제액을 반드시 초과해야 하는 것은 아니다.

    ㉡ 물적 피해 → 기업휴지 & 생산 감소로 인한 매출 감소, 총이익의 감소가 있어야 한다.

       ※ 기업휴지가 발생하였으나 기존재고가 있어 매출액 감소가 발생하지 않는 기간은 기업휴지손실이 없다고 본다.

③ 기업휴지보험의 담보위험

> (1) 기업휴지에 의한 매출 감소가 있고, 그로 인한 총이익상실액(사고 직전 1년간의 실제 매출액 및 실제 총이익을 기준으로 함)
> (2) 기업휴지로 인한 매출 감소 외에, 공급 과잉 등으로 인한 매출 감소가 인정될 경우 보험금지급 시 감액사유가 될 수 있다.
> (3) 지출되지 않은 경상비(감가상각의 중단, 종업원 감축으로 인한 고정급여 감소분 등)는 손해액지급 시 공제된다.

④ BI Cover의 확장담보위험(1사고당 보상한도액을 별도로 설정)

    ㉠ Off Premise Power Clause(구외동력시설파손담보)

    ㉡ Customers Extension Clause(수요자확장담보 또는 고객업체사고담보)

       ※ 기업휴지보험은 기업휴지손해의 전제조건으로 물적 피해(Physical Damage)가 우선되어야 하는데, 물적 피해액은 기초공제액을 반드시 초과할 필요는 없다(즉, 물적 피해와 기업휴지손해가 동반되면 됨).

① 개요 : GL Cover는 일반배상책임^{주1}을 포괄담보^{주2}함

※ 주1 : 전문직업배상책임손해는 담보하지 않는다.

※ 주2 : 단, 북미지역 수출품에 대한 생산물위험담보는 포괄이 아니라 별도의 보험조건을 적용한다.

② 주요확장담보

ㄱ 시설물소유/관리자로서의 배상책임

ㄴ 유류기타 오염물질의 배출로 인한 배상책임

- 급작스런 오염사고를 담보한다.

- 점진적이고 누적적인 오염사고는 면책이다.

ㄷ 생산물배상책임보험

- 제품결함이 직접적 원인이 되어 인적 · 물적 피해를 입힌 경우 배상책임을 담보한다.

- 하자 있는 생산물손해 그 자체는 담보하지 않는다.

ㄹ 고용주배상책임담보 : 산재보험의 1차보상이 있는 경우는 그 한도액을 초과한 부분만을 담보한다.

ㅁ 피보험자 상호 간의 배상책임 : 모기업과 계열사 간의 상호 배상책임문제에도 활용될 수 있다.

③ 면책위험

ㄱ 벌과금, 과태료

ㄴ 전문직업배상책임보험

ㄷ 시험단계에 있는 생산물의 하자로 인한 배상책임

ㄹ 인격침해, 기타 광고로 인한 명예훼손

　　Cf. 영문약관인 CGL Policy에서 보상함

※ 생산물배상책임담보에서 보상이 되기 위해서는 ㄱ 생산물의 하자가 있어야 하며, ㄴ 이로 인해 제3자의 인명이나 재산상 피해가 발생해야 한다.

※ 피보험자가 2인 이상인 배상책임보험의 경우 피보험자 상호 간에 입힌 손해에 대한 배상책임은 논리상 담보되지 않는데, 이 경우 '피보험자상호간배상책임담보'를 통해 보상을 받을 수 있다.

CHAPTER 03 | 단원정리문제

01 국내에서 사용하고 있는 Package Insurance Policy의 기본담보에 해당하지 않는 것은?

① Property All Risk Cover(PAR Cover) ② Machinery Breakdown Cover(MB Cover)

③ Business Interruption Cover(BI Cover) ④ Employer's Liability Cover(EL Cover)

정답 | ④

해설 | 제4부문은 Commercial General Liability Cover(GL Cover)이다. EL Cover는 고용주배상책임담보를 말하는데 CGL Cover의 확장담보에 속한다.

02 패키지보험의 제1부문 재산종합위험담보에서 별도의 명시적인 합의가 없는 한 '보상하지 않는 목적물'에 해당하지 않는 것은?

① 통상적인 유지정비를 위해 시운전 중인 기계 ② 운송 중인 상품이나 재물

③ 지하물건 ④ 제조과정 중에 투입된 촉매

정답 | ①

해설 | 시운전 중인 기계는 면책(조립보험에서 담보)이지만 통상적인 유지정비를 위한 경우는 PAR Cover에서 담보한다.

03 패키지보험 PAR Cover에서 별도의 명시적인 합의가 없어도 보험의 목적으로 할 수 있는 것은?

① 가공, 생산 및 제조과정 중에 투입된 원자재

② 자동차, 궤도차량, 해상 또는 항공용 운반구

③ 운송중인 상품이나 재물

④ 통화, 금, 동전, 수표, 인지, 보석, 미술품, 골동품

정답 | ①

해설 | ①은 제외물건에 해당되지 않으므로 포괄담보의 대상이다.
　※ PAR Cover의 보험의 목적에서 제외되는 물건 : '동식구토교 + 통화 등 + 시운전위험 + 운송물건 + 해상물건 + 지하물건 + 촉매성물건'

04 다음 중 특징이 잘못 나열된 것은?

구분	화재보험	PAR Cover
① 위험담보방식	열거주의	포괄주의
② 보상기준	미평가보험의 시가	미평가보험의 재조달가액
③ 잔존물제거비용	보통약관으로 담보	확장담보조항으로 담보
④ 지진, 분화에 대한 면책 여부	면책	면책

정답 | ④
해설 | 지진, 화산의 분화는 PAR Cover에서는 보상한다(→ PAR는 all risk담보이므로 화재보험에 비해서는 담보범위가 넓다).

05 패키지보험 PAR Cover에서 보상하는 손해가 아닌 것은?

① 화재, 낙뢰로 인한 재물손해

② 풍수재

③ 지진으로 인한 재물손해

④ 기계장치, 전기기기 또는 장비의 조작 실패나 고장

정답 | ④
해설 | ④는 기계보험의 영역이다.

06 패키지보험 PAR Cover에서 '보상하지 않는 손해'는?

① 연기에 의한 손해   ② 폭음에 의한 손해

③ 지진으로 인한 재물손해   ④ 저장용기 내 내용물의 누출

정답 | ④
해설 | 저장탱크나 용기의 내용물 누출은 면책이다. 단, 자동살수장치로부터의 노출은 보상한다.

07 다음 중 패키지보험 PAR Cover의 면책위험에 해당하지 않는 것은?

① 전복이나 침하
② 온도나 습도의 변화
③ 과부하나 과전압
④ 지진이나 풍수재

정답 │ ④
해설 │ ④는 보상한다.

08 패키지보험 PAR Cover의 면책사항이 아닌 것은?

① 차량과의 충돌로 인한 손해
② 노동자의 철수 또는 태업이나 조업 중단으로 인한 손해
③ 전류의 단락, 자체발열, 누전, 과전류, 과부하 또는 과전압으로 인한 손해
④ 발효, 증발, 중량의 감소, 오염이나 품질의 변화로 생긴 손해

정답 │ ①
해설 │ ①은 면책사항이 아니다.

09 패키지보험 제1부문(PAR Cover)에 적용되는 보상기준에 대한 설명이다. 옳은 것은?

① 보험의 목적(재고자산 또는 동산은 제외)에 손해가 생긴 경우 그 손해가 생긴 때와 곳에서의 보험가액에 따라 손해액을 계산한다.
② 피보험자가 전문조사자의 용역을 통하여 공인된 가액을 보험가입금액의 산정의 전제로 한 경우, 재조달가액을 기준으로 보험가액에 대한 보험가입금액의 비율에 따라 손해액을 계산한다.
③ 재조달작업은 손해를 입은 날로부터 12개월 이내에 개시되어야 하며, 피보험자가 원하는 방법과 장소에 따라 재조달작업을 할 수 있다.
④ 재고자산 또는 동산의 평가액은 재조달시점의 동종 · 동품질의 시가로 하며, 최종보관 또는 가공까지의 제비용과 세금은 제외한다.

정답 │ ③
해설 │ ① 패키지보험은 전손, 분손 모두 재조달가액을 기준으로 보상한다.
② 공인가액평가특약의 경우 일부보험 시에도 실손보상한다.
④ 제비용과 세금을 포함하는 개념이다.

10 보기에 대한 설명으로 옳은 것은?

> • 동일한 보험사고로 A와 B보험사로부터 보상을 받게 되었다(중복보험).
> • A는 재산종합보험, B는 화재보험이다.
> • 이 경우 지급보험금은 (   ) 계산한다.

① A를 시가보험으로 하여

② B를 재조달가액보험으로 하여

③ A를 재조달가액보험, B를 시가보험으로 하여

④ A를 시가보험으로, B를 재조달가액보험으로 하여

정답 | ①

해설 | 재산종합보험(패키지보험)은 재조달가액보험이고, 화재보험은 시가보험이다. 패키지보험이 중복보험이 될 경우, 패키지보험
을 시가보험으로 하여 보험금을 계산한다.

11 패키지보험 PAR Cover에 적용되는 '소규모공사조항(Minor Works Clause)'에 관한 내용이다. 틀린
것은?

① 공사금액이 명세서에 기재된 금액을 초과하지 않는 소규모의 증축, 신축 또는 재건축공사로 인해 발생
한 손해를 보상한다.

② 통상적인 유지관리를 위한 소규모의 공사에는 이 조항이 적용되지 않는다.

③ 해당 공사를 담보하는 다른 보험이 있을 경우에는 면책이다.

④ 해당 공사로 발생할 수 있는 예정이익의 상실손해는 보상하지 않는다.

정답 | ③

해설 | 중복보험이 될 경우 동 확장담보조항은 후순위가 된다(즉 Excess Policy를 말함).

12 다음 중 패키지보험 제1부문(PAR Cover)에 적용되는 추가재산담보조항(Capital Additions Clause)에 대한 설명으로 틀린 것은?

① 보험기간 중 담보하는 구내에서 별도의 보험에 부보되어 있지 않은 신규건물, 기계장치 및 공장설비가 발생 시(추가, 개량 포함), 한 구내당 합의된 금액을 한도로 보상한다.

② 추가 취득재산에 대한 명세는 보험기간 종료 후 보험회사에 일괄통지한다.

③ 추가보험료는 보험기간 종료 후 추가시점별로 일단위로 계산하여 적용한다.

④ 추가취득재산은 계약상의 담보구내에 있어야 한다.

정답 | ②

해설 | 추가로 취득하는 재산은 각각에 대한 명세를 추가 취득일로부터 2개월 이내에 제출한다. 그리고 이에 대한 보험료 정산은 보험기간 종료 후 추가별로 일할계산하여 일괄납입한다.

13 보기에 해당하는 패키지보험의 Section Ⅰ PAR Cover의 확장담보조항은?

• 담보위험으로 인하여 부보자산에 손해가 발생한 경우, 당해 부보자산의 임시적인 수리나 긴급한 수리 또는 대체에 합리적으로 소요된 추가비용을 합의된 금액을 한도로 보상한다.
• 시간외수당, 야근수당, 휴일수당, 급행운임 등의 소요비용도 포함하여 보상한다.

① Debris removal and cost of clean-up
② Fire fighting expenses
③ Expediting expenses
④ Capital additions clause

정답 | ③

해설 | Expediting expenses(긴급추가비용)이다.
① 잔존물제거 및 청소비용
② 소방비용
④ 구내신규추가자산자동담보

14 패키지보험 제1부문(PAR Cover)하의 확장담보조항에 대한 설명이다. 틀린 것은?

① 소방비용(fire fighting expenses) 담보조항은 손해확대를 방지하거나 최소화하기 위한 필요하고도 유익한 지출소방비용을 보상하는 조항이다.

② 추가재산(capital addition) 담보조항은 보험기간 중에 추가로 취득하는 재산에 대해, 한 구내당 합의된 금액을 한도로 보상하는 조항이다.

③ 공공기관조항(public authorities clause)은 정부기관이나 법원, 기타 공권력의 명령에 따라 부담하게 되는 손해나 비용, 벌과금은 담보하지 않는 조항이다.

④ 특별비용(expediting expense) 담보조항은 보험기간 중 담보위험으로 인하여 보험목적물에 손해가 발생한 경우 손해재산의 임시적 수리나 긴급수리를 위해 합리적으로 소요된 추가비용을 보상하며, 항공운임도 포함한다.

정답 │ ③
해설 │ '담보하지 않는다 → 담보한다'

15 패키지보험 PAR Cover의 확장담보조항에 대한 설명이다. 옳은 것은?

① 공공기관조항(public authorities clause)은 손해를 입은 보험의 목적을 복구하는 경우 관련된 법령 등을 준수하기 위한 조치에 필요한 비용을 약정금액을 한도로 담보한다.

② 소규모공사조항(minor works clause)은 통상적인 유지보수 등 도급금액이 약정금액을 초과하지 않는 소규모공사 중에 발생한 손해를 확장하여 담보한다.

③ 일시적 철거조항(temporary removal)은 공정과정 중에 손상을 입은 동산의 긴급수리를 위해 일시적으로 같은 구내 또는 다른 장소로 이동하는 기간 중에 발생한 손해를 담보한다.

④ 추가자산조항(capital additions)은 보험기간 중 신규로 취득한 기계장치 등 공장설비에 대하여 약정금액을 한도로 추가보험료 없이 확장담보한다.

정답 │ ①
해설 │ ② 통상적인 유지보수는 보통약관으로 담보한다.
     ③ 일시적 철거조항에서 담보하는 부보자산에서 동산(재고자산)은 제외된다.
     ④ 보험기간 종료 후 추가보험료를 일괄납부한다.

16 패키지보험 제2부문(MB Cover)의 보상기준에 대한 설명이다. 틀린 것은?

① 보험의 목적물이 전부손해를 입은 경우에는 시가기준으로 보상하며, 부분손해를 입은 경우에는 재조달가액을 기준으로 보상한다.

② 보험목적물을 시운전하는 기간 동안 발생한 손해는 보상하지 않는다.

③ 재조달비용은 보험목적물과 같은 종류, 같은 능력의 기계설비로 수리 또는 대체하는 데 필요한 금액을 말하며, 수리를 목적으로 발생되는 해체 및 재조립비용을 포함한다.

④ 보험목적물에 누출이나 오염에 기인하여 발생된 손해는 보상하지 않는다.

정답 | ①

해설 | 패키지보험은 전손과 분손 모두 재조달가액을 기준으로 보상한다. 단, 전손 시에는 유사물로 대체하되 같은 조건의 신품보다 개선되면 안 된다.

17 패키지보험 제2부문(MB Cover)에서 담보하는 위험이 아닌 것은?

① 폭발, 파열   ② 종업원의 부주의

③ 재질, 설계, 조립상의 결함   ④ 과전압, 누전

정답 | ①

해설 | ①은 PAR Cover에서 담보하므로 MB Cover에서는 면책이다.

18 패키지보험 제2부문(MB Cover)에서 담보하는 위험이 아닌 것은?

① 화재, 낙뢰   ② 조립상의 결함

③ 안전장치의 고장   ④ 기술부족

정답 | ①

해설 | ①은 PAR Cover에서 담보하므로 MB Cover에서는 면책이다.

19 패키지보험 MB Cover에서 보상하는 손해가 아닌 것은?

① 재질, 설계, 조립상의 결함으로 인한 손해   ② 종업원이나 제3자의 부주의로 인한 손해

③ 과전압, 누전, 누적 등 전기적 사고로 인한 손해 ④ 태풍, 홍수 및 범람으로 인한 손해

정답 | ④

해설 | '지진, 분화, 태풍, 홍수 등'의 자연재해는 PAR Cover에서 담보하므로 MB Cover에서는 면책이다.

20 패키지보험 MB Cover의 면책위험이 아닌 것은?

① 재산종합보험(PAR Cover)에서 보상하는 손해

② 통상적인 보수나 정비를 위한 시운전과 시운전 재개와 관련된 손해

③ 여하한 성질의 기계의 사용손실 또는 결과적 손해

④ 지진, 침하, 사태, 암석낙하, 태풍, 홍수, 범람 또는 수조장치의 누수로 인한 손해

정답 | ②

해설 | 시운전위험은 조립보험에서 담보하므로 면책이다. 그러나 '통상적인 보수나 정비를 위한 시운전과 시운전 재개와 관련된 손해'는 MB Cover에서 보상한다.

21 패키지보험 제2부문 기계위험담보(MB Cover)의 보상기준에 대한 설명이다. 틀린 것은?

① 손해를 입은 보험목적물에 대해 별도의 합의가 없는 한 재조달비용을 기준으로 보상한다.

② 피보험자가 원하는 경우에는 손해를 입은 보험목적물을 대체 또는 수리하는 것으로 보험금의 지급에 갈음할 수 있다.

③ 재조달비용이란 보험의 목적과 같은 종류, 같은 능력의 기계설비로 수리 또는 대체하는 데 필요한 금액을 말하며, 수리를 목적으로 발생한 해체 및 재조립비용은 제외한다.

④ 손해를 입은 보험목적물을 수리하지 않는 경우에는 사고가 발생한 때와 곳의 가액을 기준으로 보상한다.

정답 | ③

해설 | 재조달비용은 '운송비, 관세 및 제세공과금(단, 부가가치세 제외), 조립비용 등'을 포함한다.

①, ④ 기계보험은 분손은 재조달가액, 전손은 시가액으로 보상한다. 또한 분손이라도 수리를 하지 않은 경우에는 시가로 보상한다.

22 패키지보험 PAR Cover와 MB Cover에서 공통으로 확장담보하는 위험이 아닌 것은?

① 일시적 철거위험(temporary removal)

② 긴급추가비용(expediting expense)

③ 건축가, 조사자, 자문기술자 용역비용(architects, surveyors and comsulting engineers)

④ 추가재산(capitial additions)

정답 | ④

해설 | ④는 PAR Cover의 확장담보위험이다(MB Cover의 확장담보조항은 '일.긴.건'으로 암기).

23 패키지보험의 제3부문 기업휴지위험담보(BI Cover)의 보상요건이다. 틀린 것은?

① 재산종합보험 사고 또는 기계보험 사고가 발생하고 이로 인한 물적 피해가 있어야 하며, 물적 피해는 반드시 기초공제액을 초과해야 한다.

② 물적 피해로 인한 기업휴지가 있어야 한다.

③ 기업휴지기간 동안 생산 감소로 인한 매출액 감소가 있어야 한다.

④ 매출액 감소로 인한 총이익의 손실이 있어야 한다.

정답 | ①

해설 | 물적 피해액이 기초공제액을 반드시 초과해야 하는 것은 아니다.

24 패키지보험 제3부문(BI Cover)에서 보상하지 않는 손해는?

① 화재사고에 따른 기업휴지손해

② 지진사고에 따른 기업휴지손해

③ 공사과정 중의 작업에 기인된 공사 지연에 따른 기업휴지손해

④ 추가재산담보조항에 의해 담보되는 기계장치의 화재에 따른 기업휴지손해

정답 | ③

해설 | 공사지연으로 인한 기업휴지손해는 담보하지 않는다(BI Cover는 PAR Cover와 MB Cover에서 담보하는 사고로 인한 기업휴지손해를 보상한다).

25 패키지보험 BI Cover에서 담보하는 위험에 대한 설명이다. 틀린 것은?

① 기업휴지기간 동안의 매출액 감소로 인한 총이익상실액을 보상한다.

② 사고 직전에 재고 보유가 많았거나 가동률이 저하되는 상태에 있어서 생산하더라도 100% 판매가 되지 않을 상황이었음이 인정되는 경우 보험금 증액사유가 된다.

③ 부보총이익에 포함된 비용이더라도 조업이 중단 또는 감소됨으로써 보상기간 중 지출이 중단되거나 감소된 비용은 손해액에서 공제하여 보상하지 않는다.

④ 변동비는 조업 중단에 따라 증감되는 일체의 변동비성 경비를 포함한다.

정답 | ②

해설 | 증액사유가 아니라 감액사유이다.

26 패키지보험의 기업휴지담보부문(BI Cover)의 확장담보조항이 아닌 것은?

① 특별비용담보조항(expediting expenses)

② 구외동력시설 파손으로 인한 확장담보조항(off - premisess power clause)

③ 사외고객업체의 사고로 인한 확장담보조항(customers extension clause)

④ 보험료정산조항(premium adjustment clause)

정답 | ①
해설 | ①은 PAR Cover의 확장담보조항이다.

27 패키지보험 제4부문(GL Cover)에 대한 설명이다. 틀린 것은?

① 일반영업배상책임과 전문직업배상책임보험을 포괄담보한다.

② 북미지역 수출제품에 대한 생산물배상책임보험은 별도의 보험조건을 담보한다.

③ 급작스럽고 예기치 못한 오염이나 오탁사고는 담보하지만, 점진적이고 누적적으로 진행된 오염, 오탁사고는 보상하지 않는다.

④ 생산물배상책임보험에서는 하자 있는 생산물의 자체손해는 담보하지 않으며, 생산물의 하자로 인한 인적·물적 피해에 대해서 보상한다.

정답 | ①
해설 | 일반영업배상책임을 담보한다(전문직업배상책임은 담보하지 않음).

28 패키지보험 GL Cover에서 담보하는 손해가 아닌 것은?

① 피보험자가 소유 또는 관리하는 시설물의 하자 또는 운영상의 부주의로 인해 제3자가 인적, 물적 피해를 입은 손해

② 급작스럽고 예기치 못한 오염, 오탁사고로 인한 배상책임손해

③ 하자 있는 생산물 자체에 대한 손해

④ 피보험자의 임직원이 업무수행 도중 회사 측의 과실로 사망하거나 신체상해를 입은 경우 고용주로서의 법적 배상책임손해

정답 | ③
해설 | 생산물의 결함으로 인해 제3자에게 인적, 물적 피해를 입힌 경우 보상하며 생산물 자체 손해는 보상하지 않는다.
　　　※ ④는 GL Cover의 사용자배상책임담보를 말하는데, 산재보험의 초과보험이다.

29 패키지보험 제4부문(GL Cover)의 확장담보조항인 '교차배상책임(Cross Liability Extension)에 대한 설명으로 옳은 것은?

① 발주자와 수급업자 간의 배상책임을 담보한다.

② 보험계약자와 피보험자 간의 배상책임을 담보한다.

③ 보험계약자 상호 간의 배상책임을 담보한다.

④ 피보험자 상호 간의 배상책임을 담보한다.

정답 | ④

해설 | 배상책임보험의 피보험자가 2인 이상인 경우 상호 간의 책임을 보상하지 않지만, 동 특약을 통해서 피보험자 상호 간의 책임을 담보한다.

30 패키지보험 제4부문(GL Cover)의 면책위험에 해당하지 않는 것은?

① 인격침해 및 기타 광고로 인한 명예훼손

② 고압가스 제조자 또는 사용자로서 의무적으로 가입하고 있는 가스사고예방

③ 급작스럽고 예기치 못한 오염이나 오탁사고

④ 벌금, 행정상의 벌과금, 과태료

정답 | ③

해설 | 급작스러운 오염은 보상한다(점진적인 오염은 면책). 참고로 ①은 영문약관인 CGL Policy에서 담보한다.

CHAPTER 04 | 기업휴지보험

① 개요

ㄱ 화재보험은 재무상태표상, 기업휴지보험은 손익계산서상의 보험이다.

ㄴ 재산담보손해나 기계담보손해가 선행되어야 한다.

ㄷ 독립된 보험상품이 아니다(기업휴지손해를 단독으로 담보하는 보험은 없음).

　※ **기업휴지손해를 부보하는 2가지 방식**

　　• 화재보험 보통약관 + 기업휴지위험 특별약관

　　• 패키지보험의 BI Cover

② 기업휴지손해담보의 전제조건(PBL) : 물적 손해(Physical Damage) → 기업활동중단(부분 또는 전부, Business Interruption) → 금전적 손실(Loss of Profit)

③ 간접휴지보험(Contingent Business Interruption Insurance ; CBI)

ㄱ 공급업체나 고객업체의 기업휴지로 인한 간접손해를 담보한다.

ㄴ 공급업체(suppliers)는 '자사에 원재료를 납품하는 업체'이며, 고객업체(customers)는 '자사의 제품을 수요하는 업체'이다.

　※ 기본적으로 기업휴업손해는 피보험자 구내의 재산손실로 인한 손실을 담보하는데, 대부분의 기업은 그들과 직간접적인 거래관계에 있는 타기업의 재산손실에 의해서도 기업휴지손실을 입을 수 있다. 이 경우 거래관계에 있는 타기업의 재산손실로 피보험자의 사업에도 영향을 줄 수 있는데, 이러한 간접휴업손실을 담보하기 위해 간접휴지보험(contingent business interruption insurance)이 개발되었다.

$$\text{최종 지급보험금 산출} = \text{손해액} \times \frac{\text{보험가입금액}}{\text{보험가액}} \times \frac{(\text{실제보상기간} - \text{공제기간})}{\text{실제보상기간}}$$

※ 기업휴지보험의 잔존보험가입금액 : 사고로 보험금을 지급해도 자동복원된다.

① 손해액 = 휴업손실 + 특별비용(손해방지비용)

ㄱ 휴업손실액 = (매출감소액 × 이익률) – 지출되지 않은 보험가입경상비

　ⓐ 매출감소액 = 표준매출액 – 사고 후 실제발생한 매출액

　ⓑ 지출되지 않은 보험가입경상비 : 화재손실에 따라 감가상각비가 감소하거나, 퇴직한 직원이 있을 경우 해당 급여감소액 등이 해당됨

ㄴ 손해방지비용 : 일부보험 시 비례보상. 영업이익보다 작은 금액

② 보험가액 대비 보험가입금액비율

보험가입금액(분자)	보험가액(분모)
영업이익 + 보험가입경상비[주1] = (매출액 − 비부보변동비)[주1] = (매출액 + 기말재고 − 기초재고 − 비부보변동비)	손해발생직전 12개월의 매출액×이익률 → (표준매출액×이익률)

※ 주1 : '영업이익 + 보험가입경상비'를 가산방식, '매출액 − 비부보변동비'를 차감방식이라 하는데, 양자는 동일하다. 보험가입경상비는 '고정비'와, 비부보변동비는 '변동비'와 동일하다.

㉠ 보험가액 산정에서 약정복구기간이 약정되지 않은 경우는 12개월을 한도로 하지만, 12개월을 초과 시에는 해당기간을 적용한다. 그리고 표준매출액은 금기의 매출증감률을 반영하여 조정한다(예 표준매출액×110% 또는 95%).

㉡ 이익률 = $\dfrac{영업이익 + 보험가입경상비}{매출액}$ (직전 회계연도 기준)

③ 공제기간 : 면책기간을 차감한 산식으로 반영함

※ 면책기간은 보통 7일, 14일, 21일을 적용함

④ 확장담보조항
  ㉠ 구외동력시설 파손으로 인한 확장담보조항(off − premises power clause)
  ㉡ 사외고객업체의 사고로 인한 확장담보조항(customers extension clause)
  ㉢ 보험료정산조항(premium adjustment clause) : 예상보험료의 75%를 먼저 납입한 후 보험기간 종료 후 정산한다.
  ㉣ 누적재고조항(accumulated stock) : 누적재고로 인해 매출액이 감소하지 않는 기간을 보험기간에서 제외하는 조항

> **예시 1** 보험가입금액 산정
>
> 1. 매출액 200억, 매출원가 120억, 판관비 40억원, 비부보변동비 130억, 부보경상비 30억원
>   → 보험가입금액 = 영업이익 + 부보경상비(고정비) = (200 − 120 − 40) + 30 = 70억원
> 2. 매출액 200억, 기말재고 50억원, 기초재고 30억원, 비부보변동비 150억원
>   → 보험가입금액 = 영업이익 + 고정비 = 매출액 − (기초재고 − 기말재고) − 비부보변동비
>   = 200 + 50 − 30 − 150 = 70억원

> **예시 2** 보험가액 산정
>
> 1. 공식
>   ① 손해발생직전 12개월 매출액 × 이익률(= 표준매출액×이익률)
>   ② 손해발생직전 12개월의 매출액 × $\dfrac{영업이익 + 보험가입경상비}{매출액}$
>
> 2. 손해발생직전 12개월간의 매출액 1,000억원, 지출되지 않는 보험가입경상비는 20억원, 직전회계연도의 매출액 800억원, 영업이익 300억원, 보험가입경상비 100억원
>   → 보험가액 = 손해발생직전 12개월의 매출액× $\dfrac{영업이익 + 보험가입경상비}{매출액}$ = 1,000억 × $\dfrac{300 + 100}{800}$ = 500억원
>
>   ※ 이 경우 일부보험이 된다($\dfrac{보험가입금액}{보험가액} = \dfrac{400억원}{500억원}$).
>   ※ 보험가입금액 = 영업이익 + 보험가입경상비 = 300억원 + 100억원 = 400억원
>   ※ 예시문항에서 '지출되지 않는 보험가입경상비'는 보험가액을 구할 때는 사용되지 않는다('손해액' 계산 시 사용됨).

예시 3 휴업손실액의 산정(손해액 = 휴업손실액 + 특별비용)

> 손해발생직전 12개월 간의 매출액은 1,000억원, 손해발생직전 회계연도의 매출액과 영업이익, 보험가입경상비가 각각 800억원, 300억원, 100억원이다. 사고 후 약정복구 기간의 매출액은 200억원, 지출되지 않은 보험가입경상비는 20억원이다.
>
> → 휴업손실액 = 매출감소액×이익률 − 지출되지 않은 보험가입경상비 = 800억원×50% − 20억원 = 380억원
>
> • 매출감소액 = 표준매출액 − 사고 후 매출발생액 = 1,000억원 − 200억원 = 800억원
>
> • 이익률 = $\dfrac{300 + 100}{800}$ = 50%
>
> • 손해액산정 = 휴업손실 + 손해방지비용(일부보험 시 비례보상함)

※ 보상기간 또는 복구기간(Indemnity period)은 보험금지급의 대상이 되는 기간으로 보험목적이 손해를 입은 때로부터 그 손해의 영업에 대한 영향이 소멸되어 매출액이 복구되는 때까지의 기간을 말한다. 별도의 약정복구기간이 없을 경우 12개월을 한도로 한다.

※ 기업휴지보험의 보험가입금액은 '영업이익 + 고정비(보험가입경상비)'이고, 보험가액은 '표준매출액×이익률'이다.

※ '직원급여, 전력 및 수도비용, 임차료, 원재료비' 중 보험가입경상비에 해당하지 않는 것은 원재료비이다.

※ 기업휴지보험에서의 보험가액은 '손해발생직전 12개월의 매출액에 이익률을 곱하여 얻은 금액'을 말한다. 단, 약정복구기간이 12개월을 초과하는 경우에는 해당약정복구기간을 적용한다.

※ 기업휴지보험의 보상대상이 되는 휴업손실액은 '매출감소액×이익률 − 지출되지 않은 보험가입경상비'이다.

※ 지출되지 않은 보험가입경상비란 '① 사고 후 휴업한 결과 종업원이 퇴직함으로써 인건비가 절약된 경우, ② 건물이 전소되었기 때문에 감가상각비의 계상이 필요하지 않게 된 경우, ③ 임차건물의 손실로 임차계약이 해지됨으로써 임차료를 계상하지 않게 된 경우' 등을 말한다.

※ 기업휴지보험에서 손해액을 보상한 경우에는 보험가입금액에서 보상액을 뺀 잔액이 남은 기간의 보상한도액이 된다.

CHAPTER 04 | 단원정리문제

01 국문화재보험의 기업휴지손해담보특약에 대한 설명 중 틀린 것은?

① 보험증권에 명기된 담보사고를 원인으로 사업상 운용되는 재물에 손해가 발생하고 그로 인하여 발생한 기업휴지손해를 담보한다.

② 기업휴지손해는, 담보위험에 의한 손해를 입은 결과 영업의 전부 또는 일부가 중단되어 발생한 손실 중 보험가입경상비 및 손해가 발생하지 않았을 경우 예상되는 영업이익을 말한다.

③ 보험가입금액은 영업이익 및 보험가입경상비의 합계액을 말한다.

④ 손해액 산출 계산식은 '매출액×이익률 − 지출되지 않은 보험가입경상비'이다.

정답 | ④
해설 | '손해액 = 매출감소액×이익률 − 지출되지 않은 보험가입경상비'이다.

02 국문화재보험의 기업휴지손해담보특약에 대한 설명이다. 옳은 것은?

① 면책기간은 적어도 15일 이상을 설정해야 한다.

② 휴업손실액은 '매출감소액×이익률'이다.

③ 복구기간이 약정되지 않은 경우에는 12개월을 한도로 한다.

④ 이 특약에서 보험금의 지급은 보험가입금액을 한도로 손해액 전액을 지급하며 비례보상은 적용되지 않는다.

정답 | ③
해설 | ① 면책기간에 최소기간은 정하고 있지 않으며 일반적으로 7일, 14일, 30일로 한다.
② 휴업손실액 = (매출감소액×이익률) − 지출되지 않은 보험가입경상비
④ 보험가입금액이 보험가액보다 적을 경우에는 비례보상한다.
※ 보험가입금액 : 영업이익 + 고정비, 보험가액 : 표준매출액×이익률

03 다음 중 국문화재보험의 기업휴지손해담보 특별약관에 대한 설명으로 틀린 것은?

① 손해가 발생한 때로부터 보험기간의 만료일에 관계없이 매출이 정상적으로 복구될 때까지의 기업휴지손해를 보상한다.

② 손해가 발생한 때로부터 면책기간까지 발생한 손해는 복구기간에서 빼고 보상한다.

③ 손해액은 매출감소액에 이익률을 곱한 금액에서 지출되지 않은 보험가입경상비를 차감하여 산출한다.

④ 손해액을 보상한 경우에는 보험가입금액에서 보상액을 뺀 잔액을 손해가 생긴 후의 나머지 보험기간에 대한 보험가입금액으로 한다.

정답 | ④
해설 | 보험가입금액은 자동복원된다.

04 기업휴지보험의 휴업손실금액은 '매출감소액×이익률 − 지출되지 않은 보험가입경상비'로 계산한다. 그렇다면 '지출되지 않은 보험가입경상비'라고 할 수 없는 것은?

① 사고 후 휴업으로 일부 종업원이 퇴직함으로써 인건비가 절감된 경우

② 사고 후 휴업으로 매출규모가 감소하고 그에 따른 원자재구입비용이 절감된 경우

③ 사고로 건물이 전소됨으로써 건물에 대한 감가상각비의 계상이 필요없게 된 경우

④ 임차건물의 손실로 임차계약이 해약됨으로써 임차료를 더 이상 지불하지 않아도 된 경우

정답 ┃ ②
해설 ┃ 원자재구입비용은 변동비에 해당한다.

05 다음 중 국문화재보험의 기업휴지손해담보 특별약관의 '복구기간(또는 보상기간)'에 대한 설명으로 틀린 것은?

① 보험계약을 체결할 때 복구기간이 약정되지 않은 경우에는 6개월을 한도로 한다.

② 보험금지급의 대상이 되는 기간으로, 계약당사자의 합의에 따라 설정한다.

③ 보험의 목적이 손해를 입은 때로부터 매출액이 복구되는 때까지의 기간을 말한다.

④ 보험계약을 체결할 때 복구기간이 약정된 경우에는 어떠한 경우에도 약정복구기간을 초과하여 보상하지 않는다.

정답 ┃ ①
해설 ┃ 보험계약을 체결할 때 복구기간이 약정된 경우에는 어떠한 경우에도 약정복구기간을 초과하여 보상하지 않으며, 약정되지 않은 경우에는 12개월을 한도로 한다.
※ Indemnity Period : 복구기간 또는 보상기간

06 기업휴지보험의 가입요건상 기업휴지보험 특별약관의 요율이 가장 높게 나타나는 것은?

① 약정기간 6개월, 면책기간 7일

② 약정기간 6개월, 면책기간 30일

③ 약정기간 12개월, 면책기간 7일

④ 약정기간 12개월, 면책기간 30일

정답 ┃ ③
해설 ┃ 약정기간이 길수록, 면책기간이 짧을수록 요율이 상승한다.
※ 기업휴지특약요율 = 기초요율×약정복구기간계수×면책기간계수

07 기업휴지보험의 확장담보조항에 대한 설명이다. 틀린 것은?

① 누적재고조항(accumulated stocks)은 완성품의 누적재고로 인해 총이익 감소가 지연되었고, 보상기간을 초과하여 기업휴지손실이 계속될 경우 보상기간을 매출액 감소가 지연된 기간만큼 연장하여 보상한다.

② 구외동력시설 확장담보조항(off − premise power)에서는 피보험자의 구내 전력시설, 가스시설 및 용수시설에 사고가 발생한 경우 이에 따른 기업휴지손실을 담보한다.

③ 고객업체 확장담보조항(customer extension)에서는 증권상에 명기된 원료공급업체 또는 납품업체 등에서 본 증권하의 보상범위에 속하는 손해의 결과로 조업이 중단되어 피보험자에게 기업휴지가 발생한 경우를 말한다.

④ 보험료정산조항(premium adjustment)은 75% 예치보험료를 적용하고, 만기 후 최근 총이익에 따라 정산한다.

정답 | ②
해설 | 구내 전력시설 → 구외 전력시설

08 기업휴지보험의 확장담보조항 중, 간접기업휴지보험(Contingent BI Insurance)과 가장 가까운 확장위험 담보조항은?

① 구외동력시설 확장담보조항(off premise power clause)
② 특별비용담보조항(expediting cost clause)
③ 고객업체 확장담보조항(customer's extension clause)
④ 누적재고 확장담보조항(accumulated stocks clause)

정답 | ③
해설 | 고객업체 확장담보조항(customer's extension clause)이다.

09 화력발전소를 대상으로 하는 기업휴지보험의 '보험가입금액'에 포함되지 않는 항목은?

① 영업이익   ② 연료비   ③ 정규직인건비   ④ 부지임차료

정답 | ②
해설 | 연료비는 변동비이다.
　　　 ※ 보험가입금액 = 영업이익 + 부보경상비

10 기업휴지보험의 보험가입대상 항목으로 적절하지 않은 것은?

① 직원급여 ② 영업이익

③ 전력 및 수도비용 ④ 원재료 및 부재료비

정답 | ④

해설 | 재료비는 변동비이다.

　　　※ 보험가입금액 = 영업이익 + 부보경상비

11 보기의 경우 기업휴지보험에서 부보할 보험가입금액은?

> 매출액 200억원, 기초재고 50억원, 기말재고 30억원, 비부보변동비 110억원, 매출원가 및 판매관리비 중 경상비 50억원

① 30억원 ② 50억원 ③ 70억원 ④ 90억원

정답 | ③

해설 | 70억원이다(가산법과 차감법의 두 가지 계산방식이 있다).

　　　• 가산법 : 보험가입금액 = 영업이익 + 보험가입경상비 = {200 − (110 + 20 + 50)} + 50 = 70억원

　　　• 차감법 : 보험가입금액 = 매출액 − (기초재고 − 기말재고) − 비부보변동비 = 200 − (50 − 30) − 110 = 70억원

12 보기에 따를 때 기업휴지보험의 보험가입금액은?

> (2016.12.31 현재)
> • 매출액 100억원, 매출원가 70억원, 매출원가 70억원(이 중 경상비는 15억원), 판매비 및 일반관리비 20억원
> • 판매비 및 일반관리비는 전액 경상비로 봄. 보험가입이 안 된 경상비는 없다고 봄

① 10억원 ② 25억원 ③ 35억원 ④ 45억원

정답 | ④

해설 | 45억원이다(아래 풀이).

　　　(1) 가산방식 : 기업휴지보험 보험가입금액 = 영업이익 + 보험가입경상비

　　　① 영업이익 = 매출액 − 매출원가 − 판매관리비 = 100억 − 70억 − 20억 = 10억원

　　　② 보험가입경상비 = 15억원(매출원가 중 경상비) + 20억원(판매관리비 전액) = 35억원

　　　→ 따라서, 보험가입금액 = 10억원 + 35억원 = 45억원

　　　(2) 차감방식 : 기업휴지보험 보험가입금액 = 매출액 − 비부보변동비

　　　① 매출액 : 100억원

　　　② 비부보변동비(일반적인 회계용어인 '변동비'와 동일)

　　　• 매출액 − 매출원가 − 판매관리비 = 영업이익, 여기서 '매출원가와 판매관리비를 영업비용이라 하며, 영업비용은 다시 '고정

비'와 '변동비'로 나누어진다. 고정비는 '보험가입경상비'를 의미하고, 변동비는 '비부보변동비'를 의미한다.

- 비부보변동비 = 55억원(∵ 매출원가 중 경상비가 15억원이고, 판매관리비는 전액 경상비로 가정하였으므로 비부보변동비는 '90 − 35 = 55'이다).
- → 따라서, 보험가입금액 = 100억원 − 55억원 = 45억원

13 다음 중 기업휴지손해담보 특별약관을 첨부한 국문화재보험에서 약정복구기간이 18개월인 계약의 '보험가액'은?

① 손해발생직전 12개월의 매출액에 이익률을 곱하여 얻은 금액

② 손해발생직전 12개월의 매출감소액에 이익률을 곱하여 얻은 금액

③ 손해발생직전 18개월의 매출액에 이익률을 곱하여 얻은 금액

④ 손해발생직전 18개월의 매출감소액에 이익률을 곱하여 얻은 금액

정답 | ③

해설 | 약정한 복구기간이 12개월을 초과할 경우 해당 기간을 적용한다.

14 보기에 따를 때 기업휴지보험의 '보험가액' 산정금액은?

- 손해발생직전 12개월간의 매출액(복구기간과 동기간)은 1,000억원, 지출되지 않은 보험가입경상비는 20억원이다.
- 직전 회계연도의 매출액은 800억원, 영업이익은 300억원, 보험가입경상비는 100억원이다.

① 100억원 ② 300억원 ③ 400억원 ④ 500억원

정답 | ④

해설 |
- 보험가액 = 표준매출액×이익률 = 1,000억원 × $\dfrac{300 + 100}{800}$ = 500억원
- 보험가액 = 손해발생직전 12개월의 매출액(표준매출액)×이익률(만일, 약정복구기간이 12개월 초과 시에는 해당 기간의 매출액을 표준매출액으로 함)
- 이익률 계산 시의 매출액은 직전회계연도의 매출액으로, 표준매출액과는 개념상 차이가 있다.
- '지출되지 않은 보험가입경상비'는 손해액 계산 시 사용되며 본 문항과는 관계없다.
- 참고로 본 문항의 경우 일부보험이 된다($\dfrac{보험가입금액}{보험가액}$ = $\dfrac{400억원}{500억원}$).

15 다음 중 기업휴지보험의 보험가액에 해당하지 않는 것은?(약정복구기간은 12개월)

① 손해발생직전 12개월의 매출액×이익률

② 손해발생직전 12개월의 매출액×$\dfrac{영업이익 + 보험가입경상비}{매출액}$

③ 손해발생직전 12개월의 매출액×$\dfrac{보험가입경상비 - 영업손실 \times \dfrac{보험가입경상비}{보험가액}}{보험가액}$

④ 매출감소액×이익률 − 지출되지 않은 보험가입경상비

정답 | ④

해설 | ④는 '휴업손실액'을 말한다.
- 기업휴지보험의 지급보험금 계산식 : 지급보험금 = 손해액 × $\dfrac{보험가입금액}{보험가액}$
- 손해액 = 휴업손실액 + 손해방지비용

16 보기에 따를 때 기업휴지보험의 '휴업손실' 산정금액은?

- 손해발생직전 12개월간의 매출액은 1,000억원이다.
- 손해발생직전 회계연도의 매출액, 영업이익과 보험가입경상비가 각각 800억원, 300억원과 100억원이다.
- 사고 후 약정복구기간의 매출액은 200억원이다.
- 지출되지 않은 보험가입경상비는 20억원이다.

① 100억원   ② 300억원   ③ 380억원   ④ 420억원

정답 | ③

해설 | 휴업손실 산정금액 = 매출감소액×이익률 − 지출되지 않은 보험가입경상비 = 800억원×50% − 20억원 = 380억원
- 매출감소액 = 표준매출액 − 사고 후 매출발생액 = 1,000억원 − 200억원 = 800억원
- 이익률 = $\dfrac{300 + 100}{800}$ = 50%
- 손해액산정 = 휴업손실 + 손해방지비용(일부보험 시 비례보상함)

CHAPTER 05 | 재산보험의 재보험

SECTION 1　재산보험의 보유

① 보유의 개념

　㉠ 위험의 전부 또는 일부를 자기계산으로 자기책임을 부담하는 것을 말한다.

　㉡ 개별위험보유, 집적위험보유(항만지구 등), 총계위험보유(농작물보험 등) 등이 있는데 '개별위험 보유'가 통상적이다.

　㉢ 위험보유의 방법은 개별위험, 집적위험, 총계위험이 있는데 보유는 개별위험에 대해 결정되는 것이 일반적이다. '다수의 위험이 1사고에 따라 손해를 입을 가능성이 있는 범위를 상정하여 보유의 크기를 정하는 방법'은 집적위험이며, '연간 또는 일정기간을 정하고, 예상손해율이 일정한도를 초과하지 않도록 위험을 보유하는 방법'은 총계위험이다.

② 위험보유의 방법

언더라이터의 직관	일정기준에 의한 방법		
인수경험이 풍부한 언더라이터의 직관을 통한 위험보유는 실제로 매우 정확하다[주1].	㉠ 수입보험료 기준	㉡ 자기자본기준	㉢ 유동자산기준

※ 주1 : '언더라이터의 직관에 의한 보유는 주관성이 많아 정확하지 못하다'는 오답에 유의할 것

　㉠ 수입보험료기준
　　• 화재보험, 특종보험 등 : 1%~3%
　　• 해상보험 : 5%

　㉡ 자기자본기준(자본금과 잉여금을 합한 수준) : 0.5%~1.5%

　㉢ 유동자산기준(환금성 고려) : 약 10%

① **재보험의 개념**

　㉠ 재보험이란 보험자(원보험사)가 인수한 보험(원보험계약)의 일부 또는 전부를 다른 보험자(재보험사)에 넘기는 것을 말한다. 최근 산업 발전에 따라 위험이 대형화되면서 재보험의 역할이 더욱 중요해지고 있다.

　㉡ 원보험사가 재보험사에 위험의 일부를 맡기는 것을 출재(出再)라고 하고, 재보험사 입장에서 원보험사의 책임을 인수하는 것을 수재(受再)라고 한다.

　　※ 도해

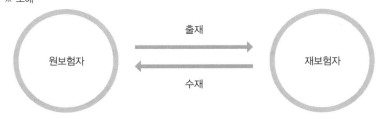

　　※ 원보험자는 출재하면서 출재보험료를 납입하고 출재보험수수료를 받는다. 재보험자는 수재를 받으면서 수재보험료를 수령하고 수재보험수수료를 지급한다.

② **재보험의 일반원칙**

(1) 피보험이익의 존재 원보험계약이 해지되면 재보험계약도 자동으로 해지된다(원보험자의 피보험이익이 없어지므로).
(2) 고지의무의 이행(최대선의의 원칙) 원보험계약에서 피보험자에게 고지의무를 부과하듯이, 재보험계약에서는 원보험사에 고지의무가 부과된다. ※ 최대선의의 원칙은 임의재보험에서 가장 강조된다.
(3) 실손보상의 원칙 모든 재보험계약은 손해보험이므로 실손보상의 원칙을 지닌다. 즉 사고발생 시 재보험자의 책임은 원보험사가 입은 손실에 한정이 되며, 원보험사는 보험계약자에게 지는 책임에 대해 입증해야 한다.
(4) 대위금액의 분담 재보험에 가입한 원보험사에 이득금지의 원칙이 적용되므로, 원보험사가 대위권 행사를 통해 손해액이 감소되었다면 그 감소액만큼 재보험사의 책임액도 줄게 된다.

③ **재보험의 기능**

(1) 원보험사의 위험인수능력 확대 　재보험사를 통해 담보력 강화	**(3) 대형이재손실로부터의 파산 보호** 　거대위험의 부보를 통해 대규모 손실 방지
(2) 보험경영의 안정성 증대 　위험 분산을 통한 영업실적의 급변동 방지	**(4) 보험회사의 재무구조 개선** 　재보험출재는 재보험자산의 증가가 됨

④ 재보험 거래방법

특약재보험		임의재보험(대형물건 위주)		
비례적 재보험	비비례적 재보험	비례적 재보험	비비례적 재보험	
• Quota Share Treaty[주1] • Surplus Treaty(line방식)[주2] • Combine Q&S[주3] • 의무적 임의재보험	• 초과손해액재보험(XOL) • 초과손해율재보험(Stop Loss)	보험료수입과 보상책임을 모두 분담	Layered 방식(layer별로 재보험료를 비비례적으로 배분)	혼합방식

※ 주1 : '60% Quota Share'의 경우 60%를 출재하고 40%를 보유하는 것을 말한다.
※ 주2 : Surplus Treaty의 보유액은 Line인데, Line의 규모를 출재사가 조절할 수 있다. 즉 출재사가 Line의 규모를 늘릴수록 재보험 출재액도 증가하게 된다.
   📌 '1Line = 3억원, 5Line Treaty'는 3억원을 보유, 15억원을 출재하는 것이고, '1Line = 10억원, 5Line Treaty'는 10억원을 보유하고 50억원을 출재하는 것이다.
※ 주3 : Combine Q&S는 Quota Share와 Surplus Treaty를 혼합한 방식으로 실무적으로 가장 많이 사용되는 재보험출재방식이다.

예시 1 초과손해액재보험(Excess of Loss Cover ; XOL)

※ 재보험 Layering

4th Layer	300억원 초과 500억원
3rd Layer	150억원 초과 300억원
2nd Layer	100억원 초과 150억원
1st Layer	40억원 초과 60억원

(1) 원보험자는 1st Layer의 40억원을 보유하며, 4개의 Layer 합계 1,010억원을 출재하였다.
(2) Layer별로 다수의 재보험자가 참여하며 Layer마다 리더가 있다.
(3) 1st Layer의 위험부담이 가장 크므로 수재보험료의 배분에 있어서 1st Layer의 비중이 가장 높아야 한다.
(4) XOL은 초과손해액으로, Stop Loss는 초과손해율로 담보한다.
※ 예를 들어, XOL은 '40억원 초과 60억원'을, Stop Loss는 '40% 초과 60%'와 같은 방식으로, 손해액으로 부보하면 XOL, 손해율로 부보하면 Stop Loss가 된다.

예시 2 임의재보험 − 비례적 재보험

※ 보상한도액(LOL) 300억원, 원수보험료 1억원(재보험수수료 20%), 재보험자 A에 15%, B에 25%, C에 40% 출재함

구분	원보험자	재보험자 A	재보험자 B	재보험자 C
위험보유비율	20%	15%	25%	40%
수입보험료	2,000만원	1,500만원	2,500만원	4,000만원
재보험수수료	(+)1,600만원	(−)300만원	(−)500만원	(−)800만원
보상책임액	60억원	45억원	75억원	120억원
100억원 클레임의 경우	20억원 보상	15억원 보상	25억원 보상	40억원 보상

(1) 특약재보험의 Quota share와 유사하다. 가장 간단한 임의재보험 거래방식이다.
(2) 만일 재보험수수료가 30%라면, 재보험수수료의 현금흐름은 어떻게 되는가?
   • 원보험자 : '8,000만원(출재금액)×30% = 2,400만원'의 출재보험수수료가 유입
   • 재보험자 A : '1,500만원(수재금액)×30% = 450만원'의 수재보험수수료를 지급
   • 재보험자 B : '2,500만원(수재금액)×30% = 750만원'의 수재보험수수료를 지급
   • 재보험자 C : '4,000만원(수재금액)×30% = 1,200만원'의 수재보험수수료를 지급
   ∴ 출재보험수수료 2,400만원 = 수재보험수수료 450만원 + 750만원 + 1,200만원

예시 3 임의재보험 – 비비례적 재보험

※ 원수보험료 1억원, 재보험수수료 20%, 원보험사 보유 40%

원보험자보유 40% (출재 60%)	E(30%) F(30%) 총 재보험료 1,000만원	3rd Layer (보상한도 : 400억 초과 500억)
	C(20%) D(40%) 총 재보험료 2,000만원	2nd Layer (보상한도 : 100억 초과 400억)
	A(40%) B(20%) 총 재보험료 3,000만원	1st Layer (보상한도 : 100억)

(1) 특약재보험의 XOL과 유사하다.
(2) Layer별 보험료 배분은 1st Layer가 가장 높게 배분된다(∵ 위험이 가장 높으므로).
(3) 재보험수수료 : 원보험사의 출재보험수수료(수입) 1,200만원
   • A의 수재보험수수료(지급) : 3천만원×20%×4/6 = 400만원
   • B의 수재보험수수료(지급) : 3천만원×20%×2/6 = 200만원
   • C의 수재보험수수료(지급) : 2천만원×20%×2/6 = 133.3만원
   • D의 수재보험수수료(지급) : 2천만원×20%×4/6 = 266.7만원
   • E의 수재보험수수료(지급) : 1천만원×20%×3/6 = 100만원
   • F의 수재보험수수료(지급) : 1천만원×20%×3/6 = 100만원
   ∴ 출재보험수수료 1,200원 = 수재보험수수료 합계 1,200만원
(4) 50억원의 클레임이 발생한다면 각각의 보상책임자와 보상책임액은 아래와 같다.
   • 원보험자 : 50억원×40% = 20억원
   • 재보험자 A : 50억원×60%×4/6 = 20억원
   • 재보험자 B : 50억원×60%×2/6 = 10억원

예시 4 임의재보험 – 혼합방식

※ 원수보험료 1억원, 재보험수수료 20%, 원보험사 보유 20%

원보험자보유 20%	재보험자A 20%	F(30%) G(30%) 총 재보험료 1,000만원	3rd Layer (보상한도 : 400억 초과 500억)
		D(20%) E(40%) 총 재보험료 2,000만원	2nd Layer (보상한도 : 100억 초과 400억)
		B(40%) C(20%) 총 재보험료 3,000만원	1st Layer (보상한도 : 100억)

(1) 재보험자 A에게는 비례적 재보험, 나머지는 비비례적 재보험, 따라서 혼합방식이다.
(2) 50억원의 클레임이 발생한다면 각각의 보상책임자와 보상책임액은 아래와 같다.
   • 원보험자 : 50억원×20% = 10억원
   • 재보험자 A : 50억원×20% = 10억원
   • 재보험자 B : 50억원×60%×4/6 = 20억원
   • 재보험자 C : 50억원×60%×2/6 = 10억원

※ 재보험은 절차상의 차이에 따라 '임의재보험 ↔ 특약재보험', 책임분담방식에 따라 '비례적 재보험 ↔ 비비례적 재보험'으로 구분한다.

※ 위험이 매우 낮은 우량물건은 출재를 하고 싶지 않지만 일정 비율만큼 무조건 출재해야 하며, 위험이 매우 높은 불량물건은 모두 출재하고 싶어도 일정 비율만큼만 출재해야 하는 재보험거래방식은 비례재보험특약(Quota Share Treaty)이다.

※ 원보험자의 보유액이 늘어날수록 재보험자의 보상책임도 증가하는 방식은 초과액재보험특약(surplus treaty)이다.

※ 특약재보험 중 Layer별로 다수의 재보험자가 참여하여 재보험 capcity를 구축하는 재보험방식은 초과손해액재보험특약(XOL)과 초과손해율재보험특약(Stop Loss)이 있다.
   → 초과손해액재보험은 손해액으로, 초과손해율재보험은 손해율로 담보한다.

CHAPTER 05 | 단원정리문제

01 위험보유를 결정하는 방법에 대한 설명이다. 가장 거리가 먼 것은?

① 언더라이터의 직관에 의존하는 방법은 매우 정확한 편이다.

② 수입보험료를 기준으로 할 때 해상보험은 3%의 보유가 권장된다.

③ 자본금과 잉여금을 기준으로 할 때, 둘을 합친 금액의 0.5%~1.5%를 최고보유액으로 한다.

④ 유동자산을 기준으로 할 때, 유동자산의 10%를 최고보유액으로 권장한다.

정답 | ②
해설 | 수입보험료를 기준으로 화재보험과 특종보험은 1~3%, 해상보험은 5%가 권장된다.

02 보기가 뜻하는 재보험의 종류는?

- 미리 정한 비율로 출재를 하므로 재보험자의 입장에서 역선택의 가능성이 적다는 장점이 있다.
- 신규판매보험종목이나 신설보험자의 경우 주로 사용된다.

① Quota Share Treaty   ② Surplus Treaty

③ Excess of Loss Cover   ④ Stop Loss Cover

정답 | ①
해설 | 비례재보험 특약을 말한다.

03 ABC손해보험사는 '70% Quota Share 특약'을 가지고 있다. 이에 대한 설명으로 옳은 것은?

① 출재사가 모든 손해에 대하여 70%를 보유한다.

② 재보험자가 출재사에 대하여 손해의 70%를 보상한다.

③ 출재사가 70%의 재보험수수료를 받는다.

④ 재보험자는 출재사에 대하여 손해의 30%를 보상한다.

정답 | ②
해설 | 70%를 출재한다는 의미이다. 즉 사고 시 재보험자는 손해의 70%를 보상한다.

04 초과액재보험특약(Surplus Treaty)에 대한 설명이다. 틀린 것은?

① 비례적 재보험(proportional reinsurance) 방식이다.

② 원보험자의 보유규모가 커질수록 재보험자의 보상책임도 늘어나는 구조이다.

③ 동 특약상 원보험자의 순보유금액을 Layer라고 한다.

④ 소액계약에 대해서는 Quota Share를 적용하고, 중대형계약에 대해서는 Surplus Treaty를 적용하는 방식이 실무적으로 많이 사용된다.

정답 | ③

해설 | 라인(Line)은 Surplus Treaty상의 보유금액이며 출재의 기본단위이다.

05 재보험 출재방식이 보기와 같다. 이에 대한 설명으로 가장 거리가 먼 것은?

4th Layer	400억원 초과 400억원
3rd Layer	200억원 초과 200억원
2nd Layer	100억원 초과 100억원
1st Layer	50억원 초과 50억원

① 출재사의 자기부담금은 50억원이다.

② 수재사가 부담하는 총담보금액은 750억원이다.

③ 비비례적 재보험의 초과손해율재보험이다.

④ 폭풍, 홍수 또는 지진 등 자연재해로 인하여 여러 개의 위험에 대해 보험사고가 발생하는 경우 예상되는 위험의 누적으로 입을 수 있는 대형 손실을 예방하기 위해 고안된 재보험 출재방식이다.

정답 | ③

해설 | 특약재보험의 초과손해액재보험(Excess of Loss Cover ; XOL)방식이다. 초과손해율재보험(Stop Loss)은 150% 초과 50% 등의 비율 형식으로 재보험사부담액을 결정한다.

※ 초과액재보험특약(surplus treaty)은 특약재보험의 비례적 재보험으로 분류되며, 초과손해액재보험특약(XOL)은 특약재보험의 비비례적 재보험으로 분류된다.

06 보기와 같이 재보험출재를 한다면, 어떤 방식에 해당하는가?

> • 1st layer : 105% 초과 45%
> • 2nd layer : 150% 초과 50%
> • 3rd layer : 200% 초과 60%

① Surplus Treaty

② Excess of Loss Cover

③ Stop Loss Cover

④ Non − proportional Fac Reinsurance

정답 | ③

해설 | 초과손해율재보험(Stop Loss Cover)이다. 동일한 방식인데 %가 아니라 금액으로 하면 초과손해액재보험(Excess of Loss Cover)이 된다. ①은 초과액재보험특약, ④는 비비례적임의재보험을 말한다.

07 비례적 임의재보험이다. 빈칸이 잘못 채워진 것은?

구분	원보험자	재보험자 A	재보험자 B	재보험자 C
위험보유비율	30%	15%	25%	30%
수입보험료	3,000만원	1,500만원	2,500만원	3,000만원
재보험수수료	(①)	(−)300만원	(−)500만원	(②)
보상책임액	90억원	(③)	75억원	90억원
100억원 클레임의 경우	30억원 보상	15억원 보상	(④)	30억원 보상

(보상한도액 300억원, 원수보험료 1억원, 재보험수수료 20%, 재보험자 A에 15%, B에 25%, C에 40% 출재함)

① + 600만원(600만원 수취)

② − 600만원(600만원 지급)

③ 45억원

④ 25억원

정답 | ①

해설 | 원보험자는 원수보험료 1억원 중에서 3천만원을 보유하고 87만원을 재보험에 출재하였다. 그리고 출재보험료수수료(7천만원×20% = 1,400만원)를 수취한다. 즉 ①은 + 1,400만원이다.

※ 나머지 A, B, C사는 수재보험수수료를 원보험자에게 지급하는데 그 합은 1,400만원이다.

08 보기에 대한 설명이다. 가장 거리가 먼 것은?

원보험자보유 40% (출재 60%)	E(30%) 총 재보험료	F(30%) 1,000만원	3rd Layer (보상한도 : 400억 초과 500억)
	C(20%) 총 재보험료	D(40%) 2,000만원	2nd Layer (보상한도 : 100억 초과 400억)
	A(40%) 총 재보험료 3,000만원	B(20%)	1st Layer (보상한도 : 100억)

(원수보험료 1억원, 재보험수수료 20%, 원보험사보유 40%)

① 혼합 임의재보험이다.

② 수재보험료의 Layer별 배분은 1st Layer에 가장 높게 배분된다.

③ 재보험자A의 수재보험료수수료는 '3천만원×20%×4/6 = 400만원'이다.

④ 120억원의 클레임이 발생한다면 보상책임을 부담하는 보험자는 원보험자, 재보험자 A, 재보험자 B 이다.

정답 | ④

해설 | 100억원까지는 1st layer에서 보상책임이 완료된다(원보험자와 재보험자 A, B가 부담). 그런데 120억원이므로 2nd layer의 C와 D도 책임을 부담하게 된다.

  ※ **120원의 클레임시 각 보험자의 보상책임액**
   (1) 원보험자 : 40억원
   (2) 1st layer
     • 재보험자A : 100억원×60%×4/6 = 40억원
     • 재보험자B : 100억원×60%×2/6 = 20억원
   (3) 2nd layer
     • 재보험자C : 20억원×3/6 = 10억원
     • 재보험자D : 20억원×3/6 = 10억원
   (4) 이상 합계 : 120억원

09 다음 중 임의재보험에 속하지 않는 것은?

① 비례적 임의재보험(Proportional Fac. Reinsurance)

② 비비례적 임의재보험(Non Proportional Fac. Reinsurance)

③ 혼합방식 임의재보험(Combined Fac. Reinsurance)

④ 의무적 임의재보험특약(Facultative Obilgatory Treaty)

정답 | ④

해설 | '의무적 임의재보험특약'은 비례적 재보험(Proportional Reinsurance)에 속한다.

　　 ※ 의무적 임의재보험특약 : 출재사가 자유롭게 출재 여부를 정하면 수재사가 의무적으로 인수해야 하는 방식으로 특수한 경
　　　 우에만 사용되는 방식이다.

10 특약재보험과 임의재보험에 대한 다음 설명 중 가장 적합한 것은?

① 특약재보험은 임의재보험보다 출재사의 관리비용이 더 많이 소요된다.

② 임의재보험은 통상 특약한도액을 초과하는 위험에 대한 담보 확보를 위해 이용된다.

③ 임의재보험은 특약재보험과 달리 비례적 재보험으로만 운영되는 단점이 있다.

④ 특약재보험은 개별물건에 대해 출재와 보유를 탄력적으로 정할 수 있는 장점이 있다.

정답 | ②

해설 | 임의재보험은 통상 특약한도액을 초과하거나(거대위험), 특약으로 담보할 수 없는 위험에 대한 담보 확보를 위해 이용된다.

　　 ① 임의재보험 출재 시의 관리비용이 더 많다.

　　 ③ 임의재보험 출재에는 비례적, 비비례적, 혼합방식의 세 가지 방식이 있다.

　　 ④ 출재와 보유를 탄력적으로 결정할 수 있는 것은 임의재보험이다.

P / A / R / T 02

특종보험

A C I U

기 업 보 험 심 사 역

■
기업보험심사역(ACIU)
Associate Insurance Underwriter

(1) 세부과목별 출제문항 수

세부과목	예상문항 수	과목난이도(최고 ★★★★★)
1장 기술보험	13문항	
2장 범죄보험	5문항	★★★
3장 종합보험	1문항	
4장 기타 특종보험	6문항	
계	25문항(과락 : 득점문항이 10문항 미만 시)	

※ 챕터별 문항 수는 매 시험 변동이 있을 수 있습니다.

(2) 학습전략

2과목 특종보험은 기술보험, 범죄보험, 컨틴전시보험 등 다양한 보험의 종류에 대해 학습을 한다. 보험의 종류별로 보험의 목적, 면부책, 보험금의 산정방식을 비교하는 것이 중요하다.

특종보험은 1과목 재산보험에 비해 계산 비중이 낮은 대신 다양한 보험의 종류별 면부책에 대한 암기 부담이 있다. 특히 건설공사보험과 조립보험, 기계보험의 출제 비중이 매우 높으므로 이들 보험의 보험의 목적과 면부책, 특별약관을 비교하면서 이해하는 것이 필요하다.

암기 부담이 있는 과목이지만 높은 이해도를 요구하는 과목은 아니므로, 본 과목에서는 80% 이상의 득점을 목표로 학습하기를 권장한다. 특히 4과목 해상보험의 득점이 어려운 점을 감안할 때 본 과목을 전략과목으로 만들 필요가 있다.

CHAPTER 01 | 기술보험

특종보험 개요

① 특종보험 종류

    ㉠ 화재보험과 해상보험을 제외한 부문을 통칭하여 특종보험이라 한다.

    ㉡ 특종보험의 종류

기술보험	범죄보험	종합보험	기타특종보험
• 건설공사보험 • 조립보험 • 기계보험 • 전자기기보험	• 도난보험 • 금융기관종합보험 • 납치 및 인질보험 • 테러보험	• 패키지보험(영문약관) • 레저종합보험	• 법률비용보험 • 지적재산권보험 • 동물보험 • 날씨보험 등

② 특종보험의 특징

    ㉠ 경험률이 검증되지 않은 미지의 위험이 많아, 대수의 법칙이 적용되지 않는 것이 대부분이다.

    ㉡ 보험가입금액의 개념이 없을 수도 있다.

건설공사보험

① 사용약관(영문약관)

독일식 약관[주1]	영국식 약관
진동, 지지대의 약화 또는 철거로 인한 배상책임 → 특별약관으로 담보	진동, 지지대의 약화 또는 철거로 인한 배상책임 → 보통약관으로 담보
[주2]설계결함사고에 의한 주변손해 → 특별약관으로 보상	설계결함사고에 의한 주변손해 → 보통약관으로 보상

※ 주1 : 국문약관은 독일식 약관과 담보내용이 동일하다.

※ 주2 : 설계결함으로 인한 직접적인 손해는 보통약관이든 특별약관이든 보상하지 않는다.

※ '진동, 지지대의 약화 또는 철거로 인한 배상책임'을 보통약관으로 담보하는 것은 영국식 약관, 특별약관으로 담보하는 것은 독일식 약관이다.

② 건설공사보험의 개념 : 공사를 착공한 시점부터 완공하여 발주자에게 인도할 때까지의 기간 중에 담보위험으로부터 발생하는 재물손해와 제3자에 대한 법률상 배상책임을 보상하는 all risks 보험이다.

③ 보험계약자와 피보험자

보험계약자	피보험자
'발주자, 도급업자[주1], 하도급업자' 중 보험료를 납입하는 자	'발주자, 도급업자, 하도급업자' 등 피보험이익이 있는 자

※ 주1 : 도급업자가 보험료를 납입할 경우 해당 보험료는 도급금액에 포함될 수 있다.

④ 약관구성

기본담보(자동담보)	선택담보(별도기재 필요)	특별약관
• 공사목적물(건물, 구축물 등) • 공사용 가설물(비계, 거푸집 등) → 총공사금액(완성가액)으로 담보	• 건설용 가설물 및 공구 • 공사용 중장비 • 잔존물제거비용 • 제3자배상책임	• 설계결함담보특약 • 주위재산담보특약 • 진동, 지지대담보특약 • 확장유지담보특약

※ 공사목적물은 기본담보, 공사용 중장비(크레인, 불도저 등)는 선택담보이다.
※ 설비 비중이 높은 공사, 시운전이 중요한 공사는 조립공사보험의 대상이다.

▶ 보험의 목적

자동담보	별도기재 필요	보험목적에서 제외
• 공사목적물 : 건물, 구축물, 부대설비 • 공사가설물 : 거푸집, 비계	• 공사용 중장비 : 불도저, 크레인 • 공사용 기계 : 작업도구, 가설건물 • 잔존물제거비용 • 제3자에 대한 배상책임	• 설계도, 유가증권 등 • 차량, 선박, 항공기 등 • 촉매, 냉매, 윤활유 등

▶ 도해 : 건설공사보험의 약관구성

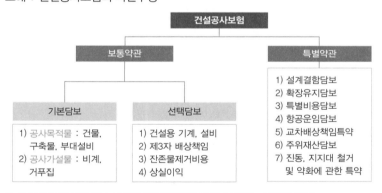

※ 공사목적물은 기본담보, 공사용 중장비(건설용 기계나 설비)는 선택담보이다.
※ '비계, 거푸집, 불도저, 크레인' 중 보험증권에 별도로 기재해야 담보가 되는 것은 불도저와 크레인이다(∵ 공사용 중장비는 선택담보이므로).
※ 잔존물제거비용은 화재보험에서는 보통약관으로 담보하지만, 건설공사보험에서는 선택담보로 보상한다.
※ 건설공사보험은 제3자배상책임은 선택담보, 주위재산담보는 특별약관으로 담보한다.
※ 일반도로용 차량, 항공기는 건설공사보험의 보험의 목적이 될 수 없다(∵ 타보험에서 부보하기 때문).

⑤ 보험기간

　㉠ 책임 시기 : '첫날 00:00시 또는 보험목적물이 건설현장에서 하역이 끝난 시점' 중 나중 시점에서 보
　　험의 책임기간이 개시된다.
　㉡ 책임 종기 : '마지막 날 24:00 또는 보험목적의 전부 또는 일부를 발주자에게 인도하고 사용이 시작
　　된 때' 중 빠른 시점에서 보험의 책임기간이 종료된다.

▶ 도해 : 건설공사보험의 보험기간 예시

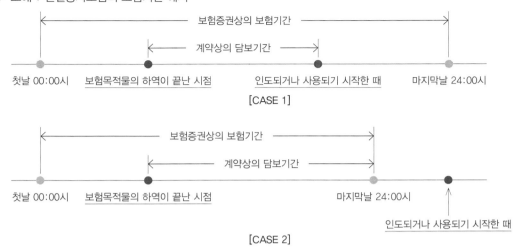

▶ 보험기간과 시운전
- 조립보험에서 보험기간의 종기는 보험기간의 마지막 날 24시와 조립의 완료 시점(시운전이 끝난 시점) 중 먼저 도래하는 시점이다.
- 건설공사보험에서는 '시운전 완료 요건'은 없다. 다만, 기계설비 등의 보험목적물에 대해서는 특별약관 첨부로 시운전담보가 가능하다.

    ※ 건설공사보험은 보험기간에 있어 기간보험과 구간보험이 공통적으로 가미된 혼합보험기간이다(혼합보험기간 : 건설공사보험, 조립보험, 여행자보험)

⑥ 부보금액과 자기부담금
    ㉠ 부보금액(보험가입금액 또는 보상한도액)

기본담보(자동담보)	건설용 가설물 및 공구 공사용 중장비	기타
총공사금액(완성가액) ※ 공사재료비, 각종경비포함[주1]	신품재조달가액[주2]	• 잔존물제거비용 – 예상제거비용 • 주위재산[주3], 제3자배상책임손해 – 최대추정손해액을 참고, 설정

    ※ 주1 : 각종 경비에는 관련 세금도 포함되지만 부가가치세는 제외된다.
    ※ 주2 : 신품재조달가액은 '사고 직전의 동종, 동능력을 담보하기 위한 비용'을 말한다.
        – 시가(actual cash value)≠신조달가액(new replacement value)
    ※ 주3 : '주위재산'은 건설공사현장 또는 주위에 존재하는 피보험자가 소유, 보호하는 재산을 말한다.

    ㉡ 자기부담금(deductible) : 피보험자(시공자)의 성실시공을 담보하기 위해 필요함
    ※ 건설공사보험의 기본담보인 공사물건(Contract Works)은 완성가액으로 부보하는데, 완성가액은 타보험에서의 보험가액과 같은 개념이다.
    ※ 선택담보로 담보하는 제3자에 대한 배상책임손해는 완성가액이 아니라 최대추정손해액을 기준으로 부보한다.
    ※ 건설공사보험에서 특별약관으로 담보하는 주위재산이란 '건설공사현장 또는 주위에 존재하는 제3자의 사용, 보호하에 있는 재산'이 아니라 '건설현장 주위에 존재하는 피보험자가 보유한 재산'을 말한다.

⑦ 보상하는 손해 VS 보상하지 않는 손해

㉠ 일반조항	㉡ 재물손해조항	㉢ 배상책임조항
㉡과 ㉢에 공통적으로 적용되는 면책사항	보상하는 손해 VS 보상하지 않는 손해	

㉠ 일반조항(일반면책사항)
- '계약자, 피보험자 또는 이들의 대리인(계약자 등)'의 고의나 중대한 과실로 생긴 손해
- 피보험자와 세대를 같이하는 친족이나 종업원이 고의로 일으킨 손해(피보험자가 보험금을 수령하게 할 목적일 경우)
- 계약당시 계약자 등이 알고 있거나 중대한 과실로 알지 못한 하자로 인한 손해
- 공사의 전부 또는 일부의 중단으로 인한 손해
- 기타 : 전쟁·내란·정부기관의 명령에 의한 파괴행위로 인한 손해, 핵연료물질이나 방사선오염 등으로 인한 손해

㉡ 재물손해조항

보상하는 손해	보상하지 않는 손해

• 시공 중의 작업 잘못
• 현장근로자(종업원) 또는 제3자의 취급 잘못 및 악의적 행위
• 태풍, 홍수, 범람, 해일, 수해 등의 자연재해
• 지면침하, 산사태 또는 암석붕괴
• 화재, 폭발, 낙뢰사고
• 도난
• 누전, 합선 등의 전기적 사고
• 항공기와의 충돌 또는 낙하물 사고
	• 사고결과로 발생되는 결과적 손해
	  – 벌과금
	  – 공사지연손해
	• 설계결함으로 인한 손해[주1]
	• 재질, 제작결함으로 인한 손해[주2]
	• 마모, 침식, 산화
	• 재고조사 시 발견된 손해
	• 공사용 기계의 전기적 사고[주2]

※ 주1 : 설계결함으로 인한 직접적인 손해는 당연히 면책이며, 설계결함으로 인한 간접손해(즉, 결함 없는 다른 목적물이 입은 손해)도 면책이다(간접손해를 담보하기 위해서는 설계결함담보 특별약관에 가입해야 함).

※ 주2 : 재질, 제작결함으로 인한 직접적인 손해는 당연히 면책이다. 그러나 재질, 제작결함으로 인한 간접손해(결함 없는 다른 목적물이 입은 손해)는 보상한다.

  Cf. 재질, 제작결함으로 인한 간접손해는 건설공사보험에서는 보통약관상 보상하나, 조립보험에서는 특별약관으로 담보할 수 있다.

※ 주3 : 공사 중의 '누전, 합선 등의 전기적 사고'는 보상하지만, '공사용 기계에 국한된 전기적 사고'는 보상하지 않는다.

㉢ 배상책임조항 : 보상하는 손해 VS 보상하지 않는 손해

보상하는 손해	보상하지 않는 손해
건설공사에 직접 관련되어 발생한 사고로 타인의 신체손해나 재물손해를 입히고, 이에 따른 법률상 배상책임을 담보	• 재물손해담보에서 보상하는 손해 • 진동, 지지대의 철거 및 약화로 인한 손해(특별약관으로 부보 가능) • 재물손해로 야기된 사용불능 등 간접손해
[보상범위] 법률상손해배상금 + 부대비용 = 보상한도액(LOL) 이내로 보상	• 계약상 가중책임 • 도급업자 및 그 고용인들의 재산손해, 상해나 질병손해 • 일반도로용 차량, 선박 등으로 인한 손해

※ 건설공사보험은 '태풍, 홍수, 범람, 해일, 수해 등으로 인한 손해'는 보상한다(Cf. 기계보험에서는 면책).

※ 건설공사보험은 '지면침하, 사태, 암석붕괴로 인한 손해'를 보상한다(Cf. 패키지보험에서는 면책).

※ 건설공사보험은 공사지연손해, 벌과금, 계약손실 등 사고 후의 결과적 손해는 보상하지 않는다.

⑧ 보상의 범위

㉠ 재물손해조항

(1) 각 보험목적물별 보험가입금액을 한도로 보상한다(배상책임조항은 보상한도액).

(2) 전부손해 VS 부분손해

전부손해	부분손해
시가(재조달가액 − 감가공제액)로 보상	재조달가액으로 보상[주1]

※ 주1 : 수리비는 부분손해의 경우 신품으로 대체한다(재조달가액으로 보상).

- (+)임시수리비 : 총수리비를 증가시키지 않는 임시수리비는 손해액으로 인정한다.
- (−)편승수리비 : 편승수리(담보손해와 관계없는 수리)와 개량비용은 보상하지 않는다.

(3) 기타

잔존물제거비용(선택담보)	특별비용담보특약	항공운임담보특약
선택담보로 가입금액설정	야근수당, 휴일수당, 시간외수당, 급행운임[주1]을 보상함	항공운임은 별도의 항공운임담보특약으로 보상함

※ 주1 : 패키지보험의 확장담보에서는 급행운임에 항공운임이 포함되지만, 건설공사보험에서는 항공운임이 제외된다(항공운임담보특약이 별도로 있으므로).

(4) 지급보험금

전부보험	일부보험
손해액 − 자기부담금[주1]	$= (손해액 − 잔존물가액) \times \dfrac{보험가입금액}{완성가액} − 자기부담금$

※ 주1 : 자기부담금은 한 사고로 인해 수개의 보험목적이 각각 손해를 입은 경우 자기부담금의 최고액을 적용한다.

[예시] 완성가액 10억원, 보험가입금액 8억원, 자기부담금 2천만원, 손해액 2억원, 잔존물가액 5천만원 → (2억 − 0.5억)×8억/10억 − 0.2억 = 1억원

㉡ 배상책임조항

(1) 증권상에 기재된 보상한도액으로 보상한다.
　※ 보상한도액 : '법률상 손해배상금(불가피한 지연이자 포함) + 비용'
(2) 지급보험금 : 손해액(보상한도액 내) − 자기부담금
　※ 자기부담금은 사고당 적용한다.

⑨ 특별약관

(1) **주위재산담보 특별약관**
- 공사현장 또는 그 인근에 위치한 피보험자의 소유, 관리, 통제하에 있는 기존 시설물에 발생한 손해를 보상한다.
- 1사고당 보상한도액, 총사고당 보상한도액과 자기부담금을 설정한다.
- 건설공사보험에서는 특별약관으로, 조립보험은 선택담보로 한다.

(2) **진동, 지지대의 철거 및 약화에 관한 특별약관**(Cf. 영국식약관은 보통약관 담보)

(3) **설계결함담보 특별약관**[주1]
- 설계결함으로 인한 직접손해는 무조건 면책이다.
- 설계결함으로 인한 간접손해(다른 보험목적물이 입은 손해)를 특별약관으로 보상한다.

(4) **유지담보특별약관**[주2]
공사 시공자가 공사 종료 후 하자보증의무에 따라 하자보수작업 중 공사목적물에 입힌 손해를 보상한다.

(5) **확장유지담보 특별약관**[주2]
유지담보특약의 보상에 추가하여 '조립기간 중의 사고원인으로 하는 손해가 하자보증기간 중에 발생 시' 공사목적물의 손해를 담보한다.

(6) **교차배상책임 특별약관**
피보험자 상호 간의 배상책임손해를 보상한다.

(7) **시운전담보 특별약관**
4주간의 시운전기간을 보험기간에 포함시키는 특별약관이다(Cf. 조립보험에는 시운전담보특별약관이 필요없음).

※ 주1 : 4대 결함'에 대한 부보 방법

설계결함	주조결함	재질결함	제작결함
건설공사보험에서 '설계결함담보특약'으로 담보	건설공사보험에서는 '재질, 제작, 주조'결함으로 인한 간접손해를 보통약관으로 담보하기 때문에 특약이 필요하지 않음		
조립보험에서는 4대 결함을 합쳐서 '제작자결함담보특약'으로 담보함			

※ 주2 : 도해(유지담보와 확장유지담보의 차이)

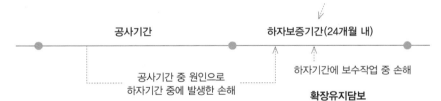

⑩ 언더라이팅 시 고려사항(※ 각 부문별 내용 구분할 것)

재물손해부문	배상책임손해부문	예정이익상실손해부문
보험가액, 도면, 지질보고서, 세부공사일정, 기술적 설명자료	공사계약서, 공사내용·금액, 주변상황 조사보고서, 피보험자의 업무범위	예상재무제표, 사업타당성 조사보고서 등

① **조립보험의 개념** : 플랜트조립공사 등 공사기간 중에, 담보위험으로부터 발생한 재물손해와 배상책임손해를 담보하는 보험

  ㉠ 보험의 목적 : 플랜트조립공사, Unit설치공사 등

    • 플랜트조립공사에서도 토목공사가 포함되어 있는 바, 토목공사의 비중이 50% 이상이 되면 건설공사보험이 된다.

    • '현금, 수표, 유가증권, 인지, 서류, 설계도면'은 보험의 목적에서 제외된다.

  ㉡ 건설공사와의 개념비교

건설공사	조립공사
토목공사나 건축공사와 같이 '현장에서 각종 재료를 혼합하여 구조물을 만들거나 위험이 주로 공사현장 내에서 발생되는 경우'로 빌딩, 도로, 철도 등의 공사가 보험가입대상이다.	공사장 밖에서 제작된 기계 및 부품을 현장에서 설치 및 조립하는 공사로, 주로 시운전위험이나 제작상의 위험이 큰 공사일 경우(정유나 석유화학공장과 같은 대형플랜트공사) 조립보험으로 가입한다.

② **약관구성**

기본담보(자동담보)	선택담보(별도기재 필요)	특별약관
• 공사목적물(기계, 강구조물 등) • 공사용 가설물(비계, 거푸집 등) → 총공사금액(완성가액)으로 담보함	• 주위재산손해 • 잔존물제거비용 • 제3자배상책임	• 제작자결함담보특약 • 진동 · 지지대 특약 • 유지, 확장유지담보특약 • 교차배상책임특약

※ 제작자결함담보특약은 조립공사보험에만 있다(∵ 건설공사보험은 '설계결함' 외 나머지 제작결함에 대해서는 보통약관으로 담보).

※ 유지 또는 확장유지담보특약의 유지기간은 24개월을 초과할 수 없다.

※ 도해 : 조립보험의 약관구성

※ 건설보험공사의 공사목적물에는 '건물, 구축물, 부대설비 등'이 있으며, 조립보험의 공사목적물에는 '기계, 강구조물 등'이 있다.

※ 설계결함담보 특별약관은 건설공사보험에만, 제작자결함담보특약은 조립보험에만 첨부한다.

※ (공사용 기계설비, 강구조물, 거푸집, 설계도면) 중 조립보험에서 보험의 목적이 될 수 없는 것은 설계도면이다.

③ 보험기간

㉠ 책임 시기 : '첫날 00:00시 또는 보험목적물이 건설현장에서 하역이 끝난 시점' 중 나중 시점에서 보험의 책임기간이 개시된다.

㉡ 책임 종기 : '마지막 날 24:00 또는 조립완료시점(시운전이 끝난 시점)' 중 빠른 시점에서 보험의 책임기간이 종료된다.

• '책임 종기'의 추가설명 : 아래의 2가지 중 가장 먼저 도달하는 시점

보험기간의 종료일	조립의 완료시점 (조립공사 후 최초의 시운전을 마칠 때)

• 시운전담보기간은 통상적으로 4주일을 초과할 수 없다(중고품의 경우 시운전의 시작과 동시에 보험기간이 종료됨).

Cold Test	Hot Test[주1]
• 조립된 기계장치의 기계적 기능시험을 수행 • 사고의 빈도수가 높지 않음	• 정상가동을 위한 시험 • 사고의 빈도수가 높고 사고의 정도가 큼

※ 주1 : 시운전기간이라 함은 'Hot Test'기간만을 말하며, Hot Test기간은 보험증권에 명기하고 자기부담금을 높게 설정해서 계약자에게 주의의무를 다하게 하고 있다.

※ 조립공사보험의 보험기간 도해(그림 : LIG손해보험 공사보험약관 참조)

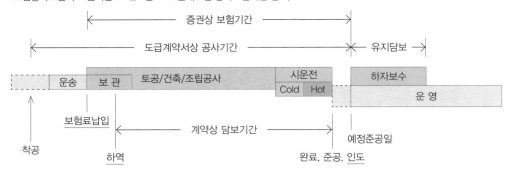

• 보험기간의 개시는 '보험료의 납입과 보험목적물의 하역이 완료된 시기 중' 나중의 시점으로, 보험기간의 종기는 '증권상 종료시점과 조립의 완료시점(시운전이 끝난때) 중' 먼저 도래하는 시점이 된다.
• 시운전기간은 4주일을 초과할 수 없고, 중고품인 경우에는 시운전의 시작과 동시에 보험기간이 종료된다.
• 유지담보기간은 24개월 이내로 한다.

④ 부보금액과 자기부담금

㉠ 부보금액(보험가입금액 또는 보상한도액) : 기본적으로 건설공사보험과 동일

기본담보 (자동담보)	선택담보	
	공사용 기계, 설비, 장비	잔존물제거비용 등
총공사금액(완성가액) ※ 공사자재비, 각종경비포함	신품재조달가액	• 잔존물제거비용 – 예상제거비용 • 주위재산, 제3자배상책임손해 – 최대추정손해액을 참고, 설정

※ 주1 : 신품재조달가액은 '사고 직전의 동종, 동능력을 담보하기 위한 비용'을 말함

㉡ '보험가입금액 < 조립물의 완성가액' : 일부보험이 되므로 비례보상한다.

⑤ 보상하는 손해 VS 보상하지 않는 손해

　㉠ 재물손해조항

보상하는 손해	보상하지 않는 손해
• 시공 중의 작업 잘못 • 현장근로자(종업원) 또는 제3자의 취급 잘못 및 악의적 행위 • 태풍, 홍수, 범람, 해일, 수해 등의 자연재해 • 지면침하, 산사태 또는 암석붕괴 • 화재, 폭발, 낙뢰사고 • 도난 • 누전, 합선 등의 전기적 사고 • 항공기와의 충돌 또는 낙하물 사고	• 사고결과로 발생되는 결과적 손해 　－ 벌과금 　－ 공사지연손해 • 설계결함으로 인한 손해 • 재질, 제작결함으로 인한 손해 • 마모, 침식, 산화 • 재고조사 시 발견된 손해 • 공사용 기계의 전기적 사고

　　※ 보상하지 않는 일반조항(건설공사보험과 동일) : 고의 또는 중대한 과실, 피보험자의 대리인 또는 세대를 같이하는 가족 또는
　　　종업원의 고의손해, 전쟁, 핵연료, 방사능오염손해, 공사 전부 또는 일부 중단으로 인한 손해

　㉡ 배상책임조항

　　• 보상하는 손해 : 법률상배상책임을 보상한도액 내에서 책임

　　• 보상하지 않는 손해

(1) 조립공사 관련 보험목적의 수리 또는 개선 비용 (2) 계약상 가중책임 (3) 도급업자 및 그 고용인들의 재산손해, 상해나 질병손해 (4) 일반도로용 차량, 선박, 항공기 등으로 인한 손해 (5) 배수 또는 배기로 생긴 배상책임(급격하고 돌발적인 사고의 배상책임은 제외)

⑥ 보상의 범위(건설공사보험과 동일)

　㉠ 공사용 기계, 설비, 장비 등에 대한 보상 : 전손은 시가액으로, 분손은 재조달가액으로

　　※ 임시수리비는 보상, 편승수리비와 개량비는 보상하지 않음

　㉡ 지급보험금의 계산(일부보험의 경우) : (손해액 － 잔존물가액) × $\dfrac{\text{보험가입금액}}{\text{완성가액}}$ － 자기부담금

⑦ 특별약관

> **(1) 제작자결함담보 특별약관**
> - '설계, 주조, 재질, 제작(4대 결함)'의 결함으로 인한 간접적 손해를 보상한다.
>   Cf. 건설공사보험에서는 보통약관으로 담보함
> - 결함의 자체(직접적 손해), 결함을 제거하거나 교정하는 데 소요되는 비용은 보상하지 않는다.
>
> **(2) 유지담보특별약관(건설공사보험과 동일)**
> 공사 시공자가 공사 종료 후 하자보증의무에 따라 하자보수작업 중 공사목적물에 입힌 손해를 보상한다.
>
> **(3) 확장유지담보 특별약관(건설공사보험과 동일)**
> 유지담보특약의 보상에 추가하여 '조립기간 중의 사고원인으로 하는 손해가 하자보증기간 중에 발생 시' 공사목적물의 손해를 담보한다.
>
> **(4) 교차배상책임 특별약관, 특별비용담보 특별약관, 항공운임담보 특별약관 : 건설공사보험과 동일**
>
> **(5) 중고품 기계 부담보 추가약관**
> 해체공사나 재조립공사 또는 조립대상물건 중에 중고품이 포함되어 있을 때, 기존 운전에 기인한 손해, 해체로 인한 손해, 비금속성 품목에 대한 손해를 담보하지 않는 조건을 말한다(요율변동 없이 첨부함).
>
> **(6) 방화시설에 관한 추가약관**
> - 소방시설을 갖추는 등 일정한 선조치를 전제로 화재나 폭발손해를 담보한다.
> - 화재위험이 있는 공사용 자재를 일시적으로 보관할 경우 사용할 수 있는 추가약관이다.
>
> **(7) 지하매설전선이나 배관에 관한 추가약관**
> 공사 중 지하매설물과 관련한 배상책임 또는 주위 재산에 대한 배상책임손해가 발생한 경우, 사전에 피보험자가 관련기관을 통해 지하매설물에 대한 충분한 조사(조회)가 있었음을 전제로 보상을 하는 약관이다.

※ 손해발생 시 보험금지급을 제한하는 약관으로서 조립보험에 첨부되는 약관으로는 '중고품기계부담보추가약관, 방화시설에 관한 추가약관, 지하매설물이나 배관에 관한 추가약관'이 있다.

※ '방화시설 추가약관'은 화재 발생 가능성이 있는 계약 및 공사용 자재나 기계류를 일시적으로 보관하는 창고를 필요로 하는 계약에 첨부할 수 있는 추가약관인데, 방화시설이나 소방기구 등을 갖추는 등의 일정 요건을 전제로 첨부할 수 있다.

⑧ 계약인수
  ㉠ 요율체계 : 협정요율(기본요율, 특약요율)과 재보험자 구득요율이 있다.
  ㉡ 유의사항 − 조립보험의 보험기간

순수 조립공사기간	Cold Test	Hot Test
−	−	가장 위험한 구간

※ 조립기간과 시운전기간을 분리하여 위험을 평가해야 한다(Hot Test기간을 보험증권에 명시하고 가장 높은 자기부담금을 부과함).
※ 중고품의 경우는 시운전의 시작과 동시에 보험이 종료된다.

⑨ [정리] 건설공사보험과 조립보험의 비교

구분	건설공사보험	조립보험
가입대상공사	각종 건축공사, 토목공사 (빌딩, 도로, 교량 등)	각종플랜트, 구조물설치조립공사 (발전소, 석유화학공장 등)
주위재산손해	특별약관담보	보통약관선택담보
제3자 배상책임손해	특별약관담보	특별약관담보
설계결함담보	특별약관담보	없음(제작자결함담보특약에 포함)
제작자결함담보	보통약관담보	특별약관담보
시운전기간	특별약관담보	보통약관상 4주 기본담보

① 기계보험의 개념

패키지보험의 제2부문	특종보험인 기계보험
기계적 사고로 입은 물적 손해를 담보	기계적 사고 자체를 보상함

※ 기계적 사고(machinery breakdown)는 '전기적 사고 또는 물리적 사고, 폭발사고'를 의미한다.

※ 기계적 사고를 보상한다는 의미는 기계가 브레이크다운이 되었을 때 '동종, 동능력으로 회복하는 보상을 받는 것'을 의미한다.

※ 도해 : 기계보험과 패키지보험의 차이

기계보험에서 담보   MB Cover에서 담보
(특종보험)   (패키지보험)

※ 기계보험은 공장 또는 사업장 등에서 시운전이 성공적으로 끝난 기계설비 및 장치가 우연한 돌발적인 사고로 손상을 입은 경우,
이를 사고 직전의 가동가능상태로 복구하는 데 따른 수리, 교체비용을 보상하는 손해보험 상품이다.

② 약관구성

기본담보	선택담보(별도기재 필요)	특별약관[주1]
• 기계의 전기적·물리적 사고, 폭발사고 • 화재사고는 면책(화재보험과의 담보 중복 방지차원)	• 제3자 배상책임담보 • 주변재산담보 • 상실이익담보	• 컨베이어벨트 및 체인담보 특별약관 • 와이어담보 특별약관 • 윤활유 및 냉매담보 특별약관 • 특별비용담보 특별약관 • 항공운임담보 특별약관 • 이동성 기계담보 특별약관 • 연소엔진에 대한 감가상각조정 특별약관 등등

※ 주1 : 특별약관의 4가지 종류는 추후 학습함

※ 도해 : 기계보험의 약관구성

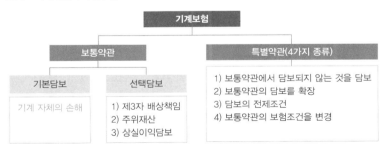

③ 보험목적

보상의 목적요건	보험목적에서 제외
• 기계이어야 한다. 　– 강구조물(저장용탱크 등)도 기계에 포함 • 가동 가능 상태의 기계이어야 한다.[주1] • 사업장 구내에 있는 기계이어야 한다. 　– 사업장 밖의 기계는 타보험으로 부보 • 시운전이 끝난 기계이어야 한다. 　– 시운전 중의 기계는 조립보험에서 담보 • 예비부품 　– 보험증권에 명시함으로써 부보	• 기계의 일상적 운전에 소모되거나(벨트, 체인, 고무타이어 등), 자연소화가 심한 물건 　– '컨베이어벨트 및 체인담보 특별약관'으로 담보 가능 • 연료, 윤활유, 냉매 등 조작유 　– '윤활유 및 냉매담보 특별약관'으로 담보 가능 • 공구류나 형류

※ 주1 : 가동 가능한 6가지 상태

> • 가동 · 운전 중인 기계
> • 가동을 위해 정지 중인 기계
> • 수리 · 정비 · 검사를 위해, 가동 중지 상태에 있는 기계
> • 수리 · 정비 · 검사를 위해, 분해 중이거나 재조립 중에 있는 기계
> • 수리 · 정비 · 검사를 위해, 임시가동 중인 기계
> • 수리 · 정비 · 검사를 위해, 동일 사업장 내에서 이동 중인 기계

※ 기계보험의 보험목적이 되기 위한 요건 중 '기계이어야 한다'의 의미는, 동적 장치뿐만 아니라 저장용 탱크 등 움직이지 않는 구조물도 포함하는 개념이다.

※ 수리 · 정비 · 검사를 위해, 동일 사업장 밖에서 이동 중인 기계는 기계보험의 보험목적이 될 수 없다(→ '동일사업장 내'이어야 한다).

※ 시운전 중인 기계는 기계보험의 보험목적이 될 수 없다(시운전이 끝난 상태이어야 함).

※ 연료, 윤활유, 냉매 등 조작유는 기계보험에서 보험의 목적이 될 수 없다.

※ 기계보험보통약관상 예비부품은 기계보험의 보험목적이 되지만, 벨트나 체인 등의 소모품은 보험목적이 될 수 없다.

※ 벨트, 체인 등 소모품은 보통약관상 면책이므로 이를 담보하기 위해서는 '컨베이어벨트 및 체인 담보 특별약관'에 가입해야 한다.

④ 보상하는 손해 VS 보상하지 않는 손해

보상하는 손해(4가지 유형)	보상하지 않는 손해
(1) 기계자체의 결함으로 인한 손해 : 주조결함 또는 재질 결함, 설계나 제작 또는 조립상의 결함 (2) 운전 중 사고로 인한 손해 : 보일러급수부족, 물리적 폭발 등(보일러연관 내 가스폭발은 화학적 폭발임에도 예외적으로 보상) (3) 근로자의 취급 부주의 (4) 기타(전기단락, 폭풍우 등)	[일반조항] 고의사고, 보험금 수령을 위한 종업원의 고의사고, 전쟁 · 원자력 · 방사능 · 지진 · 홍수 [기계보험 고유] 화재로 인한 폭발 및 자연재해, 도난위험, 계약 전 알고 있던 기계결함사고, 자연마모, 보일러스케일, 부식 · 침식 · 공동현상, 공급자 · 시공업자의 법률상 · 계약상 책임손해, 간접손해

※ 기계보험은 제조사결함(Maker's Risk)을 보상하는데, 이때 결함이란 '주조, 재질, 설계, 제작'의 4대 결함을 말한다.

※ 기계보험은 제조사의 결함에 기인한 예기치 않은 사고로 보험목적물에 생긴 손해를 보상한다(결함 그 자체나 결함제거비용을 보상하는 것이 아님).

※ 보일러 연관 내 가스폭발(Fuel Gas Explosion)은 화학적 폭발이지만, 예외적으로 기계보험에서 보상한다.

※ 기계보험은 보일러 연관 내 가스폭발은 보상하지만, 보일러스케일은 보상하지 않는다.

※ 폭풍우로 인한 기계손해는 보상하지만, 홍수로 인한 기계손해는 보상하지 않는다.

⑤ 지급보험금

    ㉠ 손해액 : '재조달가액'으로 보상하는 것이 원칙이다.

    ㉡ 전손과 분손의 경우

전부손해	부분손해
시가보상[주1]	ⓐ, ⓑ, ⓒ

    ※ 주1 : 시가보상이라 함은 '신품재조달가액 − 감가공제액'을 말한다.

    ⓐ 부분손해 → 신품대체 시 → 신품재조달가액으로 보상한다.

    ⓑ 부분손해 → 수리 포기 → 시가액으로 보상한다.

    ⓒ 부분손해 → 수리비가 시가액 초과 시 → 추정전손 → 시가액으로 보상한다.

    ㉢ 잔존물제거비용 : 전손 시에만 인정된다.

    ㉣ 지급보험금의 산정

전부보험	일부보험
= 재조달가액 − 자기부담금	= (손해액 − 잔존물가액) $\times \dfrac{\text{보험가입금액}}{\text{재조달가액}}$ − 자기부담금

    ㉤ 보험금의 지급시기

      • 기계보험은 보험목적물의 수리나 대체가 완료되었을 때 보험금을 지급한다.

      • 증빙서류를 갖추어 보험금청구를 할 경우, 10일 내로 보험금을 지급해야 한다(가지급보험금은 추정보험금의 50% 이내에서 가능).

⑥ 특별약관

보통약관에서 보상하지 않는 것을 담보하기 위한 특약	보통약관의 담보위험을 확장하는 담보	담보의 전제조건에 대한 특별약관
• 주변재산담보 • 제3자배상책임담보 • 윤활유 및 냉매담보 • 컨베이어벨트 및 체인담보 • 와이어 및 비전기용케이블담보 • 내용물 손실담보 • 용광로, 보일러의 내화물 및 석조물담보 • 전구류담보	• 특별비용담보 • 항공운임담보[주1] • 이익상실담보 • 이동성기계담보[주2] • 폭동, 소요 및 노동쟁의담보 • 기계장치의 내부화재, 화학적 폭발 및 벼락담보	• 연소엔진에 대한 감가상각 조정특약 • 나선식 전기 기계에 대한 감가상각조정특약 • 대형전동기 유지관리 추가특약[주3] • 가스터빈연소설비에 대한 감가상각 조정 추가약관 • 보일러 정기점검 및 유지관리추가약관 등

※ 주1 : 항공운임담보특약의 보상한도액은 보험가입금액의 10%를 초과할 수 없고, 매사고당 20%의 자기부담금을 부과한다.

※ 주2 : 이동성기계담보특약은 '지진, 화재, 도난 위험(보통약관상 면책위험)'을 담보한다.

※ 주3 : 대형전동기 유지관리 추가특약에서 대형전동기란 750kw 이상의 전동기를 말한다.

예시 1 (주변재산담보, 윤활유 및 냉매담보, 특별비용담보, 용광로나 보일러의 내화물 및 석조물담보 특별약관) 중에서, 보통약관에서 면책하는 사항을 담보하기 위한 특별약관이 아닌 것은?

    → 특별비용담보이다(특별비용담보 특약은 보통약관의 위험을 확장하는 특약이다).

예시 2 (ⓐ 특별비용담보, ⓑ 항공운임담보, ⓒ 이익상실담보, ⓓ 엔소엔진에 대한 감가상각조정 특별약관) 중에서 보통약관의 담보위험을 확장하는 차원의 특약이 아닌 것은?

    → ⓓ(ⓓ는 담보의 전제조건에 관한 특약)

CHAPTER 01 | 단원정리문제

01 국문 건설공사보험에서 별도로 증권에 기재하지 않아도 보험의 목적에 포함되는 것은?

① 공사용 기계기구
③ 공사용 가설물

② 공사용 중장비
④ 설계도면

정답 | ③
해설 | ①, ②는 별도기재(선택담보), ③은 자동가입(기본담보), ④는 제외된다.

02 다음 중 건설공사보험 보통약관에서 증권에 기재해야만 보험의 목적이 될 수 있는 것은?

① 공사목적물인 건물
③ 공사용 중장비

② 공사용 가설물
④ 공사목적물인 부대설비

정답 | ③
해설 | 공사목적물은 기본담보, 공사용 중장비는 선택담보이다(기본담보는 자동으로 가입이 되지만, 선택담보는 별도 기재가 필요함).

03 국문 건설공사보험 보통약관에서 담보가 가능하지 않은 것은?

① 공사목적물 자체에 대한 손해
③ 제3자 배상책임에 대한 손해

② 공사용 가설물에 대한 손해
④ 진동, 지지대의 철거 및 약화로 발생한 손해

정답 | ④
해설 | ①, ②는 기본담보, ③은 선택담보, ④는 특별약관으로 담보한다.
※ 보통약관 = 기본담보 + 선택담보

04 건설공사보험 국문약관, 영문약관의 차이를 설명한 것이다. 잘못 연결한 것은?

구분	국문약관	독일식 영문약관	영국식 영문약관
진동, 지지대의 약화 또는 철거로 인한 제3자 배상책임	특별약관으로 담보	특별약관으로 담보	① 보통약관으로 담보
설계결함으로 인한 주변 손해	② 특별약관으로 담보	③ 보통약관으로 담보	보통약관으로 담보
설계결함으로 인한 직접 손해		④ 담보하지 않음	

정답 | ③

해설 | 설계결함은 독일식은 특별약관, 영국식은 보통약관으로 담보한다(국문약관은 독일식과 동일).
　　　※ 독일식 영문약관 : Munich Re's CAR Policy, 영국식 영문약관 : British CAR Policy

05 국문 건설공사보험에서 보험의 목적에서 제외되는 것이 아닌 것은?

① 서류, 설계도, 장부, 유가증권　　　　② 일반도로용 차량, 선박 및 해상운송용구, 항공기

③ 촉매, 냉매, 윤활유　　　　　　　　④ 거푸집, 비계

정답 | ④

해설 | '거푸집, 비계'는 공사용 가설물로서 기본담보(자동가입물건)에 해당된다.

06 국문 건설공사보험의 보험기간에 대한 설명이다. 틀린 것은?

① 보험기간이 시작된 후일지라도 보험의 시기는 공사의 개시 또는 보험의 목적이 건설현장에 하역이 끝난 직후에 시작된다.

② 보험회사의 책임은 보험증권 발행지의 표준시각에 따라 보험기간의 첫날 00:00시에 시작하여 마지막 날 24:00시에 끝나는 것이 원칙이다.

③ 보험회사의 책임은 보험기간의 마지막 날 또는 공사목적물의 인도일 중 먼저 도래하는 시점에서 종료한다.

④ 보험의 목적의 전부가 아닌 일부가 발주자에게 인도되는 경우는 보험회사의 책임이 종료되지 않은 것으로 본다.

정답 | ④

해설 | 보험회사 책임의 종기는 보험기간의 마지막 날 24:00시에 끝난다. 다만, 보험의 목적의 전부 또는 일부가 발주자에게 인도되거나 사용되기 시작한 때에는 그 부분에 대한 회사의 책임은 보험기간 종료 전이라도 소멸된다.

07 건설공사보험의 보험가입금액에 대한 설명이다. 틀린 것은?

① 건설공사보험의 완성가액은 공사용 재료, 노무비, 가설물, 기타 각종경비를 포함한다.

② 도급공사의 경우 도급금액(contract price)이 보험가입금액의 기초가 된다.

③ 건설용 가설물 및 공구, 공사용 중장비는 시가액을 기준으로 보험가입금액을 결정한다.

④ 주위재산담보와 제3자 배상책임은 최대 추정손해액을 기준으로 보상한도액을 설정한다.

정답 | ③

해설 | 시가 → 신조달가액. 시가(actual cash value)≠신조달가액(new replacement value).

　　　 ※ 공사용 중장비나 건설용 가설물 및 공구는 보험가액을 '신조달가액'으로 평가하는데, 이는 동종, 동능력의(똑같은 종류 및 똑 같은 능력을) 발휘할 수 있는 것으로 교체할 수 있어야 함을 의미한다.

08 국문 건설공사보험의 보통약관 재물손해조항에서 보상하는 손해를 나열한 것이다. 해당하지 않는 것은?

① 공사 수행 중의 작업 잘못

② 피보험자의 종업원 또는 제3자의 취급 잘못 또는 악의적인 행위

③ 폭풍우, 태풍, 홍수, 범람 또는 이와 비슷한 자연재해

④ 재질 또는 제작결함으로 결함으로 인해 직접적인 영향을 받은 보험목적물의 손해

정답 | ④

해설 | 재질 또는 제작결함으로 인해 직접손해를 입은 보험목적물에 대해서는 보상을 하지 않는다(단, 이로 인해 결함없는 다른 목적물이 입은 손해는 보상한다).

　　　 ※ 보상하는 사고 : ①, ②, ③/누전 · 합선 등 전기적 사고/화재 · 낙뢰 · 폭발 · 파열/도난 등

09 국문 건설공사보험의 보통약관 재물손해조항에서 보상하지 않는 손해를 나열한 것이다. 해당하지 않는 것은?

① 벌과금, 공사지연 손해, 성능부족 등의 간접손해

② 설계결함으로 인한 손해는 결함 그 자체는 물론 그로 인해 결함없는 다른 목적물이 입은 손해

③ 재질 또는 제작결함으로 결함으로 인해 직접적인 영향을 받은 보험목적물의 손해

④ 공사용 기계의 기계적, 전기적 사고로 입은 손해

정답 | ③

해설 | 재질결함과 제작결함으로 인한 손해는 보상하지 않는다. 단, 동 결함으로 인해 직접적으로 영향을 받은 다른 보험목적물의 손해는 보상한다. 비교하여 설계결함의 경우 설계결함으로 인해 다른 보험목적물이 입은 손해에 대해서는 보통약관으로 담보하지 않고 특별약관으로 담보한다.

10 국문 건설공사보험 보통약관의 재물손해조항에서 '보상하지 않는 손해'에 속하지 않는 것은?

① 공사용 중장비의 기계적 사고로 인한 손해

② 재고조사를 할 때에 발견된 손해

③ 재질 또는 제작결함으로 인한 간접손해

④ 설계결함으로 인한 간접손해

정답 | ④

해설 | ③과 ④가 다르다는 점에 유의한다. 재질·제작결함으로 인한 간접손해는 보통약관으로 보상하지만, 설계결함으로 인한 간접손해는 특별약관으로 담보가 가능하다.

11 건설공사보험의 손해액 산정에 대한 설명 중 틀린 것은?

① 부분손해의 경우 수리부품이 신품으로 교체되어도 감가상각을 하지 않는다.

② 전부손해의 경우 사고발생 직전의 시가를 기준으로 손해액을 산정한다.

③ 임시수리비용은 본 수리의 일부로 인정하므로 총수리비용의 증감과 관계없이 손해액으로 인정하여 보상한다.

④ 한 사고로 인하여 수개의 보험의 목적이 각각 손해를 입었을 경우, 손해액의 합계에서 자기부담금 중 최고액을 차감한다.

정답 | ③

해설 | 임시수리비는 손해액으로 인정하되, 총수리비를 증가시키지 않는 범위까지만 인정한다.

12 건설공사보험의 공사목적물에 대한 지급보험금 계산식이 옳은 것은? (일부보험의 경우)

① (손해액 − 잔존물가액) $\times \dfrac{\text{보험가입금액}}{\text{공사물건의 완성가액}}$ − 자기부담금

② (손해액 − 자기부담금) $\times \dfrac{\text{보험가입금액}}{(\text{공사물건의 완성가액} − \text{잔존물가액})}$

③ (손해액 − 자기부담금) $\times \dfrac{\text{보험가입금액}}{\text{공사물건의 완성가액}}$ − 잔존물가액

④ (손해액 − 잔존물가액 − 자기부담금) $\times \dfrac{\text{보험가입금액}}{\text{공사물건의 완성가액}}$

정답 | ①

해설 | 잔존물가액은 손해액에서 차감하고 최종적으로 자기부담금을 공제한다.

13 건설공사보험에서 계약사항과 사고사항이 보기와 같다. 지급보험금은?

> [계약사항] 완성가액 10억원, 보험가입금액 8억원, 자기부담금 1천만원
> [사고사항] 손해액 1.2억원, 잔존물가액 2천만원

① 68,000,000원   ② 70,000,000원

③ 72,000,000원   ④ 90,000,000원

정답 | ②

해설 | $(손해액 - 잔존물가액) \times \dfrac{보험가입금액}{공사물건의\ 완성가액} - 자기부담금$

$= (1.2억 - 0.2억) \times 8억/10억 - 0.1억 = 0.7억,$ 즉 70,000,000원

14 다음은 국문 건설공사보험 보통약관의 제3자 배상책임보험에 대한 설명이다. 틀린 것은?

① 보험의 목적인 건설공사에 직접적으로 관련하여 발생한 사고로 인한 제3자에 대한 법률상 배상책임손해를 보상한다.

② 진동, 지지대의 철거 또는 약화로 인해 발생한 법률상 배상책임손해는 지지 않는다.

③ 재물손해로 인한 사용불능 등의 간접손해에 대한 배상책임손해는 별도의 약정에 따라 보상한다.

④ 소송비용 및 피보험자가 서면으로 승인을 얻어 지출한 비용은 보상한도액의 범위 내에서 보상한다.

정답 | ③

해설 | 손해를 입은 재물을 대체하거나 수리하는 동안에 사용할 수 없게 됨에 따라 발생하는 사용손실 등의 간접손해는 보통약관에서 보상하지 않는다. 그리고 손해배상지급금액은 '법률상 손해배상금 + 비용합계'가 보상한도액을 한도로 지급한다.

15 다음 중 건설공사보험의 특별약관에 해당하지 않은 것은?

① 항공운임담보 특별약관   ② 교차배상책임 특별약관

③ 제작자결함담보 특별약관   ④ 설계결함담보 특별약관

정답 | ②

해설 | 건설공사보험에서는 제작자결함 특별약관이 없다. 해당 특별약관은 제작결함으로 인한 간접손해를 담보하는 특약인데, 건설공사보험 보통약관에서 '재질 또는 제작결함으로 인한 결함없는 다른 보험목적물이 입은 손해'를 보상하기 때문이다.

16 보기의 내용은 건설공사보험의 특별약관 중 어디에 해당하는가?

> 시공사가 공사 종료 후 하자보증의무에 따라 하자보수 작업 중에 발생하는 사고로 공사목적물에 입힌 손해를 담보한다.

① 교차배상책임특별약관   ② 유지담보특별약관

③ 확장유지담보특별약관   ④ 주위재산담보특별약관

정답 | ②

해설 | 유지담보특별약관의 내용이다. 유지담보특별약관은 하자보수작업 중 발생하는 사고로 인한 직접손해를 담보하며, 확장유지담보특별약관은 간접손해까지 담보하므로 담보범위가 더 넓다고 할 수 있다.

※ 확장유지담보특별약관 : 시공자가 공사 종료 후 하자보증의무에 따라 하자보수작업 중에 발생하는 손해 및 공사 중의 원인으로 인한 하자보증기간에 발생하는 손해를 담보한다.

17 건설공사보험의 언더라이팅 시 배상책임손해 부문의 고려사항이 아닌 것은?

① 공사계약서   ② 공사내용, 공사금액

③ 주변상황보고서   ④ 예상재무제표

정답 | ④

해설 | 예상재무제표는 '예정이익상실담보'의 언더라이팅 고려사항이다.

18 조립보험에 대한 설명이다. 가장 거리가 먼 것은?

① 조립보험은 기계류의 조립은 물론 대규모설비(Plant)에 이르기까지의 조립 및 설치공사를 대상으로 공사과정에서 예기치 못한 돌발적인 사고를 담보한다.

② 조립보험은 건설공사보험과 마찬가지로 All Risk 담보방식이다.

③ 조립물건에 생간 손해를 기본담보로 하고, 제3자에 대한 배상책임손해, 공사용 기계장비 및 주위재산 손해를 추가적인 선택으로 담보한다.

④ 기계나 강구조물 설치에 대한 공사가 많으면 건설공사보험, 토목공사나 건축공사의 비중이 많으면 조립보험의 영역으로 한다.

정답 | ④

해설 | 전자가 조립보험, 후자가 건설공사보험이다.

19 국문 조립보험 보통약관의 담보내용에 해당하지 않는 것은?

① 잔존물제거비용
② 주위재산담보
③ 제3자배상책임
④ 확장유지담보

정답 | ④

해설 | ①, ②, ③은 보통약관의 선택담보, ④는 특별약관이다.

20 조립보험의 보험목적이 될 수 없는 것은?

① 조립공사 현장에서의 공사목적물(기계, 기계설비, 강구조물 등)

② 공사용 가설물(비계, 거푸집 등)

③ Plant조립공사, Unit조립공사, 개별조립공사

④ 현금, 수표, 유가증권, 인지, 서류, 포장물질, 설계도면

정답 | ④

해설 | ④는 제외된다.

21 조립보험 보통약관의 보험기간 시기 및 종기에 대한 설명이다. 틀린 것은?

① 회사의 책임은 보험증권에 기재된 보험기간의 첫날 00:00시에 시작하는 것이 원칙이다.

② 보험기간이 시작된 후라도 회사의 책임은 보험의 목적이 조립공사 현장에 하역이 완료된 후에 시작된다.

③ 증권상의 보험기간이 만료되기 전이라도 최초의 시운전을 마칠 때 보험기간은 종료된다.

④ 보험의 목적이 중고품인 경우에도 시운전이 끝남과 동시에 회사의 책임이 끝난다.

정답 | ④

해설 | 중고품에 대해서는 시운전위험을 담보하지 않으므로, 중고품은 시운전이 시작됨과 동시에 보험기간이 종료된다.

22 조립보험의 시운전에 대한 설명이다. 틀린 것은?

① 시운전은 조립작업이 끝난 기계, 장치를 발주자에게 인도하기 전에 실제로 가동하여 조립작업의 완성도를 점검하는 작업이다.

② 조립된 기계장치의 기계적 기능시험을 수행하는 Cold test기간과 정상가동을 위한 시험인 Hot test기간으로 구분되며, 보험에서 담보하는 시운전기간이라 함은 Hot test기간만을 말한다.

③ Hot test기간은 사고의 빈도가 높고 사고의 심도 역시 크기 때문에 시운전기간을 보험증권상에 명기하고 자기부담금 또한 높게 설정한다.

④ 시운전 담보기간은 별도로 정한 경우를 제외하고는 3주를 넘기지 못한다.

정답 | ④
해설 | 4주를 초과하지 못한다.

23 조립보험의 보험가입금액에 대한 설명이다. 틀린 것은?

① 조립보험의 보험가입금액은 건설공사보험과 마찬가지로 조립공사물건의 최종완성가액(재조달가액)으로 한다.

② 조립보험의 완성가액은 '조립공사 목적물을 완성할 때까지 투입되는 총공사금액'을 말하는데 공사용 자재비, 노무비, 운임, 보험료, 관세, 세금, 기타경비 등을 모두 포함한다.

③ 도급공사의 경우 도급금액(contract price)을 보험가입금액으로 하며, 물가변동 등으로 보험가입금액이 중대하게 변동할 경우에는 보험자에게 통지하고 보험가입금액을 재조정해야 한다.

④ 조립공사와 관련된 기초토목공사 및 건축공사도 조립보험의 담보대상이 될 수 있는데, 이 경우 토목공사의 공사금액이 전체 공사금액의 1/2 이상이어야 한다.

정답 | ④
해설 | 1/2 이하이어야 한다(이하 → 조립보험, 초과 → 건설공사보험).

24 조립보험 보통약관에서 '보상하는 손해'에 해당하지 않는 것은?

① 조립작업의 결함으로 인한 손해

② 재질 또는 제작의 결함으로 인한 손해

③ 화재, 폭발, 파열로 인한 손해

④ 폭풍우, 홍수, 벼락, 수해로 인한 손해

정답 | ②
해설 | 조립보험에서는 제작자결함(설계, 주조, 재질, 제작결함)으로 인한 손해는 특별약관으로만 담보할 수 있다.

25 조립보험 보통약관에서 '보상하는 손해'가 아닌 것은?

① 도난

② 전기적 사고

③ 종업원이나 제3자의 취급상의 잘못 또는 악의

④ 조립공사의 전부 또는 일부의 중단으로 인한 손해

정답 | ④
해설 | ④는 보상하지 않는 손해이다. 참고로 도난위험을 담보하는 보험은 '건설공사보험, 조립보험, 동산종합보험, 골프보험이다 ('건.조.동.골'로 암기).

26 조립보험의 손해액산정에 대한 내용이다. 틀린 것은?

① 손해액은 보험의 목적을 손해발생 직전의 상태로 복구하는 데 소요되는 비용으로 하되, 재조달가액을 기초로 산정한다.

② 복구비에는 재료비, 분해비, 조립비, 운송비, 관세 등이 포함되며 급행운임이나 야근수당, 기타 특별비용은 별도의 특별약관이 없으면 보상하지 않는다.

③ 임시수리비는 본 수리비의 일부이며 본 수리비 총액을 증가시키지 않은 것을 전제로 손해액에 포함된다.

④ 손해발생직전의 상태가 아닌 모양이나 성능을 바꿈으로써 추가된 비용 및 개선, 개량을 위해 추가로 투입된 비용은 보험가입금액을 한도로 보상한다.

정답 | ④
해설 | 임시수리비는 보상하지만, 편승수리비 및 개량비는 보상하지 않는다.

27 조립공사보험의 특별약관 및 추가약관에 대한 설명이다. 옳은 것은?

① 유지담보특별약관은 조립기간 동안에 발생한 손해의 원인으로 유지기간 중에 발생한 손해도 보상하는 특별약관이다.

② 방화시설에 대한 추가약관은 화재 발생 가능성이 있는 자재나 기계류를 일시적으로 보관하는 창고 등에 첨부하며, 일정한 조치를 전제로 화재나 폭발손해를 담보하는 약관이다.

③ 지하매설전선이나 배관에 관한 추가약관은 지하굴착공사가 포함되는 계약에 첨부할 수 있는 약관으로 소정의 요율 인하로 지하매설물과 관련한 제3자 배상책임이나 주위재산에 대한 보상을 제한한다.

④ 제작자결함담보특별약관은 제작자결함 그 자체는 보상하지 않으나, 이를 제거하거나 교정하는 데 소요되는 비용을 보상하는 특별약관이다.

정답 | ②

해설 | ① 확장유지담보특별약관을 말한다. 확장유지담보특약은 유지담보기간이 아닌 조립기간에 원인이 발생하고 유지담보기간 중에 손해가 발생하는 것도 담보한다는 점에서 유지담보특약과 다르다.

③ 요율의 변동은 없다.

④ 재질결함, 제작결함으로 인한 자체손해(기계나 물품 결함의 제거비용, 교정에 소요되는 비용을 말함)는 보상하지 않고, 그로 인한 결함 없는 다른 목적물에 파급된 손해를 보상한다.

28 기술보험에서 설계결함담보와 관련한 설명이다. 가장 적절하지 않은 것은?

① 설계결함이란 제작자위험의 4가지(설계결함, 재질결함, 주조결함, 제작결함) 중의 하나로 기술보험에서가장 중요한 사고 원인 중의 하나이다.

② 기계보험약관에서는 설계결함으로 인한 손해를 보통약관에서 담보한다.

③ 조립보험약관에서 설계결함으로 인한 간접손해를 담보하기 위해서는 특별약관에 가입해야 한다.

④ 건설공사보험약관에서는 특별약관을 첨부하여 담보하며, 이 경우 설계결함 자체나 이를 제거, 교정하는 데 소요되는 비용까지 보한다.

정답 | ④

해설 | 설계결함담보 특약에 가입하여도 '설계결함으로 인한 직접손해(설계결함으로 인한 자체손해나 교정비용 등)'는 보상하지 않는다.

29 다음 중 기계보험의 보험목적이 아닌 것은?

① 수리, 정비, 검사를 위하여 가동 중지 상태에 있는 기계

② 명칭, 수량 및 보관장소가 증권에 명시된 예비용 부품

③ 시운전 중인 기계

④ 수리, 정비, 검사를 위하여 동일 사업장 내에서 이동 중인 기계

정답 | ③

해설 | 기계보험의 목적물은 시운전이 성공적으로 끝난 이후의 재물이어야 한다.

※ ④는 기계의 '가동가능한 상태'를 말하는 6가지 중의 하나이다.

30 기계보험의 보험목적으로 적당하지 않는 것은?

① 가동, 운전 중인 기계

② 수리, 정비, 검사를 위해 가동 중지 상태에 있는 기계

③ 예비부품 및 소모품

④ 수리, 정비, 검사를 위하여 동일 사업장 내에 이동 중인 기계

정답 | ③

해설 | 예비부품은 보험의 목적이 되나 소모품은 제외된다.

31 다음은 기계보험의 보험목적에서 제외되는 것을 나열한 것이다. 틀린 것은?

① 예비부품

② 소모성 부품류나 마모 또는 감가율이 높은 것

③ 공구류나 형류

④ 연료, 윤활유, 냉매 등 조작유

정답 | ①

해설 | 예비부품은 보험목적에 속한다. 소모품(벨트, 체인, 고무타이어 등)이나 마모가 잘 되는 것은 제외된다.

32 기계보험의 보험의 목적이 되기 위한 '가동 가능한 상태'의 요건을 충족하지 못하는 것은?

① 수리, 정비, 검사를 위해 가동 중지 상태에 있는 기계

② 수리, 정비, 검사를 위해 분해 중이거나 재조립 상태에 있는 기계

③ 수리, 정비, 검사를 위해 임시 가동 중인 기계

④ 수리, 정비, 검사를 위해 사업장 밖으로 이동한 기계

정답 | ④

해설 | 동일 사업장 내에서 이동 중이어야 한다.

33 기계보험의 보험가액을 정확히 표현한 것은?

① 미평가보험의 시가액

② 미평가보험의 재조달가액

③ 기평가보험의 협정보험가액

④ 보상한도액

정답 | ③

해설 | 기계보험의 보험가액은 '신품재조달가액'이다(분손 시 재조달가액으로 보상, 전손 시 시가액으로 보상).

34 기계보험에서 보상하는 손해이다. 해당하지 않는 것은?

① 주조 및 재질의 결함 또는 설계, 제작 또는 조립상의 결함으로 인한 손해

② 보일러 급수부족, 물리적 폭발 또는 파열로 인한 손해

③ 종업원의 기술부족 또는 부주의로 인한 손해

④ 지진, 홍수, 폭풍우로 인한 손해

정답 | ④

해설 | 지진, 홍수 등 자연재로 인한 손해는 면책이지만 폭풍우로 인한 손해는 보상한다.

35 기계보험에서 '보상하지 않는 손해'가 아닌 것은?

① 도난위험

② 안전장치의 고장이나 결함

③ 자연마모, 소모, 열화 및 보일러스케일로 생긴 손해

④ 기계사고발생으로 인한 휴업손실

정답 | ②

해설 | ②는 '기계 자체의 결함으로 인한 손해'로 보상하는 손해이다.

36 기계보험의 폭발사고에 대한 설명이다. 틀린 것은?

① 기계보험에서 다루는 물리적 폭발로는 부피 팽창에 의한 폭발, 용기 내부 압력 증가에 의한 폭발, 원심력에 의한 폭발 등이 있으며 이는 기계보험의 담보대상이다.

② 기계보험에서 다루는 화학적 폭발은 어떤 물질의 화학적 반응에 의한 부피의 팽창현상을 말하며, 화학적 폭발은 기계보험에서 면책사유이다.

③ 보일러 연관 내의 가스폭발은 화학적 폭발에 해당하므로 기계보험의 면책사유에 해당한다.

④ 화학적 폭발로 인한 화재가 수반된 경우 이 화재로 인한 폭발손해는 기계보험에서 면책이다.

정답 | ③

해설 | 보일러 연관 내의 가스폭발(Flue Gas Explosion)은 화학적 폭발이므로 면책사유가 되는 것이 원칙이나, 이것은 예외로 인정하여 보상이 된다(∵ 보일러사고는 대부분 보상이 되는데 이는 기계보험 자체가 보일러보험에서 발전된 측면에서 기인한다).

37 기계보험의 보험금지급 시 손해액산정에 대한 내용이다. 틀린 것은?

① 분손의 경우에는 수리부품이 신품으로 교체되어도 감가상각을 적용하지 않는다.

② 전손의 경우에는 신조달가격에 대해 신구교환에 따른 감가상각을 적용한다.

③ 부분손해라 할지라도 수리비용이 시가(신품가격 − 감가공제액)를 초과할 경우에는 추정전손이라 하여 전부손해에 준하여 보상한다.

④ 잔존물제거비용은 전손, 분손을 구분하지 않고 보상한다.

정답 | ④

해설 | 잔존물제거비용은 분손일 경우는 보상하지 않는다(∵ 분손의 경우 신품조달가액으로 보상하기 때문에 잔존물제거비용까지 반영하지 않는다. 전손 시에는 손해의 일부로 인정하여 보험가입금액 한도 내에서 보상한다).

38 기계보험의 손해보상에 대한 설명이다. 틀린 것은?

① 일부손해가 발생하였으나 수리를 하지 않은 경우에는 수리비에 대한 신구교환공제를 실시할 수 있다.

② 특별약관에 의해 별도로 정하지 않으면 항공운임, 급행운임, 시간외 근무수당 등은 보상하지 않는다.

③ 수리비용이 사고발생 직전의 시가를 초과하는 경우 신품재조달가액을 기준으로 보상한다.

④ 분손 시 잔존물이 있는 경우 그 가액은 손해액에서 공제한다.

정답 | ③

해설 | ③은 추정전손에 해당하므로 전손에 준하여 보상한다. 즉 신품재조달가액이 아닌 시가액으로 보상한다.

39 기계보험에서 일부보험으로 보험금을 지급할 경우의 산식이다. 옳은 것은?

① 손해액 $\times \dfrac{\text{보험가입금액}}{\text{신조달가액}}$

② (손해액 − 잔존물가액) $\times \dfrac{\text{보험가입금액}}{\text{신조달가액}}$ − 자기부담금

③ (손해액 − 잔존물가액) $\times \dfrac{\text{보험가입금액}}{\text{시가}}$ − 자기부담금

④ (손해액 − 잔존물가액) $\times \dfrac{\text{보험가입금액}}{\text{공사물건의 완성가액}}$ − 자기부담금

정답 | ②

해설 | 보험가액은 신조달가액이어야 한다(③은 '시가'이므로 오답). ④는 건설공사보험의 지급보험금 계산식이다.

40 보기에 따를 때, 기계보험의 지급보험금 계산은?

> 보험가입금액 1억원, 손해액 1,400만원, 신조달가액 2억원, 잔존물가액 4백만원, 자기부담금 2백만원

① 100만원 　　　　　　② 200만원 　　　　　　③ 300만원 　　　　　　④ 500만원

정답 ｜ ③

해설 ｜ 지급보험금 $= \{(1,400$만원$- 400$만원$) \times \dfrac{1$억원$}{2$억원$} - 200$만원 $= 300$만원

41 기계보험에서 특별비용담보 특별약관의 담보사항이 아닌 것은?

① 급행운임 　　　　　　② 야근수당 　　　　　　③ 항공운임 　　　　　　④ 시간외 근무수당

정답 ｜ ③
해설 ｜ 항공운임은 별도의 특약으로 담보할 수 있다.

42 기계보험에 첨부하는 특별약관 중에서, 보통약관에서 보상하지 않는 것을 담보하는 차원의 특약이 아닌 것은?

① 주변재산담보 특약

② 윤활유 및 냉매담보 특약

③ 용광로, 보일러의 내화물 및 석조물 담보 특약

④ 이익상실담보 특약

정답 ｜ ④
해설 ｜ 이익상실담보는 보통약관의 담보위험을 확장하는 차원의 특약이다.

43 기계보험에 첨부하는 특별약관 중에서, 보통약관의 담보위험을 확장하는 차원의 특약이 아닌 것은?

① 연소엔진에 대한 감가상각조정특약 　　　　　　② 특별비용담보특약

③ 폭동, 소요 및 노동쟁의담보특약 　　　　　　④ 이익상실담보특약

정답 ｜ ①
해설 ｜ ①은 담보의 전제조건에 대한 특별약관(주로 '감가상각조정'의 용어가 포함됨)에 해당한다.

CHAPTER 02 | 범죄보험

SECTION 1 범죄보험 개요

① **정의** : 타인의 범죄행위로부터 입은 손해(재산상 피해와 신체상 피해)를 담보하는 보험을 통칭하여 범죄보험이라 함

※ 범죄보험은 범죄로 인한 손해만을 담보하기보다는 다른 보험도 부보하는 종합보험의 형태를 띠고 있다.

② 범죄보험의 종류

재산상 피해를 담보	신체상 피해를 담보
도난보험, 금융기관종합보험	납치 및 인질보험, 테러보험

SECTION 2 도난보험(국문약관)

① 도난보험의 약관체계 : 보통약관 + 3가지 기본적 특약(필수첨부)

동산담보특약	현금 및 유가증권 특약[주2]	수탁물배송책임 담보특약[주3]
모든 유체동산 (단, 자동차/동식물은 제외)[주1]	현금과 유가증권	타인으로부터 수탁받아 보관하는 일체의 동산

※ 주1 : 화재보험가입 시 명기물건이 되는 것은 인수제한이 되는데 '귀금속, 귀중품 등'은 '귀중품 담보 특약'으로, '글, 그림, 설계도, 골동품 등'은 '협정보험가액 특약'으로 담보할 수 있다(추후 학습).

※ 주2 : 현금 및 유가증권 특약에서는 일부보험이라도 비례보상을 하지 않고 보험가입금액 한도 내에서 전액 지급한다.

※ 주3 : 수탁물배송책임담보특약은 '도난위험'만을 담보하며, 유사한 창고업자특약 등은 도난위험 외에 화재, 폭발, 파손 등의 위험도 담보한다.

※ 국문 도난보험은 보통약관에 구체적인 담보위험이나 면책위험이 규정되지 않아 특정 위험을 담보하기 위해서는 특별약관의 첨부가 필수적이다('기본적 특별약관'이라 함).

※ 국문 도난보험의 기본적 특별약관 중 수탁물배송책임특약은 배상책임보험의 창고업자특약과 유사한데, 그 담보범위에 있어서 창고업자특약이 더 넓다.

– 창고업자특약은 도난뿐 아니라 화재손해도 담보하지만, 도난보험의 수탁물배송책임담보특약에서는 도난위험만을 담보한다.

② 보상하는 손해 VS 보상하지 않는 손해

보상하는 손해 (3요건)	보상하지 않는 손해
(1) **물리력을 사용 → 보관시설파괴 → 도난행위** 　외부침입 시 물리력 사용의 흔적이 뚜렷해야 함 (2) **보관장소 내에서의 도난손해** 　• 야적장소도 보관장소가 될 수 있음 　• 보관장소를 벗어난 도난손해는 면책 (3) **직접손해** 　도난으로 인한 간접손해는 면책	(1) 고의, 중과실 (2) 가족이나 피용인이 도난에 가담, 묵인 (3) 화재, 폭발, 지진, 전쟁 시의 도난행위 (4) 재고조사 시 발견된 손해 (5) 망실, 분실손해 (6) 도난사고 후 30일 경과 후 발견한 손해 (7) 72시간 이상 부재 중의 도난사고 (8) 자동차, 오토바이, 동식물의 도난사고 (9) 상점, 작업장 등에서의 좀도둑으로 인한 손해 (10) 절도나 강도로 인해 발생한 화재나 폭발손해

③ 보험기간

　㉠ 기간보험(time policy), 개시 및 종료시각은 16:00시

　㉡ 보험기간의 개시 및 종료시각 비교

화재보험	패키지보험 PAR Cover	도난보험
최초보험료 입금시점 ~ 마지막 날 16:00 (보험자 주소지 기준)	개시 및 종료시각은 00:01 (보험계약자 주소지 기준)	개시 및 종료시각은 16:00 (보험자 주소지 기준)

　※ 표준시각은 국문약관은 보험자 주소지, 영문약관은 보험계약자 주소지를 기준으로 한다.

　※ 국문 도난보험의 보험기간의 개시 및 종료시각은 16:00이며, 보험자의 주소지 표준시각을 기준으로 한다.

④ 지급보험금

　㉠ 보험가액평가 : 미평가보험의 시가보험으로 한다.

　　※ 일부 품목에 대해 협정보험가액은 인정되나, 신품재조달가액은 절대 인정되지 않는다.

　　※ 포괄가입 시 하나의 품목(또는 한 조)이 전체의 5%를 초과할 수 없다.

　　※ 도난보험의 보험가액평가

미평가보험		기평가보험(협정보험가액)
시가액 평가	**재조달가액 평가**	
도난보험	불가	도난보험(귀중품 등 일부)

　※ 도난보험의 보험가액평가에 있어 재조달가액은 절대 인정되지 않는다.

　㉡ 보상 범위와 한도 : 클레임 + 사고처리비용, 일부보험 시 비례보상(재산보험과 동일)

　　※ 단, '현금과 유가증권담보특약'에서는 그 특성상 TSI한도 내에서 실손보상한다.

　㉢ 잔존보험가입금액 : 사고로 보험금을 지급한 후에는 잔존TSI가 적용된다.

> **예시** 국문 도난보험의 보험가입금액이 1억원이고, 도난사고로 6천만원의 보험금을 지급받은 후 두 번째 7천만원의 도난사고가 발생하였다면 보험자가 지급하는 보험금은?
> → 4천만원이다(도난보험은 잔존보험가입금액으로 보상).

⑤ 도난품의 회수

   ㉠ 도난품을 회수한 경우 : 도난손해가 없었던 것으로 간주된다(단, 훼손 시 도난손해 인정).

   ㉡ 보험자가 보험금지급 후 1년 이내에 보험목적이 회수된 경우 : 피보험자는 1개월 이내에 지급받은 보험금을 반환하고 회수할 수 있다.

   ㉢ 보험자가 보험금지급 후에 회수한 보험목적의 소유권은 보험자에게 있다. 단, '매각대금 〉보상금액 + 회수 · 매각에 소요된 비용'의 경우 그 초과액은 피보험자에게 환급한다.

> **예제** 국문 도난보험에서 보험자가 손해를 보상한 후에 회수한 보험의 목적물을 매각한 때에는, 보험회사는 그 매각대금의 전액을 취득한다. [○, ×]
>
> **답** × 매각대금이 '보상금액 + 회수 · 매각에 소요된 비용'을 초과할 경우 그 초과분은 피보험자에게 환급한다.

⑥ 특별약관

(1) 현금 및 유가증권 운송위험담보특약
운송 중에 발생한 도난손해를 담보. 단, 호위인은 18세~65세의 남자이며, 운전자는 호위인이 될 수 없음
(2) 귀중품 등 담보특약
동산담보에서 제외되는 귀금속 등에 대한 담보할 수 있는 특별약관. 단, 보험자에게 승인된 도난방지시설에 보관되어야 함
(3) 부재담보특약
72시간 이상 비워 둔 상태에서의 도난손해도 담보하는 특약
(4) 보관시설 파손 담보특약
도난사고 시 보관시설도 파손된 경우에는 TSI의 50% 내에서 보상(화재손해는 면책)
(5) 실손보상특약
• 보험가액의 80% 이상 부보할 경우 전부보험과 동일한 보험금 지급을 받게 됨 • 동산담보특약, 수탁물배상책임특약에 적용할 수 있음(**Cf.** 현금 및 유가증권특약은 비례보상을 하지 않기 때문에 적용되지 않음)
(6) 협정보험가액특약,
동산담보에서 제외되는 글, 그림, 골동품, 귀금속 등 시가평가가 곤란한 목적물에 대해서 협정보험가액으로 부보하는 특약

① 개요
  ㉠ 금융기관 내부직원의 부정행위(fidelity)나 위조변조손해 등의 범죄행위(횡령, 배임, 절도, 강도 등)로 인한 금융기관의 손해를 보상하는 보험이다.
  ㉡ 금융기관종합보험의 영문약관 : Banker's Blanket Bonds(→ BBB라 함)
  ㉢ 금융기관이 아닌 일반기업의 범죄보험의 약관 : Disappearance and Destruction Insurance(→ DDD라고 함)
    ※ 금융기관종합보험은 금융기관 직원의 범죄행위로 인한 금융기관의 손해를 보상하는 보험이다(Cf. 금융기관 직원의 부주의로 인한 손해는 보상하지 않음).

② 약관의 구성 : 기본담보 + 특별약관
  ㉠ 기본담보 : 8가지 담보 중 피보험자가 필요한 위험을 선택한다.

(1) 직원들의 부정행위(Fidelity)	(5) 유가증권손해(Securities)
(2) 사업장 내 사고(On Premises)	(6) 위조화폐손해(Countfeit Currency)
(3) 운송 중 사고(In Transit)	(7) 건물 및 집기비품손해(Office Contents)
(4) 위조 및 변조손해(Forgery/Alteration)	(8) 소송비용(Legal Fees)

  ㉡ 특별약관 : 지점제한담보특약, 소급담보제한특약, 총보상한도액제한특약 등

③ 보험기간 및 담보기준
  ㉠ 기간보험(Time Policy) : 보험기간의 개시 및 종료시각은 12:00이다(보험증권발행지의 표준시각 기준).
  ㉡ 손해발견기준 : 소급담보일자 이후 발견된 손해에 대해서 보상한다.

④ 지급보험금
  ㉠ 손해액산정 : BBB는 총보상한도액을 설정한다(1사고당&총 보상한도액).
    • 소송비용을 제외한 7개 부문에서 각각의 LOL 설정이 가능하고, 모든 사고에 대한 보험기간 중의 총보상한도액을 설정한다. 또한 7개 담보위험을 포괄하는 단일보상한도액을 설정할 수도 있다.
    • 공제금액 : 총보상한도액으로 설정한 경우 공제금액은 하나의 금액으로 설정하고, 부문별로 보상한도액을 설정할 경우는 공제금액도 부문별로 설정한다.
  ㉡ 중복보험 : BBB 외에 보상받을 수 있는 보험에서 우선 보상받고(Primary policy), 그 초과손해를 BBB에서 보상받는다(Excess policy).
  ㉢ 손해의 통지 : 손해발견 30일 이내 서면통보, 발견 후 6개월 이내 손해증명서를 제출해야 한다(손해보상소송의 경우 발견 후 2년 이내에 가능함).
  ㉣ 평가기준
    • 손해를 입은 유가증권의 가치 : 손해직전의 영업일의 종가로 평가하고, 시장마감 후 손해를 인지한 경우는 해당일 종가로 평가한다.
    • 기타 재물 : 사고발생 당시의 피해재물의 시가를 기준으로 평가한다.

⑤ BBB 보상요건을 충족하기 위한 '6가지 전제조건'

> (1) 명확한 업무지침서(책임소재규정)
> (2) 한 사람이 업무의 모든 과정을 관리할 수 없음
> (3) 금고열쇠 공동보호관리
> (4) 비밀번호의 공동보호관리
> (5) 1년에 최소 14일 이상의 휴가사용의무(해당 기간 동안 업무 관여 금지)
> (6) 연 1회 이상의 내부감사 시행(외부기관에 의함)

⑥ 주요 특별약관 : 지점제한담보 특약, 소급담보제한 특약, 총보상한도액제한 특약

⑦ 언더라이팅 시 고려사항
　　㉠ 종업원의 사기 및 횡령의 원인에 대한 고려사항
　　　• 종업원의 개인적 재정문제
　　　• 종업원에 대한 고용주의 지나친 신뢰
　　　• 회사에 대한 불만(임금이나 근무환경 등)
　　　• 내부통제시스템 등 관리체계의 미비
　　㉡ 기본적인 검토사항
　　　• 설문지 기재사항 및 피보험자의 서명 여부
　　　• 과거사고경험 및 재발방지조항
　　　• 금융기관의 수익성 및 계약당시의 경제상황 등

SECTION 4　　납치 및 인질보험(Kidnap & Ransom Insurance)

① 개념
　　㉠ 납치, 억류, 공갈, 하이재킹 등과 같은 불의의 사고를 담보하는 보험이다.
　　㉡ 담보약관 : 영국의 로이드보험시장의 약관을 도입·사용, 손해사고기준 담보
　　㉢ 동 보험은 보험금('몸값')만 지급하는 것이 아니라, 피보험자를 구출하기 위한 비용서비스도 보상한다.
　　㉣ 열거담보, 손해사고발생기준이다.

　　　※ 피보험자의 범위 확장(동 보험의 특징)

> • 보험계약자
> • 보험계약자 또는 보험계약자의 배우자, 그리고 모든 직계존비속(양부모, 양자녀, 이복부모, 이복자녀 포함)
> • 피보험자의 집에 있는 손님
> • 피보험자의 집 또는 구내에 상주하는 자
> • 피보험자에 고용된 자
> • 몸값 협상이나 전달 목적으로 일시적으로 고용된 자

② 보상하는 손해 VS 보상하지 않는 손해

보상하는 손해	보상하지 않는 손해
• 몸값(Ransom)[주1] • 운송 중 손실 • 위험관리전문가비용(한도액을 설정하지 않는 것이 일반적) • 부수비용(아래 내용) • 법적 배상책임 • 상해	• 피보험자의 사기, 불법행위 • 몸값을 본인이 직접 건네 준 경우[주2] • 협박이 처음 있던 장소에서 몸값을 지불한 경우[주3] • 24시간 미만의 감금, 피보험자의 범죄행위로 인한 감금 등

※ 주1 : 몸값을 상품이나 용역으로 제공 시에는 제공시점의 시가액으로 지급한다.

※ 주2, 주3 : 만일 이미 요구받은 '몸값'을 건네주러 가던 중에 발생한 경우라면 보상한다.

※ **부수비용(Additional Expense)**

> • 보험계약자에 고용된 협상가 비용(회사의 사전승인 필요)
> • 독립적으로 활동하는 홍보, 통역자에 대한 비용
> • 납치희생자 및 그 가족의 귀국경비 등
> • 보험계약자나 피보험자의 여행 및 숙박비용
> • 사고 후 2년 내 정신의학, 일반치료 및 법률상담비용
> • 정보제공자에 대한 보상금
> • 보험사고가 일어날 당시 계약상 총급여의 100%
> • 30일 동안 희생자를 대신하는 임시직원의 총급여 100%(희생자의 급여 100% 한도)
> • 희생자가 석방된 후 6개월 내에 제공된 식사 휴양 요양비

※ 납치 및 인질보험(Kidnap & Ransom Insurance)에서는 몸값을 전달하는 과정에서 분실되거나 절취로 인한 운송 중 사고는 보상한다. → 운송 중 손실(Loss In Transit)로 담보한다.

※ 납치 및 인질보험(Kidnap & Ransom Insurance)에서 담보하는 '위험관리전문가에 대한 비용'은 그 한도액을 설정하지 않는 것이 일반적이다(∵ 전문가의 협상력으로 '몸값'을 절감시키는 효과가 크기 때문).

※ 30일간 희생자를 대신하기 위한 임시직원의 총급여 100%에 해당하는 비용을 보상한다. 단, 희생자의 총급여 100%를 한도로 한다.

SECTION 5   테러보험

① 담보약관 : 영국 로이드보험시장의 테러보험영문약관 사용

재물손해	기업휴지손해	배상책임손해
손해사고기준, 보험가입금액(TSI)		배상청구기준, 보상한도액(LOL)

※ 보험기간은 통상 1년, 보고연장기간은 보험종료일로부터 90일 이내

※ 테러보험 3개 담보부문 중 '재물손해와 기업휴지손해'는 손해사고발생기준으로 담보하고 보험가입금액(TSI)으로 보상하며 '배상책임손해'는 배상청구기준으로 담보하고 보상한도액(LOL)으로 보상한다.

※ 테러보험의 보험기간은 통상 1년이며, 보고연장기간(ERP)은 보험종료일로부터 90일 이내로 한다(보고연장기간은 통상 60일이지만 테러보험에서는 90일을 적용함).

② 면책손해(보상손해는 테러행위로 제한)

[재물손해부분]

(1) 전쟁, 원자력위험

(2) 테러행위가 아닌 체포 및 불법점거, 데모 및 폭동으로 인한 손해

(3) 정부기관의 명령, 조례, 몰수

(4) 테러행위의 직접결과로 인한 오염손해를 제외한 모든 오염손해

(5) 물, 가스, 전기, 통신의 중단으로 인한 손해

(6) 컴퓨터 해킹 등 전자매체를 이용한 공격에 의한 손해

(7) 화학적 또는 생화학무기로 인한 사고

(8) 석면으로 인한 손해

(9) 벌금, 과태료 및 징벌적 벌과금

(이하 생략)

[기업휴지손해부분]

(1) 기업휴지의 직접적 결과가 아닌 손해(ⓔ 계약이나 주문의 종료, 취소로 증가된 손해)

(2) 시장상실 및 간접손실(특별히 명기한 경우는 보상함)

(이하 생략)

[배상책임손해부분]

(1) 전쟁, 원자력위험

(2) 피보험자의 종업원에 입힌 신체장해

(3) 공급지연, 중단, 시장상실로 인한 손해

(이하 생략)

---

③ 담보제외물건

토지, 항공기, 선박, 자동차를 포함한 육상기구, 동물 및 식물, 30일 이상 비워둔 건축물, 구외 동력전달장치 등

CHAPTER 02 | 단원정리문제

01 국문 도난보험에서 필수로 담보해야 하는 특별약관에 속하지 않는 것은?

① 동산담보 특별약관

② 현금 및 유가증권 특별약관

③ 전시품포괄담보 특별약관

④ 수탁물배상책임 특별약관

정답 | ③

해설 | ③은 동산종합보험의 특별약관이다. ①, ②, ④는 도난보험의 3가지 기본적 특약이다.

02 다음 중 국문 도난보험의 동산담보특약에서 담보하는 보험목적은?

① 현금 및 유가증권

② 귀금속, 귀중품 등의 명기물건

③ 자동차

④ 영업용집기

정답 | ④

해설 | 동산담보특약은 모든 유체동산을 담보하는 것을 원칙으로 하되, ①, ②, ③ 및 동식물은 예외적으로 제외한다.

03 국문 도난보험에서 '보상하는 사고'가 되기 위해 충족해야 하는 요건이 있다. 이에 대한 설명으로 틀린 것은?

① 물리력을 사용하여 보관시설을 파괴하고 도난행위가 발생해야 한다.

② 외부로부터의 침입 흔적 또는 물리력을 사용한 흔적이 뚜렷해야 한다.

③ 보험의 목적이 보관되어 있는 특정 보관장소 내 보관되어 있는 동안에 발생한 도난사고이어야 하며, 보관장소는 경우에 따라서는 야적동산도 될 수 있다.

④ 직접손해뿐 아니라 도난으로 인한 이익상실 등의 간접손해도 보상한다.

정답 | ④

해설 | 직접손해만을 보상한다.

※ 도난보험의 보상요건 : 물리력 사용의 뚜렷한 흔적 + 보관장소 내에서의 도난 + 직접손해

04 다음 중 도난보험에서 보상하는 손해는?

① 도난행위로 보관시설에 생긴 직접손해

② 화재 및 폭발이 발생했을 때 생긴 도난손해

③ 보관장소를 벗어나 보관되는 동안에 생긴 도난손해

④ 상점 내에서 일어난 좀도둑으로 인한 손해

정답 | ①
해설 | ②, ③, ④는 모두 면책사항이다.

05 다음 중 도난보험에서 '보상하지 않는 손해'에 해당하지 않는 것은?

① 재고조사 시 발견된 손해

② 보관장소를 24시간 비워둔 상태에서 생긴 손해

③ 도난손해가 생긴 후 30일 이내에 발견하지 못한 손해

④ 보험의 목적이 보관장소를 벗어나 보관되는 동안에 생긴 손해

정답 | ②
해설 | 보관장소를 72시간 비워둔 동안에 생긴 손해는 면책이므로, ②는 보상이 된다.

06 도난보험의 보험가입금액에 대한 설명이다. 틀린 것은?

① 신품재조달가액으로는 절대 가입할 수 없다.

② 일부보험 시 보험가액에 대한 보험가입금액의 비율로 비례보상을 하는 것이 원칙이다.

③ 현금 및 유가증권담보 특별약관에서는 일부보험이라도 보상한도액 내에서 실손보상한다.

④ 포괄가입하는 경우에는 포괄가입대상의 보험가입금액은 전체의 10%를 초과할 수 없다.

정답 | ④
해설 | 10%가 아니라 5%이다.

07 국문 도난보험에서 '도난품 발견 후의 처분'에 관한 설명으로 옳지 않은 것은?

① 손해를 보상한 후에 회수된 보험의 목적물을 매각한 때에는 보험회사는 그 매각대금을 전액 취득한다.

② 손해를 보상한 후 1년 이내에 보험의 목적이 회수된 때에는 피보험자는 1개월 이내에 보상금액을 돌려주고 그 물건을 찾아갈 수 있다.

③ 손해를 보상한 후에 보험의 목적이 발견, 회수된 때에는 그 소유권은 보험자에게 귀속된다.

④ 손해를 보상하기 전에 보험의 목적이 회수된 때에는 그 회수물에 대하여 손해가 발생하지 않은 것으로 본다.

정답 | ①
해설 | '매각가액 – (보상금액 + 소요비용)'은 피보험자에게 지급한다(보험자에도 이득금지원칙이 지켜져야 하므로).

08 도난보험의 보통약관에 첨부할 수 있는 특별약관에 대한 내용이다. 가장 거리가 먼 것은?

① 현금 및 유가증권 운송위험담보특약은 현금 및 유가증권이 운반인에 의해 운송되는 동안에 발생하는 도난손해를 담보한다.

② 귀중품 등 담보특약은 동산담보특약에서의 인수제외물건 중 귀금속 등을 담보할 수 있는 특약인데 보험목적이 보험회사가 승인하는 도난방지시설 내에 보관되어 있어야 한다.

③ 부재담보특약은 보관장소를 72시간 이상 비워둔 상태에서 발생한 도난사고를 담보하기 위해 첨부한다.

④ 보관시설파손담보특약은 불법침입자, 절도 또는 강도가 보험목적을 훔치기 위해 보관시설을 파손한 경우 보험가입금액의 전액을 담보할 수 있는 특약이다.

정답 | ④
해설 | 보관시설파손담보특약은 보험가입금액의 50%를 최고한도로 보상한다.
　　　※ 위의 ①, ②, ③, ④의 특약 외에 '실손보상특약', '협정보험가액특약', '영업활동 중 도난위험 부담보특약', '영업활동 중 도난위험담보특약' 등이 있다.

09 금융기관종합보험에서 담보하는 위험이 아닌 것은?

① 종업원의 횡령　　　　　　　　　　　② 임원의 업무소홀
③ 유가증권의 위조, 변조　　　　　　　④ 제3자의 절도, 강도

정답 | ②
해설 | 임직원의 부정행위(범죄행위)를 담보하므로 '부주의나 업무소홀'에 대해서는 보상하지 않는다.

10 금융기관종합보험(BBB)에서 담보하는 사고는?

① 보험기간 중에 발생되고 보험기간 이후에 발견된 사고

② 보험기간 이전에 발생되고 보험기간 이후에 발견된 사고

③ 소급담보일자 이후에 발생되고 보험기간 중에 발견된 사고

④ 소급담보일자 이전에 발생되고 보험기간 중에 발견된 사고

정답 | ③

해설 | 소급담보일자(Retroactive date)를 적용하는 손해사고발견기준(Discovery Basis Policy)이다.

11 금융기관종합방식에서 보험금을 지급하는 방식은?

① 보상한도액(LOL)으로 지급하되 보험가입금액(TSI)을 최고보상한도로 한다.

② 보상한도액(LOL)으로 지급하되 모든 사고에 대한 총보상한도액을 최고보상한도로 한다.

③ 보상한도액(LOL)으로 지급하는데, 매사고당 한도이므로 총보상한도액의 제한은 없다.

④ 보험가액에 대한 보험가입금액(TSI)의 비율로 비례보상을 한다.

정답 | ②

해설 | 보상한도액으로 보상하는데 총보상한도액을 설정하는 것이 특징이다.

　　　※ 8개 기본담보 중 소송비용을 제외한 7개 부문에서 각각 보상한도액을 설정하고, 동시에 전체에 대한 총보상한도액을 설정한다.

12 금융기관종합보험(BBB)의 지급보험금에 대한 설명이다. 틀린 것은?

① 금융기관종합보험은 다른 재물보험과 달리 보험가입금액 대신 보상한도액으로 최고지급한도를 정하고 있다.

② 피보험자가 BBB보험이 부보하는 사고로 인해 보상받을 수 있는 다른 보험이 있을 경우에는, 다른 보험과 분담하여 보상한다.

③ 피보험자는 사고 발견 후 30일 이내에 그 사실을 보험자에게 서면으로 통지해야 하며, 발견 후 6개월 이내에 세부내역이 기재된 손해증명서를 제출해야 한다.

④ 손해가 발생한 유가증권의 가치는 손해가 나기 직전 영업일의 종가로 결정하며, 시장 마감 후에 손해가 발생한 것을 인지할 경우에는 그날 종가로 결정한다.

정답 | ②

해설 | 분담하는 것이 아니다. 다른 보험으로 우선 보상책임을 부담한 다음 다른 보험으로 보상받지 못한 초과손해에 대해서 BBB가 보상한다. 즉, 다른 보험을 Primary Policy로 적용하고, BBB를 Excess Policy로 적용한다.

13 금융기관종합보험의 손해통지와 관련하여 빈칸을 옳게 채운 것은?

> 피보험자는 사고를 발견한 후 (　　) 이내에 그 사실을 보험자에게 서면으로 통지해야 하며, 발견 후 (　　) 이내에 세부내역이 기재된 손해증명서를 제출해야 한다.

① 10일, 3개월　　　　　② 10일, 6개월　　　　　③ 30일, 3개월　　　　　④ 30일, 6개월

정답 | ④
해설 | '30일, 6개월'이다.

14 금융기관종합보험의 부보를 위한 전제조건이 있다. 이에 대한 설명으로 가장 거리가 먼 것은?

① 개별 직원의 업무영역 및 책임에 대해 명확히 규정한 업무지침서를 유지하고 관리해야 한다.
② 어떤 직원도 특정 거래업무를 처음부터 끝까지 관리할 수 있도록 하지 않아야 한다.
③ 금고에 있는 재물, 금고 열쇠 및 비밀번호에 대해서는 반드시 한 사람이 아닌 둘 이상의 공동보호관리가 이루어져야 한다.
④ 모든 직원은 1년에 최소 7일을 연속해서 휴가를 가도록 하고 해당 업무에 관여하지 않도록 한다.

정답 | ④
해설 | 7일 → 14일. 금융부정행위와 관련되어 있다면 14일 동안 업무에 관여하지 않을 수가 없다고 본다.

15 납치 및 인질보험에서 보상하는 손해 및 보험가입금액에 대한 설명이다. 틀린 것은?

① 피보험자의 석방을 위하여 제공된 몸값(ransom)을 보상하는데, 시장성 있는 상품이나 용역으로 제공한 경우에는 제공 시점의 시장가격으로 지급한다.
② 무력 또는 폭력의 사용 또는 그에 의한 위협으로 인해 본인이 직접 몸값을 건네 준 경우 해당 몸값을 보상한다.
③ 보험계약자나 피보험자에 의해 허락을 받은 사람에 의해 몸값을 요구한 사람 앞으로 몸값을 전달하는 과정에서 몸값의 분실 또는 절취로 인한 운반 중 손해를 보상한다.
④ 제휴한 위험전문가 그룹에 지급하는 비용을 보상한다.

정답 | ②
해설 | ②는 면책사항에 해당된다.
　　　※ 납치 및 인질보험에서 보상하는 손해의 종류 : 몸값(①), 운송 중 손실(②), 위험관리전문가 비용(④), 법적 배상책임, 상해

16 납치 및 인질보험에서 보상하는 손해 중 '부수비용(additional expenses)'에 대한 설명이다. 틀린 것은?

① 희생자가 석방된 후 3개월 이내에 제공된 식사휴식 요양비

② 사고 후 2년 이내 정신의학, 일반치료 및 법률상담비용

③ 30일간 희생자를 대신하기 위한 임시직원의 총급여 100%(단, 희생자의 총급여 100%를 한도로 함)

④ 보험사고가 일어날 당시 계약상 받기로 되어 있는 총급여 100%

정답 | ①
해설 | ①은 3개월이 아니라 6개월이다.

17 테러보험에 대한 설명이다. 틀린 것은?

① 재물손해와 기업휴지손해, 배상책임의 3가지 부문으로 담보한다.

② 배상청구기준을 사용하는 경우 보고연장기간(ERP)은 60일로 제한된다.

③ 컴퓨터바이러스, 해킹 등 전자매체를 이용한 공격으로부터 발생한 손해는 보상하지 않는다.

④ 피보험자가 소유, 임차, 점유하고 있는 재물 및 보호 · 통제 · 관리하고 있는 재물에 대한 배상책임손해
   는 보상하지 않는다.

정답 | ②
해설 | 테러보험의 보고연장기간은 90일이다.

CHAPTER **03** | 종합보험

---

① 패키지보험을 선호하는 이유

(1) 계약관리의 편리성[주1]	(2) 보험료 할인효과[주2]
(3) 개별계약자 니즈를 반영한 설계 가능[주3]	(4) 전위험담보로 담보 누락 및 중복 방지

※ 주1, 주2 : 패키지보험은 다양한 위험을 하나의 보험으로 통합함으로써 계약관리의 편리함은 물론 보험료가 할인되는 효과가 있다.

※ 주3 : 패키지보험은 tailor – made의 성격이 강하며, TSI가 큰 물건일수록 패키지보험을 선호한다.

② 담보하는 4가지 부문 : PAR Cover, MB Cover, BI Cover, GL Cover

　㉠ PAR Cover는 필수담보, 나머지는 선택담보한다(실무적).

　㉡ BI Cover는 PAR Cover와 MB Cover를 함께 담보해야 한다.

③ 보험가입금액

PAR Cover	MB Cover	BI Cover	GL Cover[주1]
신품재조달가액		영업이익 + 보험가입경상비	LOL(1사고당 & 연간총한도액)

※ 주1 : GL Cover의 일반배상책임은 손해사고기준, 북미지역 배상책임은 배상청구기준으로 다르게 적용함

※ 패키지보험의 보험료 할인 효과는, 'PAR만 가입할 때보다 4개 섹션 모두 가입할 경우 요율이 낮게 적용되기 때문, 하나의 보험계약이므로 여러 개일 때보다 사업비에 해당하는 보험료 부분이 절감되기 때문'으로 이해할 수 있다.

① 국내판매 중인 레저종합보험 5종류 : 낚시, 테니스, 골프, 스키, 수렵보험

　※ 이 중 장기보험의 형태로 판매되고 있는 것은 골프보험이다.

② 담보위험 : 레저활동 중의 본인의 신체상해, 용품손해, 배상책임의 3가지 형태를 담보함(2가지 이상을 보통약관으로 담보하면 종합보험이라 함)

상해위험 담보	레저용품손해 담보	배상책임손해 담보
'레저활동 중'의 급격·우연·외래의 사고를 담보함	레저활동 중 훼손, 파손, 화재 및 도난 손해를 담보 (열거주의 담보, 보험가액 존재)	레저활동 중 입힌 제3자에 대한 법률상 배상책임을 담보

　※ '레저활동 中'의 의미 : 직접적인 레저활동뿐 아니라, 준비행위나 중간 휴식기간도 포함하는 개념

　※ 해외여행보험은 종합보험으로 분류하지 않는다(∵ 상해위험을 기본담보로 하고, 용품손해와 배상책임손해는 선택담보로 하기 때문).

③ 보험기간

구간보험(voyage policy) 성격	기간보험(time policy) 성격
낚시보험, 스키보험	테니스보험, 골프보험, 수렵보험

　※ 낚시보험과 스키보험 : 보험기간과 '낚시(스키)를 위해 거주지를 출발하여 거주지에 도착할 때까지의 기간'이 중복되는 동안을 보상한다('혼합보험').

　※ 테니스보험/골프보험/수렵보험 : 구내(테니스장/골프장/사격장)에 있는 동안만을 담보한다.

　※ 레저종합보험에서 담보하는 3가지 위험 중 열거주의로 담보하고 보험가액의 개념이 있는 위험은 '용품손해담보'이다(나머지 두 담보는 보험가액이 존재하지 않음).

　※ 레저종합보험의 5가지 종류 중 '피보험자가 해당하는 레저활동을 위해 거주지를 출발하여 거주지에 도착할 때까지의 위험을 담보'하는 형식은 낚시보험과 스키보험이다(Cf. '골프보험/테니스보험/수렵보험'은 구내에서의 위험만을 담보한다).

CHAPTER 03 | 단원정리문제

01 보험계약자가 패키지보험을 선호하는 이유이다. 가장 거리가 먼 것은?

① 보험계약을 하나의 증권으로 통합하면 보험료의 규모가 커지게 되고 이에 따른 보험료 할인을 받을 수 있다.

② 보험계약자가 필요한 위험담보를 보험자와 협의하여 계약자에게 가장 적합한 조건을 설정할 수 있다.

③ 하나의 증권으로 통합된 보험상품을 구입함으로써 개별상품 보험에 가입한 것보다 관리가 용이하다.

④ 담보위험을 열거주의로 설정하지만 다양한 특별약관을 통하여 대부분의 위험을 담보할 수 있다.

정답 | ④
해설 | 패키지보험은 면책위험을 열거하며 면책위험을 제외한 나머지는 모두 보상이 되는 포괄담보방식이다(All Risk 담보).

02 레저종합보험 중 장기보험의 형태로 판매되는 것은?

① 골프보험   ② 낚시보험   ③ 테니스보험   ④ 스키보험

정답 | ①
해설 | 골프보험은 장기보험으로도 인가 · 판매되고 있다(나머지는 일반보험으로 판매).

03 레저종합보험에 대한 설명이다. 옳은 것은?

① 본인의 신체상해와 용품손해, 제3자에게 입힌 배상책임손해의 3가지 형태의 위험을 담보하는 것은 레저보험과 해외여행자보험이 있는데, 2가지 이상의 위험을 담보하므로 둘 다 종합보험으로 분류된다.

② 신체상해, 용품손해, 배상책임손해 중 보험가입금액의 한도를 보험가액으로 제한하는 것은 용품손해이다.

③ 레저활동 중이라 함은 보험약관에서 정한 레저활동을 직접 행하고 있는 동안만을 말한다.

④ 구내에 있는 사고만을 담보하는 보험은 골프보험, 테니스보험, 낚시보험이 있다.

정답 | ②
해설 | ① 해외여행자보험은 보통약관상으로 상해위험만을 담보하므로 종합보험이 아니다.
③ '레저활동 중'이라 함은, 보험약관에서 정한 레저활동을 직접 행하고 있는 동안만이 아니라 레저활동을 하기 위한 준비행위 또는 휴식시간도 포함한다.
④ 구내위험만을 담보하는 것은 '골프보험, 테니스보험, 수렵보험'이다.

04 레저종합보험의 보험기간에 대한 설명이다. 틀린 것은?

① 골프보험은 골프시설 구내에서 골프 연습, 경기 또는 지도 중의 기간을 담보한다.

② 수렵보험은 수렵장, 사격장 구내에 있는 기간만을 담보한다.

③ 스키보험은 스키장 내에서 연습, 경기 또는 지도 중의 기간을 담보한다.

④ 테니스보험은 테니스시설 구내에서 테니스 연습, 경기 또는 지도 중의 기간을 담보한다.

정답 | ③

해설 | 낚시 및 스키보험은 피보험자가 낚시나 스키를 위하여 거주지를 출발하여 거주지에 도착할 때까지의 위험을 담보한다.

CHAPTER **04** | 기타 특종보험

SECTION 1 법률비용보험

① 주로 개인생활 관련 법률비용을 담보함(기업활동관련 법률비용담보 – 영업배상책임보험)

　※ 법률비용이라 함은 민사소송과 관련된 비용을 말하는데, 동 보험은 피보험자가 실제 부담한 '변호사비용, 인지액, 송달료'를 보상한다.

② 주요 조건

　㉠ 배상청구기준, 보상한도액(LOL) 설정(보험가액의 개념이 없다).

　㉡ 자기부담금(공제액) : 다른 배상책임보험에 비해 낮은 수준의 공제금액을 설정한다.

　　※ 면책기간은 통상 60일~90일 정도로 한다.

　㉢ 면책사항(아래의 경우 법률비용을 보상하지 않음)

> (1) 지적재산권에 관련된 소송(∵ 역선택 우려가 높기 때문)
> (2) 자본시장법에 따른 금융투자상품에 관련된 소송(∵ 공익차원에서 금융당국에서 소송비지원을 할 수 있음)
> (3) 공정거래 및 집단소송 관련 소송
> (4) 피보험자와 피보험자 가족 간의 민사소송
> (5) 가입 여부와 관계없이 의무보험에서 보상받을 수 있는 법률비용
> (6) 소의 취하 및 각하
> (이하 생략)

③ 언더라이팅 시 고려사항

Open Panel 방식	Closed Panel 방식	절충식 방식
피보험자가 변호사 지정	보험자가 승인한 변호사 지정	피보험자 지정 후 보험자승인

　※ 역선택위험이 가장 큰 방식은 Open Panel 방식이다.

　※ 법률비용보험은 변호사 선임권이 누구에게 있는가에 따라 'Open Panel, Closed Panel, 절충식 방식'의 3가지 약관으로 구분할 수 있는데, 이 중에서 역선택의 가능성이 가장 높은 것은 Open Panel 방식이다.

　※ 법률비용보험은 피보험자와 피보험자의 가족 간 민사소송에 대한 비용은 보상하지 않는다.

① 지적재산권에 대한 소유권분쟁의 2가지 형태

당기업 → 타회사	당기업 ← 타회사
재산권방어 소송	재산권침해소송을 당하는 경우

※ 지적재산권관련 소송에는 패소할 경우 피해가 크고, 승소한다 하더라도 많은 시간과 비용이 투입되기 때문에 보험을 통한 보장 needs가 강해지는 분야이다.

② 보상하는 손해 : 아래 4가지 부문에서 '소송비용, 침해조사비용, 법률상손해배상금 등'을 보상함

계약클레임	방어클레임	보호클레임	소송제기클레임
지적재산권 관련 계약의 파기로 인한 소송	피보험자를 상대로 제3자가 제기한 소송을 방어	피보험자의 지적재산권 관계자들이 제기한 소송을 방어	피보험자가 제기한 소송 (손해배상금 면책)
	타인의 권리를 침해한 경우	보유 권리를 침해당한 경우	

[암기법] '계.파. 방.제. 보.관'으로 암기

③ 지적재산권의 종류 : 특허권, 저작권, 의장권, 상표권

④ 보상한도액 : 4가지 부문 각각의 한도액을 설정할 수 있음. 공제금액을 초과하는 금액을 보상함

⑤ 주요면책사항(총 12개 항목)

> (1) 고의 · 부정 · 범죄적 행위로 야기된 클레임
> (2) 보험사의 동의 없이 발생한 자기비용('자기비용'은 반대소송 등에 소요되는 비용)
> (3) 다른 보험으로부터 받을 수 있는 클레임
> (4) 고지하지 않은 지적재산권 관련 클레임
> (5) 벌금, 징벌적 배상금
> (6) 보험개시일 이전에 이미 발생하였거나 알고 있었던 클레임
> (7) 피보험자에 의한 다른 피보험자에 대한 클레임(피고용인에 대한 사업자의 방어 소송은 제외됨)
> (이하 생략)

⑥ 언더라이팅 시 고려사항

　㉠ 지적재산권보험에 대한 언더라이팅이 어려운 이유
　　• 지적재산권의 특성상(무체물) 보험수리적 측면에서 통계적 관리가 어렵다.
　　• 정보의 비대칭이 특히 많아 피보험자의 역선택을 차단하기가 어렵다.
　㉡ 계약인수 시 기본적 고려사항 : 향후 1년간의 지적재산권의 변동 가능성, 과거 10년간의 지적재산권 관련 분쟁사항, 법률비용을 담보하는 다른 보험사항 등

※ 지적재산권보험이 담보하는 4가지 부문에서 '법률상 손해배상금'을 담보하지 않는 것은 '소송제기클레임'이다(피보험자의 자기비용 등을 보상함).

※ 피보험자가 보유한 지적재산권의 권리를 침해당한 경우 '소송제기클레임, 보호클레임'으로 보상받을 수 있다.

※ 피보험자가 타인의 지적재산권을 침해하여 소송을 당한 경우 '방어클레임'으로 보상받을 수 있다.

① 전문직업배상책임보험의 비행배상책임보험(Malpractice Liability Insurance)과 유사함

② 담보기준 : 배상청구기준과 손해발견기준의 2가지 기준을 사용

③ 보상하는 손해 : 기본담보(피해 환자에 대한 보상책임) + 선택담보(제3자에 대한 법률상 손해배상책임)

※ 임상실험대상자는 자원자들이므로 배상책임부담이 적다. 따라서 기본담보만으로 보험가입하는 것이 일반적이다.

④ 주요면책위험(전체 7개 항목)

> (1) 피보험자의 사기, 범죄행위
> (2) 다른 보험에서 보상하는 손해
> (3) 북미지역 소송클레임
> (4) 고지하지 않은 이상 현상에 기인한 손해배상책임
> (이하 생략)

⑤ 언더라이팅 시 유의사항 : 피보험자가 1년 이상의 장기계약 요구 시, 부작용으로 인한 클레임의 가능성이 높아지므로 유의해야 함

※ 임상실험보상보험이나 지적재산권보험은 다른 보험에서 보상하는 손해는 보상하지 않는다.
※ 피보험자(임상실험기관)가 피해 환자에 대하여 부담하는 보상책임을 주 담보로 하고 경우에 따라 피보험자가 부담할 수 있는 제3자에 대한 법률상의 손해배상책임을 선택담보로 한다.

① 담보위험의 특징
　　㉠ 동물의 사망손해만을 담보한다.
　　㉡ 동물소유자의 실제손해액(사망당시의 동물의 가치)을 보상하며 잠재적 수익은 보상하지 않는다.
　　㉢ 단, 종축동물의 경우 예외적으로 기능상실손해도 담보한다(종마붙임확장담보 약관 첨부).

② 보험가입금액 : 시가(actual cash value)보험으로 보상함
　　※ 단, 시가를 정하기 곤란한 동물의 경우는 가입 당시 협정보험가액(agreed value)으로 할 수 있음

③ 공제금액 : 전손사고 시에만 보상하므로 공제를 두지 않는 것이 일반적이나, 동물보험에서는 피보험자의 주의의무를 부과하는 차원에서 공제금액을 설정함

④ 보상하지 않는 손해
　　㉠ 당국명령에 의한 도살을 포함한 고의적 도살(단, 보험자승인이 있는 경우는 보상)
　　㉡ 자격없는 자의 치료 중 사망한 경우
　　㉢ 원자력, 방사능 위험에 기인한 사망

⑤ 보험담보의 전제조건(Warranties)

> (1) 부보 전 수의사의 검진내역 첨부
> (2) 피보험자가 부보동물을 타인에게 양도 시 담보 종료
> (3) 부보동물의 불임시술 시 담보 종료
> (4) 보험기간 중 공개시장에서 가격평가를 받은 경우 그 평가액과 보상가격 중 낮은 가격으로 보상함
> (5) 타보험에 가입 시 보험자의 동의가 없다면 보험자 면책이며, 보험자 동의가 있을 경우는 타보험의 초과보험(excess policy)이 됨

※ 국내에서 판매되는 동물보험(Livestock Mortality Insurance약관)은 사망사고만을 담보하므로, 치료비나 관리비용은 보상하지 않는다.

※ 동물도 재물의 일종이므로 보험가액으로 평가한다. 보험가액은 사고가 발생한 때와 장소에서의 시가(actual cash value)를 기준으로 한다.

SECTION 5 정치적 위험보험(국문약관, 영문약관)

① 일반적인 정치적 위험의 4가지 유형

송금제한	몰수 또는 수용	계약위반	전쟁, 폭동위험
정치적 조치로 인한 환전불능위험 담보(외환가치하락손실은 면책)	투자재산에 대한 사용권제한에 따른 손해를 담보(투자자의 현지 법규 위반에 따른 몰수 등의 손실은 면책)	현지 정부가 계약사항을 일방적으로 위반함에 따른 손해를 담보	정치적 분쟁위험에 따른 재산손실위험 담보(1년 이상 지속 시 전재산 손실로 간주하고 확장담보가능)

② 영문약관(Political Force Majeure Insurance)의 4가지 열거위험 : 몰수, 인허가 취소, 정부조치, 폭동 및 테러리즘

③ 영문약관의 면책사항 : 불법행위, 불이행, 파산 또는 사업실패, 계약사항, 환전불가손해, 환율변동손해

④ 보상방식 : 보상한도액 설정. 실제 피보험자의 순손실액이 보상한도액을 초과할 경우에는 일부보험으로써 비례보상이 적용됨

※ 80% Co－insurance를 적용하는 것이 일반적

※ 일반적인 보험은 전쟁위험은 면책이지만 정치적 위험을 부보하는 보험은 전쟁위험을 담보한다.

※ 영문약관 Political Force Majeure Insurance의 4가지 열거위험은 '몰수, 인허가 취소, 정부조치, 폭동 및 테러리즘'이다.

CHAPTER 04 | 단원정리문제

01 법률비용보험에서 보상하는 법률비용보험금의 범위에 속하지 않는 것은?

① 대법원이 정한 변호사 보수의 소송비용 산입에 관한 규칙 한도 내에서, 피보험자가 실제 부담한 변호사 비용

② 민사소송 등 인지법에서 정한 인지액의 한도 내에서 피보험자가 실제 부담한 인지액

③ 대법원이 정한 송달료 규칙 한도 내에서 피보험자가 실제 부담한 송달료

④ 법원 판결을 통해 피보험자에게 부과되는 각종 벌금, 과태료

정답 | ④

해설 | ④는 보상하지 않는다.
　　　※ 법률비용보험 : 민사소송과 관련한 비용을 보상하는데, 피보험자가 소송과 관련하여 실제 부담한 '변호사비용, 인지대, 송달료'를 보상한다.

02 법률비용보험(Legal Expense Insurance)에 대한 설명이다. 틀린 것은?

① 배상청구기준약관을 사용한다.

② 다른 배상책임보험과 달리 고액의 공제금액을 설정한다.

③ 전부패소에 따라 피보험자가 민사소송 상대 측에 부담해야 할 소송비용 일체에 대해서는 보상하지 않는다.

④ 변호사선임방식에 있어서 역선택의 위험이 가장 높은 것은 Open Panel 방식이다.

정답 | ②

해설 | 무분별한 소송의 남발을 방지하고 소액클레임에 대한 보험자부담을 경감하는 차원에서 공제액을 설정하되, 다른 배상책임보험에 비해서 낮은 수준으로 설정한다.

03 지적재산권보험이 담보하는 4가지 부문에서 손해배상금을 보상하지 않는 것은?

① 계약클레임(Agreement Claims)

② 방어클레임(Defense Claims)

③ 보호클레임(Protection Claims)

④ 소송제기클레임(Prusuit Claims)

정답 | ④

해설 | 소송제기클레임은 본인이 제기한 소송으로 손해배상금을 담보하지 않는다. 소송제기클레임담보에서는 피보험자의 자기비용과 제3자비용에 대해서 보상받을 수 있다.

04 지적재산권보험에 대한 내용이다. 보기는 무엇을 말하는가?

> • 피보험자가 타인의 권리를 침해한 경우이다.
> • 피보험자를 상대로 제3자가 제기한 소송을 방어함에 있어서의 피보험자의 자기비용, 제3자비용, 그리고 법률
>   상 손해배상금을 담보한다.

① 계약클레임(Agreement Claims)

② 방어클레임(Defense Claims)

③ 보호클레임(Protection Claims)

④ 소송제기클레임(Prusuit Claims)

정답 | ②
해설 | 방어클레임에 대한 설명이다.

05 지적재산권보험에서 면책사유가 아닌 것은?

① 보험사의 동의 없이 발생한 피보험자의 자기비용

② 다른 보험이나 대안으로부터 보상받을 수 있는 클레임

③ 벌금, 징벌적 배상금, 보상금과 관련없는 합의금

④ 피고용인에 대한 사업자의 방어소송

정답 | ④
해설 | '피보험자에 의한 다른 피보험자에 대한 클레임'은 면책요건에 해당하나, 피고용인에 대한 사업자의 방어소송은 면책요건에
       서 제외된다.

06 지적재산권보험의 언더라이팅이 어려운 이유이다. 가장 거리가 먼 것은?

① 지적재산권에 대한 전문적 지식과 관련 클레임에 대한 경험 및 자료를 보험자보다 더 많이 알고 있어
   역선택우려가 크다.

② 지적재산권은 건물과 같은 유체물이 아니기 때문에 손해유형을 예측하기가 매우 어렵고 통계적 관리
   도 어렵다.

③ 손해유형을 파악했다고 해도 그 손해 규모를 예측하기 쉽지 않다.

④ 향후 1년간의 지적재산권의 변동가능성을 예측하기 어렵다.

정답 | ④
해설 | ①, ②, ③이 언더라이팅 시 어려운 점이며, ④는 '기본적으로 고려할 사항'에 해당하므로, 언더라이팅이 어려운 점이라고 보기
       어렵다.

07 임상실험 보상보험에 대한 설명이다. 가장 거리가 먼 것은?

① 국내에서 사용하고 있는 임상실험위험담보약관은 외국의 영문약관을 그대로 도입한 것이며, 일부 국내사가 영업배상책임보험의 임상시약담보 특별약관으로 관련 담보를 인수하고 있다.

② 임상실험보상보험은 전문직업 배상책임보험의 비행배상책임보험(malpractice liability insurance)이라 할 수 있다.

③ 임상실험보상보험의 담보기준은 배상청구기준과 손해발견기준의 두 가지 기준을 채택하고 있다.

④ 임상실험보상보험을 인수하는 보험자는 3년 이상의 보험기간을 요구하는 계약에 대해서는 역선택의 가능성에 대해서 신중히 고려한 후 인수해야 한다.

정답 | ④
해설 | 3년 이상의 → 1년 이상의
※ 약물의 부작용(side effect)으로 인한 클레임을 고려할 때, 1년 이상의 보험기간을 요구하는 계약은 역선택 가능성이 높다고 할 수 있다.

08 임상실험보상보험에 대한 설명이다. 틀린 것은?

① 배상청구기준과 손해발견기준의 두 가지를 담보기준으로 한다.

② 피보험자가 피해환자에 대해 부담하는 보상책임을 주담보로 하고, 경우에 따라 피보험자가 부담할 수 있는 법률상 손해배상책임을 선택담보로 할 수 있다.

③ 다른 보험에서 보상하는 손해는 그 초과분에 대해서만 보상한다.

④ 북미지역 소송클레임에 대해서는 담보하지 않는다.

정답 | ③
해설 | 초과보험(excess policy)이 아니라 면책이다.

09 동물보험 보통약관에 대한 내용이다. 가장 거리가 먼 것은?

① 국내에서는 합리적인 보험조건을 산정할 만한 시장이 형성되지 않아 영국 로이드 보험시장의 Livestock Mortality Insurance약관(LMI약관)을 사용하고 있다.

② 보험자의 보상책임은 부보동물이 사망한 경우에만 적용된다.

③ 미평가보험이며 시가(actual cash value)를 기준으로 보험가입금액을 정하는 것이 원칙이다.

④ 동물소유자의 실제 손해액뿐 아니라 잠재적인 기대수익도 보상한다.

정답 | ④
해설 | 동물소유자의 실제 손해액(사망 시 동물의 현재가치)만을 보상하며, 잠재적인 기대수익은 보상하지 않는다.

10 동물보험의 보험가입금액에 대한 내용이다. 틀린 것은?

① 동물은 재물의 일종이므로 시가액(actual cash value)을 기준으로 보험가입금액을 정한다.

② 사고발생 시 시가가 보험가입금액보다 높을 경우에는 비례보상한다.

③ 부보 당시 시가를 결정하기 곤란한 동물의 경우에는 보험자와 피보험자가 합의하여 협정보험가액 (agreed value)으로 정할 수 있다.

④ 동물보험은 사망사고만 보상하므로, 즉 전손에만 보상하므로 자기부담금을 설정하지 않는다.

정답 | ④
해설 | 피보험자의 손해방지노력을 강화하는 차원에서 자기부담금을 설정하고 있다.

11 동물보험 보통약관에서 '보상하지 않는 사유'와 가장 거리가 먼 것은?

① 보험자가 서면으로 동의한 고의적 도살

② 독극물로 인한 사망

③ 악의적인 행위로 기인한 부상 및 그로 인한 사망

④ 자격있는 수의사가 아닌 사람이 행한 외과수술 또는 치료행위로 인한 동물의 사망

정답 | ①
해설 | 고의적인(인위적인) 도살은 면책사유이나, 보험자가 서면으로 동의한 가운데의 고의적 도살은 보상해야 한다.

12 동물보험 보험담보의 전제조건과 가장 거리가 먼 것은?

① 보험개시일 당일 부보동물의 건강상태가 양호함을 입증해야 한다(자격 있는 수의사의 검진내역서 첨부).

② 부보동물의 법적 소유권이 피보험자에게 있음을 입증해야 한다.

③ 담보하는 동물에게 불임시술을 하는 경우에는 해당 시술 후 건강에 문제가 없다는 것을 입증해야 한다.

④ 보험기간 중 부보동물은 청약서에 고지된 내역 내에 있어야 하며, 청약서상에 고지된 내용 외의 다른 용도로 사용되어서는 안 된다.

정답 | ③
해설 | 담보하는 동물에게 불임시술을 하는 경우에는 해당 시술일 직전에 보험담보가 종료된 것으로 간주한다.

13 정치적 위험보험 약관(Political Force Majeure Insurance)에서 면책하는 사항이 아닌 것은?

① 전쟁위험

② 피보험자의 불법행위

③ 피보험자의 파산 또는 사업 실패

④ 환전관리

정답 | ①

해설 | 동 보험에서는 전쟁위험도 보상한다(면책사항으로 열거되지 않음).

※ 정치적 위험보험 약관(Political Force Majeure Insurance)의 면부책

• 담보위험 4가지 : 몰수, 인허가 취소, 정부조치, 폭동 또는 테러리즘

Cf. 일반적인 정치적 위험보험의 담보유형 4가지 : 송금제한, 몰수 또는 수용, 계약위반, 전쟁 또는 폭동위험

• 주요면책사항 : 불법행위, 파산 또는 사업 실패, 계약사항, 불이행, 환전관리, 환율변동, 세금

CHAPTER 05 | 컨틴전시보험(Contigency Insurance)

SECTION 1 컨틴전시보험 개요

① **컨틴전시보험** : 전통적인 손해보험에서 보상하지 않는 위험을 담보하는 보험. 특정한 사건이나 경기결과, 날씨 등을 전제로 예정된 사건이 현실화되었을 때 발생하는 금전적 손실을 보상한다.

② 컨틴전시보험의 종류

행사취소보험	상금보상보험	날씨보험
불이행담보/주인공불참담보/ 악천후 담보	골프경기의 홀인원보험, 볼링경기의 퍼펙트보험 등	행사취소보험, 상금보상보험 모두 날씨보험의 성격도 띰

③ 컨틴전시보험의 특징

　㉠ 경험통계가 거의 없어 합리적인 요율산정이 어렵다.

　㉡ 역선택 가능성, 도덕적 위험이 타보험에 비해서는 크다.

　　예시 '행사취소보험, 상금보상보험, 골프보험, 날씨보험' 중 컨틴전시보험이 아닌 것은?
　　　　→ 골프보험이다(골프보험은 레저종합보험).

SECTION 2 행사취소보험(Cancellation of Event Insurance)

① **개념** : 각종 행사를 기획·주관하는 피보험자가 예기치 못한 사고로 인하여 행사가 취소, 단축, 연기 또는 장소 변경으로 입게 되는 비용손실을 보상하는 보험이다.

② 담보의 종류

불이행담보 (non‒performance cover)	주인공의 불참담보 (non‒appearance cover)	악천후담보[주1] (weather cover)
행사주관자로부터의 통제불가능한 상황으로 인해 행사가 계획대로 이행되지 않는 위험을 담보	행사가 특정인(콘서트의 가수, 연주자)의 출연에 좌우될 때 불참에 대한 위험(출연자의 질병, 사고, 사망 등의 상황) 발생 시 보상	야외행사의 경우 폭우나 폭설, 폭풍, 우박 등의 기상사태로 행사가 취소되거나 변경될 경우 피보험자가 부담하는 손실을 보상
팝콘서트에서 주로 가입	유명인사 초청행사에 주로 가입	야외행사의 경우 주로 가입

※ 주1 : 악천후담보의 주요 위험은 폭우나 폭설이다.

③ 보상한도액

　　㉠ 보상한도액의 설정 : 불가피한 사유로 행사가 취소될 경우 피보험자가 부담하게 되는 총비용 및 수익손실을 고려하여 보상한도액을 설정한다.

　　㉡ 비례보상 : 실제사고 시 피보험자의 확정순손실액이 보상한도액보다 많을 경우 일부보험의 비율로 비례보상한다.

> **예시** 보험가액(실제사고 시의 피보험자의 확정순손실액)이 10억원, 보험가입금액(행사취소보험 가입 시 설정하는 보상한도액)이 5억원일 경우, 일부보험에 해당하므로 1/2의 비율로 비례보상한다.

④ 3가지 준수의무(Warranties) : 법률적 요구사항, 필요한 준비 및 이행사항, 계약상 요구조건 및 권한

⑤ 언더라이팅 시 고려사항 : 행사의 성격·장소·기간, 행사 주관사의 경험과 평판 등

> **예시** 행사취소보험에 보상한도액 10억원으로 가입하고 보험사고인 행사 취소가 발생하였다. 행사 취소로 인한 피보험자의 확정순손실액이 20억원이라면, 보험회사가 지급하는 보험금은?
> → 5억원(10억원을 모두 지급하는 것이 아니라 비례보상(10억/20억원)으로 5억원을 지급한다).

SECTION 3 　상금보상보험(Prize Indemnity Insurance)

① 개요

　　㉠ 상금보상보험은 홍보 또는 마케팅 촉진 차원에서 도입되었으며, 홀인원보험과 퍼펙트보험이 대표적이다.

　　㉡ 보험요율과 상금의 적정성이 보험의 운영에 중요한 영향을 준다.

> ※ 기업 입장에서 '상금보상보험의 보험료 〈 마케팅비용'의 경우는 적극적으로 보험에 가입할 동기가 된다. 즉, 기업 입장에서는 보험요율이 매우 중요한 요소가 된다.
> ※ 실제손해액을 보상하는 일반 손해보험과는 달리 사행성이 있으므로 상금의 적정성이 중요한 요소가 된다.

　　㉢ 상금보상보험은 보험사고 시 전손사고의 특성을 띤다(일반손해보험은 분손도 가능).

② 피보험자의 준수사항(warranty) : 사전고지의무, 보험사고 발생 여부를 사전에 몰라야 함, 보험계약내용의 비밀유지, 행사 등 절차가 합법적으로 이행되어야 함

③ 면책사항 : 전쟁, 폭동 위험, 원자력위험, 행사와 관련된 피보험자의 준비 부적절로 인한 손해, 사고 후 피보험자의 부적절한 대응조치, 피보험자의 재정 부족 등으로 인한 금융손실

④ 언더라이팅 시 유의사항 : 기상 결과를 기준으로 하는 보험인수 시, 과거 30년 이상의 기상관측자료를 고려하여 인수, 보험요율은 10%를 초과하지 않도록 함

① 개념

    ㉠ 기상변화로 인한 기업의 매출액 감소 또는 비용 증가를 담보하는 보험이다.

    ㉡ 보험기간 중, 관측지점에서 산정된 날씨지수가 보상조건에 부합할 경우 정액보상한다.

    ㉢ 대표적인 Short – tail보험이다(보험금 산정과 지급에 걸리는 시간이 단기간).

    ㉣ 날씨에 대한 장기예측은 불가하므로 도덕적 위험이 매우 낮은 컨틴전시보험이다.

② 보험가입금액 등

보험가입금액	관측지점	언더라이팅 시 고려사항
피보험자의 3개년 평균매출액의 30% 또는 최근 3년 평균 지출비용의 100% 한도	피보험자의 사업장 또는 영업활동 소재지 중에서 선정함	청약은 보험기간 개시일로부터 최소 30일 이전에 이루어져야 함

※ 기타의 컨틴전시보험

    • 영화제작비용보상보험 : 행사취소보험의 불참담보와 유사

    • 초과회수비용보험 : 예산초과비용을 보험으로 전가

    • 잔존가액보장보험 : 리스 종료 시점에서 리스물건의 잔존가액과 중고가 시세액의 차이를 보상

CHAPTER **05** ǀ **단원정리문제**

01 행사취소보험이 담보하는 위험 중 '불이행담보(Non – Performance Cover)'를 말하는 것은?

① 행사주관자인 보험계약자의 통제불가능한 사고로 행사가 계획대로 개최되지 않을 경우 해당 사고 이전까지 투입된 비용손실을 보상한다.

② 행사의 성공적인 개최 여부가 특정 사람의 참석 여부에 의해 결정되는 경우, 특정인의 질병, 사고, 사망 등 행사주관자가 통제할 수 없는 상황의 발생으로 피보험자가 부담하는 손실을 보상한다.

③ 주로 특정인을 주인공으로 하는 대형음악회, 콘서트행사에 사용하는 담보방식이다.

④ 행사 개최 장소가 옥외인 경우 폭우, 폭풍, 폭설, 우박 등과 같이 옥외행사를 도저히 개최할 수 없는 기상상태가 발생한 경우 행사 취소 또는 개최일자 연기 및 장소 변경으로 인해 피보험자가 부담하는 손실을 보상한다.

정답 ǀ ①

해설 ǀ ① 불이행담보(non – performance cover), ②, ③ → 주인공의 불참담보(non – appearance cover), ④ 악천후담보(weather cover).
　　 ※ ①은 국제무역박람회, 전시회, 대형스포츠 행사에 적합한 담보방식이다.

02 행사취소보험의 담보조건에 대한 내용이다. 틀린 것은?

① 행사취소보험의 보험가입금액은 행사의 전체예산을 기초로 하되, 보험사와 합의하여 행사가 정상적으로 개최되었을 경우의 상실수익도 포함할 수 있다.

② 보상한도액이 실제사고 시의 피보험자의 확정 순손실액보다 적은 경우 보상한도액을 전액 지급한다.

③ 행사취소보험의 공제금액은 약관이 일정비율 또는 금액을 정하고 있지 않으므로, 계약자와 보험자가 상호 협의하여 결정한다.

④ 행사취소보험에서 담보하는 위험의 특성상 피보험자의 성공적인 행사 개최 노력이 매우 중요하므로 다른 보험종목과 달리 3가지 특별준수의무를 요구한다.

정답 ǀ ②

해설 ǀ 실제사고 시 '보상한도액 < 시가액'일 경우 비례보상한다($\frac{보상한도액}{시가액}$).

03 행사취소보험의 피보험자 준수의무를 설명한 것이다. 틀린 것은?

① 피보험자는 행사와 관련한 법률, 법령 또는 법원이나 정부기관에서 정한 사항을 준수하고 이행해야 한다.

② 피보험자는 성공적인 행사 개최에 필요한 제반 준비사항을 충실하게 이행해야 한다.

③ 피보험자는 필요한 모든 계약사항을 문서화하고 각종 인허가, 비자, 저작권, 특허권 등 필요한 권리사항을 유효한 상태로 확보해야 한다.

④ 행사주관자의 과거 경험과 평판을 주의깊게 조사해야 한다.

정답 | ④
해설 | ④는 언더라이팅 시 고려사항으로, 피보험자의 준수의무에 속하지는 않는다.
　　　 ① 법률적 요구사항
　　　 ② 필요한 준비 및 이행사항
　　　 ③ 계약상 요구조건 및 권한

04 상금보상보험에 대한 설명이다. 틀린 것은?

① 피보험자의 재정 부족 등 재무관리 부실로 인한 금융손실은 보상하지 않는다.

② 강우량, 강설량과 관련된 기상결과를 기준으로 담보할 경우, 과거 3년 이상의 기상관측자료를 고려해서 보험조건을 결정해야 한다.

③ 보험요율이 10%를 상회하게 되면 보험계약의 성사가 어려우므로, 공제금액을 상향하거나 공동부보비율을 낮추어 보험가입이 가능하도록 하는 것이 좋다.

④ 피보험자의 도덕적 위험을 최소화하기 위한 담보조건(warranties)으로는, '보험계약내용을 보험자의 사전동의 없이 제3자에게 알리지 말아야 한다' 등이 있다.

정답 | ②
해설 | 3년 → 30년 이상

05 날씨보험에 대한 설명이다. 틀린 것은?

① 보험가입금액은 피보험자의 3개년 평균매출액의 30% 또는 최근 3년 평균지출비용의 100%를 한도로 한다.

② 날씨의 관측지점은 피보험자의 사업장 또는 영업활동 소재지 중에서 선정한다.

③ 보험계약자의 청약은 보험기간 개시일로부터 최소 15일 이전에 이루어져야 한다.

④ 언더라이터의 입장에서 담보지역을 분리해서 인수하는 것이 위험분산 측면에서는 유리하다.

정답 | ③
해설 | 30일 이전이다.

06 다음 중 Long – tail보험과 가장 거리가 먼 것은?

① 임원배상책임보험 ② 의사배상책임보험
③ 날씨보험 ④ 생산물배상책임보험

정답 | ③
해설 | 날씨보험은 Short – tail보험이다. 배상책임보험은 대부분 Long – tail보험이다.

배상책임보험

A C I U

기 업 보 험 심 사 역

배상책임 학습 Guide

(1) 세부과목별 출제문항 수

세부과목	예상문항 수	과목난이도(최고 ★★★★★)
1장 배상책임보험 개요	3문항	
2장 시설소유관리자배상책임	4문항	
3장 보관자배상책임	3문항	
4장 도급업자배상책임	3문항	★★★★
5장 생산물배상책임	3문항	
6장 전문직업배상책임	3문항	
7장 임원배상책임	3문항	
8장 기타 주요약관	3문항	
계	25문항(과락 : 득점문항이 10문항 미만 시)	

※ 챕터별 문항 수는 매 시험 변동이 있을 수 있습니다.

(2) 학습전략

시설소유관리자배상책임보험, 보관자배상책임보험, 도급업자배상책임보험, 생산물배상책임보험, 전문직업배상책임보험, 임원배상책임보험, 기타 주요약관(리콜보험 등)에서 골고루 출제가 된다.

각 보험의 종류 별로 기본개념, 책임법리, 면부책을 확실히 구분할 수 있어야 한다. 특히 면부책은 영업배상책임의 공통면책사항에 각 특별약관의 고유의 면책사항이 추가되는 형태이며 면부책사항이 많으므로 반복학습을 통해 확실히 이해하고 암기해야 한다.

시설소유관리자특약과 도급업자특약, 보관자특약의 상호비교, 국문 영업배상책임보험과 영문 영업배상책임보험(CGL Policy)의 구조를 비교해서 이해하는 것이 필요하다.

동 과목은 이해와 암기를 모두 요구하는 과목이어서 학습에 어려움이 있는 과목이므로 좀 더 시간이 투입될 필요가 있는 과목이다. 동 과목에서는 70% 이상의 득점을 목표로 학습하기를 권장한다.

CHAPTER 01 | 배상책임보험 개요

SECTION 1 배상책임보험의 특성

① 기본개념

  ㉠ 배상책임보험은 피보험자가 제3자에게 피해를 입히고, 이로 인해 발생하는 법률상의 손해배상책임을 담보하는 보험이다.

   ※ 타보험은 '보상을 받는' 보험이나, 배상책임보험은 '배상을 하는' 보험이다.

  ㉡ 피보험자 외에 반드시 '피해자'가 있어야 하는 보험이다.

② 배상책임보험의 특성

  ㉠ 피보험이익 : 배상책임보험의 보험목적은 타인의 재산 뿐 아니라, 신체손해까지 포함되므로 그 가치를 정확히 평가하기 어려울 정도로 매우 큼 → '피보험자의 적극적 · 소극적 전재산관계'

   ※ 단, 보관자배상책임보험은 보험의 목적이 특정인의 재산이므로 이 경우 피보험이익은 피보험자의 전재산관계라고 할 수 없다.

   [참고] 배상책임보험의 피보험이익과 보험의 목적

배상책임보험의 피보험이익	배상책임보험의 보험의 목적
피보험자의 전재산관계	피보험자의 전재산

  ㉡ 배상책임보험의 보험사고발생시점의 인식

손해사고설	배상청구설	책임부담설	채무확정설
일반적인 보험	전문직업배상책임보험 등	–	–
'손해사고설'이 원칙이나 배상청구설로 보완			

   ※ 배상책임보험 약관으로는 '손해사고기준약관' '배상청구기준약관'의 두 가지를 사용한다.

ⓒ 보험사고의 담보방법 : 손해사고기준과 배상청구기준이 있음

손해사고기준	배상청구기준
Occurrence Basis Policy (주로 일반영업배상책임보험에 사용)	Claims – made Basis Policy (주로 전문배상책임보험에 사용)
• 배상청구기준에 비해 보험자의 책임범위가 넓다(계약자 유리, 보험자불리). • 배상청구기준에 비해 손해예측이 어렵다(사고일자와 청구일자가 다를 수 있으므로). 　→ 보험자입장에서 IBNR추정이 어려워 불합리한 보험 요율측정과 부적절한 책임준비금계상이라는 문제점 발생 • 사고일자를 확정하기 곤란할 수 있다. 　(ⓔ 의약품의 장기복용에 의한 사고) • 보상액의 인플레헷지가 어렵다. 　(손해액 확정시점과 지급시점의 차이가 커서 보상금액이 인플레위험에 노출)	• 의약품사고, 건축내장재사고 → 사고발생과 배상청구시점 사이 긴 잠복기간 → 배상청구기준이 합리적 • 배상청구기간의 확장 : 소급담보일자, 보고기간연장(ERP)<hr>[보고기간연장(ERP)의 종류] ① 단기자동연장담보 : 만기일 후 60일 이내 보고 → 배상청구기간을 60일 연장 ② 중기자동연장담보 : 만기일 후 60일 이내 보고 → 배상청구기간을 5년 연장 ③ 선택연장담보 : 만기일 후 60일 이내 보고 → 배상청구기간 무제한 연장(+ 200% 내의 보험료부과)

※ 담보를 배상청구기준에서 손해사고기준으로 변경 시 담보공백이 발생 → ERP가 필요함

▶ ERP의 전제조건

> (1) 보험계약이 보험료 불지급 이외의 사유로 해지되었거나 갱신되지 않은 경우
> (2) 갱신된 배상청구기준 증권의 소급담보일자가 이전 증권의 소급담보일자보다 후일로 되어 있는 경우
> (3) 갱신한 증권이 손해사고기준 증권일 경우
>
> ※ (3)에 대한 설명(아래 도해)
> 　배상청구기준 보험(ⓐ)의 종료일 직전에 보험사고가 발생하고(ⓒ), 손해발생기준 보험(ⓑ)으로 갱신한다면 보상을 받을 수 없다. 따라서 이 경우 60일의 자동연장담보가 적용된다(ⓓ).
>
>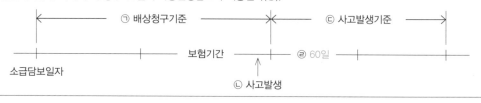

▶ 보고기간연장(Extended Reporting Period)을 담보하는 3가지 방법

> ① 단기 자동연장담보(mini–tail ERP)
> 　보험기간 종료 후 60일까지 청구가 가능함
>
> ② 중기 자동연장담보(midi–tail ERP)
> 　보험기간 종료 후 60일 내로 사고신고를 하면 종료일로부터 5년간 배상청구가 가능함
>
> ③ 선택연장담보
> 　보험기간 종료 후 60일 내로 선택연장담보를 신청하면 이후 아무때나 배상청구를 할 수 있음
>
>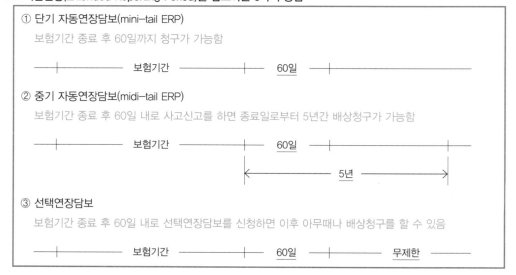

※ 배상청구기준약관(Claims – made Basis Policy)은 소급담보일자와 보고기간연장으로 보험자의 책임기간을 확장할 수 있다.

※ 지급준비금 중 개별추산액(Outstanding Loss)에 대해 보험기간 만료 후 5년간 배상청구가 가능한 것은 'midi – tail ERP(중기자동연장담보)'이다.

※ 선택연장담보는 자동연장담보에서 제공할 수 없는 미보고발생손해액(IBNR Loss)에 대한 배상청구도 담보한다.

㉣ 보상한도액(LOL)의 설정 : 배상책임의 보험목적은 제3자의 재산 외에도 신체도 포함되는 바, 사람의 신체는 가치환산이 불가하므로 보험가액 산정도 불가함. 따라서 배상책임보험은 보상한도액(LOL)을 설정함

※ 보관자배상책임보험, 임차자배상책임보험에서는 예외적으로 보험가액이 존재한다(따라서 보험가입금액으로 보상하며, 비례보상원리가 적용됨).

※ 보상한도액은 1사고당 보상한도액, 연간보상한도액의 설정이 가능하며, 모든 위험에 대해서 하나의 한도액을 정하는 단일보상한도액(CSL; Combined Single Limit)을 둘 수도 있다.

▶ **보상한도액 설정방법**

- '대인 1인당 또는 대물 1사고당 보상한도액'만 설정하는 경우
- '대인 1인당 또는 대물 1사고당 보상한도액'에 '연간총한도액'을 같이 설정하는 경우
- 모든 사고에 대해서 단일보상한도액(CSL)을 설정하는 경우

㉤ Long tail보험의 특징 : 사고발생시점으로부터 손해액의 확정, 그리고 보험금을 지급하기까지의 기간이 긴 것을 long tail 이라 하는데, 배상책임보험이 해당된다.

- 배상책임보험은 사고발생 시 바로 손해액이 확정되지 않고, 장기간 소송이나 판결을 통해 손해액이 확정된다.
- 대부분의 배상책임보험이 long tail의 성격을 띠며, 반대개념인 short tail의 예는 날씨보험(특종보험)이 있다.

예시 (화재보험, 상해보험, 자동차보험, 전문직업배상책임보험) 중에서 Long tail보험에 속하는 것은?
→ 전문직업배상책임보험

━ SECTION 2 주요 담보조건

① 배상책임손해의 정의(국문약관상)

회사는 피보험자가 보험증권상의 담보지역(㉠) 내에서 보험기간 중에 발생한 약관에 기재된 사고(㉡)로 인하여 '타인의 신체장해, 재물손해, 법률상 배상책임손해(㉢)'가 발생한 경우 이를 약관에 따라 보상한다.

㉠ 담보지역 : 기본적으로 '국가 내'를 의미하지만, 보험종목에 따라 특정장소 국한됨

㉡ 사고 : '급격히 발생하는 사고(ⓐ)'와 '점진적·누적적으로 발생하는 사고(ⓑ)' 모두 담보하지만, 오염사고[주1]의 경우 ⓐ만을 담보한다.

※ 주1 : 오염사고는 국문배상책임보험의 보통약관상으로는 면책이며, 급격한 오염에 한해서 특별약관으로 담보가 가능함

㉢ 보상손해의 종류

신체장해	재물손해	법률상 손해배상책임
부상, 질병, 사망을 말함 (인격침해는 제외)[주1]	유체물에 입힌 손해 (무체물손해는 제외)	법률상 손해배상책임 부담 (계약상 가중책임은 제외)

※ 주1 : 인격침해는 CGL Policy의 Coverage B에서 담보한다.

※ '유체물에 입힌 손해'의 범위
- 물리적으로 손괴된 유체물의 직접손해
- 물리적으로 손괴된 유체물의 간접손해
- 물리적으로 손괴되지 않은 유체물의 간접손해

ⓒ 보상손해의 범위

법률상 손해배상금	손해경감비용[주1]	권리보전비용	방어비용[주2]	기타비용
합의 또는 판결금액	보상한도를 초과해도 보상	보상한도 내 보상		

※ 주1, 손해경감비용 : 응급처치비용, 긴급호송비용, 구조를 위한 잔존물제거비용

※ 주2, 방어비용 : 변호사선임비용, 소송비용, 중재 및 화해비용

※ 국문 배상책임보험에서 담보하는 신체장해(Bodily Injury)는 부상이나 질병 또는 이로 인한 사망이며, 인격침해 (Personal Injury)는 보상하지 않는다(인격침해는 영문약관인 CGL Policy에서 보상함).

※ 국문 배상책임보험에서 담보하는 재물손해란 유체물에 입힌 손해를 말하며 무체물에 대한 손해는 보상하지 않는다.

※ 국문 배상책임보험에서 담보하는 것은 법률상 손해배상책임이며, 계약상 가중책임은 담보하지 않는다.

> **예시** (ⓐ 응급처치비용, ⓑ 긴급호송비용, ⓒ 구조를 위한 잔존물제거비용, ⓓ 변호사비용, ⓔ 중재 및 화해에 관한 비용) 중에 서 보상한도액을 초과해도 보상을 하는 것은?
> → ⓐ, ⓑ, ⓒ('응.긴.구'로 암기한다.)

② **보험기간(담보기준에 따른 해석)** : 보험기간 중에 사고가 발생되어야 하고(손해사고기준), 보험기간 중에 사고가 발견되어야 하고(손해발견기준), 보험기간 중에 배상청구가 처음 제기되어야 한다(배상청구기준).

ⓐ 보험기간 : 책임기간, 위험기간, 담보기간과 동일한 의미이다.

ⓑ 보험기간의 표준시 : 국문약관은 보험증권발행지, 영문약관은 보험계약자 주소지의 표준시를 기준 으로 한다.

③ **보험금의 지급**

ⓐ 지급기한규정
- 관련서류를 갖추고 보험금청구서를 접수할 경우, '접수일로부터 10일 내[주1] 보험금을 지급해야 한다(보험 업법 규정).
  ※ 주1 : '상해·질병보험은 접수일로부터 3일, 배상책임보험은 10일, 영업일기준'
- 비교하여, 표준약관상으로는 재산보험(배상책임보험 포함)은 접수일로부터 7일 이내로 한다.
- 보험금결정이 늦어질 경우 피보험자청구를 통해 추정보험금의 50%를 가지급 할 수 있다.
- 지급기한규정은 보험금청구권자가 피보험자일 경우 적용된다.

ⓑ 보험금청구권 소멸시효 : 3년
  ※ 시효의 기산점은 합의나 판결로 손해배상금이 확정된 날이다(사고발생일 ×).

ⓒ 보험금 분담방식 : 독립책임액 비례분담방식(국문약관 – 중복보험 계산방식 참조), 균등액분담방식 (영문약관 C.G.L Policy)

※ **국문약관 VS 영문약관**

국문약관	영문약관(CGL Policy)
독립책임액 방식('중복보험사간 계산방식이 다른 경우'에 해당)	균등액분담방식 원칙[주1]

※ 주1 : 중복보험사 중 하나라도 균등액분담방식을 채택하고 있지 않을 경우는 '보상한도액비례분담방식'을 사용한다.
  – 안분배분방식(보험가입금액 비례분담방식, 배상책임보험에서는 보상한도액 비례분담방식) : 중복보험사 간 계산방식이 동 일한 경우에 해당

예시 균등액분담방식(영문약관인 CGL Policy에서 채택하는 방식)

보험사	보험가입금액	보상책임액(1차)	보상책임액(2차)	보상책임액(3차)	합계(9억원)
A	1억원	1억원	–	–	1억원
B	3억원	1억원	2억원	–	3억원
C	6억원	1억원	2억원	2억원	5억원

(가정 : 피보험자가 동일 피보험이익에 대해 A, B, C 보험사에 보험 가입함)

ㄹ 보험료 : 보험요율↑ = ∫(보상한도액↑, 공제금액↓)

확정보험료 방식[주1]	정산보험료 방식[주2]
보험기간 중 조정없음 (예 시설관리자 배상책임특약)	잠정보험료 납입 후 보험기간종료 후 정산 (예 생산물배상책임보험)

※ 주1 : 놀이동산이나 수영장 등의 시설은 위험의 변동이 거의 없으므로 연초에 정한 보험료가 연말까지 동일하게 적용된다(→ 확정보험료 방식).

※ 주2 : 생산물배상책임보험은 연간매출액이 요율산정의 기초가 되는데, 연간매출액은 변동이 심할 수 있으므로 정산보험료 방식을 사용한다.
　－ 실무상으로 잠정보험료의 85%로 적용하고, 확정매출액이 85%를 초과하면 정산하고, 85% 이하이면 85%를 최소보험료로 적용한다(별도 정산을 하지 않음).

SECTION 3 　배상책임보험의 실무상 분류

시설소유관리자 배상책임보험	보관자 배상책임보험	도급업자 배상책임보험	생산물 배상책임보험	전문직업 배상책임보험

① **시설소유관리자배상책임보험** : 피보험자가 사용, 관리하는 시설 및 업무와 관련하여 발생하는 제3자 배상책임위험을 담보함

② **보관자배상책임보험** : 피보험자가 보호, 관리, 통제하는 재물에 입힌 손해에 인해 발생하는 손해배상책임을 담보함

③ **도급업자배상책임보험** : 피보험자가 수행하던 도급업무에 기인하여 발생하는 손해배상책임을 담보함

④ **생산물배상책임보험** : 피보험자가 제조 및 판매한 제품에 기인하여 발생하는 손해배상책임을 담보함

⑤ **전문직업배상책임보험** : 피보험자가 수행하던 전문적인 용역업무(서비스)에 기인하여 고객에 부담하는 배상책임을 담보함

CHAPTER 01 | 단원정리문제

01 배상책임보험의 특징이다. 가장 거리가 먼 것은?

① 배상책임보험의 피보험이익은 피보험자의 전재산관계라고 할 수 있다.

② 배상책임보험은 피보험자가 피해자인 제3자에게 입힌 모든 손해를 배상한다.

③ 피보험자의 배상책임은 실무상으로는 손해사고기준을 적용하지만, 손해발생시점을 특정하기 어려운 경우 배상청구기준을 사용한다.

④ 배상책임보험에 있어서 보험가액의 개념은 존재하지 않으므로, 보상한도액을 설정하여 보험자의 지급 책임액을 제한하고 있다.

정답 | ②
해설 | 법률상 손해배상책임 한도 내에서 보상한다.
　　※ 피보험이익은 피보험자의 전재산 관계(지문①) : 배상책임보험의 보험의 목적은 타인(피해자)의 생명 · 신체 또는 재산이
　　　라 할 수 있는데, 생명은 그 가치를 제한하기 어려우므로 이를 보상하는 배상책임보험의 피보험이익은 매우 크다(피보험자
　　　의 전재산관계라고 할 수 있음).

02 손해사고기준 약관(Occurrence Basis Policy)에 대한 설명이다. 틀린 것은?

① 보험사고가 보험기간 중에 발생한 것이라면 보험금청구권이 소멸되지 않는 한, 아무 때나 보험자의 지급을 청구할 수 있다.

② 손해사고기준 약관은 보험사고에 관한 학설 중 통설인 손해사고설과 부합하는 약관이므로 신체상해나 재산손해의 발생을 보험사고로 본다.

③ 배상청구기준에 비해 보험자의 책임범위가 좁아서 보험자에게 유리하다.

④ 보험기간이 종료된 이후에도 보험자에게 지급청구를 할 수 있어, 보험자의 입장에서는 적정한 책임준비금 적립이 어려운 점이 있다.

정답 | ③
해설 | 배상청구기준에 비해 보험자의 책임범위가 넓어서 보험계약자에게 유리하다.

03 배상청구기준(Claims – made Basis Policy)의 담보기준에 대한 설명이다. 틀린 것은?

① 보험기간 중에 피보험자가 최초로 청구한 시점에서 보험사고가 발생된 것으로 간주한다.

② 사고의 행위와 그 결과가 반드시 시간적으로 근접해 있지 않은 사고를 담보하기에 적절하다.

③ 전문직업배상책임보험에서 주로 사용되는 담보기준이다.

④ IBNR Loss에 대한 준비금을 적절하게 적립하지 못하는 단점이 있다.

정답 ┃ ④
해설 ┃ ④는 손해사고발생기준의 단점이다.

04 배상청구기준(Claims – made Basis Policy)에서 배상을 청구할 수 있는 최대기간은?

① 보험기간개시일~자동연장담보 사용 ② 소급담보일자~보험기간만료일

③ 소급담보일자~선택연장담보 사용 ④ 보험기간개시일~선택연장담보 사용

정답 ┃ ③
해설 ┃ '소급담보일자(Retroactive date)~선택담보연장'이다.

05 배상청구기준 약관에서의 보고기간연장(ERP) 담보에 대한 설명이다. 가장 거리가 먼 것은?

① 배상청구기준은 손해사고기준에 비해 책임범위가 좁은데, 몇 가지 전제조건을 충족하는 보험의 경우 담보공백을 배제하기 위해 책임기간을 더 연장해주는 것을 말한다.

② ERP의 단기자동연장담보(mini tail)는 소급담보일자와 만기일 사이에 발생한 사고에 대하여 손해배상청구를 만기일 이후 60일 이내에 제기한 경우, 그 배상청구가 만기일에 제기된 것으로 간주한다.

③ ERP의 중기자동연장담보(midi tail)는 소급담보일자와 만기일 사이에 발생한 사고를 만기일 이후 60일 이내에 통지한 경우, 그 사고에 대한 배상청구를 만기일 이후 5년 이내에 제기하면 된다(이때 손해배상청구를 만기일에 한 것으로 간주함).

④ 보험기간 종료일로부터 60일 이내에 보험계약자가 선택담보연장을 청구할 수 있는데 이때 보험자는 이 연장담보를 거절할 수 있다.

정답 ┃ ④
해설 ┃ 거절할 수 없다. 그리고 보험자는 이에 대해 기존보험료의 200% 범위 내에서 추가보험료를 부과할 수 있다. 즉, 선택연장담보는 보험계약자의 보험료부담이 증가할 여지가 있는 점을 제외하면 손해사고기준과 동일한 효력을 지닌다고 할 수 있다.

06 보고기간연장(ERP)의 전제조건 3가지에 해당하지 않는 것은?

① 보험계약이 보험료부지급 이외의 사유로 해지되었거나 갱신되지 않은 경우

② 갱신된 배상청구기준 증권의 소급담보일자가 이전 증권의 소급담보일자보다 후일로 되어 있는 경우

③ 배상청구기준에서 손해사고기준으로 갱신한 경우

④ 손해사고기준에서 배상청구기준으로 갱신한 경우

정답 | ④

해설 | ①, ②, ③의 경우 담보의 공백이 생길 수 있으므로 보고기간연장담보를 적용한다. ④의 경우는 손해사고기준의 특성상 ERP 가 필요없다.

07 배상청구기준(Claims - made Basis Policy)의 보고연장기간(ERP)이 필요한 경우에 해당하지 않는 것은?

① 배상청구기준을 사고발생기준으로 대체한 경우

② 피보험자가 폐업 후 배상청구기준을 해지한 경우

③ 보험자에 의해 배상청구기준이 해지되고, 피보험자가 새로운 보험을 가입할 수 없는 경우

④ 배상청구기준증권을 갱신하였으나, 새로운 보험의 책임개시소급일이 기존 보험의 소급개시일보다 이 전으로 정해진 경우

정답 | ④

해설 | 이전 → 이후

08 보고기간연장담보(ERP)에 대한 설명이다. 틀린 것은?

① 보고연장담보기간은 보험기간을 연장하는 것과 같다.

② 자동연장담보기간이든 선택연장담보기간이든 둘 다 소급담보일자 이후부터 보험기간의 종기까지 발생한 손해에 대해서 책임을 지는 것은 동일하다.

③ 지급준비금 중 개별추산액(O/S Loss)에 대해 보험기간 만료 후 5년간 배상청구가 가능한 것은 중기 자동연장담보이다.

④ 선택연장담보는 자동연장담보에서 제공할 수 없는 미보고발생손해액(IBNR Loss)까지 배상청구를 담보한다.

정답 | ①

해설 | ERP는 보험기간의 연장이나 보상한도액의 확장이 아니다.

09 보기는 배상책임보험에서 보험자가 보상하는 내용을 규정한 것이다. 이에 대한 설명으로 가장 거리가 먼 것은?

> 회사는 피보험자가 보험증권상의 ① 담보지역 내에서 ② 보험기간 중에 발생한 약관에 기재된 사고로 인하여 타인의 신체에 장해를 입히거나 타인의 ③ 재물을 망가뜨려 ④ 법률상 손해배상책임을 부담함으로써 입은 손해를 보상한다.

① 담보지역의 기준단위는 국가이지만 구체적 계약에 따라 특별장소로 제한할 수 있다.

② 보험기간은 책임기간을 의미하며, 손해사고발생기준(손해사고기준)과 손해사고발견기준, 배상청구기준의 세 가지 기준이 있다.

③ 재물손해는 배상책임보험에서는 유체물손해에 국한하며, 물리적으로 손괴된 유체물의 직접손해와 간접손해, 물리적으로 손괴되지 않은 간접손해를 말한다.

④ 법률에 규정된 피보험자의 배상책임을 말하며, 계약상의 가중책임도 포함한다.

정답 | ④
해설 | 법률에 규정된 피보험자의 배상책임만을 말한다. 계약상의 가중책임(Contractual Liability)은 일정요건을 충족할 경우 별도의 추가특별약관으로 담보가 가능하다.
※ ③에서 직접손해는 교환가치손실, 간접손해는 사용가치손실을 말한다.

10 다음 중 배상책임보험의 재물손해에 대한 설명으로 틀린 것은?

① 물리적으로 망가뜨려진 유체물의 직접손해

② 물리적으로 망가뜨려진 유체물의 사용불능으로 생긴 간접손해

③ 물리적으로 망가뜨려지지 아니한 유체물의 직접손해

④ 물리적으로 망가뜨려지지 아니한 유체물의 사용불능으로 생긴 간접손해

정답 | ③
해설 | 망가뜨려지지 아니한(손괴되지 않은) 경우, 직접손해는 없다.

11 다음 중 배상책임보험이 보상하는 손해가 아닌 것은?

① 법률상의 손해배상금

② 응급처치비용, 긴급호송비용, 구조를 위한 잔존물 제거비용

③ 소송비용, 변호사비용, 중재 및 화해에 관한 비용

④ 계약서상 가중된 손해배상금

정답 | ④

해설 | 계약서상 가중된 손해배상금은 법률상 손해배상금으로 보지 않는다.
　　　※ ①은 법률상의 손해배상금, ②는 손해방지경감비용, ③은 방어비용인데, ②는 보상한도액을 초과하여도 보상하고 ③은 보상한도액 내에서 지급하는 차이가 있다.

12 국문 배상책임보험에서 지급하는 비용 중에서, 손해배상청구금액이 보상한도액을 초과하여도 보상하는 항목이 아닌 것은?

① 변호사비용 　　　　　　② 응급처치비용

③ 긴급호송비용 　　　　　④ 구조를 위한 잔존물제거비용

정답 | ①

해설 | 변호사비용은 보상한도액 내에서 보상한다.
　　　※ 보상한도액을 초과해도 전액을 지급하는 것 : 손해방지경감비용으로서 '응급처치비용, 긴급호송비용, 구조를 위한 잔존물 제거비용(응.긴.구)'이다.

13 배상책임보험의 보험료에 대한 설명이다. 가장 거리가 먼 것은?

① 배상책임보험의 보험료는 기본적으로 특정 담보위험에 대한 기본요율에 보상한도액 할증지수, 공제금액 할인지수를 적용하여 적용요율을 구하고, 요율산정기초지수를 곱하여 최종결정한다.

② 보상한도액과 공제금액이 높을수록 보험료는 상승한다.

③ 보험계약 당시 한 번 결정한 보험료를 보험기간이 끝날 때까지 적용하는 것을 확정 보험료 방식이라 하며, 시설소유관리자배상책임에 주로 사용된다.

④ 보험계약 당시 예상요율기초지수와 정산요율에 근거한 잠정보험료(통상 예상보험료의 85%)를 납입하고, 보험기간이 종료된 후 실제 요율기초수를 반영한 확정보험료를 산출하여 선납한 보험료와의 차액을 정산하는 방식을 정산보험료 방식이라 한다.

정답 | ②

해설 | 보상한도액은 높을수록, 공제금액은 낮을수록 보험료가 올라간다.
　　　※ 배상책임보험의 보험료부과방식 : 확정보험료방식(③), 정산보험료 방식(④).

14 배상책임보험의 보험금지급에 대한 내용이다. 가장 거리가 먼 것은?

① 보험금지급기한 규정은 청구권자가 피해자가 아닌 피보험자일 경우에 한해 적용된다.

② 피보험자가 피해자에게 합의나 판결에 의해 확정된 손해배상금을 배상하고 그 관련서류를 첨부한 보험금청구서를 보험자에게 제출하면, 보험자는 해당서류를 접수한 날로부터 10일 내로 보험금을 지급해야 한다.

③ 지급할 보험금이 결정되기 전에 피보험자의 보험금청구가 있을 경우 보험자가 추정한 보험금의 50%를 가지급보험금으로 지급해야 한다.

④ 피보험자의 보험금청구권은 사고발생일로부터 3년간 행사되지 않으면 시효의 완성으로 소멸한다.

정답 | ④
해설 | 사고발생일로부터 → 손해배상금이 확정된 날로부터

15 배상책임보험의 보험료 책정방식에서 '정산보험료'를 사용하는 것이 가장 적절한 보험의 목적은?

① 수영장   ② 스키장   ③ 사무실   ④ 생산물

정답 | ④
해설 | ①, ②, ③은 확정보험료가 적절하다(요율산정지수가 면적대비 산정되므로 시설이 확장되지 않는 한 요율변동이 거의 없다).

CHAPTER 02 | 시설소유관리자배상책임

SECTION 1 담보위험

① 기본개념

> 피보험자가 시설(㉠)의 '소유, 사용, 관리' 및 그 시설의 용도에 따른 업무활동(㉡)에 기인한 사고를 보상한다.

㉠ 시설 : 건물, 기계설비, 공작물, 동굴 등의 자연물을 포함(자동차, 선박, 항공기 등 운송수단은 제외)

㉡ 업무활동 : 시설을 본래의 용도로 사용하는 행위(↔ 개인의 사적인 일상생활)로써, 식당이나 중개사무소 등 영업장의 영업활동이나 배달주문에 따른 배달행위 포함(의사, 변호사 등 전문직업 업무에 기인한 배상책임은 제외)

※ 수영장이나 스키장, 놀이동산 등의 시설을 '소유, 사용, 임차' 또는 '보호, 관리, 통제'에 기인된 사고 뿐 아니라, 이러한 시설을 이용해서 수행하는 업무활동으로 인해 발생한 손해배상책임을 담보하는 보험은 '시설소유관리자배상책임보험'이다.

※ 시설소유관리자 배상책임보험은 일반업무로 인한 손해배상책임을 담보하고, 전문직무로 인한 손해배상책임은 전문직업배상책임보험에서 담보한다.

② 시설소유관리자배상책임보험 VS 타보험

도급업자	시설소유관리자 특약		보관자배상책임
시설 밖 업무 ↔ 시설 내 업무 (공사 중 시설)　(완성된 시설)	피보험자통제권(×)[주1] ↔ 피보험자통제권(O)		

※ 주1 : 시설소유관리자 특약에서도 보관자위험을 담보할 수 있는데(물적 손해확장담보 추가특약을 첨부), 이는 시설소유관리자의 부수적인 위험일 경우에 한해서이다(예 골프장에서 고객으로부터 골프백을 인도받아 보관하는 경우).

※ 시설소유관리자의 주된 업무는 '시설 내'에서 수행하는 것이다. 된 업무가 고객의 요구에 따른 기계설치, 수리, 건축과 같이 '시설 밖'에서 수행하는 공사의 경우 도급업자배상책임보험으로 위험을 담보한다.

※ 시설소유관리자 배상책임보험은 피보험자가 '보호(care), 관리(custody), 통제(control)'하는 시설에 기인된 손해배상책임도 담보를 할 수 있는데, 단 해당 시설이 피보험자의 통제권이 없다는 것을 전제로 한다.

Cf. 피보험자의 통제권 하에 있는 시설의 '보호, 관리, 통제'에 기인하는 손해배상책임은 보관자배상책임보험에서 담보한다.

③ **책임법리** : 일반불법행위책임 + 특수불법행위책임(무과실책임)

   ⊙ 일반불법행위책임 : 고의 또는 과실로 인한 위법행위로 타인에게 손해를 가한 자는 그 손해를 배상할 책임이 있다(민법 제750조).

  ※ **일반불법행위의 성립요건**

> (1) 가해자의 고의 또는 과실이 있을 것
> (2) 가해자에게 책임능력이 있을 것
> (3) 가해행위에 위법성이 있을 것
> (4) 손해가 발생할 것. 단, 가해행위와 손해 간에는 상당인과관계가 있어야 하며, 인과관계에 대한 입증책임은 피해자(원고)가 진다.

   ⊙ 특수불법행위책임 : 무과실책임을 인정하는 민법상의 조항 중에서 '시설소유관리자배상책임보험'에 적용되는 법리는 민법 제758조이다.

    • **특수불법행위책임이 적용되는 경우**

> (1) 책임무능력자를 감독하는 자의 책임(민법 제755조)
> (2) 피용자의 행위에 대한 사용자의 책임(민법 제756조)
> (3) 수급인의 행위에 대한 도급인의 책임(민법 제757조)
> (4) 공작물 등을 점유 또는 소유하는 자의 책임(민법 제758조)
> (5) 공동불법행위책임(민법 제760조)
> (6) 실화(失火)책임(실화책임법)

    • **시설소유관리자 배상책임보험에서 특수불법행위책임이 적용되는 경우**

하자가 없는 시설에서 관리부주의로 인한 배상책임	'하자가 있는 경우' 특수불법행위 책임을 부담함	
과실책임주의(일반불법행위)	1차적인 책임 → 점유자	2차적인 책임 → 소유자
	점유자의 과실이 있는 경우	점유자가 손해방지의무를 이행하였을 경우

  ※ 공작물(시설)의 하자로 인하여 타인에게 손해를 가한 경우, 1차적으로 공작물의 점유자가 손해를 배상할 책임을 지며, 점유자가 손해방지에 필요한 주의를 해태하지 않았음을 입증한 경우에는 2차적으로 공작물의 소유자가 2차적으로 책임을 진다.
    → 점유자책임 - 과실책임주의, 소유자책임 - 무과실책임
  ※ 실화(失火)의 경우에는 피보험자의 중대한 과실에 한하여 일반불법행위책임을 인정한다.

④ **담보약관**

   ⊙ 시설소유관리자 배상책임을 부보하는 방법

국문약관	영문약관
영업배상책임 보통약관 + 시설소유관리자 배상책임 특별약관	CGL Policy에서 포괄담보에 면책약관 첨부

   ⊙ 보상하는 손해 : 법률상 손해배상금, 손해경감비용, 방어비용, 권리보전비용, 기타비용

ⓒ 보상하지 않는 손해('고.전.천.핵.오.지.무/벌.계.매.티.전/근.자.의.전'으로 암기)

공통면책사항	시설소유관리자특약 면책사항
(1) 고의 (2) 전쟁 · 내란 · 노동쟁의 · 지진 · 원자력위험 (3) 지진, 분화, 홍수, 해일 등 천재지변 (4) 핵물질, 원자력위험 (5) 공해물질로 인한 오염사고 및 오염제거 비용 　※ 단, 급격한 오염사고는 특약으로 부보가능 (6) 공사지연 등 지연손해(Business Risk) 　※ 사업리스크이므로 면책 (7) 무체물에 입힌 손해 (8) 벌과금 및 징벌적 손해배상책임 (9) 계약상 가중책임 (10) 지하매설물 　※ 위험측정이 어렵기 때문에 면책 (11) 티끌, 먼지, 소음 　※ 상당기간 지속되는 손해이므로 우연성에 위배되어 면책 (12) 전자파, 전자장 손해 　※ 위험의 특성상 면책 (13) 피보험자의 근로자가 근무 중 입은 신체장해 　※ 타보험(근재보험)에서 담보 (14) 자동차, 항공기, 선박 　※ 타보험(자동차보험 등)에서 담보 (15) 의무배상책임보험 　※ 의무보험의 법정한도액을 초과하는 손해를 보상 (16) 전문직업배상책임보험 　※ 일반과 전문으로 배상책임영역 구분	(1) 피보험자가 소유, 점유, 임차, 보호, 관리, 통제하는 재물에 대한 손해(→ 보관자배상책임보험에서 담보) 　※ 시설소유에 부수하는 보관자위험은 '물적 손해확장 추가특약'으로 담보함 (2) 시설의 수리, 개조, 신축 또는 철거작업으로 생긴 손해배상책임 　※ 단, 통상적인 수리, 개조 등은 보상함 (3) 피보험자가 양도한 시설로 생긴 손해에 대한 배상책임 (4) 시설자체의 손해에 대한 배상책임 (5) 피보험자의 점유를 벗어나고 시설 밖에서 사용, 소비되는 음식물이나 재물(단, 차량주유소 시설에서의 혼유사고로 인해 발생한 손해는 보상함) (6) 작업의 종료 또는 폐기 후 작업결과로 부담하는 손해에 대한 배상책임 　※ 완성작업대상물에 대한 배상책임은 생산물배상책임보험의 영역

※ 법률상 손해배상금은 부책이며, 계약상 가중책임은 면책이다.
※ 국문 영업배상책임은 공해물질의 배출로 인한 오염사고에 대해 면책이지만, '급격한 오염손해'에 한해서 특별약관으로 담보할 수 있다.
※ 국문 영업배상책임보험은 '티끌, 먼지, 소음 등'에 기인한 손해는 보상하지 않는다(위험의 성격상 우연성을 위배하므로).
※ 지연손해는 사업리스크에 해당하므로 영업배상책임보험에서는 보상하지 않는다. 단, 물리적 사고를 수반한 지연손해는 예외적으로 보상한다.
※ 시설의 수리, 개조, 신축 또는 철거작업으로 생긴 손해배상책임은 보상하지 않지만 '통상적인 유지나 보수작업으로 인한 생긴 배상책임은 보상한다.
※ 작업의 종료 또는 폐기 후 작업의 결과로 부담하는 손해에 대한 배상책임은 일반영업배상책임보험에서 면책으로 한다.

⑤ 추가특별약관(영업배상책임보험 + 시설소유관리자특약 + 추가특별약관)

(1) **구내치료비추가특별약관**
　㉠ 피보험자의 법률상책임이 없는 경우의 치료비만을 보상
　　※ 치료비 : 응급처치, 수술, 치과치료비, 한방치료비 등(단, 의료보험법이 적용되지 않는 한방치료비는 제외함)
　㉡ 면책사항
　　• 사고일로부터 1년 후에 발생한 치료비
　　• 구내 상주자 또는 피보험자의 근로자가 입은 신체장해에 대한 치료비 등
　　• 피보험자가 치료하여 발생한 치료비

(2) **비행 추가특별약관**
　㉠ 미용사 및 이용사의 전문직업위험을 담보한다(의사나 약사의 배상책임위험은 담보하지 않는다).
　　※ 전문직업위험의 구분

비행배상책임보험(Malpractice)	하자배상책임보험(Error & Omission)
ⓐ 의사 · 약사 전문배상책임 ⓑ 이 · 미용사 전문배상책임	ⓒ 변호사, 회계사, 건축사 전문배상책임
사람의 신체를 대상으로 함	업무상의 배상책임을 대상으로 함

　　※ 시설소유관리자배상책임보험에서 비행추가특약으로 담보하는 것은 ⓑ에 해당한다.
　㉡ 면책사항 : 2개월 미만의 실습자가 파마기를 사용함에 따른 사고로 생긴 손해, 효능이나 품질이 보증한 효과에 미치지 못함으로써 발생한 손해 등

(3) **물적 손해확장 추가특별약관**
　㉠ 시설소유관리에 부수하는 것으로써, 피보험자가 보호, 관리, 통제하는 재물에 대한 손해배상책임을 담보함
　㉡ 면책사항
　　• 사용손실 등 모든 간접손해에 대한 배상책임
　　• 재물을 가공 중에 생긴 손해
　　• 보석류, 귀중품 등
　　• 재물의 하자, 자연소모 등
　　• 배달착오, 분실, 좀도둑 또는 감량으로 인한 손해
　　• 시설자체에 대한 손해

(4) **운송위험 추가특별약관**
　㉠ 운송수단 중 자동차에 대한 면책(공통면책사항)을 담보하기 위한 추가특별약관(자동차운송 중 적재된 화물로 인한 손해배상책임을 담보)
　㉡ 면책사항
　　• 적재된 화물 자체에 대한 배상책임
　　• 자동차사고로 발생한 신체상해나 재물손해에 대한 배상책임(단, 적재화물로 생긴 손해배상책임은 담보)

(5) **귀중품 추가특별약관** : 물적 손해확장추가특별약관으로도 면책이 되는 '보석류, 모피류, 도자기, 화장품' 등에 대한 손해배상책임을 담보함

(6) **부동산임대업자 추가특별약관** : 임대건물의 화재 등으로 임차인에게 손해를 입힐 경우 임대인의 손해배상책임을 담보함(임차인의 손해배상책임을 담보하는 것이 아님)

(7) **선박보상 추가특별약관** : 선박으로 인한 사고는 면책(공통면책사항). 그런데, 체험활동 등 특별한 이벤트 중 선박으로 생긴 손해배상책임을 담보함

▶ 도해 : 시설소유관리자 특약에 첨부되는 주요추가약관

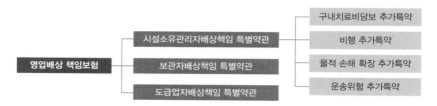

※ 놀이공원에서 고객이 상해를 입었을 경우, 시설소유관리자의 법적 책임이 있는 경우라면 시설소유관리자 특약에서 보상하며, 시설소유관리자의 법적책임이 없는 경우라면 구내치료비 추가특약으로 보상할 수 있다.

※ 구내치료비담보 추가특약은 '사고일로부터 1년 후에 발생한 치료비'는 보상하지 않는다.

※ 구내치료비 추가특별약관은 응급처치비용, 보철기구를 포함한 치과치료비와 한방치료비(의료보험법 적용대상)를 보상한다.

※ 시설소유관리자배상책임특별약관에서 추가로 첨부하는 비행추가특별약관은 (의사/미용사/건축사/회계사) 중 미용사의 직업위험을 담보한다.

※ 전문직업배상책임보험은 '비행'과 '하자'로 구분되는데, 동 특약은 '비행' 이용사나 미용사의 직업위험을 담보한다.

※ 비행추가특약에서는 피보험자가 보증한 효능이나 품질에 미치지 못하여 발생하는 손해는 보상하지 않는다.

※ 시설소유관리자배상책임특별약관에서 추가로 첨부하는 물적 손해확장 추가특약에서는 '사용손실 등 모든 간접손해에 대한 배상책임'은 담보하지 않는다.

※ 시설소유관리자배상책임특별약관에서 추가로 첨부하는 운송위험추가특별약관을 첨부했을 경우, 피보험자가 사용관리하는 자동차로 화물을 운송하던 중 적재화물로 인하여 발생한 손해배상책임을 담보한다(이때 화물자체에 대한 손해는 보상하지 않는다).

⑥ 영문약관 – CGL Policy

㉠ 보상하는 손해 : 국문약관과 대부분 동일하나 Personal Injury, Advertising Injury가 추가됨

영문약관 CGL Policy(아래 원인으로 발생한 Legal Liability를 담보)				
Bodily Injury	Property Damage	Personal Injury	Advertising Injury	Medical Payment
Coverage A		Coverage B		Coverage C
Supplementary Payments(부대비용 담보)				–

※ Supplementary Payments는 Coverage A와 B에만 인정된다(∵ Coverage C에서는 법적다툼이 인정되지 않으므로 제반비용이 인정되지 않기 때문).

※ Medical Payment는 국문약관에 첨부하는 '구내치료비추가특약'과 동일함(법률적 배상책임이 없는 경우의 치료비에 한해 담보함(따라서 법적 다툼의 여지가 없음)

※ Coverage B의 보상내용

Personal Injury	Advertising Injury
(1) 불법체포, 불법감금, 불법구금 (2) 무고 (3) 불법주거침입 또는 불법퇴거 (4) 사람이나 제품의 중상 또는 비방 (5) 사생활 침해	(1) (광고에 의한) 사람이나 제품의 중상 또는 비방 (2) (광고에 의한) 사생활침해 (3) 사업과 관련된 광고도용 (4) 저작권, 타이틀 또는 표어의 침해

※ 영문약관 CGL Policy는 신체장해(BI)와 재물손해(PD)를 담보하는 Coverage A, 인격침해(PI)와 광고침해(AI)를 담보하는 Coverage B, 구내치료비를 담보하는 Medical Payment, 부대비용을 담보하는 Supplementary Payments의 4가지 담보약관으로 구성된다.

※ 불법감금이나 불법체포로 인한 손해는 CGL Policy의 Coverage B의 Personal Injury(인격침해)에서 담보하는 손해이다.

※ '출판물에 의한 사람이나 제품에 대한 중상 또는 비방'은 Coverage B중에서 Advertising Injury에 속한다.

ⓛ 보상하지 않는 손해

Coverage A (14개 조항)
(1) 고의
(2) 계약상 가중책임
(3) 주류배상책임
(4) 근로자재해보장책임(의무보험으로 담보하므로 중복방지차원에서 면책)
(5) 고용주배상책임
(6) 오염손해(급격, 점진적을 구분하지 않고 절대면책)
(7) 항공기 · 선박 · 자동차
(8) 이동장비운송
(9) 보호, 관리, 통제(care, custody, control)하는 재물의 손해(보관자배상책임에서 담보)
(10) 생산물자체손해(생산물보증보험에서 담보)
(11) 완성작업 자체손해(건설공사, 조립보험에서 담보)
(12) 성능미달 및 지연손해
(13) 생산물회수비용(리콜보험에서 담보)
(14) 전쟁
Coverage B
[공통면책사항]
계약상가중책임, 고의, 전쟁, 근로자재해보장책임, 항공기 · 선박 · 자동차
[광고침해(AI)에만 사용되는 면책위험]
계약위반, 광고내용에 미달되는 제품의 품질결함 등

※ 오염손해비교 : 영문약관 – 절대면책, 국문약관 – 급격한 오염에 대해 특약담보 가능

※ CGL Policy에서는 '근로자재해보장책임, 항공기나 선박 · 자동차, 생산물자체손해, 생산물회수비용, 3C(care, custody, control)로 인한 재물손해'는 면책인데 이는 다른 보험과의 중복을 방지하는 차원이다.

※ 오염손해에 대해서, CGL Policy에서는 오염손해는 절대적으로 면책이며, 국문약관에서는 보통약관에서는 면책, '급격한 오염'에 대해서는 특별약관으로 담보할 수 있다.

※ (계약상 가중책임, 징벌적 손해배상금, 오염손해, 생산물의 자체손해) 중, CGL Policy에서 보상하는 것은 '징벌적 손해배상금'이다.

※ 징벌적 손해배상금은 국문약관은 면책, 영문약관은 부책이다. 영문약관에서 면책으로 할려면 '징벌적 손해배상책임 부담보 추가특약'을 첨부해야 한다.

⑦ 영문약관 – Package Policy의 제4부문

　ㄱ) 패키지보험의 4부문 배상책임위험담보는 기본적으로 CGL Policy와 동일하지만, 북미지역 수출품에 대한 담보기준이 다르다.

　ㄴ) 북미지역 수출품에 대한 담보기준

북미지역 수출품 제외조건	북미지역 수출품 담보조건
손해사고기준 적용	배상청구기준 적용
북미수출품에 대해서 '생산물배상책임/완성작업배상책임'을 담보하는 것은 동일하되, 손해사고기준, 배상청구기준의 담보기준 적용이 다름	

CHAPTER 02 ㅣ 단원정리문제

01 시설소유관리자배상책임보험에 대한 설명이다. 빈칸을 옳게 연결한 것은?

시설소유관리자의 배상책임 사고위험은 (   )을 소유, 임차, 사용 또는 보호, 관리, 통제하는 시설에 기인 된 사고뿐만 아니라 그러한 시설을 이용하여 수행하는 (   )에 기인하는 사고를 포함한다.

① 시설 – 업무활동

② 시설 – 일상생활

③ 동산 – 일상생활

④ 부동산 – 업무활동

정답 ㅣ ①

해설 ㅣ '시설 – 업무활동'이다.

02 시설소유관리자배상책임보험과 관련된 설명이다. 가장 거리가 먼 것은?

① 시설소유관리는 일반업무이므로 일반배상책임으로 담보하고, 전문직업업무는 전문직업배상책임으로 담보한다.

② 시설소유관리의 주된 업무가 고객의 요구에 따른 기계설치, 수리, 건축과 같이 시설 밖에서 수행하는 공사의 경우 시설소유관리자배상책임으로 담보한다.

③ 시설 중 피보험자가 보호(care), 관리(custody), 통제(control)하는 시설에 대한 재물손해는 보관자배상책임보험에서 담보한다.

④ 시설소유관리를 담당하던 중 피보험자(회사)의 종업원이 입을 수 있는 신체상해는 근로자재해보상책임보험(근재보험)에서 담보한다.

정답 ㅣ ②

해설 ㅣ ②는 도급업자배상책임으로 담보한다.

03 시설소유관리자배상책임보험에서의 '시설'이라고 볼 수 없는 것은?

① 건물

② 기계설비

③ 동굴

④ 선박

정답 ㅣ ④

해설 ㅣ '시설'에는 자연물도 포함하지만 교통승용구는 제외된다.

04 시설소유관리자배상책임보험에 책임법리에 대한 설명이다. 빈칸을 옳게 채운 것은?

> 시설소유관리자특약에서 공작물의 설치나 보존상의 하자로 인한 배상책임위험은 (㉠)가 적용되며, 공작물의 설치나 보존상의 하자가 아닌 관리상의 부주의로 인한 배상책임위험에 대해서는 (㉡)이/가 적용된다.

	㉠	㉡
①	무과실책임주의	과실책임주의
②	과실책임주의	무과실책임주의
③	과실책임주의	일반불법행위책임
④	무과실책임주의	특수불법행위책임

정답 | ①
해설 | 무과실책임주의(특수불법행위책임), 과실책임주의(일반불법행위)

05 시설소유자배상책임보험에서의 책임법리 중 하나인 '일반불법행위책임'의 성립요건이다. 가장 거리가 먼 것은?

① 가해자의 고의나 과실이 있어야 한다.
② 가해자의 책임능력이 있어야 한다.
③ 불법행위와 발생손해 간에 상당인과관계가 있어야 하며, 이러한 인과관계의 입증책임은 피고가 진다.
④ 가해자 행위의 위법성이 있어야 한다.

정답 | ③
해설 | 입증책임은 피해자(원고)가 진다.

06 국문 영업배상책임보험에서의 '보상하지 않는 손해'가 아닌 것은?

① 공해물질의 배출 및 유출로 인한 오염제거비용
② 지연손해
③ 무체물에 입힌 손해
④ 소송발생 시 공탁보증보험료

정답 | ④
해설 | ①, ②, ③은 면책사항인 '고.전.천.핵.오.지.무.벌.계.매.티.전.근.자.의.전'에서 '오.지.무'에 속한다.

07 국문 영업배상책임보험 보통약관에서 '보상하지 않는 손해'가 아닌 것은?

① 보험계약자 또는 피보험자의 고의

② 유체물의 사용손실

③ 공해물질의 배출 및 유출로 인한 오염사고 배상책임손해 및 오염제거비용

④ 지하매설물 손해

정답 | ②
해설 | 무체물에 입힌 손해가 면책이다.

08 시설소유관리자 특별약관상 보상하는 손해는?

① 공해물질로 인한 오염사고 및 오염제거비용

② 공사지연으로 인한 손해

③ 통상적인 유지, 보수작업으로 생긴 손해

④ 작업의 종료 또는 폐기 후 작업결과로 부담하는 손해에 대한 배상책임

정답 | ③
해설 | 시설의 수리, 개조, 신축 또는 철거작업으로 생긴 손해배상책임은 면책이지만 통상적인 유지, 보수작업으로 생긴 손해는 보상한다.
　　　※ ①, ②는 공통면책사항, ④는 시설소유관리자 특약의 고유면책사항이다.

09 시설소유관리자 특약에 추가할 수 있는 특별약관으로써 '구내치료비 추가 특별약관'에 대한 설명이다. 틀린 것은?

① 피보험자 구내에서 발생한 고객의 신체 장해사고에 대해서 피보험자에게 법률상 배상책임이 없는 경우의 치료비만을 보상하는 추가특별약관이다.

② 시설소유관리자특약과 별도로 보상한도액(소액)으로 설정하여 보상한다.

③ 사고일로부터 2년 후에 발생한 치료비는 면책이다.

④ 피보험자가 피보험자의 동업자, 임차인, 기타 피보험자의 구내 상주자에 대한 치료비는 면책이다.

정답 | ③
해설 | 1년 후에 발생한 치료비는 면책이다.

10 다음 중 영업배상책임보험 시설소유관리자 특별약관의 구내치료비담보 추가특별약관에서 '보상하지 않는 손해'가 아닌 것은?

① 사고일로부터 1년 후에 발생한 치료비

② 피보험자의 구내에 상주하는 사람에 대한 치료비

③ 제3자의 신체장해에 대하여 피보험자가 치료하여 발생한 치료비

④ 피보험자의 구내에서 발생한 피보험자에게 법률상 배상책임이 없는 치료비

정답 ㅣ ④
해설 ㅣ ④는 보상하고 나머지는 면책이다.

11 시설소유관리자 특약에 추가할 수 있는 특별약관으로써 '비행 추가특별약관'에 대한 설명이다. 틀린 것은?

① 의사, 약사 등 전문직업배상책임위험은 영업배상책임보험 보통약관상 면책사항인데 비행 추가특별약관을 첨부하면 '미용사 및 이용사의 전문직업위험'은 담보할 수 있다.

② 피보험자가 보증한 효능이나 품질에 미치지 못함으로 생긴 손해는 보상한다.

③ 법령에 의해 금지된 행위나 기구, 기계 또는 장치 등의 도구사용으로 생긴 손해는 면책이다.

④ 숙련자의 감독 하에 2개월 미만의 실습자가 파마기를 사용함에 따른 사고로 생긴 손해는 면책이다.

정답 ㅣ ②
해설 ㅣ ②는 면책사항이다.

12 시설소유관리자 특별약관에 추가로 첨부하는 추가특약에 대한 설명이다. 가장 적절하지 않은 것은?

① 구내치료비특약은 비교적 소액의 보상한도액을 적용하므로 공제액을 두지 않는 것이 일반적이다.

② 물적 손해확장담보 추가특약은 보관자위험을 담보하되 시설소유관리위험에 부수하는 하는 경우에 한해서 담보한다.

③ 운송위험 추가특약은 운송 도중 적재된 화물로 인해 제3자에게 신체상해, 재물손해를 입혔을 경우 이에 대한 배상책임을 담보하는데, 적재된 화물 자체에 대한 배상책임도 같이 담보한다.

④ 부동산임대업자 추가특약은 임대건물의 화재 또는 붕괴사고로 임차인에게 손해를 입혔을 때 이에 대한 배상책임을 담보한다.

정답 ㅣ ③
해설 ㅣ 운송위험 추가특약은 적재화물로 인한 배상책임을 담보하며, 적재된 화물 자체의 손해는 담보하지 않는다.

13 영문 영업배상책임보험(CGL Policy)에 관한 설명으로 가장 적절하지 않은 것은?

① CGL Policy는 담보 A(신체장해 및 재물손해에 대한 배상책임부문), 담보 B(인격침해 및 광고침해 담보부문) 및 담보C(의료비 담보부문), 그리고 담보 A와 담보 B에만 적용되는 Supplementary Payments로 구성된다.

② 담보 C의 경우 국문약관의 구내치료비담보 추가특약과 동일하다.

③ 담보 A, B는 손해사고발생기준으로 담보한다.

④ 담보 B의 인격침해와 광고침해는 피보험자의 영업업무와 관련된 모든 사고를 담보한다.

정답 | ④
해설 | 광고침해는 모든 영업이 아니라 '광고'로 인한 사고로 한정한다.

14 영문 영업배상책임보험 CGL Policy의 보통약관 구성 중에서, 국문 영업배상책임보험에서는 담보하지 않는 것은?

① Coverage A   ② Coverage B

③ Coverage C   ④ Supplementary Payments

정답 | ②
해설 | Coverage B는 국문약관에 없다.

15 영문 영업배상책임보험 CGL Policy에서 보상하는 손해 중 인격침해(Personal Injury)에 해당하지 않는 것은?

① 불법감금   ② 출판물에 의한 중상

③ 사생활침해   ④ 무고

정답 | ②
해설 | '중상'은 인격침해(PI)이지만, '출판물에 의한 중상'은 광고침해(AI)이다.

16 CGL Policy의 AI(Advertising Injury)조항에서 보상하는 것이 아닌 것은?

① 출판물에 의한 사생활침해

② 출판물에 의한 사람이나 제품의 중상 또는 비방

③ 무고

④ 저작권, 타이틀 또는 표어의 침해

정답 | ③

해설 | 무고(Malicious Prosecution)은 인격침해(PI) 조항에서 담보한다. ①, ②에서 사생활침해나 중상 또는 비방은 PI와 AI에 중복되지만 출판물에 의한 것이면 AI가 된다.

17 영문 영업배상책임보험(CGL Policy)의 면책사항이 아닌 것은?

① 계약상 가중책임   ② 징벌적 손해배상금

③ 오염손해   ④ 생산물의 자체손해

정답 | ②

해설 | 징벌적 손해배상금은 국문약관에서는 보통약관상 면책이지만, 영문약관의 경우 보통약관으로 보상한다. 영문약관에서 이를 면책으로 하기 위해서는 '징벌적 손해배상금 부담보 추가특약'을 첨부해야 한다.

CHAPTER 03 | 보관자배상책임 (Bailee's Liability Insurance)

SECTION 1   담보위험

① **기본개념** : 피보험자가 보호(care), 관리(custody), 통제(control)하는 재물에 손해를 입힘으로써 발생하는 배상책임손해를 담보한다(담보위험이 특정인의 특정재산으로 한정되는 특징이 있음).

② **책임한도액** : 특정인의 특정재산을 부보 → 보험가액 존재 → TSI로 부보함 → 비례보상

   ㉠ 단, PML을 기초로 LOL로 보상할 경우 비례보상의 원칙이 적용되지 않는다.

   ㉡ 제3자배상책임과 달리 사용손해(간접손해)는 보상하지 않는다.

   ※ **보관자배상책임보험 VS 제3자배상책임보험**

구분	보관자배상	제3자배상
대상	특정고객	불특정고객
손해	특정재물(보험가액)	불특정재물(LOL)
책임법리	채무불이행책임(주법리) 일반불법행위책임	일반불법행위책임

   ※ 보관자배상책임보험은 피보험자가 보호, 관리, 통제하는 특정재산에 입힌 손해를 담보대상으로 한다는 점에서, 불특정의 제3자의 모든 재산이 담보대상이 되는 제3자 배상책임보험과 차이가 있다.

   ※ 제3자배상책임보험은 보상한도액으로 보험자의 책임한도액을 결정하며, 보관자배상책임보험은 보험가액에 기초한 보험가입금액으로 설정하여 보험자의 책임한도액을 결정한다.

   ※ 제3자배상책임이 담보하는 타인의 재물손해는 직접손해 및 사용손실(간접손해 및 결과적 손실)도 포함하지만, 보관자배상책임은 사용손실을 담보하지 않는다.

③ **보관자배상책임보험의 책임법리**(계약상 채무불이행책임 + 일반불법행위책임)

   ㉠ 채무불이행 책임(민법 제390조)

   ※ **채무불이행의 종류**

이행지체(민법 395조)	이행불능(민법 390조)	불완전이행
보증보험의 영역	배상책임보험의 영역	

   ※ 채무불이행책임을 면하기 위해서는 채무자가 '내가 잘못이 없다 것'을 입증해야 함

© 손해배상책임의 발생요건(채무불이행책임의 성립요건)

[객관적 요건]
(1) 보험사고가 발생하여야 한다.
(2) 직접적 손해가 발생해야 한다.
(3) 인과관계가 있어야 한다
(4) 가해자인 피보험자에게 위법성이 있어야 한다.

[주관적 요건]
피보험자에게 과실이 있어야 한다.

© 채무불이행책임 VS 일반불법행위책임

채무불이행책임(민법 제390조)	일반불법행위책임(민법 제750조)
채무자가 본인의 고의, 과실없음을 입증해야 함	피해자가 가해자의 고의, 과실을 입증해야 함
상계 가능	상계 불가
소멸시효 10년	불법행위가 발생한 날로부터 10년, 불법행위를 안 날로부터 3년

② 채무불이행책임과 일반불법행위책임이 경합할 경우
- 둘 중 하나를 선택하여 청구할 수 있다.
- 어느 하나가 소멸하면, 다른 손해배상책임에 근거하여 청구할 수 있다.

※ 채무불이행책임은 상계가 가능하지만, 일반불법행위책임은 상계가 불가하다.

※ 채무불이행책임과 일반불법행위책임이 병합될 경우, 피해자는 둘 중의 하나를 선택할 수 있으며, 하나의 권리가 소멸된 경우 다른 권리를 행사하면 된다.

④ 담보약관

※ 보관자배상책임을 담보하는 특약

창고업자 특약	임차자 특약	화재배상 특약	주차장 특약	차량정비업자 특약	경비업자 특약	싸이로 특약
보관자배상책임위험만 담보			보관자배상책임위험 + 제3자배상책임위험			

㉠ 창고업자 특약

(1) 창고업자특약Ⅰ, Ⅱ : 보관자배상책임만 담보
- 창고업자특약Ⅰ : 비례보상(80%부보비율 적용)
- 창고업자특약Ⅱ : 보상한도액 내에서 실손보상

예시 '보상한도액 4천만원, 수탁화물가액이 1억원, 실제 손해액이 2천만원이라면, 창고업자특약Ⅰ에서는 ( ), 창고업자특약Ⅱ에서는 ( )를 보상한다. →

- 창고업자특약Ⅰ : 2천만원 × $\dfrac{4천만원}{1억원 \times 80\%}$ = 1,000만원
- 창고업자특약Ⅱ : 보상한도액 내에서 실손보상하므로 2천만원을 지급한다.

(2) 보상하는 손해
- 창고업자특약Ⅰ : 열거주의로 담보함. 화재, 폭발, 파손, 강도, 도난(홍수는 아님)
  Cf. 창고업자특약에서 부보하는 위험은 '화.도.파.폭'으로써 동산종합보험의 담보위험과 유사함(∵ 동산에 대한 위험을 부보하므로)
- 창고업자특약Ⅱ : 수탁화물의 우연한 손해를 보상함(열거하지 않음)

(3) **면책위험**
- 수탁물의 사용손실 등 간접손해
- 수탁물의 가공 중에 생긴 손해
- 수탁물의 하자, 자연마모, 자연발화로 생긴 손해
- 수탁물이 인도된 후에 발견된 손해
- 인도나 배달착오, 좀도둑 또는 감량손해
- 보관의 목적으로 수탁받은 청과류 및 채소류에 생긴 손해
- 야적화물의 수침손해 및 바람으로 인한 손해
- 재고조사 시에 생긴 손해

※ 보관자배상책임보험의 대표적인 특약으로써, '수탁화물의 화재나 벼락, 폭발이나 파손, 강도나 도난'으로 인한 손해를 열거하여 담보하는 것은 창고업자 특약이다.

※ 창고업자특약(I)은 비례보상하며(80% 부보비율 적용), 창고업자특약 II 는 보상한도액으로 실손보상한다.

※ (폭발, 파손, 화재, 홍수, 도난) 중에서 영업배상책임보험 창고업자특약(I)에서 담보하지 않는 위험은 홍수이다(창고업자특약의 담보위험 : '화.도.파.폭').

ⓛ 주차장특약

(1) **주차장특약** : 보관자배상책임과 제3자배상책임을 같이 담보함(따라서 책임법리는 채무불이행책임과 일반불법행위책임이 적용된다)
(2) **보상하는 손해** : 주차시설 및 주차업무로 생긴 수탁자동차에 대한 손해, 그리고 제3자에 대한 배상책임을 보상한다.
(3) **면책위험**
- 공용도로상의 주차대행업무상의 손해
- 자동차의 수리작업으로 인한 손해
- 차량의 사용손실, 간접손해
- 이륜자동차의 도난사고
- 타이어나 튜브에만 생긴 손해
- 자연마모, 결빙, 기계적 또는 전기적 고장

※ 주차장특약은 수탁자동차에 대한 보관자배상책임과 수탁자동차로 인한 제3자배상책임을 같이 담보한다.

※ 주차된 오토바이의 도난손해에 대한 배상책임은 보상하지 않는다.

ⓒ 차량정비업자 I , II

(1) **차량정비업자특약** : 보관자배상책임과 제3자배상책임을 같이 담보한다.
(2) **보상하는 손해** : 차량정비시설 및 차량정비업무로 생긴 수탁자동차에 대한 손해, 그리고 제3자에 대한 배상책임을 보상한다.
(3) **면책위험**
- 시설의 수리, 개조, 신축 또는 철거공사에 따른 배상책임손해
- 차량에 적재한 물건에 대한 손해
- 차량의 사용손실, 간접손해
- 차량의 정비를 위해 견인하는 중 또는 정비차량의 인도 중 생긴 손해
- 무면허 또는 음주운전으로 인한 손해(단, 차량정비업자 II 에서는 보상함)
- 시설 밖에서 시험목적이 아닌 차량운행 중에 발생한 사고

※ 차량정비업자특약(I)은 피보험자가 소유, 사용, 관리하는 차량정비시설 및 그 시설의 용도에 따른 차량정비업무의 수행으로 인한 우연한 사고를 담보한다. 차량정비업자특약(II)는 그 밖의 정비목적 차량의 수탁, 시험운전, 인도과정의 사고를 추가로 담보한다.

※ 차량에 적재한 물건에 대한 손해는 차량정비업자 특약에서 보상하지 않는다.

② 경비업자특약

> **(1) 경비업자특약** : 보관자배상책임과 제3자배상책임을 같이 담보함
> **(2) 보상하는 손해** : 경비계약의 대상물건의 손해 또는 이로 인한 제3자에 대한 배상책임을 보상한다.
> **(3) 면책위험**
> - 주택의 경비업무로 생긴 손해(단, 단독주택의 경비업무는 보상함)
> - 총포류나 경비견의 사용으로 생긴 손해
> - 전기적 사고로 생긴 손해(단, 경비업자특약Ⅱ에서 보상함)
> - 정보, 기계설비의 고장으로 인한 손해(단, 경비업자특약Ⅱ에서 보상함)
> - 불특정다수인의 출입이 허용되는 사업장에서의 근무시간 중 사고로 인한 손해(단, 경비업자특약Ⅱ에서 보상함)

※ 경비업자특약은 주택경비업무로 생긴 손해는 면책이지만, 단독주택의 경비업무로 인한 손해는 보상한다.

※ '전기적 사고로 생긴 손해, 정보 · 기계설비고장으로 인한 손해, 불특정다수인이 출입하는 사업장에서의 근무 중 사고로 생긴 손해'는 경비업자특약(Ⅰ)에서는 면책이지만, 경비업자특약(Ⅱ)에서는 보상한다.

⑩ 항만하역업자특약

> **(1) 항만하역업자특약** : 보관자배상책임과 제3자배상책임을 같이 담보함
> - 선박하역사업에 한정함(자동차, 항공기는 제외)
> **(2) 보상하는 손해** : 수탁화물 손해 또는 하역업무 중의 제3자 배상책임을 보상함
> **(3) 면책위험**
> - 피보험자의 수급업자가 작업수행 중에 생긴 손해
> - 인도, 배달착오 또는 분실이나 감량으로 인한 손해

⑭ 임차자특약, 화재배상특약

> (1) 임차자특약 : 보관자배상책임만 담보함
> - 임차시설의 '화재손해 등'으로 임대인에게 배상책임을 부담할 때 이를 보상함
> (2) 화재배상특약 : 보관자배상책임만 담보함
> - 임차시설의 '화재손해'로 인한 배상책임을 보상함

※ 임차자특약과 화재배상특약은 보관자배상책임만 담보한다는 점은 동일하나, 화재배상책임은 화재사고만을 담보하고 임차자특약은 화재외의 사고도 담보한다는 점에서 차이가 있다(임차자특약의 담보범위가 더 넓다).

> 예시 1 (창고업자특약, 주차장특약, 차량정비업자특약, 경비업자특약, 임차자특약, 화재배상특약) 중에서 보관자배상책임만 담보하는 특약은?
> → 창고업자특약, 임차자특약, 화재배상특약

> 예시 2 (창고업자특약Ⅰ, 주차장특약, 차량정비업자특약, 경비업자특약, 임차자특약, 화재배상특약) 중에서 비례보상을 하는 것은?
> → 창고업자특약Ⅰ, 임차자특약, 화재배상특약(Cf. 창고업자특약Ⅱ는 실손보상)

⑤ 언더라이팅 요소

창고업자특약	임차자특약 또는 화재배상특약	경비업자특약
창고의 구조 및 규모, 보관물품내용, 보관품의 평균가액 및 최대가액, 연간예상매출액	건물구조급수, 주변상황 및 안전관리상태, 건물가액확인	경비용역계약서, 경비대상, 경비방식
주차장특약	차량정비업자특약	항만하역업자특약
주차장위치(옥내, 옥상), 바닥면적, 주차시설확인	정비공장의 총면적	연간 취급물동량, 주요취급화물, 하역장비내역 등

(※ 과거사고경력 확인은 공통사항)

※ 건물의 구조급수, 주변상황 및 안전관리실태는 임차자특약의 언더라이팅 요소이다.

CHAPTER 03 | 단원정리문제

01 보관자배상책임보험과 제3자배상책임보험을 비교한 것이다. 틀린 것은?

구분	제3자배상책임보험	보관자배상책임보험
① 담보대상	제3자의 신체 및 재산에 대한 손해를 담보대상으로 함	피보험자가 보호, 관리, 통제하는 재산에 입힌 손해를 담보대상으로 함
② 보험자의 책임한도	보험가입금액을 설정하지 않고 보상한도액을 설정	보험가액에 기초한 보험가입금액으로 설정
③ 재산손해 보상범위	사용손실도 포함함	사용손실도 포함함
④ 주 책임법리	불법행위책임	채무불이행책임

정답 | ③

해설 | 제3자배상책임이 담보하는 타인의 재물손해는 직접손해 및 사용손실(간접손해 및 결과적 손실)도 포함하지만, 보관자배상책임은 사용손실은 담보하지 않는다.

02 보관자배상책임보험의 책임법리에 대한 설명이다. 틀린 것은?(계약책임 = 채무불이행책임, 민법 제390조)

① 불법행위책임이나 계약책임 모두 과실책임을 원칙으로 하고 있지만 불법행위책임은 피해자가 가해자에게 과실을 입증해야 하는데, 채무불이행책임은 가해자인 채무자가 본인에게 과실이 없음을 입증해야 한다.

② 불법행위책임과 계약책임의 소멸시효는 둘 다 10년인 것은 동일하지만 불법행위책임의 경우 '그 사실을 안 날로부터 3년'의 요건이 있어 피해자입장에서는 계약책임의 행사가 더 유리하다.

③ 계약책임은 반대채권이 있을 경우 상계가 가능하지만 불법행위책임은 상계가 불가하다.

④ 손해배상책임의 원인으로 계약책임과 불법행위책임이 경합할 경우, 피해자는 유리한 어느 한쪽을 선택하여 청구권을 행사해야 한다.

정답 | ④

해설 | 어느 하나를 선택하여 청구할 수 있음은 물론, 어느 하나의 시효가 소멸된 경우 다른 손해배상청구권을 행사할 수 있다.

03 국문 영업배상책임보험 중 보관자배상책임을 담보하지 않는 것은?

① 시설소유관리자 배상책임보험   ② 창고업자 특별약관

③ 임차자 특별약관   ④ 주차장 특별약관

정답 | ①

해설 | ②, ③은 보관자배상책임만을 담보하고 ④는 보관자배상책임과 제3자배상책임을 모두 담보한다.

04 보기의 경우 보험자의 지급보험금은?

> 보상한도액 4천만원, 수탁화물가액 1억원, 실제손해액 2,000만원(창고업자특약Ⅰ)

① 1,000만원   ② 1,500만원   ③ 2,000만원   ④ 4,000만원

정답 | ①

해설 | • 창고업자특약Ⅰ의 경우 80%부보비율실손특약이 적용된다.

$$\rightarrow \text{손해액} \times \frac{\text{보상한도액}}{\text{수탁화물가액} \times 0.8}$$

$$= 2{,}000\text{만원} \times \frac{4\text{천만원}}{1\text{억원} \times 0.8} = 1{,}000\text{만원}$$

Cf. 창고업자Ⅱ의 경우는 보상한도액 내에서 실손보상한다. → 2,000만원

05 국문 영업배상책임보험의 창고업자 특별약관Ⅰ에서 담보하는 사고에 해당하지 않는 것은?

① 폭발   ② 파손   ③ 홍수   ④ 도난

정답 | ③

해설 | 창고업자특약은 수탁화물에 대한 '화재, 강도 및 도난, 파손, 폭발(화.도.파.폭)' 위험을 담보한다.
     Cf. 도난보험의 '수탁물배상책임특약'은 도난위험만 담보한다.

06 국문 영업배상책임보험의 창고업자 특별약관Ⅰ에서 보상하는 손해에 해당하는 것은?

① 보관을 목적으로 수탁받은 물건의 강도 또는 도난으로 인한 손해에 대한 배상책임

② 수탁물이 위탁자에게 인도된 후에 발견된 손해에 대한 배상책임

③ 수탁화물을 가공하던 중 발생한 손해

④ 보관의 목적으로 수탁받은 청과류 및 채소류에 생긴 손해에 대한 배상책임

정답 | ①

해설 | ①은 보상하는 손해이다(창고업자특약은 수탁화물에 대한 '화.도.파.폭'위험을 담보).

07 국문 영업배상책임보험의 주차장특별약관에 대한 설명이다. 틀린 것은?

① 피보험자의 주차시설 및 주차업무의 수행으로 생긴 제3자의 신체장해와 재물손해를 보상한다.

② 주차목적으로 수탁받은 고객의 차량에 생긴 손해에 대한 배상책임손해를 담보한다.

③ 도로교통법상의 공공도로에서 수행하는 주차대행업무로 생긴 손해는 면책이다.

④ 주차시설의 통상적인 유지, 보수작업으로 생긴 손해에 대한 배상책임손해를 보상한다.

정답 | ④
해설 | ④는 주차시설에 대한 것이므로 시설소유관리자특별약관으로 담보한다.

08 주차장 특별약관의 면책사항이 아닌 것은?

① 주차시설에서 주차업무의 수행으로 생긴 제3자의 대한 인명피해

② 자동차의 수리작업으로 인한 손해

③ 이륜자동차의 도난사고

④ 타이어나 튜브에만 생긴 손해

정답 | ①
해설 | ①은 동 특약의 주된 보상손해이다.
　　　※ 주차장특별약관의 면책사항(위의 ②, ③, ④에 추가됨)
　　　　• 공공도로상의 주차대행업무로 생긴 손해
　　　　• 자동차의 수리작업으로 인한 손해
　　　　• 차량의 사용손실, 대차료 등의 간접손해
　　　　• 자연마모, 결빙 및 기계적 고장
　　　　• 차량출고 후 부착설비 및 차량 내부보관물에 대한 손해

09 차량정비업자 특별약관의 면책사항이 아닌 것은?

① 차량의 사용손실 등 간접손해

② 차량에 적재한 물건에 대한 손해

③ 무면허운전 또는 음주운전으로 인한 손해

④ 시설 밖에서 시험목적이 아닌 차량운행 중에 발생한 사고

정답 | ④
해설 | 차량정비업의 목적상 시험목적은 보상하지만, 시험목적이 아닌 차량운행 중의 사고는 보상하지 않는다.
　　　※ 차량정비업자 특별약관의 면책사항(위의 ①, ②, ③에 추가됨)
　　　　• 시설의 수리, 개조, 신축 또는 철거공사에 따른 배상책임손해
　　　　• 차량의 정비를 위해 견인하는 중의 손해
　　　　• 자연마모, 결빙 및 기계적 고장

10 경비업자 특별약관의 면책사항이 아닌 것은?

① 단독주택의 경비업무로 생긴 손해

② 불특정 다수인의 출입 허용사업장에서의 근무 중 손해

③ 총포류나 경비견의 사용으로 생긴 손해

④ 기계설비의 고장으로 인한 손해, 전기적 사고로 생긴 손해

정답 | ①

해설 | 주택의 경비업무로 생긴 손해는 면책이지만, 단독주택의 경비업무로 생긴 손해는 보상한다.

11 다음 중 비례보상을 하지 않는 특별약관은?

① 주차장 특별약관

② 창고업자특별약관(Ⅰ)

③ 임차자배상책임 특별약관

④ 화재배상책임 특별약관

정답 | ①

해설 | ②, ③, ④는 보관자책임만 담보하므로(보험가액이 있으므로) 비례보상을 한다. 주차장특약은 제3자배상책임도 담보하므로 보상한도액으로 보상한다(실손보상). 참고로 창고업자특약(Ⅱ)는 창고업자특약(Ⅰ)과 달리 보험가입금액을 한도로 실손보상한다.

12 창고업자 특별약관 인수 시의 언더라이팅 유의사항이다. 가장 거리가 먼 것은?

① 연간예상매출액

② 창고건물의 소재지 및 구조확인

③ 폭발물 등 위험물에 대한 안전관리

④ 화재보험에서 적용하는 건물구조에 따른 급수확인

정답 | ④

해설 | ④는 임차자특약 및 화재배상특약에 적용되는 언더라이팅 요소이다.

CHAPTER 04 | 도급업자배상책임

SECTION 1 담보위험

① **기본개념** : 피보험자(수급업자)가 수행하는 '공사 중 사고(work in progress)'로 타인에게 입힌 손해배상책임을 담보함

② **시설소유관리자특약과의 비교**

구분	도급업자 배상책임보험	시설소유관리자 배상책임보험
시설의 의미	공사진행 중인 시설 (works in progress)	공사가 완성된 시설 (works after completion)
주된 업무장소	시설 밖	시설 내
보험기간	• 포괄계약은 1년 • 개별계약은 도급공사기간을 보험기간으로 함	항상 1년
보험료 산정	• 포괄계약은 보험기간에 비례 • 개별계약은 도급공사금액에 의해 산정	보험기간에 비례

※ 공사가 완공된 시설의 소유 · 사용 · 관리로부터의 배상책임은 시설소유관리자배상책임보험, 공사가 진행 중인 시설의 소유 · 사용 · 관리로부터의 배상책임은 도급업자배상책임보험으로 담보한다.

※ 도급업자배상책임은 국문 일반배상책임보험의 보통약관에 도급업자배상책임 특별약관을 첨부함으로써 담보할 수 있다.

※ 영문약관 CGL Policy는 시설소유관리자배상책임과 도급업자배상책임을 구분하지 않는다.

③ **책임법리** : 일반불법행위책임 + 특수불법행위책임(시설소유관리자특약과 동일)

④ **담보약관** : 영업배상책임보험 + 도급업자배상특약(국문약관), CGL Policy(영문약관)

① 보상하는 손해 : 작업 수행 중 또는 작업수행을 위한 시설로 생긴 우연한 손해를 담보

② 보상하지 않는 손해 : 일반영업배상책임보험의 공통면책사항('고. 전. 천. 핵. 오. 지. 무. 벌. 계. 매. 티.
전. 근. 자. 의. 전')에 추가하여 도급업자배상책임보험 고유의 면책사항(아래)이 있다.

> **(1) 피보험자의 수급인(하수급인)이 수행하는 작업으로 생긴 손해로 인한 배상책임**
> 하수급인인 스스로 담보하는 것이 원칙(도급업자배상책임보험에서는 면책)이지만, 발주자 미필적 배상책임 추가특약
> 으로 동 위험을 담보할 수 있음
>
> **(2) 피보험자의 수급업자의 피용인이 입은 신체장해**
>
> **(3) 공사종료 또는 폐기 후 공사결과로 부담하는 배상책임**
> 완성작업배상책임보험(건설공사보험, 조립보험)에서 담보가 가능함
>
> **(4) 티끌, 먼지, 석면 또는 분진 및 소음손해**
> 건설공사라면 필연적으로 발생하는 위험이므로 담보하지 않음. 단, '석면'을 제외한 나머지는 '티끌,먼지, 분진 및 소음
> 추가특약'으로 담보가 가능
>
> **(5) 지하매설물 손해**
> '폭발, 붕괴 및 지하매설물손해 추가특약'으로 담보가 가능함
>
> **(6) 일부공사의 경우 전체공사 근로자에 대한 손해**
> '일부공사 추가특약'으로 담보가능함

③ 추가특별약관

> (1) 운송위험 추가특약
> (2) 폭발, 붕괴 및 지하매설물 손해 추가특약
> (3) 일부공사 추가특약
> (4) 주위재산 추가특약[주1]
> (5) 티끌, 먼지, 분진 및 소음 추가특약

※ 주1 : 비교
- 도급업자배상책임보험에 첨부하는 '주위재산 추가특별약관' : 피보험자의 공사수행 중, 피보험자의 직접적
  작업대상이 아닌 타인의 재물에 손해를 입힌 경우 이에 대한 배상책임손해를 담보하는 추가특별약관이다.
- 건설공사보험 · 조립보험에서 첨부하는 주위재산담보 특별약관 : 공사현장이나 주변에 소재하는 피보험자
  의 소유, 임차, 관리, 통제하에 있는 재산에 손해를 입힐 경우, 이를 담보하는 특별약관이다.

※ 자동차로 운송 또는 하역작업 중 적재화물에 기인한 배상책임을 담보하는 추가특약은 '운송위험추가특약'이다.

※ 피보험자가 참여하는 공사가 일부공사인데, 해당 공사의 나머지 근로자가 입은 신체장해에 대한 배상책임을 담보
하는 것은 '일부공사 추가특약'이다.

※ '티끌, 먼지, 석면 또는 분진 및 소음손해'는 도급업자배상책임담보 특약에서 면책이지만, 석면을 제외한 나머지 위
험에 대해서는 '티끌, 먼지, 분진 및 소음특약'으로 담보할 수 있다.

④ 도급업자 관련특약

> (1) 하청업자 배상책임특약 : 피보험자가 임가공을 목적으로 수탁받은 물건의 '화재, 폭발, 파손, 절도 및 도난' 사고만을 담보함(보관자위험만을 담보)
>   • 동산종합보험, 창고업자특약과 담보위험이 유사함('화.도.파.폭'). 그리고 80% 부보비율을 적용하는 것은 '창고업자 특약Ⅰ'과 동일함
>   • 면책사항 : 재고조사 시 발견된 손해 또는 원청자에게 인도 후 발견된 손해 등
> (2) 발주자 미필적 배상책임보험 : 발주자의 수급인(즉 피보험자의 수급인)의 과실 또는 발주자의 감독부주의로 인한 배상 책임을 담보함
>   ※ 도급업자 배상책임담보특약의 추가특약으로 첨부할 수 있음
> (3) 사용자배상책임담보특약
> (4) 교차배상책임특약
> (5) 대위권포기특약
> (6) 오염사고담보특약 : 급격한 오염을 담보하는 특약, 단, 통상적으로 배출되는 배수, 배기 등으로 인한 손해는 면책

※ 하청업자 배상책임특약에서는 보관자위험만을 담보한다는 점에서 창고업자특약과 동일하다.

※ 피보험자의 수급인이 수행하는 작업으로 생긴 손해는 도급업자배상책임보험으로 담보하지 않고 '발주자미필적배상책임 특별약관'을 첨부하여 담보할 수 있다.

※ 보통약관에서는 모든 오염사고가 면책이며 '급격한 오염'에 한해서 특별약관으로 담보가 가능하다(Cf. '점진적인 오염'은 환경오염 배상책임보험에서만 담보가 가능함).

CHAPTER 04 | 단원정리문제

01 도급업자배상책임보험과 시설소유관리자배상책임보험을 비교한 것이다. 잘못 연결된 것은?

구분	도급업자 배상책임보험	시설소유관리자 배상책임보험
① 시설의 의미	공사진행 중인 시설 (works in progress)	공사가 완성된 시설 (works after completion)
② 주된업무장소	시설 내	시설 밖
③ 보험기간	• 포괄계약은 1년 • 개별계약은 도급공사기간을 보험기간으로 함	항상 1년
④ 보험료산정	• 포괄계약은 보험기간에 비례 • 개별계약은 도급공사금액에 의해 산정	보험기간에 비례

정답 | ②

해설 | 도급업자배상보험 → 시설 밖, 시설소유관리자배상보험 → 시설 내

02 도급업자배상책임을 담보하는 방법으로 가장 적절하지 않은 것은?

① 국문약관상 일반영업배상책임 보통약관에 도급업자배상책임 특별약관을 첨부한다.

② 국문약관상 일반영업배상책임 보통약관으로 담보한다.

③ 영문약관상 보통약관(CGL Policy)으로 담보한다.

④ 개별 공사의 경우 건설공사보험 또는 조립보험의 배상책임부문으로 담보할 수 있다.

정답 | ②

해설 | 일반영업배상책임 보통약관만으로는 도급업자배상책임을 담보할 수 없다(①이 가장 보편적).

03 다음 중 도급업자배상책임보험에서 담보하는 것은?

① 보험증권에 기재된 작업의 수행 또는 작업수행을 위해 소유, 사용, 관리하는 시설로 생긴 우연한 손해

② 티끌, 먼지, 소음, 석면, 분진으로 인한 손해

③ 공해물질의 유출로 생긴 오염손해에 대한 배상책임

④ 공사의 종료 후 공사의 결과로 부담하는 배상책임

정답 | ①

해설 | ①은 도급업자배상책임보험이 보상하는 손해의 정의에 해당된다. ②, ③은 영업배상책임보험의 공통면책사항, ④는 도급업자 특약의 고유면책사항이다.

04 도급업자배상책임보험의 특별약관 또는 추가특별약관으로 보상할 수 있는 손해가 아닌 것은?

① 피보험자의 수급인이 수행하는 작업으로 생긴 손해에 대한 배상책임

② 피보험자의 수급업자의 피용인의 입은 신체장해

③ 티끌, 먼지, 분진 또는 소음손해

④ 지하매설물 손해

정답 | ②
해설 | ②는 도급업자특약의 고유면책사항인데, 이를 담보하는 특약 또는 추가특약은 없다.
　　　① 발주자미필적배상책임 특약, ③ 티끌, 먼지, 분진 및 소음 추가특약, ④ 폭발, 붕괴 및 지하매설물 손해 추가특약

05 도급업자배상책임특별약관과 관련한 '하청업자 배상책임 특약'에 대한 설명이다. 가장 거리가 먼 것은?

① 화재, 도난, 파손, 폭발 위험의 재물위험과 제3자배상책임위험을 담보한다.

② 보관자위험만을 담보하는데, 이는 창고업자 특약과 동일하다.

③ 80% 공동보험비율로 부보하는 방식은 창고업자특약(Ⅰ)과 동일하다.

④ 임가공물의 가공착수 후 조작이나 기술졸렬로 생긴 손해는 면책이다.

정답 | ①
해설 | 보관자위험만을 담보하므로 재물위험만을 담보한다(제3자배상책임위험은 담보하지 않음).

06 도급업자배상책임특약에 첨부할 수 있는 추가특약에 대한 내용이다. 이 중 '일부공사 추가특약'에 해당하는 것은?

① 피보험자가 자동차로 화물을 운송하는 도중 우연한 사고로 인해 적재화물에서 발생하는 손해배상책임을 담보한다.

② 피보험자가 수행하는 공사가 전체공사의 일부일 경우 피보험자의 근로자는 제외하고 다른 공사의 근로자에 대한 신체장해 배상책임을 담보한다.

③ 피보험자의 직접적인 작업의 영향은 아니지만 피보험자의 공사현장 주위에 있는 타인의 재물에 손해를 입힌 경우 이에 대한 법률상 손해배상책임을 담보한다.

④ 피보험자의 시설에서 발생하는 티끌, 먼지, 분진 및 소음으로 인하여 피해자의 신체에 장해를 입히거나 재물을 망가뜨려 피보험자가 법률상으로 부담하는 손해배상책임을 담보한다.

정답 | ②
해설 | ① 운송위험 추가특약, ② 일부공사 추가특약, ③ 주위재산 추가특약, ④ 티끌, 먼지, 분진 및 소음 추가특약(석면은 제외)
　　　※ '추가특약'은 도급업자배상책임특약에서 면책되는 것을 보상받기 위해 첨부한다.

CHAPTER 05 | 생산물배상책임('생배책')

SECTION 1 담보위험

① **기본개념** : 피보험자가 제조 · 판매 · 공급한 제조물의 결함에 기인한 사고로 인해 발생한 손해배상책임을 담보한다.

※ 생산물배상책임보험에서의 '생산물'의 의미 : 동산(제조물) + 부동산(건물, 댐, 교량 등)

② **생산물결함(엄격책임의 기준)**

설계결함	제조결함	지시 · 경고결함
설계자체의 안정성에 문제[주1]	설계와 다른 제조품의 문제	적절한 지시경고가 누락

※ 가장 대규모의 배상위험에 직면할 수 있는 것은 '설계결함'이다.

③ **보험가입주체별 결함**

제조업자	판매업자	도급업자
설계결함, 제조결함, 지시경고상의 결함	불완전판매(불완전설명), 제품인도상의 하자	완성작업 위험

④ **생산물배상책임 관련 위험**

　㉠ 제품결함 → 소비자의 신체상해 또는 제3자의 재물에 물리적인 손상을 주는 위험

　㉡ 결함제품을 회수하는데 드는 비용(생배책은 면책, 리콜보험에서 담보)

　㉢ 결함으로 발생한 제품자체의 손해(생배책은 면책, 생산물보증보험에서 담보)

　㉣ 제품의 성능부족으로 인한 배상책임손해(생배책에서 면책, 제조업자전문직업배상책임에서 담보)

※ '제품의 결함으로 소비자가 다치거나 타인의 재물에 물리적 손상을 끼친 경우'는 생산물배상책임보험('생배책')에서 보상한다.

※ '제품의 결함으로 소비자가 다치거나 타인의 재물에 물리적 손상을 끼치거나 한 추가적인 사고의 발생이 예견되어 시장에 판매된 결함제품을 찾아서 회수하는데 드는 비용'은 생산물회수비용보험(리콜보험)에서 보상한다.

※ '제품의 결함으로 발생한 제품 자체에 대한 손해'는 생산물보증책임보험에서 보상한다.

⑤ 책임법리 : 무과실책임주의(제조물책임법)

※ **제조물책임법(2002.7.1 시행)**

(1) 의의 : 제조물[주1]로 인한 손해배상책임에 가장 엄격한 법리[주2]를 적용함으로써, 국민생활안전과 건전한 경제발전을 도모하고자 하는 취지

※ 주1 : '제조물'이란 제조 또는 가공된 동산을 말하며, 제조업자를 알 수 없는 경우에는 공급업자가 책임진다.

※ 주2 : 종전 과실책임주의(과거 제조업자의 과실에 한해 책임을 부과)에서 무과실책임주의(제조업자의 과실이 없어도 제조물에 결함이있으면 책임을 부과)로 전환을 의미함

(2) 면책사항 : 제조업자가 아래의 사실을 입증 시 면책

  • 제조업자가 당해 제조물을 공급하지 아니한 사실

  • 현 기술수준으로 결함을 입증할 수 없는 사실

  • 결함이 법령기준을 준수함으로써 발생한 사실

  • 제품제조에 사용된 부품이나 원재료가 해당 부품이나 원재료의 공급자의 제작결함으로 발생한 사실 등

(3) 소멸시효 : 손해배상책임을 지는 자를 안 날로부터 3년, 제조물을 공급한 날로부터 10년 이내

※ 제조물책임보험은 '제품의 결함'을 책임요건으로 하며, 제조업자의 과실을 요건으로 하지 않는다(과실을 요건으로 하지 않는다고 함은 제조업자의 '무과실책임'을 의미함).

⑥ 생산물배상책임소송의 방어방법

㉠ 기여과실 : 피해자에게도 과실이 있다면 가해자는 면책. 단, 가해자에게 Last Clear Chance가 있었다면 가해자에게 부책

㉡ 비교과실(피해자과실정도로 판단)

Pure Form	49% Form	50% Form	S/G Form
비율만큼 과실상계	49% 이하 → 전액배상	50% 이하 → 전액배상	가 > 피 → 전액배상

※ 생산물배상책임소송의 방어방법(예시)

피해자 과실비율(예)	비교과실				기여과실
	Pure Form	50% Rule	49% Rule	S/G Form	
10%	90%	90%	90%	90%	0
49%	51%	51%	51%	0	0
50%	50%	50%	0	0	0
51%	49%	0	0	0	0
90%	10%	0	0	0	0

• Pure Form : 가해자의 과실비율을 상계하고 지급한다(순수 과실상계방법). 가해자의 과실이 10%이면 손해배상책임액은 90%이다.

• 50% Rule : 피해자의 과실비율이 가해자보다 크지 않을 때만 손해배상책임이 발생한다(예 피해자과실이 50%일 때는 손해배상책임 50%, 피해자과실이 51%이면 손해배상책임이 발생하지 않는다).

• 49% Rule : 피해자의 과실비율이 가해자보다 적을 때에만 손해배상책임이 발생한다(예 피해자과실이 49%일 때는 손해배상책임 51%, 피해자과실이 50%이면 손해배상책임이 발생하지 않는다).

• Slight/Gross Form : 피해자의 과실비율이 가해자에 비해서 매우 경미할 때에만 손해배상책임이 발생한다(비교과실제도 중에서 제조업자에게 가장 유리한 방법).

• 기여과실 : 피해자의 과실비율이 조금이라도 있으면 손해배상책임이 발생하지 않는다(제조업자에게 가장 유리한 방법).

※ 가해자에게는 기여과실이 유리하며, 비교과실 중에서 가해자의 배상부담이 가장 적은 것은 S/F Form이다(가해자의 부담이 가장 큰 것은 Pure Form).

※ 피해자 스스로 자기의 권리가 침해되는 것을 감수 또는 용인한 경우에는 가해자의 손해배상책임은 발생하지 않는다는 것은 생산물배상책임보험의 방어논리 중 위험인수(Assumption of Risk)에 해당된다.

① 생산물배상책임보험 약관의 종류 : 국문약관과 영문약관(해외수출품담보의 경우)

② 담보기준

생산물배상책임보험 I	생산물배상책임보험 II
손해사고기준(Occurrence Basis Policy)	배상청구기준(Claims-Made Policy)

㉠ 손해사고기준 : 보험기간 중에 손해사고가 발생하면 보상한다(통상적으로 손해사고기준이 피보험자에게 유리하여 배상청구기준보다 10% 정도 보험료가 더 비싸다).

  ※ 손해사고기준의 단점(이러한 단점은 배상청구기준으로 해소할 수 있음)

  • 사고일자확인이 불분명한 전문직업의 담보위험을 인수하기에는 부적절하다.

  • IBNR추정이 어려운 문제점이 있다(→ 과도 또는 과소한 책임준비금 적립문제, 보험요율이 불합리하게 산정될 수 있는 문제점).

  • Long tail 보험의 경우 보상한도액이 인플레위험에 노출될 수 있다.

㉡ 배상청구기준 : 소급담보일자 이후에 손해사고가 발생하고 보험기간 중에 보상청구가 이루어져야 보상한다.

  ※ 배상청구기준은 소급담보일자(Retroactive date)와 보고기간연장(ERP)으로 담보기간을 확장할 수 있다.

㉢ 배상청구일자의 개념

  • 동일인의 신체장해에 대해서 연속적으로 클레임(배상청구)이 제기되는 경우 : 최초로 제기된 날짜를 모든 건에 대한 손해배상청구일자로 간주함

  • 동일인의 재물손해에 대해서 연속적으로 클레임이 제기되는 경우 : 최초로 제기된 날짜를 모든 건에 대한 손해배상청구일자로 간주함

  • 하나의 사고로 여러 사람에게 손해배상책임을 지고, 피해자별로 클레임이 연속적으로 제기되는 경우 : 피해자 수만큼 손해배상청구를 인정함(∵ 1인당 보상)

▶ **도해 : 손해사고기준과 배상청구기준의 개념차이**

③ 보상하지 않는 손해

(1) 계약자 또는 피보험자의 고의 또는 중대한 과실로 법령을 위반하여 제조, 판매, 공급 또는 시공한 생산물로 생긴 손해에 대한 배상책임

(2) 전쟁, 혁명, 내란, 사변, 테러, 폭동, 소요, 노동쟁의 기타 이들과 유사한 사태로 생긴 손해에 대한 배상책임

(3) 지진, 분화, 홍수, 해일 또는 이와 비슷한 천재지변으로 생긴 손해에 대한 배상책임

(4) 핵연료물질, 방사선, 방사능오염 등의 사고로 생긴 손해에 대한 배상책임

(5) 피보험자의 생산물로 생긴 수질오염, 토지오염, 대기오염 등 일체의 환경오염에 대한 배상책임 및 오염제거비용

(6) 벌과금 및 징벌적 손해에 대한 배상책임

(7) 피보험자와 타인 간에 손해배상에 관한 약정이 있는 경우 그 약정에 의하여 가중된 손해배상책임(계약상 가중책임)

(8) 티끌, 먼지, 석면, 분진 또는 소음으로 생긴 손해에 대한 배상책임

(9) 전자파, 전자장(EMF)으로 생긴 손해에 대한 배상책임

(10) 피보험자의 근로자가 피보험자의 업무에 종사 중 입은 신체장해에 대한 배상책임

(11) '의무보험'에서 보상하는 손해에 대한 배상책임

(이상은 영업배상책임보험의 공통면책사항)

(이하는 생산물배상책임 고유의 면책사항)

(12) 타인에게 양도된 생산물로 인하여 피보험자의 구내에서 생긴 신체장해나 재물손해에 대한 배상책임

(13) 생산물 및 구성요소의 고유의 흠, 마모, 찢어짐, 점진적인 품질하락에 대한 배상책임

(14) 제품결함이나 성능부족으로 손상된 손해(손상재물 손해) 또는 물리적으로 파손되지 아니한 유체물에 생긴 재물손해

(15) 생산물의 성질 또는 하자에 의한 생산물자체의 손해에 대한 배상책임

(16) 결함있는 생산물의 회수, 검사, 수리 또는 대체비용 및 사용손실에 대한 배상책임

※ 생산물로 인해 피보험자의 근로자가 상해를 입었다면 이에 대한 배상책임손해는 생산물배상책임보험에서 보상하지 않는다(→ '고.전.천.핵.오.지.무.벌.계.매.티.전.근.자.의.전'에서 '근'에 해당됨).

※ 생산물로 인한 배상책임손해에 대해서 의무보험에서 보상하는 것이 있다면 생산물배상책임보험은 그 초과부분에 한해서 보상한다 (→ '고.전.천.핵.오.지.무.벌.계.매.티.전.근.자.의.전'에서 '의'에 해당됨).

※ 생산물로 인한 벌과금이나 징벌적 손해배상책임은 생산물배상책임보험에서는 면책이다(→ '고. 전. 천. 핵. 오. 지. 무. 벌. 계. 매. 티. 전. 근. 자. 의. 전'에서 '벌'에 해당됨).

④ 추가특별약관

국문약관에 추가하는 특약	영문약관에 추가하는 특약
(1) 판매인특약 : 판매인도 피보험자에 포함 (2) 도급업자특약 : 도급업자위험도 담보 (3) 효능불발휘부담보특약 : 생산물이 의도하는 효능에 부족할 경우 부담보함	(1) 징벌적 손해배상금 면책약관 (2) 모든 오염손해 면책약관 (3) 효능 불발휘 면책조항 (4) 석면 면책조항 (5) 전자파 부담보조항 (6) 소송비용 및 부대비용의 보상한도액 포함조건

※ 생산물책임보험 국문약관은 내수용 제조물을, 영문약관은 수출품을 대상으로 하는 것이 일반적이다.

※ 징벌적 손해배상금 면책약관은 영문약관(CGL Policy)에만 첨부될 수 있다(영문약관은 국문약관과 달리 보통약관에서 징벌적 손해배상을 보상하므로 이를 면책으로 하기 위해서 첨부함).

⑤ 언더라이팅 고려요소

㉠ 요율산정의 기초가 되는 매출액의 변동이 심할 경우 매출량도 고려함(과거 3년 정도의 매출자료 요청).

㉡ 소송위험이 높은 북미지역 등 판매지역을 고려함

㉢ 사고방지대책과 사고방어대책의 유효성 고려

㉣ 경험률이 없는 시제품의 경우 특별히 유의

㉤ 배상청구기준에서 손해사고기준으로 계약의 변경 시 담보공백 감안

㉥ 담보에 적합한 추가특약설정 여부 고려

CHAPTER 05 | 단원정리문제

01 생산물배상책임보험에 대한 설명이다. 틀린 것은?

① 생산물배상책임보험의 담보대상은 동산으로서의 제조물뿐만 아니라 건물, 교량 등의 부동산도 포함한다.

② 생산물배상책임보험의 가입주체는 제조물의 생산 그리고 판매와 관련된 모든 사람을 대상으로 한다.

③ 생산물배상책임보험에서 제조 및 판매업자의 배상책임유무를 판단하는 기준은 과실책임이 아닌 엄격책임에 의한 제조물의 결함 여부이다.

④ 제조물의 결함 중 가장 큰 규모의 배상책임위험에 직면할 수 있는 것은 제조결함이다.

정답 | ④
해설 | 가장 큰 위험을 유발하는 것은 설계결함이다.

02 생산물배상책임보험의 책임법리는?

① 일반불법행위책임, 특수불법행위책임
② 일반불법행위책임, 채무불이행책임
③ 무과실책임주의
④ 채무불이행책임

정답 | ③
해설 | 무과실책임주의이다. ①은 '시설소유관리자특약, 도급업자특약'에 해당되며, ②는 '보관자특약, 전문직업배상책임'에 해당된다.

03 생산물배상책임보험에서의 손해배상담보가 되는 '생산물의 결함'에 해당하지 않는 것은?

① 설계결함(design defect)
② 제조결함(manufacturing defect)
③ 지시 · 경고 결함(instruction, warning defect)
④ 불완전판매

정답 | ④
해설 | 제조물의 결함을 말하므로 ④는 제외된다.

04 다음 중 생산물배상책임보험에서 보상하는 손해는?

① 제품결함으로 소비자가 다치거나 타인의 재물에 물리적 손상을 끼침에 따른 배상책임손해

② 제품결함으로 발생한 제품자체에 대한 손해

③ 제품결함으로 소비자가 다치거나 타인의 재물에 물리적 손상을 끼치거나 또한 추가적 사고의 발생이 우려되어 시장에 판매된 결함제품을 찾아서 회수하는 비용

④ 제품결함으로 사람이 다치거나 타인의 재물에 물리적 손상을 입히지는 않았지만 성능이 부족함에 따른 배상책임손해

정답 | ①

해설 | ① 생산물배상책임보험, ② 생산물보증책임보험, ③ 생산물회수비용보험(리콜보험), ④ 생산물하자배상책임보험

05 국내 생산물배상책임보험과 관련된 제조물책임법에 대한 설명이다. 틀린 것은?

① 2002년 7월부터 제조물책임법이 시행되면서 생산물배상책임에 적용되는 주요 관련법이 민법에서 제조물책임법으로 전환되었다.

② 제조물책임법이 도입되면서 책임의 입증범위가 제조물의 결함 여부에서 제조업자의 고의, 과실로 전환되었다.

③ 제조물책임법의 대상목적물은 제조 또는 가공된 동산이다.

④ 제조물책임법에서 손해배상책임 부담자는 제조물의 제고, 가공 또는 공급자이다.

정답 | ②

해설 | 제조업자의 고의, 과실 → 제조물의 결함 여부

06 빈칸에 들어갈 말을 손서대로 나열한 것은?

생산물배상책임보험의 손해배상청구권자는 손해배상책임을 지는 자를 안 날로부터 (   ), 제조업자가 손해를 발생시킨 제조물을 공급한 날로부터 (   ) 이내에 이를 행사해야 한다.

① 3년, 5년   ② 3년, 10년   ③ 5년, 5년   ④ 5년, 10년

정답 | ②

해설 | 피해를 입은 것을 안 날로부터 3년, 공급한 날로부터 10년간 배상청구를 하지 않으면 제조사의 배상책임은 없어진다.

07 생산물사고에 기인한 피해자의 손해배상청구에 대한 피보험자인 제조업자의 방어논리 중, 보기에 해당하는 것은?

> 피해자에게도 사고에 기여한 과실이 있는 경우 가해자는 배상책임이 없다고 주장하는 법리이다.

① 기여과실(Contributory Negligence)　　② 비교과실 중 Pure Form

③ 비교과실 중 49% Form　　④ 비교과실 중 50% Form

정답 ｜ ①
해설 ｜ 기여과실이다. 제조업자의 부담이 가장 적은 것은 기여과실이며 가장 많은 것은 Pure Form이다.

08 다음은 생산물배상책임소송의 방어방법의 하나로써 '비교과실' 규정을 나열한 것이다. 이 중에서 '50% Form' 을 말하는 것은?

① 가해자의 과실비율에 따라 배상금액을 결정하는 순수한 과실상계 규정이다.

② 피해자의 과실비율이 가해자의 과실보다 적으면 전액 배상받는 규정이다.

③ 피해자의 과실비율이 가해자의 과실비율과 같거나 적으면 전액 배상받는 법리이다.

④ 피해자의 과실이 가해자의 과실보다 경미한 경우에 전액 배상받는 법리이다.

정답 ｜ ③
해설 ｜ ① Pure Form, ② 49% Form, ③ 50% Form, ④ S/G Form

09 생산물배상책임보험에 대한 설명이다. 틀린 것은?

① 생산물배상책임보험(Ⅰ)은 손해사고기준 약관이며, 생산물배상책임보험(Ⅱ)는 배상청구기준 약관이다.

② 소급담보일자가 기재되어 있지 않으면 통상 증권의 개시일자로 담보기간을 제한한다.

③ 설계상, 제조상, 표시상 결함으로 인한 제조업자의 책임을 담보한다.

④ 의약품, 의료기기, 화장품, 사료, 건축자재 등 사고일자를 특정하기 어려운 제품의 경우 손해사고기준 약관이 적합하다.

정답 ｜ ④
해설 ｜ 사고일자를 특정하기 어려운 경우는 분쟁예방차원에서 배상청구기준을 사용하는 것이 바람직하다.

ASSOCIATE INSURANCE UNDERWRITER

10 배상청구기준 담보에 있어서 배상청구일자의 개념과 가장 거리가 먼 것은?

① 배상청구가 피보험자와 보험자에게 각각 제기된 경우, 손해배상청구가 먼저 제기된 날짜를 배상청구 일자로 간주한다.

② 한 사람의 신체장해에 대하여 연속적으로 제기된 손해배상청구의 경우, 최초로 손해배상청구가 제기된 날짜를 이후에 제기되는 모든 청구건에 대한 배상청구일자로 간주한다.

③ 한 사람에게 입힌 재물손해에 대하여 연속적으로 제기된 손해배상청구의 경우, 최초로 제기된 날짜를 연속된 모든 사고에 대한 손해배상청구가 제기된 것으로 간주한다.

④ 하나의 사고로 수인에게 입힌 인명피해 또는 재물피해에 대해 피해자별로 연속적으로 제기된 손해배상청구의 경우, 최초로 제기한 사람의 손해배상청구일자를 해당 사고에 대한 손해배상청구일자로 간주한다.

정답 | ④
해설 | 하나의 사고로 수인에게 입힌 인명피해 또는 재물피해에 대해 피해자별로 연속적으로 제기되는 손해배상청구는 피해자 수만 큼 손해배상청구일자를 적용한다.

11 생산물배상책임보험(PLI) 국문약관상 '보상하지 않는 손해'를 모두 묶은 것은?

> ㉠ 계약상 가중책임
> ㉡ 징벌적 손해배상금
> ㉢ 결함 있는 생산물을 회수검사, 수리 또는 대체비용 및 사용손실에 대한 배상책임
> ㉣ 생산물 자체에 대한 손실

① ㉠   ② ㉠, ㉡   ③ ㉠, ㉡, ㉢   ④ ㉠, ㉡, ㉢, ㉣

정답 | ④
해설 | 생산물 자체에 대한 손실은 생산물배상책임보험(PLI)에서 담보하지 않고, 생산물보증배상책임보험(PGI)에서 담보한다.

12 생산물배상책임보험의 국문약관에 추가할 수 있는 추가특별약관이 아닌 것은?

① 판매인특약   ② 도급업자특약
③ 효능불발휘부담보특약   ④ 징벌적 손해배상금 부담보특약

정답 | ④
해설 | ④는 영문약관에서 첨부하는 특약이다(영문약관 CGL Policy에서는 보통약관으로 징벌적 손해배상금을 보상하므로 면책을 위해서는 동 추가특약을 첨부해야 함).

520 기업보험심사역 **ACIU** 단기합격을 위한 **통합본** [공통부문 + 기업전문부문]

CHAPTER **06** | **전문직업배상책임**

SECTION 1 담보위험

---

① 전문직업배상책임보험이 부보하는 2가지 위험

업무상 과실 → 제3자에 경제적 손해	업무상 과실 → 고객 신체장해 손해
변호사(회계사, 건축사 등) 배상책임보험	의사(약사, 미용사 등) 배상책임보험
E&O(하자) Liability Insurance	Malpractice(비행) Liability Insurance

※ 위험 : 전문인의 '업무상 과실, 부주의, 태만, 실수'

② 전문인의 법률적 손해배상책임의 성립요건(3가지)

전문인의 업무수행 중 과실(주의의무 위반)/제3자의 손해발생(고객포함)/상당인과관계

③ 전문직업배상책임보험의 책임법리 : 일반불법행위책임 + 채무불이행책임

④ 일반배상책임보험과의 차이

일반배상책임보험	전문직업배상책임보험
표준약관, 손해사고기준	주문식 약관, 배상청구기준
연간총보상한도액의 제한이 없음	연간총보상한도액의 제한이 있음
손해방지비용 등 부대비용을 별도로 계산	부대비용도 보상한도액에 포함
Ready-made policy	Tailor-made policy

※ 전문직업배상책임보험은 공인받은 전문자격을 가진 피보험자가 수행하는 전문업무에 기인한 사고로써 타인에게 신체장해를 입히거나 유형 또는 무형의 재산적 손해를 입힘으로써 부담하는 법률상 손해배상책임을 담보한다.

※ 전문직업배상책임보험은 사람의 신체에 관한 전문직업위험을 담보하는 Malpractice Liability Insurance(비행 전문직업배상책임보험)와 사람의 신체 이외의 전문직업위험을 담보하는 Error & Omission Liability Insurance(하자 전문직업배상책임보험)로 구분된다.

※ 전문직업배상책임보험은 일반배상책임보험과 달리 연간총보상한도액의 제한이 있다(∵ 전문직업배상책임보험은 역선택우려가 높으므로 연간총보상한도액을 필수적으로 설정한다).

※ 전문직업배상책임보험은 주문식 약관(tailor made policy)이다.

① 건축사 및 기술사 배상책임보험

ㄱ 개념 : 설계상의 하자(설계사), 설계에 대한 감리하자(감리업자)로 인한 손해배상책임을 담보(담보기준은 배상청구기준)

※ 일반적으로 전문직업배상책임보험이 보상하는 대상은 대인배상이지만, 동 보험의 경우 대인배상, 대물배상을 동시에 담보할 수 있다.

ㄴ 보상한도액(LOL) : '1청구당 한도액 & 총보상한도액'

ㄷ Claim Series Event(아래)에 해당되면 1청구 한도액에 적용함

> (1) 동일한 설계감리상 하자로 여러 공사물건의 손해사고를 유발한 경우
> (2) 동일한 손해에 한 가지 이상의 과실(또는 부주의, 태만)이 있는 경우
> (3) 피보험자, 추가피보험자, 공동피보험자 등에 의해 복수의 배상청구가 있는 경우

ㄹ 면책조항

일반면책사항
고의, 전쟁 · 테러, 지진 · 홍수, 벌금, 계약상 가중책임, 석면사고, 교통승용구에 의한 사고, 피보험자의 근로자에게 생긴 신체장해, 공기 · 물 · 토지의 오염사고, 피보험자간 배상청구
전문직업 관련 면책사항
(1) 피보험자의 전문업무영역을 벗어난 사고
(2) 피보험자의 생산물배상책임 영역
(3) 도급업자나 공급업자의 계약에 따른 배상책임
(4) 신체장해나 재물손해가 결부되지 않은 순수한 경제적 손실
(5) 재무컨설팅 사고
(6) 예산 및 공기초과에 따른 경제적 손실
(7) 성능결함에 따른 기회비용 손실
(8) 보관중인 서류의 분실
(9) 지적재산권 침해
(10) 금전계산 오류
(11) 비방 및 중상

ㅁ 담보조건

> (1) 보험사고발생 시 즉시 보험회사에 알려야 한다. 손해사고기준담보의 경우 만기일 이후 30일 이내 보고한 사고에 대해서 3년 내 배상청구 시 보상한다(30일 – 3년의 ERP에 해당함).
> (2) 보험자의 동의 없이 피보험자가 책임을 인정하거나 비용지급을 할 수 없다.
> (3) 보험자는 피보험자의 동의없이 클레임을 합의종결할 수 없다.
> (4) 소급담보일자 이전에 야기된 과실(부주의 등)로 인해 보험기간에 제기된 배상청구는 담보하지 않는다.

ⓗ 언더라이팅 시 유의사항

> (1) 검증되지 않은 새로운 공법 또는 신재료를 사용하는 경우, 인수에 유의한다.
> (2) 단일 프로젝트에 다수 건축사가 참여할 경우, 참여하는 모든 건축사에 대하여 공동피보험자로 설정하여 하나의 보험계약을 체결하는 것이 일반적이다.
> (3) 공사기간이 5년을 초과하는 단일프로젝트 보험기간의 경우, 유지보수기간을 고려하면 10년을 초과하여 해외재보험처리가 어려운 점이 있다.
> (4) 과도하게 높은 LOL 요구 시 잠재된 위험을 면밀히 검토해야 한다.
> (5) 피보험자의 재무상태를 고려하여 현실적인 공제금액을 설정한다.

> ※ 건축사, 설계사 배상책임보험은 '설계결함으로 인한 구축물의 하자발생으로 인한 손해'는 보상하지만, '피보험자의 생산물배상책임 영역에 해당하는 사고로 인한 손해'는 면책이다.

> ※ 일반배상책임보험 ERP의 중기연장담보는 '60일 − 5년'이나, 건축사 · 기술사 배상책임보험에서는 '30일 − 3년'이다.

② 의료과실배상책임보험

　ㄱ 의료과실의 판정기준 : 해당 의학을 전공하고 일정수준의 경력을 갖춘 의사가 통상적으로 수행할 수 있는 정도의 의술과 주의의무를 다하지 못한 경우

　ㄴ 의료사고의 손해배상청구요건

> (1) 의료행위의 결과 환자에게 '나쁜 결과'가 발생할 것
> (2) '나쁜 결과'는 객관적으로 예견되고 회피될 수 있는 것이어야 함
> (3) 상당인과관계가 성립할 것(의사가 과실없음을 입증할 경우는 면책)

　ㄷ 담보약관('병원 및 의사배상책임보험' 국문약관)

의료과실배상책임부문(기본담보)	일반배상책임보험부문(선택담보)
의사의 과실 담보	의료기구결함 담보
배상청구기준	손해사고발생기준

> ※ 의료과실은 그 과실이 의사의 과실(PI)인지 병원시설의 문제인지(GL)가 명확히 구분되지 않을 때가 많으므로 GL과 PI를 묶어서 하나의 보험증권으로 하는 경우가 많다.

　ㄹ 보상한도액 : 1사고당 보상한도액 & 연간총보상한도액

　　• 제반비용도 보상한도액에 포함되므로, 보상한도액은 보험사의 지급최고액이다.

> ※ 의사배상책임보험은 의사 또는 전문의료인이 의료업무의 수행 중 과실에 의한 의료사고(medica incident)로 환자에게 상해를 입힘으로써 발생한 법률상 손해배상책임을 담보하며, 병원배상책임보험은 환자에게 공급하는 음식물이나 의약품 기타 의료처리 기구의 결함에 기인된 생산물위험까지 담보한다.

> ※ 병원 및 의사배상책임보험은 병원부문은 손해사고발생기준, 의사부문은 배상청구기준으로 담보한다.

> ※ 담보기준에 있어서 금융기관종합보험은 손해사고발견기준, 의사배상책임보험은 배상청구기준이다.

　ㅁ 보상하는 손해 : 의료과실 배상책임(민사합의금 또는 법정판결금액), 소송비용 등 제반비용

　ㅂ 보상하지 않는 손해

> (1) 무면허 또는 무자격의 의료행위로 생긴 손해
> (2) 공인되지 않은 특수의료행위로 인한 손해
> (3) 의료결과의 보증으로 인한 가중된 배상책임
> (4) 피보험자의 친족에 입힌 손해 등
> (5) 미용 및 성형결과에 관한 손해

　ㅅ 주요추가특약 : 후천성면역결핍증담보특약, 초빙의 및 마취의 담보특약, 형사방어비용 담보특약 등

◎ 언더라이팅 시 고려사항

(1) 진료과목에 따라 요율의 차이가 발생한다.

높은 기본요율	낮은 기본요율
성형외과, 신경외과, 산부인과, 정형외과	피부과, 내과, 방사선과, 이비인후과 등

(2) 진료행위에 따라 요율의 차이가 발생한다.

높은 기본요율	낮은 기본요율
수술, 분만, 주사, 오진	검사, 응급처치, 투약

(3) 대형병원일수록 의료분쟁 빈도가 높아진다(∵기대치가 높으므로).
(4) 과거 사고이력(의료분쟁 경험)은 의료과실배상책임보험에 있어 특히 중요한 언더라이팅요소이다(∵ 의사의 습관은 잘 바뀌지 않기 때문).
(5) 언더라이팅 시 검토항목 : 청약서, 사용약관, 담보조건, 재무제표 등, 과거 클레임사례 및 조치
 • 보상한도액을 너무 높게 요구할 경우 도덕적 위험이 높을 수 있다(담보조건으로 확인).
 • 공격적인 영업정책을 보인다거나, 매출액 변동이 심할 경우 상대적으로 의료사고의 개연성이 높다(재무제표, 영업보고서로 확인).

※ 의료분쟁조정법(2012.4.7. 시행)

(1) 조정신청 : 의료사고 가해자를 안 날로부터 3년(또는 종료일로부터 10년 내) 조정중재원에 신청하면 된다.
 ※ 조정신청은 임의적이다(의무적으로 신청해야 하는 것은 아님).
(2) 조정과정
 ㉠ 조정신청일로부터 90일 이내(필요 시 1회에 한하여 30일 연장)에 조정결정을 한다.
 ㉡ 조정결정시 7일 이내로 당사자에게 통보하고, 당사자는 조정결정문을 송달받은 후 15일 이내에 동의 여부를 통지한다.
 ㉢ 당사자의 이의가 없으면 조정이 성립되며, 이 경우 재판상 화해의 효력을 지닌다.
 ㉣ 만일, 조정 중에 합의한다면 합의에 대한 조정조서는 재판상 화해의 효력을 지닌다.
 ㉤ 조정 중에 중재를 신청할 수 있는데, 중재판정도 확정판결과 동일한 효력이 있다.
(3) 불가항력적 의료사고에 대한 보상제도 : 의사가 주의의무를 다했음에도 불구하고 불가항력적인 의료사고가 발생할 경우 3천만원 범위 내에서 보상한다(보상심의위원회에서 결정).
(4) 반의사불벌제도
 • 합의(합의로 조정조서 작성)나 조정성립의 경우, 피해자가 처벌을 원치 않을 경우 업무상 과실치상죄로 처벌하지 않는 것을 말한다.
 • 단, 이러한 반의사불벌제도는 중상해(생명위협, 불치, 난치 등)에 경우는 적용되지 않는다.

CHAPTER 06 | 단원정리문제

01 다음 중 비행 전문직업배상책임보험(E & O Liability Insurance)에 해당하지 않는 것은?

① 의사배상책임보험

② 변호사배상책임보험

③ 약사배상책임보험

④ 미용사배상책임보험

정답 | ②

해설 | 의사, 약사, 미용사배상책임보험은 사람의 신체에 관한 전문직업위험을 담보한다(E&O Liability Insurance). 변호사배상책임보험은 사람의 신체가 아닌 전문직업위험을 담보한다(Error & Omission Liability).

02 일반배상책임보험과 전문직업배상책임을 비교한 것이다. 가장 적절하지 않은 것은?

구분	일반배상책임보험	전문직업배상책임보험
① 일반적사용 약관	표준약관	주문식 약관
② 손해담보기준	배상청구기준	손해사고기준
③ 보상한도액 설정 (일반적 경우)	연간총보상한도액의 제한이 없음	연간총보상한도액을 설정함
④ 소송비용 등 부대비용 보상	보상한도액과 별도로 지급	보상한도액에 포함하여 지급

정답 | ②

해설 | 일반배상책임보험 → 손해사고기준, 전문직업배상책임보험 → 배상청구기준

03 전문직업배상책임보험의 책임법리는?

① 일반불법행위책임, 특수불법행위책임

② 일반불법행위책임, 채무불이행책임

③ 무과실책임주의

④ 채무불이행책임

정답 | ②

해설 | ①은 '시설소유관리자특약, 도급업자특약'에 해당되며, ②는 '보관자특약, 전문직업배상책임'에 해당되며, ③은 생산물배상책임보험에 해당된다.

04 다음 중 '건축사/설계사 배상책임보험'에서 Claims Series Event로 볼 수 없는 것은?

① 동일한 설계결함으로 여러 개의 공사물건에 손해사고를 유발한 경우

② 동일한 손해에 한 가지 이상의 과실, 부주의, 태만이 있는 경우

③ 피보험자를 포함하여 다른 공동피보험자에게 배상청구가 이루어진 경우

④ 동일한 설계사무실의 관리하자로 여러 개의 공사물건에 손해사고를 유발한 경우

정답 ┃ ④
해설 ┃ ①, ②, ③의 경우는 Claims Series Event로 규정되어 1청구의 한도액이 적용된다.

05 건축사, 설계사 배상책임보험의 면책사유가 아닌 것은?

① 피보험자의 법적 전문업무 권한을 벗어난 행위에 기인한 사고

② 피보험자의 생산물배상책임 영역에 해당하는 사고

③ 설계결함으로 인한 구축물의 하자발생

④ 계약상의 가중책임

정답 ┃ ③
해설 ┃ ③은 전문직무(설계) 수행 중 재물손해를 발생시킨 것이므로 보상한다.

06 건축사, 기술사 배상책임보험의 보고기간연장(ERP)의 내용이다. 빈칸에 들어갈 말을 순서대로 연결한 것은?

> 보험사고 또는 그러한 상황이 발생한 경우 즉시 보험회사에 알려야 하며, 보험만기일 이후 (　　　) 이내에 보험사고를 통지하면 해당 보험사고에 대한 배상청구는 보험만기일 이후 (　　　) 동안 연장담보한다.

① 30일 – 3년　　　　　　　　　　　② 30일 – 5년

③ 60일 – 5년　　　　　　　　　　　④ 60일 – 3년

정답 ┃ ①
해설 ┃ 일반 배상책임보험의 ERP의 장기연장담보는 '60일 – 5년'이나, 건축사 · 기술사 배상책임보험에서는 '30일 – 3년'이다.

07 건축사, 설계사 배상책임보험의 언더라이팅 시 주의점이다. 가장 거리가 먼 것은?

① 담보하는 전문용역이 검증되지 않은 새로운 공법 또는 재료를 사용하는 경우 특별한 주의가 필요하다.

② 단일 프로젝트에 여러 건축사무소가 공동으로 설계작업을 할 때 이 경우 모든 건축사를 공동피보험자로 설정하여 하나의 보험계약을 체결하는 경우와 각각을 피보험자로 하는 개별계약의 방법이 있는데, 개별계약으로 하는 경우가 일반적이다.

③ 피보험자가 지나치게 높은 보상한도액을 요구할 경우 잠재된 위험을 간과하지는 않았는지 잘 살펴볼 필요가 있다.

④ 공사기간이 5년을 초과하는 장기프로젝트의 경우 유지보수기간까지 합하면 보험기간이 10년을 초과할 수 있으므로 이 경우 해외재보험처리가 어려울 수 있다.

정답 | ②

해설 | 공동피보험자로 하나의 계약을 체결하는 것이 일반적이다(∵ 공동작업 시 과실의 귀책여부를 확인하기 어렵기 때문에 개별 계약은 적절하지 않음).

08 의료분쟁조정법(2012.4.7 시행)에 대한 설명이다. 가장 적절하지 않은 것은?

① 의료분쟁조정법상 조정신청을 하고자 할 경우, 의료사고 가해자를 안 날로부터 3년 또는 의료사고원인 행위가 종료된 날로부터 10년 이내에 조정중재원에 신청해야 한다.

② 조정신청 후 조정이 성립되거나, 조정 중 합의를 하여 조정조서를 작성할 경우, 해당 조정은 재판상 화해의 효력을 지닌다.

③ 의사가 주의의무를 다했음에도 불구하고 불가항력적인 의료사고가 발생할 경우 3천만원의 범위 내에서 보상심의위원회에서 결정한 금액을 보상한다.

④ 반의사불벌제도는 모든 의료과실에 대해서 피해자가 처벌을 원치 않는다면 업무상 과실치상죄로 처벌하지 않는다는 것을 말한다.

정답 | ④

해설 | 반의사불벌은 중상해(생명위협, 불치, 난치 등)에 경우는 적용되지 않는다.

09 국문 병원 및 의사배상책임보험에 대한 설명이다. 틀린 것은?

① 의료과실담보를 기본담보로 하고, 의료기구결함담보를 선택담보할 수 있다.

② 담보기준은 기본담보와 선택담보의 구분없이 배상청구기준을 적용한다.

③ 피보험자의 친족에 입힌 손해는 면책이다.

④ 피보험자의 지시에 따르지 않은 피보험자의 피용인이나 의료기사의 행위로 생긴 손해는 보상하지 않는다.

정답 | ②
해설 | 의료과실담보는 배상청구기준으로, 의료기구결함담보는 손해사고발생기준으로 한다.

10 국문 병원 및 의사배상책임보험의 언더라이팅 주의사항이다. 틀린 것은?

① 소형병원일수록 분쟁의 빈도가 많다.

② 과거 의료분쟁이력은 의료과실담보에서는 특히 중요한데, 이는 의사의 치료습관이나 인식이 잘 바뀌지 않기 때문이다.

③ 성형외과나 산부인과의 요율은 내과나 피부과보다 높게 적용된다.

④ 지나치게 공격적인 영업전략을 취하는 병원일수록 의료사고 발생확률이 높아지므로 영업보고서가 재무제표를 검토해야 하며, 전년대비 매출액 변동이 클 경우 그 사유를 검토해야 한다.

정답 | ①
해설 | 대형병원일수록 분쟁의 빈도가 많다.

11 다음 중 의료과실배상책임보험에서 기본요율이 가장 낮은 것으로 평가되는 진료과목은?

① 산부인과　　　② 정형외과　　　③ 성형외과　　　④ 피부과

정답 | ④
해설 | • 높은 기본요율 진료과목 : 산부인과, 정형외과, 성형외과, 신경외과
　　　• 낮은 기본요율 진료과목 : 정신과, 한방진료과, 피부과, 내과, 이비인후과

12 다음 중 의사배상책임보험과 금융기관종합보험의 담보기준을 순서대로 옳게 연결한 것은?

① 손해사고발생기준, 배상청구기준　　　② 손해사고발견기준, 배상청구기준

③ 배상청구기준, 손해사고발생기준　　　④ 배상청구기준, 손해사고발견기준

정답 | ④
해설 | 의사배상책임보험 – 배상청구기준, 금융기관종합보험 – 손해사고발견기준

CHAPTER **07** | **임원배상책임**

SECTION 1   담보위험

① 개념

    ㉠ 기업의 임원이 임원업무를 수행함에 있어 경영판단상의 과실을 범하거나, 선량한 관리자로서의 주의
    의무를 위반하여 법률상의 손해배상책임을 부담함으로써 입은 손해를 보상한다.

      Cf. 임원의 부당행위를 담보하지만 형사범죄는 보상하지 않는다.

    ㉡ 담보기준

    • 배상청구기준 : 다른 전문직업배상책임보험과 마찬가지로 배상청구기준으로 담보

    • 보고기간연장

단기 자동연장담보 (mini tail)	중기 자동연장담보 (midi tail)	선택담보
만료일로부터 60일간 담보	만료일로부터 60일 이내 통지, 5년 이내 손해배상청구 가능	만료일로부터 60일 이내 서면요청 & 추가보험료 200% 납부 → 무제한 청구 가능

    ㉢ 소급담보일자 이후의 발생된 사고(임원의 부당행위)로 인해 처음 제기된 배상청구만 담보함

    ※ **임원의 부당행위(Wrongful Act)**

    • 직무상 의무 불이행(Breach of Duty)

    • 부정확한 진술(Misstatement)

    • 선관주의의무 위반(Neglect)

    • 허위진술(Misleading Statement)

    • 부작위(Omission)

② 담보하는 손해

Coverage A	Coverage B	Coverage C
㉠ 임원배상책임 조항	㉡ 회사보상조항	㉢ 법인담보조항
임원 개인을 대상으로 하는 보험		법인을 대상으로 하는 보험

※ 법인담보조항은 유가증권소송이 있을 경우에만 적용됨

    ㉠ Coverage A : 임원이 패소하였을 때, 임원 개인이 부담하는 손해배상금과 방어비용을 담보함

    ㉡ Coverage B : 임원이 승소하였을 때 회사가 보상하는 소송비용을 담보함(Company Reimbursement)

    ㉢ Coverage C : 법인에 대해 직접 제기되는 손해배상청구를 담보함(단, 유가증권 관련 소송에 제한됨)

③ 임원배상책임보험의 담보기준과 보고연장기간(ERP)

담보기준	보고연장기간(ERP)[주1]
• 배상청구기준 • 소급담보일자 이후에 발생된 사고로 보험기간 중에 처음으로 제기된 배상청구만을 담보한다.	• Mini-tail : 보험기간만료일로부터 60일 • Midi-tail : 보험기간만료일로부터 60일 내로 청구하면 향후 5년까지 배상청구가 가능함 • 선택담보연장 : 보험기간만료일로부터 60일 내로 청구하면(추가보험료 200% 납부), 이후 무제한으로 배상청구 가능

※ 주1 : 임원배상책임보험의 ERP는 일반영업배상책임보험의 ERP와 동일하게 적용된다.

④ 피보험자

• 법인의 모든 임원(보험기간 중 새로 선임된 임원 포함, 보험기간 중 퇴임한 임원포함) 　※ 대상임원이 사망하면 그 임원의 상속인이 피보험자가 된다. • 상법상 임원이 아니어도 그에 준하는 직무를 수행하는 직원은 피보험자로 담보가능

※ 도해 : 임원배상책임보험의 피보험자

⑤ 책임법리 : 상법상 임원의 의무 및 책임

　㉠ 상법상 임원의 의무 : 선관주의의무, 충실의무, 경업금지의무, 비밀유지의무 등
　㉡ 상법상 임원의 책임 : 회사에 대한 책임, 주주 또는 제3자에 대한 책임

━━ SECTION 2　　담보약관(국문약관, AIG영문약관)

① 보상한도액(LOL) ≥ 법률상 손해배상금 + 방어비용을 포함한 모든 비용

　㉠ 1회의 배상청구 : '피해자의 수, 손해배상청구건수'와 관련 없이 같은 행위로 인한 반복적, 누적적인 배상청구건을 포함하는 개념이다.
　㉡ 지급보험금 : {(손해배상금 + 방어비용) − 자기부담금 예시}×보상비율

예시

> [계약사항]
> 보상한도액 100억원(1사고당, 연간 총 한도액), 자기부담금 2억원, 보상비율 90%
> [사고사항]
> 손해배상금 판결금액 88억원, 벌금 5억원, 방어비용 4억원
> → {(88억 + 4억) − 2억}×90% = 81억원[주1]

※ 주1 : 방어비용은 '법률상 손해배상금 + 부대비용'에서 부대비용에 포함하지만, 벌금은 제외된다.

② 보상하지 않는 손해

> (1) 임원의 범죄행위로 인한 배상청구
> (2) 불법적 개인이익취득에 대한 배상청구
> (3) 법령위반을 인식하면서 행한 행위
> (4) 대주주로부터 제기된 배상청구
> (5) 오염사고에 대한 배상청구 및 오염제거비용
> (6) 신체장해, 재물손해 또는 인권침해에 대한 손해배상청구
> (7) 인격침해, 벌과금, 징벌적 손해배상금 등
> (8) 자회사 임원에 대한 손해배상청구 중, 자회사 지분율이 50%를 초과하지 않을 때 행해진 행위로 인한 배상청구
> (9) 다른 피보험자, 법인, 또는 자회사가 제기하는 배상청구 등

예시 (직무상 의무불이행, 부정확한 진술, 선관주의 의무, 배임) 중에서 임원배상책임보험에서 보상하지 않는 것은?

→ 배임(범죄행위는 보상하지 않음)

③ 국문약관의 주요특별약관

　㉠ 법인보상담보 특별약관 : 영문약관의 Coverage B에 해당(회사보상조항)

　㉡ 유가증권관련 법인담보 특별약관 : 영문약관의 Coverage C에 해당(법인담보조항)

　　※ 영문약관의 회사보상조항은 Company Reimbursement Clause, 법인담보조항은 Entity Coverage Clause이다.

　㉢ 금융기관 위험 부담보 특별약관 : 금융기관이 '임배책'에 가입 시 항상 첨부하는 특약이다(금융기관은 별도의 전문직업배상책임보험으로 동 위험을 담보함).

　㉣ 주주대표소송담보 특별약관 : 피보험자가 주주의 소송으로 법인에 대하여 법률상 손해배상책임을 질 때 이를 보상하는 특별약관이다.

　　※ 주주대표소송(대위소송)의 요건

　　• 상법상 요건 : 발행주식총수의 5% 이상

　　• 상장기업의 경우[주1] : 자본금이 1천억원 이상이면 발행주식총수의 0.5% 이상, 자본금이 1천억원 미만이면 발행주식총수의 1% 이상

　　※ 주1 : 상장기업의 경우 상법상 지분요건(5%)보다 매우 완화되지만, 6개월 이상의 보유요건이 추가된다(참고 : 6개월 이상 보유요건은 시험범위 밖).

　　예시 상법상 주주대표소송은 발행주식총수의 (　　) 이상의 요건을 충족해야 한다. 그러나 상장기업의 경우 자본시장법 특례로 그 요건이 크게 완화되는데, 자본금이 (　　) 이상인 상장기업은 (　　) 이상의 지분만으로도 주주대표소송을 제기할 수 있다. 자본금이 (　　) 미만인 경우는 (　　) 이상의 지분으로 소송을 제기할 수 있다. 빈칸에 들어갈 말을 순서대로 나열한 것은?

　　→ 5%, 1천억원, 0.5%, 1천억원, 1%

④ 언더라이팅 시 유의사항

　㉠ 주요청구자 : 배상청구제기가 빈번한 순서는 '주주 > 전현직 직원 > 거래처 및 고객 > 경쟁사'이다.

　　※ 주주의 배상청구 가능성이 특히 높은 미국시장에서 ADR을 발행한 경우 보험조건 설정에 유의해야 한다.

　㉡ 최근 3개년 재무제표 등을 분석하여 회사의 부실경영 여부를 검토한다.

　　※ 임원배상 주요청구자는 소수 주주이며, 청구의 주원인은 회사의 부실경영이기 때문

　㉢ 동종업계보다 높은 LOL을 요구하거나, 갱신 시 더 높은 LOL 요구 시 잠재위험을 면밀히 검토한다.

　㉣ 회사규모에 비해 임원수가 과도하게 많거나, 임원변동이 심할 경우 잠재위험을 면밀히 검토한다.

※ 임원에 대해 배상청구가 가장 빈번하게 제기되는 것은 '주주 → 직원 → 고객'의 순서이다('주.직.고'로 암기).

CHAPTER 07 | 단원정리문제

01 임원배상책임보험의 보험사고 기준이 되는 '부당행위'에 해당하지 않는 것은?

① 직무상의무 불이행(Breath of duty)

② 부정확한 진술(Misstatement)

③ 선관의무위반(Neglect)

④ 임원의 범죄행위

정답 | ④

해설 | 임원의 범죄행위로 인한 배상책임은 면책사항이다.

　　　　※ 금융기관종합보험은 횡령, 배임 등 임직원의 범죄행위를 담보하지만 임원배상책임보험은 범죄행위는 면책이고 '부당행위'
　　　　를 담보한다. 임원의 부당행위(Wrongful Acts)는 위의 ①, ②, ③과 허위진술(Misleading statement), 부작위(Omission)가
　　　　있다.

02 임원이 패소하였을 때, 임원이 부담하는 손해배상금과 소송비용을 담보하는 임원배상책임보험(영문약관)의 담보조항은?

① Coverage A

② Coverage B

③ Coverage C

④ Supplementary Payments

정답 | ①

해설 | Coverage A에 해당한다.

03 임원배상책임보험 국문약관의 '법인보상담보 특별약관'과 동일한 영문약관의 담보 조항은?

① Coverage A(임원배상책임조항)

② Coverage B(회사보상조항)

③ Coverage C(법인담보조항)

④ Coverage A, B

정답 | ②

해설 | Coverage B에 해당한다.

　　　　※ 영문약관과 국문약관

영문약관	Coverage A (임원배상책임조항)	Coverage A (회사보상조항)	Coverage A (법인담보조항)
국문약관	기본담보	법인보상담보	유가증권 관련 법인담보

04 임원배상책임보험에 대한 설명이다. 틀린 것은?

① 다른 전문직업배상책임보험과 같이 배상청구기준으로 담보한다.

② 소급담보일자 이전에 발생된 사고에 대해서 보험기간 중에 최초로 제기된 배상청구만을 담보한다.

③ 보험기간만료일로부터 60일 이내로 회사에 통지할 경우 통지된 건에 대해서 향후 5년간 손해배상청구가 가능하다.

④ 보고기간이 연장된 경우에도 보상한도액이 복원되거나 보험기간이 연장되는 것은 아니다.

정답 | ②
해설 | 소급담보일자 이전에 → 소급담보일자 이후에

05 국문 임원배상책임보험 약관에서 규정하고 있는 피보험자로서의 임원의 범위에 대한 설명이다. 틀린 것은?

① 상법상 이사, 감사 및 이에 준하는 자를 말한다.

② 상법상 이사는 아니지만 임원에 준하는 직무를 수행하는 직원의 경우 피보험자란에 기재하면 담보가 가능하다.

③ 보험기간 중 새로 선임된 임원은 피보험자에 포함되지만, 보험기간 중 퇴임한 임원은 피보험자에서 제외된다.

④ 대상 임원이 사망한 경우라도 그 임원의 상속인과 상속재산법인을 동일한 피보험자로 간주한다.

정답 | ③
해설 | 최초계약의 개시일 이전에 퇴임한 경우가 아니라면 피보험자에서 제외되지 않는다.

06 임원배상책임보험의 보상한도액에 대한 설명이다. 가장 거리가 먼 것은?

① 회사가 지급하는 보험증권상의 보상한도액은 법률상 손해배상금 및 방어비용을 포함한 모든 비용을 합한 한도로 한다.

② 1회의 배상청구금액이 증권상에 기재된 자기부담금액을 초과할 경우, 그 초과분이 증권에 기재된 총 보상비율을 곱한 금액을 보상한다.

③ 보험기간 중 모든 피보험자에 대하여 보상하는 금액은 증권에 기재된 총 보상한도액을 초과할 수 없다.

④ 1회의 배상청구라 함은 피해자의 수나 손해배상청구의 수에 관계없이 오직 1회의 청구만을 말한다.

정답 | ④
해설 | 단 1회를 말하는 것이 아니다. 하나의 행위 또는 사실상 같은 종류의 위험에 계속적, 누적적으로 노출되어 그 결과로 발생한 손해배상청구를 말한다(즉, 동일 배상청구건으로 한 다수의 피해자와 다수의 청구건을 포함하는 개념이다).

07 임원배상책임보험의 계약사항과 사고사항이 아래와 같다. 지급보험금 산정금액은?

> • 계약사항
>   보상한도액 100억원(1사고당, 연간총한도액), 자기부담금 2억원, 보상비율 80%
> • 사고사항
>   손해배상금 판결금액 88억원, 벌금 5억원, 방어비용 4억원

① 63.2억원   ② 70.4억원   ③ 72억원   ④ 76억원

정답 | ③
해설 | {(법률상 손해배상금 + 방어비용) − 자기부담금액}×보상비율 = (88억 + 4억원 − 2억원)×80% = 72억원
　　※ 기타비용(손해방지 및 경감비용, 대위권보전 및 행사비용, 보험사의 동의를 받아 지급한 방어비용, 손해사정 협력비용 등)
　　　은 보상하나, 형사벌금은 면책이다.

08 국문 임원배상책임보험에서 보통약관상 '보상하지 않는 손해'가 아닌 것은?

① 불법적으로 사적인 이익을 취득함에 기인한 배상청구

② 신체장해나 재물손해, 비방 및 중상 등 인격침해, 벌과금 및 징벌적 손해배상금

③ 자회사의 지분율이 50%를 초과한 상태에서의 자회사 임원에 대한 손해배상금

④ 주주대표소송으로 인한 손해배상금

정답 | ③
해설 | ③은 보상하는 손해이다. 지분율이 50%가 안 되는 시기에 행해진 행위에 기반한 배상청구는 면책이다.

09 임원배상책임보험의 주요청구자 중에서, 배상청구가 빈번한 순서대로 나열한 것은?

① 주주 > 직원 > 고객   ② 주주 > 고객 > 직원

③ 고객 > 주주 > 직원   ④ 고객 > 직원 > 주주

정답 | ①
해설 | '주주(회사경영에 대한 불만) > 직원(불공정 인사 등) > 고객(불완전판매 등)'이다. '주.직.고'로 암기한다.

CHAPTER **08** | 기타 주요약관

① 개념

생산물배상책임보험	생산물회수비용보험
제품결함으로 인한 손해배상책임을 담보	결함제품의 회수에 드는 비용을 담보

※ 제품결함관련 배상책임보험 정리 : 제품결함 관련 사고유형은 3개로 구분되며, 각각의 위험에 대해 담보하는 배상책임보험은 아래와 같다.

Case 1	Case 2	Case 3
제3자에 대한 대인, 대물손해	사고발생 우려로 인한 리콜	제품자체의 작동불능
생산물배상책임보험	생산물회수비용보험(리콜보험)	생산물하자보증책임보험

② 담보의 전제조건

㉠ 보험기간 내에 제품의 결함이 발견(손해사고발견기준)되어야 한다.

㉡ 제품결함(설계결함, 제조결함, 지시경고결함)으로 손해가 발생해야 한다.

㉢ 보고서나 대중매체를 통해 결함을 공지하거나, 당국의 회수명령이 있어야 한다.

※ 제품결함으로 인한 제3자의 신체상해, 재물손해에 대한 손해배상책임을 담보하는 보험은 생산물배상책임보험이고, 사고발생 우려가 있는 결함제품을 회수하는데 소요되는 비용을 담보하는 보험은 생산물회수비용보험이다.

※ 제품결함 : 설계결함, 제조결함, 지시경고결함

※ 생산물회수비용보험과 금융기관종합보험이 택하고 있는 담보기준은 손해사고발견기준이다.

③ 담보손해의 범위 : '회.상.상.대.협.자'로 암기

회수비용	상실이익	상표신용회복비용	대체비용
• 회수운송비 • 결함확인비용 • TV등 광고비용 • 직원의 초과근무수당	정상적인 판매를 가정한 이익을 상실이익으로 보상	판매량회복을 위해 지출한 비용	동일제품으로 대체하기 위한 수리비용 등

※ 위의 4가지 담보 외에 '협상금, 자문비용'을 담보한다.

㉠ 상실이익 : 정상판매를 가정했을 때 얻을 수 있었던 상실손해를 보상함. 단, 사고통지일로부터 90일 동안의 상실이익만으로 제한함

㉡ 상표신용회복비용 : 사고통지일로부터 90일 동안의 판매 회복을 위해 지출한 임시비용을 보상(단, LOL의 25% 내에서만 보상)

※ 리콜사실을 알리는 TV 등의 광고매체를 통한 광고나 통신비용은 리콜보험의 보상하는 담보손해 중 '회수비용'에 속한다.

※ 리콜보험은 자문비용은 보상하지만 법률비용은 보상하지 않는다(법률비용은 면책).

④ 담보대상에 따른 리콜보험의 분류

1st Party Recall (직접리콜)	3rd Party Recall (간접리콜)
완제품 제조기업의 경우 소비자(당사자)로부터 직접회수, 그 비용손해를 보상(직접손해의 보상)	완제품판매업자가 소비자로부터 회수하고 그 경제적 손실을 부품공급업자에 청구하는 손해를 보상함(간접손해의 보상)

⑤ 리콜보험의 면책사항

> (1) 사용설명서의 불이행
> (2) 유사경쟁사제품의 리콜로 인한 회수
> (3) 벌금, 과태료, 징벌적 배상금
> (4) 법률비용(Cf. 자문비용은 보상함)
> (5) 신체 또는 재물손해('생배책'에서 담보)

⑥ 언더라이팅 시 유의사항

- ㉠ 리콜계획서와 제품 배치사이즈를 반드시 요청한다.
  - ※ Batch Size는 보험사고시 손해액을 추정할 수 있으며, 요율산정의 기초가 된다(단위생산량에 따라 리콜사이즈도 결정됨).
- ㉡ 회사의 매출규모에 따라 사고심도를 감안한다.
  - ※ Low Limit & Low Deductible 또는 High Limit & High Deductible를 선택
- ㉢ 어린이용 장난감, 자동차부품 등 리콜 빈도가 높은 제품의 경우 인수에 유의한다.
- ㉣ 생산물배상책임보험의 사고경력도 본다.
  - ※ 리콜사고가 없더라도 생산물배상책임보험과 리콜보험은 연관성이 매우 높기 때문에 유의

SECTION 2 환경오염배상책임보험(2016.7월부터 의무보험 전환)

① 환경오염배상책임보험(EIL ; Environment Impairment Liability) 개요

일반 영업배상책임보험	오염손해 특별약관	환경오염배상책임보험
오염손해 → 면책	급격한 오염손해 → 담보	급격한 오염, 점진적 오염을 구분하지 않고 담보함

② 적용법리와 책임한도

- ㉠ 무과실책임주의 : 환경오염피해 발생 시 해당 시설 사업자의 과실여부를 따지지 않는 무과실책임이 부과됨(환경오염배상책임 및 구제에 관한 법률)
  - • 적용대상 사업자의 시설 : 대기오염물질 배출시설, 폐수배출시설, 폐기물배출시설, 가축분뇨배출시설, 유해화학물질배출시설 등
- ㉡ 피해자의 입증부담 완화(무과실책임주의의 특징)
- ㉢ 피해자에게 정보청구권 부여
  - ※ 피해자에게 입증부담 완화, 정보청구권을 부여하는 대신, 사업자에게는 배상책임한도를 설정하여 입법적 균형을 이루고자 함

② 사업자에 대한 배상책임한도와 의무가입한도액 부과(가 – 나 – 다, 3개군으로 구분)
- 배상책임한도 : 가 – 2천억원, 나 – 1천억원, 다 – 5백억원
- 의무가입한도액 : 가 – 300억원, 나 – 100~80억원, 다 – 50~30억원

▶ **환경오염배상책임보험(의무보험)상의 배상책임액한도와 책임보험의무가입액**

구분	가群	나群	다群
배상책임한도	2천억원	1천억원	500억원
의무가입액	300억원	100~80억원	50~30억원

※ 2016년 7월부터 의무적으로 가입하는 환경오염배상책임보험은 책임법리에서는 무과실책임주의를 적용하고, 아울러 피해자의 입증책임을 완화하고 피해자의 정보청구권을 부여하는 것이 특징이다.

③ 담보기준 : 배상청구기준, ERP는 일반 영업배상책임과 같은 조건이다.

④ 보상하는 손해 : 법률상 손해배상금 + 소송방어비용 + 오염제거비용

※ 오염제거비용 : 오염된 생태를 원상회복(환경법에서 정하는 수준)시키는 비용. 단, 사업장 내의 오염정화비용은 보상하지 않음

⑤ 보상하지 않는 손해

(1) 고의로 인한 손해
(2) 전쟁 · 테러 · 폭동, 지진 · 분화 · 홍수 · 해일 등으로 인한 오염손해
(3) 계약상 가중책임
(4) 벌과금, 과태료, 징벌적 벌과금
(5) 석면으로 인한 손해
(6) 전자파로 인한 손해
(7) 환경오염노출로 인한 임원이나 근로자의 신체 손해
(8) 피보험자가 소유, 관리하는 재물손해에 대한 배상책임
(9) 부동산가격하락으로 인한 손해
(10) 자배법에서 보상하는 손해

⑥ 언더라이팅 시 고려사항 : 담보시설의 토질, 시설, 지하구축물, 과거 오염사고내역

⑦ 보험금의 가지급 : 보험금지급청구일로부터 30일이 경과한 경우 추정보험금의 50% 이내에서 보험금의 선지급을 요청할 수 있다.

① 담보위험 : 피보험자의 인터넷사용과 관련하여 발생하는 손해배상책임을 담보함

  ※ '인터넷사용 활동'이란

온라인접속, 이메일 또는 호스팅서비스, 채팅방과 게시판유지관리, 피보험자와 제3자 간의 거래행위/피보험자와 제3자간 거래행위/인터넷 네트워크의 사용 등

  ※ 피보험자

기명피보험자, 기명피보험자의 자회사 · 전현직 임직원 등

  ※ 자회사는 발행주식의 40%를 초과하여 보유하는 회사를 말함

② 담보기준 : 배상청구기준, 반드시 소급담보일자를 증권에 기재해야 함

③ 보상한도액 : '1사고당 한도액 & 연간총보상한도액' 그리고 '손해배상금 + 모든 비용'의 합계가 보상한도액(LOL) 내에 있어야 한다.

  Cf. 일반배상책임보험에서는 '손해경감비용'은 보상한도액을 초과해도 전액지급함

④ 주요면책사항

(1) 고의
(2) 계약상 가중책임
(3) 전력공급중단, 위성장애로 인한 손해
(4) 특허권 침해로 인한 손해
(5) 증권거래법, 독점금지법, 기타관련법률 위반으로 인한 손해
(6) 오염사고
(7) 피보험자 간의 배상청구
(8) 모든 종류의 포르노 등 외설에 의한 배상청구
(9) 직간접을 불문하고 피보험자의 컴퓨터시스템의 바이러스유포 방지를 위해 합리적인 예방조치를 강구하지 않음에 기인하는 배상청구 등
(10) 정부기관이 제기하는 배상청구(단, 해당기관이 피보험자의 고객일 경우 보상)

  ※ 전력공급중단이나 위성장애로 인한 손해는 보상하지 않는다.

  ※ 정부기관이 피보험자의 고객으로서 제기하는 배상책임손해는 보상한다.

CHAPTER **08** | **단원정리문제**

01 생산물회수비용보험(리콜보험)에 대한 설명이다. 가장 거리가 먼 것은?

① 기업활동과정에서 생산, 유통된 제품에 결함이 있는 경우 해당 결함제조물을 시장에서 회수하는데 소요되는 비용을 담보하는 보험이다.

② 생산물회수비용보험에서 담보하는 위험은 '설계상의 결함, 제조상의 결함, 지시 또는 경고상의 결함'으로 생산물배상책임보험에서 담보하는 것과 동일하다.

③ 리콜보험의 보험사고기준은 배상청구기준이다.

④ 리콜보험이 보상하는 손해는 '회수비용, 상실이익, 상표신용회복비용, 대체비용, 협상금, 자문비용'이 있다.

정답 | ③
해설 | 보험기간 내에 제품의 결함이 발견되어야 한다(손해사고발견기준).

02 생산물회수비용보험이 보상하는 항목에 대한 설명이다. 가장 적절하지 않은 것은?

① 회수비용(Recall Expense) : 결함제품을 회수하는데 소요되는 비용으로써, TV 등의 광고비용, 회수를 위한 운송비, 검사비용, 추가인건비, 정규직원에게 제공한 시간 외 작업비용 등을 보상한다.

② 상실이익(Loss of profit): 제품결함으로 회수하지 않고 정상적인 판매를 하였다면 얻을 수 있는 이익을 보상한다. 단, 보험자에게 사고를 최초로 서면통지한 그날부터 1년 동안의 상실이익으로 제한한다.

③ 상표신용회복비용(Brand Rehabilitaiton Cost) : 보험회사에 최초로 제품결함사고를 서면통지한 날로부터 연속 90일 동안 판매량 회복을 위해 지출한 임시비용을 보상한다. 단, 통지일로부터 12개월동안의 얻을 수 있는 이익 또는 1사고당 보상한도액의 25%로 제한한다.

④ 대체비용(Replacement Cost) : 제품결함으로 인해 회수한 제품의 원가, 일반관리 및 제세공과금을 보상한다.

정답 | ②
해설 | 1년 → 90일. 상실이익 보상기간이 기간이 지나치게 길면 도덕적 위험이 증가할 수 있기 때문이다.
　　　※ 보상하는 손해 : ①, ②, ③, ④에 추가하여 '협상금, 자문비용'이 있다.

03 다음 중 생산물회수비용보험(리콜보험)에서 보상하는 손해가 아닌 것은?

① 결함제품으로 인해 인적 피해를 입은 소비자에 대한 손해배상금

② 회수사실을 홍보하기 위해 투입된 광고 및 통신비용

③ 결함있는 회수제품을 수리 후 반환하는 데 소요되는 운송비용

④ 회수된 제품의 결함여부를 확인하는 데 들어가는 검사비용

정답 | ①

해설 | ①은 생산물배상책임보험에서 담보한다. ②, ③, ④는 리콜보험에서 보상하는 '회.상.상.대.협.자'중에서 '회(회수비용)'에 해당된다.

04 생산물회수비용보험(리콜보험)에서 보상하는 손해가 아닌 것은?

① 대체비용   ② 상실이익

③ 법률비용   ④ 자문비용

정답 | ③

해설 | 자문비용은 보상하지만 법률비용은 보상하지 않는다.

05 생산물회수비용보험(리콜보험)의 면책사항이 아닌 것은?

① 사용설명서의 불이행

② 자문비용

③ 담보제품과 유사한 경쟁사제품의 리콜로 인한 회수비용

④ 신체장해나 재물손해

정답 | ②

해설 | 자문비용은 보상한다. ④는 생배책에서 보상하는 손해이므로 리콜보험에서는 면책이다.

06 생산물회수비용보험의 언더라이팅 시 유의사항이다. 가장 적절하지 않은 것은?

① 언더라이팅 시 리콜계획서와 배치사이즈(Batch Size)의 제출을 반드시 요청한다.

② 어린이용 장난감, 자동차부품은 특별히 리콜위험이 높으므로 인수에 유의한다.

③ 회사의 매출규모에 따라 보상한도와 자기부담금을 설정한다.

④ 가입대상회사가 리콜사고경력이 없다면 생산물배상책임보험의 사고이력은 보지 않아도 된다.

정답 | ④
해설 | 리콜사고가 없더라도 생산물배상책임보험은 리콜보험과 연관성이 높으므로 생산물배상책임보험의 사고경력도 봐야 한다.
　　 ※ 배치사이즈(Batch Size)는 요율산정의 기초가 될 뿐 아니라, 보험사고시의 손해액을 추정할 수 있으므로 매우 중요하다.

07 환경오염배상책임보험(EIL)과 가장 거리가 먼 것은?

① 동 보험이 적용되는 시설에서 환경오염에 의한 배상책임손해가 발생할 경우 해당사업자는 과실이 없더라도 책임을 질 수 있다.

② 피해자에게 정보청구권을 부여하는 대신 입증책임을 강화하였다.

③ 사업자를 '가, 나, 다'의 3개 군으로 구분하는데, '가'군의 경우 배상책임한도는 2천억원이고 의무가입금액은 300억원이다.

④ 환경오염배상책임보험은 영업배상책임보험과 달리 급격한 오염과 점진적인 오염을 구분하지 않고 담보한다.

정답 | ②
해설 | 피해자에게는 입증책임 완화, 사업자에게는 배상책임한도를 두어 입법적 균형을 맞추고자 하였다.

08 환경오염배상책임보험에서 보상하지 않는 것은?

① 법률상 손해배상금　　　　　　　　　② 소송방어비용

③ 오염제거비용　　　　　　　　　　　　④ 사업장 내 오염정화비용

정답 | ④
해설 | 사업장 내 오염정화비용은 면책이다.
　　 ※ 환경오염배상책임보험(EIL)의 면책사항
　　 고의, 전쟁, 계약상 가중책임, 벌과금, 징벌적 손해배상금, 석면손해, 전자파손해, 부동산가격손해, 환경오염노출로 인한 임원이나 근로자의 신체손해 등

09 전자상거래배상책임보험의 면책사항에 해당하지 않는 것은?

① 보험계약자 또는 피보험자의 고의로 생긴 손해

② 전력공급중단, 정전, 전류 불안정으로 인터넷 등의 시설을 사용할 수 없음에 기인하는 배상청구

③ 정부기관이 피보험자로서 제기하는 배상청구

④ 증권거래법, 독점금지관련법 위반으로 인한 배상청구

정답 | ③

해설 | ①은 영업배상책임보험의 공통면책사항이다. ②는 동 보험의 고유면책사항, ③은 보상한다('정부기관의 배상청구'는 면책이나 피보험자로서의 배상청구는 보상함). ④는 관련법으로 배상하므로 동 보험에서는 면책이다.

P / A / R / T 04

해상보험

A C I U
기 업 보 험 심 사 역

기업보험심사역(ACIU)
Associate Insurance Underwriter

해상보험 학습 Guide

(1) 세부과목별 출제문항 수

세부과목	예상문항 수	과목난이도(최고 ★★★★★)
1장 해상보험기초	3문항	
2장 해상보험의 보험조건과 보상범위	13문항	
3장 해상보험계약의 체결과 보험료 결정	5문항	★★★★★
4장 영업상 해상손해의 유형과 사고처리	4문항	
계	25문항(과락 : 득점문항이 10문항 미만 시)	

※ 챕터별 문항 수는 매 시험 변동이 있을 수 있습니다.

(2) 학습전략

기업전문 4과목 중에서 가장 난도가 높은 과목이다. 2018년 6월 기본서 개정으로 S.G.Policy 약관, MAR Form 약관, 협회적하약관의 부가위험 및 기타특별약관, 협회기간약관의 추가위험특별약관이 신설되어 학습부담이 좀 더 커진 상황이다.

가장 크게는 구증권(S.G.Policy)와 신증권(MAR Form)의 차이와 협회적하약관(ICC)와 협회기간약관(ITC)의 차이를 이해하고, 세부적으로는 구증권에 첨부되는 ICC(1963)와 ICC(1982)의 약관조항, 면부책의 차이를 이해할 필요가 있다. ITC – Hulls(1983)에서는 위험약관, 충돌약관 등 개별약관조항별로 빈출되므로 확실히 이해를 해야 한다.

해상보험은 높은 수준의 이해도를 요구한다. 암기 부담이 적지 않지만 먼저 이해를 해야 암기가 되는 구조이므로, 먼저 이해를 하기 위한 정독과 반복학습을 권장한다.

본 과목에서는 60% 이상의 득점을 목표로 학습하기를 권장한다.

CHAPTER **01** | 해상보험기초

SECTION 1   해상보험 개요

① 해상보험계약의 정의 : 영국의 해상보험법(MIA, 1906) VS 우리나라 상법(제693조)

MIA(1906) 제1조	상법 제693조
보험자가 그 계약에 의해 합의한 방법과 범위 내에서 해상손해[주1]를 피보험자에게 보상을 약속하는 계약이다.	해상보험계약의 보험자는 해상사업에 관한 사고로 발생하는 손해를 보상할 책임이 있다.

※ 주1 : '해상손해'란 해상의 손해뿐 아니라 해륙혼합위험으로 인한 손해도 포함한다.

② 해상보험의 보험의 목적

   ㉠ 선박(ship) : 선체에 자재와 의장구 및 선원을 위한 소모품을 포함

   ㉡ 화물(good) : 상품으로서의 화물(선내 사용을 위한 소모품은 제외)

   ㉢ 기타 동산(other – moveable) : 기타의 유형재산(화폐, 유가증권 등 포함)

③ 해상보험의 종류 : 크게 선박보험과 적하보험으로 구분함

적하보험[주1]	선박보험
운송되는 적하(화물)의 위험을 담보	선박 자체에 발생할 수 있는 위험을 담보
화주의 피보험이익을 보호	선주의 피보험이익을 보호

※ 주1 : '적하보험'은 화주와 은행 간에서 화물위험을 보장함으로써 국제무역의 원활한 거래를 돕는다(국제무역의 3대 지주: 해운, 국제금융, 적하보험).

④ 해상보험의 특징

국제성	기업보험성	해륙혼합성
• 영국해상법(MIA, 1906) 적용[주1] • 거대위험 → 높은 해외재보험 의존도 • 해상보험시장의 국제경쟁성[주2] • 편의치적선제도[주3]	• 기업보험시장이 주시장이다. • 보험계약자 등의 불이익변경금지원칙(상법 663조) → 적용 제외(∵기업보험)	해상 + '육상, 내수'까지 확장 보상

※ 주1 : 대부분의 국가(우리나라도 포함)는 영국의 해상법을 준용한다('이 보험은 영국의 법과 관습에 따른다').

※ 주2 : 해상보험업은 해운업, 조선업과 함께 세계시장이 단일시장화되어 있으므로 국제경쟁은 필수적이다.

※ 주3 : 편의치적선(Flag of convenience ship) 제도는 선박의 국적을 선주의 국적에 따라야만 하는 것이 아니라 선주의 편의에 따라 국적을 가질 수 있는 것을 말한다.

① 해상보험의 연혁

고대	근대	현대
모험대차설[주1] → Lloyd's의 탄생(1687)[주2]	S.G.Policy(1779 ; 구증권) → ITC – Hulls(1888) → MIA(1906)	• ICC(1963 ; 구약관) • MAR form(1982 ; 신증권) • ICC(1982 ; 신약관), • ITC – Hulls(1983)

※ 주1 : 해상보험의 기원으로는 '모험대차설, 공동해손설, 가족단체설, 코멘다설 등'이 있는데 모험대차설이 통설로 인정된다.

※ 주2 : 로이즈(Llyod's)는 보험회사가 아니라 보험거래가 이루어지는 보험거래소의 역할을 한다(개인보험업자들이 신디케이트를 이루어서 하나의 보험을 인수하는 것이 일반적이며, 개인보험자는 자신에게 할당된 손해액에 대해서는 무한책임을 가짐).

※ 선주나 화주가 항해에 필요한 자금을 선박이나 화물을 담보로 빌리고, 선박이 무사히 도착하면 고율의 원리금을 상환하고 항해도중 선박이 멸실될 경우 채무일체를 면제받는 약정을 '모험대차계약'이라 한다.

※ 모험대차의 이율은 정상이율보다 매우 높은 편이었는데 '모험대차이율 – 정상이율'을 Premium이라 불렀으며, 오늘날 보험료에 해당된다.

② 구증권과 신증권

Lloyd's S · G Policy (로이즈 S.G. 보험증권 ; 구보험증권)		MAR Form (신해상보험증권 ; 신보험증권)	
1779년 로이즈가 제정 후 1982년 신보험증권이 전면도입될 때까지 200년동안 사용됨 ※ 범선 시대에 만들어지고 고어체 등의 문제가 있어 1982년에 MAR Form으로 대체됨		런던보험자협회와 로이즈보험협회가 공동으로 S.G. Policy를 대체하는 신해상보험증권과 협회약관[주2]을 만들게 되었음	
본문약관, 이탤릭체약관, 난외약관, 특별약관[주1]		적하보험용	선박보험용
		ICC(A), ICC(B), ICC(C)	ITC(Hulls, 1983)
S.G. Policy는 보험계약의 체결사실뿐 아니라 담보범위까지 전부 보험증권에 기재하고 있음(**Cf.** MAR Form은 본문은 간소화, 특별약관을 첨부해야만 기능을 하는 점에서 차이가 있음)		신보험증권(MAR Form)은 본문약관은 간소화하고 신협회적하약관을 중심으로 하게 되었으므로, 신협회적하약관을 첨부하지 않으면 보험증권의 기능을 하지 못함	

※ 주1 : 본문약관의 내용을 수정하고 보완하는 협회약관으로서 적하약관은 구협회적하약관(1963)인 ICC(A/R), ICC(WA), ICC(FPA)이 첨부되었고, 선박약관은 ITC(Hulls, 1888)이 첨부되었다.

※ 주2 : 협회적하약관은 해상보험의 조건을 보다 명확히 하기 위해 런던보험자협회에서 제정한 특별약관을 말한다.

※ 1779년에 로이즈가 제정한 것으로 영국해상법 MIA(1906)의 제1부칙에 표준보험증권으로 첨부되는 증권은 S.G. Policy이다.

※ ITC – Hulls(1983)은 MAR Form에 첨부되는 선박약관이다.

① 피보험이익(Insurable Interest ; 도박 방지를 위한 기본적인 수단)

ㄱ 기본개념 : 보험에 가입하기 위해서는 보험목적물과 경제적 이해관계가 있어야 함

※ 피보험이익이 없으면 보험계약은 무효이다(No Interest, No Insurance).

ㄴ 모든 적법한 해상사업은 해상보험계약의 보험목적이 될 수 있다(MIA 제3조1항).

ㄷ 영법상 사행계약이나 도박계약으로 간주하는 경우(MIA 제4조) : 아래의 3가지 중 하나에 해당될 경우 사행계약 또는 도박계약으로 간주된다.

> (1) 피보험이익의 유무를 불문(interest or no interest)하는 조건으로 발행된 경우
> → (유사개념) 피보험이익이 없으면 무효와 같은 의미이다.
> (2) 보험증권 자체 이외에 이익의 추가증명이 없음(without further proof of Interest than the policy itself)의 조건으로 발행된 경우[주1]
> → (유사개념) 피보험이익을 증명할 수 없으면 계약은 무효이다.
> (3) 보험자에게 구조물의 권리가 없음(without benefit of salvage to the insurer)의 조건으로 발행된 경우
> → (유사개념) 구조물에 대한 보험자의 권리를 인정하지 않으면 실손보상원칙을 위배하므로 무효이다.

※ 주1 : PPI보험(명예보험증권)은 사행계약으로 간주되는데, 'without further proof of Interest than the policy itself'의 문언이 명시된 보험증권이기 때문이다.
  – PPI보험증권이란 보험증권 외에는 피보험이익을 증명할 방법이 없어 손해보상을 보험자의 명예에만 의존하기 때문에 명예보험(honor policy)이라고도 한다. MIA에서는 도박보험으로 간주된다.

ㄹ 피보험이익의 존재시기(소급보험의 인정)

- MIA 제6조 1항 : 'lost or not lost(보험목적의 멸실 여부를 불문함)'의 조건으로 보험에 가입된 경우는 '보험계약체결 시점에서 손해발생 사실에 대해 피보험자는 알고 보험자는 모르는 경우'를 제외하고는 보험자는 보상한다고 규정한다.

  Cf. 소급보험의 성립요건인 '주관적 우연성'을 말함

- 피보험자는 손해발생 시에는 반드시 보험목적에 이해관계를 가지고 있어야 한다.

※ 보험계약체결 시에 피보험이익이 존재하지 않는 경우에도 손해발생 시에 피보험이익을 갖고 있으면 보험금을 받을 수 있다(∵ 통신이 발달하지 못한 과거 해상보험계약의 특성을 고려).

※ 해상보험계약에서 피보험자는 보험계약이 체결될 때 보험의 목적에 대한 이해관계를 가질 필요는 없지만, 손해가 발생한 때에는 반드시 이해관계를 가져야 한다.

※ MIA 제6조 1항에서 'lost or not lost'조건의 보험가입을 인정하는 바, 이는 해상보험에서 소급보험이 인정됨을 의미한다.

② 보험가액(Insurable Value) : 미평가보험 VS 기평가보험

ㄱ 기평가보험증권(Valued Policy) : 사전에 보험자와 피보험자 간 협의로 정한 보험가액(협정보험가액)을 보험증권에 기재한다.

※ 당사자 간에는 구속력이 있으나, 제3자에는 구속력이 없다.

ㄴ 미평가보험증권(Unvalued Policy) : 보험사고 발생 시 '손해가 발생한 때와 곳에서의 가액'을 보험가액으로 확정하는 보험증권이다.

※ 협정보험가액이 아닐 경우 MIA상의 보험가액 확정기준

선박보험	적하보험	운임보험
위험개시 시의 선박가액 + 의장구, 선원을 위한 식료품과 소모품, 급료선불금, 기타선비를 포함한 비용	피보험자산의 '원가(송장가격) + 운송부수비용 + 보험비용'	피보험자의 위험에 속하는 '운임총액 + 보험비용'

예시 (선박가액, 선박의 의장구, 승선 선원의 식료품 및 소모품, 승선 선원의 개인휴대품, 승선 선원의 급료에 대한 선불금) 중 선박보험 보험가액의 평가요소에 해당하지 않는 것은?
→ 승선 선원의 개인휴대품(식료품이나 소모품은 보험가액에 포함되지만 개인휴대품은 제외됨)

③ 고지의무(The duty of fair presentation)

　㉠ 개요 : 2015년 2월 법령 개정(Marine Insurance Act 2015)으로 '고지의무(the duty of fair presentation), 담보(warranty) 등'의 핵심조항이 개정 적용되었다(2016.12월 계약부터).

　　※ MIA(2015)는 MIA(1906)을 보완하는 수준의 법률이다(완전대체가 아님).

　㉡ 고지의무

　　• 개정 전후 비교

구분	개정 전	개정 후
표현의 명확화	Utmost good faith (최대선의원칙)	Fair presentation of risk (위험에 대한 공정한 고지)
고지의무 위반 시	취소	3가지 유형의 조치(ⓑ)

　　• 고지의무위반시의 효과(3가지 유형의 조치)

> (1) 고의적이거나 무모한 위반
>   보험계약취소 & 보험금미지급 & 납입보험료_{미환급}
> (2) 단순한 위반 – 보험자가 그 사실을 알았다면 절대 보험계약을 체결하지 않았을 경우
>   보험계약취소 & 보험금미지급 & 납입보험료_{환급}
> (3) 단순한 위반 – 보험자가 그 사실을 알았더라도 보험조건변경으로 계약을 체결했을 경우
>   보험계약유지 + 보험금비례보상(×100)

　　Cf. 우리나라 상법의 경우 : 고지의무위반을 안 날로부터 1개월 이내, 계약체결일로부터 3개월 이내로 계약의 해지를 할 수 있다.

　㉢ 담보(Warranty)

　　• 담보의 두 가지 의미

피보험자가 반드시 충족해야 하는 요건	보험증권의 문언을 제한
피보험자가 담보위반을 할 경우 보험자 면책이 될 수 있음	면책담보로 활용(포획과 나포의 면책담보 등)

　　• 담보의 형태

명시담보(express warranty)	묵시담보(implied warranty)
안전담보, 중립담보, 항해담보	감항성담보, 적법담보

　　※ 명시담보는 보험증권에 그 내용이 기재됨

　　• 담보위반의 효과

개정 전	개정 후
담보는 반드시 정확하게 충족되어야 하며, 정확히 충족되지 않을 경우 담보위반일로부터 보험자책임이 면제된다.	• '정지조건'으로 완화하여 적용된다. • 즉, 담보위반 기간 중의 사고에 대해서만 보험자책임이 면제된다.

　　• 실제 손실과 관련되지 않는 담보 또는 계약조건(개정 후의 담보위반 효과) : 담보위반이 있었다 하더라도 해당 담보 위반이 실제 손실에 영향을 미치지 않았음을 피보험자가 입증하는 경우 보험자는 보상해야 한다 (→ 개정 후 담보위반 효과가 완화 적용됨을 보여주는 부분).

※ 담보위반효과의 변경(완전면책 → 정지조건)

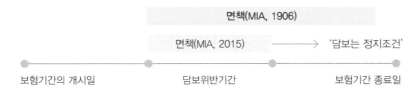

예시 ⓐ북위 50도 이상은 항해를 금지한다. ⓑ10월 15일 이전에는 출항해야 한다. ⓒ밀수품은 보험의 목적이 될 수 없다 중 묵시담보에 해당하는 것은?

→ ⓒ(ⓒ는 묵시담보 중 적법담보에 해당한다. ⓐ, ⓑ는 명시담보)

※ 명시담보는 담보의 의사가 추측될 수 있는 문구이면 무엇이든 가능하고, 보험증권에 삽입되거나 기재되거나 또는 인용됨으로써 보험증권의 일부를 구성하는 서류 중에 포함되어야 한다.

※ 담보(Warranty)는 반드시 정확하게 충족되어야 하며 정확히 충족되지 않을 경우 담보위반일로부터 보험자책임이 면제된다는 것은 MIA(1906)이다(**Cf.** MIA(2015)에서는 정지조건으로서 그 위반효과가 완화 적용됨).

SECTION 4 해상보험증권의 해석원칙

① 해상보험증권은 증거증권으로서의 효력을 지닌다. 증거증권(ⓔ 은행통장, 보험증권)은 증거가 될 뿐 유가증권과 같은 엄격한 법률적 효과가 없지만, 영국해상보험법(MIA)의 경우 예외성을 띤다.

※ MIA : 해상보험증권에 구현되지 않으면 증거로서 인정되지 않는다(따라서 본증권에 다양한 난외약관, 수기문언 등이 추가되었음).

② 해상보험증권의 해석원칙 : 어떤 문언이 판결대상이 된 경우

ⓐ 해당 문언에 관한 판례가 있다면 → 그 판례의 의미를 따른다(재판선례의 원칙).

ⓑ 판례가 없고, 판례가 있다 해도 본질이 달라 적용할 수 없는 경우, 성문법상의 지침이 전혀 없는 경우 → ※.

※ **약관해석의 일반원칙(영법상 법리로 확립된 해석원칙)**

계약당사자 의사를 우선한다/보험증권 전체를 고려한다/수기문언을 우선한다/문언의 통상적인 의미가 채택되어야 한다/작성자불이익의 원칙을 적용한다 등

예시 ⓐ 보험증권의 문언에 대해 법원에서 확립된 판례가 있는 경우, ⓑ 판례는 있으나 문언과 사정이 본질적으로 동일하지 않은 경우, ⓒ 이전에 법원에서 해석된 일이 없거나 그에 관한 판례가 없는 경우 중 재판선례의 법리에 따라야 하는 것은?

→ ⓐ(ⓑ, ⓒ는 재판선례를 따를 수 없으므로 일반해석원칙을 적용함)

CHAPTER 01 | 단원정리문제

01 보기에서 해상보험의 특징을 잘못 설명한 항목의 수는?

> 가. 국제성이 강하다.
> 나. 기업보험시장이 상대적으로 더 중요하다.
> 다. 높은 재보험의존도를 보인다.
> 라. 해상위험으로 인한 손해만을 담보한다.
> 마. 협정보험가액은 보험자와 피보험자 당사자 간뿐만 아니라 제3자에 대해서도 그 효력이 인정된다.

① 0개   ② 1개   ③ 2개   ④ 3개

정답 | ③

해설 | '라, 마'가 틀린 항목이다.
- 라 : 해상위험뿐 아니라 해륙혼합위험도 담보한다.
- 마 : 협정보험가액은 당사자만을 구속하며, 제3자에 대해서는 항변할 수 없다.

02 해상보험이 강한 국제성을 띠고 있는 이유를 옳게 설명한 것을 모두 묶은 것은?

> ㉠ 국제무역의 운송수단 중 가장 큰 비중을 차지하는 해상운송과 밀접한 관련이 있기 때문이다.
> ㉡ 해상보험의 보험목적인 선박, 화물 등은 보험가액이 커서 재보험처리를 해야 하는 바, 해외재보험시장에 대한 의존도가 높다.
> ㉢ 해상보험계약은 세계시장이 하나의 시장으로 국제 간 경쟁을 통해서 이루어진다.
> ㉣ 해상보험계약의 준거법은 국내법이 아니라 영국의 해상보험법(MIA)이다.

① ㉠, ㉡, ㉢   ② ㉡, ㉢, ㉣   ③ ㉠, ㉡, ㉣   ④ ㉠, ㉡, ㉢, ㉣

정답 | ④
해설 | 모두 다 해당된다.

03 국제무역의 3대 지주가 아닌 것은?

① 해운   ② 국제금융   ③ 적하보험   ④ 선박보험

정답 | ④
해설 | ①, ②, ③이 3대 지주이다. 적하보험은 화주와 은행 간의 화물위험을 보장함으로써 국제무역의 원활한 거래를 돕는다.

04 **해상보험의 기원에 대한 설명이다. 가장 거리가 먼 것은?**

① 해상보험은 지구상에서 가장 오래된 보험으로 인식된다.

② 공동해손설, 가족단체설, 모험대차설, 코멘다설이 해상보험의 기원으로 평가되는데, 이 중에서 공동해손설이 통설로 인정된다.

③ 영국해상보험은 런던에 이주한 롬바드(Lombard)상인과 한자(Hanja)상인에 의해 도입되고 발전하였다.

④ Pisa보험증권(1379년, 가장 오래된 보험증권)의 피보험위험은 'perils of the sea, perils of man, perils of the Good'이었다.

정답 | ②
해설 | 14세기에 성행한 모험대차설(冒險貸借設)이 통설이다.

05 **로이즈(Lloyd's of London)에 대한 설명이다. 틀린 것은?**

① 로이즈는 보험회사이다.

② 로이즈 자체는 보험을 인수하지 않으며, 개별적인 회원들이 보험을 인수한다.

③ 로이즈는 회원들에게 거래 장소와 기타 서비스를 제공하는 보험거래소이다.

④ 개별보험업자들은 자신이 인수하는 보험의 인수비율에 해당하는 손해액에 대해서 책임을 진다.

정답 | ①
해설 | 로이즈는 보험회사가 아니라 보험서비스를 제공하는 하나의 조합이다.

06 **해상보험계약 시 피보험이익이 반드시 존재해야 하는 시기는?**

① 계약청약 시   ② 계약체결 시

③ 보험료납입 시   ④ 손해발생 시

정답 | ④
해설 | 일반적인 보험은 '계약체결 시'이나, 해상보험은 '손해발생 시(time of loss)'에는 반드시 보험목적에 대해 이해관계를 가지고 있어야 한다. 이는 해상보험의 특성상 소급보험을 인정하기 때문이다.

07 해상보험의 피보험이익에 대한 설명이다. 틀린 것은?

① 피보험이익(Insurable Interest)은 보험목적물에 대해서 경제적 이해관계가 있음으로써 보험계약을 체결할 수 있는 권한을 말한다.

② 모든 적법한 해상사업은 해상보험계약의 피보험이익이 될 수 있다.

③ '멸실 여부를 불문함(lost or not lost)'이란 조건으로 보험에 가입하는 경우에는, 피보험자가 보험계약 체결 당시 피보험이익이 없다 하더라도 보험계약을 체결할 수 있다.

④ 모든 해상보험계약은 보험계약을 체결할 때 피보험이익의 존재를 증명해야 한다.

정답 | ④

해설 | 해상보험계약의 피보험자는 보험계약 체결 시 피보험이익을 가질 필요는 없지만, 손해가 발생한 때에는 반드시 피보험이익이 있어야 한다(③과 ④는 배치된다).

08 영국해상법 MIA(1906)의 제4조상으로, 사행 또는 도박계약으로 분류하는 것이 아닌 것은?

① 보험증권이 'Interest or no interest' 조건으로 발행된 경우

② 보험증권이 'Lost or nor lostt' 조건으로 발행된 경우

③ 보험증권이 'Without further proof of interest than proof itself' 조건으로 발행된 경우

④ 보험증권이 'Without benefit of salvage to the iusurer' 조건으로 발행된 경우

정답 | ②

해설 | ②는 소급보험을 말한다. 그리고 PPI보험(명예보험증권)이 사행계약으로 간주되는 것은 ③에 해당된다.

09 선박의 보험가액을 평가함에 있어 그 평가요소에 해당하지 않는 것은?

① 선박의장구　　　　　　　　② 승선 선원의 식료품 및 소모품

③ 승선 선원의 개인휴대품　　　④ 승선 선원의 급료에 대한 선불금

정답 | ③

해설 | 선원의 식료품 및 소모품은 보험가액에 포함되지만, 개인휴대품은 제외된다.

※ 선박의장구 : 선체를 제외한 선박에 부착된 모든 품목(배관펌프, 엔진, 선실가구 등)을 말한다.

10 '단순한 고지의무이지만, 보험자가 그 위반을 알았다면 절대 계약을 체결하지 않았을 고지의무위반'의 경우, MIA(2015)상의 보험자의 조치는?

① 보험계약을 취소하고 보험금을 지급하지 않는다. 그리고 보험료도 환급하지 않는다.

② 보험계약을 취소하고 보험금을 지급하지 않는다. 단, 보험료는 환급한다.

③ 보험계약을 유지하고 보험금은 '실제 부과보험료를 더 높게 부과하였을 보험료로 나눈 비율'로 보상한다.

④ 보험계약을 해지하고 보험금은 지급하지 않으며, 보험료에 대해서는 해지환급금을 지급한다.

정답 | ②

해설 | 고지의무위반에 대한 MIA(2015)의 조치는 ①, ②, ③이다.
　　　① 고의적이거나 무모한 고지의무위반 시
　　　② 단순 위반 & 보험자가 그 사실을 알았다면 절대 보험계약을 체결하지 않았을 경우
　　　③ 단순 위반 & 보험자가 그 사실을 알았더라도 보험조건을 변경하여 체결하였을 경우
　　　④ 우리나라 상법상 고지의무위반에 대한 조치

11 해상보험에서의 담보형태에 대한 설명이다. 가장 적절하지 않은 것은?

① 담보는 명시담보(express warranty)와 묵시담보(implied warranty)가 있다.

② 명시담보는 담보의 의사가 추측될 수 있는 문구이면 무엇이든지 가능하다.

③ 명시담보는 묵시담보에 우선하여 적용된다.

④ 묵시담보는 보험증권에 담보내용이 명시되지 않아도 피보험자가 반드시 충족시켜야 할 담보를 말하는데, MIA상 크게 감항담보와 적법담보로 구분한다.

정답 | ③

해설 | 명시담보는 묵시담보와 서로 저촉되지 않는 한, 묵시담보를 배제하지 못한다(MIA제35조 1 – 3항).

12 다음 중 명시담보가 아닌 것은?

① 안전담보　　　　　② 중립담보　　　　　③ 항해담보　　　　　④ 감항담보

정답 | ④

해설 | 명시담보는 ①, ②, ③이며, 묵시담보에는 '감항담보, 적법담보'가 있다.

13 MIA(2015)에 따를 경우, 담보위반의 효과를 잘못 설명한 것은?

① 담보위반 기간 중 발생한 사고에 대해서만 보험자면책이 인정된다.

② 담보위반에 기인한 손실에 한하여 보험자면책이 가능하다.

③ 담보위반이 발생하기 전 또는 담보위반이 교정된 이후 발생한 사고에 대해서는 보험자는 책임을 진다.

④ 담보가 정확히 충족되지 않으면 보험증권에 명시된 규정이 있는 경우를 제외하고 보험자는 담보위반 일로부터 책임이 면제된다.

정답 | ④

해설 | ④는 개정 전인 MIA(1906)에 따른 담보위반효과이다. 개정 후인 MIA(2015)에서는 담보가 정지조건으로 개선되었다(①, ②, ③).

14 S.G. Policy(구증권)에 첨부되는 약관이 아닌 것은?

① ICC(All Risks)

② ICC(WA)

③ ICC(FPA)

④ ICC(A)

정답 | ④

해설 | ①, ②, ③은 S.G. Policy에 첨부되는 협회구적하약관이다.

15 MAR Form(신증권)에 첨부되는 약관이 아닌 것은?

① ICC(A/R)

② ICC(B)

③ ICC(C)

④ ITC(Hulls, 1/10/83)

정답 | ①

해설 | ICC(All Risks)는 구증권에 첨부된다. 신증권에 첨부되는 협회신적하약관은 ICC(A), ICC(B), ICC(C)이다. ④는 신증권에 첨부되는 협회선박약관이다.

16 해상보험증권의 해석원칙이 나머지 셋과 다른 것은?

① 보험증권의 문언에 대해 법원에서 확립된 판례가 있는 경우

② 판례는 있으나 문언과 사정이 본질적으로 동일하지 않은 경우

③ 성문법상 어떤 지침도 없는 경우

④ 이전에 법원에서 해석된 일이 없거나 그에 관한 판례가 없는 경우

정답 | ①

해설 | ①은 '재판선례의 법리'에 따르며, ②, ③, ④는 재판선례에 따르지 못하므로 '일반해석의 원칙'을 적용한다.

17 영국해상법상 법원에 의해 지금까지 확립된 '보험증권해석의 일반원칙'이다. 가장 거리가 먼 것은?

① 계약당사자의 의사가 우선되어야 한다.

② 보험증권의 전체가 고려되어야 한다.

③ 수기문언보다는 인쇄문언이 우선되어야 한다.

④ 애매모호한 경우 최종적으로 '작성자불이익'의 원칙이 적용될 수 있다.

정답 | ③

해설 | 인쇄문언보다는 수기문언이 우선되어야 한다.

CHAPTER **02** | 해상보험의 보험조건과 보상범위

SECTION 1 해상보험의 종류

① 적하보험(Cargo Insurance)

　㉠ 해상보험의 주요용어

보험자	피보험자	해상위험	보험의 목적	해상손해
The insurer	The assurer, The underwriter	Marine perils	The subject – Matter insured	Marine loss

　　※ 해상적하보험이란, 보험자가 피보험자에게 해상위험(marine perils)으로 인한 보험목적물인 '화물(cargo)'의 해상손해를 보상할 것을 약속하고, 피보험자는 보험료를 지급할 것을 약속함으로써 성립하는 계약이다.

　㉡ 운송화물의 손상 시 화주를 보호한다(화물의 물적 손해와 비용손해를 보상).

　㉢ 선하증권(B/L)의 면책범위가 넓어 화물손해 전액의 보호를 위해서는 적하보험 가입이 필수적이다.

　　※ 포괄적하보험 : 매번 적하보험을 가입하지 않고, 화물선적 시마다 자동적으로 적하보험에 가입되는 보험증권이며, 보험계약기간의 종료일자를 두지 않고 계약이 해지될 때까지 존속되는 보험이다.

② 선박보험(Hull Insurance)

선체보험	선비 및 증액보험	불가동 손실보험	계선보험	건조보험	운임보험	전쟁 및 동맹파업보험

　㉠ 선체보험 : '선체 + 의장구, 각종 비품'의 물적 손해와 비용손해 보상. 추가하여 선박충돌손해배상금을 보상함

　　※ 선체보험에는 ITC(Institute Time Clause)와 IVC(Institute Voyage Clause)가 있다(각각 기간보험증권, 항해보험증권).

　㉡ 선비 및 증액 보험 : '선비(disbursement ; 선박연료 등) + 선가증액분'을 보상(단, 선비보험가액은 선체보험가액의 25% 이내이어야 함).

　㉢ (선박)불가동손실보험 : 선박손상결과(선체보험의 담보위험에 의함) → 가동불능상태의 예상수익의 손실을 보상(우리나라에서는 판매되고 있지 않음)

　㉣ 계선보험 : 항해 중이 아닌 휴항 시에 가입하는 보험으로써, 'ⓐ 선박충돌배상책임의 보험금 전액을 보상, ⓑ 부두손상 등 P&I위험도 보상'하는 특징이 있다.

　㉤ 건조보험 : '건조에서 인도' 동안 육상위험 및 해상위험에 의한 건조자의 손실을 보상함(아래는 우리나라에서 주로 사용하는 영국의 협회건조보험약관의 내용)

　　※ 협회건조보험약관(Institute Clauses for Builder's Risks, 1988)

　　　• 보험기간 : 건조자의 시운항이 종료된 날로부터 30일까지 담보한다.

　　　• 담보위험

　　　　– 보험기간 중 잠재적 하자로 불량이 된 하자 부분을 수리하거나 교체하거나 대체하는 비용을 보상한다. 단, 조악한 용접으로 인한 대체비용은 보상하지 않는다.

- 보험기간 중 발생하고 발견된 보험목적물의 설계결함으로 인한 피보험목적물의 멸실 또는 손상을 보상한다. 단, 설계결함이 있는 부분에 대한 수리 또는 교체비용은 보상하지 않는다.
    - 진수실패의 경우 진수를 완료하는 데 소요되는 실제 비용을 보상한다.
  - 충돌배상금의 한도는 선체보험의 경우 보험금액의 3/4을 한도로 하지만, 동 보험은 4/4를 한도로 한다.
  - 선체보험에서 보상하지 않는 P&I위험도 일부 보상한다.
  - 지진 및 화산 분화로 인한 멸실, 손상, 배상책임은 보상하지 않는다.
- ⓑ 운임보험(Freight Insurance)
  - 선주의 멸실운임(상실수입)을 보상하는데, 통상적으로 선박보험의 일부에 포함된다.
  - 선불운임 → 화주가 적하보험에 가입(운임포함), 후불운임 → 선주가 운임보험에 가입
    - ∵ 선불운임의 피보험이익은 화주, 후불운임의 피보험이익은 선주에게 있음
- ⓼ 전쟁 및 동맹파업보험(War & Strike Insurance) : 전쟁위험이나 동맹파업위험에 대해서는 선박보험에서 기본적으로 면책이므로, 이러한 위험으로 인한 손박손실을 담보하기 위해 가입하는 보험이다.

> ※ '선체보험, 선비보험, 선박불가동손실보험, 계선보험, 건조보험' 중 선주가 가입하는 보험이 아닌 것은 건조보험이다(건조보험은 건조자가 가입).
> ※ '선체보험, 선비보험, 선박불가동손실보험, 계선보험, 건조보험' 중 P&I위험도 담보하는 보험은 계선보험과 건조보험이다.
> ※ 건조보험(영국의 협회건조보험약관)은 보험기간 중 발견된 불량한 하자 부분을 수리하고 교체하는 비용을 보상하는데, 조악한 용접으로 인한 손해는 보상하지 않는다.
> ※ 불환급조건의 선불운임을 지급한 화물이 인도되지 못하는 경우의 상실수입은 화주에게 보상한다(선불운임의 상실수익은 화주에게, 후불운임의 상실수익은 선주에게 보상한다).

④ P&I보험(Protection & Indemnity Insurance)
  - ㉠ 해상보험자가 아닌 P&I Club(선주책임상호조합)에서 인수하는 보험이다.
    - ※ 선주를 보호하기 위한 상호보험의 형태(자산 공동출자), 조합원 운영참여 없음
  - ㉡ P&I보험에서 보상하는 손해(선박보험 등에서 담보하지 않는 영역을 담보함)

Protection Risk(방어위험)[주1]	Indemnity Risk(보상위험)[주2]
(1) 선원의 부상, 질병 및 사망	
(2) 선원을 제외한 제3자에 대한 배상책임	
(3) 선원의 송환 및 교대선원 파견비용	
(4) 난파휴업급여	(1) 운송화물의 멸실, 손상 또는 부족손해에 대한 배상책임
(5) 선원의 유실물 보상	(2) 본선에 선적된 화물에 대한 충돌배상책임
(6) 이로에 대한 비용/책임	(3) 회수불가능한 화주나 선주의 공동해손분담금
(7) 밀항자 및 난민 처리에 대한 비용 보상	(4) 벌금
(8) 인명구조	
(9) 타선과의 충돌로 인한 배상책임(1/4RDC)	
(10) 항만, 부두, 방파제 등의 고정물, 부유물에 대한 배상책임	
(11) 오염에 따른 배상책임	
(12) 난파선 제거비용 및 배상책임	

※ 주1 : 선박운항에 수반하는 제3자에 대한 책임과 선원에 대한 고용주로서의 책임을 의미한다.

※ 주2 : 화물운송인의 화주에 대한 배상책임을 의미한다.

※ '선비보험, 선박불가동손실보험, 운임보험, 계선보험, 건조보험, P&I보험' 중 보험자에게 보험을 가입하는 것이 아닌 것은 P&I보험이다(P&I보험은 보험자가 운용하는 보험이 아니라 선주책임상호보험으로써 P&I Club에서 운영한다).

※ '선체손상, 부두시설의 손상, 인명피해, 선원의 귀국비용' 중 P&I보험에서 보상하지 않는 것은 선체손상이다(선체손상에 대해서는 선체보험에서 수리비 및 관련 비용을 보상함).

※ '본선 및 본선장비의 손상, 본선에 실려 있는 화물에 대한 배상책임, 승선선원의 상병치료비, 유류오염손해' 중에서 P&I보험에서 통상적으로 보상하지 않는 것은 본선 및 본선장비의 손상이다.

※ 선주가 가입할 수 있는 보험 중에서 '충돌 시 타선에 적재한 화물에 대한 손해배상책임'을 부보하기 위해서는 선체보험에, '유류오염제거에 대한 선주책임'을 부보하기 위해서는 P&I Club에 가입하면 된다.

※ 선박의 충돌로 배상책임이 발생할 경우 선체보험에서 배상책임의 3/4을, P&I보험에서 나머지 1/4을 보상한다.

④ 항공보험
  ㉠ 항공사업자의 위험 보장과 사고 피해자 보호를 목적으로 함
  ㉡ 기체보험

담보	면책사유
• 돌, 추락, 불시착, 폭발 등 우연한 사고에 의한 항공기 자체 손해 • 항공기가 행방불명되고 60일이 경과된 후에도 소식을 알 수 없을 때	• 피보험자의 악의 • 기계적 고장에 기인하는 손해 • 항공기의 사용 목적이나 지리적 제한의 위반 • 전쟁, 폭동, 노동분쟁, 원자력, 법령 위반, 자연소모 등

  ※ 보험가액은 협정보험가액이며, 분손 시에는 면책금액을 설정한다.

  ㉢ 항공보험의 분류 : 기체보험, 제3자배상책임보험, 승객배상책임보험, 화물배상책임보험(배상한도 : 무신고 시 1kg당 20$), 탑승자상해보험, 수색구조비보험, 관리자배상책임보험
  ※ 항공기가 행방불명되어 비행개시일로부터 60일이 경과하여도 소식을 알 수 없을 때는 항공 기체보험의 보험금지급사유가 된다.
  ※ 항공 기체보험은 기계적 고장에 기인하는 손해는 보상하지 않는다.

SECTION 2 구약관(S.G.Policy)과 신약관(MAR Form)

구약관 : S.G.Policy에 ICC(1963)을 첨부한 약관(구증권이라고도 함)

※ S.G.Policy의 구성
  (1) 약관구성

증권의 전면			증권의 이면
본문약관	이탤릭서체약관	난외약관	특별약관
20개 세부약관 규정	부담보약관 삽입	손해방지의무 규정	ICC(1963), ITC(1888)

  (2) 약관구성의 세부내용

구분	내용
본문약관 (20개 세부약관)	모두문언약관, 여백, 양도약관, 소급약관, 출발항약관, 보험의 목적약관, 선박명약관, 선장명 및 선박병변약관, 보험기간약관, 기항정박약관, 보험평가약관, 부담위험약관, 손해방지약관, 포기약관, 보험증권 구속력약관, 보상약관, 약인약관, 소손해면책율약관, 영법준거약관, 선서약관
이탤리서체약관	포획나포부담보약관, 동맹파업폭동부담보약관, 포획나포 등 담보준칙약관
난외약관	손해통지의무 규정

  ※ S.G.Policy는 200년 이상 수정과 보완을 거듭해 왔지만 그 실질적인 내용은 1779년 양식 그대로라고 할 수 있다. 따라서 이 증권만으로 새로운 요구를 충족할 수 없어 계약체결 때마다 특별약관(대표적으로 1963년 협회적하약관)을 추가하였다.
  ※ S.G.Policy는 수많은 판례와 관습을 공부해야만 이해할 수 있는 등의 문제점이 있었다. → 1978년 UNCTAD의 비판 → 'S.G.Policy + ICC(FPA, WA, A/R)을 사용하지 말 것을 권고 → 1982.1.1부터 신증권(MAR Form)이 사용됨

① 본문약관

(1) 모두문언약관

(2) 여백(보험계약자 기재 약관)

(3) 양도약관 : 보험증권을 양도할 필요가 있을 경우 그 양도를 인정하는 약관

(4) 소급약관(lost or not lost) : 보험계약이 체결되기 전에 이미 손해가 발생하였다 하더라도 피보험자가 그 사실을 몰랐다면 계약체결이 성립됨

(5) 출발항약관(at and from)

(6) 보험의 목적약관
   • 영법에서 Goods는 상품으로서의 화물을 의미하며, 선원 및 승객의 소지품이나 식량 기타 소모품을 포함하지 않음
   • 반대의 관습이 없는 한 갑판적하나 동물은 Goods라는 명칭으로 가입할 수 없음

(7) 선박명약관

(8) 선장명 및 선박명 변경약관 : 선박이나 선장의 이름이 변경되더라도 보험계약에는 영향을 주지 않는다는 취지를 규정한 약관

(9) 보험기간약관

위험개시(from the loading)	위험종료(safely landed)
화물이 실제로 선적될 때 개시	안전하게 양륙될 때 종료
협회 적하약관(ICC)의 경우 위험의 개시와 종료 모두 S.G.Policy에 비해 확장됨	

(10) 기항정박약관 : 기항(정박)을 허용하지만, 기항은 피보험항해의 통상의 항해경로에 있어야 하며, 이를 위반 시에는 위험의 변동으로 보고 보험자는 면책
   Cf. ICC(1963) : 피보험자가 좌우할 수 없는 지연, 이로 등은 면책되지 않는다.

(11) 보험평가약관
   • 동 약관의 공백란에 보험가액과 보험의 목적의 명세를 기재하였음(과거)
   • 동 약관의 공백란에 보험가액을 기재하지 않으면 미평가보험이 됨

(12) 부담위험약관 : S.G.Policy가 부담하는 피보험위험의 종류를 '13개 항목 및 기타 일체의 위험'으로 열거하고 있음

(13) 손해방지약관 : 손해방지비용에 대한 보험자의 지급의무를 나타냄(손해보험금과 손해방지비용의 합은 보험가입금액을 초과할 수 있음).

(14) 포기약관 : 피보험자가 위부를 한 후에 적하에 대한 손해방지행위를 한 경우, 이는 위부의 포기로 간주하지 않음

(15) 보험증권 구속력 약관

(16) 보상약관

(17) 약인약관
   • 보험계약자는 보험자에게 보험료를 지불하고, 보험자는 그 대가로 위험을 부담한다는 약속을 상호 인정함으로써 법적 효력이 발생하는 것을 말함
   • 동 약관의 공백 난에 협정보험요율을 기재함(즉, S.G.Policy에서 약인약관이 있는 보험증권의 교부는 보험료 지불의 증거가 됨)

(18) 소손해면책율약관 : 좌초(stranding)의 경우에만 면책율과 상관없이 보상한다는 규정(Cf. 우리나라의 경우는 '침몰 · 좌초 · 대화재(SSB)'의 경우 면책율과 상관없이 보상함)

(19) 영법준거법약관 : 클레임에 다툼이 있는 경우는 '영국의 법률과 관습'에 따름

(20) 선서약관

② 이탤릭서체약관

(1) 포획나포부담보약관
- 포획, 나포, 강류, 억지 또는 억류와 이러한 행위의 결과나 기도의 결과를 담보하지 않는다.
- 선전포고의 유무를 불문하고 적대행위 또는 군사적 행동의 결과를 담보하지 않는다.
- 즉, 동 약관은 S.G.Policy의 본문약관상 담보하는 전쟁, 해적, 강도 등의 위험을 면책으로 하는 약관이다.

(2) 동맹파업소요폭동부담보약관
- 동맹파업, 기타 노동쟁의로 인한 손해에 대해 면책으로 한다.
- 이는 1911년, 1912년 당시 유럽과 미국에서 노동쟁의가 빈번하였는 바, 선적 전과 양륙 후의 적하위험이 증가되었고 이를 면책으로 하기 위한 약관이다.

(3) 포획나포 등 담보준칙약관
- '포획나포부담보약관'에서 제외한 위험에 대한 준칙약관이다.
- 국왕, 군주, 국권찬탈자 등에 의한 강류, 억지 또는 억류 등에 발생하는 어떤 위험도 부책으로 하지 않는다.

③ 난외약관 : 보험증권의 좌측 난 외에 손해통지약관이 인쇄되어 있음

※ S.G.Policy는 증권의 전면에 표시되는 3개의 약관으로 구성되는데, 3개의 약관은 '본문약관, 이탤릭서체약관, 난외약관'이다.

※ 이탤릭서체약관은 포획나포부담보약관 등 본문약관에 대한 부담보약관이 기재된 구증권상의 약관을 말한다.

※ 구증권에 있어서 보험계약자가 보험료를 지불해야 한다는 의무에 대한 증거로 기능하는 약관은 약인약관이다.

④ S.G.Policy - 본문약관 - '부담위험약관'

㉠ 열거된 위험의 구성 : 13개 항목 및 기타 일체의 위험

담보개시	Perils of the sea[주1] (해상고유의 위험)	좌초(Standing)	실제부담위험
		침몰(Sinking)	
		충돌(Collision)	
		악천후(Heavy Weather)	
		선박의 행방불명(Missing ship)	
	Perils on the sea (해상위험)	화재(Fire)	
		투하(Jettision)	
		선장 또는 선원의 악행(Barratry)	
		강도(Thieves)	
		해적(Pirates)	'포획나포부담보약관'으로 면책되는 부분
		표도(Rovers)	
	War Perils (전쟁위험)	군함(Men of war)	
		외적(Enemies)	
		습격(Surprisals)	
		바다에서의 점유탈취(Taking at sea)	
		국왕, 군주, 국민의 강류, 억지, 억류	
		포획면허장 및 보복포획면허장 (Letters of Mart and Countermart)	
	기타 일체의 위험(All other perils)[주2]		

※ 주1 : 부담위험약관의 위험은 'Perils of the sea(해상고유의 위험)'을 하나의 위험으로 보고, 이하 12가지의 추가열거위험과 기타 일체의 위험으로 구성되어 있다.

※ 주2 : '기타 일체의 위험'은 보험증권에 기재된 위험과 동종의 위험을 말하는 것으로서 포괄담보를 의미하는 것이 아니다.

ⓛ 담보위험의 세부내용

> **(1) Perils of the sea(해상고유의 위험)**
> - 해상의 우연한 사고 또는 재난을 의미한다. 따라서 바람과 파도의 통상적인 작용은 포함하지 않는다.
> - 즉, 해상고유의 위험이란 '풍파의 이상현상'에 의한 침몰, 좌초, 교사 등을 말한다.
>
> **(2) Men of war(군함)** : 동 위험은 전쟁위험과 해상위험의 두 가지로부터 발생할 수 있는데, 해상위험에 의한 것이라면(예 군함과 상선의 충돌) 이는 해상고유의 위험(충돌)이 될 수 있다.
>
> **(3) Fire(화재)** : 해상위험(perils on the sea)에 속한다. 대화재는 Burning이라고 한다. 화재는 소실뿐 아니라 화재로 인한 그을음, 연기나 열로 인한 손해 등도 포함한다.
>
> **(4) Enemies(외적)** : 적의 군함을 제외하고, 전쟁에 종사하는 적의 일체의 선박, 물건 및 사람을 '외적'이라 하며, 외적으로부터의 포획, 나포, 습격, 격침 등을 보상한다.
>
> **(5) Rovers(표도)** : 해적의 일종으로 '무어인이나 아라비아인의 해적'을 지칭한다.
>
> **(6) Pirates(해적)**
> - 국제법상의 해적 : 공해상에서의 약탈을 목적으로 한 각종의 폭행을 말한다.
> - 영국해상법상의 해적 : 폭동을 일으킨 승객이나 육상으로부터 선박을 공격하는 폭도도 포함한다.
>
> **(7) Thieves(강도)** : 폭력을 수반하는 도난을 말한다. 단 승선자에 의한 도난은 포함하지 않는다.
>
> **(8) Jettision(투하)** : 선외로 적하를 투기하는 것을 말하는데 요건을 갖출 경우 공동해손행위로 인정된다.
>
> **(9) Letters of Mart and Countermart(포획면허장 및 보복포획면허장)**
> - 포획면허장 : 적의 상선을 포획할 권리를 국가가 부여한 권리면서
> - 포획면허장이나 보복포획면허장을 가지고 행하는 가해행위로부터의 위험을 담보한다.
>
> **(10) Surprisals(습격)**
> - 습격은 타 선박에 대한 방화, 포격, 격침 등의 가해행위를 말하는데 포획과 같은 개념이므로 동 위험을 '습격 및 포획(surprisals and capture)라고도 한다.
> - 포획(capture) : 적하의 소유권과 재산권을 탈취하는 것을 말하는데, 전시 또는 평시를 불문하며 국내법상 적법 여부도 불문한다.
>
> **(11) Taking at sea(바다에서의 점유탈취)**
> - 나포(Seizure)와 같은 말이다.
> - 나포는 피보험재산의 지배권(점유권)을 탈취하는 강제적 조치를 말하는데, 그 조치의 영구적 일시적을 불문하고, 적법 여부도 불문하며, 폭동을 일으킨 승객에 의한 나포라도 불문한다.
>
> **(12) 국왕, 군주, 국민의 강류, 억지, 억류** : 강류, 억지 및 억류는 정치상이나 행정상의 행위를 말하며, 소요나 재판에 의한 것은 제외한다.
>
> **(13) Barratry(선장 또는 선원의 악행)** : 선장 또는 선원의 악행으로 선주나 용선자에게 손해를 끼쳤을 때 이를 담보한다. 이때 선원의 고의적인 일체의 부정행위도 담보위험에 포함된다.
>
> **(14) All other perils(기타 일체의 위험)**
> - 위험약관의 마지막에 기재된 위험이다.
> - 여기서 '일체의 위험'이란 보험증권에 열거되지 않은 모든 위험을 담보한다는 포괄책임주의가 아니라, 보험증권에 기재된 위험과 유사한 종류의 위험을 말한다. 즉, 해상보험의 해석원칙인 '동종제한의 원칙'이 적용된다고 할 수 있다.

※ S.G.Policy 본문약관 담보위험약관에서 말하는 해상고유의 위험(perils of the sea)은 풍파의 통상적인 작용은 포함하지 않는다.

※ 구증권에서 담보하는 위험 중 외적(Enermie)은 적의 군함을 제외한 전쟁에 종사하는 일체의 선박이나 물건, 사람을 말한다.

※ 구증권에서 담보하는 해적(Pirates)위험에서, 영국해상법은 폭동을 일으킨 승객이나 육상으로부터 선박을 공격하는 폭도까지 해적에 포함한다.

※ 구증권에서 담보하는 강도(Thieves)행위는 폭력을 수반하는 도난을 말하는데, 은밀한 도난이나 선원·승객을 불문한 승선자에 의한 도난은 보상하지 않는다.

※ 구증권에서 담보하는 '습격 및 포획' 위험에서, 포획이란 적하의 소유권과 재산권을 탈취하는 것을 말하는데, 전시나 평시 여부 그리고 적법 여부는 불문한다.

※ 구증권에서 담보하는 '선장 또는 선원의 악행'위험에서, 선원의 고의적인 일체의 부정행위도 담보위험에 포함된다.

※ 구증권의 담보위험약관 마지막에 기재되는 '기타 일체의 위험(All others perils)'은 포괄담보가 아니라 열거된 위험과 유사한 동종의 위험을 담보함을 의미한다.

※ '강도, 해적, 군함, 외적' 중에서 S.G.Policy의 포획나포부담보위험 약관을 감안할 때 본문약관에서 실질적으로 담보하는 위험은 강도(Thieves)이다.

※ '화재(fire), 해상고유의 위험(perils of the sea), 도적(thieves), 폭발(explosion)' 중에서 S.G.Policy에서 열거하지 않는 위험은 폭발(Explosions)이다.

신약관 : MAR Form에 ICC(1982)을 첨부한 약관(신증권이라고도 함)

① MAR Form의 구성

본문약관	난외약관
준거법약관, 타보험약관, 약인약관, 선언약관	중요사항약관, 손해사정을 위한 지침약관, 보상청구 서류에 관한 사항

Cf. 구약관은 '본문약관, 이탤릭체약관, 난외약관'으로 구성되어 있다.

② 본문약관

　㉠ 준거법약관 : 모든 보상청구에 대한 책임과 정산에 대해서는 영국 법률과 관례를 따른다.

　㉡ 타보험약관 : 동 보험증권이 다른 보험증권(해상보험 또는 화재보험 등)과 중복관계가 될 경우, 다른 보험증권의 후순위가 됨을 정하는 약관이다(1순위로 보상할 책임을 면하고자 하는 약관).

　　　예시 1　A(동 보험), B가 중복보험일 경우
　　　　　→ A는 Excess Policy로서 B가 보상한 후의 잔액에 대해서 지급한다.

　　　예시 2　A(동 보험), B, C가 중복보험일 경우(B가 먼저 보상하고 잔액이 있을 경우)
　　　　　→ B가 보상한 후의 잔액에 대해서 A와 C가 중복보험의 원칙에 따라 지급한다.

　㉢ 약인약관 : 보험료의 납부와 보험금의 지급에 대해 합의한다(보험료의 지급을 보험자의 보상의 전제조건으로 함).

　㉣ 선언약관 : 동일한 해상보험계약에 있어서 복수의 보험증권이 발행된 경우, 그중 1부에 대해 손해보상의무가 이행된 경우 나머지 증권은 효력을 상실함을 규정하는 약관이다.

③ 난외약관

　㉠ 중요사항 약관 : 동 약관의 주요 목적은 손해방지행위를 할 것과 아울러 운송인 등이나 항만 당국을 상대로 하는 클레임을 입증하는 데 필요한 구체적인 사항을 피보험자에게 알리고 이에 따른 조치를 취할 수 있도록 하기 위함이다.

　　※ 동 약관은 피보험자의 주의를 환기하기 위하여 적색으로 인쇄되어 있어 일명 Red line Clause라고 한다.

　㉡ 손해사정을 위한 지침약관 : 이 보험하에서 보상청구할 멸실이나 손상이 있을 경우에는, 이 보험증권이나 증명서에 명기된 보험회사가 그 대리점에 즉시 사고 통보를 하고 검정보고서를 얻어야 한다.

　㉢ 보상청구서류에 관한 약관 : 보상청구가 신속히 처리되도록 피보험자나 그 대리인들은 지체 없이 모든 구비서류(보험증권, 검정보고서 등)들을 제출해야 한다.

　　※ 신해상보험증권(MAR Form)은 본문약관과 난외약관의 두 가지 약관으로 구성되어 있다(Cf. S.G.Policy는 '본문약관, 이탤릭서체약관, 난외약관'의 세 가지로 구성됨).

　　※ 신해상보험증권(MAR Form)의 본문약관은 '준거법약관, 타보험약관, 약인약관, 선언약관'의 4가지로 구성되어 있다.

　　※ 신해상보험증권(MAR Form)의 본문약관 중에서, 동일한 보험계약에 대해 복수의 보험증권이 있고 하나의 보험증권에서 보상을 한 경우 나머지 보험증권의 효력은 상실된다는 것을 규정한 약관은 선언약관이다.

　　※ 신해상보험증권(MAR Form)의 난외약관 중 손해방지의무를 규정한 약관은 중요사항약관이다.

① 협회적하약관 비교(1963 VS 1982)

1963년 ICC	1982년 ICC	위험담보방식
ICC(A/R) – 포괄담보 조건	ICC(A)	포괄책임주의
ICC(WA) – 분손담보 조건	ICC(B)	열거책임주의
ICC(FPA) – 단독해손부담보 조건	ICC(C)	

※ 단독해손부담보조건의 예외 → ICC(FPA)에서 보상하는 단독해손

(1) SSB(침몰, 좌초, 대화재)로 발생된 단독해손

　　※ 선박이 항해 중 '침몰(Sinking), 좌초(Stranding), 대화재(Burning)'을 당한 경우에는 악천후나 투하, 강도 등 ICC(FPA)에서
　　　면책되는 요인들에 의한 단독해손도 보상이 된다.

(2) 하역 중에 멸실된 매 포장의 전손

(3) 피난항에서 적하의 하역작업에 정당하게 기인된 단독해손

(4) 선박 등의 외부물질과의 충돌, 접촉에 의한 발생된 단독해손

(5) 계반비용

　　예시 협회적하약관의 구약관, 신약관을 통틀어서 포괄주의로 위험을 담보하는 것은?
　　　　　　→ ICC(A/R), ICC(A)

※ 협회적하약관 중, 구약관(ICC, 1963)은 구증권(S.G.Policy)에 첨부되며 신약관(ICC, 1982)은 신증권(MAR Form)
　에 첨부된다.

※ 단독해손을 담보하지 않는 것이 원칙인 협회적하구약관은 ICC(FPA)이다.

　– ICC(FPA) : 'Free from particular Average(단독해손부담보조건)'의 의미이다.

※ 분손담보조건의 협회적하 구약관은 ICC(WA)이다.

　– ICC(WA) : 'Warranted free from Average(분손담보조건)'의 의미이다.

※ 협회적하약관(1963) 중에서 투하(Jettision)로 인한 단독해손을 보상하는 것은 ICC(A/R), ICC(WA)이다.

　– 투하나 강도는 열거담보로는 ICC(WA)에서 담보하며, ICC(A/R)은 포괄담보이므로 면책사항을 제외하고는 모두
　　담보한다.

※ 악천후(Heavy Weather)나 투하(Jettision)로 인한 단독해손은 그 자체로는 ICC(FPA)에서 담보하지 않지만, 만일 '침
　몰ㆍ좌초ㆍ대화재(SSB)'를 당한 상태에서 발생한 악천후나 투하로 인한 단독해손이라면 ICC(FPA)에서도 보상한다.

※ 피난항에서 적하의 하역작업에 정당하게 기인된 단독해손은 ICC(FPA)에서도 보상한다.

　– ICC(FPA)는 단독해손부담보이지만 예외적으로 보상하는 사유이다.

② 해상손해의 종류와 ICC(1963)의 보상범위

물적손해 (Physical Loss)	전손(Total Loss)	현실전손(Actual TL)
		추정전손(Constructive TL)
	분손(Partial Loss)	공동해손(General AL)
		단독해손(Particular AL)
		구조비(Salvages Charges)
비용손해		특별비용(Particular Charge) 또는 단독비용
		손해방지비용(Sue and Labour Charge)
배상책임손해		충돌손해배상책임(Collision Liability)

ㄱ ICC(FPA)는 '단독해손부담보 조건'을 말하는데 이는 위의 표에서 음영 부분(현실전손 + 추정전손 + 공동해손 + 비용손해)을 보상함을 말한다. 그리고 단독해손의 일부는 예외적으로 보상된다(예외 – 아래).

※ 단독해손의 담보내용('해상고유위험'과 '해상위험' 분류)

해상고유의 위험(Perils of the see)		해상위험(Perils on the see)		
해상고유의 위험으로 인한 단독해손		해상위험으로 인한 단독해손		
침몰, 좌초, 충돌, 악천후		화재, 폭발	투하, 강도	선원의 악행
ICC(FPA)에서 담보('악천후'제외)		ICC(WA)	ICC(A/R)에서 담보	
ICC(WA)에서 담보 ('악천후' 포함)				
ICC(A/R)에서 담보				

ㄴ ICC(WA)의 보상범위는 'ICC(FPA) + 악천후 · 투하 · 강도로 야기된 단독손해'이다.

※ ICC(WA)는 'WA 3%(손해액이 3%초과 시 전액 보상)'와 'WAIOP(공제 없이 전액 보상)'의 두 조건이 있다.

ㄷ ICC(A/R)의 보상범위는 포괄담보이다. 즉, 모든 외부적, 우발적 원인으로 인한 손해를 보상한다(아래 '열거된 면책위험' 제외).

※ ICC(A/R)의 면책사항(MIA, 1906)

(1) 피보험자의 고의(→ '중과실'은 보상)

(2) 지연

(3) 보험목적의 통상의 자연소모, 통상의 누손과 파손

(4) 보험목적 고유의 하자나 성질

(5) 쥐나 해충에 근인한 손해

(6) 해상위험에 근인하지 않는 기관의 손상

※ S.G.Policy에서 담보하는 해상고유의 위험(Perils of the seas)인데도, ICC(FPA)에서 보상하지 않는 것은 악천후(Heavy Weather)이다.

※ ICC(FPA)에서도 '침몰(Sinking), 좌초(Stranding), 대화재(Burning)' 상황하에서의 악천후(Heavy Weather)나 투하(Jettison)로 인한 단독해손은 보상한다.

※ ICC(WA 3%)조건으로 보험가입금액 100억원으로 가입하였다. 피담보위험으로 보험목적물에 20억원의 손해가 발생한 경우, 보험자가 보상하는 보험금은 20억원이다(프랜차이즈방식이므로 손해액이 3% 초과 시 공제하지 않고 전액 지급한다).

※ 보험가입금액 100억원, ICC(WA)조건으로 가입하였다. 손해액이 2억원 발생하였다면 'WA 3%'조건에서는 0원, WAIOP조건에서는 2억원을 보험금으로 지급한다.

※ WA3%는 3%에 미달하므로 보험자는 면책이다. WAIOP는 공제 없이 모두 지급하므로 2억원이다. 즉 WAIOP조건이 더 유리하므로 보험료도 비쌀 것이다.

① 제1조 운송약관

※ ICC(1963) 제1조 운송약관(Transit Clause) – ICC(1982) 제8조 운송약관과 동일

제1항 – 보험기간의 시기	제2항 – 보험기간의 종기	제3항 – 위험의 변동
화물이 운송개시를 위해 보험증권에 기재된 지역의 창고 또는 보관장소를 떠날 때	아래 3가지 중 어느 하나가 가장 먼저 도래하는 때 (1) 수하인, 기타 최종창고나 보관장소에 인도된 때 (2) 통상의 운송과정이 아닌 보관 또는 할당이나 분배를 위해 피보험자가 선택한 기타 창고나 보관장소에 인도된 때 (3) 최종양하항에서 양하가 완료된 후 60일이 경과한 때[주1]	위험변경이 있어도 보험기간이 계속될 수 있는 경우 (1) 피보험자가 좌우할 수 없는 지연 (2) 이로(deviation) (3) 강제양하, 재선적 및 환적 (4) 해상운송계약상 부여된 운송인 또는 용선자의 재량권행사에 의한 위험변경

※ 주1 : 우리나라로 수입되는 화물은 30일이 경과한 때에 종료한다(60일을 30일로 수정 사용).

※ 적하보험은 일반적으로 구간보험(voyage policy)이나, 정확히는 '혼합보험'에 가깝다.

※ 제3항 : 적하보험에서 '일체의 이로'가 위험변경사유로 인정되는 이유 : 화주는 선박의 이로를 통제할 수 없는 지위에 있다는 사정을 고려하여 '일체의 이로'가 있어도 보험자는 계속 담보한다고 규정한다.

※ ICC(1963) 제1조 운송약관에 따르면 '보험자에 대한 지체없는 통지나 추가보험료의 납부 없이도 위험변경기간 중 보험이 계속된다고 인정'하는 위험변경사유가 있는데, '일체의 이로(any deviation)'는 위험변경사유이지만, '일체의 지연(any delay)'은 '피보험자가 좌우할 수 없는 지연'에 한해서 인정된다.

② 제2조 운송종료약관(Termination of Adventure Clause) : 피보험자가 좌우할 수 없는 사정으로 운송계약이 도중에 종료된 경우→ '보험자에게 통보 & 추가보험료 지급조건'으로 일정기간 담보지속 가능

③ 제3조 부선약관(Craft & C.Claue)

ㄱ 각 부선 또는 뗏목은 각각 별도로 부보된 것으로 본다(→ 전손 · 분손 여부를 판단할 때 부선 단위로 계산함).

ㄴ 피보험자는 '부선운송인의 책임을 면제하는 계약이 있더라도 자기의 권리를 침해받지 않는다'(→ 피보험자의 처지를 고려한 조항).

④ 제4조 항해변경약관(Change of Voyage Clause) : 항해변경(담보위반)은 면책이 원칙 → (동 약관) 추가보험료 징수조건으로 담보지속

※ 보험의 목적, 적재선박, 항해등에 '오기, 탈루'가 있더라도 추가보험료를 징수하는 조건으로 담보지속 가능함

Cf. 신약관 : 오기, 탈루의 경우 추가보험료를 납부해도 담보지속 불가

예시 (제1조 운송약관/제2조 운송종료약관/제3조 부선약관/제4조 항해변경약관) 중에서, 보험의 목적, 적재선박, 항해에 관하여 오기나 탈루고 있을 경우에도 보험료의 추가징수를 조건으로 담보를 계속하는 약관은?

→ 제4조 항해변경약관(Change of Voyage Clause)

⑤ 제6조 추정전손약관(Constructive Total Loss Clause)

㉠ 담보위험으로 인해 선박 및 화물을 박탈당하여 회복 가능성이 없거나, 회복비용이 그 가액을 초과할 경우 ㉡ 선박손상을 수리하는 비용이 수선 후 선박의 가액을 초과하는 경우 ㉢ 화물수선비용과 화물의 운반비용(목적지까지)이 그 가액을 초과하는 경우(가액 = 보험가액)	→ ① 분손 → ② 위부를 통한 추정전손(MIA제61조, 둘 다 처리 가능함)

⑥ 제7조 공동해손약관(General Average Clause) : 선하증권에서 정한 준거법으로 공동해손을 정산할 경우 분쟁의 여지가 많으므로, 동 약관은 공동해손발생 시 그 정산을 요크앤트워프규칙(Y.A.R)을 따를 것을 명시함

Cf. 신약관 : 신약관에서 Y.A.R이 삭제되었으나 여전히 다수 국가에서 Y.A.R을 따르므로 실질적 차이는 없음

⑦ 제8조 감항성승인약관(Seaworthness Admitted Clause) : 보험자와 피보험자 사이에 선박이 감항성이 있음을 승인한다. 즉 묵시담보인 감항능력담보를 명시적으로 배제하는 약관이다(피보험자가 화주일 경우에 한정).

Cf. 신약관 : 불감항은 면책이 원칙이나, 피보험자가 불감항 사실을 모르고 있었던 경우는 담보함(구약관과 실질적인 효과는 동일함).

※ 감항성승인약관은 화주는 선박의 감항성 여부를 알 수가 없으므로, 화주가 적하보험에 가입 시 편의상 감항성이 있다고 전제하는 약관이다.

⑧ 제9조 수탁자약관(Bailee Clause) : 피보험위험 발생 시 손해 방지 및 경감 노력과 제3자에 대한 손해배상청구권을 적절히 보험자가 부담해야 할 의무가 부과되는 약관

⑨ 제10조 보험이익불공여약관(Not to Inure Clause)

㉠ 당해 보험이 운송인 또는 수탁자에게 이익이나 혜택을 주어서는 안 된다는 것을 규정하는 약관이다.

㉡ 운송인이 적하보험의 화주를 대상으로 '화주가 적하보험에서 보상받는 손해는 책임을 지지 않겠다'는 약관[보험이익약관(Benefit of insurance Clause)]을 규정한다면 보험자의 구상권이 침해되는 바, 이에 대항하기 위한 조항이 '보험이익불공여(Not to Inure Clause)'이다.

㉢ 보험이익불공여약관은 수탁자약관(Bailee Clause)을 기본으로 내용을 추가한 약관이다.

▶ 도해 : 보험이익불공여약관

1) 운송인의 고의나 과실로 손해가 발생하고,
2) 보험자가 보험금을 지급한 경우,
3) 운송인에게 구상권을 행사하기 위해서, '운송인과 화주 간의 보험이익약관'을 배제하는 약관이다.

예시 (Bailee clause, Not to inure clause) 중에서, '모든 경우에 손해방지 및 경감을 위해 적절한 조치를 취하고 또한 운송인, 수탁자 또는 기타 제3자를 상대로 모든 권리를 확보해 두는 것은 피보험자 및 그 대리인의 의무'를 부과하는 약관은?

→ ICC(1963) 제9조 수탁자약관(Bailee clause)이다.

예시 운송인과 화주 간에 보험이익약관이 있는 경우, 이를 배제함으로써 보험계약의 내용이 운송인이 유리하게 원용하는 것을 허용하지 않겠다는 취지를 담고 있는 ICC(1963)의 조항은?

→ 제10조 보험이익불공여약관(Not to Inure Clause)

⑩ 제11조 쌍방과실충돌약관(Both to Blame Collision Clause)

    ㉠ 선박이 쌍방과실에 의해 충돌한 경우 화주에 대한 배상책임의 방법을 규정한 약관이다.

    ㉡ 최대화주국인 미국의 해상법과 선주국인 영국의 해상법간의 차이가 있어서 창안된 약관이며 Toluma 호 사건을 계기로 첨부하게 된 약관이다.

⑪ 기타 약관조항

    ㉠ 제5조 전위험약관(All Risks Clause) : ICC(A/R)이 All Risk담보임을 말한다.

    ㉡ 제12조 포획나포부담보약관 : 포획, 나포에 대해서는 부담보를 한다는 약관인데, S.G.Policy의 이 탤릭체약관과 취지가 동일하다(아래 13조도 마찬가지).

    ㉢ 제13조 동맹파업·폭동·소요부담보약관

    ㉣ 제14조 신속조치약관 : '제1조 운송약관, 제2조 운송종료약관, 제4조 항해변경약관'의 경우 위험의 변동이 있음에도 불구하고 부보기간을 지속시킬 수 있는 바, 이에 상응하는 조치로 피보험자에게 위험변동에 대한 신속조치로서 위험경감의무를 부과하는 약관이다.

    ㉤ 제15조 유의사항(Note) : 보험료인상요인이 있을 경우 피보험자는 보험자에게 지체 없이 통지해야 하며, 통지를 이행하지 않을 경우 담보가 계속되지 않는다.

    ※ ICC(1963)의 제1조 운송약관, 제2조 운송종료약관, 제4조 항해변경약관은 위험변동에도 불구하고 담보를 지속할 수 있음을 규정한 바, 이때 보험자의 부담을 줄이는 차원에서 피보험자에게 위험경감의무를 부과하는 것은 제14조 신속조치약관이다.

    ※ ICC(A/R)에서의 면책사항을 규정하는 것은 제12조 포획나포부담보약관, 제13조 동맹파업폭동소요부담보약관, 그리고 영국해상법(MIA) 제55조의 법정면책사항이 있다.

SECTION 5   신협회적하약관, ICC(1982)의 약관조항

① '신약관 ICC(1982) – ICC(A), ICC(B), ICC(C)'의 보상내용

    ㉠ ICC(C)에서만 담보하지 않는 위험('지갑유포'로 암기)[주1]

> (1) 지진, 화산의 분화, 낙뢰
> (2) 갑판유실(washing overboard)
> (3) 본선, 부선, 선창, 운송용구 등에 해수, 호수, 강물의 유입
> (4) 본선이나 부선의 하역 중 낙하하거나 갑판에서 멸실된 포장 1개당의 전손

    ※ 주1 : '지갑유포'와 인과관계

ICC(B)에서는 보상하지만 ICC(C)에서는 보상하지 않는 위험			
지진, 화산의 분화	갑판유실	해수의 유입	하역 중 매포장당 전손
상당인과관계 필요	단순 인과관계 필요		인과관계 필요없음

    ㉡ ICC(B)는 ICC(C)의 면책사항도 담보한다.

    ㉢ ICC(A)는 포괄담보이므로 '열거된 면책사항'을 제외하고는 모두 담보한다.

    ※ '화재 또는 폭발, 투하, 하역작업 중 포장당 전손, 피난항에서의 적하의 양하' 중에서 ICC(C)에서 보상하지 않는 것은 '하역작업 중 포장당 전손'이다('지·갑·유·포' 중 '포'에 해당).

    ※ '지진, 투하, 하천수의 유입, 갑판유실' 중 ICC(B)와 ICC(C)에서 모두 담보하는 위험은 투하(Jettison)이다.

    ※ 'ICC(C)에서만 보상이 안 되는 4가지(지·갑·유·포)'만 제외하면 ICC(B)와 ICC(C)는 동일하다.

② ICC(1982)의 면책조항

(1) 제4조 일반면책조항	(2) 제5조 불감항성 및 부적합성 면책조항
4 – 1. 피보험자의 고의 4 – 2. 통상의 누손, 중량의 통상의 손해, 자연소모 4 – 3. 포장 또는 준비 불완전 또는 부적합 4 – 4. 보험목적물 고유의 하자 4 – 5. 항해의 지연으로 인한 손해 4 – 6. 선주, 관리자, 용선자, 운항자의 파산이나 금전상의 채무불이행 4 – 7. 여하한 자의 고의적인 손상이나 파괴 4 – 8. 원자력 핵분열, 핵융합, 핵무기의 사용	5 – 1. 본선 또는 부선의 불감항(단, 피보험자가 적재 시 불감항을 알고 있는 경우에 한함) 5 – 2. 보험자는 선박의 감항성과 보험의 목적을 목적지까지 운송하기 위한 선박의 적합성의 묵시담보 위반에 대하여 그 권리를 포기한다(단, 피보험자가 이를 모르고 있는 경우에 한정).
(3) 제6조 전쟁면책조항	(4) 제7조 동맹파업면책조항
6 – 1. 전쟁, 내란, 혁명 등으로 인해 발생하는 국내 투쟁, 또는 교전세력에 의한 일체의 적대행위 6 – 2. 포획, 나포, 강류, 억지 또는 억류(해적행위 제외)[주1] 및 그러한 행위의 결과나 그러한 행위의 기도 6 – 3. 유기된 기뢰 또는 폭탄에 의해 발생된 것	7 – 1. 동맹파업, 직장폐쇄, 노동쟁의, 폭동 또는 소요에 가담한 자에 의해 발생된 것 7 – 2. 동맹파업, 직장폐쇄, 노동쟁의, 폭동 또는 소요의 결과로 발생된 것 7 – 3. 테러리스트 또는 정치적 동기를 가지고 행동하는 자에 의해 발생되는 것

※ 주1 해적행위 : 면책조항에 '해적행위 제외'라고 되어 있으므로 '해적행위'는 보상을 한다. 단, 이는 포괄담보인 ICC(A)에만 해당이 되는 것이므로 ICC(B), ICC(C)에서는 해적행위를 보상하지 않는다(또한 ICC(B)와 ICC(C)는 열거담보인데 해적행위를 담보위험으로 열거하고 있지 않다).

※ 구협회적하약관의 면책사항 VS 신협회적하약관의 면책사항[주1]

구분	MIA(1906) 제55조	ICC(1982) 제4조 일반면책조항
공통	• 피보험자의 고의 • 지연(피보험위험으로 인한 지연 포함) • 보험의 목적의 고유의 하자나 성질 • 보험목적물의 통상의 자연소모, 통상의 누손	• 피보험자의 고의적인 악행 • 지연(피보험위험으로 인한 지연 포함) • 보험의 목적의 고유의 하자나 성질 • 보험목적물의 통상의 자연소모, 통상의 누손
MIA에만 있음	• 쥐나 해충에 근인한 손해 • 해상위험에 근인하지 않는 기관의 손상 • 보험목적물의 통상의 파손	–
ICC(1982)에 신설	–	• 보험의 목적의 포장이나 준비의 불충분 • 선박의 소유자, 관리자, 용선자 또는 운항자의 도산이나 금전상의 채무불이행 • 여하한 자의 불법행위에 의한 고의적인 손상이나 파괴 • 일체의 핵무기 사용

※ 주1 : 신협회적하약관(ICC, 1982)의 제5조 불감항부적합면책조항, 제6조 전쟁면책조항, 제7조 스트라이크면책조항은 모두 신약관에서 신설된 조항이다.

※ 지연(delay)은 피보험위험으로 인한 지연이라도 ICC(1982)에서 면책으로 한다.
   – 지연은 구약관, 신약관 공히 면책사항이다.

※ 보험목적의 포장이나 준비의 불충분 또는 부적합은, 구약관에는 없었으나 신약관인 ICC(A)에서 새롭게 신설된 면책사항이다.

※ '피보험자의 고의, 보험목적의 고유하자로 인한 멸실손상, 보험목적의 포장이나 준비의 불충분 또는 부적합, 항해의 지연으로 발생한 손해' 중에서 협회구적하약관과 협회신적하약관이 공통으로 면책하는 사항이 아닌 것은 '보험의 목적의 포장이나 준비의 불충분 또는 부적합'이다.

※ 쥐나 해충에 근인한 손해는 구협회적하약관에서만 면책으로 규정한다.

※ 선박의 소유자, 관리자, 용선자 또는 운항자의 도산이나 금전상의 채무불이행은 신회적하약관에서만 인정되는 면책사항이다.

※ 협회적하약관 중에서 해적행위를 담보하는 약관은 ICC(A)가 유일하다.
  - 구약관인 ICC(FPA), ICC(WA), ICC(A/R), 신약관인 ICC(C), ICC(B)는 해적행위에 면책이다.

③ ICC(FPA)와 ICC(C)의 비교

ICC(FPA)의 면책사항	ICC(C)의 면책사항(지.갑.유.포)
단독해손은 면책이다. 단 아래의 경우는 예외적으로 보상한다. • SSB[주1]로 인한 단독해손 • 선박이나 부선 등의 충돌과 접촉으로 인한 단독해손 • 피난항에서 적하의 하역작업에 정당하게 기인한 단독손해 • 선적, 환적, 양하 중 추락으로 인한 매 포장당 전손[주2] • 중간기항항이나 피난항에서의 계반비용	• 지진, 화산의 폭발, 낙뢰 • 갑판유실 • 본선 또는 부선 등에 해수나 호수 또는 하천수의 유입 • 본선이나 부선의 하역 중 낙하하거나 갑판에서 멸실된 매 포장의 전손[주2]

※ 주1 : S(Sinking, 침몰), S(Stranding, 좌초), B(Burning, 대화재)

※ 주2 : '하역 중 매 포장당 전손'은 ICC(C)에서는 면책사항이나, ICC(FPA)에서는 보상한다.

④ ICC(A) 약관조항

[제1조 위험약관] 보험목적의 All Risks 를 담보한다는 내용

[제2조 공동해손약관] 구약관과 달리 Y·A·R이 삭제되었으나, 다수의 국가가 공동해손처리에 Y·A·R을 따르고 있으므로 실질적 차이는 없음

[제3조 쌍방과실충돌약관] 구약관(11조)과 동일함

[제4조~7조] '일반면책약관(4조), 불감항 및 부적합면책약관(5조), 전쟁면책약관(6조), 동맹파업면책약관(7조)'의 면책약관을 말함(내용은 ①의 표 참조)

[제8조 운송약관] 구약관(1조)과 동일

※ 차이점 : 구약관에서는 '보험기간의 종기'로서 '화물이 양륙된 후 60일이 경과한 때'를 인정하지만, 신약관에서는 '화물이 중간항이나 지역에 도착된 시점으로부터 60일이 경과한 때'로 규정함

[제9조 운송계약종료약관] 구약관(2조)과 동일

[제10조 항해변경약관 - 내용변경조항]
(1) 구약관 : 보험의 목적, 적재선박, 항해등에 '오기, 탈루'가 있더라도 추가보험료를 징수하는 조건으로 담보 지속 가능함
(2) 신약관 : '오기, 탈루'가 있는 경우 추가보험료를 징수하더라도 담보가 불가함

[제11조 피보험이익약관 - 신설조항] MIA 6조에 있는 소급보험약관(Lost or not lost)을 흡수하여 신설함

[제12조 계반비용약관 - 신설조항]
(1) 구보험증권의 손해방지약관, MIA규정상의 특별비용 등에 근거하여 실무상 보상되어 온 계반비용에 관한 규정을 명문화한 것
(2) 피보험위험으로 인하여 목적지 이외의 항구에서 항해가 종료된 경우, 원래의 목적지까지 계속 운반하는 데 소요되는 비용을 보험자가 보상하는 약관. 단, 면책약관(4조~7조)에 해당되지 않아야 하며, 피보험자의 과실이나 채무불이행으로부터 발생한 비용은 보상하지 않음

[제13조 추정전손약관] 구약관(6조)과 동일

[제14조 증액약관(Increased Value Clause – 신설조항)]

(1) 해상보험에는 일반적으로 '보험가액불변경주의'가 적용되는 바, 보험가액의 현저한 변동이 있다 해도 보험가액을 변경할 수 없게 됨. 이러한 불합리성을 해소하기 위해 보험가액의 증액을 가능케 한 것이 동 약관

(2) 우리나라에서는 아직 증액보험을 도입하고 있지 않음

[제15조 보험이익불공여약관] 구약관(10조)과 동일

[제16조 피보험자의무약관(Duty of Assured Clause)]

(1) 구약관(9조) 수탁자약관(Bailee Clause)의 문언을 보완

(2) 피보험자의 의무 규정에 국한된 구약관과 달리 합리적으로 지출된 비용(손해방지 비용 등)을 보상한다는 것을 명시한 약관

[제17조 포기약관(Waiver Clause)]

(1) 피보험자가 위부를 한 후에도 적하에 대한 손해방지행위를 한 경우, 이는 위부의 포기로 간주되지 않음

(2) 피보험자가 위부를 한 후에 보험자가 적하에 대한 손해방지행위를 한 경우, 이는 위부의 승낙으로 간주되지 않음

(3) 즉, 동 약관은 위부와 관계없이 보험목적물에 대한 합리적인 손해방지비용 또는 특별비용을 보험자가 부담한다는 것을 명시한 약관

[제18조 신속조치약관] 구약관(14)과 동일

[제19조 영국법률 및 관례약관 – 신설조항]

This insurance is subject to English law and practice('적하보험과 관련된 문제가 발생할 경우 영국의 법과 관습에 따른다'는 것을 명시함)

※ 구협회적하약관(ICC, 1963) VS 신협회적하약관(ICC, 1982)

구약관과 동일	구약관과 유사	구약관과 반대	신약관 신설
• 쌍방과실충돌약관 • 추정전손약관 • 보험이익불공여약관 • 신속조치약관	• 공동해손약관[주1] • 불감항 및 부적합면책약관[주2] • 운송약관 • 피보험자의무약관[주3]	항해변경약관[주4]	• 피보험이익약관 (S.G. Policy의 소급약관을 흡수) • 계반비용약관 • 증액약관 • 포기약관 • 영국법률 및 관례약관

※ 주1 : 구약관에 있던 Y.A.R.이 삭제되었으나 그 효과는 사실상 동일하다.

※ 주2 : 구약관의 '감항성승인약관'과 표현방식이 다르나 그 효과는 동일하다.

※ 주3 : 구약관의 '수탁자약관'의 문언을 수정, 보완하였다(손해방지비용의 보험자 부담을 명시함).

※ 주4 : 구약관에서는 오기나 탈루 시 보험자면책이라는 규정을 배제하였으나, 신약관에서는 이를 삭제하여 '오기나 탈루 시' 담보를 지속할 수 없다.

※ 신협회적하약관 중, MIA 6조에 있는 소급보험약관(Lost or not lost)을 흡수하여 신설한 조항은 피보험이익조항(Insurable Interest Clause)이다.

※ 해상보험의 보험가액불변경주의와 가장 관련이 높은 신협회적하약관의 조항은 증액약관(Increased Value Clause)이다.

※ 구협회적하약관에서는 '보험의 목적, 적재선박, 항해등에 '오기, 탈루'가 있더라도 추가보험료를 징수하는 조건으로 담보 지속이 가능하였으나, 신협회적하약관에서는 불가하다.

※ 구협회적하약관의 수탁자약관을 수정, 보완한 것으로서 피보험자에게 수탁자로서의 손해방지의무를 부여함과 동시에 적절한 손해방지비용에 대한 보험자의 지급책임을 명시적으로 규정한 약관은 피보험자의무약관(Duty of Assured Clause)이다.

※ 신협회적하약관의 포기약관(waiver clause)은 피보험자가 위부를 한 후 적하에 대한 손해방지행위를 하더라도 위부의 포기로 간주되지 않음을 명시한 약관이다.

⑤ ICC(2009)

    ㉠ 보장위험 · 보상범위는 신약관 – ICC(1982)와 동일. 단, 보험기간이 사실상 확장됨

    ㉡ 두 약관의 책임기간 종기 비교

ICC(1982) – 시기(위)와 종기(아래)	ICC(2009) – 시기(위)와 종기(아래)
화물이 운송개시를 위해 보험증권에 기재된 장소의 창고를 떠날 때	운송이 창고 내에서도 보험목적이 운송차량 또는 기타운송용구 적재를 위해 이동될 때
수하주 또는 기타 최종창고나 보관장소에 인도된 때	최종창고 또는 창고 안에서 운송차량 또는 기타 운송용구로부터 하역완료될 때

SECTION 6 적하보험의 부가위험 및 특별약관, 항공적하약관

적하보험의 부가위험

① 부가위험의 개념

    ㉠ 적하보험의 포괄담보(A/R 또는 A조건)가 아닌 경우 부가위험을 선택하여 보험에 가입할 수 있다.

    ㉡ 포괄담보(A/R 또는 A)로 가입하여도 실무상 보상하지 않는 위험을 부가위험으로 선택하여 보험에 가입할 수 있다.

② 부가위험의 종류

구분	파손 (Breakage)	한습손 및 열손 (Sweet & Heating)	누손/부족손 (Leakage, Shortage)	혼합손 (Contamination)
대상상품	유리, 요업제품	곡물류, 사료, 유채류	유리병, 의약품, 액체 화물	곡물과 광물의 혼적 등
손해의 유형	파손에 의한 손해	습기와 열에 의한 손해	용기나 포장으로부터의 누손손해	혼합에 의한 외견상 더러움 등
특징	A/R이나 A조건에서도 면책이므로 부가위험 특약으로 가입해야 함			–

③ 기타의 부가위험

    ㉠ 우담수손(Rain and/or Fresh water damage ; RFWD) : 빗물이나 담수에 의한 손해

    ㉡ 도난발하불착손(Theft, Pilferage, Non – delivery ; TPND) : 도난과 불착으로 인한 손해

    ㉢ 곡손(Denting & Bending) : 운송 중 충격으로 화물의 표면이 구부러지는 등의 손해

    ㉣ 갈고리손(Hook & Hole) : 하역작업 시 사용하는 갈고리에 의한 손해

    ㉤ 투하 및 갑판유실(Jettision & Washing Overboard ; JWOB) : 공동해손희생이 아닌 투하나 갑판유실로 인한 손해

    ㉥ 오염손(Contamination) : 해수나 담수로 인해 유류 등의 품질저하손해

    ㉦ 쥐 및 벌레손(Rats & Vermin) : 쥐나 벌레에 의한 곡물이나 목재의 손해

※ 유리나 요업제품은 실무적으로 ICC(A/R) 또는 ICC(A)에서 담보하지 않는데, 이때 파손(Breakage)의 부가위험약관을 첨부해야 한다.

※ 곡물류나 사료 및 유채류에서 발생할 수 있는 위험으로서, 선창 내부와 외부와의 기온 차이로 수분응결이 생겨 화물이 입는 손해를 담보하기 위해서는 한습손 및 열손(Sweet & Heating) 부가위험약관을 첨부해야 한다.

※ 유리병에 들어있는 의약품과 같이 용기가 파손되거나 포장이 깨져서 내용품이 새어남으로써 발생하는 손해는 누손/부족손(Leakage &/or Shortage) 부가위험약관을 첨부해야 한다.

※ (Breakage, Sweat & Heating, Leakage &/or Shortage, Contamination) 중, 곡물류의 화물운송에 주로 첨부하는 부가위험은 'Sweet & Heating (한습손 및 열손)'이다.

적하보험의 특별약관

① 원산지손해약관(Country Damage Clause)
  ㉠ 수입면화의 원산지손해를 담보하는 약관
  ㉡ 선적을 위한 대기 중 원산지에서의 비나 습기에 의해 발생할 수 있는 비교적 경미한 손해를 원산지손해라 한다.
  ㉢ 외항선 적재 전의 홍수, 해일, 호우로 인한 손해와 선적과정에서의 명백한 손해는 보상하지 않는다.

② 기계류수선특별약관(Special Replacement Clause)
  ㉠ 보험목적물인 기계의 일부손상 시 대체비용을 보상하는 약관
  ㉡ 수리를 위한 신규부품 구입 시 관세가 발생할 경우, 관세가 보험가입금액에 포함된 경우에 한해 보상한다.
  ㉢ 기계가 중고품일 경우는 '중고기계수선특별약관(Special Replacement Clause for Secondhand Machinery)'을 첨부한다.

③ 냉동기계약관(Refrigerating Machinery Clause)
  ㉠ 육류 및 생선에 첨부하는 약관
  ㉡ 냉동기의 고장이나 파열로 인한 멸실이나 손상을 담보한다.

④ 냉동화물약관(Refrigerated Cargo Clause) : 24시간 이상 냉동장치가 고장일 경우에 보상한다.

⑤ 생동물약관(Livestock Clause)
  ㉠ 생동물의 사망을 담보하는 약관
  ㉡ 검역소에서 30일 한도로 담보되며, 최종목적지의 수하주에게 인도될 때까지, 그리고 도착 후 7일 동안의 사망위험까지 담보한다.

⑥ 상표약관(Label Clause)
  ㉠ 통조림이나 술 등 라벨이 붙은 화물에 첨부하는 약관
  ㉡ 상표만 손상되었을 경우에는 신상표 및 상표재부착비용만을 보상한다.

⑦ 통관거부위험약관(Rejection Clause)

　　㉠ 식품류에 첨부되는 약관

　　㉡ 품질검사로 통관이 거부됨에 따라 발생하는 피보험자의 경제적 손실을 보상한다.

　　㉢ 무사고로 통관이 될 경우에는 납입한 보험료의 일정비율을 환급한다.

⑧ 갑판적약관(On – deck Clause)

　　㉠ 적하가 선창에 보관되지 않고 갑판에 적재된 경우 보험의 조건이 변경되는 것을 말한다.

　　㉡ ICC(WA), ICC(A/R) 또는 ICC(B), ICC(A) 조건으로 가입한 계약에 적용되는데, 갑판에 적재될 경우 동 약관에 의해 'FPA + JWOB'조건 또는 'C + WOB'조건으로 변경된다.

　　㉢ 동 약관은 밀폐된 컨테이너 화물에는 적용되지 않는다.

> ※ 냉동화물약관(Refrigerated Cargo Clause)은 냉동장치가 24시간 이상 고장임으로써 발생하는 손해에 대해서 보상한다.
> ※ 생동물약관(Livestock Clause)은 생동물의 사망을 담보하는데, 검역소에서 30일 한도로 담보하며 도착 후 7일 동안의 사망위험까지 담보한다.
> ※ 상표약관(Label Clause)은 신상표나 상표재부착비용을 보상하는 약관인데, 내부 품질손상이 없어도 상표손상이 있다면 상표재부착비용 등을 보상한다.
> ※ 통관거부위험약관(Rejection Clause)은 식품류에 첨부되는 약관이다.
> ※ ICC(A)로 가입한 적하보험에서 적하가 갑판에 적재된다면 갑판적약관(On – deck Clause)에 의해 'C + W.O.B 조건'으로 변경되며, ICC(A/R)로 가입한 경우는 'FPA + J.W.O.B 조건'으로 변경된다.
> ※ 갑판적약관(On – deck Clause)은 밀폐된 컨테이너 화물에는 적용되지 않는다.

항공적하약관

① 항공으로 운송되는 적하보험 기본약관은 ICC(A/R), ICC(A)의 두 가지이다.

A/R 조건	A조건
Institute Air Cargo(A/R, 1965)[주1]	Institute Air Cargo(A, 1982)[주2]

※ 주1 : 구협회항공회물약관, ICC(Air, 1965)

※ 주2 : 신협회항공화물약관, ICC(Air, 1982)

② 보험기간 비교

　　㉠ 협회적하약관 : 최종양하항에서 양하가 완료된 후 60일이 경과한 때

　　㉡ 협회항공화물약관 : 항공기에서 하역한 후 30일이 경과한 때

① 선박보험약관의 종류

협회기간약관 – ITC Hulls(1983)	국제선박보험약관 – IHC(2003)
가장 표준화된 선박약관(26조항)	ITC(1983)을 유지하되, 현행의 시장상황과 실무에 맞게 수정된 약관(50조항)

② ITC – Hulls(1983)의 보험조건과 보상범위 : 열거주의 담보

구분	전손	분손		구조비	손해방지 비용	충돌배상 책임
		공동 해손	단독 해손			
TLO SC & SL	○	×	×	○	○	×
FPL Unless etc.	○	○	×/○[주1]	○	○	○
ITC – Hulls	○	○	○	○	○	○

※ 주1 : 단독해손 중 SSBCE손해는 보상한다. 'Stranding(좌초), Sinking(침몰), Burning(화재), Collision(충돌), Explosion(폭발)'로 인한 손해는 담보한다는 것이다.

※ FPL조건과 TLO SC & SL조건은 ITC(Hulls)을 기본약관으로 하고 보험증권에 특별문언을 삽입하여 만드는 것이 일반적이다(전세계적으로 선박보험의 표준으로 사용되는 것은 ITC – Hulls이며, 국내에서 일반적으로 가장 많이 사용되는 것은 FPL조건이다).

㉠ ITC – Hulls(I·T·C 조건) : 13개 항목의 담보위험(열거)으로 인한 물적 손해, 비용손해 및 충돌배상책임을 보상하는 조건이다.

㉡ FPL Unless etc.(FPL조건) : 13개 항목의 담보위험으로 인한 물적 손해, 비용손해 및 충돌배상책임을 보상한다. 그러나 단독해손 중 'SSBCE'를 제외한 위험은 보상하지 않는다.

㉢ TLO SC & SL 조건 : 13개 항목의 담보위험 중 전손(Total Loss Only)과 구조비(Salvage Charge), 손해방지비용(Salvage Labour)만을 보상한다.

※ 선박보험약관에서 가장 표준화된 약관이면서, full condition 보험으로 부르는 것은 ITC – Hulls(1983)이다.

※ FPL unless etc. 조건에서는 악천후에 의한 분손은 담보하지 않으나, 악천후로 인한 전손은 담보한다. – FPL umless etc. 조건은 분손부담보조건이므로 전손은 보상한다.

※ FPL unless etc. 조건은 분손부담보 조건이지만, 'Sinking, Stranding, Burning, Collision, Explosion(SSBCE)' 위험으로 인한 분손은 보상한다.

※ TLO SC & SL 조건은 '현실전손, 추정전손, 구조보수, 해난구조료, 손해방지비용'을 보상한다. 즉, '공동해손, 단독해손, 충돌배상책임'은 보상하지 않는다.

※ ITC – Hulls, FPL unless etc, TLO SC & SL 조건 중에서 충돌배상책임을 보상하지 않는 것은 TLO SC & SL 조건이다.

※ 모두문언 : This insurance is subject to English law and practice(→ ICC와 달리 ITC는 전적으로 영국법이 준거법이 된다고 규정함)

① 제1조 항해약관(Navigation)

1항	2항	3항
항해 중 발생하는 부득이한 위험의 변경을 허용한다. (1) 도선사 승선 여부를 불문한 항해 (2) 수선 관련한 시운전항해 (3) 임의구조를 위한 항해 　　– 계약구조는 허용 안 됨 (4) 인명구조를 위한 이로 (5) 관습상의 예인 (6) 구조필요상 최초의 가장 가까운 항구까지의 예인	(1) 환적작업 시 부두에 접안하지 않고 타선박과 접현하는 것은 원칙적으로 금지한다(추가보험료 납부 시 담보 가능). (2) 해상에서의 타선박과의 접현 중 발생하는 선박의 손상을 보상하지 않는다. 　　– 단, 연료 공급을 위한 경우는 보상한다. (3) 타선박과의 접현 중 충돌이 발생한 경우 충돌배상책임을 부담하지 않는다.	(1) 해체대상선박의 항해 중 선박에 대한 손상이 발생할 경우 보상한도액은 해체선의 시장가격(고철가격)으로 제한된다. (2) 선박해체를 위한 항해 중 충돌배상, 공동해손, 구조 관련 클레임을 지는 경우, 동 조항의 적용을 받지 않는다(즉, 고철 가격으로 보상하는 것이 아닌 정상적인 보상을 함).

※ '도선사의 승선 없이 항해하는 것'은 항해 중 발생하는 부득이한 위험변경으로 인정된다.

※ 임의구조는 항해 중 발생하는 부득이한 위험변경으로 인정되지만 계약구조는 인정되지 않는다.

※ 부두에 접안하지 않고 타선박과 접현하여 환적작업을 하는 것은 선체손상가능성이 커서 보상하지 않는 것이 원칙이지만, 추가보험료납부를 통해서 계속해서 담보받을 수 있다.

※ 선박을 해체하기 위해 항해하는 동안 타선박과 충돌하여 충돌배상책임을 질 경우 보험자의 보상액은 해체선으로서의 시장가격으로 제한된다.

② 제2조 계속약관(Continuation)

보험기간 만료 시에 항해가 종료되지 않을 경우(항해 중/조난 중/피난 항 또는 기항항에 있을 경우) → ㉠ 보험사에 사전통지, ㉡ 월할보험료 지불 → 목적항 도착까지 담보 지속

③ 제3조 담보위반약관(Breach of Warranty)

담보위반(적하, 예인, 출항일자 등)의 발생 → ㉠보험자에 사전통지, ㉡ 추가보험료에 대한 합의 → 담보 지속

※ 담보 위반 시에는 사전에 보험자에게 통지하고 추가보험료에 대해 합의해야 보험이 계속된다.

④ 제4조 종료약관(Termination Clause)

선적 · 선급 · 선주와 관리자의 변경은 단순한 위험의 변경이 아니라 보험계약 자체가 변경될 수 있는 정도의 변경이므로, 보험자의 사전동의 없이 변경할 경우 보험계약이 자동 종료된다.

※ 선주와 관리자의 변경, 선적 변경, 선급의 변경을 할 때, 보험자의 사전동의가 없다면 보험계약이 자동 종료된다.

⑤ 제5조 양도약관(Assignment)

㉠ 보험증권을 양도할 경우 배서 또는 기타의 관습적인 방법에 따라야 한다.

㉡ 동 약관은 MIA상의 자유로운 양도를 제한하는 규정이다.

⑥ 제6조 위험약관(Perils)

※ 위험약관상 보험자 담보위험의 분류

㉠ 상당한 주의의무가 요구되지 않는 담보위험	㉡ 상당한 주의의무를 요구하는 담보위험
해상고유의 위험, 화재 · 폭발, 폭력을 수반한 침입강도, 투하, 해적[주1], 핵장치나 원자로의 고장, 지진, 화산, 낙뢰, 외부물체와의 접촉, 지진	하역작업 중의 사고, '보일러의 파열, 차축의 파손, 샤프트 절손 및 잠재적 하자'에 의한 결과손[주2], 선장 · 선원의 악행이나 과실[주3] · 도선사나 용선자의 과실[주4]

※ 주1 : 해적위험은 구약관은 전쟁위험으로 담보했으나, 신약관은 해상위험으로 담보한다. 적하보험에서는 ICC(A)에서만 담보한다.

※ 주2 : '보일러의 파열, 차축의 파손, 샤프트절손 및 잠재적 하자'에 의한 결과손을 보상하지만, 자체손해(보일러 파열, 차축 파손 등의 자체손해)는 보상하지 않는다. 자체손해를 보상받기 위해서는 '협회추가위험약관'을 특별약관으로 가입해야 한다. – 협회추가위험약관은 추후 학습

※ 주3, 4 : 선장 · 선원은 과실과 악행을 모두 담보하지만, 도선사나 용선자의 경우 과실만 담보한다(표1).

※ 선장, 선원, 도선사 · 용선사, 선주의 구분(표1)

구분	선장	선원	도선사 · 용선자	선주
과실담보	○	○	○	×
악행담보	○	○	×	×

※ '화재나 폭발, 외부물체와의 접촉, 해적, 선원의 과실이나 악행' 중 피보험자의 상당한 주의의무가 이행되어야만 보상받을 수 있는 것은 '선원의 과실이나 악행'이다.

※ 하역잡업 중의 사고는 상당한 주의의무를 이행하지 않아도 보상한다.

※ 해상고유의 위험(perils of the sea)과 해적행위 등에 의한 손해는 불가항력적으로 간주하여 상당한 주의의무를 이행하지 않아도 보상을 한다.

※ 보일러의 파열이나 샤프트의 절손 및 잠재하자에 의한 결과손해는 상당한 주의의무가 이행되어야 보상을 한다.

※ 보일러의 파열이나 차축의 파손, 샤프트의 절손에 의한 자체손해는 ITC(1983)의 보통약관상으로 보상하지 않는다(이를 담보하기 위해서는 '협회추가위험약관'을 특약으로 첨부해야 함).

⑦ 제7조 오염손해약관(Pollution Hazard)

㉠ 보험자가 담보하는 위험에 의해 선박으로부터의 오염사고가 발생하고, 해당 오염을 방지하기 위해 정부 차원의 조치가 취해지고 이때 입은 선박의 손상을 보상한다.

㉡ Torry Canyon(1967.3) 사건을 계기로 도입된 약관이다.

⑧ 제8조 3/4충돌손해배상책임약관

㉠ 충돌 결과 발생하는 피보험자의 법률상 손해배상금을 담보한다.

※ 충돌한 본선의 선체손상 및 멸실을 보상하는 것이 아님

㉡ '보상하는 손해(표1)'를 사유로 지급한 손해배상금의 3/4을 보상한다. 쌍방과실의 경우 상쇄시키지 않고 지급하며, 분쟁이나 법적조치 등 보험자의 동의를 받은 비용지출도 3/4을 보상한다.

㉢ 충돌대상의 선박이란 사회통념상의 배(vessel)를 말하며(해상법상의 선박에 국한되지 않음), 충돌은 두 선박 사이의 실제적인 접촉을 의미한다.

ⓔ 보상하는 손해와 면책사항(표1)

보상하는 손해 (타선박과의 충돌로 발생한 아래의 손해)	면책사항
(1) 타선박과 타선박에 적재된 화물의 손상 및 멸실 (2) 타선박과 타선박에 적재된 화물의 지연 (3) 사용이익의 상실 (4) 타선박과 타선박에 적재된 화물의 공동해손, 임의구조, 　계약구조로 발생한 손해배상금	(1) 장애물, 난파선 또는 적하 등의 제거비용 (2) 피보험선박의 선체손상 및 멸실 (3) 피보험선박에 적재된 적하 또는 기타재산 (4) 타선박에 적재된 적하 이외의 부동산, 동산 (5) 피보험선박 승선인명의 사망, 질병, 부상 (6) 부보선박에 적재된 재산의 오염[주1]

※ 주1 : 단, '타선박이나 타선박에 적재된 재산'의 오염은 보상한다.

※ '충돌로 기인된 본선의 화물손상, 충돌로 기인된 타선박에 적재된 재산손해, 충돌 상대선의 잔존물 제거비용, 충돌로 기인된 본선에 승선한 인명의 사상' 중 3/4충돌배상책임약관에서 보상하는 손해는 '충돌로 기인된 타선박에 적재된 재산손해'이다.

※ 피보험선박에 적재된 재산 및 채무, 사망, 부상, 질병은 어떠한 경우에도 동 약관에서 보상하지 않는다.

※ 3/4충돌배상책임약관에서 말하는 '선박의 충돌'은 두 선박 사이의 실제적인 접촉을 의미하는데, 정박해 있는 선박의 닻과의 접촉도 충돌로 본다.

※ '타선박의 과속운항으로 인해 본선이 전복된 경우'에는 3/4충돌배상책임약관에서 담보하는 선박의 충돌에 해당되지 않는다.

⑨ 제9조 자매선약관(Sistership)

동일 선주 또는 동일관리자에 속한 선박 간의 충돌의 경우에도, 타선박과의 충돌과 마찬가지로 보상받도록 하는 약관이다.

※ ITC – Hulls(1983)에서 자매선약관의 도입취지와 가장 관련이 높은 약관조항은 3/4충돌배상책임약관이다.

⑩ 제10조 사고와 입찰통지약관(Notice of Claim and Tenders)

ⓐ 선박사고 발생 시, 수리회사나 수리장소를 피보험자가 일방적으로 정할 경우 부당수리비가 발생하여 보험자에게 피해를 줄 수 있는데, 이를 방지하기 위해 도입한 약관이다.

ⓑ '수리선박사고 시 → 로이드대리점에 사고 통보 → 보험자는 ⓐ 수리항구결정, ⓑ 피보험자가 정한 수리항구에 대한 거부권 행사, ⓒ 입찰 진행' → 이 경우 보험금의 30% 비율로 보상

ⓒ 사고신고 등 본약관 불이행 시 → 보험금의 15% 금액을 삭감함

※ ITC – Hulls(1983)의 사고와 입찰통지약관을 위반하였다. 확정된 보상청구액이 100억원(소손해면책은 없음)이라면, 보험자가 지급하는 보험금은 85억원이다(약관을 위반하였으므로 15% 감액이 적용).

⑪ 제11조 공동해손구조약관

ⓐ 담보위험과 관련하여 발생한 구조비, 공동해손에 대한 선박분담금을 보상한다.

ⓑ 해상운송이 종료되는 장소의 법률 · 관습에 따라 정산한다(명시가 있으면 → Y.A.R).

⑫ 제12조 공제약관

ⓐ Franchise방식에서 Deductible제도로 전환(1969.10~) → 일정 금액까지는 보험자의 면책을 의미한다.

ⓑ 공제약관 적용 여부

공제가 적용되지 않는 경우	공제가 적용되는 경우
전손, 좌초 시 선저비용	공동해손, 손해방지비용, 충돌배상책임

ⓒ 왕복항 구간에서 악천후로 발생한 손해는 하나의 사고로 간주하고 공제를 적용한다. 악천후로 인한 손해가 담보기간을 넘어서 지속될 경우는 보험기간에 대한 악천후기간의 비율을 적용하여 공제한다.

ⓓ 회수금의 분배

이자를 제외한 손해의 회수금	이자
'보험금 – 공제액'의 범위 내에서 보험자에게 귀속	보험금지급일자를 감안하여 보험자와 피보험자에게 배분함[주1]

※ 주1 : 이자를 받을 경우에는 보험자의 회수금액이 보험금을 초과할 수 있다(이자가 추가되므로).

※ 좌초 후 선저 검사비용은 합리적으로 발생하였다면 손상 유무에 관계없이, 공제액을 적용하지 않고 보상한다.

※ '현실전손, 추정전손, 선저비용, 공동해손, 손해방지비용, 충돌배상책임' 중 보험금지급 시 공제액을 적용하는 것은 '공동해손, 손해방지비용, 충돌배상책임'이다.

⑬ 제13조 피보험자의무약관(손해방지의무약관, Duty of Assured 또는 Sue and Labour)

ⓐ 모든 보험에서 손해방지 및 경감의무는 피보험자의 의무이다.

ⓑ 보험자는 손해경감을 위한 피보험자의 합리적 비용을 분담보상한다.

• '충돌손해배상, 구조비, 공동해손'의 방어 또는 청구비용은 동 약관에서는 보상하지 않는다(∵ 4/3RDC약관으로 보상하기 때문).

• 이 의무를 해태하여 추가된 손해에 대해서는 보상하지 않는다.

ⓒ 보험목적물의 보호를 위한 피보험자의 조치는 위부의 포기가 아니며, 보험목적물의 보호를 위한 보험자의 조치는 위부의 승인이 아니다(신협회적하약관의 포기약관).

ⓓ 보험자의 지급액은 일정 비율(보험가액에 대한 보험가입금액의 비율)로 지급하며, 만일 선박의 정상가액이 보험가액을 초과할 경우 정상가액에 대한 비율로 지급한다.

ⓔ 본 약관에서 보상받을 수 있는 총금액은 이 보험에 의해 보상될 타 손해에 추가되지만, 어떠한 경우에도 선박보험가입금액을 초과하지 않는다.

※ 포기약관 VS ITC – Hulls(1983)의 피보험자의무약관

포기약관(Waiver Clause) – S.G. Policy 또는 ICC(1982)	피보험자의무약관(Duty of Assured) – ITC – Hulls(1983) 제13조
(1) 피보험자가 손해방지행위를 하였다고 해서 위부의 포기가 아니며, 보험자가 손해방지행위를 하였다고 해서 위부의 승인으로 보지 않는다. (2) 보험목적물의 손해방지를 위한 손해방지비용 또는 특별비용을 위부와 관계없이 보험자가 부담한다. ※ S.G. Policy상의 포기약관과 신협회적하약관의 포기약관은 서로 표현상의 차이는 있으나, 내용 면에서는 동일하다.	(1) 보험목적물의 보전을 위한 피보험자나 보험자의 행위는 위부의 포기나 승낙으로 간주되지 않는다. (2) 손해방지 및 경감의무는 보험계약자, 피보험자, 보험수익자의 의무이며, 이 의무를 해태하여 추가된 손해에 대해서 보험자는 책임지지 않는다. (3) 손해방지비용에 대해서 보험자는 보험가액 또는 정상가액에 대한 부보금액의 비율로 보상한다.[주1]

※ 주1 : 선박의 정상시장가액이 협정보험가액을 초과할 경우(일부보험이 됨), '정상가액에 대한 보험가입금액'의 비율로 보상한다.

예시 1 협정보험가액 20억원, 보험가입금액 20억원, 정상시장가액 30억원, 손해방지비용이 3억원일 경우 보험사의 손해방지비용 지급금은 → $3억원 \times \dfrac{20억원}{30억원} = 2억원$

예시 2 '협정보험가액 20만불, 보험가입금액 20만불, 정상시장가액 30만불, 손해방지비용 3만불, 구조된 재물의 가액 24,000불'의 경우, 보험자가 지급하는 손해방지비용 보험금은?

→ (30,000불 − 24,000불) × $\frac{20만불}{30만불}$ = 4,000불(구조된 재산가액이 손해방지비용을 초과할 경우 그 초과분에 대해서만 손해방지비용을 적용한다. 동 예시와 같이 일부보험의 경우 일부보험의 비율에 의해 지급함)

※ ICC(A) 제17조 포기약관(Waiver Clause)과 유사한 ITC − Hulls(1983)의 약관은 제13조 피보험자의무약관(Duty of Insured)이다.

※ 보험자의 손해방지조치는 위부의 승낙으로 간주되지 않는다. 반대로 피보험자의 손해방지조치는 위부의 포기로 간주되지 않는다.

※ 동 약관에서 보상받을 수 있는 총금액은 이 보험에 보상되는 손해에 추가되는 것으로 하며 어떠한 경우에도 이 보험계약상의 피보험선박의 보험가입금액을 초과할 수 없다.

⑭ 제14조 신구교환차익약관(New for Old)

㉠ 해상보험에도 실손보상원칙이 준수되므로 신구교환공제를 하는 것이 원칙이다(MIA 제69조).

㉡ 그러나, 동 약관은 피보험자 이익을 위해 신구교환공제를 적용하지 않는 약관이다.

⑮ 제15조 선저처리약관(Bottom Treatment)

㉠ Bottom의 철판을 교환하고, 교환된 에어리어(area) 주변 부분의 방청도료(A/C)를 한 번까지 보상한다는 약관

㉡ 보상내용 구분

※ ITC − Hulls(1983) 제15조 선저처리(Bottom Treatment) 약관의 보상

선저[주1] 부분의 부착물청소, 도장 등	외판에 대한 모래분사작업 (부착물제거)	방오도료, 방청도료도장에 앞서서 하는 초도처리공정	방청도료(A/C) 방오도료(A/F)
Scraping, Painting	Grit Blasting	Primer Coating	A/C
보상 ×	보상 ○	보상 ○	보상 ○[주2]

※ 주1 : 선저(Bottom)란 선박의 바닥면을 말하는 것이 아니라 물에 잠긴 라인 하부(light load line)를 말한다.

※ 주2 : 방청도료(A/C)의 도장 1회분은 보상하며, 2회분 이상의 방청도료와 방오도료(A/F)의 도장은 보상하지 않는다. 참고로 방청도료는 철이 녹스는 것을 방지하는 도료이며, 방오도료는 선저 외판에 해중생물이 부착하는 것을 방지하기 위한 도료이다.

⑯ 제16조 급여와 유지비약관(Wage and Maintenance)

선원급료는 공동해손 외에는 보험자의 보상대상이 아니지만, 수리를 위한 항해 또는 시운전을 위한 항해 중에 지급한 선원급료 및 유지비는 보상을 하는 약관이다.

⑰ 제17조 대리점수수료약관(Agency Commision)

피보험자의 변호사고용비 등에 대해 면책을 명확히 하는 약관이다(∵ 보험금청구를 위한 피보험자의 자의적 노력에 대해서 보상을 할 수 없기 때문).

⑱ 제18조 미수리손상약관(Unrepaired Damage)

정상적인 보험기능은 수리비에 대해 보상을 하는 것이다. 그런데 부득이한 경우는 미수리손상이 발생하고 수리를 하지 않았음에도 불구하고 보상을 한다는 조항이다('부득이한 경우'란 미수리손상으로 인해 보험기간이 종료된 경우를 말함).

⑲ **제19조 추정전손약관(Constructive Total Loss)**

　⊙ 수리 후의 보험가액을 '협정보험가액'으로 명시하는 약관이다(→ 종전 약관에는 명확한 규정이 없어 분쟁의 소지가 있었으며 이를 해소하는 차원).

　　※ 추정전손을 판단함에 있어 부보선박이나 난파선의 '손상가액 또는 해체가액'은 고려하지 않는다.

　⊙ 선박의 수리비용, 회복비용이 협정보험가액을 초과할 경우에는 추정전손의 보험금이 지급된다.

　　※ 비용 : 수리비, 수리항까지의 예인비용, 선원의 급료, 회항비용 등이 포함된다.

⑳ **운임포기약관(Freight Waiver)**

　MIA(1906, 제63조 1항)상으로는 위부 시 보험자에게 모든 권리가 승계되므로 운임에 대한 권리도 보험자에게 승계되지만, ITC - Hulls(1983) 제20조 운임포기약관은 보험자를 이를 포기하도록 한다(위부 시 운임에 대한 권리는 포기함).

㉑ **제21조 선비담보약관(Distursement Warranty)**

　⊙ '선비, 관리자의 수수료, 수익 또는 선체 및 기계의 초과액에 대한 보험금'은 선체보험금의 25%를 초과할 수 없다.

　⊙ 기간보험으로 가입된 '운임, 용선료 또는 예상이익에 대한 보험금'은 동 보험증권에 기재된 가액의 25%에서 '⊙'에서 지급한 보험금액을 차감한 금액을 한도로 한다.

　⊙ 동 조항의 목적 : 선주가 선박을 비교적 낮은 보험가액으로 분손담보조건으로 부보하고 선비 등의 부수적 이익에 관해 전손담보조건으로 하여, 결국 '낮은 보험료'로 전손에 가까운 부보를 하고자 하는 시도를 방지하는 차원에서 보험금을 일정 한도(25%) 내로 제한한다.

　　※ 동 조항은 선비담보(Disturbsement Warranty)로 불리며 MIA 제33조의 명시담보에 속한다.

　※ 선박가액의 일부만을 분손담보로 부보하고 나머지 가액을 선비 및 증액보험의 명목으로 전손담보(TLO조건)로 부보할 경우 보험료가 절감되는데, 이와 같이 낮은 보험료로 실질적인 전손보험의 효과를 내는 편법을 방지하는 차원의 약관은 '선비담보약관'이다.

㉒ **제22조 휴항해약환급금약관(Return for Lay up Cancellation)**

　⊙ 보험료의 환급은 휴항이 아닌 해지 시에만 가능한 것이 원칙이나, 동 약관은 불가피한 사유로 휴항이나 합의해지 시 환급을 가능하게 하는 약관이다.

　⊙ 환급금의 지급

합의해지의 경우	휴항환급의 경우
미경과월에 대한 월할 정미보험료[주1]를 해지환급금으로 지급함 ※ 휴항환급에 비해서 간단한 절차임	30일 연속의 매 휴항기간에 대해 정미보험료의 약정 퍼센테이지를 환급함 ※ 휴항위험, 계선위험에 대한 보험료는 환급대상에서 제외
－	화물의 보관이나 해상하역작업 목적으로 사용되는 기간은 환급대상에서 제외됨

　※ 주1 : 정미(正味)보험료란 손해보험회사가 보험계약자로부터 받는 원수보험료에서 출재보험료를 차감하고 수재보험료는 더한 보험료를 말하며 'Net premium'이라고 한다. 일반적으로 보유자산이 적거나, 고액계약에 치중하는 회사일수록 정미보험료가 떨어지게 된다.

　※ ITC - Hulls(1983)의 제22조 휴항해지환급금약관에 따를 때, 합의해지의 경우는 미경과월에 대한 월할 정미보험료를, 휴항의 경우에는 30일연속의 매기간에 대하여 정미보험료의 약정퍼센티지를 지급한다.

※ 최우선약관(Paramount Clause, 지상약관) : '전.동.악.핵'으로 암기

제23조 전쟁면책약관[주1]	제24조 동맹파업 면책약관	제25조 악의행위 면책약관	제26조 핵 면책약관
War Exclusion	Strike Exclusion	Malicious Acts Exclusion	Nuclear Exclusion

※ 주1 : 제23조 전쟁면책약관은 '전쟁 · 내란 등, 포획 · 나포 · 압류 · 억지 · 억류(단, 선원의 악행과 해적행위 제외), 유기된 기뢰 · 어뢰 · 폭탄 등'에 대해서 면책인 약관이다.

※ 참고 : 해적행위의 담보

ICC(A/R)	ICC(A)	ITC – Hulls(1983)
제12조 포획나포부담보약관(면책약관)에 '해적행위' 포함 ※ 즉, 해적행위는 면책임	신약관의 제6조 전쟁면책약관에서 ICC(A)에서는 '해적행위 제외'라는 문구가 있음 ※ 해적행위를 보상한다는 의미	• 제6조 위험약관에서 해적을 '상당한 주의의무가 수반되지 않는 위험으로 열거함 • 제23조 전쟁면책약관에서 '해적행위 제외'로 명시되어 있음(부책)

※ 참고 : 전쟁보험약관(Institute War & Strike Clause – Hull time)
- 전쟁과 스트라이크 위험은 면책이므로, 동 위험의 담보를 위해 담보하는 약관
- 공제액이 적용되지 않고 클레임의 전액이 보험금으로 지급됨

SECTION 9 ITC – Hulls(1/10/83) 선체보험의 특별약관

'협회추가위험담보' 약관

① ITC – Hulls(1983)에 첨부하여 사용

② 추가보험료를 지급함으로써 아래의 사항(㉠, ㉡)을 확장담보함
- ㉠ 수리비용이나 대체비용
  - 파열된 보일러 또는 파열된 차축의 수리비용이나 대체비용
  - 선박의 멸실 또는 손상을 야기한[주1] 여하한 결함부분에 대한 수리비용이나 대체 비용
  - ※ 주1 : ITC – Hulls(1983)의 6.2.2항에서 담보하는 사유를 원인으로 함. 6.2.2항은 '보일러의 파열, shaft의 파손 또는 기관이나 선체의 잠재적인 하자'를 말함
- ㉡ 여하한 사고 또는 여하한 관계인의 과오, 무능력 또는 판단착오에 의해 야기되는 선박의 멸실 또는 손상

③ 선박의 멸실 또는 손상을 야기하지 않는 여하한 부분의 수리 또는 교체비용은 보상하지 않음

④ 보상의 단서조항
약관에서 담보하는 사항은 '피보험자나 선박관리자가 상당한 주의의무를 결여하고 있었던 결과로 위의 멸실이나 손상이 발생하지 않았다는 것'을 단서로 한다. → 동 약관상 보상을 받기 위해서는 '상당한 주의의무의 이행'을 전제로 한다는 의미

⑤ 동 약관의 의미

    ㉠ ITC − Hulls(1983) 6조 Perils조항은 '파열된 보일러, 파열된 차축, 기계나 선체의 잠재하자부분으로 인한 결과손'을 보상하고 그 자체손해나 교체비용은 보상하지 않는다.

    ㉡ 따라서 파열된 보일러 등의 자체손해나 교체비용을 담보하기 위해서는 동 약관을 첨부해야 한다.

    ㉢ ITC − Hulls(1983) 6조 Perils조항은 담보하는 위험을 열거하는 열거책임주의이지만, 동 약관은 포괄책임주의이다(∵ '여하한' 위험을 담보하므로).

※ 협회추가위험담보약관은 ITC − Hulls(1983)에 첨부하여 사용한다(선체보험의 특별약관).

※ ITC − Hulls(1983) 6조 Perils조항은 '파열된 보일러, 파열된 차축, 기계나 선체의 잠재하자부분으로 인한 결과손'을 보상하고 그 자체손해나 교체비용은 보상하지 않으므로, 파열된 보일러 등의 자체손해가 교체비용을 보상받기 위해서는 협회추가위험담보약관을 첨부해야 한다.

※ 동 약관은 ITC − Hulls(1983) 6조 Perils조항에서 담보하는 사유로 선박의 멸실 또는 손상이 야기되었다면, 이로 인한 여하한 부분의 수리 또는 교체비용을 보상한다(포괄담보에 해당됨).

※ 동 약관은 ITC − Hulls(1983) 6조 Perils조항에서 담보하는 사유 여부를 떠나, 선박의 멸실 또는 손상이 야기되지 않은 가운데 발생한 여하한 수리비용 또는 교체비용은 보상하지 않는다.

※ 동 약관에서 보상하는 수리비용이나 교체비용이 '선주 또는 선박관리자가 상당한 주의의무를 결여한 가운데 발생한 것이라면, 이는 동 약관에서 보상하지 않는다.

'기계류손상추가면책금액' 약관

① ITC − Hulls(1983)에 첨부하여 사용

② 아래의 경우 면책금액을 적용하는 약관(보험금 지급 시 동 특별약관에 해당하는 면책금액을 추가로 공제함을 의미함)

    ㉠ 기계류, 차축, 전기장비, 배선, 기관, 콘덴서 등의 멸실 또는 손상이,

    ㉡ ITC − Hulls(1983) 제6조 Perils조항의 6.2.2~6.2.5항에[주1] 열거된 위험에 기인하거나, 또한 기계류공간에 생긴 화재나 폭발에 기인한 것이라면,

    ㉢ 그 손해에 대하여 면책금액을 적용한다.

        ※ 주1 : 협회선박보험(1983)의 기본약관 6조 Perils조항에서,

           6.2.2 : 보일러의 파열, shaft의 파손 또는 기관이나 선박의 잠재적 하자

           6.2.3 : 선장, 고급선원, 보통선원 또는 도선사의 과실

           6.2.4 : 수리자 또는 용선자 과실. 다만 수리자 또는 용선자가 이 계약의 피보험인인 경우에는 제외

           6.2.5 : 선장, 고급선원, 보통선원의 악행

③ 동 약관상 면책금액을 적용한 후의 손해액에 대해서는, ITC − Hulls(1983)의 '면책약관(제12조 deductible)'을 적용

④ 동 약관은 전손이나 추정전손 시에는 적용되지 않음

※ 동 약관의 적용으로 동 약관에서 정한 면책금액을 제외한 차액의 손해액에 대해서 ITC(1983)의 제12조 deductible약관(면책금액약관)이 적용된다.

CHAPTER 02 | 단원정리문제

01 운송계약서인 선하증권(B/L)만으로는 위험에 대한 보호가 부족하여 가입하는 해상보험은?

① 적하보험　　　　　② 선박보험　　　　　③ 계선보험　　　　　④ 운임보험

정답 | ①

해설 | 적하보험이다. 화주(貨主)가 화물손해의 전액을 보상받기 위해서는 적하보험 가입이 필수적이다(선하증권은 면책사항이 많고, 보상금액도 일정 금액 수준으로 제한되기 때문이다).

02 선박보험에 대한 설명이다. 틀린 것은?

① 선체보험은 대표적인 선박보험으로서 기간보험증권(time policy)과 항해보험증권(voyage policy)이 있다.

② 선비 및 증액보험은 선체보험에 부가하며, 선체보험가액의 25% 한도 내에서 보상한다.

③ 선박이 일정 항구 또는 일정한 안전해역에서 휴항을 하는 경우 가입하는 보험은 계선보험인데, 충돌배상책임이 발생할 경우 충돌배상책임의 3/4을 보험금으로 지급한다.

④ 불환급조건의 선불운임에 대한 피보험이익은 화주에게 있다.

정답 | ③

해설 | 계선보험과 건조보험에서는 충돌배상책임이 발생할 경우 충돌배상손해배상금의 전액을 지급한다. 비교하여 ITC – Hulls(1983)에서는 충돌손해배상금의 3/4을 지급한다.

03 협회건조보험약관(Institute Clauses for Builder's Risks)에 대한 설명이다. 틀린 것은?

① 보험기간 만료는 시운전 종료 후 30일을 초과할 수 없다.

② 조악한 용접으로 인한 교체비용은 보상하지 않는다.

③ 진수실패의 경우 진수를 완료하는 데 드는 실제비용을 보상한다.

④ 보험기간 중에 발생하고 발견된 보험목적물의 설계결함으로 인해 피보험목적물의 다른 부분에 발생한 멸실이나 손상을 보상한다. 그리고 설계결함 부분에 대한 수리나 교체비용도 보상한다.

정답 | ④

해설 | 설계하자로 인한 배상책임부분은 보상하지만 설계하자부분에 대한 교체비용은 보상하지 않는다.

04 다음의 선박보험 중에서 선주(船主)가 가입하는 보험이 아닌 것은?

① 선체보험   ② 불가동손실보험   ③ 계선보험   ④ 건조보험

정답 | ④

해설 | 건조보험은 건조자의 경제적 손실을 담보하는 것이므로 건조자가 가입한다.

05 P&I보험(선주상호책임보험)에 대한 설명이다. 가장 적절하지 않은 것은?

① P&I 보험은 선주의 법률상 배상책임 가운데 부두의 손상 또는 선원이나 타인의 신체상해 또는 사망사고, 그리고 오염사고로 인한 법률상 손해배상책임을 보상하는 보험이다.

② 해상배상책임보험으로서 해상보험회사가 아니라 P&I Club에서 인수한다.

③ P&I Club은 세계 각국의 선주들이 조합원으로 가입하여 운영이 되는 비영리 상호보험의 형태이다.

④ 조합원들은 P&I Club의 운영에 직접 참여한다.

정답 | ④

해설 | 조합원들은 P&I Club의 운영에 직접 참여하지 않고 전문관리자의 위탁운영방식을 채택한다.

※ P&I보험의 운영원리 : 배상청구(클레임)가 많이 발생하여 적자가 발생하면 조합원이 추가보험료를 지급하고, 잉여금이 발생하면 조합원들에게 환급 또는 다른 연도의 손해를 충당하기 위해 적립한다.

06 P&I보험에서 보상하는 손해가 아닌 것은?

① 운송인이 상당한 주의의무를 위반하여 발생하는 화물의 멸실, 부족손, 손상에 대한 책임

② 승선선원의 상병치료비

③ 충돌 시 본선 및 본선장비의 손상

④ 밀수나 관세법위반에 따른 벌금

정답 | ③

해설 | 본선 및 본선장비의 손상은 '선체보험'에서 보상하며 P&I보험에서는 보상하지 않는다.

※ 충돌 시 P&I보험에서의 보상 : '선박보험에서 담보되지 않는 1/4RDC와 그와 관련하여 발생한 비용과 경비, 선박보험가액을 초과하는 초과충돌책임, 상대 선박의 선원 사상 또는 상대 선박에서 유출된 유류오염에 대한 책임'

07 항공 기체보험에서 담보하지 않는 손해는?

① 기계적 고장으로 인한 기체의 분손
② 조종사 실수로 인한 기체의 전손
③ 60일을 초과한 기체의 행방불명
④ 긴급착륙 중에 입은 기체의 분손

정답 | ①

해설 | ①은 면책사유이다.

08 다음 중 통상의 항공보험 종목으로 볼 수 없는 것은?

① 항공 기체보험
② 항공 승객배상책임보험
③ 항공 화물화주보험
④ 항공 제3자배상책임보험

정답 | ③

해설 | 항공 화물운송보험은 있어도 항공 화물화주보험은 없다.

09 S.G.Policy는 본문약관(20개 조항), 이탤릭체약관(3개 조항), 난외약관(1개 조항)으로 구성된다. 난외약관에 해당하지 않는 것은?

① 포획나포부담보약관
② 동맹파업폭동부담보 약관
③ 악의행위 면책약관
④ 포획나포 등 부담준칙약관

정답 | ③

해설 | 구증권의 난외약관은 ①, ②, ④의 3가지로 구성된다. 악의행위 면책약관은 ITC Hulls(1983)이 최우선약관에 해당된다.

10 S.G.Policy의 본문약관에 대한 설명이다. 틀린 것은?

① 보험계약이 체결되기 전에 이미 손해가 발생하였다 하더라도 피보험자가 그 사실을 몰랐다면 계약체결이 성립된다는 약관은 소급약관(lost or not lost)이다.

② 보험의 목적약관에 따르면, 보험의 목적은 Goods와 Mechandises와 같은 것으로 규정하는데, Goods는 상품의 성질을 갖는 화물을 의미하며 반대의 관습이 없는 한 갑판적하나 동물은 Goods라는 명칭으로 가입할 수 없다.

③ 선박이나 선장의 이름이 변경되더라도 보험계약에 영향을 주지 않는다는 취지를 규정한 약관은 선박명약관이다.

④ 보험평가약관은 약관의 공백란에 보험가액을 기재하면 기평가보험, 기재하지 않으면 미평가보험이 됨을 의미한다.

정답 | ③
해설 | ③은 '선장명 및 선박명 변경약관'이다.
　　　※ 선박명약관 : 선박의 이름을 명시하는 약관이다(in good Ship or Vessel call the∼).

11 S.G.Policy의 본문약관에 대한 설명이다. 틀린 것은?

① 기항(정박)을 허용하지만 기항은 피보험항해의 통상의 항해경로에 있어야 하며, 이를 위반 시에는 위험의 변동으로 보고 보험자는 면책이 됨을 규정한 약관은 '기항정정박약관'이다.

② 부담위험약관에서는 S.G.Policy가 부담하는 피보험위험의 종류를 '13개 항목 및 기타 일체의 위험'으로 열거하고 있다

③ 피보험자가 위부를 한 후에 적하에 대한 손해방지행위를 한 경우 이를 위부의 포기로 간주한다는 것을 규정한 약관은 포기약관이다.

④ 보험증권에 협정보험요율을 기재함으로써 보험계약자의 보험료지불의무의 증거로 작용하는 것은 약인약관이다.

정답 | ③
해설 | 포기약관은 '피보험자가 위부를 한 후에 적하에 대한 손해방지행위를 하더라도 위부의 포기로 간주하지 않는다는 것'을 규정한 약관이다.

12 영국 해상보험법(MIA, 1906)상의 보험증권 해석에 관한 규칙의 설명 중 틀린 것은?(S.G. Policy 본문약관 12항 담보위험약관에 대함)

① 해상고유의 위험(Perils of the sea)에는 풍파의 통상적인 작용은 포함하지 않는다.

② 도적(Thieves)이란 은밀한 절도 또는 선원·승객을 불문한 승선자에 의한 절도는 포함하지 않는다.

③ 외적(Enemies)이란 적의 군함을 포함한 전쟁에 종사하는 적의 일체의 선박, 물건 및 사람을 의미한다.

④ 기타 일체의 위험(All other perils)이란 보험증권에 특별히 기재된 위험과 동종의 위험만을 말한다.

정답 | ③
해설 | 적의 군함을 포함한 → 적의 군함을 제외한

13 영국 해상보험법(MIA, 1906)상의 보험증권 해석에 관한 규칙의 설명 중 틀린 것은?(S.G. Policy 본문약관 12항 담보위험약관에 대함)

① 해상고유의 위험(Perils of the sea)은 해상의 우연한 사고나 재난만을 말하고, 바람과 파도의 통상적인 작용은 포함하지 않는다.

② 해적(Pirates)은 폭동을 일으킨 여객이나 육상으로부터 선박을 공격하는 폭도를 포함한다.

③ 도적(Thieves)이란 은밀한 절도 또는 선원·승객을 불문한 승선자에 의한 절도는 포함하지 않는다.

④ 기타 일체의 위험(All other perils)이란 보험증권에 열거된 위험 이외의 여하한 위험을 포함하나, 면책위험은 포함하지 않는다.

정답 | ④
해설 | 열거된 위험 이외의 위험을 포괄담보하는 의미가 아니다.

14 S.G.Policy에서 포획나포부담보위험약관을 감안할 때, 본문약관이 실질적으로 담보하는 위험은?

① 강도(Thieves)   ② 해적(Pirates)

③ 군함(Men of war)   ④ 외적(Enemies)

정답 | ①
해설 | ②, ③, ④는 '포획나포부담보약관'에 의해서 면책된다.

15 다음 중 S.G.Policy에 열거되어 있지 않은 위험은?

① 화재(Fire)

② 해상고유의 위험(Perils of the sea)

③ 도적(Thieves)

④ 폭발(Explosion)

정답 | ④

해설 | '폭발(Explosion)'은 열거된 위험이 아니다.

16 신해상보험증권(MAR Form)의 본문약관에 해당되지 않는 것은?

① 선언약관(Attestation Clause)

② 준거법약관(Governing Clause)

③ 타보험약관(Other Insurance Clause)

④ 포기약관(Waiver Clause)

정답 | ④

해설 | 포기약관은 S.G.Policy의 본문약관에 속한다.

17 신해상보험증권(MAR Form)의 본문약관의 준거법조항에 대한 설명으로 맞는 것은?

① 보상청구에 대한 책임과 결제에 관해서는 영국의 법과 관습에 따른다.

② 적하보험계약 체결 시 고지의무에 관해서는 영국의 법과 관습에 따른다.

③ 적하보험계약의 체결과 해지 그리고 일체의 모든 보상청구에 대한 책임과 결제에 대해서 영국의 법과 관습에 따른다.

④ 적하보험의 경우 우리나라의 상법은 전혀 적용이 되지 않는다.

정답 | ①

해설 | 보상청구에 대한 책임과 정산에 대해 영국법과 관례를 따른다.

18 신해상보험증권(MAR Form)의 약관 중 보기에 부합하는 약관은?

복수의 보험증권이 발행되고 1부에 대해 보상의무를 이행한 경우, 남은 보험증권은 그 효력이 상실됨을 규정한 약관이다.

① 준거법약관(Governing Clause)

② 타보험약관(Other Insurance Clause)

③ 약인약관

④ 선언약관(Attestation Clause)

정답 | ④

해설 | 선언약관에 대한 설명이다.

19 다음 신해상보험증권(MAR Form)의 약관 중에서, 손해방지의무와 가장 관련이 있는 것은?

① 준거법약관(Governing Clause)   ② 중요사항약관

③ 손해사정을 위한 지침약관   ④ 보상청구서류에 관한 약관

정답 | ②
해설 | 신증권의 난외약관은 ②, ③, ④로 구성되는데, 이 중에서 손해방지의무를 규정한 것은 '중요사항약관'이다.

20 다음 중 신 · 구 해상보험증권 및 약관에 관한 설명으로 맞는 것은?

① 구약관(구증권)은 본문약관, 이탤릭서체약관, 난외약관으로 구성되어 있다.

② 신약관(신증권) 체제하에서는 적하보험 특별약관인 ICC만으로 적하보험의 보상범위를 규정하고 있는데, ICC의 조건에는 A/R, WA 그리고 FPA 조건이 있다.

③ 해상고유의 위험(perils of the sea)은 해상에서 발생하는 침몰, 좌초, 전쟁, 충돌 등의 위험을 의미한다.

④ 신약관(신증권)은 Lloyd's SG Policy를 기본으로 1779년 제정된 약관의 형태를 유지하고 있다.

정답 | ①
해설 | ② 신약관의 적하보험약관은 ICC(A), ICC(B), ICC(C)이다.
　　　③ 전쟁위험은 해상고유의 위험이 아니다.
　　　④ 구약관(구증권)을 말한다.

21 적하보험 약관에 대한 설명이다. 가장 거리가 먼 것은?

① 현재 우리나라는 1963년 협회적하약관(ICC)과 1982년 협회적하약관이 동시에 사용되고 있다.

② 1963년 ICC는 A/R조건, WA조건, FPA조건으로 구분된다.

③ 1982년 ICC는 ICC(A), ICC(B), ICC(C)로 구분된다.

④ 1963년과 1982년의 두 협회적하약관은 모두 S.G.Policy에 첨부되어 사용한다.

정답 | ④
해설 | ICC(1963)은 구증권에, ICC(1982)는 신증권에 첨부되어 사용한다.

22 협회적하약관(ICC) 중에서 열거책임주의가 아닌 것은?

① ICC(A)　　　　　② ICC(B)　　　　　③ ICC(C)　　　　　④ ICC(FPA)

정답 ┃ ①
해설 ┃ ICC(A)는 1982년 약관으로서 All Risk를 담보하는 포괄책임주의이다[1963년 기준으로는 ICC(A/R)이다].

23 ICC(FPA)의 보험조건으로 부보된 화물에 아래의 이유로 단독해손이 발생하였다. 담보하지 않는 것은?

① 침몰(Sinking)　　　　　　　　　　② 좌초(Stranding)
③ 악천후(Heavy Weather)　　　　　④ 대화재(Burning)

정답 ┃ ③
해설 ┃ FPA는 단독해손부담보이지만 SSB(①, ②, ④)에 의한 단독해손은 보상한다. 즉, 선박이 '침몰, 좌초, 대화재'를 당한 경우에는
　　　 악천후나 강도로 인한 단독해손도 보상한다는 의미이다.

24 ICC(FPA)는 단독해손은 부담보한다. 그러나 약관에서 정하고 있는 특정 사고에 의해 발생된 손해는 예외
적으로 보상을 하는데, 그 예외에 해당하지 않는 것은?

① 침몰, 좌초, 화재 및 폭발로 발생된 단독해손

② 선박이나 부선 또는 운송용구의 여하한 충돌과 접촉(얼음포함)으로 인해 발생된 단독해손

③ 선적, 환적, 양하 중의 추락으로 인한 포장당 전손

④ 투하나 강도로 인한 단독해손

정답 ┃ ④
해설 ┃ ④는 ICC(WA)에서 담보한다.
　　　 ※ ICC(FPA)는 단독해손부담보인데 S.S.B로 인한 단독해손은 보상한다고 규정한다. 그런데 같은 조항의 추가내용을 포함
　　　　 할 경우 '충돌(Collition)과 폭발(Explosion)'에 의한 단독해손도 보상한다. 즉 SSBCE로 인한 단독해손은 보상한다고 할
　　　　 수 있다.

25 ICC(WA)에 대한 설명이다. 가장 거리가 먼 것은?

① 본손담보조건이다.

② 해상고유의 위험 중에서는 단독해손보담보 조건에서는 보상하지 않는 악천후에 의한 단독해손을 보상한다.

③ 해상위험 중에서는 투하나 강도로 인한 단독해손을 보상한다.

④ WA3%와 WAIOP의 두 조건이 있는데, WA3%는 손해금액의 3%를 자기부담금으로 공제하고 보상함을 의미한다.

정답 | ④

해설 | WA3%는 프랜차이즈 공제방식으로서, 손해액이 가입금액의 3% 이상이면 공제 없이 전액을 지급한다.

26 ICC(1963)의 면책위험이 아닌 것은?

① 피보험자의 중대한 과실

② 항해의 지연(피보험위험으로 인한 지연 포함)

③ 보험의 목적의 통상적인 누손과 파손

④ 쥐나 해충에 근인한 손해

정답 | ①

해설 | 고의는 면책이지만 중대한 과실은 보상한다.
※ 협회구적하약관의 면책사항은 MIA(1906)의 제55조 면책조항과 S.G.Policy의 이탤릭체약관의 부담보약관에 따른다.

27 영국해상법(MIA, 1906) 제55조에서 규정한 면책사항이 아닌 것은?

① 피보험위험으로 인한 지연(delay)

② 보험의 목적의 통상의 자연소모, 통상의 누손과 파손

③ 투하(Jettision)으로 인한 손해

④ 해상위험에 근인하지 않은 기관의 손상

정답 | ③

해설 | ③은 면책사유가 아니다.

ASSOCIATE INSURANCE UNDERWRITER

28 ICC(1963) 제1조 운송약관에서 '보험기간의 종기(終期)'에 대한 내용이다. 가장 적절하지 않은 것은?

① 화물이 보험증권에 기재된 목적지에서의 수하인의 창고, 보관장소 또는 기타의 최종창고, 보관장소에 인도될 때를 보험기간의 종기로 볼 수 있는데, 이때 '창고에 인도될 때'의 의미는 반드시 창고에 반입한 때를 말한다.

② 보험증권에 기재된 목적지가 아니라도 화물을 통상적 운송과정에 비상보관을 하거나 또는 화물을 할당 또는 분배하기 위해 임의의 창고나 보관장소에 화물이 인도될 때를 보험기간의 종기로 볼 수 있다.

③ 최종양륙항에서 외항선으로부터 화물이 양륙된 후 60일이 경과한 때를 보험기간의 종기로 볼 수 있다.

④ 우리나라 해상보험실무에서는 60일이 아닌 30일로 수정해서 사용하고 있는데, 이를 '30일 운송약관'이라 한다.

정답 | ①
해설 | '창고에 인도될 때'의 의미는 '반드시 창고에 반입될 때를 의미하는 것이 아니라 수하인이 자기 의사에 따라 화물 관리가 가능하도록 그의 지배하에 있도록 인도해 주는 때'를 말한다.
※ 참고로 운송약관상 보험기간의 종기는 위의 ①, ②, ③ 중 가장 먼저 도래한 날로 본다.

29 ICC(1963)의 제1조 운송약관(Transit Clause)에서는 '보험자에 대한 지체 없는 통지나 추가보험료의 납부 없이도 위험변경기간 중 보험이 계속된다고 인정'하는 위험변경사유가 있다. 이에 속하지 않는 것은?

① 일체의 이로(any deviation) ② 일체의 지연(any delay)

③ 재선적(reshipment) ④ 환적(transshipment)

정답 | ②
해설 | 지연의 경우 '피보험자가 좌우할 수 없는 지연(delay)'이어야 한다.

30 ICC(A/R) 제2조(운송종료약관)에서 제5조(전위험약관)에 대한 설명이다. 가장 적절하지 않은 것은?

① 제2조 운송종료약관은, 운송이 해당 피보험자의 불가항력적인 이유로 운송이 종료되었을 경우 추가보험료 징수를 요건으로 일정 기간 담보가 계속되는 것을 규정한 약관이다.

② 제3조 부선약관은, 부선에 의한 선적과 양륙이 당해 항구의 관습인 경우 부선운송에 수반되는 위험을 담보하는데, 각 부선 또는 뗏목은 개별적으로 부보되는 것으로 간주한다.

③ 제4조 항해변경약관은 MIA 제45조에 따라 항해의 변경이 있으면 그 변경 시점으로부터 보험자는 면책되며 담보는 중지된다는 것을 규정한 약관이다.

④ 제5조 전위험약관은 법률 및 약관으로 면책되는 사항 외의 모든 위험에 대해서는 보험자가 담보한다는 규정이다.

정답 | ③

해설 | 제4조 항해변경약관은 MIA(1906) 제55조의 면책규정을 배제하는 것으로서, 항해변경이 있더라도 추가보험료 징수를 요건으로 담보를 계속할 수 있음을 규정한 약관이다.

31 빈칸에 들어갈 수 없는 것은?

> • ICC(1963)의 제4조 항해변경약관(Change of Voyage Clause)은, 항해의 변경이 있으면 보험자면책이라는 MIA(1906)규정을 배제하는 조항으로서, 추가보험료의 징수를 요건으로 담보를 계속하는 것을 규정하고 있다.
> • (   ), (   ), (   )에 대한 오기나 탈루의 경우에도 MIA(1906)상으로는 보험자면책이나, 동 조항에 의해 보험자면책효과를 배제하고 추가보험료 징수를 요건으로 보험담보를 계속할 수 있다.

① Interest(보험의 목적)   ② Conditions(보험조건)

③ Vessel(적재선박)   ④ Voyage(항해)

정답 | ②

해설 | 보험증권상 보험의 목적, 적재선박, 피보험항해 등의 기재가 오기 또는 탈루가 있을 경우 그 계약은 무효이다(MIA, 1906). 그러나 이 경우에도 보험료의 추가 징수를 조건으로 하여 부보를 계속할 수 있도록 한 것이 동 약관의 취지이다.
※ '목·적·항'으로 암기

32 ICC(A/R) 제6조 추정전손약관에 대한 대한 설명이다. 가장 거리가 먼 것은?

① '피보험자가 담보위험으로 인하여 자기의 선박 및 화물의 점유를 박탈당하였을 경우, 피보험자가 그 선박 및 화물을 회복할 가능성이 없거나 회복하는 비용이 회복되었을 때의 가액을 초과하는 경우'는 추정전손으로 볼 수 있다(MIA 제60조).

② '선박이 담보위험으로 인하여 심하게 손상되어서 그 손상을 수리하는 비용이 수선되었을 때의 선박의 가액을 초과하는 경우'는 추정전손으로 볼 수 있다(MIA 제60조).

③ '화물이 손상되어 수리하는 비용과 화물의 목적지까지 계반비용을 합한 비용이, 목적항 도착 시의 화물가액을 초과하는 경우'는 추정전손으로 볼 수 있다(MIA 제60조).

④ MIA 제60조에 따른 추정전손의 경우, 피보험자는 반드시 보험목적물을 보험자에게 위부하고 그 손해를 현실전손으로 처리해야 한다.

정답 | ④

해설 | 반드시 위부(abandonment)해야 하는 것이 아니라, 분손처리를 해도 된다(피보험자의 자유의사에 따름). MIA 제60조상 ①, ②, ③ 중의 하나로 인정되면 추정전손이 성립된다.

33 ICC(A/R) 제8조 감항성 승인약관에 대한 설명이다. 가장 거리가 먼 것은?

① 선박의 감항능력담보는 묵시담보이다.

② 감항능력(seaworthiness)은 선박이 자체 안정성을 확보하기 위해 갖추어야 하는 능력을 말한다.

③ 감항능력담보를 위반하면 담보위반일로부터 보험계약이 해지된다.

④ 감항성 승인약관은 감항능력을 반드시 갖추라는 의미에서 명시담보화한 것이다.

정답 | ④

해설 | 제8조 감항성 승인약관은 '감항능력담보(묵시담보)'를 배제하는 특약이다.

※ 선주(ship – owner)가 아닌 화주(cargo – owner)의 경우 선박의 감항능력 여부를 확인하기 어려우므로, 동 규정을 엄격히 규정하는 것은 과도한 부담이라고 보고 적하보험의 경우 감항능력담보를 배제하는 동 약관을 두고 있다.

34 다음의 ICC(A/R) 약관 중 '보험이익불공여약관'을 뜻하는 것은?

① 보험자가 부담해야 할 손해가 '운송인, 수탁자 또는 기타의 제3자'의 고의나 과실에 의해 발생된 경우 그들에 대한 손해배상청구권을 적절히 보존하고 확보해야 할 것을 피보험자의 의무로 규정하는 약관이다.

② '제9조 수탁자약관'에 의해 추가되는 약관으로서 '운송인, 수탁자의 고의나 과실에 의해 손해가 발생하고 이를 보상한 보험자가 취득한 대위권을 보존할 목적으로 규정된 것이다.

③ 쌍방과실 충돌이 발생할 경우 화주에 대한 배상책임과 선주에 대한 배상책임이 다를 수 있는 바, 피보험자가 선주에 대한 법률상 배상책임액이 있는 경우 보험자가 추가로 보상하는 약관이다.

④ 적하보험에서 위험이 발생한 경우에도(운송약관, 운송종료약관, 항해변경약관) 보험자로부터 담보를 계속해서 받기 위해서는, 피보험자가 상황 인지 후 지체없이 보험자에게 통지해야 하는 의무를 규정한 약관이다.

정답 | ②
해설 | ① 제9조 수탁자약관, ② 제10조 보험이익불공여약관, ③ 제11조 쌍방과실충돌약관, ④ 제15조 유의사항

35 보기에 해당하는 협회적하약관(1963)의 약관조항은?

- 제9조 수탁자약관에 부가하는 약관이다.
- 보험계약의 내용을 운송인이 유리하게 원용하는 것을 허용하지 않겠다는 취지의 약관이다.

① 추정전손약관(제6조) ② 감항성승인약관(제8조)
③ 보험이익불공여약관(제10조) ④ 신속조치약관(제14조)

정답 | ③
해설 | 제10조 보험이익불공여약관(Not To Inure Clause)이다.

36 협회적하약관(ICC, 1963) 제14조 신속조치약관, 제15조 유의사항의 전제가 되는 약관조항이 아닌 것은?

① 제1조 운송약관 ② 제2조 운송종료약관
③ 제4조 항해변경약관 ④ 제10조 보험이익불공여약관

정답 | ④
해설 | 위험변동이 있어도 추가보험료의 징수없이(①), 또는 징수를 요건으로(②, ③) 담보를 계속하고 있는 바, 이에 대한 의무를 부과하는 것이 제14조와 제15조이다.

37 ICC(C)조건에서 열거하고 있는 담보위험에 속하는 것은?

① 본선이나 부선의 좌초, 좌주, 침몰 또는 전복

② 지진, 화산의 폭발, 낙뢰

③ 갑판유실

④ 본선이나 부선의 하역 중 낙하하거나 갑판에서 멸실된 매포장의 전손

정답 | ①

해설 | ICC(C) 조건은 '4가지 면책위험'을 제외하고는 모두 열거된 담보위험이다.

　　　 ※ ICC(C)에서 보상하지 않는 4가지 위험

　　　　 (1) 지진, 낙뢰, 화산폭발

　　　　 (2) 갑판유실

　　　　 (3) 해수 또는 하천수의 유입

　　　　 (4) 하역 중의 매포장당 전손

　　　 ※ '지갑유포'로 암기

38 ICC(C)조건에서는 담보하지 않지만, ICC(B)조건에서는 담보하는 위험은?

① 본선이나 부선의 좌초, 좌주, 침몰 또는 전복

② 육상 운송용구의 탈선 또는 전복

③ 지진, 화산의 분출, 낙뢰

④ 투하

정답 | ③

해설 | '지.갑.유.포'는 ICC(C)에서는 면책이지만 ICC(B)와 ICC(A)에서는 부책이다.

39 다음 신협회적하약관의 조건 중 ICC(A), ICC(B), ICC(C) 모두가 공통으로 담보하는 위험은?

① 지진, 화신의 폭발, 낙뢰　　　　　　② 투하

③ 갑판유실　　　　　　　　　　　　　④ 해수의 유입

정답 | ②

해설 | '지.갑.유.포'를 제외하고는 ICC(1982)에서 모두 보상한다.

40 ICC(B)조건에서 담보하는 위험 중, 위험과 손해 간의 상당인과관계를 필요로 하는 손해는?

① 지진, 화산의 분화, 낙뢰　　　　　　② 갑판유실

③ 해수의 유입　　　　　　　　　　　　④ 하역 중의 매 포장당 전손

정답 │ ①

해설 │ '지갑유포'에서 '지'는 상당인과관계 하에 보상하며 '갑.유'는 단순인과관계하에 보상하고 '포'는 인과관계와 관계없이 보상한다.

41 영국해상법(MIA, 1906) 제55조에서 명시한 면책손해는 아니지만, 판례나 학설상 신적하약관(ICC, 1982)에서 면책손해로 명문화된 것은?

① 통상의 누손　　　　　　　　　　　　② 통상의 파손

③ 지연　　　　　　　　　　　　　　　　④ 포장 또는 준비의 불완전 또는 부적합

정답 │ ④

해설 │ ④는 MIA(1906) 제55조에는 없으며, ICC(1982) 제4조 일반면책조항에 새롭게 명시된 조항이다.

42 영국해상법(MIA, 1906) 제55조에 의한 면책사항이면서 동시에 ICC(A) 제4조 일반면책약관에 의해서도 면책이 되는 것은?

① 지연에 의한 손해(피보험위험으로 인한 지연 포함)

② 포장의 불완전으로 인한 화물손해

③ 통상의 파손

④ 쥐나 벌레에 근인한 손해

정답 │ ①

해설 │ ①은 공통이며, ②는 ICC(A)에만 있는 면책사항이다. ③, ④는 MIA 55조에만 있는 면책사항이다.
　　　Cf. 통상의 누손은 공통이지만, 통상의 파손은 ICC(A)의 면책조항에는 없다.

43 ICC(1982)의 면책약관으로 신설한 위험에 속하지 않는 것은?

① 보험의 목적의 고유의 성질이나 하자

② 보험의 목적의 포장이나 준비의 불충분 또는 부적합

③ 유기된 폭탄

④ 테러리스트 행위

정답 | ①
해설 | ①은 공통이며 ②, ③, ④가 ICC(1982)에서 신설된 사항이다.

44 다음 중 '제3자의 악행에 의한 의도적인 손상이나 의도적인 파괴'를 담보하는 협회적하약관은?

① ICC(A) ② ICC(B)

③ ICC(A), ICC(B) ④ ICC(A), ICC(B), ICC(C)

정답 | ①
해설 | ICC(1982)의 제4조 일반면책조항에서 '제3자의 악행에 의한 의도적인 손상이나 의도적인 파괴'를 면책으로 하지만, ICC(A)에 서는 해당되지 않는다고 규정하고 있다.

45 ICC(C)조건에서는 담보하지 않지만, ICC(FPA)에서는 담보하는 위험은?

① 지진, 분화, 낙뢰

② 파도에 의한 갑판상의 유실

③ 양하작업 중 갑판에서 멸실된 매 포장당 전손

④ 해수 또는 하천수의 유입

정답 | ③
해설 | '지갑유포' 중에서 '포(③)'는 ICC(FPA)에서 담보한다.

46 1982년 협회적하약관(A), 즉 ICC(A)가 구약관인 ICC(A/R)와 다른 점을 설명한 것이다. 가장 적절하지 않은 것은?

① 제2조 공동해손약관에서 구약관과 달리 요크앤트워프 규칙이 사라졌으나, 많은 국가에서 공동해손 시 동 규칙을 따르고 있어 실질적인 차이는 없다.

② 제5조 불감항 및 부적합 면책약관은 구약관 제8조 감항성승인약관에 해당되는 것으로서, 신약관에서는 불감항 면책을 규정함에 있어 피보험자가 불감항 사실을 모르고 있었던 경우는 담보를 한다. 그런데 실질적인 효과 면에서는 두 약관이 동일하다.

③ 제6조 전쟁면책약관은 구약관의 이탤릭체약관이 삭제되고 신약관에서 전쟁면책약관으로 변경된 것인데, 신약관 제6조 전쟁면책약관을 통해 ICC(A), ICC(B), ICC(C) 모두 해적행위를 담보하고 있다.

④ 제7조 동맹파업면책약관은 구약관상 이탤릭체약관의 동맹파업소요 부담보조항으로서 면책을 규정했으나 신약관에서는 독립된 약관으로 변경되었으며, 구약관과 달리 테러리스트 행위에 의한 손해의 명시가 추가되었다.

정답 | ③
해설 | '해적행위'는 ICC(A)에서는 담보되고(면책약관에 '해적행위 제외'라고 표시되어 담보함을 의미함), ICC(B)와 ICC(C)에서는 담보되지 않는다(담보위험으로 열거되지 않기 때문).

47 신협회적하약관(ICC, 1982) 중에서 보기가 뜻하는 약관조항은?

보험계약을 체결하기 전에 이미 위험이 개시되고 보험사고가 발생했더라도 그러한 사실을 피보험자가 알고 있지 못하였다면, 보험자에게도 보상책임이 있다고 정한 약관이다.

① Change of Voyage Clause

② Not to Inure Clause

③ Insurable Interest Clause

④ Increased Value Clause

정답 | ③
해설 | 피보험이익약관을 말한다. ①은 항해변경약관, ②는 보험이익불공여약관, ③은 피보험이익약관, ④는 증액약관이다.
※ 신협회적하약관 중 소급보험과 관련된 것은 '피보험이익약관'이며, 보험가액불변경주의와 관련된 것은 '증액약관'이다.

48 신협회적하약관에의 제17조 포기약관(Waiver Clause)에 대한 설명이다. 가장 거리가 먼 것은?

① 피보험자가 위부를 한 후 손해방지행위를 한 경우 이를 위부의 포기로 보지 않는다.

② 피보험자가 위부를 한 후 보험자가 적하에 대한 손해방지행위를 한 경우, 이를 위부의 포기로 보지 않는다.

③ 동 약관은 피보험자와 보험자로 하여금 보험목적물의 보전을 위해 최선을 다하도록 하고 그로 인한 비용은 위부와 관계없이 손해방지비용 또는 특별비용으로 보험자가 부담하도록 하고 있다.

④ 협회구적하약관의 수탁자약관과 유사한 내용이다.

정답 | ④
해설 | 구적하약관의 '수탁자약관'과 유사한 것은 신적하약관의 '피보험자의무약관'이다(손해방지의무에 대한 약관이라는 공통점. 차이점은 다음 문항 참조).

49 ICC(1982)에 대한 내용이다. 가장 거리가 먼 것은?

① 항해변경약관은 항해변경 시 보험자가 면책이 되는 MIA 규정을 배제하고 추가보험료 징수를 요건으로 담보를 계속하는 것을 규정한 약관이다.

② 보험이익불공여약관은 당해 보험이 운송인 또는 수탁자에게 이익이나 혜택을 주어서는 안 된다는 것을 규정한 약관이다.

③ 피보험자의무약관은 피보험자 및 그 대리인에게 수탁자로서의 손해방지의무를 명시한 약관이다.

④ 포기약관은 피보험자가 손해방지행위를 한 경우 위부의 포기로 보지 않으며, 보험자가 손해방지행위를 한 경우 위부의 승인으로 보지 않는다는 것을 규정한 약관이다.

정답 | ③
해설 | ③은 구협회적하약관의 '수탁자약관(Bailee Clause)'에 해당된다. 수탁자약관에서는 손해방지의무를 개념적으로 명시하였고, 신협회적하약관의 '피보험자의무약관(Duty of Assured Clause)'은 손해방지비용에 대한 보험자의 부담을 명시하였다는 점에서 차이가 있다.

50 곡물류의 화물운송에 주로 이용되는 부가위험은?

① Breakage
② Sweat & Heating
③ Leakage &/or Shortage
④ Contamination

정답 | ②
해설 | Sweat & Heating(한습손 및 열손)이다.
　　　※ Breakage – 유리 또는 요업제품, Sweat & Heating – 곡물류, 사료 및 유채류 Leakage &/or Shortage – 유리병에 들어있는 의약품, 액체화물 등, Contamination – 혼합물(예 곡물이 광석류와 혼적되어 혼합되는 경우 등)

51 적하보험계약 체결 시 화물의 고유한 특성에 따라 첨부하게 되는 특별약관으로 가장 적합하지 않게 연결된 것은?

① 냉동육류, 어류 – Refrigerated Cargo Clause

② 원면 – Country Damage Clause

③ 액체화공품 – Rejection Clause

④ 기계류 – Special Replacement Clause

정답 ㅣ ③
해설 ㅣ 액체화공품 – Leakeage or Shortage

52 빈칸에 알맞은 것은?

> 최소한 24시간 이상 계속된 냉동기기, 냉동장치 등의 교란 및 고장으로 인해 화물이 입은 멸실이나 손실을 확장담보받기 위해 냉동육류 및 냉동어획물과 같은 화물을 부보할 때 첨부하는 적하보험 특별약관은 (   )이다.

① Refrigerated Machinery Clause　　② Refrigerated Cargo Clause

③ Special Replacement Clause　　④ On – deck Clause

정답 ㅣ ②
해설 ㅣ 냉동화물약관을 말한다.
　　　① 냉동기관약관, ② 냉동화물약관, ③ 기계류수선특별약관, ④ 갑판적약관

53 ICC(A) 조건에 On – deck Clause가 첨부된다면, 밀폐형 컨테이너에 적입되지 않은 화물이 보험자에게 통지 없이 갑판에 적재되어 운송되는 경우 그 화물은 ICC(A) 조건에서 어떤 조건으로 변경되는가?

① ICC(B)

② ICC(B) indcluding the risks of Jettision & Washing

③ ICC(C)

④ ICC(C) indcluding the risks of Washing Overboard

정답 ㅣ ④
해설 ㅣ 'ICC(C) + W.O.B'이다. 만일 ICC(A/R)이나 ICC(WA)로 가입하였다면 'FPA + J.W.O.B'조건으로 변경된다.

54 원산지손해약관(Country Damage Clause)에 대한 설명이다. 틀린 것은?

① 주로 수입면화에 적용된다.

② 원산지에서 포장된 후에 선적되기까지의 동안에 먼지, 진흙, 비 등에 의해 젖거나 오염되어 발생한 경미한 손해를 보상한다.

③ 외항선에 적재 전의 홍수, 해일, 고조의 유입 또는 호우에 의한 손해도 보상한다.

④ 외항선에 적재될 때의 명백한 손해는 보상하지 않는다.

정답 | ③
해설 | 외항선에 적재 전의 홍수, 해일, 고조의 유입 또는 호우에 의한 손해는 보상하지 않는다.

55 다음 중 특수화물에 대한 적하보험 부보 시에 첨부하여 사용하는 특별약관들에 관한 설명으로 틀린 것은?

① 상표약관(Label Clause)을 첨부한 경우에 약관상의 담보위험으로 인해 운송 중 깡통이나 병의 상표만 손상을 입었고 내부의 상품의 질에는 이상이 없다면 신상표 및 상표재부착비용만을 담보한다.

② 통관거부위험담보약관(Rejection Clause)은 주로 식품류에 사용되는 특별약관이다.

③ 원산지손해약관(Country Damage Clause)은 수입면화의 원산지손해를 담보하는 특별약관인데, 외항선에 적재될 때의 명백한 손해까지를 확장담보하는 것은 아니다.

④ 생동물약관(Livestock Clause)은 생동물의 사망을 담보하는 약관으로, 검역소에서 7일을 한도로 담보되며 최종목적지의 수하주에게 인도될 때까지 그리고 도착 후 30일 동안의 사망위험까지 담보된다.

정답 | ④
해설 | 30일을 한도로 담보되며, 도착 후 7일 동안의 사망위험까지 담보한다.

56 빈칸에 차례대로 알맞은 것은?

1982년 제정된 신협회적하약관 ICC(A) 및 신협회항공화물약관 ICC(Air)의 운송조항(Transit Clause)에 명시된 바에 따르면, 최종양하장소에서 외항선 및 항공기로부터 피보험화물의 양하가 완료된 후 ICC(A)는 (   )이 경과한 때에, ICC(Air)는 (   )이 경과한 때에 보험기간이 종료된다고 규정하고 있다.

① 60일, 60일   ② 60일, 30일   ③ 30일, 30일   ④ 30일, 60일

정답 | ②
해설 | '60일 – 30일'이다. 항공화물약관의 보험기간이 더 짧다. 참고로 ICC(A)의 '최종양하항에서 양하가 완료된 후 60일'은 우리나라로 수입되는 화물에 대해서는 30일로 수정하여 적용하고 있다.

57 다음 중 협회기간약관(1983)의 TLO SC & SL 요건에서 담보하지 않는 손해는?

① 전손   ② 단독해손   ③ 구조비   ④ 손해방지비용

정답 | ②

해설 | TLO SC&SL은 전손(TLO)과 구조비(SC)와 손해방지비용(SL)만을 담보한다.

58 FPL Unless etc. 조건에 대한 설명이다. 가장 거리가 먼 것은?

① 악천후로 인한 선박의 분손도 보상한다.

② 수중 부유물체와의 접촉에 기인한 선박의 분손도 보상한다.

③ 침몰로 인한 선박의 전손도 보상손해 중의 하나이다.

④ 좌초로 인한 선박의 분손도 보상한다.

정답 | ①

해설 | FPL은 분손부담보이지만 SSBCE로 인한 분손은 보상한다. 침몰(③), 좌초(④), 충돌(②)로 인한 분손은 FPL에서 보상한다. 그러나 악천후로 인한 분손은 SSBCE하의 분손이 아니므로 보상하지 않는다.
Cf. 악천후로 인한 전손은 보상한다.

59 선박보험 가입조건이 ITC − Hulls(1983) FPL Unless. Etc. 3/4 Collision Liability Deductible US$ 30,000이다. 이에 대한 설명으로 가장 적절하지 않은 것은?

① 좌초 또는 악천후로 발생한 분손은 담보한다.

② 화재 또는 물 이외의 타물체와의 접촉(얼음 포함)으로 인해 발생한 분손은 담보한다.

③ 보험자의 별도 동의가 없는 한, 선박의 소유권 또는 국적의 변경 시 보험은 자동종료된다.

④ 충돌사고 시 상대선의 불가동손실에 대한 법적배상책임을 담보한다.

정답 | ①

해설 | FPL조건이므로 SSBCE가 아닌 한 분손은 보상하지 않는다. ③은 ITC약관 제4조 종료약관에 의한 것이며, ④는 3/4thRDC에 의한 것이다.

60 ITC(Hulls − 1/10/83)조건에서 보상하지 않는 것은?

① 해적행위에 기인한 선박의 손상

② 해상고유의 위험에 기인한 선박의 손상

③ 핵무기에 기인한 선박의 멸실

④ 비행물체에서 낙하된 물체와 접촉하여 발생된 선박의 손상

정답 | ③

해설 | ITC − Hulls(1983)은 전손, 분손, 구조비, 손해방지비용, 충돌배상책임을 모두 담보하는데, ③은 ITC(1983)의 제26조 핵면책약관에 의해 면책된다. 그리고 제23조 전쟁면책약관에서 '선원의 악행 및 해적행위 제외'로 명시된 바 ①의 해적행위를 담보한다.

61 ITC − Hulls(1983) 제1조 항해(Navigation)약관에 대한 내용이다. 틀린 것은?

① 도선사의 승선 여부에 관계없이 항행하는 것을 허용한다.

② 구조의 필요상 최초의 안전항까지의 선박 예인은 허용된다.

③ 피보험선박의 연료 공급을 위해서 해상에서 다른 선박에 접현하는 것은 허용된다.

④ 선박을 해체하기 위해 항해하는 동안 타선박과 충돌하여 충돌배상책임을 질 경우 보험자의 보상액은 해체선으로서의 시장가격으로 제한된다.

정답 | ④

해설 | 해체대상 선박의 항해 중 손상은 해체선의 고철가격으로 제한되지만, 충돌배상책임 · 공동해손 · 구조 관련 클레임은 정상기준을 적용하여 보상한다.

62 ITC Hulls(1983) 제1조 항해약관에서 담보위반이 되는 것은?

① 도선사의 승선 없이 항해하는 경우

② 수선 중 또는 수선 후 시운전항해를 하는 경우

③ 계약구조를 위한 항해의 경우

④ 구조의 필요상 최초의 가장 가까운 안전항까지 예인되는 경우

정답 | ③

해설 | 임의구조는 인정되나 계약구조는 허용되지 않으므로 담보위반이 된다.

※ 제1조 항해약관 1항 : 보험기간 중 선박이 정상항해만을 할 수는 없으므로, 항해 과정에서 부득이하게 발생하는 위험변경을 허용한 것이다.

63 ITC − Hulls(1983) 약관과 관련하여 빈칸을 옳게 채운 것은?

> • 보험기간이 만료되었는데 아직 항해 중이거나, 조난 중이거나, 피난항 또는 기항항에 있을 경우 보험자에게 사전통지를 하고 (　　　　)를 지불하면 목적항 도착 시까지 담보를 지속할 수 있는 약관이다.
> • 동 약관은 (　　　　)이다.

① 월할보험료 − 항해약관　　　　　　② 월할보험료 − 계속약관

③ 일할보험료 − 항해약관　　　　　　④ 일할보험료 − 계속약관

정답 | ②

해설 | ITC − Hulls(1983) 제2조 계속약관(Continuation)이며, 월할보험료를 지불해야 한다.
　　　※ 보험계약자의 입장에서는 일할보험료가 더 유리하지만, 보험계약자의 필요에 의해 보험자에게 요청하는 경우이므로 '월할보험료'를 적용한다.

64 ITC − Hulls(1983) 제6조 위험(Perils)약관에서, 피보험자가 상당한 주의의무를 이행하지 못한 결과로 발생한 선박손상에 대해서도 보험자가 보상해야 하는 것은?

① 해적행위　　　　　　　　　　　　② 보일러의 파열로 인한 결과손

③ 선장의 과실　　　　　　　　　　　④ 선원의 과실

정답 | ①

해설 | 해상고유의 위험, 해적행위 등은 불가항력적으로 보고 상당한 주의의무가 부과되지 않는다(①). 나머지는 상당한 주의의무 이행을 전제로 보상한다.

65 ITC − Hulls(1983) 제6조 위험약관에서 보상하는 손해 중, 피보험자의 상당한 주의의무를 부과하지 않는 것은?

① 항만시설이나 항만장치와의 접촉으로 인한 손해

② 하역작업 중의 사고

③ 수리업자나 용선자의 과실

④ 선체의 잠재적 하자에 의한 결과손

정답 | ①

해설 | ①은 충돌(Collision)에 의한 손해이므로 상당한 주의의무가 부과되지 않고 보상한다.

66 ITC – Hulls(1983) 제6조 위험약관에서 보상하는 손해가 아닌 것은?

① 보일러의 파열로 인한 결과손

② 차축의 파손으로 인한 결과손

③ 기계나 선체의 잠재적 하자로 인한 결과손

④ 보일러가 파열한 곳, 차축이 파손한 곳, 잠재적 하자가 있는 부분 그 자체의 손해나 교체비용

정답 | ④

해설 | ④는 '협회추가위험약관'을 첨부해야 받을 수 있다.

67 1967년 Torry Canyon 호의 사고와 관련하여 도입된 ITC – Hulls(1983) 약관상의 조항은 무엇인가?

① Termination(종료조항)

② Pollution Hazard (오염위험조항)

③ 3/4ths Collision Liability (3/4충돌손해배상책임조항)

④ Duty of Assured (피보험자의무조항)

정답 | ②

해설 | 좌초된 Torry Canyon 호로부터의 유류오염을 막기 위해 영국 정부에서 선박을 폭격한 사고이다. 이 사고를 계기로 하여 오염 위험조항이 도입되었다.

68 ITC – Hulls(1983) 제8조 3/4충돌배상책임(3/4th Collision Liability) 약관상의 면책사항이 아닌 것은?

① 피보험선박에 적재된 화물의 손상

② 피보험선박에 승선하고 있던 인명의 사망, 부상, 질병

③ 장애물, 난파물 등의 제거비용

④ 피보험선박과 충돌한 타선박에 적재된 재산의 오염에 대한 배상책임

정답 | ④

해설 | 피보험선박에 적재된 재산의 오염손해(④)는 보상한다. 참고로, 충돌로 인한 유류오염에 대한 손해는 보상하지 않는다(P&I보 험에서 보상).

69 ITC – Hulls(1983) 제8조 3/4충돌배상책임(3/4thCollisionLiability)약관에 대한 내용이다. 옳은 것은?

① 약관에서 말하는 타선박에는 수상비행기(flying boat)도 포함된다.

② 약관에서 말하는 충돌이란 두 선박 사이의 실제적인 접촉만을 말하며, 과속으로 타선박의 전복을 유도한 경우는 충돌로 보지 않는다.

③ 쌍방과실의 경우 선주가 상대방에게 지급한 금액이 있다면 해당 금액을 상쇄시키고 지급한다.

④ 충돌로 기인된 장애물, 난파선, 적하, 그 밖의 물건의 제거나 처분비용도 보상한다.

정답 | ②

해설 | 과속으로 타선박의 전복을 유도하거나, 어망과의 접촉 등은 충돌로 보지 않는다.
　　　① 해상법상의 충돌상대방의 선박은 '사회 통념상의 배'를 말하므로 수상비행기나 난파선 등은 제외된다.
　　　③ 선주가 상대방에게 지급한 금액을 상계하지 않고 지급한다.
　　　④ 충돌로 기인된 장애물, 난파선 등의 제거비용은 면책사항이다.

70 다음은 ITC – Hulls(1983) 제10조 사고와 입찰 통지약관(Notice of Claim and Tenders)에 대한 내용이다. 빈칸을 옳게 연결한 것은?

> • 선박수리에 대해 보험자의 요구로 재입찰에 응함에 따라 상실한 시간을 보상해 주는 차원에서, 입찰 승인 후 지체없이 낙찰될 것으로 조건으로 보험금액의 (　　　)를 보상한다.
> • 피보험자가 사고통지와 입찰조항상의 조건을 불이행한 경우에는 확정된 보험금에서 (　　　)의 금액을 공제한다.

① 30% – 30%　　　　② 30% – 15%　　　　③ 20% – 15%　　　　④ 20% – 10%

정답 | ②

해설 | 30%로 보상하며, 동 약관조항 불이행 시는 페널티로 15%의 공제를 적용한다.

71 ITC – Hulls(1983) 제12조 면책금액약관(Deductible)에 대한 설명이다. 틀린 것은?

① 현실전손의 경우에는 공제액을 적용하지 않는다.

② 추정전손의 경우에는 공제액을 적용하지 않는다.

③ 전부손해에 추가하여 발생된 충돌배상책임보상액에는 공제액을 적용한다.

④ 선박이 좌초된 후 발생한 합리적인 선저검사비용은 실제 선저에 손상이 발견되지 않았으면 공제액을 적용한다.

정답 | ④

해설 | 합리적인 선저검사비용은 손상발견과 관계없이 공제액을 적용하지 않는다.
　　　※ 제12조 면책약관상 공제액이 적용되는 것 : 공동해손, 구조비, 충돌손해배상책임

72 ITC – Hulls(1983) 제13조 피보험자의무약관에 대한 내용이다. 틀린 것은?

① 보험자의 손해방지조치는 위부의 승낙으로 간주한다.

② 손해경감을 위해 합리적으로 발생한 비용은 보험자가 분담보상하는데, 공동해손이나 구조비 그리고 충돌배상책임에 대한 방어비용 등은 동 약관상 보상하지 않는다.

③ 선박의 시장가액이 협정보험가액을 초과하는 경우의 손해방지비용은 선박의 시장가액에 대한 보험가입금액의 비율에 따라 비례보상한다.

④ 본 약관에서 보상받을 수 있는 총금액은 이 보험에 의해 보상하는 타손해에 추가되지만 어떠한 경우에도 선박보험가입금액을 초과할 수 없다.

정답 | ①
해설 | S.G.Policy의 포기약관처럼 보험자가 손해방지조치를 취했다고 해서 이를 위부의 승인으로 보지 않는다.
　　② '공동해손, 구조비, 방어비용'에 대해서는 손해방지비용약관으로 보상하지 않는다.
　　④ 손해방지비용은 보험가입금액을 초과하여도 보상하는 것이 원칙이지만 ITC(1983)에서는 동 약관조항에 의해 선박보험가입금액을 한도로 제한된다.

73 ITC – Hulls(1983) 제15조 선저처리(Bottom Treatment)약관에서, 보험자가 보상하지 않는 것은?

① 선저의 부착물청소(scraping)나 도장(painting)

② 해안에서 새 철판의 모래분사작업 및 표면처리 도장(primer)

③ 용접, 수리 중 손상되어 신환(renewed) 또는 재부착된(refitted) 외판 부분의 모래분사작업 및 기타표면처리도장

④ 현장 또는 해안에서 철판의 곡직(曲直)작업 중에 손상된 외판 부분의 모래분사작업 및 기타표면처리도장

정답 | ①
해설 | 선저부분의 scraping과 painting은 보상하지 않는다.

74 ITC – Hulls(1983) 제19조 추정전손(Constructive Total Loss)약관에 대한 설명이다. 틀린 것은?

① MIA 제60조상에서 수리비용이 수리비용지출 후의 가액을 초과한 경우 추정전손이 있다고 규정하는 바, 동 약관은 이를 받아들이는 취지이다.

② 수리 후의 가액을 협정보험가액으로 하여 추정전손 여부를 명확히 하고 있으며, 부보선박 혹은 난파선의 손상가액 또는 해체가액은 고려하지 않는다.

③ 선박의 회복 및 수선비용이 협정보험가액을 초과하지 않는 한, 동 약관상 보험자의 보상은 없다.

④ 회복 및 수선비용에는 수리비뿐만 아니라 예인비용, 선원급료와 부양비, 항비, 연료 등의 회항비용 등을 포함한다.

정답 | ①
해설 | MIA 제60조는 추정전손을 인정하지만 그 기준이 되는 '가액'에 대한 명확한 규정이 없다. 이에 대해 동 약관은 그 기준을 협정보험가액으로 하였다.

75 ITC – Hulls(1983) 제22조 휴항해지환급금약관(Return for Lay up Cancellation Clause)에 대한 설명이다. 틀린 것은?

① 보험자가 승인하는 항구 또는 휴항구역에서 휴항하고 그 휴항기간이 매 30일을 연속할 경우 해당 기간에 대해서 일정 보험료를 환급한다.

② 수리뿐 아니라, 화물의 보관이나 해상하역작업 목적으로 사용되는 기간도 매 30일을 연속할 경우 보험료를 환급한다.

③ 보험기간 중에 전손이 발생할 경우는 동 조항상의 보험료 환급은 불가하다.

④ 합의해지의 경우 미경과월에 대한 정미보험료를 지급하며, 휴항환급의 경우 휴항위험, 계선위험에 해당하는 보험료를 공제하고 환급한다.

정답 | ②
해설 | 화물의 보관이나 해상하역작업의 목적으로 사용되는 기간은 보험료환급대상에서 제외된다.

76 ITC – Hulls(1983) 최우선약관(지상약관)에 대한 설명이다. 틀린 것은?

① 선원의 악행으로 인한 선박의 억류는 전쟁위험면책약관에 의해 면책된다.

② 테러리스트나 정치적 동기로 행동하는 자에 의한 손해는 동맹파업면책약관에 의해 면책된다.

③ 악의적 또는 정치적 동기에 의한 폭발물 폭발, 전쟁무기로 인한 손해는 악의행위면책조항에 의해 면책된다.

④ 방사성물질을 사용하는 무기로 인해 발생하는 손해는 핵면책약관에 의해 면책된다.

정답 | ①
해설 | 선원의 악행이나 해적행위에 대해서는 23조 전쟁위험면책약관에서 제외된다고 명시하고 있으므로 보상이 된다.

77 다음 중 ITC – Hulls(1983)의 최우선약관(지상약관)에 해당하지 않는 것은?

① 전쟁면책약관   ② 포획나포부담보약관

③ 동맹파업면책약관   ④ 악의행위면책약관

정답 | ②
해설 | 포획나포부담보약관은 S.G.Policy의 이탤릭체약관에 속한다. 지상약관은 ①, ③, ④에 핵면책약관이 추가된다('전.동.악.핵'으로 암기).
※ 참고로 포획, 나포는 ITC(1983)약관 제23조 전쟁면책약관상으로 면책이다.

78 해적행위(Piracy)를 담보하는 약관을 모두 묶은 것은?

① ICC(A/R), ICC(A), ITC – Hulls(1983)   ② ICC(A), ITC – Hulls(1983)

③ ICC(A/R), ITC – Hulls(1983)   ④ ICC(A/R), ICC(A)

정답 | ②
해설 | ICC(A)는 6조 전쟁면책약관, ITC – Hulls(1983)는 최우선약관 중 23조 전쟁면책약관에서 각각 '해적행위 제외'를 명시함으로써 해적행위를 담보한다.

79 1983년 협회기간약관 – 선박(ITC – Hulls)에 첨부하여 사용하는 특별약관인 '협회추가위험담보 약관'에서 보상하지 않는 것은?

① 파열된 기관의 수리 또는 교체비용

② 선박의 멸실 또는 손상을 야기시키지 않은 결함부분의 대체비용

③ 여하한 관계인의 과오, 무능력 또는 판단착오에 의해 야기된 선박의 멸실 또는 손상

④ 여하한 사고로 인한 선박의 멸실 또는 손상

정답 | ②
해설 | 선박의 멸실 또는 손상을 야기시키지 않는 결함부분의 수리비용이나 대체비용은 보상하지 않는다.

80 선박보험 ITC – Hulls(1983)에 첨부하여 사용하는 특별약관인 '협회추가위험담보약관'에 대한 설명이다. 틀린 것은?

① 파열된 보일러의 파손된 shaft 및 결함부분이 선박에 손상을 입힐 때 결과손해뿐 아니라 자체손해 및 결합부분도 보상한다.

② 손해가 발생하지 않은, 단순히 발견된 shaft의 결함도 보상된다.

③ ITC(1/10/83) 6조가 열거주의를 채택하고 있는 데 반해 동 약관은 포괄책임주의를 채택하고 있다.

④ 동 약관은 기본적으로 피보험자인 선주 또는 관리인의 상당주의의무를 조건으로 어떠한 우연적인 사고, 부주의, 무능력 또는 판단착오로 인하여 발생한 피보험 목적물의 과실 또는 손상을 담보하는 것이다.

정답 | ②
해설 | 선박의 멸실 또는 손상을 야기한 결함부분의 수리비용이나 대체비용을 보상한다.

81 ITC – Hulls(1983)에 첨부하는 기계류손상추가면책금액약관에 대한 설명으로 틀린 것은?

① 기계류, 차축, 전기장비 등이 ITC – Hulls(1983)의 6조 위험조항 중 동 약관이 담보하는 위험으로 인해 멸실 또는 손상된 경우, 손해액에 대해 면책금액을 적용한다.

② 기계류, 차축, 전기장비 등이 기계류공간에 생긴 화재나 폭발에 의한 것이라면 동 약관을 적용하지 않는다.

③ 동 약관을 적용하여 면책금액을 제외한 손해액에 대해서는 ITC – Hulls(1983)의 면책약관을 적용한다.

④ 전손이나 추정전손의 경우는 적용하지 않는다.

정답 | ②
해설 | 기계류공간에 생긴 화재나 폭발에 의한 멸실이나 손상에 대해서도 동 약관이 적용된다.

CHAPTER **03** | 해상보험계약의 체결과 보험료 결정

SECTION 1 적하보험의 필요성

① **운송업자의 책임** : 항해과실은 면책, 상업과실은 부책이나 그 책임도 일정부분으로 제한됨 → 손해액 전부를 보상받기 위해서는 적하보험에 가입할 필요성 있음

② **국제무역의 3대 지주(해운, 외환, 적하보험)** : 은행은 적하보험증권 확인을 하고 신용장을 개설하므로 적하보험은 국제무역의 활성화에 기여함

> 예시   국제무역의 활성화를 위한 운송인 보호장치로서, 대다수 국가의 법규와 국제협약 및 대부분의 운송증권에 의하면, 운송인은 화재나 (항해과실/상업과실) 등으로 인한 선박의 침몰 · 좌초 · 충돌 등의 경우 운송인의 면책으로 규정하고 있으며, 또한 운송화물의 선적 · 적부 · 보관 · 인도 등에 관한 과실인 (항해과실/상업과실)에 대해서는 운송인의 책임을 부담한다. 단, 그 책임은 (유한책임/무한책임)을 인정하고 있다. 빈칸에 알맞은 것은?
>
> → 항해과실, 상업과실, 유한책임

SECTION 2 국제무역조건 – 인코텀즈(Incoterms)

① 인코텀즈는 강제규칙이 아니다. → 당사자가 합의한 경우에 유효함

② 인코텀즈 11조건(인코텀즈2000 13개 기준 → 인코텀즈2010 11개 기준)

EXW	FCA	FAS	FOB	CFR	CIF	CPT	CIP	DAT	DAP	DDP
E조건	F조건			C조건				D조건		
부담 : 수출상 < 수입상 (매도인 유리)				부담 : 수출상 > 수입상 (매수인 유리)						

※ F조건 : Buyer(매수인 = 수입상) 책임이 큼, C,D조건 : Seller(매도인 = 수출상) 책임이 큼

㉠ 각 조건의 용어

> EXW(Ex Works ; 공장인도조건), FCA(Free Carrier ; 운송인 인도조건), FAS(Free Alongside Ship ; 선측인도조건), FOB(Free On Board ; 본선인도조건), CFR(Cost & Freight ; 운임포함 인도조건), CIF(Cost, Insurance & Freight ; 운임, 보험료 포함 인도조건), CPT(Carriage Paid To ; 운송비지급 인도조건), CIP(Carriage and Insurance ; 운송비 및 보험료 지급 인도조건), DAT(Delivered At Terminal ; 터미널 인도조건), DAP(Delivered At Place ; 관세미지급 도착지 인도조건), DDP(Delivered Duty Paid ; 관세지급 인도조건)

ⓒ 수출상부담의 최소, 최대조건

EXW(공장인도조건)	DDP
수출상의 부담이 가장 적은 조건	수입상의 부담이 가장 큰 조건
수출상의 부담이 가장 큰 조건	수입상의 부담이 가장 작은 조건

※ 대부분의 수출에 사용되는 조건은 CIF이다.

ⓒ 소유권의 이전 시점이 '본선상에 인도할 때' : FOB, CFR, CIF

Cf. FAS는 '본선 선측에 인도할 때'이다.

ⓔ 부보의 주체

매수인(수입상)이 부보	매도인(수출상)이 부보
EXW, FCA, FAS, FOB, CFR, CPT	CIF, CIP, DAT, DAP, DDP 조건

Tip 1 CIF와 CIP에는 보험을 뜻하는 I(Insurance)가 있는데, 매도인이 보험료를 부담한다고 이해

- CIF = 매도인이 '보험료 + 해상운임(Freight)' 부담
- CIP = 매도인이 '보험료 + 육상운임(Carriage)' 부담

Tip 2 CFR은 해상운임(freight)을 매도인이 지불하고, CPT는 매도인이 육상운임을 지불했다(paid to)는 것이므로, 보험료는 매수인이 부담하는 것으로 이해하면 됨

Tip 3 C조건 정리

CFR	CPT	CIF	CIP
운송비	운송비	운송비 + 보험료	운송비 + 보험료
해상운송(F)	복합운송(C)	해상운송(F)	복합운송(C)
		보험료(I)	보험료(I)
보험료는 매도인이 부담하지 않음을 의미		보험료는 매도인이 부담함을 의미	

ⓜ 전 운송구간(육상 – 해상 – 육상)을 보험에 부보해야 하는 조건 : FCA, CPT

※ Free Carrier, Carrige Paid To

ⓗ 해상운송방법을 이용하는 조건 : FAS, FOB, CFR, CIF

※ FAS에서 Ship(선박), FOB의 Board(본선상), CFR 또는 CIF의 Freight(해상운임)가 해상운송과 관련되어 있다.

※ 인코텀즈(Incoterms; 무역조건의 해석에 관한 국제규칙)는 당사자 간의 강제규칙이 아니므로 당사자 쌍방이 준거법으로 합의한 경우에 한해서 유효하다.

※ 수입상(매수인)의 부담이 수출상(매도인)의 부담보다 큰 조건은 'E조건, F조건, C조건, D조건' 중 E조건, F조건이다 (E · F조건 : 수출상에 유리, C · D조건 : 수입상에 유리).

※ 수출상의 최소부담조건은 EXW이며, 수출상의 최대부담조건은 DDP이다.

※ 수입상의 최소부담조건은 DDP이며, 수입상의 최소부담조건은 EXW이다.

※ (EXW, FOB, CFR, CIF) 중에서 매도인의 부담이 가장 큰 것은 CIF이다.

- E조건, F조건, C조건, D조건으로 갈수록 매도인의 부담이 큰데, C조건 중에서는 'I(Insurance)'가 들어가면 매도인의 보험료부담이 추가된다고 이해하면 된다.

※ 소유권의 이전 시점이 '본선상에 인도할 때'인 것은 FOB, CFR, CIF이다.

- 영어 이니셜에서 Board(본선의 선상), Freight(해상운임)로 파악하면 편하다. 비교해서 FAS는 Free Alongside Ship으로 '본선 선측에 인도할 때'이다.

※ 매도인이 보험에 가입하는 조건은 CIF, CIP, DAT, DAP, DDP이다.

※ 매수인이 보험에 가입하는 조건은 EXW, FCA, FAS, CFR, CPT이다.

※ (FCA, FAS, FOB, CFR) 중에서 해상운송방식에 속하지 않는 것은 FCA이다.

- Ship, Board, Freight가 들어가면 해상운송을 뜻한다.

※ 전 운송구간(육상 – 해상 – 육상)을 보험에 부보해야 하는 조건은 FCA, CPT, CIP이다.

- 복합운송을 뜻하는 Carrige가 들어가 있다.

① 운송인의 책임

㉠ 운송인의 귀책사유		㉡ 운송인의 면책사유
상업과실	불감항	항해과실, 해상고유의 위험, 화재 등

※ 상업과실은 부책, 항해과실은 면책이다.

㉠ 운송인의 귀책사유
- 상업과실 : 화물의 선적, 취급, 적부, 보관, 관리, 양하 등 화물취급과실
- 불감항 : 운송인에게 출항 당시 감항능력주의의무가 부과된다.

㉡ 운송인의 면책사유

> (1) 항해과실 : 선장, 선원, 도선사 등의 태만, 과실로 인한 손해(→ 면책)
>   [참고] 항해과실의 면책은 '과실책임주의'를 위배하는 문제점이 있으나, 선박의 특수성을 고려하여 전통적으로 면책으로 인정되고 있음
> (2) 선박의 화재
>   Cf. 적하보험에서는 '화재'는 피보험위험이다(보상함).
> (3) 해상위험(Perils of the sea)
> (4) 불가항력(Act of God)
>   Cf. '지진, 낙뢰'는 ICC(C)는 면책, ICC(B), ICC(A)에서는 보상한다.
> (5) 전쟁, 폭동, 내란
> (6) 해적행위
>   Cf. 협회적하약관에서는 ICC(A)에서만 보상한다.
> (7) 공권력에 의한 제한, 재판상의 압류 등
> (8) 송하인, 운송물의 소유자 또는 그 사용인의 행위
> (9) 인명 또는 재산의 구조행위나 정당한 사유에 의한 이로(deviation)
> (10) 운송물의 포장의 불완전 또는 기호표시의 불완전
>   Cf. ICC(A)에서도 일반면책사항이다.
> (11) 화물의 고유의 결함, 성질, 하자 등
>   Cf. MIA, ICC(A)에서도 면책이다.

※ 이상과 같이 B/L상의 면책사유가 많으므로 화물에 대한 손해액을 확실히 부보하기 위해서 적하보험가입이 유용하다.

※ 운송계약서(B/L ; 선하증권)에 따르면 항해과실은 면책, 상업과실은 부책이다.

※ 화물의 선적(loading), 취급(handling), 적부(stowing), 보관(custody), 관리(care), 양하(discharge)는 모두 상업과실에 해당하므로 운송인에게 귀책사유가 된다.

※ '화물의 선적(loading), 취급(handling), 양하(discharge), 기호표시의 불완전(insufficiency of packing)'중 운송계약서상 면책인 것은 '기호표시의 불완전'이다.

※ 선장, 선원, 도선사의 태만이나 과실로 인한 손해는 운송계약서상 항해과실에 해당되어 면책이다. – 참고로 선장이나 선원의 과실은 선박보험에서는 ITC(1983) 제6조 위험조항(Perils)으로 담보한다.

※ 불가항력(Act of God) 중 '지진 또는 낙뢰'의 경우 운송계약서(B/L)상으로 면책이나 신협회적하약관에서는 ICC(C)를 제외하고는 보상한다.

– ICC(C)의 면책사유 : '지 · 갑 · 유 · 포'

※ '포장의 불충분'은 운송계약서(B/L)와 신협회적하약관 모두 면책에 해당된다.

※ '화물의 고유의 결함, 성질, 하자로 인한 중량의 소모 또는 기타의 멸실이나 손상'은 운송계약서(B/L)와 적하보험 모두 면책이다.

② 적하보험의 체결

㉠ 고지의무 – 청약서상의 기재사항

Assured	Applicant	Subject – matter Insured	Amount Insured	Vessel
피보험자	보험청약자	보험의 목적	보험금액[주1]	선박[주2]
At & From	Arrived at	Sailing on about	Condition	Reference No.
출발항	도착항	출항일자	보험조건	참고번호

※ 주1 : Amount Insured – 화물의 보험가입금액은 '상업송장가액 + 희망이익'이 정확하지만, 국제거래 관행상 통상적으로 화물가액의 110%로 한다.

※ 주2 : 선박이름은 중요한 고지사항으로서 협회선급약관을 적용하고 있다.

㉡ 통지의무 : 화물의 종류, 항로의 변경 등 청약서상의 내용이 변경될 경우 신속하게 내용을 통지해야 함

예시 화물의 CIF가격이 10만USD, 적용보험료율은 0.3%일 경우 해상적하보험 가입 시 보험료는?
→ 330USD(통상적으로 보험가입금액은 화물가액의 110%이므로 '11만불×0.003 = 330불')

㉢ 적하보험의 요율산정요소 : 화물의 종류·성질 및 상태, 보험조건, 보험금액, 운송구간, 적재선박, 환적여부, 과거손해율 등

Cf. 선박보험의 요율산정요소 : 선박국적증서, 국제톤수증서, 용선계약서, 건조계약서, 선급증서, 부선증서 등

예시 (운송구간, 적재선박, 환적여부, 용선계약서) 중에서 적하보험계약의 요율산정요소가 아닌 것은?
→ 용선계약서(용선계약서는 선박보험의 요율산정요소이다)

㉣ 협회선급약관(Institute Classificationn Clause)

• 모든 적하보험계약에서는 협회선급약관이 첨부되어야 하는데, 협회선급약관은 화물을 적재하는 선박의 적격성을 규정하는 것이다.

• 협회선급약관상의 적격선

부정기선	정기선(용선된 선박, 1천톤 미만 선박)	정기선
선령 15년 미만		선령 25년 미만

※ 약관기준에 부합하지 않는 선박에 적재를 할 경우 추가보험료가 징구된다.

※ 부선에는 협회선급약관이 적용되지 않는다.

※ 모든 적하보험계약에는 선박의 적격성을 검증할 수 있는 협회선급약관이 첨부된다.

※ 부선에도 협회선급약관이 적용되지 않는다.

③ 국내선박 보험요율

인가요율	보험개발원 구득요율	판단요율(2016.4월 ~)	재보험자협의요율
• 500톤 미만의 한국국적선, 선박소유자가 국내법인 또는 내국인 • 500톤 미만의 무선급선박은 손해보험협회에서 공동인수(단, 원양어선은 개별보험사에서 인수 가능)	500톤 미만의 인가요율을 적용받는 선박 중, 요율적용의 특성상 보험개발원으로부터 개별 구득함	내부통제기준에 따라 자체적으로 판단한 요율(합리적 근거없이 보험료를 차별할 수 없음)	국내외의 재보험자로부터 제공받아서 사용하는 요율

CHAPTER 03 | 단원정리문제

01 보기에 해당하는 인코텀즈(Incoterms, 2010) 조건은?

> • 매도인은 최종목적지에서 매수인에게 화물을 인도할 때까지 관세를 포함한 비용과 위험을 부담한다.
> • 매도인에게는 최대위험이고 매수인에게는 최소위험이다.

① EXW(Ex − Works)　　　　　　　　② DAT(Delivered at Terminal)

③ DAP(Delivered at Place)　　　　　④ DDP(Delivered Duty Paid)

정답 | ④

해설 | DDP이다. 반대로 매도인에게 최소위험이고 매수인에게 최대위험인 것은 EXW이다.

02 다음 중 매도인의 부담이 가장 큰 것은?

① EXW(Ex − Works)　　　　　　　　② FOB(Free On Board)

③ CFR(Cost and Freight)　　　　　④ CIF(Cost, Insurance and Freight)

정답 | ④

해설 | CIF이다. EXW는 매도인이 '인도비용'만 부담. FOB는 매도인이 '인도비용'을 부담하는데 EXW보다 인도구간이 길다. CFR는 매도인이 '인도비용 + 운임(Freight)'을 부담하고, CIF는 매도인이 '인도비용 + 운임 + 보험료(Insurance)'를 부담한다.

03 다음 중 해상운송방식에 속하지 않는 것은?

① FCA　　　　　② FAS　　　　　③ FOB　　　　　④ CFR

정답 | ①

해설 | FCA(Free Carrier)에서 Carrier는 복합운송의 운임을 뜻한다. FAS의 Ship(선박), FOB의 Board(갑판), CFR의 Freight(해상운임)은 해상운송방식을 의미하는 단어들이다.

04 Incoterms(2010)상에서 소유권의 이전 시점이 '본선상에 인도한 때'가 아닌 것은?

① FOB   ② FAS   ③ CFR   ④ CIF

정답 | ②
해설 | FAS(Free Along Side ship)은 '본선 선측에 인도할 때'이다. FOB, CFR, CIF는 '매수인이 지정한 본선선상에 인도한 때'이다.

05 다음 중 'C조건' 중에서 매도인이 보험료를 부담하는 것은?

① CFR, CIF   ② CPT, CIP   ③ CFR, CPT   ④ CIF, CIP

정답 | ④
해설 | Insurance는 매도인이 부보하는 것을 의미한다.

06 국제무역의 운송계약서(B/L)상 운송인의 면책사유가 아닌 것은?

① 항해과실
② 해상고유의 위험
③ 해상에서 인명이나 재산의 구조를 위한 이로
④ 불감항

정답 | ④
해설 | '상업과실(화물의 선적, 취급, 적부, 보관, 관리, 양하 등)과 불감항'은 운송인의 귀책사유이므로 면책되지 않는다.

07 운송계약서상 운송인의 귀책사유에 해당하는 것은?

① 화물의 선적
② 항해과실
③ 송하인, 운송물의 소유자 또는 그 사용인의 행위
④ 운송물의 포장불완전 또는 기호표시의 불완전

정답 | ①
해설 | ①은 부책, 나머지는 면책이다. 상업과실(①)은 부책, 항해과실(②)은 면책이다.

08 해상적하보험을 가입할 경우 아래의 조건에서 고객이 납입해야 할 보험료는?

> • 화물의 CIF가격 : USD 100,000
> • 적용보험요율 : 0.2%
> • 신용장에 별도의 다른 명시는 없음

① USD 200   ② USD 220

③ USD 250   ④ USD 300

정답 ┃ ②
해설 ┃ 화물의 보험가입금액은 국제거래관행상 화물가액의 110%를 기준으로 한다.

09 다음 중 적하보험계약의 요율산출 산정요소에 속하지 않는 것은?

① 운송구간   ② 적재선박

③ 환적여부   ④ 용선계약서

정답 ┃ ④
해설 ┃ 용선계약서는 선박의 요율산정요소이다.

10 다음 중 선박보험계약의 요율산출을 위해 제출하는 서류가 아닌 것은?

① 선박의 건조계약서   ② 선박국적증서

③ 환적여부   ④ 국제톤수증서

정답 ┃ ③
해설 ┃ 환적여부는 적하보험의 요율산정요소이다.

11 협회선급약관에 대한 설명이다. 틀린 것은?

① 화물을 적재하는 선박의 적격성을 규정하는 것이므로, 모든 적하보험 계약에 적용되어 보험증권에 첨부된다.

② 적격선이란 선급협회로부터 선급을 받고 기계에 의한 저항능력을 가지는 강철선으로서 부정기선의 경우 선령 15년 미만, 정기선은 선령 25년 미만의 선박을 말한다.

③ 정기선이라도 용선된 선박이나 1천톤 미만의 선박은 선령이 15년 미만이어야 한다.

④ 부선에도 동 선급약관이 적용된다.

정답 | ④
해설 | 부선에는 선급약관이 적용되지 않는다.

12 국내 손해보험사가 선박보험을 인수함에 있어 인가요율을 사용하는 요건과 가장 거리가 먼 것은?

① 총통수가 500톤 미만으로서, 한국 국적선이나 선박의 소유자나 관리자가 국내법인 또는 국내 개인인 선박

② 총통수 500톤 미만으로서, 국내연안이나 일본연안 및 타국에 파견되어 그 나라의 연안에서 취항하는 선박

③ 총톤수 500톤 미만으로서, 원양어선이나 원양어업훈련선인 선박

④ 총톤수 500톤 미만의 무선급의 소형선박(원양어선 제외)

정답 | ③
해설 | 인가요율대상은 '①이면서 ② 또는 ③의 요건'이다. ④의 경우 손해보험회사가 공동으로 인수한다. 그리고 인가요율을 사용할 수 없을 경우는 재보험자의 구득요율을 적용한다.

CHAPTER **04** | **영법상 해상손해의 유형과 사고처리**

SECTION 1 영법상의 손해사정 개요

① 영법 MIA(1906)의 보상손해 : 보험자는 피보험위험에 근인하여 발생하는(proximately caused by) 모든 손해에 대해서 보상책임이 있음

　㉠ 영법상 보험사고와 인과관계의 적용(근인주의 원칙)

S.G.Policy	MAR Form
근인주의 적용(proximately caused by) ※ 근인설 중 최유력우선설 적용[주1]	근인주의의 포기(caused by)[주1]

　　※ 주1 : 영국해상법은 전통적으로 근인설(최유력조건설)을 적용해왔지만, 현재 사용 중인 해상보험증권인 MAR Form에서는 근인주의 원칙을 대부분 사용하지 않는다.

　㉡ 인과관계에 대한 학설

근인설		상당인과관계설
최후조건설	최유력조건설	국내의 통설
–	영국해상법 통설[주1]	

② 영법 MIA(1906)의 법정면책사항(제55조 2항에 열거)

> (1) 피보험자의 고의
> 　　[주의] 중과실로 인한 손해는 보상함
> (2) 지연(피보험위험으로 발생한 지연도 포함)
> (3) 보험목적의 통상의[주1] 자연소모, 통상의 누손과 파손
> 　　[주의] '통상의 파손'은 신약관의 면책사항에는 없음
> (4) 고유의 하자나 성질(⑩ 벌크로 운송 중인 과일이 썩는 것)
> (5) 쥐 또는 해충에 근인한 손해
> (6) 해상위험에 근인하지 않는 기관의 손상

　※ MAR Form(1982)에서는 근인주의를 포기하고 있다(즉 'proximately caused by' 가 아니라 'caused by'로 명시하고 있음).

　※ '운반 중 밀가루가 날려서 발생한 손해'는 통상의 손해로서 면책이지만, '밀가루 포대가 찢어져서 밀가루가 소실된 손해'는 보상한다.

　※ 벌크선으로 운반 중이던 바나나가 썩어서 발생한 손해는 보험목적의 고유의 성질이나 하자에 근거하여 면책이 된다.

③ 위험의 담보방법 : 열거주의 VS 포괄주의

열거주의(named – perils policy)	포괄주의(all – risks policy)
보험증권에 열거된 위험에 대해서만 보상한다(예 ITC – Hulls).	보험증권에 열거한 면책위험만 제외하고는 모든 위험에 대해서 보상한다.
(+) 위험의 범위가 좁아서 보험료가 싸다.	(+) 담보범위가 넓다(보장범위가 넓다).
(−) 담보범위가 좁다.	(−) 보험료가 비싸다.
[입증책임 – 피보험자] 피보험자가 보상을 받기 위해서는 열거된 담보로부터 손해가 발생하였음을 입증해야 한다.	[입증책임 – 보험자] 보험자가 보험금을 지급하지 않기 위해서는 해당 손해가 열거한 면책담보에 의한 것임을 입증해야 한다.

※ 선박보험은 선박의 특수성상 열거주의를 택한다(보험자가 선박을 통제하고 있지 못하므로 면책위험에 근거한 손해라는 것을 입증하기가 매우 어렵기 때문).

※ 'ICC(A/R), ICC(FPA), ICC(WA), ICC(A), ICC(B), ICC(C), ITC(1983)' 중에서 열거담보가 아닌 것은 ICC(A/R), ICC(A)이다.

※ 해상손해의 유형

물적 손해 (Physical Loss)	전손(Total Loss)	현실전손(Actual TL)
		추정전손(Constructive TL)
	분손(Partial Loss)	공동해손(General AL)
		단독해손(Particular AL)
비용손해		구조비(Salvages Charges)
		특별비용(Particular Charge) 또는 단독비용
		손해방지비용(Sue and Labour Charge)
배상책임손해		충돌손해배상책임(Collision Liability)

※ 주1 : 공동해손 중 '공동해손비용손해'는 '구조비, 특별비용, 손해방지비용'과 함께 '비용손해'로 분류된다.

※ 분손이란 전손을 제외한 모든 손해를 말한다.

※ 분손에는 '공동해손, 단독해손, 구조비용, 특별비용'이 있으며, 손해방지비용과 충돌배상책임손해는 별개의 손해로 간주하여 분손이라 보지 않는다.

① 전손

  ㉠ 현실전손(ATL) : 물리적 전손

> (1) 보험목적의 실체적 파괴(예 유리가 파손되어 가루가 됨)
> (2) 원래 성질의 상실(예 쌀이 발효되어 막걸리가 되었다)
> (3) 회복이 불가능한 점유박탈(예 선박이 적국에 나포되어 전리품으로 처리됨)
> (4) 상당기간의 선박의 행방불명

ⓛ 추정전손(CTL) : 상업적 전손(위부 통지에 의해 사실상의 전손으로 전환)

> ※ **추정전손의 성립요건(MIA 제60조)**
> (1) 선박이나 화물의 점유박탈
> (2) 선박의 손상으로, 수리비용이 '수리 후의 선박가액'[주1]을 초과
> - 수리비의 견적에 있어서 '타 이해관계자가 지불할 공동해손분담금이 수리비에서 공제되지 않아야 한다.
> - 장래의 구조작업비용과, 선박이 수리된다면 선박이 책임져야 할 일체의 공동해손분담금은 수리비에 가산되어야 한다.
> (3) 화물의 손상으로, 수선비용과 계반비용의 합계액이 도착 시 화물가액을 초과 → '위의 요건 충족 + 위부의 통지'로써 전손처리가 가능(위부통지가 없으면 분손)

※ 주1 : ITC – Hulls(1983)은 협정보험가액을 '수리 후의 선박가액'으로 추정하며, IHC(2003)는 협정보험가액의 80%를 '수리 후의 선박가액'으로 추정한다.

ⓒ 현실전손과 추정전손의 구분

현실전손(Actual Total Loss)	추정전손(Constructive Total Loss)
사실상의 전손 물리적인 전손 법률적인 전손	관습상의 전손 상업적인 전손 법률적인 전손

ⓔ 위부(abandonment)와 대위(subrogation)

구분	위부	대위
적용되는 보험	해상보험에만 적용	모든 손해보험
권리의 성격	보험금수령을 위한 선행조건	보험금을 지급한 후에 후속되는 권리
권리의 범위	잔존물에 대한 일체권리	보험금을 지급한 범위 내
승낙의 여부	위부요건 성립하고 위부를 행사할 경우 보험자는 거절 가능	승낙 여부 관계없이 자동적으로 권리 이전

※ 보험자는 위부에 대해 승낙 또는 거절의 의무는 없다(선택사항).

※ 선박의 행방불명에 대해서 우리나라 상법(711조), MIA(제60조) 모두 현실전손으로 처리하고 있다.

※ 상법 711조 : 선박의 존부가 2개월 동안 분명하지 않은 경우에는 행방불명으로 보고 전손으로 추정한다.

※ 위부는 형성권이다. 위부를 행사하면 전손보험금을 청구하는 것이며, 위부를 행사하지 않으면 분손으로 처리된다.

※ 피보험자가 보험자에게 위부의 통지를 할 경우, 보험자는 반드시 승낙을 해야 하는 것은 아니다(거절할 수도 있다).

※ 위부는 전손보험금을 받기 위한 선행조건이지만, 대위는 보험자가 보험금을 지급한 후에 후속되는 권리이다.

※ 위부는 잔존물에 대한 일체의 권리를 취득하지만, 대위는 보험금을 지급한 범위 내에서의 권리를 취득한다.

※ 위부는 추정전손을 전제로 하지만, 대위는 전손과 분손을 구분하지 않는다.

② 단독해손
ⓐ 단독해손은 공동해손이 아닌 분손이다(MIA 제64조 1항).

단독해손	공동해손
해상위험으로 우연히 발생한 분손	공동안전을 위해 고의로 초래한 분손

ⓑ 단독비용은 단독해손에 포함되지 않는다(MIA 제64조 2항).

단독해손(particular average loss)	단독비용[주1](particular charge)
보험목적의 직접손해	보험목적의 간접손해

※ 주1 : 보험목적의 안전과 보존을 위해 피보험자가 지출한 비용인데, 공동해손과 구조비용이 아닌 비용을 '단독비용 또는 특별비용'이라고 함

ⓒ 단독해손의 보상

선박의 단독해손	화물의 단독해손
• 보상금액^{주1} = 합리적 수리비 − 관습상 공제 • 미수리 상태에서 전손 발생 → 전손에만 책임	• 기평가보험 → 손상비율^{주2}×협정보험가액 • 미평가보험 → 손상비율×법정보험가액

※ 주1 : 어떤 경우에도 매사고당 최대보상한도는 보험가입금액이 된다(MIA 제69조).
    – 만일 연속손해가 있을 경우 연속손해의 합계액은 보험가입금액을 초과할 수 있다.

※ 주2 : 손상비율(또는 감가율)은 도착지의 가액을 기준으로 산정한다.

※ 해상위험으로 우연히 발생한 분손은 단독해손, 공동의 안전을 위해 임의로 초래한 분손은 공동해손이다.

※ 단독해손은 보험목적의 직접손해이고, 단독비용은 간접손해이다.

※ 보험목적의 안전과 보존을 위해 피보험자가 지출한 비용인데, 공동해손과 구조비용이 아닌 비용을 단독비용(Particular charge)이라 한다(특별비용이라고도 함).

※ 단독해손은 '합리적인 수리비 − 관습상의 공제액'의 금액을 매사고당 보험가입금액을 한도로 보상하는 바, 만일 연속손해가 있을 경우 연속손해의 합계액은 보험가입금액을 초과할 수 있다.

※ 해상손해는 물적 손해, 비용손해, 배상책임손해로 구분된다. 이 중에서 비용손해에는 '공동해손비용손해, 구조비용, 단독비용(또는 특별비용), 손해방지비용'이 있다.

③ 공동해손 : 영법상 '분손'으로 규정. 공동해손의 정산은 다른 규정이 없으면 Y.A.R(요오크앤트워프규칙)을 따름

  ⓐ 공동해손의 정의 : '공동의 안전을 위하여, 고의적으로, 이례적으로, 합리적으로' 발생된 희생손과 비용손

공동해손 희생손해	공동해손 비용손해
투하, 임의좌초, 연료로 사용된 자재 등	구조비용, 임시수리비, 피난항비용 등

※ 공동해손희생손해의 예

선박	적하
(1) 임의좌초 (2) 연료로 사용된 선박의 자재와 저장용품 (3) 선내 소화작업에 의한 선박손상 (4) 기타 공동안전을 위한 희생에 의한 선박손상	(1) 적하의 투하 (2) 선박부양을 위한 양하 시 적하의 멸실, 손상 (3) 선내 소화작업에 의한 화물의 손상 (4) 기타 공동안전을 위한 희생에 의한 화물손상

[공동해손희생손해가 아닌 것 − 예시]
(1) 선박 및 화물이 좌초사고로 입은 우연적인 손해(∵ 고의성이 없음)
(2) 연기와 화재로 인한 열에 의한 손상(∵ 고의성이 없음)
(3) 냉동선의 경우 냉동장치의 고장(∵ 공동의 위험이 아님)
(4) 화재로 착각하고 화물을 투하한 손해(∵ 실제 손해가 아님)
(5) 태풍예보를 듣고 태풍을 피해 항로변경을 한 데에 따른 비용손해(∵ 실제 손해가 아님)

※ 공동해손비용손해
  (1) 개념 : 선박 등의 재산을 전손으로부터 보존할 목적으로 선주가 지출한 비용
    → 이 비용은 공동해손분담금의 대상이 된다.
  (2) 종류 : 구조비용, 피난항비용, 임시수리비, 대체비용, 공동해손정산비용
    • 구조비용 : 좌초, 표류, 화재 등이 발생했을 때 전문구조업자와의 구조계약에 의해 구조된 경우에 지출되는 비용
    • 피난항비용 : 공동의 안전을 위하여 불가피하게 피난항에 입항하는 데 따르는 비용
    • 임시수리비 : 공동의 안전을 위하여 희생된 선박의 손상을 선적항, 기항지 등에서 임시로 수리할 경우 소요되는 비용

ⓛ 희생손과 비용손의 정산 차이점

공동해손 희생손해	공동해손 비용손해
보험자는 직접 보상책임을 진다.	보험자는 직접 보상책임을 지지 않는다.
손해액 전액을 TSI 내에서 실손보상	일부보험형식의 비례보상

ⓒ 공동해손의 정산

공동해손분담금	공동해손정산	공동해손분담률[1,2]
공동해손손해발생 시 이로 인해 위험을 면하게 된 자들은, 각자 받은 혜택의 정도에 따라 분담금을 지출해야 하는데 이를 공동해손분담금이라 함[1]	공동해손분담금을 결정하는 것을 말함('공동해손정산인'에 의해 업무가 이루어짐)	$\dfrac{\text{공동해손손해액총액}}{\text{공동해손분담가액}}$

※ 주1 : 공동해손분담금은 '항해의 종료 시점과 장소에서의 가액'을 기준으로 하여 결정한다.

※ 주2 : 공동해손분담가액은 항해의 종료 시점에서의 장소에서의 가액을 말한다. 예를 들어 선박가액이 2억원이고 화물가액이 1억원이라면 '공동해손분담가액'은 3억원이다. 그리고 공동해손손해액(예 적하의 투하에 따른 비용)이 3천만원이라면, '공동해손분담률 = $\dfrac{\text{3천만원}}{\text{3억원}}$ = 10%'이다. 즉, 선박에 대한 공동해손분담금은 '2억원×10% = 2천만원', 화물에 대한 공동해손분담금은 '3천만원×10% = 300만원'이 된다.

※ 공동해손정산은 운송계약서에 별도의 규정이 없으면 요크앤트워프 규칙(York – Antwerp Rules ; 공동해손에 관한 국제통일규칙)을 따른다.

※ 전손의 위험이 없으면 공동해손도 있을 수 없다.
 – 전손의 위험 → 공동해손행위 → 공동해손손해 → 손해를 입은 당사자는 타 이해관계자에게 분담금을 청구할 권리가 있음

※ 악천후로 인해 선박에 해수가 진입하여 적하에 손상이 발생한 것은 공동해손희생손해가 아니라 단독해손에 해당된다.

※ 엔진과 펌프의 가동을 위하여 화물을 연료로 사용한 경우는 공동해손희생손해에 해당된다.

※ 선내의 화재를 진압하다가 발생한 선체의 손상이나 화물의 손상은 공동해손희생손해에 해당한다.

※ 선박부양을 위한 양하 시 적하의 멸실 또는 손상은 공동해손희생손해에 해당한다.

※ 선박부양을 위해 적하를 양하하는 데 필요한 부선, 예인선을 사용하는 데 들어가는 비용은 공동해손비용손해에 해당한다.

※ 공동해손분담금은 공동해손손해액을 공동해손분담가액으로 나눈 금액이다.

※ 공동해손분담금을 결정하는 것을 공동해손정산이라 하며, 이는 공동해손정산인에 의해 업무가 이루어진다.

④ 비용손해

㉠ 구조비용 – 구조의 종류

순수구조(pure salvage)	계약구조(salvage under contract)
계약과 관계없이 이루어지는 임의구조 – 성공해야만 보상이 있다(no cure, no pay)	계약에 의해 구조성패와 관계없이 일정한 보수를 받고 수행하는 구조

• 영법상 인정되는 구조비용은 순수구조이며, 구조비용은 구조가 성공한 경우에만 인정된다(No cure, No pay).
 ※ 구조비용은 피구조자로부터 받은 보수 또는 재정액을 말한다.

• LOF(Lloyd's Open Form ; 로이즈표준구조계약서)에 의해 순수구조가 이루어진다.
 ※ 구조비용은 중재에 의한 재정액으로 하고, 드물게 약정금액으로 정하기도 함

- LOF80('No cure, No pay'의 예외) : 구조행위가 성공하지 못하더라도 구조자 측의 과실이 없다면 구조자가 합리적으로 지출한 비용의 지급을 보증하는 계약이다.

  ※ 유조선의 구조에 한하여 적용되는데, 이는 기름 유출로 인한 환경오염을 막기 위한 동기부여를 제공하는 차원임

- 국제구조협약(1989, 제14조) : 구조작업을 통해 '환경손해방지'에 성공한 경우에는, 구조자가 발생한 비용의 30%~100%를 특별보상으로 받을 수 있다고 규정함

  ※ 즉 국제구조협약은 LOF80('Safety net clause'라고도 함)의 취지를 계승, 확대한 것

※ 'No cure, No pay'는 성공한 순수구조만 구조비용이 인정된다는 것인데, 이는 LOF(로이즈표준계약서)에 근거한다.

※ 유조선의 경우 유류오염이라는 치명적인 문제가 발생할 수 있으므로, 유조선에 한해 순수구조에 성공하지 못한다고 해도 구조를 위해 합리적으로 지출한 비용의 지급을 보증하여 유류오염을 방지할 수 있는 동기를 제공한 계약서는 LOF80이다.

ⓒ 단독비용(Particular Charge) : 공동해손과 구조비용이 아닌 비용을 말함

단독비용 ↔ 공동해손비용손해 (비용손해) (비용손해)	단독비용 ↔ 구조비용 (비용손해) (비용손해)
단독비용은 피보험재산의 안전을 위해 지출한 비용 → 공동의 안전과 보존을 위해 지출한 비용이 아님	단독비용의 행위주체는 피보험자나 그 대리인이다. → 구조비용의 행위주체는 제3자이다.

※ 또한, 단독비용은 피보험재산의 안전이나 보전을 위한 지출이지만 실제 손해는 아니므로 단독해손에도 해당되지 않는다.

※ 단독비용은 주로 적하의 보존을 위해 주로 발생하는데 '창고보관비용, 건조비용, 재포장비용 등'이 해당된다.

※ 단독비용의 행위주체는 피보험자이며, 구조비용의 행위주체는 제3자라는 점에서 차이가 있다.

※ '창고보관비용, 건조비용, 재포장비용, 구조비용' 중에서 단독비용에 속하지 않는 것은 구조비용이다.

※ 비용손해 = 공동해손비용손해 + 구조비용 + 단독비용 + 손해방지비용

ⓒ 손해방지비용(Sue and labour charge)

- '손해방지 또는 경감을 위해 합리적 조치를 취하는 것은 어떠한 경우에도 피보험자 및 그 대리인의 의무이다'라고 규정하였다(MIA 제78조 4항).

  ※ 피난항에서의 화물양륙비용, 목적항까지의 계반비용 등

- 손해방지비용은 손해방지의무에 의거하여 지출되는 비용이므로 특약이 없어도 보험자는 이를 보상해야 한다(보상액과 손해방지비용의 합계액이 보험금액을 초과하여도 보상함).

※ **비용손해 비교**

구분	구조비	단독비용	손해방지비용
행위주체	제3자	피보험자	피보험자
발생형태	자발적	의무	의무
보상범위	보험금액한도 내 보상	보험금액한도 내 보상	보험금액 초과 가능

※ 손해방지비용 관련 MIA, ITC약관 내용

(1) MIA 제78조 2항 : 공동해손비용손해와 구조비용[주1]은 손해방지비용 약관에 의해 보상되지 않는다.

　　※ 주1 : 공동해손비용손해나 구조비용은 기본약관으로 보상됨

(2) ITC(1983) 제13조 피보험자의무(손해방지) 약관

　　• 3항 : '공동해손비용과 구조비용, 충돌손해배상을 방어 또는 청구하는 비용'[주2]은 손해방지비용약관에 의해 보상되지 않는다.

　　　※ 주2 : '공동해손비용손해와 구조비용은 ITC(1983)의 제11조 공동해손 및 구조약관으로, 충돌손해배상을 방어 또는 청구하는 비용은 ITC(1983)의 제8조 3/4충돌손해배상책임약관으로 보상한다.

　　• 6항 : 본 약관(손해방지약관)에서 보상받을 수 있는 총금액은 이 보험에 의해 보상될 타손해에 추가되지만, 어떠한 경우에도 선박보험가입금액을 초과하지 않는다.[주3]

　　　※ 주3 : 원론적으로 손해방지비용은 보험가입금액을 초과해도 지급하지만, 일부 약관에서는' 보험가입금액을 총한도로 제한하는 경우도 있다.

> ※ 손해의 방지 또는 경감을 위해 합리적인 조치를 취하는 것은 피보험자와 그 대리인의 의무이며, 의무이행을 위해 소요된 비용이 손해방지비용이다.
> ※ 손해방지비용은 해상손해 중 분손에 해당하지 않고 해상보험계약에 추가되는 별개의 보험계약으로 간주된다. – MIA 제78조 1항에 해당됨(보험가입금액을 초과해도 손해방지비용을 보상받을 수 있음을 의미함)
> ※ 손해방지비용은 행위주체가 피보험자라는 점에서 구조비와 차이가 있으며, 보험금액을 초과해도 보상한다는 점에서 구조비나 단독비용과 차이가 있다.
> ※ 공동해손비용손해, 구조비용은 손해방지약관으로 보상되지 않는다(기본약관에 의해 보상).

ⓔ 선박충돌배상책임손해[참조 : ITC(1983) 제8조 3/4충돌손해배상책임약관과 중복]

　• 선박충돌배상책임손해는 보험목적물인 선박의 충돌에 따른 간접손해로서 충돌 상대선과 제3자에 대한 본선의 손해배상책임을 말한다.

　　※ 선박보험에서 보험자는, 피보험자인 선주가 쌍방과실충돌로 상대선과 화주에게 부담해야 하는 손해배상책임을 보상함

　• ITC – Hulls(1983)에서는 '3/4충돌배상책임' 약관을 통해, 보험자는 상대선과 화주에 대한 법정배상책임손해의 3/4을 한도로 보상한다(충돌배상책임과 협정보험가액 중 적은 금액의 3/4에 해당됨). 나머지 1/4은 선주가 별도로 가입하는 P&I Club이 보상한다.

　• 소송비용도 소송비용의 3/4을 추가하여 보상한다.

　• 충돌배상책임약관은 1836년 Salvador 사건을 계기로 선박보험증권에 도입되었다.

　• 동 약관의 면책사항

> (1) 난파선 등의 제거 또는 처분
> (2) 타선박과 타선박에 적재된 재산을 제외한 재산
> (3) 본선(피보험선박)에 적재된 재산
> (4) 사망이나 상해 또는 질병
> (5) 본선에 적재된 재산의 오염 또는 오탁

※ 선박 충돌배상책임약관은 1836년 Salvador 사건을 계기로 도입되었다.

※ 선박의 충돌이 발생하고 법적인 충돌손해배상책임이 발생한 경우, ITC(1983)에서 그 3/4부분을 보상하고, 나머지는 P&I보험에서 1/4을 보상한다. – P&I보험은 선박보험에서 보상하지 않는 1/4 RDC를 담보한다.

※ 선박 충돌 시 타선박에 적재된 재산은 3/4RDC약관에서는 보상하지 않는다.

Cf. 타선박이나 타선박에 적재된 재산은 당연히 보상한다(본선에 적재된 재산은 면책).

① 적하보험의 사고처리절차

> 화물인수/사고확인 → 보험회사에 사고 통보 → 손해검정인 선임 및 검정 실시 → 검정보고서 접수 → 손해액산정 → 보험금지급 → 대위권행사

※ **적하보험 보험금청구서류**

필수제출서류('보.선.포.상'으로 암기)	필요 시 제출서류
보험증권, 선하증권, 포장명세서, 상업송장, 본선협정서, 입고협정서	수입승인신청서, 신용장, 해난보고서, 수입면장, 화물인수도증 등

> ※ 적하보험의 사고처리를 할 경우, 사고 통보를 한 후 손해검정인을 선임한다.
> → 손해조사가 시작되기 전에 보험자가 자기를 대리하는 손해검정인을 선임할 수 있도록 하기 위함(도덕적 위험 방지)

② 선박보험의 사고처리절차

> 보험사고 발생통지 → 손해방지경감의무 이행 → 선박수리에 관해 보험자와의 협의 → 해난보고서 작성 → 보험금의 청구

㉠ 손해검정을 하기 전에 사고 통지가 있어야 한다. → 통지의무위반 시 보험금 삭감(15%)
   → 보험자는 손해를 입은 피보험선박을 수리하기 위한 항구를 결정할 수 있으며, 만일 피보험자가 수리장소를 먼저 선택하였다면 이에 대한 거부권 행사 가능
㉡ 손해방지의무 이행 : 이를 위해 합리적으로 지출된 금액은 전손보험금에 추가 보상
㉢ 해난보고서 작성(선원법 제21조) : 필요처 – 보험회사, P&I조합, 공동해손정산서, 상대선과의 손해배상청구소송
㉣ 선박보험의 서류

보험금 청구서류	선박보험 요율산정시 제출서류
보험증권 원본, 보험금청구서한, 해난보고서, 선박국적증서, 선급유지증서, 선급협회 검사보고서(이상 '필수서류'), 항해일지, 기관일지, 선장·기관장 면허증 사본, 선원명부(이상 '필요서류')	선박국적증서, 국제톤수증서, 리스계약서, 관리계약서, 용선계약서, 건조계약서, 매매계약서, 선급증서, 부선증서 등

※ 선박보험의 보험금청구 시 손해검정을 하기 전에 사고 통지가 이루어져야 한다(적하보험과 마찬가지로 도덕적 위험의 방지를 위함).
※ 선박보험의 사고처리 시에, 통지의무를 위반할 경우에는 확정된 보험금의 15%를 공제당하게 된다(ITC – Hulls(1983)의 제10조 클레임통지입찰약관).
※ (선급유지증서, 선박국적증서, 해난보고서, 매매계약서) 중에서 선박보험의 보험금청구를 위해 제출해야 하는 서류가 아닌 것은 매매계약서이다. 매매계약서는 요율산정 시의 제출서류이다.
※ (선박국적증서, 해난보고서, 용선계약서, 국제톤수증서) 중에서 선박보험의 요율산정을 위해 제출해야 하는 서류가 아닌 것은 해난보고서이다. 해난보고서는 보험금청구 시의 필수서류이다.

CHAPTER 04 | 단원정리문제

01 영국해상법(MIA, 1906) 제55조 1항에 대한 설명이다. 가장 거리가 먼 것은?

> 보험자는 피보험위험에 근인하여 발생하는(proximately caused by) 모든 손해에 대해서 보상책임이 있다.

① 보험사고의 인과관계를 근인주의로 보고 있다.

② 근인에 부합하더라도 '피보험자의 고의나 중과실로 인한 손해'는 보상하지 않는다.

③ 동 조항에서의 근인이란 반드시 시간상으로 가까운 원인을 말하는 것이 아니라 효력상으로 가장 가까운 원인을 말한다.

④ 현재 사용되고 있는 MAR Form에서는 'proximately caused by'가 아니라 'caused by'로 표현을 바꿈으로써 근인원칙을 대부분 포기하고 있다.

정답 | ②

해설 | 피보험자의 고의는 면책이지만 중과실에 대해서는 보상한다.
  ※ MIA(1906) 55조 2항의 '6개 면책사항' 중 첫 번째 조항 : '피보험자의 고의적인 불법행위'

02 Named – Perils Policy에 대한 설명이다. 가장 적절하지 않은 것은?

① 협회적하약관에서 ICC(A/R), ICC(A)를 제외한 나머지와 협회기간약관 ITC의 위험담보방식이다.

② 보험증권에 특별히 열거된 손해에 대해서만 보험자가 책임을 진다.

③ 일반적으로 생각할 수 없는 이례적인 손해들을 부보하지 않으므로 보험료가 싸다.

④ 피해자는 손해의 발생 사실만 입증하면 충분하고, 보험자는 손해가 특정 위험에 의해 발생하였다는 사실을 입증할 필요가 있다.

정답 | ④

해설 | ④는 포괄담보방식(All – risk policy)에 해당된다. 열거담보에서는 피해자가 열거된 위험에 의해 손해가 발생한 것을 입증해야 보상을 받는다.

03 다음 중 현실전손(ATL ; Actual Total Loss)에 해당하지 않는 것은?

① 피보험목적물이 담보위험에 의해 현실적으로 멸실한 경우

② 피보험목적물의 원래 성질이 변화하여 그 용도를 상실한 경우

③ 피보험목적물을 탈취당하여 다시 찾을 수 없는 경우

④ 보험자에 대한 위부의 통지로 사실상 전손으로 전환된 경우

정답 | ④

해설 | ④는 '추정전손'을 말한다.

※ 현실전손의 요건(4가지) : ①, ②, ③에 추가하여, '상당기간 선박이 행방불명된 경우(현실전손으로 인정)'

04 다음 중 추정전손(CTL ; Constructive Total Loss)에 대한 설명으로 가장 거리가 먼 것은?

① 현실전손과 분손의 중간에 존재하는 것으로서 이중적인 성격을 지닌다.

② 현실전손은 법률상 전손이지만 추정전손은 법률상 전손이 아니다.

③ 추정전손은 해상보험에만 적용된다.

④ 피보험자가 추정전손으로 처리하고자 할 경우 반드시 위부의 통지를 해야 한다.

정답 | ②

해설 | 추정전손도 법률상 전손으로 인정된다. 현실전손은 '법률적, 물리적, 사실상'의 전손이고 추정전손은 '법률적, 상업적, 관습상'의 전손이다.

05 보험의 위부(abandonment)에 대한 설명이다. 틀린 것은?

① 위부의 엄격한 의미는 '추정전손의 경우 피보험자가 보험목적에 관한 소유권에 속하는 권리와 구제수단을 포함하여 보험목적에 남아있는 모든 것을 보험자에게 임의로 양도하는 것'을 의미한다.

② 위부는 해상보험에서만 인정되는 제도이다.

③ 피보험자가 추정전손으로 처리하기 위해서는 반드시 위부의 통지를 해야 한다.

④ 피보험자가 위부의 통지를 할 경우 보험자는 반드시 승낙해야 한다.

정답 | ④

해설 | 보험자가 반드시 승낙을 해야 할 의무는 없다(실무적으로 보험자 대부분은 위부의 통지를 거절하고 있다. 승낙하면 전손처리, 거절하면 분손처리).

※ 만일 위부통지를 승낙한 경우, 보험자는 피보험자에게 전손의 보험금을 지급하고 보험목적의 잔존물과 그에 따르는 소유권에 속하는 모든 권리를 양도받을 수 있다.

06 보험위부와 보험대위에 대한 비교이다. 가장 적절하지 않은 것은?

	구분	위부(abandonment)	대위(subrogation)
①	적용되는 보험	해상보험에만 적용	모든 손해보험
②	권리의 성격	보험금수령을 위한 선행조건	보험금을 지급한 후에 후속되는 권리
③	권리의 범위	잔존물에 대한 일체권리	보험금을 지급한 범위 내
④	승낙의 여부	위부요건 성립하고 위부를 행사할 경우 승낙의무 있음	승낙 여부 관계없이 자동적으로 권리 이전

정답 | ④

해설 | 위부의 통지에 대해 보험자가 반드시 승낙해야 할 의무는 없다.
　　　※ 위부는 전손보험금을 지급받기 위한 '법률적 행위'이며, 대위는 손해보상원리에 따른 '부수적 행위'이다.

07 해상보험에서 적용되는 보험위부(abandonment)와 보험대위(subrogation)에 대한 설명이다. 틀린 것은?

① 위부는 피보험자가 손해를 추정전손으로 처리하여 전손보험금을 받기 위한 선행조건이지만, 대위는 보험자가 보험금을 지급한 후에 후속되는 권리이다.

② 위부는 위부의 통지와 보험자의 승낙이 있어야만 효과가 발생하지만, 대위는 보험금을 지급하면 자동으로 발생하는 효과이다.

③ 위부는 추정전손에, 대위는 현실전손을 대상으로 하므로 둘 다 전손의 경우에만 적용된다.

④ 유효한 위부가 있을 경우 보험자는 소유자로서 권리를 행사하지만, 대위는 특별한 약정이 없는 경우 피보험자의 이름으로 권리를 행사한다.

정답 | ③
해설 | 대위는 전손, 분손을 구분하지 않는다.

08 해상손해 중 분손(partial loss)에 해당하지 않는 것은?

① 단독해손 및 공동해손　　　　　　　　② 구조비

③ 단독비용(또는 특별비용)　　　　　　④ 손해방지비용

정답 | ④
해설 | 해상손해는 '전손(현실전손, 추정전손), 단독해손, 공동해손, 구조비, 단독비용, 손해방지비용, 충돌배상금'으로 구성되는데, 분손은 전손(현실전손, 추정전손)을 제외한 모든 손해를 말한다. 그리고 손해방지비용과 충돌배상금은 별개의 손해로 분류하므로 분손은 '단독해손, 공동해손, 구조비, 단독비용'으로 구성된다.

09 해상손해 중 비용손해에 해당하지 않는 항목의 수는?

> 가. 공동해손비용손해 　　　　　　　　나. 구조비
> 다. 특별비용(또는 단독비용) 　　　　　라. 손해방지비용

① 0개 　　　　　② 1개 　　　　　③ 2개 　　　　　④ 3개

정답 ｜ ①
해설 ｜ 공동해손 중 공동해손비용손해도 '비용손해'에 포함된다.

10 단독해손(Particular Average Loss)에 대한 설명이다. 틀린 것은?

① '공동해손이 아닌 분손'을 단독해손이라 한다.
② 담보위험에 의한 우연한 사고로 발생하는 분손이며, 그 분손이 당사자에게 귀속된다.
③ 단독비용은 단독해손에 속한다.
④ 화물 일부가 해수에 의해 멸실되어 일부만 인도됨으로써 운송인이 지급받을 운임의 일부를 못 받게 되는 경우는 '운임의 단독해손'에 해당된다.

정답 ｜ ③
해설 ｜ 단독해손(particular average loss)과 단독비용(particular charge)은 별개의 것이다.

11 빈칸을 순서대로 옳게 연결한 것은?

> (　　　　)은 해상위험으로 우연히 발생한 분손이며, 그 분손이 귀속되는 당사자에 의해 부담되는 분손이고, (　　　　)은 공동의 안전을 위해 임의로 초래한 분손이며 항해사업의 모든 이해관계자에게 비례적으로 부담되는 분손이다.

① 단독해손 – 공동해손 　　　　　② 단독해손 – 단독비용
③ 단독해손 – 구조비용 　　　　　④ 공동해손 – 단독해손

정답 ｜ ①
해설 ｜ '단독해손(particular average loss) – 공동해손(general average loss)'이다.

12 빈칸에 알맞은 것은?

> 보험목적의 안전이나 보존을 위해서 피보험자에 의해 또는 피보험자를 대리하여 지출된 비용으로서 공동해손과
> 구조비용이 아닌 비용을 (   )이라 한다.

① 단독해손

② 단독비용 또는 특별비용

③ 손해방지비용

④ 공동해손분담금

정답 | ①

해설 | 단독비용(particular charge)이다(또는 특별비용).

13 공동해손(General Average Loss)에 대한 설명이다. 틀린 것은?

① 공동해손행위는 전손의 위험을 맞이하며 고의로 작은 손해를 감수하여 전손을 방지하기 위한 행위이다.

② 공동해손은 오랜 역사를 통해 존재해 온 것이며, 공동해손정산을 위한 공동해손규칙은 해상보험의 존재 유무에 영향을 받지 않는다.

③ 공동해손정산은 운송계약서에 별도의 명시규정이 없으면 통상적으로 Y.A.R에 따른다.

④ 공동해손은 일정한 우연한 사고로 인한 손해를 보상하는 보험의 정의에 위반되므로 현재 영법(MIA)에서는 공동해손을 보험자의 부보대상에서 제외하고 있다.

정답 | ④

해설 | 공동해손은 인위적인 사고에 해당되나 전손을 막기 위한 불가피한 손해로 인정하여 해상보험에서 부보하는 해상손해로 규정하게 되었다.

14 공동해손(General Average Loss)의 성립요건이다. 가장 거리가 먼 것은?

① 위험을 예측하여 취한 행동이어야 한다.

② 위험이 현실적으로 절박해야 한다.

③ 위험이 피보험목적물 공동의 안전을 위협하는 것이라야 한다.

④ 인위적이고 합리적인 희생 또는 비용이 발생하여야 한다.

정답 | ①

해설 | 위험을 예측하여 취한 행동은 공동해손이 아니다. 공동해손의 요건은 ②, ③, ④이다

　　※ YAR이 정의하는 공동해손 성립요건 : 공동의 안전을 위하여, 고의적으로, 이례적으로, 합리적으로 발생된 희생손실과 비용손실이 있는 경우, 공동해손행위가 존재한다.

15 요크앤트워프 규칙(YAR, 1994)에 따른 공동해손손해로 볼 수 없는 것은?

① 선박화재로 인한 화물의 손상

② 피난항에서의 하역작업 중에 발생한 화물의 손상

③ 좌초된 선박을 이초하기 위해 화물 양하 중에 발생한 화물의 손상

④ 투하행위(Jettision)로 인한 화물의 손상

정답 | ①
해설 | ①은 단독해손이다. 공동해손은 '공동의 안전을 위하여, 고의적이고, 이례적으로, 합리적으로 발생한 희생손 또는 비용손'을 말한다.

16 다음 중 '공동해손 희생손해'가 아닌 것은?

① 좌초된 선박의 중량을 경감하기 위해 화물을 투하한 경우

② 선박이 태풍으로 인하여 지연된 상황에서 엔진과 펌프의 가동을 위하여 화물을 연료로 사용한 경우

③ 악천후로 인해 선박에 해수가 진입하여 적하에 손상이 발생한 경우

④ 화재를 진압하기 위해 화물에 물을 퍼부어 적하에 손상이 발생한 경우

정답 | ③
해설 | ③은 단독해손에 해당한다. ③은 고의성이 없으므로 공동해손이 될 수 없다.

17 다음 중 '공동해손 비용손해'에 해당하는 것은?

① 좌초된 선박을 부양시키기 위해 적하를 양하할 경우, 이에 필요한 부선과 예인선을 사용하는 데 투입된 비용

② 연료로 사용된 선박의 자재 및 저장용품

③ 투하와 공동안전을 위한 희생에 의한 적하의 손실

④ 선박부양을 위한 양하 시 적하의 멸실 또는 손실

정답 | ①
해설 | ①은 공동해손비용손해, ②, ③, ④는 공동해손희생손해이다(②는 선박에 대한 공동해손, ③, ④는 적하에 대한 공동해손).
※ 공동해손비용손해의 항목 : 구조비용, 피난항비용, 임시수리비, 대체비용, 공동해손 정산비용 등

18 공동해손(General Average Loss)에 대한 설명이다. 빈칸에 들어갈 수 없는 것은?

> 공동해손행위를 직접적인 원인으로 하여 발생한 손해를 공동해손손해라고 하며, 이러한 공동해손손해는
> (   )와 (   )로 구분된다. 공동해손행위로 인해 위험을 면하게 된 당사자들이 그들이 받
> 은 혜택의 정도에 따라 공동해손손해를 분담하게 되는데 이 분담액을 (   )이라 한다.

① 공동해손희생손해(general average sacrifice)

② 공동해손비용손해(general average expenditure)

③ 공동해손분담금(general average contributory value)

④ 공동해손기금(general average fund)

정답 | ④

해설 | 차례대로 '공동해손희생손해 – 공동해손비용손해 – 공동해손분담금'이다. ④는 ③의 합계액이다.

19 다음 중 공동해손정산에 대한 설명으로 틀린 것은?

① 공동해손의 정산은 공동해손분담가액을 결정하는 것을 말한다.

② 공동해손손해를 입은 자는 그 행위로 인해 이득을 얻은 이해관계자들에게 분담금에 의해 그 손해를 배
상받을 권리가 있다.

③ 공동해손분담금은 공동해손행위로 인해 재산이 구조된 당사자들이 그들이 받은 혜택의 정도에 따라
공동해손손해를 분담하는 금액을 말한다.

④ 공동해손정산은 항해의 종료 시에 확정하며 정산에 적용되는 법률은 목적지 항구의 법률이지만, 국제
통일규칙인 YAR에 따를 수 있다.

정답 | ①

해설 | 공동해손분담가액 → 공동해손분담금(③에서 설명).

　　 ※ 공동해손분담가액 : 항해의 종료 시점, 장소에서의 재산의 가액을 말한다. 공동해손분담률은 $\dfrac{\text{공동해손손해액}}{\text{공동해손 분담가액}}$ 이 된다.

20 구조비용에 대한 내용이다. 가장 거리가 먼 것은?

① 구조는 제3자에 의해 임의로 수행되는 순수구조(무계약관계)와 선주와의 계약에 의한 계약구조로 구분되는데, 영법상 인정되는 구조비용은 순수구조를 말한다.

② 계약구조하의 구조비용이나, 계약구조가 아니라도 구조작업이 공동의 항해사업에 연관된 재산을 위험으로부터 보존할 목적으로 합리적으로 구조를 행한 구조비용은 공동해손비용손해에 속한다.

③ 순수구조에 의한 구조자는 구조된 재산에 대해 해상유치권을 가지며, 구조재정액이 지급되기 전까지는 유치권을 해제하지 않을 수 있다. 따라서 순수구조에 의한 구조비용은 성공한 경우에만 인정된다고 할 수 있다(No cure, No pay원칙).

④ 1890년 해난구조계약 양식인 로이즈표준구조계약서 방식은 '무구조·무보수'의 구조이며 지금까지도 예외없이 적용되고 있다.

정답 | ④

해설 | 1980년 몬트리올 국제회의에서 'No cure, No pay'의 예외가 되는 'Safety net Clause'가 도입되었다.
　　　※ Safety net Clause : 구조행위가 성공하지 못하더라도 구조자 측의 과실이 없으면 구조자가 합리적으로 지출한 비용의 지급을 보증한다.

21 손해방지비용의 개념에 대한 설명이다. 가장 거리가 먼 것은?

① 보험약관에서 담보하는 위험을 방지하거나 경감시키기 위해 피보험자가 지출한 비용으로, 보험자가 추가부담하는 비용손해이다.

② 피보험목적물의 손해 이외에 추가로 보상되는 비용이므로, 피보험목적물의 손해액과 손해방지비용의 합계액이 보험금액을 초과할 수 있다.

③ MIA에서 보험자가 부담하는 손해방지비용 요건은 '손해방지약관의 존재, 피보험자 등의 손해방지행위일 것, 합리적인 비용일 것, 담보위험에 대한 손해방지비용일 것'이다.

④ 공동해손손해와 구조비용은 경우에 따라 손해방지약관에서 보상될 수도 있다.

정답 | ④

해설 | '공동해손손해와 구조비용'은 손해방지약관에서 보상될 수 없다(∵ 공동해손손해와 구조비용은 원래의 약관에 의해 보상되며, 손해방지약관은 추가계약에 의한 것이므로 손해방지비용만 보상한다. MIA 제78조 2항).

22 공동해손(General Average Loss)에 대한 설명이다. 빈칸에 들어갈 수 없는 것은?

> • 공동해손비용손해, 구조비는 (　　　　)의 손해방지약관으로 보상하지 않는다.
> • 공동해손비용손해, 구조비, 충돌손해배상을 방어 또는 청구하는 비용은 (　　　　)의 손해방지약관으로 보상하지 않는다.

① MIA(1906), ITC − Hulls(1983)　　　　② MIA(1906), ICC(1982)

③ ITC − Hulls(1983), MIA(1906)　　　　④ ITC − Hulls(1983), ICC(1982)

정답 ｜ ①

해설 ｜ 'MIA(1906), ITC − Hulls(1983)'이다. 그리고 손해방지비용은 보험가입금액을 초과해도 지급하는 것이 원칙이지만, ITC(1983) 제13조 손해방지약관에 의하면 보험가입금액을 총한도로 한다.

23 아래의 조건에서, 충돌배상책임손해를 부담하는 보험사와 각 보험사의 지급금액은?(상대방 선박의 과실은 없음, 소손해공제액 없음)

> [계약사항] ITC(1983)의 선박충돌약관과 P&I보험에 가입
> ※ 타선박의 충돌사고로 인한 법률상 손해배상책임액 12억원 발생, 해당 선박의 협정보험가액은 16억원이다.

	ITC(1983)	P&I
①	9억원	3억원
②	12억원	4억원
③	16억원	0원
④	9억원	7억원

정답 ｜ ①

해설 ｜ ITC(1983)의 RDC약관상 보험자의 보상책임은 '충돌배상책임액과 협정보험가액' 중 적은 금액의 '3/4'이다. 그리고 나머지 '1/4'은 P&I보험에서 보상한다.

24 다음 중 선박보험의 보험금청구를 위해 제출하는 서류가 아닌 것은?

① 선급유지증서 ② 선박국적증서

③ 매매계약서 ④ 항해일지

정답 | ③

해설 | ③은 요율산정 시의 제출서류이다.

25 다음 중 선박보험계약의 요율산출을 위해 제출하는 서류가 아닌 것은?

① 선박의 건조계약서 ② 선박국적증서

③ 선급협회검사보고서 ④ 국제톤수증서

정답 | ③

해설 | ③은 보험금청구서류의 하나이다.

26 우리나라 적하보험 실무상 단독해손 보험금청구 시 반드시 제출해야 할 서류에 해당하지 않는 것은?

① 보험증권 원본 ② 선하증권

③ 포장명세서 ④ 용선계약서

정답 | ④

해설 | 용선계약서는 사고조사 및 손해액의 계산절차를 위해 요청할 수 있는 서류이다(필수제출서류는 아님).

27 우리나라 적하보험 실무상 단독해손 보험금 청구 시 반드시 제출해야 할 서류에 해당하지 않는 것은?

① 수입승인신청서 ② 선하증권원본

③ 포장명세서 ④ 상업송장

정답 | ①

해설 | ②, ③, ④는 필수제출서류이고 ①은 필요 시 제출하는 서류이다.

PART 05

기업전문부문
기출유형 **모의고사**

A C I U

기 업 보 험 심 사 역

■

기업보험심사역(ACIU)
Associate Insurance Underwriter

CHAPTER 01 | 1과목 **재산보험**

01 화재보험의 목적물 중에서 보험증권에 기재하지 않아도 보험의 목적에 포함되는 것은?

① 건물에 부속된 임차인 소유의 칸막이

② 300만원 이상의 귀중품

③ 건물에 부착된 피보험자 소유의 간판

④ 실외 및 옥외에 쌓아둔 동산

정답 | ③

해설 | ③은 당연가입물건(자동포함물건)이며, 나머지는 명기물건이다.

02 다음 중 국문 화재보험의 보통약관에서 보상하는 것은? (일반물건)

① 국가 및 지자체의 명령에 의한 재산의 소각 및 이와 유사한 손해

② 화재로 생긴 것이든 아니든 파열 또는 폭발로 생긴 손해

③ 화재가 났을 때 생긴 도난 또는 분실로 생긴 손해

④ 제3자의 고의적인 방화로 생긴 손해

정답 | ④

해설 | '보험계약자, 피보험자 및 이들의 법정대리인'의 고의나 중과실에 의한 사고는 면책이지만, 제3자의 고의는 보상한다.

03 빈칸에 들어갈 내용을 순서대로 옳게 채운 것은?

· 피난손해는 피난지에서 (   ) 동안에 보험의 목적에 생긴 화재의 직접손해, 피난손해를 보상한다.
· 화재보험 보통약관상 잔존물제거비용은 (   ) 한도 내에서 보상한다.

① 5일 – 보험가입금액의 10%   ② 5일 – 손해액의 10%

③ 7일 – 보험가입금액의 10%   ④ 7일 – 손해액의 10%

정답 | ②

해설 | '5일 – 손해액의 10%'이다.

04 보기의 경우 기타협력비용으로 보험자가 보상하는 금액은?

> 화재보험 공장물건, 보험가액 1억원, 보험가입금액 5천만원, 손해액 1억원, 기타협력비용 800만원

① 0원 ② 400만원

③ 640만원 ④ 800만원

정답 | ④

해설 | 손해방지비용 등의 사고처리비용은 보험가입금액과의 합이 보험가입금액을 초과하여도 보상을 한다. 단, 일부보험으로 가입한 경우 사고처리비용의 보상금도 비례보상하게 되는데, 기타협력비용은 예외적으로 전액보상한다(실손보상). 즉, 손해방지비용이라면 400만원이 지급되나, 기타협력비용은 실손보상이므로 800만원을 지급한다.

05 국문 화재보험에 풍수재위험 특별약관을 첨부하였다. 보기의 경우 보험자의 지급보험금은?

> • 물건 및 사고내용 : 공장 내 완제품, 집중호우
> • 보험가입금액은 800만원, 보험가액은 1,000만원, 손해액 500만원

① 350만원 ② 400만원

③ 450만원 ④ 500만원

정답 | ①

해설 | 재고자산이므로 80%부보비율이 적용되지 않는다. 그리고 풍수재담보특약의 자기부담금은 50만원이다. 따라서 지급보험금

$$= (500만원 \times \frac{800만원}{1,000만원}) - 50만원 = 350만원$$

06 아래의 조건을 따를 때, 지급보험금은 얼마인가?

> • 국문 화재보험에 지진위험담보 특별약관 첨부
> • 보험가입금액(일반건물) 4천만원, 보험가액 1억원
> • 지진으로 2,000만원의 손해액이 발생하고, 이틀 후 여진으로 600만원의 추가손해액이 발생함

① 940만원 ② 1,040만원

③ 1,200만원 ④ 1,300만원

정답 | ③

해설 | (1) $(2,000만원 + 600만원) \times \dfrac{4천만원}{1억원 \times 0.8} = 1,300만원$

(2) 지진위험담보의 자기부담금은 100만원이므로 (1,300만원 - 100만원) = 1,200만원

07 보기에 따를 때 재고가액통지 특별약관에 가입 시 보험가액과 보험료는?

- 보험가입기간 중 예상 최대재고가액은 5억원, 평균재고가액은 2억원
- 보험요율은 0.1%

	보험가입금액	보험료
①	5억원	50만원
②	5억원	20만원
③	2억원	50만원
④	2억원	20만원

정답 | ①

해설 | 예상최대재고가액을 최초보험가입금액으로 한다. 즉 최초납부보험료 = 5억원 × 0.1% = 50만원. 그리고 계약 만기 후 연간 평균치로 보험료를 정산한다.

08 보기의 경우 할증이나 할인율을 적용할 수 있는 것을 모두 묶은 것은?

- 보험의 목적 : 경기도 소재 아파트형 공장 건물
- 보험가입금액 : 300억원
- 건물내역 : 연면적 5,000m², 층수 15층, 공지거리 15m

가. 고액할인	나. 고층건물할증	다. 특수건물할인	라. 공지할인

① 가

② 가, 나

③ 가, 나, 다

④ 가, 나, 다, 라

정답 | ③

해설 | 공지할인은 1, 2급 건물의 경우 5m 이상부터 적용되지만 공장물건에는 적용이 불가하다.

※ 11층 이상이므로 고층할증이 있고, TSI가 20억원 이상이므로 고액할인이 있으며, 특수건물에 해당하므로 특건할인이 있다 (연면적 3,000m²이상의 공장).

09 동산종합보험의 보험의 목적에 포함되는 물건의 수는?

> 가. 수용 장소가 특정되어 있는 상품
> 나. 자배법상의 자동차와 9종 건설기계
> 다. 선박, 항공기
> 라. 임차인 관리하에 있는 임대회사의 리스기계
> 마. 특정 구간 수송 중의 위험만을 대상으로 하는 동산
> 바. 특정 장소 내의 가재포괄계약
> 사. 동물, 식물
> 아. 하나의 공장구내에서만 소재하는 동산의 포괄계약

① 0개　　　　　② 1개　　　　　③ 2개　　　　　④ 3개

정답 | ②

해설 | '라'항목(리스기계)를 제외하고는 모두 보험의 목적에서 제외된다(공장 내 설치된 기계는 보험의 목적에서 제외).
　　　 ※ 동산종합보험은 타 보험종목과의 영역 조정 및 분리를 위해 보기와 같은 적용대상 제외물건을 두고 있다.

10 동산종합보험에서 '잡위험 보상제외 특별약관'을 첨부할 경우 보험자가 보상하는 것은?

① 항공기와의 접촉, 추락 및 차량과의 충돌, 접촉

② 건물의 붕괴, 누손

③ 비, 눈, 담수 등의 수해(태풍 · 폭풍우 · 홍수 · 해일이나 범람으로 인한 수해는 제외)

④ 연기손해

정답 | ①

해설 | ②, ③, ④는 잡위험에 해당하므로 '잡위험부담보특약' 첨부 시 보상하지 않는다.
　　　 ※ '화.도.파.폭.항.건.비.연' 중에서 잡위험은 '건.비.연'이다.

11 재산종합위험담보(PAR Cover)의 보험목적 중에서 당연가입물건이 아닌 것을 모두 묶은 것은?

> ⊙ 통화, 수표 등의 유가증권　　　　ⓒ 조립공사, 철거공사, 시운전위험
> ⓒ 교통승용구　　　　　　　　　　ⓔ 동물, 식물

① ⊙

② ⊙, ⓒ

③ ⊙, ⓒ, ⓒ

④ ⊙, ⓒ, ⓒ, ⓔ

정답 | ④

해설 | 재산종합보험(PAR Cover)은 피보험자가 소유하거나 책임을 부담하는 타인의 부동산과 동산을 포괄담보한다. 단,
　　　 '동.식.구.토.교, 통화, 시운전위험, 운송물건, 지하물건, 해상물건, 촉매성물건'은 제외한다.

12 재산종합보험의 Section Ⅰ PAR Cover에 대한 내용이다. 가장 거리가 먼 것은?

① 담보위험을 열거방식이 아닌 면책위험열거방식으로 하고 있다.

② 화재보험보다는 담보범위가 넓고 포괄적이다.

③ 소방비용, 잔존물제거비용 및 청소비용, 복구를 위한 전문가용역비도 보통약관으로 담보한다.

④ 기간보험이고, 보험기간 산정은 보험계약자 주소지의 표준시를 기준으로 하며, 보험기간의 개시 시각 및 종료 시각은 00:01AM이다.

정답 | ③
해설 | ③은 확장담보조항으로 담보한다.
　　　※ PAR Cover의 확장담보조항 : 잔존물제거 및 청소비용, 특별비용담보, 손해방지비용, 소규모공사조항, 추가재산담보, 공공
　　　기관조항, 일시적철거비용담보, 건축가 · 조사가 · 자문기술자용역비용담보

13 다음 중 패키지보험(Package Insurance)의 제1부문 재산종합위험담보의 면책사항에 해당하지 않는 것은?

① 항공기의 충돌로 인한 손해

② 노동자의 실수 또는 태업이나 조업 중단으로 인한 손해

③ 전류의 단락, 자체발열, 누전, 과전류, 과부하 또는 과전압으로 인한 손해

④ 발효, 증발, 중량의 감소, 오염이나 품질의 변화로 인한 손해

정답 | ①
해설 | ①은 보상하는 손해이다(특별약관의 형식). ②, ③, ④는 열거된 면책위험에 속한다.

14 빈칸을 순서대로 옳게 채운 것은?

구내 신규 추가재산 자동담보(Capital Additional Clause)는 담보기간 중 추가, 개량 등을 통해 추가재산이 생길 경우, 그 명세를 추가일로부터 (　　　　) 내로 보험회사에 제출해야 한다. 그리고 이에 대한 추가보험료는 (　　　　　　　　　　)

① 2개월 – 별도로 납입하지 않아도 된다.

② 2개월 – 보험기간 종료 후 매 추가별로 일할계산하여 일괄납입한다.

③ 3개월 – 별도로 납입하지 않아도 된다.

④ 3개월 – 보험기간 종료 후 매 추가별로 일할계산하여 일괄납입한다.

정답 | ②
해설 | '2개월 – 보험기간 종료 후 매 추가별로 일할계산하여 일괄납입한다'.

15 패키지보험의 기계위험담보(MB Cover)에서 담보하는 위험으로서 기계적 사고의 발생 원인을 나열한 것이다. 발생 원인에 해당하지 않는 항목의 수는?

> 가. 재질, 설계, 건설, 조립상의 결함
> 나. 진동, 조절 불량, 부품의 느슨함, 분자력의 약화, 원심력, 비정상적 응력, 윤활기능의 결함이나 급작스런 윤활
>   유의 부족, 수충현상
> 다. 보일러나 유사기계장치의 폭발이 발생한 후의 부분적 과열
> 라. 안전장치의 고장이나 결함, 연결된 기계장치의 오작동 또는 결함
> 마. 과 · 부전압, 전열체의 하자, 단락, 누전, 방전, 정전기
> 바. 종업원 또는 제3자의 능력 부족, 기술 부족, 부주의한 행동
> 사. 추락, 충격 또는 이와 유사한 사고, 이물질의 유입 또는 방해

① 0개   ② 1개   ③ 2개   ④ 3개

정답 | ②
해설 | 부분적 과열은 '나'항목에 포함되어 담보하는 위험이지만 '다'는 그 예외로서 담보위험에서 제외한다.

16 패키지보험의 기계위험담보(MB Cover)의 면책위험을 나열한 것이다. 해당하지 않는 항목의 수는?

> 가. PAR Cover에서 보상하는 손해
> 나. 자재의 소모, 일상적 사용으로 인한 기계부품의 소모나 마모, 녹, 보일러스케일이나 침전물의 발생, 도색 또
>   는 광택 표면의 긁힘, 화학적 또는 대기조건의 부식 또는 악화
> 다. 서서히 진행된 변형, 뒤틀림, 균열, 금, 수표, 박막, 흠
> 라. 통상적인 보수나 정비를 위한 시운전과 직접 또는 간접적으로 관련된 손해
> 마. 여하한 성질의 기계의 사용 손실 또는 결과적 손해
> 바. 지진, 조수, 침하, 사태, 암석 낙하, 태풍, 화산 폭발, 홍수, 범람으로 인한 손해
> 사. 피보험자나 그 대리인의 고의적 행위나 고의적 태만으로 인한 손해
> 아. 누출이나 오염에 직접 또는 간접적으로 관련된 손해

① 0개   ② 1개   ③ 2개   ④ 3개

정답 | ②
해설 | 시운전위험은 면책이지만 '라'는 담보하는 손해이다.

17 다음은 패키지보험 Section Ⅲ(기업휴지위험담보 부문)에서 보상하는 손해를 설명한 것이다. 가장 거리가 먼 것은?

① 기업휴지기간 동안의 매출액감소로 인한 총이익상실액(loss of gross profit)을 보상한다.

② 사고직전의 재고보유가 많았거나 가동률이 저하되는 상황이었거나 제품이 공급과잉상태에 있었거나 생산하더라도 100% 판매가 되지 않을 상황이었음이 인정되는 경우는 보험금 증액사유가 될 수 있다.

③ 부보총이익에 포함된 비용이더라도 조업이 중단 또는 감소됨으로써 보상기간 중 지출이 중단되거나 감소된 비용(변동비) 또는 절약된 비용은 손해액에서 공제되어 보상되지 않는다.

④ 피보험자의 고객업체에서의 재산종합 또는 기계보험사고로 인한 피보험자의 간접기업휴지손실을 확장 담보할 수 있다.

정답 | ②
해설 | 증액사유가 아니라 감액사유가 될 수 있다.

18 패키지보험의 제4부문(GL Cover)에서 담보하는 생산물배상책임에 대한 설명이다. 틀린 항목을 모두 고른 것은?

> 가. 피보험자의 제품을 사용하는 국내의 수요자가 제품 품질상의 결함을 직접적 또는 간접적인 원인으로 하여 인적, 물적 피해를 입은 경우 보상한다.
> 나. 하자 있는 생산물의 자체손해도 보상한다.
> 다. 생산물배상책임이 적용되려면 하자 있는 제품으로 인해 제3자의 재산이나 인명에 직접적인 피해가 발생해야 한다.

① 가

② 가, 나

③ 나, 다

④ 가, 나, 다

정답 | ②
해설 | '가, 나'가 틀린 항목이다. 직접적인 원인인 경우에만 보상하며, 생산물의 자체손해는 보상하지 않는다.

19 보기에 따를 때 기업휴지보험의 '보험가입금액'을 계산하면?

> 매출액 200억원, 기초재고 50억원, 기말재고 30억원, 비부보변동비 110억원

① 30억원

② 70억원

③ 130억원

④ 170억원

정답 | ②
해설 | 보험가입금액(연간총수익) = 매출액 − (기초재고 − 기말재고) − 비부보변동비
　　→ 200억원 − (50억원 − 30억원) − 110억원 = 70억원
　　※ (기초재고 − 기말재고)가 당기에 사용된 재고로서 매출원가로 이해할 수 있다.

20 보기에 따를 때 기업휴지보험의 보험가입금액은?

- 약정복구기간 12개월, 보험기간 12개월
- 예상매출액 : 최근회계년도 1년간 매출액보다 10% 성장
- 매출액 220억원, 매출원가 100억원, 판매비 및 일반관리비 60억원
- 매출원가 중 경상비 20억원, 판매비 및 일반관리비는 전액 경상비

① 100억원　　　　　　　　　　　② 110억원
③ 140억원　　　　　　　　　　　④ 154억원

정답 | ④

해설 | • 영업이익 = 매출액 − 매출원가 − 판매관리비 = 220억원 − 100억원 − 60억원 = 60억원
　　　 • 보험가입경상비 = 20억원(매출원가 중 경상비) + 60억원(판매관리비 전액) = 80억원
　　　 따라서 보험가입금액 = (영업이익 + 보험가입경상비) × 110% = (60억원 + 80억원) × 1.1 = 154억원

---

21 보기에 따를 때, 기업휴지보험의 손해액산정 시 사용되는 '이익률'은 얼마인가?

- 직전회계연도 매출액 : 100억원
- 손해발생 직전 1년간의 매출액 : 120억원
- 지출되지 않은 경상비 : 10억원
- 직전 회계연도 기준 : 부보경상비 30억원, 비부보변동비 60억원

① 30%　　　　② 40%　　　　③ 50%　　　　④ 60%

정답 | ②

해설 | 이익률 = $\dfrac{\text{영업이익} + \text{보험가입경상비}}{\text{매출액(직전회계연도)}}$ = $\dfrac{\text{매출액} - \text{비부보변동비}}{\text{매출액(직전회계연도)}}$ = $\dfrac{100억원 - 60억원}{100억원}$ = 40%

---

22 보험가입금액 2억원, 약정복구기간 3개월, 면책기간 30일의 기업휴지특약에 가입하였다. 보기에 따를 때 기업휴지특약의 보험료는?

건물화재보험요율 0.160%, 기존특약요율 0.015%, 약정복구기간계수 0.66, 면책기간계수 0.80

① 184,800원　　　　　　　　　　② 254,770원
③ 18,480,000원　　　　　　　　　④ 25,477,000원

정답 | ①

해설 | 기업휴지특약 보험료율 = 적용요율(건물화재보험요율 + 기존특약요율) × 약정기간계수 × 면책기간계수 = (0.16 + 0.015)
　　　 × 0.66 × 0.80 = 0.0924
　　　 따라서 2억원 × 0.0924% = 184,800원이다.

23 보기에서 특약재보험(Treaty Reinsurance)에 속하지 않는 항목의 수는?

> 가. 비례재보험특약(Quota Share)
> 나. 초과액재보험특약(Surplus Treaty)
> 다. 초과손해액재보험(Excess of Loss Cover)
> 라. 초과손해율재보험(Stop Loss Cover)
> 마. 의무적 임의재보험특약(Facultative and Obilgatory Treaty)

① 0개   ② 1개   ③ 2개   ④ 3개

정답 | ①

해설 | 모두 다 특약재보험이다. '의무적 임의재보험특약'은 임의재보험으로 할 것을 특약으로 설정한 경우로 특약재보험에 해당된다(수재사에 일방적으로 불리한 것이어서 매우 특수한 경우에만 사용).

※ 재보험의 종류

특약재보험		임의재보험
비례적 재보험	**비비례적 재보험**	
비례재보험특약, 초과액재보험특약, 비례 및 초과액재보험 혼합특약, 의무적 임의재보험특약	초과손해액재보험, 초과손해율 재보험	비례적, 비비례적, 혼합방식

24 보상한도액(LOL) 300억원, 원수보험료 1억원의 보험계약을 인수하였다. 원수사가 20%를 보유하고 A재보험사에 15%, B재보험사에 25%, C재보험사에 40%출재하였다. 이에 대한 설명으로 가장 거리가 먼 것은? (재보험수수료 20%)

① 임의재보험의 비례적 재보험 방식이다.

② B사의 수재보험수수료는 500만원이며, 지급책임의 최고한도는 75억원이다.

③ C사의 수재보험수수료는 800만원이고, 지급책임의 최고한도는 120억원이다.

④ 보상한도액의 20%인 60억원까지는 원보험사가, 나머지는 재보험자들이 보상책임을 진다.

정답 | ④

해설 | 비례적재 보험 방식이므로(임의재보험의 비례적 재보험 방식), 클레임마다 임의로 정한 일정 비율대로 책임액을 분담한다. 클레임이 60억원이라면 '원수사는 20%인 12억원, A보험사는 15%인 9억원, B보험사는 25%인 15억원, C보험사는 30%인 24억원'으로 책임액을 분담한다.

※ 임의재보험 – 비례적 재보험 방식 예시

구분	원보험자	A재보험자	B재보험자	C재보험자
위험보유비율	20%	15%	25%	40%
수입보험료	2,000만원 (원보험료)	1,500만원 (수재보험료)	2,500만원 (수재보험료)	4,000만원 (수재보험료)
재보험수수료	(+)1,600만원	(−)300만원	(−)500만원	(−)800만원
보상책임액 (60억 클레임)	12억원	9억원	15억원	24억원

25 보기에 따를 때, B재보험사의 수재보험료와 클레임금액이 50억원인 경우 B재보험사의 보상책임액은?

- 원수보험료 1억원, 재보험수수료 20%, 원보험사 보유비율 40%
- 보상한도액(LOL) 500억원
- 출재방식 :

  3rd Layer(300억원 초과 200억원) :

  출재보험료 1천만원, E재보험사 수재보험료 15%, F재보험사 수재보험료 45%

  2nd Layer(100억원 초과 200억원) :

  출재보험료 2천만원, C재보험사 수재보험료 36%, D재보험사 수재보험료 24%

  1st Layer(50억원 초과 50억원) :

  출재보험료 3천만원, A재보험사 수재보험료 40%, B재보험사 수재보험료 20%

	수재보험료	보상책임액
①	1,000만원	10억원
②	2,000만원	20억원
③	1,000만원	20억원
④	2,000만원	30억원

정답 | ①

해설 | 임의재보험의 비비례적 재보험 방식이다(Layered방식이라고도 함).

- B재보험사 수재보험료 = 3천만원 $\times \dfrac{2}{6}$ = 1천만원(A재보험사는 2천만원)
- 50억원 사고 발생 시 보상책임액
 (1) 원보험사 = 50억원 × 40% = 20억원

 (2) 1st Layer : A보험사 = 50억원 × 60% × $\dfrac{4}{6}$ = 20억원, B보험사 = 50억원 × 60% × $\dfrac{2}{6}$ = 10억원

1st Layer에서 책임한도가 결정되므로 나머지 C, D, E, F보험사는 책임액이 없다.

CHAPTER 02 | 2과목 특종보험

26 다음 중 건설공사보험에서 증권에 기재해야만 보험의 목적이 되는 것은?

① 비계, 거푸집   ② 비계, 불도저

③ 불도저, 크레인   ④ 크레인, 비계

정답 | ③

해설 | • '비계, 거푸집' 등 공사용 가설물 → 기본담보로 자동적 보험목적이 됨
       • '불도저, 크레인' 등 공사용 중장비 → 증권에 별도로 명기해야만 보험목적이 됨(선택담보)

27 건설공사보험에서 보상하지 않는 손해는?

① 지면침하, 사태, 암석붕괴로 인한 손해

② 피보험자의 종업원, 제3자의 취급 잘못 또는 악의적인 행위로 인한 손해

③ 공사의 일부 또는 전부의 중단으로 인한 손해

④ 차량 및 항공기와의 충돌 또는 낙하물로 인한 손해

정답 | ③

해설 | 공사지연손해나 성능 부족 등의 간접손해는 보상하지 않는다.

28 건설공사보험의 언더라이팅에 있어서 재물손해부문에 대한 고려사항이 아닌 것은?

① 주변상황조사보고서   ② 보험가액

③ 지질보고서   ④ 세부공사일정

정답 | ①

해설 | ①은 배상책임손해부문에 해당된다.

29 보기의 내용은 조립보험의 보험기간을 설명한 것이다. 빈칸을 옳게 채운 것은?

> 보험기간의 시기는 '보험기간의 시작일시(보험기간의 첫날 00:00시)와 조립물건의 현장하역완료시기' 중 (   )
> 의 시점이며, 보험기간의 종기는 '보험자의 책임종료는 조립공사 후 최초의 시운전을 마칠 때가 되며, 조립완료
> 시점과 보험기간 종료일(마지막 날 24시) 중 (   ) 도달하는 시점에서 보험기간이 종료한다.

① 먼저 – 먼저 　　　　　　　　　② 먼저 – 나중

③ 나중 – 나중 　　　　　　　　　④ 나중 – 먼저

정답 ┃ ④

해설 ┃ 조립보험의 보험기간은 기간보험과 구간보험이 혼합된 성격이다(건설공사보험, 해외여행보험도 혼합구간의 성격이다).

30 조립보험의 보통약관상 보상하는 손해이다. 해당하지 않는 것은?

① 조립작업의 결함으로 인한 손해

② 공사용 기계의 전기적 사고

③ 화학적 폭발로 인한 손해

④ 폭풍우, 홍수, 벼락 등 자연재해로 인한 손해

정답 ┃ ②

해설 ┃ 누전이나 합선으로 인한 전기적 사고는 보상하지만, 공사용 기계의 개별적인 전기적 사고는 보상하지 않는다.

31 조립보험의 '제작자위험담보'에 대한 설명이다. 틀린 것은?

① 설계결함, 재질결함, 주조결함, 제작결함 등 4가지 유형의 위험을 통칭한 것이다.

② 조립보험 보통약관에서 보상하지 않는 위험이다.

③ 제작결함이 없는 다른 목적물에 파급된 손해를 보상한다.

④ 특별약관으로 담보 시 기계 또는 물품의 결함의 제거 및 교정에 소요되는 비용을 보상받을 수 있다.

정답 ┃ ④

해설 ┃ ※ 제작자위험담보

건설공사보험	조립공사보험
보통약관으로 담보	특별약관으로 담보

재질결함, 제작결함으로 인한 자체손해(기계 또는 물품의 결함의 제거비용, 교정에 소요되는 비용을 말함)는 보상하지 않고, 그로 인한 결함 없는 다른 목적물에 파급된 손해를 보상한다.

32 기계보험에서 보험의 목적이 되기 위한 요건에 해당하지 않는 것은?

① 시운전이 끝난 기계

② 국내에서 이동 중인 기계

③ 사업장 구내에서 가동 가능한 상태로 있는 기계

④ 정비검사를 위하여 가동 중지 중인 기계

정답 | ②

해설 | 이동 중인 기계는 '동일 사업장 내에서의 이동'이어야 한다.

33 기계보험에서 보상하는 손해를 나열한 것이다. 이 중 잘못된 것은?

① 주조 또는 재질결함으로 인한 손해

② 설계, 제작 또는 조립상의 결함으로 인한 손해

③ 보일러의 급수 부족으로 인한 사고로 인한 손해

④ 화학반응에 의한 폭발로 인한 손해

정답 | ④

해설 | 화학적 폭발은 화재보험에서 보상하므로 기계보험에서는 면책이다(기계보험과 화재보험의 중복을 피하는 차원에서 면책으로 함).

34 기계보험에서 사고가 발생하여 보험금을 지급하는 경우의 설명으로 틀린 것은?

① 기계보험은 손해부분에 대한 원상복구를 기준으로 하기 때문에 수리 또는 대체가 완료되어야 보험금을 지급한다.

② 지급할 보험금이 결정되면 특별한 사유가 없는 한 10일 이내에 피보험자에게 보험금을 지급한다.

③ 부분손해가 발생하여 수리부품이 신품으로 교체되는 경우 신구교환에 따른 감가상각을 하여 보험금을 지급한다.

④ 보험계약자가 수리를 포기한 경우에는 시가기준으로 평가하여 보험금을 지급할 수 있다.

정답 | ③

해설 |

전부손해	부분손해
시가보상[주1]	㉠, ㉡, ㉢

㉠ 부분손해 → 신품 대체 시 → 신품재조달가액으로 보상(③의 경우)

㉡ 부분손해 → 수리 포기 → 시가액으로 보상(④의 경우)

㉢ 부분손해 → 수리비가 시가액 초과 시 → 추정전손 → 시가액으로 보상

※ 주1 : 시가보상이라 함은 '신품재조달가액 − 감가공제액'을 말한다.

35 기계보험계약과 관련된 내용이 아래와 같다. 지급보험금 산정금액은?

> 보험가입금액 1억원, 미평가보험 시가액 1억원, 미평가보험 신조달가액 2억원, 자기부담금 200만원, 손해액 1,400만원, 잔존물가액 400만원

① 300만원   ② 425만원   ③ 800만원   ④ 1,000만원

정답 | ①

해설 | (손해액 − 잔존물가액) × $\dfrac{\text{보험가입금액}}{\text{신조달가액}}$ − 자기부담금 = (1,400만원 − 400만원) × $\dfrac{1\text{억원}}{2\text{억원}}$ − 200만원 = 300만원(참고로 기계보험의 보험가액은 신조달가액으로 한다).

36 다음의 기계보험의 특별약관 중 나머지 셋과 성격이 다른 것은?

① 용광로, 보일러의 내화물 및 석조물 담보 특별약관
② 특별비용담보 특별약관
③ 이익상실담보 특별약관
④ 이동성 기계 담보 특별약관

정답 | ①

해설 | ①은 보통약관상 면책인 것을 부보하기 위한 특약이며, ②, ③, ④는 보통약관의 담보위험을 일부 확장하는 특약이다. '용광로, 보일러의 내화물, 석조물'은 기계보험의 보험의 목적에서 제외된다(따라서 특약(①)을 통해 부보할 수 있음).

37 도난보험의 면책사유를 나열하였다. 틀린 항목의 수는?

> 가. 보험계약자나 피보험자의 고의나 중과실
> 나. 피보험자의 가족, 친족, 동거인, 피용인, 당직자가 행하거나 가담 또는 묵인한 도난행위
> 다. 화재, 폭발 시의 도난행위
> 라. 절도, 강도행위로 발생한 화재 및 폭발손해
> 마. 상점, 영업소, 창고 또는 작업장 내에서 일어난 좀도둑으로 인한 손해
> 바. 재고조사 시 발견된 손해
> 사. 도난사고 후 72시간 후에 발견된 손해
> 아. 30일 이상 부재중의 도난사고
> 자. 보험의 목적이 보관장소를 벗어나 보관되는 동안에 생긴 도난손해
> 차. 자동차, 오토바이, 동식물의 도난사고

① 0개   ② 1개   ③ 2개   ④ 3개

정답 | ③

해설 | • 사 : 도난사고 후 30일 후에 발견된 손해
     • 아 : 72시간 이상 부재중의 도난사고

38 빈칸에 알맞은 것은?

> 국문도난보험에 보험가입금액 1,000만원으로 가입하였다. 현금 및 유가증권 특별약관에서 보상하는 손해액이 500만원(보험가액 2,000만원, 기타비용은 없다고 가정함)이라고 할 때, 동 특약에서 지급하는 보험금은 (   )이다.

① 200만원

② 250만원

③ 400만원

④ 500만원

정답 | ④

(1) 현금 및 유가증권담보 특별약관은 보험가입금액 내에서 실손보상한다. 즉 500만원이다.

(2) 동산담보특약이나 수탁물배상책임특약상의 보상이라면, 비례보상이 적용되어 250만원이 된다(500만원 × $\dfrac{1,000만원}{2,000만원}$ = 250만원).

39 다음 중 도난손해를 보상하지 않는 보험은?

① 기계보험

② 골프보험

③ 건설공사보험

④ 조립보험

정답 | ①

해설 |

도난보험 면책	도난보험 보상
화재보험, 기계보험	건설공사, 조립공사, 동산종합보험, 레저용품손해

※ 도난손해를 보상하는 보험 : '건.조.동.레'로 암기

40 아래의 조건에서 B보험사의 금융기관종합보험(Banker's Blanket Bond)이 피보험자에게 지급해야 할 지급보험금은?

> • A금융회사는 직원의 범죄행위(fidelity)로 인한 담보손해를 보상받기 위해 B보험사의 금융기관종합보험에 가입하였으며 동일한 사고에 보험금을 지급하는 타보험에도 가입된 상태이다.
> • 동 담보손해가 실제 발생하여 동 금융기관종합보험으로부터는 10억원, 타보험으로부터 3억원의 보험금지급사유가 발생하였다.

① 3억원

② 7억원

③ 10억원

④ 13억원

정답 | ②

해설 | BBB는 Excess Policy이다. 즉 Primary Policy인 타보험에서 3억원을 먼저 지급하고 그 초과액인 7억원을 BBB에서 지급한다.

41 금융기관종합보험(Banker's Blanket Bond)의 언더라이팅 시 고려사항과 가장 거리가 먼 것은?

① 종업원의 개인적 재정문제

② 임금이나 인사, 근무환경 등과 관련한 회사에 대한 불만

③ 회사의 내부통제시스템 등 관리체계의 미비

④ 종업원에 대한 고용주의 불신

정답 | ④

해설 | '종업원에 대한 고용주의 지나친 신뢰'가 옳다. 지나치게 신뢰할 경우 장기간에 걸쳐 진행된 사고를 파악하기 힘들다.

42 국내에서 사용하고 있는 '납치 및 인질보험(Kidnap and Ransom Insurance Policy)'에서 면책으로 하는 사고가 아닌 것은?

① 무력 또는 폭력의 사용 또는 그에 의한 위협으로 인해 본인이 직접 몸값을 건네준 경우

② 한 명 이상의 피보험자가 납치된 장소 또는 협박이 처음 있었던 장소에서 몸값을 지불한 경우

③ 석방금을 긴급조달하기 위해 빌린 대출금에 대한 이자

④ 이민, 취업, 거주를 위한 비자 또는 허가서류 미비로 인한 감금

정답 | ③

해설 | ③은 보상하는 손해이다. 참고로 ①, ②에 있어 '이미 요구받았던 몸값을 건네주기 위해 가던 중'에 해당 상황이 발생한 경우는 보상한다.

43 다음 중 종합보험이 아닌 것은?

① 해외여행자보험

② 골프보험

③ 수렵보험

④ 패키지보험

정답 | ①

해설 | 해외여행보험은 상해위험을 기본담보로 하고, 용품손해와 배상책임손해는 선택담보로 하기 때문에 종합보험으로 분류하지 않는다(보통약관상 상해보험에 해당).

②, ③ 신체상해, 용품손해, 배상책임손해를 보통약관으로 담보하므로 레저종합보험에 해당된다.

④ 패키지보험도 종합보험이다('재산종합보험'이라 함).

44 보기에서 법률비용보험의 면책사유가 아닌 항목의 수는?

가. 민사소송법에서 정한 청구의 포기, 소의 취하, 소의 각하
나. 지적재산권에 관련된 소송
다. 피보험자가 각종 단체의 대표자, 이사, 임원 등의 자격으로 행한 업무 관련 소송
라. 소비자기본법에 따라 제기된 소송
마. 자본시장법상의 금융투자상품과 관련된 소송
바. 가입 여부와 관련 없이 의무보험에서 보상받을 수 있는 법률비용
사. 환경오염, 일조권, 조망권, 소음, 명예훼손 등의 분쟁과 관련한 소송
아. 전부패소에 따라 피보험자가 민사소송 상대측에게 부담해야 할 소송비용 일체
자. 피보험자와 피보험자의 가족 간의 민사소송

① 0개　　　　　② 1개　　　　　③ 2개　　　　　④ 3개

정답 | ①
해설 | 모두 법률비용보험의 면책사항이다.

45 다음 중 법률비용보험에서, 소송 제기 시 보험자가 사전에 승인한 변호사 중에서 피보험자가 선택하여 선임하는 방식은?

① Open Panel 방식　　　　　　　　② Closed Panel 방식
③ 절충식 방식　　　　　　　　　　④ 혼합식 방식

정답 | ②
해설 | Closed Panel 방식이다.
　　• Open Panel 방식 : 피보험자가 변호사를 선임하고 보험자에 통지하는 방식으로, 역선택의 가능성이 가장 높다.
　　• Closed Panel 방식 : 보험자가 사전에 승인한 변호사 중에서 피보험자가 선택하여 선임하는 방식이다.
　　• 절충식 방식 : 보험자가 사전에 승인한 변호사 이외에 다른 변호사를 선임할 수 있으나 추후 반드시 보험자의 승인을 받도록 하는 방식이다.

46 빈칸을 옳게 채운 것은?

지적재산권보험이 담보하는 4가지 부문 중에서 피보험자를 상대로 제3자가 제기한 소송을 방어하기 위한 소송비용 등을 보상하는 것은 (   )이며, 피보험자의 지적재산권 관계자들이 제기한 소송을 방어하기 위한 소송비용 등을 보상하는 것은 (   )이다.

① 계약클레임 – 방어클레임
② 방어클레임 – 보호클레임
③ 보호클레임 – 방어클레임
④ 보호클레임 – 소송제기클레임

정답 | ②
해설 | 제3자가 제기한 소송을 방어하는 것은 방어클레임, 지적재산 관계자들이 제기한 소송을 방어하는 것은 보호클레임이다('계파, 방제, 보관'으로 암기).

47 상금보상보험과 관련하여 빈칸을 옳게 채운 것은?

• 강우량 및 강설량과 같은 기상결과를 기준으로 담보하는 경우 과거 (   ) 또는 그 이상의 기상관측자료를 고려하여 보험조건을 결정한다.
• 보험요율이 (   ) 수준을 초과하게 되면 보험료 부담으로 계약이 성사되기 힘들 수 있으므로, 공제금액이나 공동부보비율을 조정하여 보험요율을 적정히 할 필요가 있다.

① 3년 – 5%
② 3년 – 10%
③ 30년 – 5%
④ 30년 – 10%

정답 | ④
해설 | '30년 – 10%'이다. 공제금액을 상향하거나 공동부보비율을 상향조정하여 보험요율을 10% 이하로 조정할 것이 권장된다.

48 동물보험에 대한 설명이다. 옳은 내용은?

① 사망만을 담보하므로 확장담보나 특별약관으로도 사망 이외의 손해를 담보할 수 없다.

② 동물은 재물의 일종이므로 보험가액으로 평가하며 시가액(actual cash value)으로 보상하고 이에 대한 예외는 없다.

③ 동물보험은 사망만을 담보하는 전손보험이므로, 소액클레임을 방지하기 위한 자기부담금을 부과할 필요가 없다.

④ 보험자의 동의하에 담보하는 동물에 대해 별도의 보험에 가입한 경우, 동 보험은 다른 보험계약의 초과보험으로 보상한다.

정답 | ④

해설 | 중복보험이 되었을 때 보험자 동의가 있을 경우 초과보험으로 보상하며, 동의가 없을 경우는 면책이다.
　　① 종마붙임확장담보에 가입한 경우 사망이 아닌 '종마의 기능상실 손해'를 담보한다.
　　② 계약 당시 시가를 정하기 곤란한 경우는 협정보험가액(agreed value)으로 할 수 있다.
　　③ 전손보험이라도 피보험자의 손해방지노력을 부담시킨다는 측면에서 일정 금액의 자기부담금을 설정한다.

49 날씨보험에 대한 설명이다. 틀린 것은?

① 전형적인 Short - tail 보험이다.

② 날씨의 관측지점은 피보험자의 사업장 또는 영업활동 소재지 중에서 선정한다.

③ 보험계약자의 청약은 보험기간 개시일로부터 최소 30일 이전에 이루어져야 한다.

④ 보험가입금액은 피보험자의 사업과 관련한 매출액과 비용을 고려하여 협의하는데, 직전연도 매출액의 100%를 초과할 수 없다.

정답 | ④

해설 | 매출액은 3개년 평균매출액의 30%, 비용은 최근 3년 평균지출비용의 100%로 한다.

50 다음 중 컨틴전시보험(Contigency Insurance)에 해당하지 않는 것은?

① 날씨보험(Weather Insurance)

② 골프보험(Golf Insurance)

③ 상금보상보험(Prize Indemnity Insurance)

④ 행사취소보험(Cancellation of Event Insurance)

정답 | ②

해설 | 골프보험은 레저종합보험에 해당하며, 홀인원보험이 컨틴전시보험에 속한다.
　　※ 컨틴전시보험
　　• 개념 : 전통적인 손해보험에서 보상하지 않는 위험을 담보하는 보험으로서 특정한 사건(날씨, 경기결과, 행사 등)을 전제로 하고 예정된 사건이 현실화되었을 때 피보험자가 입게 되는 금전적 손실을 보상하는 보험이다.
　　• 종류 : 날씨보험, 행사취소보상보험, 스포츠시상보험, 재정손실담보위험 등

CHAPTER 03 | 3과목 배상책임보험

51 보기 중 손해사고발생기준(Occurrence Basis Policy)에서 발생할 수 있는 문제점을 나타내는 항목의 수는?

> 가. 사고일자의 불분명성　　　　　　　　나. 보상한도액의 현실성 부족
> 다. 불합리한 요율산정　　　　　　　　　라. 부적절한 준비금 계상

① 1개　　　　　　② 2개　　　　　　③ 3개　　　　　　④ 4개

정답 | ④

해설 | 모두 손해사고발생기준에서 발생할 수 있는 문제점이며, 이는 배상청구기준으로 담보할 때 보완할 수 있다.
　　 가. 의약품 장기복용 사고, 건축내장재 사고, 설계결함사고 등은 장기간 잠복된 후 손해가 발생하므로 사고일자를 특정하기가 어렵다.
　　 나. 손해사고 발생 시점과 보험금 수령 시점의 시차가 길어질 경우 보험금이 인플레 위험에 노출될 수 있다.
　　 다 · 라. 손해사고발생기준은 IBNR Loss의 문제점을 내포하고 있으므로 INBR준비금을 과다하게 계상할 경우 '부적절한 준비금 계상'과 이에 따라 보험요율도 정상치보다 높게 반영되는 '불합리한 요율'의 문제가 발생한다.

52 빈칸에 알맞은 것은?

> 보험기간의 선택연장담보는 보험종료일로부터 (　　) 이내에 보험계약자의 청구가 있어야 하며, 보험자는 이 연장담보를 거절할 수 없다. 또한 보험자는 선택연장담보기간에 대하여 담보위험과 계약조건을 감안하여 기존보험료의 (　　) 내에서 추가보험료를 부과할 수 있다.

① 30일 – 100%　　　　　　　　　　② 30일 – 200%
③ 60일 – 200%　　　　　　　　　　④ 60일 – 100%

정답 | ③

해설 | '60일 – 200%'이다. 선택연장담보의 경우 배상청구기한은 무제한으로 인정된다.

53 영업배상책임보험에서 지급하는 비용 중 손해배상청구금액이 보상한도액을 초과하는 경우, 보상한도액에 해당하는 금액에 대해서만 지급하는 항목으로 짝지어진 것은?

① 변호사비용, 공탁보증보험료

② 소송비용, 응급처치비용

③ 화해비용, 응급처치비용

④ 손해방지비용, 중재비용

정답 | ①

해설 | 보상한도액을 초과해도 전액을 지급하는 것은 '손해방지비용, 손해경감비용(응급처치비용, 긴급호송비용, 구조를 위한 잔존물제거비용(응.긴.구)'이며, 방어비용이나 권리보전비용, 기타비용은 보상한도액 내에서 보상한다.

54 국문 영업배상책임보험 보통약관에서 보상하지 않는 손해를 모두 묶은 것은?

> ㉠ 보험계약자 또는 피보험자의 고의
> ㉡ 계약상의 가중책임(Contractual liability)
> ㉢ 벌과금 및 징벌적 손해에 대한 배상책임
> ㉣ 오염사고(pollution)

① ㉠

② ㉠, ㉡

③ ㉠, ㉡, ㉢

④ ㉠, ㉡, ㉢, ㉣

정답 | ④

해설 | 모두 공통 면책사항(보통약관상의 면책사항)이다.

55 보기에서 시설소유관리자 특별약관상 '보상하는 손해'에 해당하는 항목의 수는?

> 가. 피보험자가 소유, 점유, 임차, 사용하거나 보호, 관리, 통제하는 재물에 대한 손해
> 나. 통상적인 유지, 보수작업으로 생긴 손해
> 다. 피보험자가 양도한 시설로 생긴 손해에 대한 배상책임과 시설 자체의 손해에 대한 배상책임
> 라. 피보험자의 점유를 벗어나고 시설 밖에서 사용, 소비되는 음식물이나 재물
> 마. 차량주유소의 혼유사고로 생긴 손해
> 바. 작업의 종료 또는 폐기 후 작업의 결과로 부담하는 손해에 대한 배상책임 및 작업물건 자체의 손해에 대한 배상책임

① 0개

② 1개

③ 2개

④ 3개

정답 | ③

해설 | '나, 마'가 보상하는 손해이다.
- 나 : 시설의 수리 및 개조, 신축, 철거작업으로 인한 손해는 면책이지만 '통상적'인 경우는 보상한다.
- 마 : '라'는 생산물배상책임이나 생산물보증보험의 영역이어서 면책이지만, '마'는 주유소 시설의 주유 작업 중 실수로 인한 사고이므로 시설소유관리자특약으로 보상한다.

56 영문 배상책임보험(CGL Policy)가 담보하는 인격침해(Coverage of Personal Injury)의 5가지 유형에 속하지 않는 것은?

① 불법체포(false arrest)

② 불법주거침입(wrongful prosecution)

③ 저작권, 타이틀 또는 표어의 침해(infringement of copyright, titles or slogan)

④ 사생활침해(violation of privacy)

정답 | ③

해설 | ③은 인격침해(PI)가 아니라 광고침해(AI)에 해당한다.

57 다음은 영문 영업배상책임보험(CGL Policy)에 대한 설명이다. 틀린 것은?

① CGL Policy는 담보A(신체장해 및 재물손해에 대한 배상책임담보부문), 담보B(인격침해 또는 광고침해 담보부문) 및 담보C(의료비 담보부문)으로 구분되며, 담보B와 담보C는 선택사항이다.

② CGL Policy의 담보B에서는 보험증권의 담보기준과 관계없이 손해사고기준으로만 담보한다.

③ CGL Policy의 담보C에서는 피보험자의 과실 유무를 불문하고 피보험자의 구내시설에서 발생한 사고에 한하여 타인이 입은 신체장해에 대한 치료비를 보상한다.

④ CGL Policy의 Supplementary Payments는 보험사고 발생 시 보험회사가 손해배상금과는 별도로 보상하는 제반비용을 말하며, 담보A와 담보B에만 적용된다.

정답 | ③

해설 | 담보C는 시설보유관리자배상책임에서의 구내치료비추가특별약관과 그 담보내용이 동일하다(즉, 피보험자의 법률상 책임이 없는 경우만 보상한다).

58 손해 발생 원인이 채무불이행책임과 일반불법행위책임이 경합할 경우, 피해자가 손해배상금을 청구할 수 있는 가장 정확한 방법은?

① 불법행위책임이 우선하므로 불법행위책임 하나만 행사할 수 있다.

② 채무불이행책임이 우선하므로 채무불이행책임 하나만 행사할 수 있다.

③ 불법행위책임과 채무불이행책임 중 유리한 것을 선택하여 행사하며, 한번 선택한 후에는 나머지 책임을 물을 수 없다.

④ 불법행위책임과 채무불이행책임 중 유리한 것을 선택하여 행사하며, 시효소멸 등의 이유로 어느 하나의 책임이 소멸될 경우 나머지 책임을 물을 수 있다.

정답 | ④

해설 | 참고로 채무불이행책임은 상계가 가능하지만 일반불법행위책임은 상계가 불가하다.

59 보기에서 비례보상을 하는 항목의 수는?

> 가. 창고업자특별약관(Ⅰ)　　　　　나. 창고업자특별약관(Ⅱ)
> 다. 임차자배상책임특별약관　　　　라. 주차장특별약관
> 마. 차량정비업자특별약관　　　　　바. 경비업자특별약관

① 1개　　　　　　② 2개　　　　　　③ 3개　　　　　　④ 4개

정답 ┃ ②

해설 ┃ '가, 다'의 경우 비례보상을 한다. 창고업자특약은 보관자배상책임만을 담보하므로 비례보상하는 것이 원칙이지만, 창고업자
특별약관(Ⅱ)의 경우에는 보상한도액 내에서 실손보상한다.

60 경비업자특별약관(Ⅱ)에서 보상하지 않는 것은?

① 불특정 다수인의 출입 허용 사업장에서의 근무시간 중 사고

② 전기적 사고로 생긴 화재, 폭발손해

③ 경보, 기계설비의 고장으로 생긴 손해

④ 총포류, 도검류, 경비견의 사용으로 생긴 손해

정답 ┃ ④

해설 ┃ 모두 다 경비업자특별약관(Ⅰ)의 면책사항이지만, ①, ②, ③은 경비업자특별약관(Ⅱ)에서 보상한다.

61 도급업자배상책임보험에서 추가특약으로 보상받을 수 있는 것과 가장 거리가 먼 것은?

① 티끌, 먼지, 석면, 분진 또는 소음피해

② 지하매설물 손해

③ 피보험자의 수급인에 의한 사고로 인한 손해

④ 공사의 종료 또는 폐기 후 공사의 결과로 부담하는 배상책임

정답 ┃ ④

해설 ┃ ④는 추가특약이 아니라 별도의 보험(완성작업 배상책임보험)에서 담보할 수 있다.
　　　　① 티끌, 먼지, 분진 및 소음 추가특약
　　　　② 지하매설물 추가특약
　　　　③ 발주자 미필적 배상책임담보특약

62 다음의 도급업자 관련 특약 중에서 '발주자미필적배상책임특약'을 말하는 것은?

① 피보험자가 임가공을 목적으로 수탁받아 보험증권에 기재한 시설 내에서 보관 및 가공하는 물건에 대한 손해를 담보하며, 화재 · 폭발 · 파손 · 절도 및 도난사고만을 보상한다.

② 피보험자의 수급업자가 증권에 기재된 작업의 수행이나 그에 대한 피보험자의 감독 주의로 인한 배상책임을 담보한다.

③ 보험증권에 기재된 계약에 따라 피보험자가 배상책임을 부담하는 우연한 사고를 담보한다.

④ 기재된 시설과 그 업무수행 과정에서 급격하게 발생한 오염사고로 인한 대인, 대물배상 및 오염제거비용을 보상한도액에서 보상한다.

정답 | ②
해설 | ①은 하청업자배상책임특약, ③은 계약상가중책임특약, ④는 오염사고담보추가특약에 대한 설명이다.

63 다음 중 손해배상책임의 책임법리가 계약불이행책임(채무불이행책임)의 성격을 띠고 있는 것을 모두 묶은 것은?

㉠ 전문직업배상책임보험	㉡ 임원배상책임보험
㉢ 보관자배상책임보험	㉣ 생산물배상책임보험

① ㉠

② ㉠, ㉡

③ ㉠, ㉡, ㉢

④ ㉠, ㉡, ㉢, ㉣

정답 | ③
해설 | 전문직업(임원, 보관자 포함)은 전문인과 고객 간의 관계에서 위임법리(계약이행관계)에 있으므로 이를 어기면 배상책임을 부담한다. 생산물배상책임보험은 무과실책임주의를 법리로 한다.

64 생산물배상책임보험 책임법리의 법령상 근거인 제조물책임법에 대한 설명이다. 가장 거리가 먼 것은?

① 제조물책임은 무과실책임주의를 책임요건으로 하며, 제조업자의 과실을 요건으로 하지 않는다.

② 제조물(생산물)의 결함이 현재의 과학수준 또는 기술수준으로 찾을 수 없는 것이라면 면책이다.

③ 제품 제조에 사용된 부품이나 원재료가 해당 부품이나 원재료 공급자의 제작 결함으로 발생한 사실이 피보험자에 의해 입증된다면, 제조물책임법상 면책이다.

④ 손해배상청구권자는 제조업자가 손해를 발생시킨 제조물을 공급한 날로부터 3년 이내에 손해배상청구권을 행사해야 한다.

정답 | ④
해설 | 손해배상청구권자는 손해배상책임을 지는 자를 안 날로부터 3년, 제조업자가 손해를 발생시킨 제조물을 공급한 날로부터 10년 이내에 이를 행사해야 한다.

65 빈칸을 옳게 채운 것은?

- 피해자에게도 사고에 기여한 과실이 조금이라도 있는 경우 가해자의 배상책임은 면책된다는 것은, 보험자의 방어논리 중 ( )에 해당된다.
- 비교과실제도 중에서 가해자에게 가장 유리한 배상방법은 ( )이다.

① 기여과실 − Pure Form   ② 기여과실 − S/G Form

③ 위험인수 − 49% Form   ④ 위험인수 − S/G Form

정답 | ②

해설 | '기여과실 − S/G Form'이다. 가해자(제조업자)의 부담이 가장 적은 방식은 기여과실이다. 비교과실제도 중에서 제조업자의 부담이 가장 적은 것은 S/G Form이며 가장 많은 것은 Pure Form이다.

※ 위험인수 : 피해자 스스로 자기의 권리가 침해되는 것을 감수 또는 용인한 경우에는 가해자의 손해배상책임이 발생하지 않는다는 방어논리이다.

66 빈칸을 옳게 채운 것은?

제품결함으로 인해 제3자에 발생한 대인, 대물사고로 인한 배상책임손해는 ( ), 제품결함으로 인한 사고발생이 우려되어 제품을 회수하는 비용은 ( ), 제품결함으로 인한 작동불능 등의 생산물 자체에 대한 손해는 ( )으로 담보한다.

① 생산물배상책임보험 − 생산물회수비용보험 − 생산물하자보증보험

② 생산물하자보증보험 − 생산물회수비용보험 − 생산물배상책임보험

③ 생산물회수비용보험 − 생산물하자보증보험 − 생산물배상책임보험

④ 생산물배상책임보험 − 생산물하자보증보험 − 생산물회수비용보험

정답 | ①

해설 | '생산물배상책임보험 − 리콜보험(생산물회수비용보험) − 생산물하자보증보험'이다.

67 빈칸을 옳게 채운 것은?

건축사, 기술사 배상책임보험의 보고기간 연장을 위해서 보험만기일 이후 ( ) 이내에 보험사고를 통지하면, 해당 보험사고에 대한 배상청구는 보험만기일 이후 ( )간 연장담보한다.

① 30일 − 3년   ② 60일 − 3년

③ 60일 − 5년   ④ 60일 − 무제한

정답 | ①

해설 | 일반영업배상책임보험의 ERP는 '60일 − 5년(중기 장기자동담보, Midi tail)'이지만, 동 보험에서는 '30일 − 3년'이 적용된다.

68 의료분쟁조정법에 대한 내용이다. 가장 적절하지 않은 것은?

① 의료분쟁의 당사자는 의료사고의 원인 행위가 종료된 날로부터 10년, 그 가해자를 안 날로부터 3년 내에 조정중재원에 신청할 수 있다.

② 조정신청일로부터 90일 이내에 조정결정을 해야 하는데, 필요 시 1회에 한하여 30일까지 연장이 가능하다.

③ 조정조서는 재판상의 화해와 동일한 효력이 있다.

④ 의료인이 충분한 주의의무를 다하였음에도 불구하고 분만에 따른 뇌성마비 등의 불가항력적인 사고가 있을 경우, 그 피해를 2천만원의 범위 내에서 피해자 가족의 생계를 고려하여 보상위원회에서 정한 금액을 보상한다.

정답 | ④
해설 | 2천만원이 아니라 3천만원이다.

69 의료과실배상책임보험에서 담보하는 진료행위 중 분쟁의 빈도가 가장 낮은 것은?

① 수술　　　　　② 분만　　　　　③ 주사　　　　　④ 투약

정답 | ④
해설 | 분쟁빈도가 높은 것은 '수술, 분만, 주사, 오진'이며, 낮은 것은 '검사, 투약, 응급처치, 투약'이다.

70 임원배상책임보험에서 보상하지 않는 것은?

① 직무상 의무불이행(Breach of Duty)　　　② 부정확한 진술(Misstatement)
③ 선관주의의무(Neglect)　　　　　　　　　④ 배임(Breach of Trust)

정답 | ④
해설 | 횡령이나 배임과 같은 형사범죄는 임원배상책임보험에서 보상하지 않는다.
　　　Cf. 금융기관종합보험은 임직원의 범죄행위를 보상하고 업무상 과실은 보상하지 않는다.

71 임원배상책임보험의 국문약관에 첨부하는 특별약관에 대한 설명이다. 틀린 것은?

① 법인보상담보 특별약관은 영문약관에서는 회사보상조항(Company Reinbursement)에 해당되는데 (Coverage B), 임원 승소 시 회사가 부담하는 소송비용을 담보하는 약관이다.

② 유가증권법인담보 특별약관은 영문약관에서는 법인담보조항(Entity Coverage)에 해당되는데 (Coverage C), 법인이 부담할 수 있는 배상책임을 담보하는 약관이다.

③ 주주대표소송담보 특별약관은 주주대표소송을 통해 피보험자(임원)가 패소 시 주주에게 지급하는 손해배상금을 보상하는 약관이다.

④ 금융기관위험 부담보 특별약관은 금융기관에서 임원배상책임보험에 가입할 경우 반드시 첨부해야 하는 특별약관을 말한다.

정답 | ③

해설 | 주주대표소송은 회사가 임원에 대해 가지는 권리를 주주가 대신하여 제기하는 점에서 대위소송이라고도 한다. 회사에 대한 임원의 책임을 묻는 것이므로, 피고인 임원이 패소하면 임원이 부담하는 손해배상금은 전부 회사로 귀속된다. 즉 임원 패소 시 주주에게 지급하는 것이 아니라, 회사에 귀속되는 배상금을 담보하는 특별약관이다.

④ 임원배상책임보험은 금융기관 임원의 부당행위는 담보하지 않는다(이는 별도의 금융기관의 전문직업배상책임보험에서 담보할 수 있다).

72 주주대표소송담보 특별약관과 관련하여 빈칸을 옳게 채운 것은?

상법상 주주대표소송은 발행주식총수의 (   ) 이상의 요건을 충족해야 한다. 그러나 상장기업의 경우 자본시장법 특례로 그 요건이 크게 완화되는데, 자본금이 (   ) 이상인 상장기업은 (   ) 이상의 지분만으로도 주주대표소송을 제기할 수 있다. 자본금이 (   ) 미만인 경우는 (   ) 이상의 지분으로 소송을 제기할 수 있다.

① 5% – 1천억원 – 0.5% – 1천억원 – 1%

② 5% – 2천억원 – 0.5% – 2천억원 – 1%

③ 3% – 1천억원 – 0.5% – 1천억원 – 1%

④ 3% – 2천억원 – 0.5% – 2천억원 – 1.5%

정답 | ①

해설 | 차례대로 '5% – 1천억원 – 0.5% – 1천억원 – 1%'이다.

※ 상법상 주주대표소송제기권은 5% 소수주주권이다. 그런데 자본시장법상 6개월 이상 보유요건을 전제하여(기본서 범위 밖), 지분율을 0.5% 또는 1%로 매우 완화하고 있다.

73 생산물회수비용보험에 대한 설명이다. 가장 적절하지 않은 것은?

① 손해사고발견기준으로 담보한다.

② 보험회사에 최초로 제품결함사고를 서면통지한 날로부터 연속 90일 동안 판매량 회복을 위하여 지출한 임시비용을 보상하는데, 이는 리콜보험의 보상항목 중 상실이익을 말한다.

③ 법률비용은 면책이지만 자문비용은 보상한다.

④ 언더라이팅 시 리콜계획서와 배치사이즈의 제출을 반드시 요청해야 한다.

정답 | ②
해설 | ②는 상표신용회복비용을 말한다(리콜보험의 보상항목 : '회상상대협자'로 암기).

74 생산물회수비용보험(리콜보험)에서 보상하는 손해가 아닌 것은?

① 대체비용

② 협상금

③ 담보제품과 유사한 경쟁사제품의 리콜로 인한 회수비용

④ 자문비용

정답 | ③
해설 | 제품결함으로 인한 리콜이어야 보상한다.

75 환경오염배상책임보험(책임보험제도)에 대한 설명이다. 가장 적절하지 않은 것은?

① 환경오염피해가 발생할 경우 사업자의 고의나 중과실에 한해서 해당 사업자에게 그 피해액에 대해서 배상토록 하는 것을 법리로 하며, 사업자에게 환경배상책임보험에 의무가입하도록 하고 있다.

② 사업자는 '가, 나, 다'의 3개 군으로 구분하고, '가' 그룹의 배상책임한도는 2천억원이며, 의무가입한도액은 300억원이다.

③ 오염제거비용을 보상하지만 사업장 내 오염정화비용은 보상하지 않는다.

④ 손해배상청구권자의 보험금지급청구일로부터 30일이 경과한 후에는 보험회사는 피보험자의 요청 시 추정보험금의 50%를 선지급할 수 있다.

정답 | ①
해설 | 사업자의 고의나 과실 여부를 따지지 않고 해당 시설의 사업자가 그 피해를 배상토록 하는 무과실책임주의를 법리로 한다.

CHAPTER **04** | 4과목 **해상보험**

76 해상보험의 특징과 가장 거리가 먼 것은?

① 엄격한 보험요율규제
② 국제성
③ 기업보험성
④ 전문인력의 필요성

정답 | ①
해설 | ①은 관계없다. 국제성을 띠므로 보험요율경쟁도 치열하다고 할 수 있다(엄격성과 반대). 해상보험은 '국제성, 기업보험성, 전문성, 위험의 광범위성, 해륙혼합성' 등의 특성을 지닌다.

77 해상보험의 피보험이익에 대한 설명이다. 가장 거리가 먼 것은?

① 최소한으로 손해 발생 시에는 피보험이익이 존재해야 한다.
② 'Lost or not lost'조건일 때에는 계약체결일자에 손해가 이미 발생하였더라도 보험자는 보상을 하는데, 단 피보험자가 손해발생사실을 알고 있었고 보험자는 그 사실을 몰랐던 경우는 제외한다.
③ 영국해상법상 명예보험증권(PPI)은 해상보험계약으로 인정된다.
④ 피보험자는 손해가 발생한 때 피보험이익을 가지고 있지 않은 경우에는, 손해발생 후에는 어떠한 행위나 선택에 의해서도 피보험이익을 취득할 수 없다.

정답 | ③
해설 | 영국해상법상 명예보험증권(PPI)은 사행계약이나 도박계약으로 간주되어 해상보험계약으로서 무효가 된다.

78 다음에 언급된 담보의 종류 중 그 성격이 나머지 셋과 다른 것은?

① 선박이 내항성이 있어야 한다는 담보
② 선급의 유지를 해야 한다는 담보
③ 100명 이상의 선원이 승선해야 한다는 담보
④ 모든 통조림에 제조업자가 제조일자의 증빙을 위한 부호를 붙인다는 담보

정답 | ①
해설 | ①은 감항담보로서 묵시담보에 해당된다(묵시담보 : 감항담보, 적법담보). 나머지는 모두 명시담보이다.

79 국내에서 가장 많이 사용하고 있는 협회건조보험(Institute Clause for Builder's Risks)에 대한 내용이다. 가장 거리가 먼 것은?

① 보험기간의 만료는 시운전 종료 후 60일을 초과할 수 없다.

② 조악한 용접에 대한 대체비용은 보상하지 않는다.

③ 선체보험과 달리 충돌배상금의 한도를 보험금의 4/4로 한다.

④ 지진 및 화산 분화로 인한 멸실, 손상, 배상책임은 보상하지 않는다.

정답 | ①
해설 | 30일을 초과할 수 없다.

80 다음 선박보험 중 P&I위험도 보상하는 항목의 수는?

가. 선체보험	나. 선비 및 증액보험
다. 불가동손실보험	라. 계선보험
마. 운임보험	바. 건조보험
사. 전쟁 및 동맹파업보험	

① 0개   ② 1개   ③ 2개   ④ 3개

정답 | ③
해설 | '계선보험과 건조보험'에서는 P&I위험도 담보한다.
       ※ P&I위험 : 선박의 접촉이나 충돌로 인한 부두의 손상이나 멸실에 대한 배상책임위험 등

81 S.G.Policy 12조 부담위험약관에 대한 설명이다. 틀린 것은?

① 해상고유의 위험(perils of the sea)이란 해상의 우연한 사고 또는 재난만을 의미하며, 바람과 파도의 통상적인 작용은 포함하지 않는다.

② 외적(Enemies)이라 함은 적의 군함을 제외한 전쟁에 종사하는 적의 일체의 선박, 물건 및 사람을 의미한다.

③ 해적(Pirates)은 영법상 폭동을 일으킨 승객이나 육상으로부터 선박을 공격하는 폭도를 포함한다.

④ 강도(Thieves)는 폭력을 수반한 도난을 말하는데, 선원 · 승객을 불문하고 승선자에 의한 도난도 포함한다.

정답 | ④
해설 | 선원 · 승객을 불문하고 승선자에 의한 도난은 포함하지 않는다.

82 ICC F.P.A 조건에서 보상하지 않는 것은?

① 하역작업 중의 매포장당 분손

② 공동해손비용

③ 선박의 화재, 폭발, 충돌, 외부 물체와의 접촉으로 발생된 손해

④ 중간항 피난항에서의 계반비용

정답 | ①

해설 | ICC(FPA)는 단독해손부담보 조건이므로 단순한 단독해손의 경우 ①은 보상하지 않는다. 단독해손을 예외적으로 보상하는 경우는 ③, ④ 등인데, 하역작업 중의 매포장당 전손은 예외적으로 보상한다. ②의 공동해손은 단독해손이 아니므로 보상한다.

83 구협회적하약관(ICC, 1963)에 대한 내용이다. 옳은 것은?

① 제1조 운송약관에서는 일체의 이로나 일체의 지연에 대해서는 보험료의 추가납부가 없어도 보험기간이 계속됨을 규정한다.

② 제4조 항해변경약관은 보험의 목적, 적재선박, 항해에 관하여 오기나 탈루가 있는 경우 담보기간이 종료됨을 규정한다.

③ 제8조 감항성승인약관은 감항능력담보를 위반하면 담보위반일로부터 보험계약이 해지가 됨을 규정한다.

④ 제10조 보험이익불공여약관은 보험이익약관(Benefit of Insurance Clause)이 있을 경우 이에 대항하기 위한 약관으로, 보험계약의 내용을 운송인에게 유리하게 원용하는 것을 허용하지 않겠다는 취지이다.

정답 | ④

해설 | ① 일체의 지연이 아니라 '피보험자가 좌우할 수 없는 지연(delay)'이다.
② 구적하약관에서는 추가보험료 징수를 요건으로 담보를 계속한다.
③ 감항능력담보를 배제하는 명시적인 특약이다.

84 빈칸을 옳게 채운 것은?

> • ICC(1963) 제1조 운송약관에 따르면 '화물이 최종 양하항에서 하역 후 증권에 명기된 최종 창고나 보관장소에 도착하기 전이라도 (   )이 경과할 경우에는 적하보험의 종기사유로 규정하고 있다.
> • 단, 실무상 우리나라로 수입되는 화물에 대해서는 이 기간을 (   )로 변경하여 사용하고 있다.

① 30일 - 30일

② 30일 - 60일

③ 60일 - 60일

④ 60일 - 30일

정답 | ④

해설 | '60일 - 30일'이다. 우리나라 해상보험실무에서 수입화물에 대해서 30일로 수정해서 사용하고 있는 바 이를 '30일 운송약관'이라 한다.

85 ICC(C)에서는 담보되지 않지만 ICC(FPA)에서는 담보하는 것은?

① 육상운송구의 전복 및 탈선

② 지진, 분화, 낙뢰에 의한 분손

③ 악천후로 인한 선박 및 운송용구 또는 컨테이너로의 해수 유입

④ 양하작업 중의 추락에 의한 포장당 전손

정답 | ④

해설 | ④는 '지.갑.유.포'에 해당되므로 ICC(C)에서는 보상하지 않지만, ICC(FPA)에서 예외적으로 담보하는 단독해손이다.

86 ICC(A/R)에서는 면책위험이지만, ICC(A)에서는 보상하는 것은?

① 테러리스트 또는 정치적인 동기로 행동하는 자

② 불감항 또는 부적합

③ 기뢰와 수뢰

④ 해적행위

정답 | ④

해설 | 해적행위는 ICC(A)에서는 제6조 전쟁면관에서 '해적행위 제외'라는 명시를 통해 보상한다.

87 ICC(1963) 제9조 수탁자조항(Bailee Clause)의 규정과 그 내용 면에서 가장 유사한 ICC(1982)의 조항은 무엇인가?

① 피보험이익조항(Insurable Interest Clause)

② 계반비용조항(Forwarding Charge Clause)

③ 증액조항(Increased Value Clause)

④ 피보험자의무약관(Duty of Assured Clause)

정답 | ④

해설 | 구협회적하약관[ICC(1963)] 제9조 수탁자약관(Bailee Clause)의 문언을 수정하고 보완한 것이 신협회적하약관[ICC(1982)] 제16조 피보험자의무약관이다.

88 협회적하약관에 첨부할 수 있는 기타 특별약관에 대한 설명이다. 틀린 것은?

① 기계류수선특별약관상에서 신규 구입을 위한 관세를 지불한 때에는 화물의 관세금액이 보험가입금액에 포함되는 경우에 한해 보상한다.

② 냉동기관약관은 주로 육류 및 생선에 첨부하는 약관인데 24시간 이상 냉동장치의 고장인 경우에 보상한다.

③ 생동물약관은 생동물의 사망을 담보하는 약관으로서 검역소에서는 30일을 한도로 보상한다.

④ 상표약관은 상표만 손상되었을 경우에는 원상회복에 필요한 비용과 신상표 및 상표 재부착 비용만을 보상한다.

정답 | ②

해설 | 냉동기관약관(Refrigerating Machinery Clause)은 주로 육류 및 생선에 첨부하는 것으로 냉동실에 보관되어 있는 동안에 냉동기의 고장 및 파열에 연유해서 생긴 모든 멸실이나 손상을 담보한다.
　　Cf. 냉동화물약관(Refrigerated Cargo Clause) : 24시간 이상 냉동장치가 고장인 경우에 보상한다.

89 다음 중 수하주에게 인도 후에도 담보되는 특별약관은?

① 기계류수선특별약관(Special Replacement Clause)

② 생동물약관(Livestock Clause)

③ 상표약관(Label Clause)

④ 통관거부위험담보특별약관(Rejection Clause)

정답 | ②

해설 | 생동물약관은 도착 후 7일 동안의 사망위험까지 담보한다.

90 ITC – Hulls(1983) 제12조 공제약관(Deductible)에서 공제액을 적용하지 않는 경우는?

① 좌초 시 선저비용　　　　　　　　　② 공동해손

③ 손해방지비용　　　　　　　　　　　④ 충돌손해배상책임

정답 | ①

해설 | 전손과 좌초 시 선저비용은 공제액이 적용되지 않는다.
　　※ 제12조 공제약관 적용 여부

공제가 적용되지 않는 경우	공제가 적용되는 경우
전손, 좌초 시 선저비용	공동해손, 손해방지비용, 충돌배상책임

91 ITC – Hulls(1983) 제6조 위험약관에서 보상하는 손해가 아닌 것은?

① 해적행위에 의한 손해

② 선장이나 선원의 악행에 의한 손해

③ 보일러가 파열함에 따른 보일러 손해

④ 지진에 의한 손해

정답 ┃ ③

해설 ┃ '보일러의 파열/차축의 파손/기계나 선체의 잠재적 하자'에 의한 결과손을 보상한다. '보일러의 파열/차축의 파손/기계나 선체의 잠재적 하자'의 자체손해나 교체비용은 동 약관에서 보상하지 않으며, 협회추가위험약관을 첨부해야 보상받을 수 있다.

92 ITC – Hulls(1983) 제8조 충돌약관에서 '보상하지 않는 손해'가 아닌 것은?

① 선박이나 적하의 잔해제거비용

② 본선의 적재화물에 대한 책임

③ 인적 손해에 대한 책임

④ 상대선과 상대선에 실린 화물에 대한 오염오탁손해

정답 ┃ ④

해설 ┃ ①, ②, ③은 면책, ④는 보상한다.

93 빈칸을 옳게 채운 것은?

> 국제무역의 활성화를 위한 운송인 보호장치로서 대다수 국가의 법규와 국제협약 및 대부분의 운송증권에 의하면, 운송인은 화재나 (   ) 등으로 인한 선박의 침몰·좌초·충돌 등의 경우 면책되며 또한 운송화물의 선적·적부·보관·인도 등에 관한 과실인 (   )에 대해서는 운송인이 책임을 부담하더라도 (   )가 적용되도록 하고 있다.

① 항해과실 – 상업과실 – 유한책임제도   ② 항해과실 – 상업과실 – 무한책임제도

③ 상업과실 – 항해과실 – 유한책임제도   ④ 상업과실 – 항해과실 – 무한책임제도

정답 ┃ ①

해설 ┃ '항해과실 – 상업과실 – 유한책임제도'이다. 따라서 운송인의 책임부담은 매우 제한적이므로 화주의 입장에서 확실한 보장을 받기 위해서는 적하보험에 가입하는 것이 적합하다.

94 인코텀즈(Incoterms, 2010)에 따른 무역조건에서, C조건 중에서 복합운송방식이면서 매도인(수출상)이 부보하는 것은?

① CFR   ② CIF   ③ CPT   ④ CIP

정답 | ④
해설 | 매도인이 부보하는 것은 'CIF, CIP(용어에 'Insurance'가 들어감)'인데, 복합운송을 뜻하는 Carriage에 해당하는 것은 CIP이다.

95 운송계약서상 운송인에 대한 면책사유가 아닌 것은?

① 화물의 선적(loading), 취급(handling), 적부(stowing), 보관(custody) 등

② 선장이나 선원의 과실이나 태만

③ 운송물 포장의 불완전 또는 기호표시의 불완전

④ 해적행위 또는 해적행위에 준하는 기타행위

정답 | ①
해설 | ①은 모두 상업과실에 해당된다. 상업과실은 운송인에게 귀책사유가 있는 것이므로 면책되지 않는다.

96 보기에서 해상손해 중 분손(partial loss)에 해당하는 항목의 수는?

가. 전손(현실전손, 추정전손)	나. 단독해손
다. 공동해손(공동해손희생손해, 공동해손비용손해)	라. 구조비용
마. 단독비용	바. 손해방지비용
사. 충돌배상금	

① 3개   ② 4개   ③ 5개   ④ 6개

정답 | ②
해설 | '나, 다, 라, 마'가 분손이다. 분손은 전손을 제외한 모든 손해를 말한다. 단, 손해방지비용과 충돌배상금은 별개의 손해로 분류한다. 즉, 분손은 '단독해손, 공동해손, 구조비용, 단독비용'을 말한다.

97 영국해상법상의 위부와 대위에 대한 설명이다. 가장 거리가 먼 것은?

① 위부는 피보험자가 손해를 추정전손으로 처리하기 위한 선행조건인 반면, 대위는 보험자가 보험금을 지급한 경우 후속되는 권리이다.

② 위부는 추정전손만을 전제로 하는 반면, 대위는 추정전손을 포함하여 현실전손뿐 아니라 분손의 경우에도 적용된다.

③ 위부는 보험금의 지급에 의해 효과가 발생하지만, 대위는 보험자의 승낙이 있어야만 효과가 발생한다.

④ 위부는 회수금이 있는 경우 보험사고 발생 시 이후의 비용을 차감하고 전액 보험자에게 귀속하지만, 대위의 경우 지급보험금을 한도로 회수할 수 있고 일부보험의 경우는 피보험자와 비례배분된다.

정답 | ③

해설 | 위부는 위부의 통지와 보험자의 승낙이 있어야만 성립되지만, 대위는 보험금의 지급에 의해 효과가 자동으로 발생한다.

98 빈칸을 순서대로 옳게 채운 것은?

• 해상위험으로 우연히 발생한 분손이며, 그 분손이 귀속되는 당사자에 의해 부담되는 분손을 (   )이라 한다.
• 보험목적의 안전이나 보존을 위해서 피보험자에 의해 또는 피보험자를 대리하여 지출된 비용으로서 공동해손과 구조비용이 아닌 비용을 (   )이라 한다.

① 단독해손 – 단독비용 ② 단독해손 – 구조비용
③ 공동해손 – 구조비용 ④ 공동해손 – 단독비용

정답 | ①

해설 | '단독해손(particular average loss) – 단독비용(particular charge)'이다.

99 다음 중 ITC(1983) 제13조 피보험자의무약관(손해방지약관)에서 보상하지 않는 것을 모두 묶은 것은?

⊙ 공동해손비용손해
⊙ 구조비용
⊙ 충돌배상책임을 방어 또는 청구하는 비용

① ⊙

② ⊙, ⊙

③ ⊙, ⊙

④ ⊙, ⊙, ⊙

정답 | ④

해설 | ITC – Hulls(1983) 제13조 손해방지약관은 손해경감을 위해 합리적으로 발생한 비용은 보상하지만, 위의 ⊙, ⊙, ⊙은 손해방지약관으로 보상하지 않는다(기본약관으로 보상함).
Cf. MIA(1906)의 손해방지약관으로는 '공동해손비용손해, 구조비용'을 보상하지 않는다.

100 적하보험의 사고처리 절차 순서가 옳게 연결된 것은?

① 사고 확인 → 보험회사에 통보 → 손해검정 실시 → 보험금지급 → 대위권 행사

② 사고 확인 → 보험회사에 통보 → 손해검정 실시 → 대위권 행사 → 보험금지급

③ 사고 확인 → 손해검정 실시 → 보험회사에 통보 → 보험금지급 → 대위권 행사

④ 사고 확인 → 손해검정 실시 → 보험회사에 통보 → 대위권 행사 → 보험금지급

정답 | ①

해설 | 핵심은 손해검정을 단독으로 실시하면 안 된다는 것이다. 보험자에 사고 통지를 먼저 하여 보험자 자신이 손해검정인을 선임, 손해검정을 실시할 수 있는 기회를 주어야 한다(위반 시 손해배상액의 15% 감액 페널티가 있음).

기업보험심사역 ACIU
단기합격을 위한 통합본
[공통부문 + 기업전문부문]

초 판 발 행 2019년 04월 25일

편 저 자 유창호
발 행 인 정용수
발 행 처 예문사
주   소 경기도 파주시 직지길 460(출판도시) 도서출판 예문사
T E L 031) 955-0550
F A X 031) 955-0660

등 록 번 호 11-76호

정   가 32,000원

I S B N 978-89-274-3042-1 [13320]

이 도서의 국립중앙도서관 출판예정도서목록(CIP)은 서지정보유통지원시스템 홈페이지(http://seoji.nl.go.kr)와 국가자료공동목록시스템(http://www.nl.go.kr/kolisnet)에서 이용하실 수 있습니다.
(CIP제어번호: CIP2019008885)